ADMINISTRAÇÃO PÚBLICA
DESAFIOS PARA A TRANSPARÊNCIA, PROBIDADE E DESENVOLVIMENTO
XXIX CONGRESSO BRASILEIRO DE DIREITO ADMINISTRATIVO

VALMIR PONTES FILHO
FABRÍCIO MOTTA
EMERSON GABARDO

Coordenadores

ADMINISTRAÇÃO PÚBLICA
DESAFIOS PARA A TRANSPARÊNCIA, PROBIDADE E DESENVOLVIMENTO
XXIX CONGRESSO BRASILEIRO DE DIREITO ADMINISTRATIVO

Belo Horizonte

EDITORA Fórum

2017

© 2017 Editora Fórum Ltda.

É proibida a reprodução total ou parcial desta obra, por qualquer meio eletrônico, inclusive por processos xerográficos, sem autorização expressa do Editor.

Conselho Editorial

Adilson Abreu Dallari
Alécia Paolucci Nogueira Bicalho
Alexandre Coutinho Pagliarini
André Ramos Tavares
Carlos Ayres Britto
Carlos Mário da Silva Velloso
Cármen Lúcia Antunes Rocha
Cesar Augusto Guimarães Pereira
Clovis Beznos
Cristiana Fortini
Dinorá Adelaide Musetti Grotti
Diogo de Figueiredo Moreira Neto
Egon Bockmann Moreira
Emerson Gabardo
Fabrício Motta
Fernando Rossi

Flávio Henrique Unes Pereira
Floriano de Azevedo Marques Neto
Gustavo Justino de Oliveira
Inês Virgínia Prado Soares
Jorge Ulisses Jacoby Fernandes
Juarez Freitas
Luciano Ferraz
Lúcio Delfino
Marcia Carla Pereira Ribeiro
Márcio Cammarosano
Marcos Ehrhardt Jr.
Maria Sylvia Zanella Di Pietro
Ney José de Freitas
Oswaldo Othon de Pontes Saraiva Filho
Paulo Modesto
Romeu Felipe Bacellar Filho
Sérgio Guerra

Luís Cláudio Rodrigues Ferreira
Presidente e Editor

Coordenação editorial: Leonardo Eustáquio Siqueira Araújo

Av. Afonso Pena, 2770 – 15º andar – Savassi – CEP 30130-012
Belo Horizonte – Minas Gerais – Tel.: (31) 2121.4900 / 2121.4949
www.editoraforum.com.br – editoraforum@editoraforum.com.br

P962   Administração Pública: desafios para a transparência, probidade e desenvolvimento. XXIX Congresso Brasileiro de Direito Administrativo / Coordenadores: Valmir Pontes Filho, Fabrício Motta, Emerson Gabardo. Belo Horizonte: Fórum, 2017.

497 p.
ISBN 978-85-450-0157-7

1. Direito administrativo. 2. Direito constitucional. 3. Teoria do Estado. I. Pontes Filho, Valmir. II. Motta, Fabrício. III. Gabardo, Emerson. IV. Título.

CDD: 341.3
CDU: 342.9

Informação bibliográfica deste livro, conforme a NBR 6023:2002 da Associação Brasileira de Normas Técnicas (ABNT):

PONTES FILHO, Valmir; MOTTA, Fabrício; GABARDO, Emerson (Coord.). *Administração Pública*: desafios para a transparência, probidade e desenvolvimento. XXIX Congresso Brasileiro de Direito Administrativo. Belo Horizonte: Fórum, 2017. 497 p. ISBN 978-85-450-0157-7.

SUMÁRIO

APRESENTAÇÃO
Valmir Pontes Filho 17

PARTE I
TEXTOS DOS PROFESSORES PARTICIPANTES

O REGIME JURÍDICO DO SERVIÇO PÚBLICO COMO GARANTIA FUNDAMENTAL E COMO MECANISMO DE RESISTÊNCIA DO ESTADO SOCIAL E DEMOCRÁTICO DE DIREITO
Adriana da Costa Ricardo Schier 21

1   Introdução 21
2   Do serviço público adequado e seu regime jurídico como direitos
    fundamentais 22
3   Considerações finais: o serviço público adequado e seu regime jurídico e as cláusulas
    pétreas 32
    Referências 34

PÚBLICO E PRIVADO NO DESENVOLVIMENTO DE EMPREENDIMENTOS ESTATAIS
Carlos Ari Sundfeld 37

1   Introdução 37
2   A regulação da ação privada como caminho do desenvolvimento 37
3   Contratos público-privados: viabilidades e problemas 39
4   Conclusão 42
    Referências 43

INTERPRETAÇÃO NO DIREITO ADMINISTRATIVO
Celso Antônio Bandeira de Mello 45

1   Toda interpretação tem como base e ponto de partida o próprio texto interpretando 45
2   O risco do intérprete supor que as palavras devem prevalecer sobre o espírito da
    norma 47
3   A interpretação teleológica também se constitui com base na formulação da regra de
    direito 49
4   O conhecimento das leis não é o da simples dicção de suas palavras, mas a da força
    que traduzem 50

AS MUDANÇAS NA LC Nº 123/06: A POLÊMICA AVANÇA
Cristiana Fortini 51

1   Introdução 51
2   Artigo 48 56

3	Licitação exclusiva	56
4	Subcontratação compulsória	57
5	Licitação com lote reservado	59
6	Prioridade para comércio local	61
7	Artigo 49	62

O REGIME JURÍDICO-ADMINISTRATIVO COMO FALSA-BARREIRA À CONCILIAÇÃO PELAS ESTATAIS NO ÂMBITO DA JUSTIÇA DO TRABALHO
Daniel Ferreira, Ana Paula Pellegrinello ... 65

1	Introdução	65
2	Desvelando o princípio da supremacia do interesse público	66
3	A indisponibilidade dos interesses públicos gerais	69
4	Interesses públicos e o princípio da legalidade	71
5	A administração pública indireta entre o (regime) público e o privado	72
6	A Administração Pública entre a lei e o direito: o artigo 71 da Lei nº 8.666/93	74
7	Considerações finais	77
	Referências	78

A ARBITRAGEM NOS CONTRATOS DA ADMINISTRAÇÃO PÚBLICA
Dinorá Adelaide Musetti Grotti ... 79

1	Formas alternativas de solução dos conflitos	79
2	Constitucionalidade da arbitragem	81
3	Natureza jurídica da arbitragem	82
4	Arbitragem e litígios administrativos	83
4.1	A remoção dos óbices da arbitragem na Administração Pública	86
4.2	Críticas e vantagens da arbitragem na Administração Pública	90
5	Aspectos operacionais pendentes	91
5.1	Arbitrabilidade subjetiva e objetiva	91
5.2	A convenção arbitral	93
5.3	Arbitragem e prerrogativas processuais	94
5.4	Arbitragem *ad hoc* e institucional	94
5.5	Escolha do árbitro ou instituição arbitral: inexigibilidade de licitação	95
6.	Considerações finais	96
	Referências	97

LICITAÇÕES E CONTRATAÇÕES DIFERENCIADAS À LUZ DA LC Nº 123/06 COM AS ALTERAÇÕES DA LC Nº 147/14
Edgar Guimarães ... 99

1	Introdução	99
2	Licitações e contratações diferenciadas	101
3	Licitações exclusivas às pequenas empresas	103
4	Licitação com subcontratação compulsória de pequena empresa	104
5	Licitação com reserva de cota para pequenas empresas	106
6	Inaplicabilidade das disposições dos arts. 47 e 48 da LC nº 123/06	109
7	Margem de preferência de 10% para as pequenas empresas sediadas local e regionalmente	112

ADMINISTRAÇÃO PÚBLICA CONTRATUAL: BREVES REFLEXÕES SOBRE O CONTRATO E O DIREITO ADMINISTRATIVO
Eurico Bitencourt Neto 117

1 Introdução 117
2 Expansão da administração contratual 118
3 Conclusão 123
  Referências 123

INFLUÊNCIA DO DIREITO ADMINISTRATIVO ITALIANO NA CONSTRUÇÃO DAS BASES DOGMÁTICAS DO DIREITO ADMINISTRATIVO BRASILEIRO
Fabrício Motta 125

1 Introdução 125
2 Origem do direito administrativo 126
3 Influência italiana na construção do conteúdo clássico do direito administrativo ocidental 129
4 Influência na construção do direito administrativo brasileiro 133

A DISTINÇÃO ATIVIDADE-MEIO/ATIVIDADE-FIM NA TERCEIRIZAÇÃO E SEUS REFLEXOS NA ADMINISTRAÇÃO PÚBLICA
Florivaldo Dutra de Araújo 141

1 Introdução 141
2 Atividade-fim e atividade-meio na terceirização 142
3 A polêmica em torno da distinção entre atividade-fim e atividade-meio e as propostas de seu abandono 146
4 A distinção atividade-fim/atividade-meio e a administração pública 147
5 Conclusão 149
  Referências 150

DESAFIOS DE INOVAÇÃO NA ADMINISTRAÇÃO PÚBLICA CONTEMPORÂNEA: "DESTRUIÇÃO CRIADORA" OU "INOVAÇÃO DESTRUIDORA" DO DIREITO ADMINISTRATIVO?
Irene Patrícia Nohara 151

1 Considerações introdutórias 151
2 Inovação: um imperativo 152
3 Perigos da "inovação destruidora" na administração pública 154
4 Conclusões 159
  Referências 160

LICITAÇÃO COM COTA RESERVADA PARA MICROEMPRESAS E EMPRESAS DE PEQUENO PORTE
Joel de Menezes Niebuhr 161

1 Breve contextualização: tratamento diferenciado e simplificado para microempresas e empresas de pequeno porte 161
2 Inconstitucionalidade: princípios da eficiência e economicidade 163
3 A cota reservada de até 25% deve ser limitada a R$80.000,00 166

4 Cota reservada não autoriza sobrepreço 169

5 Cota reservada e registro de preços ou compras com entregas parceladas.......................170

MAGISTRATURA, MINISTÉRIO PÚBLICO E CONSELHOS NACIONAIS
José dos Santos Carvalho Filho 173

1 Magistratura e Ministério Público...173

2 Prerrogativas 174

3 Deveres e responsabilidades...175

4 Conselhos nacionais de justiça e do ministério público..177

5 A função controladora dos conselhos..178

6 Conclusão..183

Referências 183

DIREITO DA INFRAESTRUTURA E A SINDICABILIDADE DOS BENEFÍCIOS SOCIAIS, AMBIENTAIS E ECONÔMICOS
Juarez Freitas..185

1 Introdução...185

2 Infraestrutura e o escrutínio de sustentabilidade das motivações contratuais 186

3 Conclusões...188

ALGUNS APONTAMENTOS NA DISCUSSÃO SOBRE REGIME JURÍDICO DAS CARREIRAS DE ESTADO: PONTOS DE APROXIMAÇÃO E DISTANCIAMENTO ENTRE PRERROGATIVAS E RESPONSABILIZAÇÃO DOS MEMBROS DO JUDICIÁRIO, DO MINISTÉRIO PÚBLICO E DA ADVOCACIA PÚBLICA FEDERAL, ESTADUAL E MUNICIPAL
Juscimar Pinto Ribeiro 189

1 Introdução...189

2 A inserção da Magistratura, Ministério Público e Advocacia Pública como carreiras de Estado...190

3 O auxílio moradia aos membros da magistratura e do ministério público e o regime de subsídio 190

4 Aspectos da atuação da advocacia pública...193

5 Considerações finais..198

Referências 199

ALÉM DA SOCIEDADE DE ECONOMIA MISTA
Luciano Ferraz..201

1 Objetivos do trabalho 201

2 Contexto geral das empresas estatais na administração pública brasileira 202

3 Empresas subsidiárias...204

4 Empresas controladas pelo poder público...206

5 Empresas participadas (participação minoritária ou paritária do poder público) 210

6 Conclusão..211

DIREITO URBANÍSTICO, SOCIEDADE E VIOLÊNCIA
Luis Manuel Fonseca Pires...............215

1 Contexto: violência urbana...............215
2 Violência nas sociedades contemporâneas...............215
3 O caso dos ambulantes na cidade de São Paulo...............218
Referências...............220

O ESTATUTO DA METRÓPOLE: DESAFIOS QUANTO À SUA APLICAÇÃO
Márcio Cammarosano...............221

1 O direito urbanístico e suas interfaces com o direito administrativo e ambiental...............221
2 O estatuto da metrópole: conteúdo, conceitos fundamentais e o plano de desenvolvimento urbano integrado – responsabilidade por improbidade administrativa...............224
Referências...............227

PRINCÍPIOS DO PROCESSO ADMINISTRATIVO NO NOVO CÓDIGO DE PROCESSO CIVIL
Maria Sylvia Zanella Di Pietro...............229

1 Introdução...............229
2 Desenvolvimento...............229
3 Conclusão...............231

A RESPONSABILIDADE OBJETIVA NA LEI ANTICORRUPÇÃO
Maurício Zockun, Carolina Zancaner Zockun...............233

1 As relevantes inovações trazidas pela denominada lei de probidade administrativa empresarial...............233
2 A responsabilização sancionatória objetiva da pessoa jurídica pela Lei nº 12.846...............234
2.1 A responsabilização sancionatória da pessoa jurídica...............235
2.2 A responsabilização sancionatória objetiva da pessoa jurídica...............236
3 A responsabilização objetiva da pessoa jurídica pela lei anticorrupção...............237
Referências...............238

DESVIO DE PODER NO PROVIMENTO DISCRICIONÁRIO DE CARGOS PÚBLICOS
Paulo Modesto...............239

1 Desvio de finalidade na nomeação de titulares de cargos de provimento discricionário...............239
2 Classificação dos cargos públicos no Brasil...............241
3 Cargos políticos como cargos públicos de provimento discricionário unilateral, provimento vinculado ou provimento discricionário compartilhado...............244
4 Conclusão...............248
Referências...............250

TUTELA CIVIL E PROCESSUAL DO MEIO AMBIENTE NO BRASIL
Paulo Roberto Ferreira Motta, Raquel Dias da Silveira...............251

1 Introdução...............251

2	Meio ambiente na Constituição da República Brasileira de 1988	252
3	Competências constitucionais	253
4	Tutela civil do meio ambiente	260
4.1	Dano ambiental	261
4.2	Poluidor	262
4.3	Nexo de causalidade	264
4.4	Responsabilidade civil por dano ambiental	265
5	Instrumentos de tutela processual do meio ambiente	267
5.1	Ação popular	267
5.2	Inquérito civil e ação civil pública ambiental	269
6	Conclusão	272
	Referências	273

PARTICIPAÇÃO, DIREITO À INFORMAÇÃO E TRANSPARÊNCIA NA ADMINISTRAÇÃO PÚBLICA BRASILEIRA
Regina Maria Macedo Nery Ferrari 275

1	Introdução	275
2	A democracia participativa	276
3	Transparência dos atos estatais	281
	Referências	284

ADMINISTRAÇÃO PÚBLICA ANTIFRÁGIL
Rodrigo Pironti Aguirre de Castro 285

1	A antifragilidade na Administração Pública	285
2	Profissionalização da função pública	287
3	Práticas de *compliance* e de concertação administrativa que inibam a corrupção	288
4	Uma aproximação do conceito de legalidade à lógica de justiça social e interesse público	289

CONTROLE SOCIAL E DELIBERAÇÃO PÚBLICA NO COMBATE À CORRUPÇÃO: ALGUNS FUNDAMENTOS POLÍTICOS E FILOSÓFICOS
Rogério Gesta Leal 291

1	Notas introdutórias	291
2	O combate da corrupção exige mais que participação social, demanda gestão social compartilhada entre espaço público e privado	292
3	Considerações finais	301
	Referências	305

PRESUNÇÃO DE INOCÊNCIA NO PROCESSO ADMINISTRATIVO DISCIPLINAR
Romeu Felipe Bacellar Filho 307

1	Origens históricas da presunção de inocência	307
2	Constitucionalização e internacionalização do princípio no cenário da reconstrução dos direitos humanos	309

3	Consagração normativa no direito brasileiro e relação com os demais princípios	314
4	Conteúdo jurídico e desdobramentos do direito fundamental à presunção de inocência no processo administrativo disciplinar	318
5	Aplicação endoprocessual	319
6	Aplicação extraprocessual: tratamento como inocente e sigilo quanto à condição de acusado	329
	Referências	332

MORALIDADE E PROBIDADE ADMINISTRATIVAS
Sérgio de Andrea Ferreira 335

1	Introdução	335
2	Ética, moral, moralidade, probidade e direito	336
2.1	Ética ≠ Moral	336
2.2	Moralidade e probidade	337
2.3	Moral e direito	337
3	A moralidade no elenco dos princípios constitucionais, e seus desdobramentos	340
3.1	Princípio e bem jurídico tutelado	340
3.2	A moralidade administrativa como bem juridicamente tutelado pela ação popular	341
4.	A agregação, ao conceito de moralidade administrativa, da noção de '*boa administração*': a *moral institucional*	342
5	O abuso de poder como forma de imoralidade administrativa	344
6	A probidade administrativa	345

A ADMINISTRAÇÃO PÚBLICA E A MEDIAÇÃO
Silvio Luís Ferreira da Rocha 349

1	Considerações gerais	349
2	O problema	350
3	Atuação unilateral da administração pública	351
4	Administração pública consensual	352
5	Conclusão	353
	Referências	353

INTERVENÇÃO DIRETA DO ESTADO NA ECONOMIA POR PARTICIPAÇÕES MINORITÁRIAS: FORMAS REQUISITOS E RAZOABILIDADE
Thiago Marrara, Emanuelle Urbano Maffioletti 355

1	Introdução	355
2	Subsidiárias, subsidiária integral e sociedade controladas	356
3	Participação minoritária como forma de intervenção estatal	361
4	Participação minoritária simples ou com poderes especiais	362
5	Inconvenientes da participação minoritária: riscos à adequação administrativa	366
6	Autorização legislativa para a participação societária estatal	368
7	Exigência de autorização do executivo	370
8	Princípio da especialidade, vinculação ao objeto social e responsabilidade	371
9	Conclusão	373
	Referências	374

PARTE II

ARTIGOS VENCEDORES DO CONCURSO

CONFLITO DE INTERPRETAÇÃO NORMATIVA NO CONTROLE INTERNO DA COMPETÊNCIA DISCRICIONÁRIA
Antonio Rodrigues do Nascimento 377

1 Introdução 377
2 Desenvolvimento 380
3 Conclusão 384
Referências 385

DIREITO ADMINISTRATIVO CONSENSUAL, ACORDO DE LENIÊNCIA E AÇÃO DE IMPROBIDADE
José Guilherme Bernan Correa Pinto 387

1 Introdução 387
2 Direito Administrativo Consensual 388
3 Consenso, aplicação de sanções e integridade do direito 391
4 Conclusão 397
Referências 397

A NATUREZA JURÍDICA DOS SERVIÇOS DE EDUCAÇÃO
Rodrigo Gabriel Moisés 399

1 Introdução ao problema: serviços públicos x atividades econômicas 399
2 Em busca de uma definição de serviço público 401
3 As atividades econômicas na Constituição de 1988 402
4 Atividades econômicas de interesse público 403
5 Os serviços de educação na União Europeia 405
6 As divergências nas decisões do STF 407
7 Serviços públicos não privativos: os equívocos desta denominação 410
8 Conclusão: os serviços de educação como serviços compartidos 412
Referências 415

A PERSONALIDADE JURÍDICA DOS ÓRGÃOS PÚBLICOS INDEPENDENTES: A REVISITAÇÃO DA TEORIA DO ÓRGÃO SOB A ÓTICA DAS TRANSFORMAÇÕES DA ADMINISTRAÇÃO PÚBLICA PARA O SÉCULO XXI
Rodrigo Emanuel de Araújo Dantas 417

1 Introdução 417
2 Administração pública 418
2.1 Aspectos gerais 418
2.2 Desconcentração Administrativa 419
2.3 Descentralização Administrativa 420
3 Órgãos públicos 421
3.1 Concepção originária e classificação doutrinária 421
3.2 Criação e Extinção de Órgãos Públicos na Constituição de 1988 422
4 A personalidade jurídica do Estado 423

4.1	O Estado como pessoa jurídica	423
4.2	Origens e Teorias	424
4.3	Personalidade Jurídica e a Personalidade Judiciária	425
4.4	A atuação dos Órgãos Públicos Constitucionais em Juízo – A personalidade judiciária na doutrina e na jurisprudência do STF/STJ	426
5	Conclusão	429
	Referências	430

PARTE III
COMUNICADOS CIENTÍFICOS

A PRÁTICA DO NEPOTISMO COMO ATO DE IMPROBIDADE ADMINISTRATIVA
Vanessa Cavalari Calixto 433

A QUESTÃO DA PUBLICIDADE E TRANSPARÊNCIA NO ESTADO DE GOIÁS APÓS A CONSTITUIÇÃO DE 1988
Marcello Rodrigues Siqueira, Ademilton Pires da Silva 435

A PRESENÇA DO PATRIMONIALISMO NOS MODELOS DE GESTÃO BRASILEIRO: NECESSIDADE DE REFORMA ADMINISTRATIVA
Juliana Georges Khouri 437

PODER DE POLÍCIA MUNICIPAL COMO CONDIÇÃO DE POSSIBILIDADE PARA O DESENVOLVIMENTO DAS CIDADES: PERSPECTIVAS E DESAFIOS NO CASO DO MUNICÍPIO DE SANTA MARIA-RS
Carolina Salbego Lisowski, Joelma de França 439

DIREITO SUBJETIVO À NOMEAÇÃO E CADASTRO DE RESERVA: UMA ANÁLISE A PARTIR DOS LIMITES IMPOSTOS PELA LEI DE RESPONSABILIDADE FISCAL
Tuany Baron de Vargas 441

A NECESSIDADE DE MODIFICAÇÃO DA NATUREZA DO INQUÉRITO CIVIL PÚBLICO
Joaquim Antônio Murta Oliveira Pereira 443

A APLICAÇÃO DO PROCESSO DE MEDIAÇÃO NA INTERVENÇÃO ESTATAL NA PROPRIEDADE: UMA ANÁLISE CONSTITUCIONAL DO DIREITO ADMINISTRATIVO
Gustavo Nascimento Tavares 445

APLICAÇÃO DA REPERCUSSÃO GERAL E DO RECURSO REPETITIVO AO PROCESSO ADMINISTRATIVO
Winderley Morais Pereira 447

A CONTRATAÇÃO A TÍTULO PRECÁRIO NO ESTADO DE MINAS GERAIS
E A ADI 4876
Ana Luiza Gomes de Araujo 449

CIRCULARIDADE, DESCONTINUIDADE E A HISTÓRIA DO DIREITO
ADMINISTRATIVO NO BRASIL: CRÍTICA SOBRE O TRATO DA HISTÓRIA
DA ADMINISTRAÇÃO PÚBLICA BRASILEIRA NOS MANUAIS E CURSOS DE
DIREITO ADMINISTRATIVO
Luasses Gonçalves dos Santos 451

A IMPORTÂNCIA DO CONTROLE DOS LIMITES DISCRICIONÁRIOS DA
ATIVIDADE DE FOMENTO
Juliana Georges Khouri 453

OS LIMITES GERAIS E ESPECÍFICOS NO EXERCÍCIO DO PODER DE POLÍCIA:
UM ESTUDO DE CASO DA DESOCUPAÇÃO NA REGIÃO DA ZONA
PORTUÁRIA NA CIDADE DE MACEIÓ
Kathelly Maria de Melo Menezes, Maria Beatriz Cardoso Tenório 455

DESAPROPRIAÇÃO URBANÍSTICA PROMOVIDA POR PARTICULARES E A
GESTÃO DOS BENS DESAPROPRIADOS
Guilherme Fredherico Dias Reisdorfer 457

A NATUREZA JURÍDICA DOS SERVIÇOS DE EDUCAÇÃO
Guilherme Fredherico Dias Reisdorfer 459

OS LIMITES CONSTITUCIONAIS DA TERCEIRIZAÇÃO ESCOLAR EM GOIÁS
Valéria Mariano de Melo, Nayna Suzy Vieira Botelho 461

A PERSONALIDADE JURÍDICA DOS ÓRGÃOS PÚBLICOS INDEPENDENTES:
A REVISITAÇÃO DA TEORIA DO ÓRGÃO SOB A ÓTICA DAS
TRANSFORMAÇÕES DA ADMINISTRAÇÃO PÚBLICA PARA O SÉCULO XXI
Rodrigo Emanuel de Araújo Dantas 463

A REGULARIZAÇÃO DAS EDIFICAÇÕES COMO EFETIVAÇÃO DO DIREITO
CONSTITUCIONAL À MORADIA: UM DESAFIO À GESTÃO PÚBLICA
Carolina Salbego Lisowski, Vladimir Marchiori Damião 465

O FINANCIAMENTO PÚBLICO DA EDUCAÇÃO: O DIREITO DE ESCOLHA
DA ESCOLA E AMPLIAÇÃO DAS PARCERIAS PÚBLICO-PRIVADAS
Rodrigo Gabriel Moisés 467

O PRINCÍPIO DA ISONOMIA NO TRATAMENTO DIFERENCIADO PARA MICROEMPRESA E EMPRESA DE PEQUENO PORTE, A INSTRUMENTALIDADE DA LICITAÇÃO E A BUSCA PELO DESENVOLVIMENTO NACIONAL SUSTENTÁVEL
Samia Yasmim Yousseif Duque Regniel 469

A ATIVIDADE DE FOMENTO COMO MECANISMO DE COMPENSAÇÃO DO ESTADO NA PROMOÇÃO DOS DIREITOS SOCIAIS
Samia Yasmim Yousseif Duque Regniel 471

CONFLITO DE INTERPRETAÇÃO NORMATIVA NO CONTROLE INTERNO DA COMPETÊNCIA DISCRICIONÁRIA
Antonio Rodrigues do Nascimento 473

CONTRATAÇÃO IRREGULAR DE TERCEIROS PELA ADMINISTRAÇÃO PÚBLICA: DELINEAMENTOS PARA A CONFIGURAÇÃO DE ATO DE IMPROBIDADE ADMINISTRATIVA
Júlio César Souza dos Santos 475

O PRINCÍPIO DA PUBLICIDADE E A DIVULGAÇÃO DOS PARECERES JURÍDICOS INTEGRANTES DE PROCESSOS MINERÁRIOS
Gabriela Salazar Silva Pinto 477

EXTRAÇÃO MINERAL POR PARTE DE ENTES PÚBLICOS E A NECESSIDADE DE REGISTRO DA ATIVIDADE PERANTE O DNPM
Gabriela Salazar Silva Pinto 479

CONTRATO DE EFICIÊNCIA NO REGIME DIFERENCIADO DE CONTRATAÇÃO PÚBLICA É EFICIENTE?
Mariana Nascimento Silveira 481

DIREITO DA ENERGIA, ENERGIA E SERVIÇO DE ELETRICIDADE
Anesio dos Santos Junior 483

PARTE IV

ANEXOS

CARTA DE GOIÂNIA
Adriana da Costa Ricardo Schier, Dinorá Adelaide Musseti Grotti, Ligia Maria Silva Melo de Casimiro, Yara Stroppa 487

PROGRAMA DO XXIX CONGRESSO BRASILEIRO DE DIREITO ADMINISTRATIVO..489

SOBRE OS AUTORES..493

APRESENTAÇÃO

Em sua vigésima nona edição (em 2015), na cidade de Goiânia, o Congresso Brasileiro de Direito Administrativo oportunizou a abordagem de relevantes temas atinentes à Administração Pública brasileira, notadamente quanto aos essenciais requisitos principiológicos da transparência, da probidade e do desenvolvimento.

Isto pela voz dos mais ilustres e festejados administrativistas brasileiros, reunidos em ricos e instigantes ambientes de debate, dos quais participaram, de forma ativa, os congressistas, a disporem de instrumentos modernos de interação com os expositores.

O IBDA, não com isto satisfeito e a cumprir a sua missão cultural, persiste no propósito de oferecer à comunidade jurídica, também em letra escrita, algumas das mais importantes manifestações desses juristas de escol, a versarem assuntos os mais diversos e significativos para o Direito Administrativo moderno, sempre às voltas com os intensos desafios com os quais se defronta nos atuais e conturbados momentos de atividade na gestão da coisa pública.

O contributo que esses notáveis juristas estão a dar neste livro, a desdúvidas, é inestimável. Não apenas pelos densos, consistentes e inovadores conteúdos dos artigos ora publicados, mas pela forma impecável com que eles estão a ser exteriorizados. Tudo sem qualquer outro propósito que não o de contribuir para o engrandecimento intelectual dos que se devotam ao estudo permanente do Direito Administrativo (e do Direito Constitucional, em verdade).

Registro meus emocionados agradecimentos aos iluminados autores desta obra, Professores Celso Antônio Bandeira de Mello, Adriana Schier, Carlos Ari Sundfeld, Cristiana Fortini, Daniel Ferreira, Dinorá Grotti, Edgard Guimarães, Eurico Bittencourt, Fabrício Motta, Florivaldo de Araújo, Irene Nohara, Joel Niehbur, José dos Santos Carvalho Filho, Juarez Freitas, Juscimar Ribeiro, Luciano Ferraz, Luis Manoel Fonseca Pires, Marcio Cammarosano, Maria Sylvia Zanella di Pietro, Maurício Zockum, Carolina Zancaner Zockum, Paulo Modesto, Raquel Dias Silveira, Paulo Motta, Regina Ferrari, Rodrigo Aguirre de Castro, Rogério Gesta Leal, Romeu Bacellar, Sergio de Andrea Ferreira, Silvio Luís Ferreira da Rocha, Thiago Marrara e Emanuelle Maffioletti. O peso desses nomes, de certo, impressionará a quantos se dediquem, prazerosamente, à leitura de seus respectivos textos.

Idêntico registro de reconhecimento e aplauso, é claro, não poderia eu deixar de fazer aos subscritores dos artigos que se sagraram vencedores do concurso pelo IBDA patrocinado, ou seja, aos Drs. Antonio Rodrigues do Nascimento, José Guilherme Pinto, Rodrigo Moisés e Rodrigo Dantas, bem como a todos os autores dos comunicados científicos merecidamente reconhecidos pelo Congresso.

O que me ocorre dizer, em necessária humildade, é que, como Presidente do Instituto Brasileiro de Direito Administrativo – IBDA, *só posso exigir dos outros que sejam como são. De mim, todavia, exijo ser melhor a cada dia* (CHICO XAVIER).

Que Deus, causa primeira de todas as coisas, nos proteja a todos.

Valmir Pontes Filho
Presidente do IBDA. Professor da Universidade Federal do Ceará e da UNIFOR, aposentado.

PARTE I

TEXTOS DOS PROFESSORES PARTICIPANTES

O REGIME JURÍDICO DO SERVIÇO PÚBLICO COMO GARANTIA FUNDAMENTAL E COMO MECANISMO DE RESISTÊNCIA DO ESTADO SOCIAL E DEMOCRÁTICO DE DIREITO

ADRIANA DA COSTA RICARDO SCHIER

1 Introdução

O crescimento econômico que marcou a história recente do país, nas últimas décadas, vem enfrentando um profundo retrocesso nos últimos anos. Esse quadro, ilustrado cotidianamente no cenário nacional, traz novamente ao debate os altos índices de exclusão social que marcam a realidade brasileira. Apesar dos avanços conquistados com as políticas implantadas nos últimos governos, o acesso aos direitos que asseguram os patamares de dignidade humana aos cidadãos ainda é precário, colocando o Brasil em 79º lugar no *ranking* dos países em relação ao Índice de Desenvolvimento Humano.[1]

Tais índices levaram os Governos da última década à criação de projetos sociais, buscando garantir acesso à população carente a bens essenciais da vida, incentivando programas dedicados especialmente ao combate à fome, à pobreza e à marginalização. No entanto, as crises econômicas internacionais, a pressão pela diminuição da carga tributária, a sonegação endêmica de tributos, o gasto com programas sociais, a interferência nefasta de grupos de pressão na esfera política, a falta de comprometimento dos gestores administrativos com a efetiva concretização do bem comum, a falta de profissionalismo na Administração Pública, a corrupção e a ascensão de um Parlamento essencialmente conservador são fatores que permitem identificar no Brasil um momento de profundo desgaste político, social e econômico.

Com isso, mais uma vez na história, retoma-se o discurso reformista da década dos 90, de inspiração gerencial,[2] como a principal alternativa viável para que o país

---

[1] Disponível em:<http://www.pnud.org.br/atlas/ranking/Ranking-IDH-Global-2013.aspx>. Acesso em: 11 ago. 2015.

[2] A autora trata deste tema em seu texto: Apontamentos sobre os modelos de gestão e tendências atuais. *In:* GUIMARÃES, Edgar (coord.). *Cenários do direito administrativo.* Belo Horizonte: Fórum, 2004, p. 21-56.

retome o crescimento, propondo-se ajustes fiscais, controle de gastos e acertos com a política monetária.

Nesse contexto, mais uma vez desponta a necessidade de se adotar, na dogmática do Direito Administrativo, uma perspectiva de sua constitucionalização adequada, voltada à manutenção da fórmula do Estado Social e Democrático de Direito. Por isso, premente a leitura dos institutos deste ramo do Direito, de maneira a viabilizar as reformas necessárias e a consagrar os objetivos da República, previstos no art. 3º, da Constituição Federal de 1988, colaborando para a construção de uma sociedade livre, justa e solidária, capaz de garantir o desenvolvimento nacional, erradicando a pobreza e a marginalização, reduzindo as desigualdades sociais e regionais. Certamente, não parece ser o momento de descurar das políticas públicas que visam a consagrar os direitos que garantem o núcleo essencial de uma vida digna aos cidadãos. Por isso mesmo, o Direito Administrativo deverá propor à sociedade alternativas capazes de impulsionar o crescimento econômico, sem descurar da proteção dos direitos daqueles que ainda demandam uma intervenção protetiva do Estado.

Nesta seara, o serviço público, prestado sob um regime que assegure universalidade, continuidade e modicidades das tarifas desponta, mais uma vez na história de defesa dos direitos sociais, como direito fundamental a ser assegurado a todos. A partir dessa constatação, o pressuposto central para a discussão no presente texto é considerar o acesso ao serviço público adequado – pautado em regime jurídico específico –, como direito fundamental. O que se pretende é, a partir dessa designação, estender aos princípios que integram o regime jurídico do serviço público, consagrados no art. 6º, §1º, da Lei nº 8987/95, a proteção conferida pelo regime jurídico dos direitos fundamentais.

2 Do serviço público adequado e seu regime jurídico como direitos fundamentais

O serviço público, no Direito brasileiro, é retratado como uma espécie de atividade econômica que consiste no oferecimento, aos cidadãos, de utilidades ou comodidades materiais, que o Estado assume por serem reputadas imprescindíveis ao atendimento de conveniências básicas da sociedade, em determinado contexto histórico-social,[3] tomado como instrumento que viabiliza o acesso aos direitos fundamentais. Nessa perspectiva, adota-se o posicionamento de que o serviço público ostenta a natureza de garantia fundamental, ou seja, um direito fundamental em sentido *lato*, que se presta para proteger ou instrumentalizar o exercício dos direitos ou liberdades fundamentais, na clássica formulação de Vieira de Andrade.[4]

---

[3] A noção adotada é de BANDEIRA DE MELLO, Celso Antônio. *Curso de direito administrativo.* 31. ed. São Paulo: Malheiros, 2014, p. 689. Justifica-se a escolha porque, dentre os autores pátrios, o autor representa a principal referência teórica para a clássica compreensão do serviço público. Na doutrina estrangeira, pode ser referido o conceito de SALOMONI, Jorge Luis. *Teoria general de los servicios públicos.* Buenos Aires: Ad-hoc, 1999.

[4] ANDRADE, José Carlos Vieira de. *Os direitos fundamentais na constituição portuguesa de 1976.* Coimbra: Almedina, 1998, p. 187 e ss. A vinculação direta do conceito de serviço público aos direitos fundamentais não se trata de novidade no campo da doutrina nacional, Veja-se, por exemplo, as seguintes obras: BACELLAR FILHO, Romeu Felipe. Serviço público. In: DELPIAZZO, Carlos E. (Coord.). *Estudios jurídicos en homenage al profesor Mariano R. Brito.* Montevidéo: Fundación de Cultura Universitária, 2008, p. 603-608; p. 607; FINGER, Ana Cláudia. Serviço Público: Um Instrumento de Concretização de Direitos Fundamentais. *A&C Revista de Direito Administrativo & Constitucional,* Belo Horizonte, a. 3, n. 12, p. 141-165, abr.-jun. 2003, p. 143; HACHEM, Daniel Wunder. Direito..., p. 129; ZOCHUN, Carolina Zancaner. *Op. cit.,* p. 182.

Assim, diante do uso indiscriminado da categoria de direitos fundamentais, julga-se necessário demonstrar quais os suportes teóricos que sustentam a leitura e a compreensão do direito ao serviço público e do seu regime jurídico sob o manto da fundamentalidade.

Sobre os direitos fundamentais, já se falou que se constituem "la columna vertebral del Estado Constitucional".[5] Para Alexy, são princípios ou mandados de otimização, que determinam a realização de seu conteúdo no maior grau possível, tendo em vista as potencialidades fáticas e jurídicas.[6] Segundo Jorge Miranda, os direitos fundamentais podem ser tomados como posições jurídicas ativas das pessoas enquanto tal, de assente na Constituição, formal ou material.[7]

Jorge Reis Novais, por sua vez, considera os direitos fundamentais como trunfos contra a maioria, na medida em que tais direitos consubstanciam-se como "posições jurídicas individuais em face ao Estado, ter um direito fundamental significará, então, ter um trunfo contra o Estado, contra o Governo democraticamente legitimado".[8] Adota tal concepção com o objetivo de assegurar proteção a todos os direitos fundamentais das pessoas contra "restrições essencial ou determinantemente decorrentes de tentativas de imposição de concepções ou mundividências particulares ou de doutrinas compreensivas sustentadas conjunturalmente no apoio de maiorias políticas, sociais, culturais ou religiosas".[9]

Dentre os autores nacionais destaca-se Ingo Wolfgang Sarlet, que define direito fundamental como sendo "posições jurídicas concernentes às pessoas, que, do ponto de vista do direito constitucional positivo, foram, por seu conteúdo e importância (fundamentalidade em sentido material), integradas ao texto da Constituição e, portanto, retiradas da esfera de disponibilidade dos poderes constituídos (fundamentalidade formal),", ou, ainda, "as que, por seu conteúdo e significado, possam lhes ser equiparados, agregando-se à Constituição material, tendo, ou não, assento na Constituição formal (aqui considerada a abertura material do catálogo)".[10]

O que importa reconhecer, portanto, por enquanto, é que os direitos fundamentais são direitos diferenciados, consagrados no texto constitucional por decisão e escolha legítima do poder constituinte, por meio de procedimento deliberativo democrático, e que se sujeitam a uma proteção especial, a um regime jurídico diferenciado (esses são elementos da fundamentalidade formal) tendo em vista a importância dos bens jurídicos e valores que pretendem proteger (jusfundamentalidade material). Bem por isso esses direitos, como se disse, formam a espinha dorsal do Estado Democrático de Direito.

---

[5] PULIDO, Carlos Bernal. Prólogo. In: ALEXY, Robert. *Tres escritos sobre los derechos fundamentales y la teoría de los princípios*. Bogotá: Universidad Externado de Colombia, 2003, p. 13-17; p. 13.

[6] ALEXY, Robert. ALEXY, Robert. *Teoría de los derechos fundamentales*. Madrid: Centro de Estudios Constitucionales, 1993, p. 117.

[7] MIRANDA, Jorge. *Manual de Direito Constitucional*. Coimbra: Coimbra, 2000, p. 7.

[8] NOVAIS, Jorge Reis. *Direitos fundamentais*: trunfos contra a maioria. Coimbra: Coimbra, 2006, p. 17. É bem verdade que a expressão e ideia de direitos fundamentais como trunfos contra a maioria foi desenvolvida, inicialmente, por Ronald Dworkin (*Levando os direitos a sério*. Trad. Nelson Boeira. São Paulo: Martins Fontes, 2002, p. X).

[9] *Ibidem*, p. 32.

[10] SARLET, Ingo Wolfgang. *A eficácia dos direitos fundamentais*. 4. ed. Porto Alegre: Livraria do Advogado, 2004, p. 77.

A Constituição Federal de 1988, seguindo a orientação das cartas anteriores, previu, no Título II, Dos Direitos e Garantias Fundamentais, um extenso catálogo de direitos dessa natureza. A novidade desta Carta reside, como tantos já fizeram referência, na previsão dos direitos sociais em tal Título. Os direitos fundamentais refletem, assim, de acordo com a disciplina da Lei Fundamental de 1988, um conjunto de direitos especialmente protegidos pela ordem constitucional, na medida em que contém "decisões fundamentais sobre a estrutura do Estado e da sociedade, de modo especial, porém, no que diz com a posição nestes ocupada pela pessoa",[11] criando e mantendo, mediante eles, "os pressupostos elementares de uma vida na liberdade e na dignidade humana".[12] Trata-se, então, a fundamentalidade, de uma "especial dignidade e protecção dos direitos num sentido formal e num sentido material".[13]

Esses direitos traduzem, portanto, para o campo jurídico, os valores que a sociedade toma por mais caros, aqueles que identificam o núcleo dos anseios sociais e, na concepção da Constituição Dirigente, o conjunto axiológico que expressa as linhas mestras que devem nortear o projeto de Estado vislumbrado pelo poder constituinte originário.

O Direito Constitucional admite dois critérios para identificar no ordenamento jurídico os direitos que integram a categoria de direitos fundamentais: formal e material. Pelo critério formal, são fundamentais os direitos previstos expressamente no catálogo da Carta (Título II)[14] e os demais "direitos que o direito vigente qualifica como tais".[15] Mediante o uso exclusivo de tal critério o direito ao serviço público não poderia ser considerado como fundamental porque está previsto fora do Título II, no art. 175, Parágrafo Único, IV, da CF/88. Mas, como enuncia a própria Constituição, existem direitos fundamentais fora do catálogo do Título II e, para identificá-los, é preciso lançar mão de algum critério material.

Importa, por isso, o critério material, que permite reconhecer direitos fundamentais fora do catálogo. Assim, são fundamentais aqueles direitos que "por seu conteúdo, por sua substância, pertencem ao corpo fundamental da Constituição de um Estado, mesmo não constando no catálogo".[16] Sob esse critério, acolhe-se a existência de um conteúdo material positivado que demanda proteção diferenciada, por traduzir valores tomados como essenciais pela coletividade, fora do Título dos Direitos Fundamentais e até mesmo na legislação infraconstitucional.[17]

---

[11] *Ibidem*, p. 89.

[12] BONAVIDES, Paulo. *Curso de direito constitucional*. 4. ed. São Paulo: Malheiros, 1993, p. 472.

[13] CANOTILHO, J.J. Gomes. *Direito constitucional e teoria da constituição*. 4. ed. Coimbra: Almedina, 2000, p. 378.

[14] SARLET, Ingo Wolfgang. *A eficácia...*, p. 74.

[15] BONAVIDES, Paulo. *Op. cit.*, p. 472.

[16] SARLET, Ingo Wolfgang. *A eficácia...*, p. 79.

[17] De acordo com Cristina M. M. Queiroz "os direitos fundamentais surgem no Estado constitucional como 'reação' às ameaças fundamentais que circundam o homem e o cidadão. As funções específicas de perigo mudam historicamente, tornando-se necessários novos instrumentos de combate, que devem ser desenvolvidos, sempre de novo, em nome do homem e do cidadão. Isso significa uma abertura de conteúdos, de funções e de formas de proteção, de modo a que todos esses direitos possam ser defendidos contra os novos perigos que possam surgir no decurso do tempo. Esse caráter aberto do catálogo e da garantia dos direitos fundamentais, seja no aspecto pessoal, seja no aspecto institucional ou coletivo, vem expresso numa multiplicidade de formas de proteção jurídica (...) Não existe *numerus clausus* de dimensões de tutela, do mesmo modo que não existe um *numerus clausus* de perigos. Daí a origem da expressão proteção dinâmica dos direitos fundamentais, utilizada pelo Tribunal Constitucional Federal alemão". (QUEIROZ, Cristina. Direitos fundamentais sociais: questões interpretativas e limites de justiciabilidade. In: *Interpretação Constitucional*. São Paulo: Malheiros, 2005, p. 165-216;

No cenário nacional, o entendimento de que há direitos fundamentais fora do catálogo funda-se na cláusula de abertura do art. 5º, §2º, da Constituição. Segundo Ingo Wolfgang Sarlet, tal prescrição permite entender a Constituição como uma moldura que admite a aquisição de novos direitos fundamentais.[18] Até porque, é inegável que "a opção do Constituinte, ao erigir certa matéria à categoria de direito fundamental, se baseia na efetiva importância que aquela possui para a comunidade em determinado momento histórico, circunstância esta indispensável para que determinada posição jurídica possa ser considerada fundamental".[19]

Juarez Freitas interpreta o art. 5º, §2º, da CF/88, como verdadeira norma geral inclusiva, estendendo o *status* de direito fundamental (i) a prescrições constantes fora do art. 5º, da Carta Fundamental; (ii) aos Tratados Internacionais de Direitos Humanos e (iii) a preceitos da Declaração Universal dos Direitos do Homem.[20]

Essa perspectiva, então, permite o reconhecimento do traço de fundamentalidade do direito ao serviço público adequado, previsto no art. 175, Parágrafo Único, IV, da CF/88. Porém, o posicionamento aqui defendido não se contenta em considerar o acesso ao serviço público como um direito fundamental. Busca-se ir além, atribuindo a natureza de direito fundamental ao regime jurídico de tal instituto.[21]

Embora alguns dos princípios que compõem tal regime guardem previsão expressa na Constituição de 1988, o certo é que o art. 6º, §1º, da Lei nº 8.987/95, é o dispositivo que concretiza a noção de serviço público adequado, do citado art. 175, Parágrafo Único, IV, da Carta Magna. Com efeito, é nesse dispositivo legal que são estabelecidos, expressamente, os princípios que permitem identificar o que se entende por serviço público adequado, nos seguintes termos: "Serviço adequado é o que satisfaz as condições de regularidade, continuidade, eficiência, segurança, atualidade, generalidade, cortesia na sua prestação e modicidade das tarifas".

Logo, pela cláusula inclusiva do art. 5º, §2º, da CF/88, é possível a leitura do regime jurídico do serviço público como direito fundamental. Essa tese filia-se ao posicionamento de Ingo Wolfgang Sarlet, quando defende expressamente que "é ao legislador ordinário que se pode atribuir o pioneirismo de recolher valores fundamentais para determinada sociedade e assegurá-los juridicamente, antes mesmo de uma constitucionalização".[22]

A partir do aporte da doutrina portuguesa, pode-se identificar tais direitos como *direitos derivados*.[23] Com efeito, é no campo dos direitos sociais que J. J. Gomes

---

p. 49). Nesse mesmo sentido, as lições de J. J. Gomes Canotilho: "o amplo catálogo de direitos fundamentais ao qual é dedicada a Parte I da Constituição não esgota o campo constitucional dos direitos fundamentais. Dispersos ao longo da Constituição existem outros direitos fundamentais, vulgarmente chamados direitos fundamentais formalmente constitucionais, mas fora do catálogo ou direitos fundamentais dispersos" (CANOTILHO, José Joaquim Gomes. *Direito...*, p. 398).

[18] SARLET, Ingo Wolfgang. *A eficácia...*, p. 83.

[19] *Ibidem*, p. 104.

[20] FREITAS, Juarez. *A interpretação sistemática do direito.* 3. ed. São Paulo: Malheiros, 2002, p. 207.

[21] Em verdade, ainda que a ideia ora desenvolvida esteja vinculada a um novo momento do Direito Administrativo, não há grande novidade. Vários autores colocam o serviço público como direito fundamental, como já foi ressaltado. Por isso, a ideia não é defender a tese do serviço público como direito fundamental, mas agregar-lhe um *plus*, uma garantia de vinculação ao modo de realização sem o qual a simples ideia de serviço público poderá ser uma fórmula vazia. Tal ideia foi desenvolvida igualmente por Daniel Wunder Hachem, Direito fundamental..., p. 129.

[22] SARLET, Ingo Wolfgang. *A eficácia...*, p. 103.

[23] CANOTILHO, J. J. Gomes. *Direito...*, p. 479.

Canotilho encontra exemplos de direito derivado. Assevera o autor português que se apresentam como direitos derivados os direitos a prestações, aqueles que consagram "direitos dos cidadãos a uma participação igual nas prestações estaduais concretizadas por lei segundo a medida das capacidades existentes".[24] Remete-se, portanto, à ideia de serviço público.

Considera-se assim que cabe ao legislador ordinário o papel de concretização dos direitos fundamentais positivados na Constituição, com a finalidade de atribuir, com isso, eficácia imediata a tais direitos; por isso é possível, dentro de critérios proporcionais e razoáveis, reconhecer o traço de fundamentalidade também ao conteúdo de tal legislação infraconstitucional.

Em consonância ao pensamento de Ingo Wolfgang Sarlet, e tomando-se por analogia a figura dos direitos derivados do direito português, é possível justificar o entendimento de que o direito ao acesso ao serviço público adequado (art. 175, Parágrafo único, IV, CF/88) e o seu regime jurídico (art. 6º, IV, Lei 8.987/95) ostentam a natureza de direito fundamental.

Acolhida a tese de que há direitos fundamentais fora do catálogo, urge demonstrar o critério que permitirá a seleção do direito ao serviço público adequado, dentre os demais direitos previstos no ordenamento, como um direito fundamental.[25]

De uma maneira geral, entende-se que a nota de fundamentalidade material para os direitos fora do catálogo advém do critério de equiparação ou da vinculação do direito que se encontra fora do Título II, da Carta Fundamental a (i) um dos direitos fundamentais do catálogo, (ii) à dignidade da pessoa humana ou, ainda, (iii) ao conjunto de todos os princípios fundamentais (mormente os fundamentos da República).

De acordo com o primeiro critério, seriam fundamentais os direitos que, apesar de fora do catálogo, pudessem ser equiparados a alguns dos direitos expressamente integrantes do rol do citado Título II, da CF/88.[26] Adotando-se essa perspectiva, o direito ao serviço público prestado sob o regime da Lei nº 8.987/95 (serviço público adequado) pode ser considerado como direito fundamental visto que está vinculado, de maneira direta e inegável, como instrumento de concretização do direito à igualdade (art. 5º, *caput* e inc. I). Conforme exposto, acolhe-se a ideia de que o serviço público adequado, universal, contínuo e com taxas e tarifas módicas, é um mecanismo de distribuição de riqueza, por meio do qual se minimizam as desigualdades sociais com o fornecimento de prestações a todos os necessitados. É essa específica compreensão que permite justificar, pelo princípio da modicidade, por exemplo, que os cidadãos menos abastados tenham acesso aos serviços com benefícios na redução da tarifa, por exemplo. Ou, ainda, pelo princípio da universalidade, que os indivíduos mais carentes ou integrantes de grupos

---

[24] *Idem.*

[25] Na doutrina nacional, atribuir a fundamentalidade a tal direito é defendida por autores já citados. Na esfera do direito alienígena, ver, por todos, o trabalho de SALOMONI, Jorge Luis. *Teoria...*

[26] Segundo SCHIER, Paulo Ricardo. Novos desafios da filtragem constitucional no momento do neoconstitucionalismo. *A&C Revista de Direito Administrativo & Constitucional*, Belo Horizonte, v. 20, p. 145-166, 2005, p. 160. seriam direitos fundamentais, com base no referencial ora analisado, a irredutibilidade de vencimentos dos servidores públicos – por equiparação à irredutibilidade do art. 6º, VI), a irretroatividade – anualidade e anterioridade – das normas tributárias (por equiparação à irretroatividade geral do art. 5º, XXVI e da irretroatividade da norma penal), a acessibilidade de todos os cidadãos aos cargos públicos mediante concurso (por equiparação ao direito fundamental à igualdade), (iv) a proibição de prisão por dívidas, do Pacto de São José da Costa Rica (por equiparação à proibição da prisão civil por dívidas, dentre outros.

menos privilegiados da sociedade tenham acesso à reserva de vagas. São emanações concretas da aplicação do regime jurídico do serviço público, vinculadas à concretização do princípio da igualdade.

Constata-se, desse modo, a vinculação direta e imediata ao direito à igualdade, em sua perspectiva concreta, sendo possível, então, reconhecer o traço de fundamentalidade ao serviço público. Mas, além disso, tem-se que é a observância aos princípios da universalidade, modicidade e continuidade que garante o serviço como um mecanismo de efetiva redução das desigualdades sociais.

De acordo com a segunda hipótese, seriam igualmente fundamentais os direitos que se vinculam diretamente à proteção e realização da dignidade de todas as pessoas. Tomando-se por empréstimo a doutrina do Direito Constitucional,[27] a dignidade da pessoa humana é a tradução, no campo do Direito, do reconhecimento que se faz ao ser humano, concretamente situado, como sujeito a ser protegido e amparado pelo Estado e respeitado como tal.

Sem realizar um esforço histórico,[28] reitere-se que a Constituição brasileira de 1988 trouxe a dignidade humana como princípio fundamental, expressamente previsto em seu art. 1º, III. Assim, "a dignidade da pessoa humana, na condição de valor (e princípio normativo) fundamental, que atrai o conteúdo de todos os direitos fundamentais, exige e pressupõe o reconhecimento e proteção dos direitos fundamentais de todas as dimensões...".[29] Nesses termos, é "fundamento e fim da ordem jurídica, é pressuposto da igualdade real de todos os homens e da própria democracia".[30]

Em comunhão com tais ideias há quem sustente que os direitos constitucionais decorrem do valor máximo da dignidade humana, o que seria o fundamento de toda a ordem constitucional, tal como faz José Carlos Vieira de Andrade.[31]

Ana Paula de Barcellos percebe a norma do art. 3º, III, da CF/88, que estabelece, dentre os objetivos fundamentais da República Federativa do Brasil, a erradicação da pobreza e a redução das desigualdades como um subprincípio da dignidade.[32] Para a autora, esse dispositivo oferece uma moldura hermenêutica voltada a assegurar vida digna e, para tanto, a norma constitucional determina que "não haja miseráveis, que pessoas não passem fome, não durmam ao relento, nem sintam frio por falta de agasalho".[33] A dignidade, então, vincula o Estado, reclamando que tal valor seja o

---

[27] No presente trabalho recorta-se a apreciação da dignidade nos moldes em que ela foi plasmada no texto constitucional. Para o aprofundamento do tema, ver, no cenário nacional, BARCELLOS, Ana Paula de. *A eficácia jurídica dos princípios constitucionais*: o princípio da dignidade da pessoa humana. Rio de Janeiro: Renovar, 2002, p. 104 e ss.

[28] *Idem.*

[29] SARLET, Ingo Wolfgang. *Dignidade da pessoa humana e direitos fundamentais na Constituição Federal de 1988*. Porto Alegre: Livraria do Advogado, 2001. v. 1, p. 87.

[30] BARCELLOS, Ana Paula. *Op. cit.*, p. 194.

[31] ANDRADE, José Carlos Vieira de. *Op. cit.*, p. 102. Em sentido contrário, por exemplo, Ingo Wolfgang Sarlet sustenta que "basta um breve olhar sobre o nosso extenso catálogo de direitos fundamentais para que tenhamos dúvidas fundadas a respeito da alegação de que todas as posições jurídicas ali reconhecidas possuem necessariamente um conteúdo diretamente fundado no valor maior da dignidade da pessoa humana" (SARLET, Ingo Wolfgang. *A eficácia...*, p. 112).

[32] BARCELLOS, Ana Paula de. *Op. cit.*, p. 167.

[33] *Ibidem*, p. 169.

referencial de suas ações "tanto no sentido de preservar a dignidade existente ou até mesmo de criar condições que possibilitem o pleno exercício da dignidade".[34] É o vetor que dá coesão aos direitos fundamentais,[35] e também "cumpre função legitimadora do reconhecimento dos direitos fundamentais implícitos, decorrentes ou previstos em tratados internacionais, revelando-se, de tal sorte, sua íntima relação com o art. 5º, §2º, de nossa Lei Fundamental".[36]

Celso Antônio Bandeira de Mello realça que o respeito à dignidade humana integra o acervo histórico e cultural de um povo, como "patrimônio de suprema valia (...)". E assevera: "O Estado, enquanto seu guardião, não pode amesquinhá-lo, corroê-lo, dilapidá-lo ou dissipá-lo".[37] No que se refere ao recorte do presente texto, veja-se que Marçal Justen Filho vincula diretamente o serviço público à noção de dignidade de todas as pessoas, acolhendo a ideia de que tal instituto é, por excelência, "o meio de assegurar a existência digna do ser humano".[38]

A assertiva de que o serviço público é um instrumento que concretiza a dignidade encontra sua justificação em inúmeros dispositivos da Carta Constitucional. Consagrado como espécie de atividade econômica em sentido amplo, encontra sua previsão expressa no art. 175, da CF/88, Título VII, dentre as normas que regulamentam a Ordem Econômica. Observe-se que tal atividade, assim como os demais institutos previstos nesse Capítulo da Constituição, tem por fim "assegurar a todos existência digna", conforme *caput* do art. 170.

A vinculação do serviço público com a dignidade da pessoa humana também pode ser subsumida da previsão do art. 3º, III, da Carta Magna, que estabelece como dever do Estado erradicar a pobreza e a marginalização e reduzir as desigualdades sociais e regionais. Para alcançar tal *desideratum*, é condição *sine qua non* que o serviço público seja prestado sob o regime jurídico adequado, ofertado de maneira contínua, para todos dentro da exigência da universalidade e com taxas e tarifas módicas, sob pena de não se configurar como um instrumento de redistribuição de riquezas e, portanto, não ser possível concretizar, por meio dele, a dignidade para todos.[39]

Retomando-se a análise dos critérios que permitem imputar a natureza de direito fundamental ao serviço público, o terceiro deles é a vinculação aos princípios fundamentais, conforme Ingo Wolfgang Sarlet[40] e Paulo Ricardo Schier.[41] Verifica-se que tal critério não se restringe, em termos argumentativos, à vinculação ao princípio da dignidade da pessoa humana. Na tentativa de melhor densificar o conteúdo atribuído

---

[34] SARLET, Ingo Wolfgang. *A eficácia...*, p. 120.

[35] PIOVESAN, Flávia. Direitos humanos e o princípio da dignidade humana. In: LEITE, George Salomão (Org.). *Dos princípios constitucionais*: considerações em torno das normas principiológicas da Constituição. São Paulo: Malheiros, 2003, p. 180-197; p. 192.

[36] SARLET, Ingo Wolfgang. *A eficácia...*, p. 111. Nesse sentido, o autor ainda refere que o princípio da dignidade serve de parâmetro para a aplicação, interpretação e integração não apenas dos direitos fundamentais e do restante das normas constitucionais, mas de todo o ordenamento jurídico, imprimindo-lhe, além disso, sua coerência interna. (*Ibidem*, p. 125).

[37] BANDEIRA DE MELLO, Celso Antônio. *Eficácia das normas constitucionais e direitos sociais*. São Paulo: Malheiros, 2009, p. 36.

[38] JUSTEN FILHO, Marçal. *Curso...*, p. 598.

[39] Ver, uma vez mais, Jorge Salomoni. *Teoría...*, p. 176.

[40] SARLET, Ingo Wolfgang. *A eficácia...*, p. 109-110.

[41] SCHIER, Paulo Ricardo. Novos..., p. 160.

pelo constituinte ao princípio da dignidade, os autores fazem uso de outros referenciais de igual hierarquia constitucional – os demais princípios fundamentais – para reconhecer os outros direitos fundamentais.[42]

Tal posicionamento, portanto, utiliza-se da democracia, da soberania, da cidadania, dos valores sociais do trabalho e da livre iniciativa e do pluralismo político como referenciais mais concretos para a identificação dos direitos fundamentais fora do catálogo.

Também nessa dimensão o direito ao serviço público consagra-se como direito fundamental.[43] Isso porque, cada um dos serviços públicos previstos na Carta Magna, desde a saúde e educação, até transportes, telecomunicações e correios vinculam-se, diretamente, a um dos princípios fundamentais, notadamente ao da dignidade, mas também ao da cidadania e ao da democracia, por exemplo. Afinal, segundo Ingo Wolfgang Sarlet, "boa parte dos direitos sociais radica tanto no princípio da dignidade da pessoa humana (saúde, educação, etc.), quanto nos princípios que, entre nós, consagram o Estado social de Direito".[44]

E mais, consoante o que já se expôs, entende-se que não basta a previsão de tais serviços para que se assegure o acesso ao direito social. É necessário, para a devida concretização dos princípios fundamentais, que tais serviços sejam prestados de maneira universal, contínua e com taxas e tarifas módicas. Por isso, parece inobjetável aceitar que o regime jurídico do serviço público, que tem por núcleo básico os princípios antes citados, também deve ser reconhecido como direito fundamental.

A análise específica dos serviços públicos previstos na Constituição Federal de 1988 permite, em relação a cada um deles, identificar sua sustentação nos princípios e objetivos fundamentais da República, previstos no art. 1º e 3º, da Carta, Magna, respectivamente, os quais somente serão efetivados se as prestações de serviço público forem universais, módicas e contínuas. Assim, parece aceitável defender que os serviços públicos de saúde e educação relacionam-se, direta e imediatamente, à promoção da cidadania, prevista como princípio fundamental no art. 1º, II, da CF/88. A garantia do desenvolvimento nacional (art. 3º, II) e a promoção do bem de todos (art. 3º, IV) são objetivos que também poderão ser alcançadas mediante os serviços públicos, como, por exemplo, nos serviços de correio, telecomunicações, energia elétrica, navegação, transporte, saneamento básico, gás canalizado e transporte coletivo. A citação é meramente ilustrativa e busca demonstrar a inobjetável vinculação direta dos serviços públicos aqui referidos aos postulados constitucionais, interpretação que permite atribuir a tais serviços, e ao regime específico do serviço público, a natureza de direito fundamental.

---

[42] "Uma adequada compreensão normativa da Constituição haverá de aceitar que o princípio da dignidade da pessoa humana não é o único e nem, na perspectiva normativa, o mais importante princípio fundamental" (SARLET, Ingo Wolfgang. *A eficácia...*, p. 110).

[43] Nessa linha, também, Frank I. Michelmann refere que, dentre os direitos fundamentais, podem constar "direitos à satisfação de certas necessidades ou exigências materiais, ou o respectivo acesso aos meios de sua satisfação" (MICHELMANN, Frank I. A Constituição, os direitos sociais e a justificativa política liberal. In: LEITE, George Salomão; SARLET, Ingo Wolfgang (Coords.). *Direitos fundamentais e estado constitucional*. São Paulo: RT, 2009, p. 255-278, p. 256).

[44] SARLET, Ingo Wolfgang. *A eficácia...*, p. 110. Afirma ainda o autor que "é neste contexto que assumem relevo os demais princípios fundamentais, visto que, a exemplo da dignidade da pessoa humana, também cumprem função como referencial hermenêutico, tanto para os direitos fundamentais, quanto para o restante das normas da Constituição" (*Ibidem*, p. 130).

Ressalva-se que perfilhar esse posicionamento não significa comungar com a tese expansionista dos direitos fundamentais. Como já assentado na doutrina constitucionalista, tal leitura "poderia determinar uma inadequada compreensão da Constituição, eis que, efetivamente, nem tudo, no ordenamento jurídico, deve ou pode ser reconduzido aos direitos fundamentais" –[45] entendimento que poderia levar à banalização[46] da fundamentalidade de tais direitos.[47]

Ainda que a banalização seja algo temerário, ao serviço público – e ao seu regime jurídico – é imperioso reconhecer a natureza de direito fundamental. Com efeito, trata-se de instrumento essencial para a concretização dos direitos sociais. O serviço público adequado passa a ser exigência, então, do conjunto dos princípios estruturantes da Carta Magna. Isso porque, ao garantir aos cidadãos o devido acesso aos bens vinculados aos direitos sociais – a uma tarifa módica, de maneira universal e contínua –, garante efetividade ao princípio do Estado Social, assegura as condições necessárias para a efetivação do princípio Democrático, permite a consolidação da cidadania, de forma a afiançar com e por tudo isso, a concretização do princípio da dignidade de todas as pessoas.

De todo o exposto, é possível constatar que os serviços públicos e o seu regime jurídico constituem mecanismos que permitem a efetividade dos direitos sociais, tanto na dimensão objetiva quanto na dimensão subjetiva.

Pelo viés da dimensão objetiva "incumbe ao poder púbico agir sempre de modo a conferir a maior eficácia possível aos direitos fundamentais",[48] formando, com isso, "a base de um ordenamento jurídico de um Estado de Direito Democrático".[49]

Como decorrência da dimensão subjetiva dos direitos prestacionais os direitos fundamentais "determinam e asseguram a situação jurídica do particular em seus fundamentos".[50] Essa dimensão se manifesta na "constituição de posições jusfundamentais, quase sempre caracterizadas enquanto direitos subjetivos, que autorizam o titular a reclamar em juízo determinada ação (omissiva ou comissiva)".[51] Desse modo, "enquanto direitos subjetivos, os direitos fundamentais outorgam aos titulares a possibilidade de impor os seus interesses em face dos órgãos obrigados".[52]

A dimensão subjetiva manifesta-se por três funções: a de defesa ("situam o particular em condição de opor-se à atuação do poder público em desconformidade com o mandamento constitucional"),[53] a de prestação ("reclamam que o Estado coloque

---

[45] SCHIER, Paulo Ricardo. Novos..., p. 163.

[46] Sobre a banalização da dignidade da pessoa humana ver SILVA, Virgílio Afonso da. *Direitos fundamentais.* Conteúdo essencial, restrições e eficácia. São Paulo: Malheiros, 2009, p. 193.

[47] SCHIER, Paulo Ricardo. Novos..., p. 164. No mesmo sentido, Ingo Wolfgang Sarlet afirma que "toda e qualquer posição jurídica estranha ao catálogo poderia, seguindo a mesma linha de raciocínio, ser guindada (em face de um suposto conteúdo de dignidade de pessoa humana) à condição de materialmente fundamental" (SARLET, Ingo Wolfgang. *A eficácia...,* p. 130).

[48] CLÈVE, Clèmerson Merlin. A eficácia dos direitos fundamentais sociais. *Revista Crítica Jurídica,* Curitiba, n. 22, p. 17-28, jul.-dez. 2003, p. 22.

[49] MENDES, Gilmar Ferreira. *Direitos fundamentais e controle de constitucionalidade.* São Paulo: Celso Bastos, 1998, p. 32.

[50] HESSE, Konrad. *Elementos de direito constitucional da república federal da Alemanha.* Tradução de: HECK, Luís Afonso. Porto Alegre: SAFE, 1998, p. 230.

[51] CLÈVE, Clèmerson Merlin. A eficácia..., p. 22.

[52] MENDES, Gilmar Ferreira. *Op. cit.,* p. 32.

[53] CLÈVE, Clèmerson Merlin. A eficácia..., p. 23.

à disposição do particular, de modo igual, sem discriminação... os bens e serviços indispensáveis ao seu cumprimento")[54] e a de não discriminação.[55]

No exercício da primeira função, Adilson Dallari,[56] por exemplo, ressalta que o acesso ao serviço público é considerado um direito subjetivo do cidadão, especialmente atrelado à concretização dos direitos fundamentais.

Desse catálogo, é da função de prestação que se origina a garantia dos serviços públicos, garantia esta que deve ser tomada em sentido técnico, reconhecendo-lhe a natureza de direito fundamental *lato sensu*. Para tanto, será tomado como ponto de partida o entendimento de que as garantias fundamentais se apresentam como direito fundamental em sentido amplo, voltadas à proteção ou instrumentalização do exercício dos direitos ou liberdades fundamentais.[57]

No âmbito das classificações de direitos fundamentais, tem-se a divisão entre direitos e garantias[58] ou, ainda, entre direitos, liberdades e garantias.[59]

Jorge Miranda, comentando a Constituição portuguesa, estabelece um comparativo entre direitos e garantias:

> os direitos representam, só por si certos bens, enquanto as garantias destinam-se a assegurar a fruição desses bens; os direitos são principais, as garantias são acessórias e, muitas delas adjetivadas (ainda que possam ser objeto de um regime constitucional substantivo); os direitos permitem a realização das pessoas e inserem-se direta e imediatamente, por isso, nas respectivas esferas jurídicas, as garantias só nelas se projetam pelo nexo que possuem com os direitos...[60]

Quanto à distinção entre liberdades e garantias, o mesmo autor assevera que as liberdades se assentam nos indivíduos, de maneira independente do Estado, já as garantias implicam para o Estado uma atividade de relação com os indivíduos. Ressalta, ainda, que "as liberdades são formas de a pessoa agir, as garantias modos de organização ou de atuação do Estado; as liberdades valem por aquilo que vale a pessoa, as garantias têm valor instrumental e derivado".[61]

As garantias fundamentais, nesses termos, seriam aqueles institutos que possibilitam a utilização de meios adequados para a defesa de direitos e liberdades.[62] Institutos que ensejam "estabelecer uma proteção direta e imediata aos direitos fundamentais,

---

[54] *Idem.*

[55] J. J. Gomes Canotilho também faz referência à função antidiscriminatória dos direitos prestacionais, como a maneira pela qual "alguns grupos minoritários defendem a efetivação plena da igualdade de direitos numa sociedade multicultural e hiperinclusiva" (CANOTLHO, J. J. Gomes. *Direito...*, p. 410).

[56] "O direito ao uso dos serviços é um direito fundamental do cidadão" (DALLARI, Adilson Abreu. Direito ao uso dos serviços públicos. *Revista Trimestral de Direito Público*, São Paulo, n. 13, p. 211-215, 1996, p. 215).

[57] ANDRADE, José Carlos Vieira de. *Op. cit.*, p. 187 e ss.

[58] MENDES, Gilmar Ferreira; *et alii. Curso de direito constitucional.* São Paulo: Saraiva, 2007, p. 258. CANOTILHO, J. J. Gomes. *Direito...*, p. 395.

[59] CANOTILHO, J. J. Gomes. *Direito...*, p. 395.

[60] MIRANDA, Jorge. *Manual de direito constitucional.* Coimbra: Coimbra, 1988. t. IV, p. 88-89.

[61] *Ibidem*, p. 89.

[62] QUEIROZ, Cristina. *Op. cit.*, p. 178.

por meio de remédios jurisdicionais próprios e eficazes, providos pela ordem constitucional mesma".[63]

Diante disso, pode-se reconhecer o serviço público, bem como o seu regime jurídico, como garantias fundamentais, porque é, por meio de tal instituto, prestado de acordo com os princípios da universalidade, continuidade e modicidade de taxas e tarifas que serão ofertados aos cidadãos os bens consagrados nos direitos sociais.[64]

3 Considerações finais: o serviço público adequado e seu regime jurídico e as cláusulas pétreas

Reconhecer a natureza jurídica do serviço público, e de seu regime jurídico, como garantias fundamentais tem, por principal escopo, atribuir-lhes o regime jurídico protetivo de tais categorias de direitos.

Dentre tal regime, no presente texto, destaca-se a especial proteção assegurada pela previsão do art. 60, §4º, IV, da CF/88, que trata das cláusulas pétreas. Entende-se que tais cláusulas são estabelecidas com a finalidade precípua de manter o projeto delineado pelo Constituinte originário, com vistas em proteger o que a Constituição tem de nuclear, aquilo que é capaz de marcar a sua identidade.[65] Como mecanismos de blindagem, impedem que sejam modificados, pelo poder reformador, os conteúdos tomados por essenciais para a Constituição. Na esteira do pensamento alemão, Ingo Wolfgang Sarlet denomina as cláusulas pétreas de "cláusulas de eternidade"[66] e trata delas no âmbito da eficácia protetiva dos direitos fundamentais.[67] As cláusulas pétreas, com isso, visam a prevenir um processo de erosão da Constituição, com a "missão de inibir a mera tentativa de abolir o seu projeto básico".[68] Pretendem proteger a Lei Fundamental do *canto das sereias* de governantes que tencionem ajustar os dispositivos da Constituição aos seus projetos de governo.[69]

A abrangência das cláusulas pétreas alcança, ainda, os direitos materialmente fundamentais previstos fora do catálogo. Abarca, assim, de acordo com o posicionamento antes adotado, os direitos contidos no Título II, da Carta Magna, os previstos em tratados internacionais de direitos humanos e aqueles decorrentes dos princípios fundamentais.[70]

---

[63] BONAVIDES, Paulo. *Op. cit.*, p. 446.

[64] As ideias aqui sustentadas encontram fundamento, ainda, na obra de Ingo Wolfgang Sarlet que reconhece ao serviço público a natureza de garantia fundamental porque "diz diretamente com a efetiva fruição dos direitos fundamentais na sua dupla dimensão negativa e positiva". (SARLET, Ingo Wolfgang. *Os direitos...*, p. 243).

[65] SARLET, Ingo Wolfgang. *A eficácia...*, p. 433.

[66] *Ibidem*, p. 79.

[67] *Ibidem*, p. 407.

[68] MENDES, Gilmar Ferreira; *et alii. Op. cit.*

[69] SARLET, Ingo Wolfgang. *A eficácia...*, p. 209.

[70] Segue-se, então, o posicionamento de SARLET, Ingo Wolfgang. *A eficácia...*, p. 446. Em sentido contrário, Rodrigo Brandão afirma que tal interpretação trata-se de exegese excessivamente ampliativa do âmbito de proteção do art. 60, §4º, IV, da CF/88. Sustenta que "ter-se-á na hipótese fundado risco de implantar verdadeiro 'governo dos mortos sobre os vivos', vez que sujeitaria a geração atual a um amplíssimo rol de normas estatuídas pela geração constituinte, muitas delas de caráter substantivo e despidas de uma especial dignidade normativa"(BRANDÃO, Rodrigo. *Direitos fundamentais, democracia e cláusulas pétreas*. Rio de Janeiro: Renovar, 2008, p. 207).

É preciso verificar, finalmente, os contornos que devem ser observados pelo constituinte reformador ou pelo legislador ordinário quando da regulamentação dos direitos fundamentais em respeito à cláusula pétrea.[71]

A ideia mestra que deve nortear a identificação de tais limites é a proteção do núcleo *essencial do projeto do poder constituinte originário*; é esse o conteúdo que delimita o espaço de conformação do legislador. A proteção diferenciada contra futuras reformas se aplica às normas que traduzem os princípios estruturais essenciais da Constituição.[72] Desse modo, "além de assegurarem a imutabilidade de certos valores, além de preservarem a identidade do projeto do constituinte originário, participam, elas próprias, como tais, também da essência inalterável deste projeto".[73]

Porém, se tais cláusulas visam a proteger a identidade da Constituição, também não cabe uma interpretação extensiva de seus comandos, o que fatalmente ocasionaria a "petrificação"[74] de todo o conteúdo constitucional. Não se pode olvidar, por certo, que a Constituição deve aprender com a realidade social, o que implica a atualização do conteúdo de suas normas diante das modificações pelas quais passa a sociedade, sempre afastada, é claro, a supressão, ainda que tendencial, dos conteúdos protegidos pelas cláusulas pétreas.

Parece acertado, então, admitir que o alcance das cláusulas pétreas se dá no que se refere ao núcleo básico, essencial, dos direitos por elas protegidos, imunizando tal conteúdo contra futuras alterações. Afinal, "por maioritários que sejam, os poderes constituídos não podem pôr em causa aquilo que a Constituição reconhece como direito fundamental".[75] Há de se eleger um referencial que permita afastar a hipótese de "erosão dos direitos fundamentais por intervenções legislativas abusivas"[76] mas que, ao mesmo tempo, possa tolerar "eventuais restrições, desde que não invasivas do cerne do direito fundamental".[77]

Essa discussão, que demanda reflexão mais aprofundada que não cabe no recorte do presente texto, é relevante porque permite oferecer subsídios para identificar no regime jurídico do serviço público o seu núcleo essencial e, com isso, proteger o seu conteúdo com as garantias que advêm das cláusulas pétreas.[78] Em consequência, a regulamentação do regime jurídico do serviço público pelo legislador futuro não poderá afetar o núcleo essencial dos princípios da universalidade, da modicidade das

---

[71] A matéria remete à discussão sobre as restrições dos direitos fundamentais, tema que será abordado uma exposição meramente panorâmica, sob o aspecto da proteção do núcleo essencial. Para aprofundar o tema sobre as restrições de direitos fundamentais, reporta-se à obra de NOVAIS, Jorge Reis. *As restrições aos direitos fundamentais não expressamente autorizadas pela Constituição.* Coimbra: Coimbra, 2003.

[72] MENDES, Gilmar Ferreira; *et alii. Op. cit*, p. 207 e ss.

[73] *Ibidem*, p. 208. MENDES, Gilmar Ferreira; *et alii. Op. cit.*, 2007.

[74] SARLET, Ingo Wolfgang. *A eficácia...*, p. 433.

[75] NOVAIS, Jorge Reis. *Direitos...*, p. 36.

[76] BRANDÃO, Rodrigo. *Op. cit.*, p. 276.

[77] SARLET, Ingo Wolfgang. *A eficácia...*, p. 434.

[78] Afinal, como assevera Paulo Ricardo Schier, a referência ao núcleo essencial serve "para alertar o intérprete de que a barreira das cláusulas pétreas vai além de uma proteção exclusiva contra emendas, atingindo também o controle do legislador ordinário. Funcionaria, logo, como um lembrete de que a atividade de restrição legislativa, ainda quando autorizada constitucionalmente, não é um cheque em branco" (SCHIER, Paulo Ricardo. *Fundamentação...*, p. 71).

taxas e tarifas e da continuidade, cujo conteúdo será definido, em cada caso concreto, mediante juízo de ponderação.

Do exposto parece assomar argumentos que permitem sustentar a tese de que o direito ao serviço público e o direito ao seu regime jurídico específico – universalidade, modicidade e continuidade – apresentam a natureza de direitos fundamentais. Daí conclui-se que integram o rol das cláusulas pétreas e, por isso, seu núcleo essencial não poderá sofrer restrições pelo legislador futuro. É essa a proteção que se pretende seja observada na regulamentação dos serviços públicos em espécie.

Referências

ALEXY, Robert. *Teoría de los derechos fundamentales*. Madrid: Centro de Estudios Constitucionales, 1993.

ANDRADE, José Carlos Vieira de. *Os direitos fundamentais na constituição portuguesa de 1976*. Coimbra: Almedina, 1998.

BACELLAR FILHO, Romeu Felipe. Serviço público. In: DELPIAZZO, Carlos E. (Coord.). *Estudios jurídicos en homenage al profesor Mariano R. Brito*. Montevidéo: Fundación de Cultura Universitária, 2008, p. 603-608.

BANDEIRA DE MELLO, Celso Antônio. *Curso de direito administrativo*. 31. ed. São Paulo: Malheiros, 2014.

_____. *Eficácia das normas constitucionais e direitos sociais*. São Paulo: Malheiros, 2009.

BARCELLOS, Ana Paula de. *A eficácia jurídica dos princípios constitucionais*: o princípio da dignidade da pessoa humana. Rio de Janeiro: Renovar, 2002.

BONAVIDES, Paulo. *Curso de direito constitucional*. 4. ed. São Paulo: Malheiros, 1993.

BRANDÃO, Rodrigo. *Direitos fundamentais, democracia e cláusulas pétreas*. Rio de Janeiro: Renovar, 2008.

CANOTILHO, J. J. Gomes. *Direito constitucional e teoria da constituição*. 4. ed. Coimbra: Almedina, 2000.

CLÈVE, Clèmerson Merlin. A eficácia dos direitos fundamentais sociais. *Revista Crítica Jurídica*, Curitiba, n. 22, p. 17-28, jul./dez. 2003.

DALLARI, Adilson Abreu. Direito ao uso dos serviços públicos. *Revista Trimestral de Direito Público*, São Paulo, n. 13, p. 211-215, 1996.

DWORKIN, Ronald. *Levando os direitos a sério*. Trad. Nelson Boeira. São Paulo: Martins Fontes, 2002.

FINGER, Ana Cláudia. Serviço Público: Um Instrumento de Concretização de Direitos Fundamentais. *A&C Revista de Direito Administrativo & Constitucional*, Belo Horizonte, a. 3, n. 12, p. 141-165, abr.-jun. 2003.

FREITAS, Juarez. *A interpretação sistemática do direito*. 3. ed. São Paulo: Malheiros, 2002.

HACHEM, Daniel Wunder. HACHEM, Daniel Wunder. Direito fundamental ao serviço público adequado e capacidade econômica do cidadão. Repensando a universalidade do acesso à luz da igualdade material. *A&C Revista de Direito Administrativo & Constitucional*, Belo Horizonte, a. 14, nº 55, p. 123-58, jan.-mar. 2014.

HESSE, Konrad. *Elementos de direito constitucional da república federal da Alemanha*. Tradução de: HECK, Luís Afonso. Porto Alegre: SAFE, 1998.

MENDES, Gilmar Ferreira. *Direitos fundamentais e controle de constitucionalidade*. São Paulo: Celso Bastos, 1998.

_____; et alii. *Curso de direito constitucional*. São Paulo: Saraiva, 2007.

MICHELMANN, Frank I. A Constituição, os direitos sociais e a justificativa política liberal. In: LEITE, George Salomão; SARLET, Ingo Wolfgang (Coords.). *Direitos fundamentais e estado constitucional*. São Paulo: RT, 2009, p. 255-278.

MIRANDA, Jorge. *Manual de direito constitucional*. Coimbra: Coimbra, 1988. t. IV, p. 88-89.

NOVAIS, Jorge Reis. *As restrições aos direitos fundamentais não expressamente autorizadas pela Constituição*. Coimbra: Coimbra, 2003.

_____. *Direitos fundamentais*: trunfos contra a maioria. Coimbra: Coimbra, 2006.

PIOVESAN, Flávia. Direitos humanos e o princípio da dignidade humana. In: LEITE, George Salomão (Org.). *Dos princípios constitucionais*: considerações em torno das normas principiológicas da Constituição. São Paulo: Malheiros, 2003, p. 180-197.

PULIDO, Carlos Bernal. Prólogo. In: ALEXY, Robert. *Tres escritos sobre los derechos fundamentales y la teoría de los principios*. Bogotá: Universidad Externado de Colombia, 2003, p. 13-17.

QUEIROZ, Cristina. Direitos fundamentais sociais: questões interpretativas e limites de justiciabilidade. *In: Interpretação Constitucional*. São Paulo: Malheiros, 2005, p. 165-216.

SALOMONI, Jorge Luis. *Teoria general de los servicios públicos*. Buenos Aires: Ad-hoc, 1999.

SARLET, Ingo Wolfgang. *Dignidade da pessoa humana e direitos fundamentais na Constituição Federal de 1988*. Porto Alegre: Livraria do Advogado, 2001. v. 1.

SARLET, Ingo Wolfgang. *A eficácia dos direitos fundamentais*. 4. ed. Porto Alegre: Livraria do Advogado, 2004.

SCHIER, Adriana da Costa Ricardo. Apontamentos sobre os modelos de gestão e tendências atuais. In: GUIMARÃES, Edgar (coord.). *Cenários do direito administrativo*. Belo Horizonte: Editora Fórum, 2004, pp. 21-56.

SCHIER, Paulo Ricardo. Novos desafios da filtragem constitucional no momento do neoconstitucionalismo. *A&C Revista de Direito Administrativo & Constitucional*, Belo Horizonte, v. 20, p. 145-166, 2005.

SILVA, Virgílio Afonso da. *Direitos fundamentais*. Conteúdo essencial, restrições e eficácia. São Paulo: Malheiros, 2009.

ZOCHUN, Carolina Zancaner. *Da intervenção do estado no domínio social*. São Paulo: Malheiros, 2009.

Informação bibliográfica deste texto, conforme a NBR 6023:2002 da Associação Brasileira de Normas Técnicas (ABNT):

SCHIER, Adriana da Costa Ricardo. O regime jurídico do serviço público como garantia fundamental como mecanismos de resistência do estado social e democrático de direito. *In*: PONTES FILHO, Valmir; MOTTA, Fabrício; GABARDO, Emerson (Coord.). *Administração Pública*: desafios para a transparência, probidade e desenvolvimento. XXIX Congresso Brasileiro de Direito Administrativo. Belo Horizonte: Fórum, 2017. p. 21-35. ISBN 978-85-450-0157-7.

PÚBLICO E PRIVADO NO DESENVOLVIMENTO DE EMPREENDIMENTOS ESTATAIS

CARLOS ARI SUNDFELD

1 Introdução

O direito brasileiro permite ou não que, em projetos de implantação de empreendimentos estatais, haja interação eficiente e segura entre o público e o privado?[1]

É difícil responder a essa pergunta em termos muito gerais, pois os diversos setores têm situações bem distintas, de modo que vale focar em um deles. Nesta apresentação, tomo alguns exemplos, como o setor urbanístico.[2] Uma primeira constatação é que, envolvam ou não uma associação do público com o privado, quaisquer projetos públicos de impacto urbanístico terão de se amoldar à legislação civil, à regulação específica e ao regime jurídico dos bens públicos. Esse conjunto está longe de inviabilizar projetos, os quais são sim possíveis, ainda que à custa de um bom esforço de modelagem – coisa para especialistas caros.

Há algo que se pode melhorar nesses campos, destacando-se a necessidade de *arrumar um pouco a casa* da regulação no âmbito municipal e de modernizar as leis de desapropriação e o regime dos bens públicos. Com essas melhorias, mais projetos se viabilizarão, aumentará a segurança, e as modelagens ficarão mais baratas.

Mas quais os problemas jurídicos cruciais a serem enfrentados?

2 A regulação da ação privada como caminho do desenvolvimento

Ao contrário do que ocorrera no século anterior, no decorrer do século XX, o desenvolvimento foi ficando cada vez mais dependente da ação do estado, em suas

---

[1] Para uma exposição mais geral sobre o valor, os modos e os perigos do direito em relação às políticas públicas, v. Carlos Ari Sundfeld e André Rosilho, "Direito e Políticas Públicas: Dois Mundos?", em *Direito da Regulação e Políticas Públicas*, São Paulo, Malheiros, 2014, p. 45-79.

[2] Retomo aqui meu estudo "Público e privado no desenvolvimento urbanístico: os desafios jurídicos", em *Arq. Futuro – Financiamento da Inovação Urbana: Novos Modelos"*, São Paulo, BEI, 2014, p. 44-55.

duas versões: por um lado, a *ação indireta*, como regulador, limitando e controlando a ação privada; por outro, a *ação direta*, como empreendedor, implantando equipamentos públicos.

O campo urbanístico é exemplo de uma larga aposta na capacidade de o estado influir sobre a ação privada por meio essencialmente da regulação. A regulação urbanística cresceu durante o século XX como tarefa, sobretudo, municipal.[3] Foram as leis municipais que, pouco a pouco, limitaram de muitos modos a construção e o uso dos imóveis – primeiro com as leis edilícias, depois com as leis de uso e ocupação do solo. A seguir, foram as autoridades do Executivo Municipal que tentaram dar concreção a essas leis, fazendo regulação administrativa: editando regulamentos, expedindo licenças de construção, de parcelamento e de uso, e também fiscalizando as obras e o uso dos imóveis.

Tanto a criação dessa regulação urbanística, inspirada em ideias modernas de planejamento, racionalidade, solidariedade social, como a implantação de unidades administrativas e ainda o recrutamento de técnicos para cuidar de desenvolvimento urbano, foram uma vitória significativa da área pública.

Pelo lado do conhecimento jurídico, implantou-se uma área de estudos chamada direito urbanístico, bem sucedida em atualizar alguns anacronismos de tantos especialistas em direito civil, apegados às ideias tradicionais sobre propriedade imobiliária.

Em alguns municípios bem antenados com as novidades da experiência internacional – os municípios maiores e onde as universidades formam especialistas em urbanismo e em direito urbanístico – a legislação urbanística regulatória conseguiu evoluir positivamente sobre suas próprias soluções originais em muitos pontos relevantes. Exemplos são a adoção da outorga onerosa do direito de construir (que dá ao município a possibilidade de capturar mais valias, aplicando-as em melhorias urbanísticas), da transferência de potencial construtivo de imóveis tombados (que corrige uma distorção grave na distribuição das cargas públicas) e, mais amplamente, da própria Operação Urbana, que reúne um conjunto de mecanismos para melhorar áreas específicas da cidade. Portanto, a regulação urbanística se mostrou capaz de aumentar sua sofisticação, de melhorar.[4]

Com o passar do tempo, especialmente nas cidades maiores, a regulação urbanística em seu conjunto foi se expandindo com rapidez (cada vez mais normas, mais restrições, mais exigências, muitas delas irrealistas) e se aprofundando – e, naturalmente, complicando-se até o limite do irracional. No campo urbanístico, a ideologia regulatória – que acredita no máximo de regulação legal e administrativa como meio de evitar o egoísmo e o caos – instalou-se com uma força que não tem igual em outros campos. Cumprir corretamente todas as leis aplicáveis tornou-se inviável.

O paradoxo é que o resultado disso não é exatamente a paralisia da ação privada, como se poderia supor diante de tantas regras proibindo, exigindo, onerando, e diante de tantas intervenções de uma administração pública desorganizada. Em nenhum outro

---

[3] Para uma exposição mais geral, Carlos Ari Sundfeld, "Direito Público e Regulação no Brasil", em Sérgio Guerra (org.), *Regulação no Brasil – Uma Visão Multidisciplinar*, Rio de Janeiro, FGV, 2014, p. 97-128.

[4] Sobre a evolução do Direito Urbanístico, ampliar em Carlos Ari Sundfeld, "O Estatuto da Cidade e suas Diretrizes Gerais", Adilson Dallari e Sérgio Ferraz (orgs.), *Estatuto da Cidade – Comentários à Lei Federal nº 10.257/2001*, 2. ed., São Paulo, Malheiros, 2006, p. 45-60.

campo há tanta regulação quanto no urbanismo, verdade; mas em nenhum deles há tantas leis encomendadas (de caso concreto), tantas licenças irregulares, tanta ação clandestina. O fato é que surgiu aos poucos uma legião de especialistas, que fazem o sistema funcionar: não só os técnicos altamente sofisticados (arquitetos, engenheiros e advogados que mergulham na complexidade regulatória e ajudam os interessados a se adequar, ou a adequarem as regras), mas também despachantes bem relacionados, políticos e servidores corruptos vendendo soluções à margem da regulação, e empreendedores com coragem suficiente para atuar em um mundo paralelo às normas.

Em suma, em um país com baixa organização como o Brasil, era inevitável que a pesada regulação urbanística fosse uma regulação de efeitos incrivelmente heterogêneos: uma regulação que nunca é o que parece, não vale como escrita, não se aplica a todo mundo, incide meio desregulada. Vista em seu conjunto, talvez ela não seja de fato um gargalo para os investimentos privados, mas é na prática uma regulação sem qualidade.

Como melhorar as coisas por esse lado? Uma ampla desregulação formal em cada município parece fora de questão, até por que hoje há normas nacionais urbanísticas exigindo muita regulação. O art. 182 da Constituição exige leis com "diretrizes" para o "desenvolvimento urbano" e um plano diretor aprovado em cada câmara municipal com uma "política de desenvolvimento e de expansão urbana". O Estatuto da Cidade, uma lei nacional com normas gerais sobre urbanismo, não só amplia essa tendência como impõe novas regulações administrativas (a necessidade de o empreendedor privado submeter ao município estudos de impacto de vizinhança, p.ex.).

Portanto, a resposta mais óbvia ao desafio de melhorar a qualidade da regulação urbanística parece mesmo ser a organizacional. Os municípios, que ainda não tiveram tempo, dinheiro e ideia para investir maciçamente na organização da administração, vão ter sim de aumentar a qualificação técnica do pessoal envolvido em regulação; integrar em órgãos fortes e técnicos as infinitas competências regulatórias que nasceram dispersas em muitos órgãos (um caminho pode ser a criação de agências reguladoras urbanísticas municipais independentes, que articulem competências de regulação ambiental, de proteção ao patrimônio cultural, de trânsito, etc.); padronizar processos administrativos urbanísticos com base nos princípios públicos (transparência, motivação, vinculação aos precedentes, prazos máximos para decidir, etc.); aumentar e racionalizar o controle das decisões em matéria urbanística, etc.

Em suma, é preciso *arrumar a casa* da regulação urbanística. Só que nenhum município brasileiro pode localizar aí sua prioridade no momento. Os prefeitos estão envolvidos na desesperada luta cotidiana para ampliar serviços (educação, saúde e transporte pesam toneladas sobre os ombros municipais) e para caçar recursos financeiros para esse fim, os quais estão bem concentrados lá na União. Se pudermos colocar na agenda o dever de *arrumar a casa* da regulação urbanística, vamos evoluir. Se não, ficamos parados. Por hora, estamos.

3 Contratos público-privados: viabilidades e problemas

Quanto à formatação jurídica em si das associações entre o público e o privado para a viabilização de empreendimentos de infraestrutura, a boa notícia é que ela já existe, vem se consolidando, e pode ser usada largamente, tanto no campo urbanístico como em muitos outros setores. Os instrumentos mais sofisticados são os contratos de *concessão*, regulados por duas leis nacionais importantes e a respeito das quais acumulamos boa experiência em outras áreas – experiência essa que podemos usar para montar projetos.

A mais antiga é a lei tratando das concessões comuns, que prescindem de recursos públicos (isto é, são sustentadas por tarifas pagas pelos usuários de serviços ou por receitas de empreendimentos associados); é a Lei Nacional de Concessão nº 8.987, de 1995. A outra é a chamada Lei Nacional de PPP nº 11.079, de 2004, que estendeu o modelo da concessão aos casos em que são necessárias contraprestações públicas; a lei chama esses contratos de concessão patrocinada e concessão administrativa.

Algumas características desses três contratos de concessão os fazem instrumentos especialmente valiosos para os projetos estatais. Muitas atribuições públicas podem ser transferidas ao particular: prestação de serviços públicos, implantação de equipamentos públicos, etc. Privilégios públicos também podem ser delegados a ele: usar bens públicos, desapropriar, etc. As contraprestações do poder público ao particular não precisam ser feitas só em dinheiro, podendo envolver também a dação em pagamento de imóveis públicos ou de certificados de potencial construtivo, entre outras modalidades. Os recursos também podem vir da própria exploração dos serviços ou empreendimentos. Os projetos básicos das obras podem ser delegados ao particular, desonerando a administração públicas de um encargo pesado. Os contratos podem ter prazos de décadas, viabilizando assim a amortização de investimentos de alto valor. Também importante: são contratos estáveis, em que se procura mitigar o risco político por meio de regras de proteção, cujo respeito o Judiciário tem assegurado com alguma eficácia.[5]

Ao lado dessas leis mais gerais de concessão, temos no Brasil um número grande de leis setoriais, editadas sobretudo no âmbito federal, em telecomunicações, energia elétrica, petróleo, portos, saneamento, todas prevendo negócios público-privados, com nomes variados: *concessões, arrendamentos, contratos de partilha*, ou mesmo *autorizações*.[6] Várias dessas leis utilizam a Lei de Concessão como norma subsidiária de seus contratos; é o caso de energia elétrica e aeroportos, por exemplo. Outras têm modelos autônomos de contrato, como no setor petrolífero e em telecomunicações. Em termos gerais, há nessa legislação a orientação comum de buscar o equilíbrio entre os valores públicos e os interesses dos investidores e de obter relações jurídicas estáveis e seguras.

Temos uma experiência jurídica de contratações públicas com, pode-se dizer, cem ou mais anos de relativa continuidade, quanto às concessões de serviço público, por exemplo. Se olharmos os livros de direito, por mais que tenham ocorrido mudanças significativas nos últimos vinte anos, mesmo assim, nos que se publicam hoje, inclusive os de autores jovens, ainda estão os ecos de concessões muito antigas e das normas que, na metade do século XIX, implantaram no Brasil um sistema de contratação de ferrovias. É algo que tem seu valor, porque a continuidade é importante, mas com seus perigos. Por quê? As experiências vão sendo levadas em conta na produção da legislação

---

[5] Sobre a legislação e as experiências setoriais com concessões no Brasil, ampliar em *Parcerias Público-Privadas*, Carlos Ari Sundfeld (coord.), 2005, São Paulo, Malheiros. Para uma avaliação geral a respeito da experiência com parcerias, "O Direito e as parcerias empresariais e contratuais entre Estado e particulares", Carlos Ari Sundfeld, em *Cadernos FGV Projetos*, São Paulo, FGV, janeiro 2014, ano 9, nº 23, p. 54-60 (disponível em: <http:// www.fgv.br/fgvprojetos>).

[6] Ampliar em Carlos Ari Sundfeld, "Direito Administrativo Contratual", coleção "Pareceres", v. 2, 2013, São Paulo, Revista dos Tribunais.

setorial posterior, na evolução da legislação em geral, vão sendo consideradas, inclusive, nos textos dos novos contratos, e, no entanto, muitas vezes as regras desses contratos simplesmente não conseguem vingar, não são respeitadas. Muitas das discussões sobre a aplicação de contratos públicos vêm sendo resolvidas à luz de ideias que em verdade os contrariam. Isso tem sido relativamente comum pela inércia das ideias do passado, mas podemos reverter esse processo. É uma batalha para o campo das ideias.

O outro lado da ação estatal direta é o dos investimentos públicos em obras. Os principais instrumentos jurídicos aqui envolvidos são: as *leis orçamentárias*, que dividem anualmente os recursos públicos, determinando quanto será investido em cada obra; a *licitação*, processo de disputa por meio do qual o estado escolhe a empreiteira que vai executar a obra; e o *contrato administrativo*, que disciplina as relações entre estado e empreiteiro.

Orçamento, licitação e contrato são temas complexos e desafiadores, tanto no campo jurídico, como no político e no da gestão. Mas vale lembrar que os recursos financeiros são – e sempre serão – escassos e instáveis para o setor público, de modo que, orientações ideológicas à parte, o desenvolvimento dos empreendimentos públicos não pode ficar majoritariamente dependente de o estado arrumar dinheiro e contratar obras. É ilusão sonhar o contrário. Assim, o contrato administrativo de obras irrigado por dinheiro público é instrumento limitado para gerar a maioria dos empreendimentos públicos de que o Brasil necessita.

Outra coisa a dizer é que a legislação brasileira sobre licitações de projetos e de empreitadas de obras públicas (são hoje várias leis, de origem, sobretudo, federal), em especial a Lei nº 8.666, de 1993, mostra até o momento pouca preocupação com eficiência administrativa. Devido ao modo como a licitação está disciplinada nas leis, o dever de licitar os contratos de empreitada impõe custos bastante pesados para a administração, que gasta muito com processos licitatórios e ao final não consegue bons contratos. Muito se tem debatido – e um pouco se tem feito – para reformar essa legislação de licitação, mas não é um caminho simples.[7] Inevitável dizê-lo: em matéria de empreendimentos públicos dependentes de contratos de empreitada de obras, as leis de licitação vêm gerando grandes perdas. É ingenuidade achar que possamos revertê-las com rapidez.

Ao lado da atuação indireta via regulação, o poder público também é empreendedor: implanta equipamentos públicos, desenvolve uma vasta ação direta. A *aquisição, gestão e destinação do patrimônio imobiliário público* é parte fundamental dessa ação estatal direta.

Um problema é que a legislação a respeito dos bens públicos, que estudamos no direito administrativo, é pouco articulada. Temos quanto a isso uma mistura de normas anacrônicas (o principal exemplo está nas leis nacionais de desapropriação, em que pouco se evoluiu desde 1941) com um cipoal de leis federais, estaduais e municipais casuísticas. Mais importante: as ideias jurídicas predominantes neste campo imobiliário público foram cunhadas no século XIX e, claro, estão hoje muito envelhecidas.[8]

O emprego de imóveis públicos em empreendimentos privados está ligado a instrumentos jurídicos nada fáceis de acionar (a concessão de imóveis depende de

---

7   Ampliar em Carlos Ari Sundfeld, *Contratações Públicas e seu Controle*, São Paulo, Malheiros, 2013, p. 15-41 e 267-276.

8   Ampliar em Carlos Ari Sundfeld, "O Município e as Redes de Serviços Públicos", em Ives Gandra Martins e Mayr Godoy (coord.), *Tratado de Direito Municipal* – v.2, São Paulo, Quartier Latin, 2012, p. 844-925.

autorização caso a caso do Legislativo, o que politiza as relações e atrasa empreendimentos) ou a instrumentos muito inseguros (a permissão de bem público é em geral entendida como discricionária, passível de modificação ou extinção unilateral pelo Estado). Não se admite a desapropriação de imóveis para projetos urbanísticos que não tenham sido concebidos diretamente pelo estado; o regime da desapropriação é muito conflituoso, injusto e demorado, e abre poucas alternativas para a composição amigável.

Não é que essas características do direito vigente inviabilizem totalmente a aquisição, gestão e destinação do patrimônio imobiliário público para os modernos projetos públicos. O problema é mais de custo, tempo e transparência. Além disso, ao contrário do que ocorre com as normas de regulação urbanística, cujos defeitos podem ser contornados com insubordinação – tática que os privados usam com bastante agilidade, tocando seus empreendimentos à margem do direito – as normas sobre bens públicos são mais difíceis de superar. É que as operações com bens públicos têm de ser iniciadas por autoridades públicas, que são muito controladas, têm mais a perder ao atuar ilegalmente.

O resultado disso é uma ainda baixa eficiência na aquisição, gestão e alienação de patrimônio público para viabilizar novos empreendimentos públicos, sejam os empreendimentos de iniciativa estatal, sejam os do setor privado. Para avançar, um esforço legislativo modernizador pode fazer a diferença. Rever a legislação de desapropriação é uma necessidade; é tarefa para o Congresso Nacional. Editar uma boa lei nacional sobre bens públicos, ou incluir normas a respeito em uma lei nacional sobre o emprego de bens públicos em projetos de parceria com o setor privado, podem ser boas ideias. Se fizermos algo consistente nessa linha, saímos da paralisia.

4 Conclusão

Mas está em declínio o modelo de desenvolvimento que reservou ao estado a iniciativa e o protagonismo da ação pública. A vida é complexa demais, os desafios são grandes demais, as mudanças tão rápidas, tantos os recursos necessários, os conhecimentos tão caros de reunir, tão impressionante o número de envolvidos a articular, que, em todas as áreas, o direito vem sendo reformado em busca de modelos institucionais novos, que rompam a separação do estatal com o mundo não estatal.

Inevitável, portanto, que, na busca de desenvolvimento da infraestrutura, os entes estatais partam para o uso maciço de mecanismos de associação do público com o privado que sejam capazes, não só de levantar recursos de origem não estatal, como capazes também de poupar o estado do esforço operacional de celebrar e gerenciar muitos contratos, em que ele se sai bastante mal. Em suma, os entes estatais que perceberem que esse tipo de associação não é simples possibilidade, mas necessidade, vão ser os que se sairão melhor na geração e implantação de projetos públicos de qualidade nas próximas décadas.

Referências

SUNDFELD, Carlos Ari. (coord.). *Parcerias Público-Privadas*, 2005, São Paulo, Malheiros.

_____. *Direito Administrativo Contratual*. coleção "Pareceres", vol. II, 2013, São Paulo, Ed. Revista dos Tribunais.

_____. *Contratações Públicas e seu Controle*. 2013, São Paulo, Malheiros.

_____. Público e privado no desenvolvimento urbanístico: os desafios jurídicos, em *Arq. Futuro – Financiamento da Inovação Urbana: Novos Modelos"*, 2014, São Paulo, BEI, p. 44-55.

_____. Direito Público e Regulação no Brasil, em Sérgio Guerra (Org.), *Regulação no Brasil*: Uma Visão Multidisciplinar, 2014, Rio de Janeiro, FGV, p. 97-128.

_____. O Estatuto da Cidade e suas Diretrizes Gerais, em Adilson Dallari e Sérgio Ferraz (orgs.), *Estatuto da Cidade – Comentários à Lei Federal n.º 10.257/2001*, 2. ed., 2006, São Paulo, Malheiros, p. 45-60.

_____ "O Direito e as parcerias empresariais e contratuais entre Estado e particulares", em *Cadernos FGV Projetos*, São Paulo, FGV, janeiro 2014, ano 9, n. 23, p. 54-60 (disponível em www.fgv.br/fgvprojetos).

_____ "O Município e as Redes de Serviços Públicos", em Ives Gandra Martins e Mayr Godoy (coord.), *Tratado de Direito Municipal* – vol. II, São Paulo, Quartier Latin, 2012, p. 844-925.

SUNDFELD, Carlos Ari. ROSILHO, André. "Direito e Políticas Públicas: Dois Mundos?", em *Direito da Regulação e Políticas Públicas*, São Paulo, Malheiros, 2014, p. 45-79.

Informação bibliográfica deste texto, conforme a NBR 6023:2002 da Associação Brasileira de Normas Técnicas (ABNT):

SUNDFELD, Carlos Ari. Público e privado no desenvolvimento de empreendimentos estatais. *In*: PONTES FILHO, Valmir; MOTTA, Fabrício; GABARDO, Emerson (Coord.). *Administração Pública*: desafios para a transparência, probidade e desenvolvimento. XXIX Congresso Brasileiro de Direito Administrativo. Belo Horizonte: Fórum, 2017. p. 36-43. ISBN 978-85-450-0157-7.

INTERPRETAÇÃO NO DIREITO ADMINISTRATIVO

CELSO ANTÔNIO BANDEIRA DE MELLO

1 Toda interpretação tem como base e ponto de partida o próprio texto interpretando

Toda e qualquer interpretação tem como base e ponto de partida o próprio texto interpretando, pois não seria possível fazer-lhe a exegese senão em face das proposições ali versadas e, pois, das palavras que a exteriorizam e permitem captar seu sentido.

Com efeito: interpretar é desvendar um pensamento *alheio*. Interpretar é trazer a lume o propósito já cristalizado em regra que objetivamente existe, para o efeito de desvelar o conteúdo que nela mesma reside.

Tomem-se, em guisa de exemplos, as seguintes passagens de Black relativas à busca do significado residente em disposições postas sob interpretação.

> "Esse significado e intenção precisam ser visto antes de tudo na linguagem do próprio estatuto (diploma legal). Para isso se deve presumir que o significado empregado pelo legislador para expressar a sua vontade é adequado ao propósito e expressa aquela vontade corretamente.
>
> Se a linguagem do estatuto (legislação) é simples e livre de ambiguidades, e expressa o singular, definitivo e sensível significado *é conclusivo presumir que esse é o significado que o legislador pretendeu transmitir*".

E logo além:

> "Se a linguagem da lei é ambígua, ou falta precisão, ou é suscetível de duas ou mais interpretações, o que o legislador pretendeu transmitir deve ser visto com a ajuda de todas as considerações pertinentes e admissíveis".[1]

---

[1] Handbook on the Construction and Interpretation of the Laws, West Publishing Co., 1896, p. 85-86 – grifos nossos

Considerem-se também as seguintes sábias palavras da Suprema Corte dos Estados Unidos, no caso Mc Cluskey *v.* Cromwell, coligidas por Black:

> "Mas na construção, de leis e contratos, a intenção dos autores e partidos é ser vista, primeiramente, nas palavras empregadas, e se as palavras são livres de ambiguidades e dúvidas, e expressam claramente o sentido do autor do instrumento, não há nenhuma ocasião para se recorrer a outros significados de interpretações. Isso não permite que se interprete o que não tem necessidade de ser interpretado, e, quando as palavras tem um significado definido e preciso que não demandem ir a qualquer outro lugar para se buscar restringir ou ampliar o significado. Leis e contratos devem ser lidos e entendidos de acordo com o que é mais natural e óbvio da linguagem, sem se forçar construções para o propósito de limitar ou ampliar o seu sentido... O objeto da interpretação é trazer sentido a partir da palavra usada, *não incorporar sentido a ela*".[2]

Black observou ainda que:

> "Quando o ato é expresso de forma clara e em termos concisos, e o sentido é manifesto e leva a nada absurdo, não se pode ter razão para adotar o sentido naturalmente presente. Fugir disso, com o objetivo de achar significados diferentes, não é mais interpretar a lei como iludi-la".[3]

Essas averbações ele as comprova serem confirmadas pela Suprema Corte, trazendo à colação a seguinte passagem, remetendo-se aos casos Vattel, Law of Nat., Bk. 2, c.17, & 263; Jackson v. Lewis, 17 Johns. 475; People v. New York Cent. R. Co., 13 N.Y.78.:

> "Quando as palavras de um ato são duvidosas e incertas, era adequado inquirir qual era a intenção do legislador; mas muito perigoso para os juízes irem muito além na busca da intenção do legislado quando eles tenham se expressado com palavras claras e simples".[4]

É sabido e ressabido que, para correta exegese de uma norma e, sobretudo, de um sistema normativo, o que o intérprete tem que buscar é a finalidade para o qual ele aponta. Por força do notório princípio da finalidade o intérprete subjuga-se ao dever de alvejar sempre a finalidade normativa, adscrevendo-se a ela. O eminente administrativista luso Afonso Rodrigues Queiró averbou que "o fim da lei é o mesmo que o seu espírito e o espírito da lei faz parte da lei mesma". Daí haver colacionado as seguintes excelentes observações, colhidas em Magalhães Colaço: "o espírito da lei, o fim da lei, forma com o seu texto um todo harmônico e indestrutível, e a tal ponto, que nunca poderemos estar seguros do alcance da norma se não interpretarmos o texto da lei de acordo com o espírito da lei".[5]

O princípio da finalidade não é uma decorrência do princípio da legalidade, é mais que isso: é uma inerência dele; está nele contido, pois corresponde à aplicação da lei tal qual é; ou seja, na conformidade de sua razão de ser, do objetivo em vista do qual

---

[2] *Op. cit.* p. 36-37 – os grifos são nossos

[3] *Op. cit., pag. cit.*

[4] *Op.* e *loc. cits.*

[5] Reflexões sobre a Teoria do Desvio de Poder, Coimbra Ed. p. 72.

foi editada, por isso se pode dizer que tomar uma lei como suporte para a prática de ato desconforme com sua finalidade não é aplicar a lei; é desvirtuá-la; é burlar a lei sob pretexto de cumpri-la... quem desatende ao fim legal desatende à própria lei.

O que explica, justifica e confere sentido a uma norma é precisamente a finalidade que a anima. A partir dela é que se compreende a racionalidade que lhe presidiu a edição. Logo, é na finalidade da lei que reside o critério norteador de sua correta aplicação, pois é em nome de um dado objetivo que se confere competência aos agentes da administração.

Aliás, essa verdade, como máxima de interpretação, é proclamada desde tempos remotos. Em carta aos Coríntios, São Paulo averbou: "Littera enim occidit spiritus autem vivificat" (Epist. II, cap. 3, vers. 6). E Celsus deixou apostilado: "Scire leges non hoc est verba earum tenere sed vim ac potestatem".[6]

2 O risco do intérprete supor que as palavras devem prevalecer sobre o espírito da norma

É em vista dessa mesma orientação que os mais notáveis mestres de exegese têm, inúmeras vezes, advertido para o risco de o intérprete supor que as palavras devem prevalecer sobre o espírito da norma. Pelo contrário, pedem atenção para o fato de que pode perfeitamente ocorrer que a letra da lei sugira algo, mas que a finalidade da norma aponte em outra direção, que é aquela que haverá de ser seguida, sendo justamente esta a lição dos tribunais.

Com efeito, Black, que foi "Chief Justice" da Suprema Corte norte-americana e que talvez seja o mais notável dentre todos os gigantes da hermenêutica, em seu vetusto e monumental estudo sobre a Interpretação das Leis, obra justamente merecedora da consagração que recebeu e recebe, proferiu ao propósito a seguinte sintética e esclarecedora lição: "Uma lei deve ser interpretada em consonância com seu espírito e razão; as Cortes têm poder para declarar que um caso conformado à letra da lei não é por ela alcançado quando não esteja conformado ao espírito e à razão da lei e da plena intenção legislativa".[7]

Citando decisão da Suprema Corte Americana, o referido jurista transcreve-lhe as seguintes considerações: "É uma regra cediça a de que algo pode estar conforme à letra de uma lei e, entretanto, não com a própria lei, porque não está conforme ao seu espírito nem com o de seus fautores. Isso tem sido frequentemente afirmado e os repertórios estão repletos de casos ilustrativos de sua aplicação. Isto não é a substituição da intenção do juiz pela do legislador; pois, frequentemente palavras de sentido geral são usadas em uma lei, palavras amplas o bastante para abarcar o ato em questão, e, todavia, a consideração da legislação em sua totalidade, ou das circunstâncias que envolvem sua produção ou dos resultados absurdos que promanariam de se atribuir tal sentido amplo às palavras, fazem com que seja descabido admitir que o legislador pretendeu nelas abranger o caso específico" (Rector of Holy Trinity Cherch *v.* U.S.).[8]

---

[6]   Digesto, livro I, tit. III, fr. 17

[7]   *Op. cit.*, p. 48.

[8]   *idem, ibidem.*

O eminente jusfilósofo Recaséns Siches profere lição do mesmo teor, averbando com indiscutível acerto: "A norma legislativa se formula em termos gerais, porém quem a formula tem em mente um determinado tipo de casos, bem reais, dos quais teve experiência, ou tem mentalmente antecipados por sua imaginação, em relação aos quais pretende que se produza um determinado resultado, precisamente porque considera este resultado o mais justo. Então resulta evidente que o juiz, ante qualquer caso que se lhe apresente, tem, antes de tudo, que verificar mentalmente se a aplicação da norma, que em aparência cobre dito caso, produzirá o tipo de resultado justo em que se inspirou a valoração que é a base daquela norma (...) Se, o caso que se coloca perante o juiz é de um tipo diferente daqueles que serviram como motivação para estabelecer a norma e se a aplicação dela a tal caso produziria resultados opostos àqueles a que ela se propôs, ou opostos às consequências das valorações em que a norma se inspirou, entendo que se deve considerar que a norma não é aplicável àquele caso".[9]

A recíproca, a toda evidência, é igualmente verdadeira. O mesmo iluminado jurista o demonstra com um exemplo de grande força aliciante ao defender, como critério interpretativo do Direito, a aplicação de sua "lógica do razoável". Ei-lo, nas palavras daquele reverenciado mestre:

> Na plataforma de embarque de uma estação ferroviária da Polônia havia um letreiro que transcrevia um artigo do regulamento ferroviário cujo texto rezava: "É proibido passar à plataforma com cachorros". Ocorreu certa vez que alguém ia penetrar na plataforma acompanhado de um urso. O funcionário que vigiava a porta lhe impediu o acesso. A pessoa que se fazia acompanhar do urso protestou dizendo que aquele artigo do regulamento somente proibia ingressar na plataforma com cachorros, não porém com outra espécie de animais; desse modo surgiu um conflito jurídico centrado em torno da interpretação daquele artigo do regulamento (...).
>
> Com as obras de Aristóteles, de Bacon, de Stuart Mill, de Sigwart, ou inclusive com as de Husserl em mãos, não se encontraria maneira de converter um urso em um cachorro, e teríamos que dar razão ao obstinado camponês que queria entrar na plataforma com o urso. Entretanto, não só o jurista, mas, inclusive qualquer leigo em matéria de Direito, porém dotado de senso comum, haveria de reputar como descabelada esta interpretação, ainda que ela seja incontrovertivelmente correta, a única absolutamente correta, do ponto de vista da lógica tradicional. Este caso, certamente tão simples, constitui um impressionante sintoma do fato de que, pelo visto, a lógica tradicional é inadequada, ao menos em parte, para iluminar-nos na interpretação do conteúdo dos preceitos jurídicos.
>
> A contemplação deste caso nos sugere irresistivelmente as veementíssimas suspeitas de que há problemas de interpretação jurídica para os quais a lógica tradicional não nos serve; antes, produz consequências disparatadas. Por quê? Porque a lógica tradicional é meramente enunciativa do ser e do não ser, porém não contém pontos de vista de valor, nem apreciações sobre a correção dos fins, nem sobre a congruência entre meios e fins, nem sobre a eficácia dos meios em relação a um determinado fim.[10]

---

[9]   Filosofia del Derecho, Editorial Porrua, Mexico, 2. ed., 1961, p. 659.

[10]   *Op. cit.*, p. 645-646.

3 A interpretação teleológica também se constitui com base na formulação da regra de direito

A interpretação teleológica, pois, também se constitui com base na formulação da regra de direito. Entretanto, por guiar-se pela finalidade abrigada *naquela mesma formulação*, depreende que, para atender à sobredita finalidade residente na lei, cumpre extrair uma intelecção afinada com o objetivo dessarte identificado. Pretende que sob a égide da norma estarão todos os casos concretos (mas tão só e unicamente eles) que lhe correspondam ao intento.

Segue-se que, em nome da finalidade de preceptivo "sub examine", admite-se incluir sob sua regência situações que, se tivessem sido figuradas na ocasião da expedição da regra, certamente a linguagem normativa haveria sido mais abrangente, justamente para colhê-las, dada a identidade de razão com os casos induvidosamente abarcados pela dicção legal. Reversamente, considera que não estarão sob seu império casos concretos que, embora passíveis de se abrigarem, em tese, sob o teor das palavras normativas interpretandas, por certo são estranhos ao desígnio legal ou até mesmo substanciam situações contrapostas ao que nele se propõe alcançar e por isso a regra, se os houvesse pressentido, teria sido redigida em termos menos latos.

Eis, pois, em que difere a interpretação gramatical da teleológica: Na primeira, a dicção normativa é dada como suficiente e, pois, preponderante em relação ao que se poderia identificar como a finalidade extraível da linguagem em que se vasou seu comando, já que a perquirição sobre o objetivo da regra é considerada prescindenda. Na interpretação teleológica, o escopo reconhecível *na própria dicção da regra*, isto é, o espírito que a anima, ou que anima a *integralidade do texto no qual esta se aloja*, é que é tomado como preponderante, de tal sorte que prevalece, ou completa a literalidade da lei, pois apenas se propõe a captar-lhe a tônica e reconhecer-lhe o âmbito de abrangência.

Com efeito, ao interpretar é preciso sempre ter presente no espírito esta certeira lição de Carlos Maximiliano: "Deve o Direito ser interpretado inteligentemente, não de modo a que a ordem legal envolva um absurdo, prescreva inconveniências, vá ter a conclusões inconsistentes ou impossíveis".[11]

Deveras, de um dispositivo legal não se pode extrair nem resultados alheios à razão de existir da norma, nem que prejudiquem desnecessariamente interesses, maiormente quando públicos, se disso não resultar proveito para quem quer que seja, nem que conduzam a incongruências ou ilogismos.

Tanto isso é verdadeiro que doutores de incontestada autoridade, com fundamentação teórica mais ou menos extensa, mais ou menos explícita, indicam claramente que não se pode perder de vista a razão de existir de determinada regra, o espírito que a informa, advertindo, consequentemente, contra a erronia de recebê-la como um "tabu", pena de chegar-se a resultados incompatíveis com os seus fundamentos e com a própria lógica que lhe deve presidir o exame.

---

[11] Hermenêutica e Aplicação do Direito, Ed. Forense, 15. ed., 1995, p. 103

4 O conhecimento das leis não é o da simples dicção de suas palavras, mas a da força que traduzem

Deveras, o conhecimento das leis não é o da simples dicção de suas palavras, mas a da força que traduzem. É possível obedecer-se formalmente a um mandamento, mas contrariá-lo em substância, pois, com dito anteriormente, "Littera enim occidit spiritus autem vivificat" (São Paulo aos Coríntios, Epistola II, Cap. III, vers. 6). Assim, o espírito da regra é o que lhe dá vida, já que a literalidade dela pode, pelo contrário, fazer perimir seu sentido em dados casos concretos.

Diga-se, pois, sem receio de engano, que aplicar uma lei de acordo com sua finalidade corresponde pura e simplesmente a aplicá-la tal qual é, pois a finalidade da lei é precisamente aquilo em vista do qual foi editada: o objetivo a ser com ela alcançado. Por isso, tomar uma lei, ou melhor dizendo, sua dicção, como suporte para a prática de ato desconforme com a finalidade que a inspira não é aplicar a lei; é desvirtuá-la; é burlá-la a título ou meramente sob pretexto de cumpri-la. Em síntese: não é dado a intérprete assisado algum a possibilidade de interpretar uma lei em descompasso com a razão de existir dela. E a busca dessa razão é um imperativo inexorável para quem quer que deseje bem interpretar.

Pode-se dizer que tomar uma lei como suporte para a prática de ato desconforme com sua finalidade não é aplicar a lei; é desvirtuá-la; é burlar a lei sob pretexto de cumpri-la. Daí por que os atos incursos neste vício – denominado "desvio de poder" ou "desvio de finalidade" – são nulos. Quem desatende ao fim legal desatende à própria lei, que explica, justifica e confere sentido a uma norma é precisamente a finalidade que a anima. A partir dela é que se compreende a racionalidade que lhe presidiu a edição. Logo, é na finalidade da lei que reside o critério norteador de sua correta aplicação.

Informação bibliográfica deste texto, conforme a NBR 6023:2002 da Associação Brasileira de Normas Técnicas (ABNT):

BANDEIRA DE MELO, Celso Antônio. Interpretação no Direito Administrativo. *In*: PONTES FILHO, Valmir; MOTTA, Fabrício; GABARDO, Emerson (Coord.). *Administração Pública*: desafios para a transparência, probidade e desenvolvimento. XXIX Congresso Brasileiro de Direito Administrativo. Belo Horizonte: Fórum, 2017. p. 45-50. ISBN 978-85-450-0157-7.

AS MUDANÇAS NA LC Nº 123/06:
A POLÊMICA AVANÇA

CRISTIANA FORTINI

1 Introdução

A edição da LC nº 123/2006 provocou debates apaixonados, criando um cisma doutrinário entre aqueles que vislumbravam, por um lado, inconstitucionalidade no tratamento favorecido pela citada lei dispensado às micro e pequenas empresas ou ao menos inadequação na política pública que o diploma legal instituía e os que, por outro lado, consideravam constitucional, razoável e/ou necessária a distinção advinda das regras.[1] [2]

Também se discutiu, logo quando o advento da Lei, se a União teria competência para editar lei cujo conteúdo traz profundas alterações em matéria de licitações, embora a Lei Complementar nº 123 não se limite a isso. A constitucionalidade formal nunca foi o maior dos pontos de tensão entre os doutrinadores. O embate centrava-se e ainda se localiza no conteúdo das regras e seu respaldo (ou não) constitucional.[3]

Do ponto de vista material, caberia discutir se os comandos da LC nº 123, que rendem homenagem às microempresas e às empresas de pequeno porte, são constitucionais.

Entendemos que os artigos 42 a 45 desde sempre dedicados ao tratamento favorecido obrigatório, por meio do qual se assegura maior prazo para fins de demonstração de regularidade fiscal e permite-se, diante de empate real ou ficto, à empresa de pequeno porte e à microempresa desempatar, batendo a proposta de empresa assim

---

[1] Um dos mais combativos críticos da LC nº 123, desde seu nascedouro, professor Ivan Barbosa Rigolin apresentou suas colocações no artigo Micro e pequenas empresas em licitação – A LC nº 123, de 14.12.06 – Comentários aos arts. 42 a 49. In: *FCGP*, n. 61, ano 6, 2007, p. 33-41.

[2] Já escrevemos sobre a LC nº 123 em outra oportunidade. FORTINI, Cristiana. Micro e pequenas empresas: as regras de habilitação, empate e desempate na Lei Complementar nº 123 e no Decreto nº 6.204/2007. *Fórum de Contratação e Gestão Pública – FCGP*, Belo Horizonte, ano 7, n. 79, jul. 2008, p. 32.

[3] Cremos que ao atribuir competência para editar normas gerais de licitações e contratos à União, o art. 22, XXVII, da Constituição da República respalda, ao menos do ponto de vista formal, o disposto nos artigos 42 a 45, 47 a 49 da LC 123.

não classificada, não podem ser considerados atentatórios à Constituição da República, porque estabelecem prerrogativas amoldadas às normas constitucionais contidas nos artigos 170, IX, e 179.[4][5]

A LC nº 123/06 previa, entretanto, para além da obrigatoriedade da concessão das benesses contidas nos artigos 42 a 45, a possibilidade de que outras foram de tratamento favorecido pudessem ser adotadas.

O tratamento diferenciado e simplificado, segundo o comando original do art. 47, dependeria de regulamentação em lei específica a ser editada por cada ente. Vale dizer, a disciplina sobre como se dará o tratamento diferenciado e privilegiado, embora indicada na Lei Complementar em comento, estaria na dependência de decisão político administrativa superveniente.[6] As opções já estariam alinhadas no art. 48, mas o legislador deverá indicar qual (ou quais) efetivamente poderá ser aplicada.

A essa conclusão chegávamos diante do verbo "poder" na confecção da norma, a indicar que o legislador não pretendeu impor outras formas de favorecimento, além daquelas que estão enumeradas nos dispositivos antes examinados. Isso porque, quando se pretendeu criar norma cogente, o legislador não deixou margem para dúvidas. Veja-se, mais uma vez, o teor dos artigos 42, 43 e 44 da LC nº 123/06. Assim, não se trata de acolher o critério gramatical, mas de realizar exegese que considere as orientações do legislador.

Observa-se que, no âmbito federal, a proteção às micro e pequenas empresas mesmo antes das alterações realizadas por meio LC 147 superava a imposição legal. O art. 6º do Decreto nº 6.204/07 (hoje revogado) considerava obrigação a realização de licitação exclusiva para pequenas e microempresas, nas contratações que não excedam R$80.000,00(oitenta mil reais), quando o procedimento é instaurado pelas entidades da Administração Pública Federal. Apenas quando presentes as situações arroladas no art. 9º do mesmo Decreto, não se aplicaria o disposto no *caput* do art. 6º, ou seja, não existiria o dever de dar início à licitação exclusiva.

Como regra, parece-nos correta, à luz da Constituição da República, a preocupação com o surgimento e a permanência dos "pequenos negócios", considerando o importante papel que executam.[7]

Os objetivos da República definidos nos incisos do art. 3º, entre os quais se indica a garantia do desenvolvimento nacional, amoldam-se às demais regras constitucionais que dão salvaguarda à política de proteção de ME/EPP, inclusive em matéria de contratações públicas.[8]

---

[4] A constitucionalidade dos dispositivos não impede que se faça uma análise crítica. A redação não é perfeita. Por exemplo, há um aparente conflito entre o art. 42, que dispõe que a comprovação de regularidade fiscal "será exigida para efeito de assinatura de contrato" e o contido no *caput* do art. 43, em que se estabelece o dever de apresentar "toda a documentação exigida para efeito de comprovação de regularidade fiscal, mesmo que esta apresente alguma restrição" "por ocasião da participação em certames licitatórios".

[5] O presente texto não pretende investigar os artigos 42 a 45. Por isso não os abordaremos.

[6] Havia divergência doutrinária não só sobre a autoaplicabilidade do art. 48, mas também sobre o tipo de ato que seria necessário.

[7] O excepcional artigo de autoria da professora Christianne Stroppa merece ser lido. Trata-se de exame aprofundado sobre aspectos históricos que perpassam a questão da função social da licitação, eixo do qual emanam as regras da LC nº 123/2006. STROPPA, Christianne de Carvalho. A participação das micro e Pequenas Empresas (MPEs) nas compras governamentais. *BLC – Boletim de Licitações e Contratos*. São Paulo: NDJ, n. 2, p. 103, fev. 2013.

[8] Art. 170, VII e IX, e art. 179.

Vê-se, ainda, em comparação que nos parece possível, que a Constituição da República (e de forma direta no art. 37, VIII) estabeleceu a necessidade de resguardar vagas para os portadores de necessidades especiais, entendendo que o concurso público se preordena a outras finalidades que não as obviamente a ele atreladas. Outras ações afirmativas, na seara dos concursos públicos, têm sido implementadas via lei com o aval do Supremo Tribunal Federal. Ora, o concurso público e a licitação são, evidentemente, institutos irmanados pela ideia de seleção. Assim, a coerência do sistema clamava, segundo nossa perspectiva, um olhar mais cuidadoso para com as finalidades sociais da licitação.

Também nos parece interessante observar que a definição da serventia da licitação não é missão atribuída a este ou àquele doutrinador. À lei reserva-se criar os institutos e dar-lhes o endereçamento que julgar pertinente. Ainda que se possa discordar da opção legislativa, não se pode negar que à lei cumpre ditar as finalidades a serem perseguidas via um dado instituto.[9] A LC nº 123/2006 elasteceu (basta ver, por exemplo, que o art. 23, §1º, da Lei nº 8.666/1993 já espelhava a preocupação com uma função social) ou continuou a elastecer a funcionalidade da licitação, observando passos anteriores já experimentados por outros países.

Claro que não estamos a defender a reprodução cega de modelos estrangeiros. Não se trata de propor a colonização jurídica do país, mas de informar que o tratamento favorecido não é jabuticaba.[10]

O passar dos anos reinaugurou, em certa medida, a discussão, uma vez que as alterações realizadas pela LC nº 147/2014 intensificaram o tratamento favorecido, obrigando os entes federados e as entidades autárquicas e fundacionais a adotar medidas até então consideradas facultativas à luz da lei.[11]

Obviamente que as vozes contrárias à política pública de inserção e proteção das micro e pequenas empresas se inflamariam ainda mais com acirramento da salvaguarda às micro e pequenas empresas.

Lado outro, e com argumentos de ordem mais pragmática, parte dos agentes públicos repudiou o tom imperativo que coloriu parte do art. 48, entendendo não apenas que os gastos públicos se intensificariam porque os valores praticados pelas citadas empresas costumam superar os postulados pelas grandes companhias, mas receosos em face da sobrecarga de trabalho que as alterações provocariam.[12]

---

[9] A respeito da possível alegação de quebra de isonomia, recomendamos a leitura da magistral obra do professor Celso Antônio Bandeira de Mello. BANDEIRA DE MELLO, Celso Antônio. *Conteúdo jurídico do princípio da igualdade*. 3. ed. 18. tir. São Paulo: Malheiros, 2011.

[10] Na condição de pesquisadora visitante na George Washington University, após obter bolsa de estudos da Capes, onde estou agora, enquanto escrevo este trabalho, participei de discussões sobre licitações e contratações públicas. Nos Estados Unidos, desde 1953, como decorrência da 2ª Guerra Mundial, há efetiva preocupação com o que, aqui, chama-se *small business*. O *Small Business Act* de 1953 e o *Small Business Investment Act* de 1958, entre outros diplomas, revelam isso. Sugerimos a leitura do FAR, Federal Regulation Act, parte dedicada ao *small business* (19501 e seguintes). Ali será possível perceber que se praticam licitações exclusivas e subcontratações destinadas às pequenas empresas. Também na Europa há preocupação semelhante. Sugerimos consultar o Small Business Act of Europe, onde também se verifica a intenção de facilitar a contratação pelas entidades públicas das pequenas empresas. As regras são, claro, distintas das brasileiras que nos parecem mais avançadas, inclusive.

[11] Aos entes federados, obviamente, assegurava-se a prerrogativa de tornar obrigatório o que a LC nº 123/2006 apenas facultava. A título de exemplo, importa recordar que a União expediu o Decreto nº 6.204/2007, hoje revogado, estabelecendo a obrigatoriedade de realizar a licitação exclusiva disciplinada no art. 48, I, ainda que, até a alteração da LC nº 123/2006 pela LC nº 147/2014, inexistisse o dever de implementá-la.

[12] O sentimento a que nos referimos não pode ser medido por pesquisa. Ao menos, esta autora desconhece pesquisas neste sentido. Todavia, então como integrante da Administração Pública do Município de Belo

As mudanças começaram no art. 47, norma que indica os objetivos para o tratamento diferenciado e simplificado cuja forma de operacionalização é explicitada no art. 48.

Enquanto a redação original do art. 47 evidenciava a não obrigatoriedade da salvaguarda às micro e pequenas empresas,[13] a atual redação é claramente oposta.

O art. 47 originalmente previa que:

> Art. 47. Nas contratações públicas da União, dos Estados e dos Municípios, *poderá* ser concedido tratamento diferenciado e simplificado para as microempresas e empresas de pequeno porte objetivando a promoção do desenvolvimento econômico e social no âmbito municipal e regional, a ampliação da eficiência das políticas públicas e o incentivo à inovação tecnológica, *desde que previsto e regulamentado na legislação do respectivo ente* (grifo nosso).

A presença do verbo *poderá* e a menção à regulamentação futura enfatizavam a discricionariedade político-administrativa. O atual dispositivo está assim redigido:

> Art. 47. Nas contratações públicas da administração direta e indireta, autárquica e fundacional, federal, estadual e municipal, deverá ser concedido tratamento diferenciado e simplificado para as microempresas e empresas de pequeno porte objetivando a promoção do desenvolvimento econômico e social no âmbito municipal e regional, a ampliação da eficiência das políticas públicas e o incentivo à inovação tecnológica.
>
> Parágrafo único. No que diz respeito às compras públicas, enquanto não sobrevier legislação estadual, municipal ou regulamento específico de cada órgão mais favorável à microempresa e empresa de pequeno porte, aplica-se a legislação federal.

A redação atual do art. 47 reflete a intenção de intensificar a proteção às citadas empresas. Primeiro verifica-se que a redação atual menciona expressamente as autarquias e fundações, o que não estava evidenciado no dispositivo original da lei. Na órbita federal, o parágrafo único do art. 1º do Decreto nº 6.204/2007 estendia as regras aos fundos especiais, às autarquias, às fundações públicas, às empresas públicas, às sociedades de economia mista e às demais entidades controladas direta ou indiretamente pela União. O Decreto Federal nº 8.538/2015 não destoa do seu antecessor, preservando a mesma ideia (art. 1º, §1º).[14]

A substituição do verbo "poder" para "dever", a remoção da parte final do dispositivo que transferia a decisão final para regulamentação de cada ente federado e introdução de novo parágrafo a indicar que medidas mais favoráveis às micro e pequenas empresas, no que concerne às compras públicas, poderão ser editadas pelas entidades, são alterações que afetam profundamente o cenário normativo.

Horizonte, exercendo, quando da alteração legislativa, o cargo de Controladora-Geral e corresponsável pela proposta de decreto municipal sobre a matéria, foi-nos permitido contato direto com os operadores da licitação, quando captamos seus receios.

[13] Não se está a ignorar o caráter desde sempre impositivo do tratamento favorecido disciplinado nos arts. 43 e 44.

[14] Sem embargo de fundamento para a defesa da reserva de espaço para a autonomia dos entes descentralizados, não se pode ignorar que raramente se identificam entidades próximas do ideal de autonomia que o Decreto-lei nº 200/1967 pretendeu assegurar. Na realidade, há uma pluralidade de entidades cuja autonomia real é esvaziada pela absoluta dependência financeira do ente central.

O parágrafo único do art. 47 claramente abraça a ideia de que o favorecimento em matéria de compras públicas pode ser intensificado se os entes federados assim desejarem. Logo, antes de delinear um limite, a LC nº 123/2006, após sua reforma, indica, ao menos em matéria de compras públicas, um piso, uma garantia mínima às empresas por ela protegidas.[15]

Os objetivos perseguidos com o tratamento favorecido não foram atingidos. Assim, entende-se que as medidas a que se dedicará o art. 48 serão importantes com vistas à *promoção do desenvolvimento econômico e social no âmbito municipal e regional, à ampliação da eficiência das políticas públicas e o incentivo à inovação tecnológica.*

O dispositivo gerava e ainda gera alguma dificuldade interpretativa, tendo em vista os conceitos nele registrados. Ainda hoje parece difícil compreender a relação entre todos os objetivos arrolados no art. 47 e a proteção às micro e pequenas empresas.

Ao falar de ampliação da eficiência das políticas públicas, o dispositivo salienta a instrumentalidade das licitações e das contratações governamentais como mecanismos de inserção e/ou preservação das empresas de menor porte no mercado. A promoção do desenvolvimento regional e municipal parece resultar do fato de que a realidade dos pequenos municípios está atrelada a empresas de menor porte, pelo que valorizar as citadas empresas implica impulsionar o ambiente municipal. Obviamente que não se está a dizer que a simples utilização das ferramentas do art. 48 será bastante para a garantia do desenvolvimento regional ou municipal, sobretudo porque a licitação, ainda que conduzida pelo município "A" não necessariamente resultará na vitória de ME/EPP ali localizada. Mesmo em se tratando de convite, e ainda que as convidadas sejam ME/EPP locais, a participação externa se faz possível. Mais, apesar do previsto no §3º do art. 48, nem sempre haverá propostas de ME/EPP nas margens ali mencionadas.

---

[15] Não nos parece ofensiva ao texto constitucional a previsão permissiva de edição de regras outras pelos entes federados, se interessados em evoluir no tratamento favorecido. Primeiro porque a competência para editar normas gerais, assegurada à União, está preservada, tanto que por ela editada a LC nº 123/2006, assim como porque a competência dos demais entes políticos em matéria de licitações não é negada pela CF, bastando que seu exercício seja obediente às regras nacionais existentes. Logo, se as regras estaduais ou locais forem acelerar o tratamento favorecido, nos moldes propostos pelo parágrafo único do art. 47, não nos parece inconstitucional. O professor Ivan Barbosa Rigolin entende de forma diversa. É oportuno conhecer seu pensamento: "O anterior art. 47 da LC nº 123/06 apenas autorizava a Administração a conferir "tratamento diferenciado e simplificado" às MPEs, porém a partir de agora o que era apenas facultativo tornou-se obrigatório. Não se fala ainda em licitações fechadas às MPEs, mas apenas em que passou a ser obrigatório ao Poder Público diferenciar o tratamento àquelas empresas, e simplificá-lo – seja lá isso como for. O legislador parece não saber, ou não querer saber, ou fingir desconhecer, que para dar tratamento diferente a determinadas empresas dentro de licitações é preciso alterar as regras da lei de normas gerais de licitações e contratos, a Lei nº 8.666/93, e isso nem Estado, algum, nenhum, qualquer Município pode fazer! Desconhece-o, por acaso, o legislador federal? Ignora porventura o legislador que apenas a União pode legislar sobre normas gerais de licitação e contratos, e que uma lei federal já as enfeixa todas segundo ela própria reza em seu art. 1º, sem possibilidade de qualquer interferência estadual ou municipal? Como se pode tratar de modo diferente do que a Lei nº 8.666/93 trata as licitações, seja para MPEs, seja para os licitantes que forem, seja para o objeto que for, se todas as regras já estão dadas pela lei que se denomina o conjunto total das normas gerais das licitações e dos contratos administrativos no Brasil? Ainda do art. 47, o parágrafo único remata a aparente insânia do *caput*, prevendo que, quanto às compras públicas, poderá sobrevir legislação local ainda mais favorável às MPEs, e enquanto tal não ocorra aplicam-se estas normas federais a Estados, Distrito Federal e Municípios. Por tudo que é sagrado em direito, indaga-se como Estados ou os Municípios o poderiam ou poderão fazer, diante da taxatividade proibitiva e restritiva do inc. XXVII do art. 22 da Constituição Federal?". RIGOLIN, Ivan Barbosa. Micro e pequenas empresas em licitação: modificada a LC nº 123/06 pela LC nº 147/14. *Fórum de Contratação e Gestão Pública – FCGP*, Belo Horizonte, ano 13, n. 154, p. 22-27, out. 2014. Disponível em: <http://bid.editoraforum.com.br/bid/PDI0006.aspx?pdiCntd=181631>. Acesso em: 11 nov. 2015.

2 Artigo 48

O art. 48 disciplina a licitação exclusiva, a subcontratação e a licitação com lote reservado.

Também ele, naturalmente, fora afetado pela LC nº 147/2014. Assim, se antes a LC nº 123/2006 apenas indicava as possibilidades de tratamento favorecido "alternativo", cabendo a cada ente federado decidir por implementá-las ou não, o atual art. 48 converte em dever a maior parte daquelas faculdades.

A maior ênfase protetiva atribuída pelo atual art. 48 vem acompanhada da revogação do §1º do mesmo artigo. O então §1º do art. 48 limitava em 25% (vinte e cinco por cento) do total licitado em cada ano civil o montante a ser destinado às licitações/contratações "diferenciadas" arroladas nos incisos I a III do *caput* do mesmo dispositivo.

A norma, de difícil aplicação, porque envolvia prévio conhecimento sobre o montante a ser licitado, funcionava como limitador a evitar que o total dos gastos com licitação fosse inteiramente destinado aos certames descritos nos incisos do *caput* do art. 48.

Os incisos do *caput* do atual art. 48 estão assim redigidos:

> Art. 48. Para o cumprimento do disposto no art. 47 desta Lei Complementar, a administração pública:
> I – deverá realizar processo licitatório destinado exclusivamente à participação de microempresas e empresas de pequeno porte nos itens de contratação cujo valor seja de até R$80.000,00 (oitenta mil reais);
> II – poderá, em relação aos processos licitatórios destinados à aquisição de obras e serviços, exigir dos licitantes a subcontratação de microempresa ou empresa de pequeno porte;
> III – deverá estabelecer, em certames para aquisição de bens de natureza divisível, cota de até 25% (vinte e cinco por cento) do objeto para a contratação de microempresas e empresas de pequeno porte.

Exceção feita ao inciso II, em que permanece resguardado o espaço para a decisão político-administrativa de cada ente federado, os demais incisos demonstram a necessidade de conferir posição de destaque para as micro e pequenas empresas no cenário das contratações públicas.[16]

3 Licitação exclusiva

O atual inciso I prevê o dever de realizar procedimento licitatório destinado apenas à participação das micro e pequenas empresas, nos itens de contratação cujo valor seja de até R$80.000,00 (oitenta mil reais).

Embora a redação não seja a mais apurada possível, parece adequado concluir que não importa o objeto da contratação. Para além de objetos que se esteja a adquirir, também serviços e obras a serem contratados se submeteriam à mesma lógica. Irrelevante ainda a modalidade licitatória: qualquer que venha a ser a modalidade utilizada,

---

[16] Não temos notícia de decretos estaduais ou municipais que tenham transformado em dever a subcontratação prevista no inciso II. Na esfera federal, quer o Decreto nº 6.204/2007, quer o decreto que o substituiu, Decreto nº 8.538, recém-editado, preservam o caráter não impositivo da medida.

permanece o encargo de destinar apenas às entidades homenageadas o ambiente licitatório, dentro dos limites fixados.

O Decreto federal nº 8.538/2015 reproduz a norma, mas faz alusão a "itens ou lotes de licitação cujo valor seja de até R$80.000,00 (oitenta mil reais)".

O entendimento adotado pelo TCU é o de que quando plurais os itens no mesmo certame, cada um deles deve ser analisado de forma isolada, a fim de se compreender quando aplicar a regra.[17] A título de exemplo: se quatro os itens desejados pela entidade pública, e ao se fazer a pesquisa de preços,[18] conclui-se que em dois deles os valores que se imagina gastar estariam limitados a R$80.000,00 (oitenta mil reais), enquanto dois deles superariam o teto, seria de se promover licitação exclusiva apenas para os dois primeiros.

Realmente, hoje não há mais espaço para entendimento diverso, no nosso sentir. A redação original do art. 48, I, não falava em itens de contratação, mas mencionava o valor da contratação, o que justificava certo desconforto com o entendimento do TCU. Com base nesse fundamento e na necessidade de salvaguardar a busca da melhor proposta, a AGU emitiu parecer COR/CGU/AGU 059/2011 em que defendia a impossibilidade de a análise levar em conta cada item individualmente. Porém, desde o advento da LC nº 148/2014, a discussão parece não fazer sentido.

4 Subcontratação compulsória

O inciso II do art. 48 é aquele que maior detalhamento mereceu em nível regulamentar, embora reflita mera opção administrativa.

A ideia central é, obviamente, tentar assegurar um espaço para as ME/EPPs no cenário das contratações governamentais. Fracassadas que podem vir a ser em determinada licitação, abre-se uma possibilidade de agraciá-las com parte do objeto. Assim, o decreto federal, tal como já o fazia o decreto revogado, sinaliza que o ato convocatório do certame deve esclarecer que exigência da subcontratação não será aplicável quando o licitante, participando de forma isolada, já for ME/EPP ou integrar consórcio composto apenas de entidades assim caracterizadas ou, finalmente, integrar consórcio em que a quantidade de ME/EPP seja igual ou superior ao percentual fixado no ato convocatório a título de subcontratação compulsória.[19]

O inciso II menciona a possibilidade de subcontratação de obras e serviços, quando a empresa vitoriosa no certame não se enquadrar nos limites das ME/EPPS, situação em que, a teor do §2º do art. 48, os empenhos e pagamentos do órgão ou entidade da Administração Pública poderão ser destinados diretamente às microempresas e empresas de pequeno porte subcontratadas.

A redação original da LC nº 123/2006 fixava o máximo de 30% (trinta por cento), o que não mais se faz presente. Consoante prescreve o Decreto federal nº 8.538/2015,[20]

---

[17] A título de exemplo, o Tribunal de Contas da União, no Acórdão nº 3.771/2011 – Primeira Câmara, afirmou que apesar de o certame envolver 52 itens, pelo que o valor global excederia o limite descrito no art. 48, inciso I, cada item deveria ser tratado separadamente, o que imporia a licitação exclusiva.

[18] A realização de estimativa prévia do valor do respectivo objeto é exigência legal (Lei nº 8.666/1993, arts. 7º, §2º, II, 14 e 40, §2º, II, e Lei nº 10.520/2002, art. 3º, III).

[19] Art. 7º, §1º.

[20] Art. 7º, I.

os percentuais mínimo e máximo devem ser estabelecidos casuisticamente, vedando-se a sub-rogação completa ou da parcela principal da contratação.

Há, pois, duas decisões a adotar. A primeira é prever ou não a subcontratação compulsória, salvo se determinado ente federado, via decreto ou outro tipo de ato normativo, conferiu-lhe aprioristicamente caráter mandamental, mesmo a LC nº 123/2006 não o fazendo. A segunda deriva da primeira. Decidindo pela subcontratação, deve-se prever o percentual correspondente. Os patamares fixados no decreto federal não tolhem a liberdade de cada ente decidir de forma diversa. Mas, efetivamente sentido algum faria admitir a subcontratação da totalidade do objeto ou a parcela principal, sob pena de se transformar a subcontratada em contratada principal.

Nota-se a diferença entre a subcontratação aqui examinada e a descrita no art. 72 da Lei nº 8.666/1993. Não apenas a contratação mencionada na LC nº 123/2006 não engloba compras,[21] distanciando-se, de início da disciplinada na Lei nº 8.666/1993, como outros aspectos as preservam distintas.

Enquanto lá a subcontratação é uma possibilidade desejada pelo contratado, a subcontratação da LC nº 123/2006, se assim quiser a Administração, será imperiosa e independe da vontade do vencedor do certame. Lá, a subcontratação é uma hipótese, caso prevista no edital, cuja efetiva ocorrência será decidida em momento posterior à pactuação, aqui antes da celebração do pacto já se sabe se haverá ou não subcontratação.

A "grande empresa" será obrigada a subcontratar, se nesse sentido decidir a Administração, o que poderia não lhe render maiores responsabilidades, já que não lhe foi dada a opção pela execução total do objeto. Entretanto, assim não dispôs o decreto federal atual, preservando as regras já constantes do decreto revogado.

O decreto, todavia, confere importante espaço decisório para a empresa, a quem compete indicar durante o certame a ME/EPP a ser subcontratada na hipótese de consagrar-se vitoriosa, informando ainda qual parte do objeto demandado lhe será destinada. Assim, para além da hipótese óbvia de a "grande empresa" criar ME/EPP para "carregar" no certame, visando evitar na prática a distribuição do objeto almejada pela lei, há ainda estímulo outro para o espírito "maternal" diante do risco a que a empresa está exposta pelos malfeitos da subcontratada.

Com efeito, tendo indicado a subcontratada, a contratada principal obriga-se a substituir a ME/EPP, no prazo máximo de trinta dias, na hipótese de extinção da subcontratação, mantendo o percentual originalmente subcontratado até a sua execução total, notificando o órgão ou entidade contratante, sob pena de rescisão, sem prejuízo das sanções cabíveis, ou a demonstrar a inviabilidade da substituição, hipótese em que ficará responsável pela execução da parcela originalmente subcontratada.[22] Pela mesma razão, o decreto atribui à contratada responsabilidade pela padronização, pela compatibilidade, pelo gerenciamento centralizado e pela qualidade da subcontratação.[23]

Exatamente porque a decisão pela subcontratação da LC nº 123/2006 antecede a própria licitação, a ME/EPP indicada pela "grande empresa" terá sua regularidade fiscal examinada no curso do certame, como informa o art. 7º, inciso III, do Decreto Federal

---

[21] Nos termos do art. 7º, §2º, do Decreto nº 8.538/2015, não se admite a exigência de subcontratação de fornecimento de bens, exceto quando estiver vinculado à prestação de serviços acessórios.

[22] Art. 7º, IV, do Decreto nº 8.538/2015. Regra idêntica estava descrita no decreto anterior, que foi revogado.

[23] Art. 7º, V, do Decreto nº 8.538/2015. Regra idêntica estava descrita no decreto anterior, que foi revogado.

nº 8.538/2015. Vê-se, a propósito, importante distinção entre o atual decreto federal e seu antecessor. O decreto revogado, 6.204/2006, previa que não apenas a regularidade fiscal, mas também a trabalhista, seria examinada no curso do certame.

Por fim, o atual Decreto Federal nº 8.538/2015 estabelece vedações à sub-contratação,[24] quando a veda para parcelas de maior relevância técnica, assim definidas no ato convocatório. Frisa-se, com isso, o caráter acessório das parcelas subcontratadas. A novidade é positiva, visto que não se pode inverter, na prática, a subcontratação em contratação principal. Parcelas técnicas muito sensíveis, ao olhar da Administração, não podem ser deslocadas do centro para as margens. Imagina-se que havendo parcelas de maior relevância técnica se requeira a demonstração documental da correspondente qualificação e não há previsão para as ME/EPPs ofertarem tal sorte de documentação.

O decreto igualmente veda que a ME/EPP a ser subcontratada participe do certame. A proibição parece evitar que a ME/EPP concorra em "duplicidade": como principal e como "canguru", atrelada à grande empresa. Não vislumbramos nenhum tipo de percalço que a dupla participação pudesse ocasionar. Ao contrário, considerando que a grande empresa terá que saber, de antemão, quem pretende participar como ME/EPP, intensifica-se o incentivo para que ela "gere" sua própria criatura.

A possibilidade de as grandes empresas criarem pequenas/micro, o que fere de morte o espírito da LC nº 123, não desaparece nem mesmo diante da terceira vedação constante do §6º do art. 7º do decreto. Ainda que se vede a subcontratação de ME/EPPs que tenham um ou mais sócios comuns com a empresa contratante, a exigência não é difícil de ser contornada.

5 Licitação com lote reservado

Finalmente, o inciso III fixa, em caráter impositivo, o dever de reservar até 25% do objeto para a contratação de ME/EPPs. A regra parece nutrir-se da mesma inspiração que alimenta o art. 23, §1º, da Lei nº 8.666/1993, segundo o qual "As obras, serviços e compras efetuadas pela Administração serão divididas em tantas parcelas quantas se comprovarem técnica e economicamente viáveis, procedendo-se à licitação com vistas ao melhor aproveitamento dos recursos disponíveis no mercado e à ampliação da competitividade sem perda da economia de escala".

Em ambas as situações, idealiza-se um certame em que a totalidade do objeto seja fracionada de forma a ampliar a competitividade. Ainda que a Lei Geral de Licitações não evidencie textualmente a pretensão de proteger empresas de menor porte, a ampliação da competitividade pretendida não poderia ter propósito distinto senão o de fomentar a presença de empresas que estariam impedidas de participar caso desproporcional às suas possibilidades a grandeza do objeto. Não se ignora que o dispositivo da Lei nº 8.666/1993 não é idêntico ao que ora se comenta e nem se afirma que sua aplicação se operaria nas mesmas circunstâncias, mesmo porque aquela regra aplica-se a obras, serviços e bens.

O inciso III, por sua vez, cuida de reserva a ser observada quando da aquisição de bens de natureza divisível. Não se aplica a obras e serviços. Vê-se, portanto, que cada um dos incisos do art. 48 refere-se a licitações com propósitos diversos.

---

[24] Art. 7º, §6º, do Decreto nº 8.538/2015.

Observa-se que o inciso III se aplica apenas às compras de bens de natureza divisível, situação distinta do inciso I, relativo a compras e serviços, e do inciso II, relativo a serviços e obras (eventualmente, bens se vinculados à prestação de serviços acessórios).

Nota-se que o legislador não pretendeu restringir a participação de empresas não enquadradas como ME/EPPs, como restou decidido no inciso I. Naquele dispositivo, se a estimativa de valor da contratação de determinado item ou lote não ultrapassar R$80.000,00 (oitenta mil reais), a licitação contará apenas com a presença de empresas agraciadas. A situação do inciso III não está emoldurada pela estimativa de valor da contratação. Qualquer que seja o montante, impõe-se a realização de certame internamente fracionado em dois distintos "grupos": o primeiro destinado à totalidade dos potenciais interessados no objeto da licitação, independentemente do seu enquadramento como ME/EPP, e o segundo, que não poderá ultrapassar 25% (vinte e cinco por cento) da totalidade do objeto, e do qual participarão apenas as companhias merecedoras, por lei, do tratamento desigual.

A aplicação do inciso III é residual, na hipótese de compras de bens de natureza divisível. Se o valor da futura contratação dos citados bens, segundo a prévia avaliação administrativa, superar o montante de R$80.000,00 (oitenta mil reais), a Administração Pública está compelida a adotar a providência descrita no inciso III.

O percentual de 25% (vinte e cinco por cento) reflete o teto autorizado pela lei. Ao administrador público compete a decisão sobre o alcance da reserva de espaço assegurada à presença exclusiva de ME/EPP. Entendemos, todavia, que não poderá o administrador, ao fundamento de que não há um "piso", optar por não promover a licitação reservada. Também não nos parece, em princípio, ajustado ao espírito legal, fixar percentual que praticamente nada significará em termos da real aplicação do espírito legal.

Esclarece o Decreto federal nº 8.538/2015, como já enfatiza o decreto revogado, que a ME ou EPP poderá ter assento tanto na licitação reservada quanto no lote "principal", vindo a consagrar-se vitoriosa em ambos.[25] Porém, o decreto atual fixa a necessidade de observar-se, no caso de vitória dupla da mesma ME/EPP, o menor preço por ela apresentado, nada importando em qual dos lotes a menor proposta foi ofertada. É bem-vinda a regra atual. A norma constante do decreto revogado mencionava a necessidade de adotar-se o menor preço, mas sua redação sugeria que, havendo diferença entre os dois preços apresentados pela ME/EPP, o menor preço seria necessariamente o relativo ao lote principal, o que, embora mais provável, pode não se concretizar.[26]

A medida visa a desestimular que a mesma ME/EPP pratique preços distintos nos dois lotes.

O decreto federal atual mantém, com uma pequena adequação, regra já constante do decreto revogado. Nos termos do art. 8º, §2º, é possível prever que, ausente o vencedor da cota reservada, esta poderá ser adjudicada ao vencedor da cota principal ou, caso ele recuse, aos licitantes remanescentes que, todavia, estão jungidos ao preço

---

[25] Art. 8º, §2º, do Decreto nº 8.538/2015.

[26] Art. 8º, §3º, do Decreto nº 6.204/2006: "Se a mesma empresa vencer a cota reservada e a cota principal, a contratação da cota reservada deverá ocorrer pelo preço da cota principal, caso este tenha sido menor do que o obtido na cota reservada".

do primeiro colocado na cota principal. A distinção entre os atos normativos está no acréscimo que o atual art. 8º, §2º, do Decreto nº 8.538/2015 fez ao final da regra, esclarecendo o óbvio: o menor preço a que se aprisionam os licitantes remanescentes é o do primeiro colocado da cota principal. A regra anterior não esclarecia quem seria esse primeiro colocado. Com algum esforço poder-se-ia admitir discussão sobre quem seria esse primeiro colocado, especialmente porque a ausência de um vitorioso na cota reservada não significa ausência de propostas, mas ausência de vencedor, o que seria possível, por exemplo, no pregão, quando, após conhecer as propostas, examina-se a documentação do autor da menor delas. Mas, sempre nos pareceu no mínimo estranho que se pudesse usar como parâmetro proposta relativa a uma licitação fracassada. A regra atual afasta qualquer dúvida.

O atual decreto resolve outra questão de extrema importância prática. Nos termos do art. 8º, §4º, do decreto federal,[27] nas licitações por sistema de registro de preços ou por entregas parceladas, há prioridade da aquisição dos produtos relativos à cota reservada. A definição do decreto afina-se com a imperiosidade do tratamento favorecido a que alude o inciso III do art. 48. Imaginemos que a Administração Pública tenha optado por utilizar SRP, porque não lhe era possível prever o quantitativo da demanda futura. Ao final das licitações relativas às cotas reservada e principal, são encontrados preços distintos, porque vitoriosas empresas diferentes em cada certame. Seria um contrassenso, ainda que economicamente mais interessante, iniciar a aquisição pelo menor preço encontrado porque este poderia não coincidir com o preço praticado na cota reservada. Em última análise, a depender da real necessidade administrativa, a ME/EPP poderia sequer ser acionada para atender à demanda pública.

6 Prioridade para comércio local

Novidade bastante expressiva está na possibilidade de criar-se categoria privilegiada entre as ME/EPPs. Segundo o art. 48, §3º, da LC nº 123, poderá ser estabelecida prioridade de contratação para as microempresas e empresas de pequeno porte sediadas local ou regionalmente, até o limite de 10% (dez por cento) do melhor preço válido. Assim, caso se opte por privilegiar o comércio local, o que estaria afinado com os propósitos descritos no art. 48, o ato convocatório deverá prever o privilégio adicional que definirá, entre as ME/EPPs já agraciadas pelas regras do art. 48, aquela que, mesmo praticando preço superior, deve ser a contratada em apreço aos efeitos positivos decorrentes da valorização do comércio local ou regional. Aos críticos da LC nº 123/2006, a possibilidade constante do §3º soa ainda mais detestável. Para os que, como nós, admitem que cabe à lei ditar as finalidades da licitação, a medida soa salutar.

O atual Decreto Federal nº 8.538/2015 esclarece o que se consideram âmbito local e regional. Segundo o disposto nos incisos I e II do §2º do art. 1º do citado decreto, considera-se âmbito local os "limites geográficos do Município onde será executado o objeto da contratação" e âmbito regional, os "limites geográficos do Estado ou da região metropolitana, que podem envolver mesorregiões ou microrregiões, conforme definido pelo Instituto Brasileiro de Geografia e Estatística – IBGE".

---

[27] Não havia regra semelhante no decreto federal revogado.

7 Artigo 49

O art. 49 enumera as situações em que os arts. 47 e 48 não se aplicam.

Também ele foi impactado pelo advento da LC nº 147/2014. A análise do citado artigo prestigiará, inicialmente, os trechos afetados pela LC nº 147/2014.

Antes dotado de 4 incisos, o atual art. 49 enumera 3 situações. O inciso I foi revogado. O então inciso I negava a utilização das ferramentas descritas nos incisos I a III do art. 48 quando não indicadas previamente no instrumento convocatório. Deve ser recordado que as hipóteses do art. 48 eram todas, até o advento da LC nº 147/2014, facultativas. A previsão no edital, se houvesse, expunha a decisão político-administrativa realizada. Uma vez que parte do tratamento favorecido a que se refere o art. 48 passou a ser cogente, não há espaço para "escolhas", logo, os atos convocatórios apenas reproduzirão a lei. Fato é que não é possível faticamente conceder qualquer dos tratamentos descritos no art. 48 sem explicitá-los no ato convocatório. De forma feliz, o Decreto nº 8.538/2015 prevê que os critérios de tratamento diferenciado e simplificado estejam previstos no instrumento de convocação (art. 11).[29] [30]

O inciso IV foi igualmente alterado e sem o apreço à boa técnica. A regra prevê a não utilização do tratamento favorecido enumerado no art. 48 quando a licitação for dispensável ou inexigível, nos termos dos arts. 24 e 25 da Lei nº 8.666, de 21 de junho de 1993, *excetuando-se as dispensas tratadas pelos incisos I e II do art. 24 da mesma lei, nas quais a compra deverá ser feita preferencialmente de microempresas e empresas de pequeno porte, aplicando-se o disposto no inciso I do art. 48* (grifo nosso).

O inciso IV nega tratamento favorecido quando a contratação for realizada com suporte nos arts. 24 e 25 da Lei nº 8.666/1993. Realmente, não faria sentido estabelecer a preferência para contratação direta de ME/EPPs, de forma abrangente, mesmo porque algumas das situações de dispensa e inexigibilidade seriam incompatíveis com a homenagem aos "pequenos negócios".

Evidentemente que, embora não fizesse sentido fixar a preferência como regra nas contratações diretas, seria possível apontar os casos que admitiriam o tratamento distintivo. O legislador optou apenas por uma situação. De forma acertada, quanto ao conteúdo, mas equivocada, no que toca à forma, o legislador exigiu a preferência quando se tratar de contratações de pequeno valor, abordadas pelos incisos I e II do art. 24 da Lei nº 8.666/1993. Contudo, era absolutamente desnecessária a menção à parte final do

---

[28] "§3º Admite-se a adoção de outro critério de definição de âmbito local e regional, justificadamente, em edital, desde que previsto em regulamento específico do órgão ou entidade contratante e que atenda aos objetivos previstos no art. 1º".

[29] Em resposta à pergunta formulada, a NDJ acertadamente orientou a abordagem do tratamento favorecido nos atos convocatórios. *BLC*, nov. 2014, Questões Práticas, p. 1156.

[30] A revogação do inciso I do art. 49 não se operou imediatamente. Apenas a partir do dia 1º.01.2015, passou a produzir efeitos, em face do disposto no art. 15, inciso I, e do art. 16, inciso V, da LC nº 147/2014.

dispositivo.[31] A referência não contribui para a intelecção da regra, dado que sugere fazer licitação exclusiva, já que disso trata o art. 48, I, quando está a se disciplinar a contratação direta.

O Decreto nº 8.538/2015 (art. 10, III) possui redação mais apurada, dado que não repete a parte da lei ora criticada, mas inova ao dizer da observância, quando couber, para fins da contratação direta preferencial de ME/EPPs, de "condições" que não estavam relacionadas legalmente à contratação direta.[32]

Vale dizer, enquanto a lei determina a preferência para as contratações de ME/EPPs nos casos do art. 24, incisos I e II, o decreto federal estabelece, para dito favorecimento, algumas condições. As citadas condições não são exatamente uma novidade introduzida pelo decreto federal. Novo foi o enfoque a elas atribuído. Os incisos I, II e IV do *caput* do art. 10 do decreto federal, mencionados no inciso III, constam da LC nº 123/2006. Estão no art. 47 (objetivos do tratamento favorecido) e no art. 49 (situações que não ensejam o tratamento favorecido).

Analisando o que diz o decreto, conclui-se que se afasta a preferência da contratação direta de ME/EPPs quando: 1) ela não for capaz de alcançar pelo menos um dos objetivos descritos no art. 47; 2) quando **não** existirem um mínimo de 3 (três) fornecedores competitivos enquadrados como microempresas ou empresas de pequeno porte sediados local ou regionalmente e capazes de cumprir as exigências estabelecidas no instrumento convocatório; e, por fim, 3) se o tratamento diferenciado e simplificado para as microempresas e empresas de pequeno porte não for vantajoso para a Administração Pública ou representar prejuízo ao conjunto ou complexo do objeto a ser contratado.

A referência ao inciso I parece óbvia, já que ausente qualquer lógica em se atribuir preferência à contratação de ME/EPPs, **por** meio de licitação ou não, se nenhum dos objetivos a que se preordena a política **pública** em comento será alcançado. A menção ao inciso IV segue a mesma linha de raciocínio.

Mas, soa estranho exigir a **presença** de um mínimo de 3 (três) fornecedores competitivos enquadrados como **microempresas** ou empresas de pequeno porte sediados local ou regionalmente e capazes de cumprir as exigências estabelecidas no instrumento convocatório, quando não se irá promover uma licitação. Imagina-se que a ideia central é possibilitar o confronto de propostas, como usualmente se faz nos casos de contratação direta. Todavia, ainda assim soa estranha a previsão, quando a lei não a

---

[31] "IV – a licitação for dispensável ou inexigível, nos termos dos arts. 24 e 25 da Lei nº 8.666, de 21 de junho de 1993, excetuando-se as dispensas tratadas pelos incisos I e II do art. 24 da mesma Lei, nas quais a compra deverá ser feita preferencialmente de microempresas e empresas de pequeno porte, *aplicando-se o disposto no inciso I do art. 48*" (grifo nosso).

[32] Art. 10. Não se aplica o disposto no art. 6º ao art. 8º quando:
I – não houver o mínimo de três fornecedores competitivos enquadrados como microempresas ou empresas de pequeno porte sediadas local ou regionalmente e capazes de cumprir as exigências estabelecidas no instrumento convocatório; II – o tratamento diferenciado e simplificado para as microempresas e as empresas de pequeno porte não for vantajoso para a administração pública ou representar prejuízo ao conjunto ou ao complexo do objeto a ser contratado, justificadamente; III – a licitação for dispensável ou inexigível, nos termos dos arts. 24 e 25 da Lei nº 8.666, de 1993, excetuadas as dispensas tratadas pelos incisos I e II do *caput* do referido art. 24, nas quais a compra deverá ser feita preferencialmente por microempresas e empresas de pequeno porte, observados, no que couber, os incisos I, II e IV do *caput* deste artigo; ou IV – o tratamento diferenciado e simplificado não for capaz de alcançar, justificadamente, pelo menos um dos objetivos previstos no art. 1º. Parágrafo único. Para o disposto no inciso II do *caput*, considera-se não vantajosa a contratação quando: I – resultar em preço superior ao valor estabelecido como referência; ou II – a natureza do bem, serviço ou obra for incompatível com a aplicação dos benefícios.

fez. Este artigo está sendo escrito um mês após a edição do decreto. O passar do tempo permitirá uma avaliação mais definitiva.

Devem ser comentados os incisos II e III do art. 49 da LC nº 123/2006, não afetados pela LC nº 147/2014.

O inciso II nega a concessão dos benefícios do art. 48 ausente um mínimo de 3 (três) fornecedores competitivos enquadrados como microempresas ou empresas de pequeno porte sediados local ou regionalmente e capazes de cumprir as exigências estabelecidas no instrumento convocatório. O atual Decreto federal nº 8.538/2015 esclarece o que se consideram âmbito local e regional, como antes mencionado neste artigo.

Para se apurar a presença ou não do quantitativo mínimo exigido, há de ser implementado e constantemente atualizado um cadastro de ME/EPPs sediadas local ou regionalmente, permitindo saber de antemão se o número exigido existe ou não. O art. 2º, inciso I, do Decreto Federal nº 8.538/2015, repetindo o anterior, menciona o referido cadastro.

O inciso III rejeita o favorecimento quando não vantajoso para a Administração Pública ou representar prejuízo ao conjunto ou complexo do objeto a ser contratado. O Decreto Federal nº 8.538/2015 explicita as balizas a conduzir a avaliação sobre a vantajosidade ou não da contratação. Os parâmetros estão no parágrafo único do art. 10.[33]

Não se devem favorecer ME/EPPs se a medida for resultar em valor superior ao valor de referência. Evidente que não se pode interpretar a regra de forma a extrair a mais absurda das conclusões. Logo, evidentemente não se pode imaginar que a Administração vai desenvolver toda uma trajetória para, em certo ponto, declinar de aplicar o tratamento favorecido em face do valor encontrado.

Parece-nos, ao menos por enquanto, que se deve interpretar a regra de forma a que na fase interna, preparatória do certame, realize-se pesquisa de mercado a envolver valores praticados por grandes competidores, e, paralelamente outra pesquisa visando encontrar valores relativos apenas ao mercado de ME/EPPs. Desse confronto se chegaria a uma conclusão sobre como prosseguir, concedendo ou não o favorecimento.

Ainda no que concerne ao inciso III, o decreto federal entende como não vantajosa a contratação quando a natureza do bem, serviço ou obra for incompatível com a aplicação dos benefícios. Tal previsão parece decorrer do fato de que há determinadas demandas que não poderiam ser satisfeitas plenamente por empresas não necessariamente enquadradas como ME/EPPs. Nada mais óbvio do que impedir a aplicação cega da regra que, antes de prestigiar o interesse público em fomentar o surgimento e a preservação das ME/EPPs, possa provocar efeito danoso.

Informação bibliográfica deste texto, conforme a NBR 6023:2002 da Associação Brasileira de Normas Técnicas (ABNT):

FORTINI, Cristiana. As mudanças na LC nº 123/06: a polêmica avança. *In:* PONTES FILHO, Valmir; MOTTA, Fabrício; GABARDO, Emerson (Coord.). *Administração Pública:* desafios para a transparência, probidade e desenvolvimento. XXIX Congresso Brasileiro de Direito Administrativo. Belo Horizonte: Fórum, 2016. p. 51-64. ISBN 978-85-450-0157-7.

---

[33] Parágrafo único. Para o disposto no inciso II do *caput*, considera-se não vantajosa a contratação quando: I – resultar em preço superior ao valor estabelecido como referência; ou II – a natureza do bem, serviço ou obra for incompatível com a aplicação dos benefícios.

O REGIME JURÍDICO-ADMINISTRATIVO COMO FALSA-BARREIRA À CONCILIAÇÃO PELAS ESTATAIS NO ÂMBITO DA JUSTIÇA DO TRABALHO[1]

DANIEL FERREIRA
ANA PAULA PELLEGRINELLO

1 Introdução

De algum tempo para cá tem sido observada a proliferação de ensaios tratando de uma suposta crise do direito administrativo. Não por acaso, Maria Sylvia Zanella Di Pietro, sempre atenta a movimentos "novos" como esse, criou um disciplina específica junto ao curso de pós-graduação da Faculdade de Direito da USP para

> (...) discutir tais temas, especialmente os que dizem respeito aos princípios da legalidade e da supremacia do interesse público, aos atributos da autoexecutoriedade e da presunção de veracidade dos atos administrativos, à tão falada crise da noção de serviço público, aos contratos administrativos e sua cláusulas exorbitantes, aos institutos da discricionariedade e do mérito, ao controle judicial das políticas públicas.[2]

Ou seja, o momento realmente é dos mais instigantes para a crítica e a reflexão, e o debate ainda há de perdurar por muito tempo. Contudo, isso não evita a necessária tomada de posição ou, pelo menos, a revisão da compreensão acerca de alguns dos pilares do direito público e, em especial, do direito administrativo, sob pena de se

---

[1] O presente artigo – aqui revisado, atualizado e (em pouco) – foi originalmente concebido e publicado em co-autoria com a Profa. MSc. Ana Paula Pellegrinello, então integrante do grupo de pesquisa por mim liderado (CNPq/UNICURITIBA). Na origem: FERREIRA, Daniel; PELLEGRINELLO, Ana Paula. Da supremacia e da indisponibilidade do interesse público ao dever-poder de a Administração Pública conciliar perante a Justiça do Trabalho. In: GUNTHER, Luiz Eduardo; PIMPÃO, Rosemarie Diedrichs (Orgs.). *Conciliação*: um caminho para a paz social. Curitiba: Juruá, 2013. p. 759-778.

[2] DI PIETRO, Maria Sylvia Zanella. Introdução: existe um novo direito administrativo? In: DI PIETRO, Maria Sylvia Zanella; RIBEIRO, Carlos Vinicius Alves (Coord.). *Supremacia do interesse público e outros temas relevantes do direito administrativo*. São Paulo: Atlas, 2010. p. 3.

comprometer a viabilidade de sua manutenção como ramo didaticamente autônomo do direito[3] ou, ainda, como parcialmente aplicável às estatais em certas condições.

Ocorre que essa discussão não é isolada; menos ainda estanque. Ela traz efeitos, inclusive, para o direito do trabalho e, por igual, para o controle judicial dos atos praticados pela Administração Pública, por ação ou omissão, em relação aos seus empregados públicos ou, ainda, aos colaboradores terceirizados e igualmente contratados sob o regime da Consolidação das Leis do Trabalho (CLT).

E é disso que trata este artigo, de investigar os efeitos da consideração da supremacia do interesse público e da indisponibilidade dos interesses públicos como princípios no julgamento das lides que envolvem a Administração Pública empregadora ou contratante – neste caso, e apenas a título de exemplo, por conta do inadimplemento da empresa parceira com relação aos encargos trabalhistas devidos aos seus próprios colaboradores.

Para tanto, também o princípio da legalidade é confrontado com as garantias constitucionais de respeito aos direitos fundamentais dos trabalhadores, de forma que se permita, afinal, analisar e compreender algumas decisões do Supremo Tribunal Federal e do Tribunal Superior do Trabalho envolvendo a responsabilidade trabalhista da Administração Pública.

Por derradeiro, como não poderia deixar de ser, verifica-se a eventual necessidade-possibilidade de se por fim a esses litígios por meio da conciliação em segundo grau, de sorte a satisfazer os interesses públicos, nos quais se incluem a formal e material concretização dos direitos fundamentais dos trabalhadores.

2 Desvelando o princípio da supremacia do interesse público

Muito possivelmente boa parte das críticas ao princípio da supremacia do interesse público advenha da sua má-compreensão, ainda mais quando complementado com a expressão "sobre o interesse privado". É que a noção de supremacia traz consigo arraigada a ideia de superioridade absoluta, daquelas próprias de momentos despóticos, arbitrários, em que justificativas não se fazem necessárias; sem possibilidade de crítica, sem necessidade de reflexão e sem qualquer aparente probabilidade de mudança.

Confrontando-se "público" e "privado" e atrelando-se ao primeiro uma suposta armadura de preferência irretorquível, a invocação da supremacia do interesse público evidentemente assusta pelo poder das palavras e, pior, se presta ao mau uso da expressão para legitimar abusos diversos cometidos pelo Executivo e imotivadamente chancelados pelo Judiciário. Coloca, ainda, o interesse de todos sempre apriorística e falsamente em rota de colisão com interesses individualizados e confunde o operador – da Administração ou do Poder Judiciário – quando da aplicação da lei e do direito.

É preciso, portanto, compreender o sentido, conteúdo e alcance da expressão "interesse público" para, somente depois, aperfeiçoar-se a compreensão da "supremacia do interesse público" sem qualquer tipo de preconceito.

Celso Antônio Bandeira de Mello conceitua interesse público "(...) como o interesse resultante do conjunto de interesses que os indivíduos *pessoalmente* têm quando

---

[3] Sobre isso, confira: BANDEIRA DE MELLO, Celso Antônio. *Curso de direito administrativo.* 26. ed. São Paulo: Malheiros, 2009. p. 52-58.

considerados *em sua qualidade de membros da sociedade e pelo simples fato de o serem*".[4] Isto é, o interesse público tomado nesse sentido revela o interesse juridicamente protegido de cada indivíduo enquanto "ser social". Logo, não se confunde com o interesse de cada um, nem com a somatória dos interesses de todos.

Entretanto, isso não significa dizer que o interesse público se oponha, *in concreto*, ao interesse de alguns e que não possa, até mesmo, coincidir com o interesse de um indivíduo isoladamente considerado, assim afastando, inclusive, qualquer conclusão do sentido de sua identificação o interesse da maioria. "É que o interesse público, o interesse do todo, do conjunto social, nada mais é que *a dimensão pública dos interesses individuais*, ou seja, dos interesses *de cada indivíduo enquanto partícipe da sociedade* (...)",[5] repita-se, à exaustão.

Ocorre que o interesse público pode ser distinguido como primário ou secundário. Aquele revela o interesse público propriamente dito, geral, da coletividade (e não de uma coletividade), e este, por sua vez, exprime o interesse do Estado, da Administração Pública, enquanto sujeito de direitos (e de deveres), especialmente de índole patrimonial.

O interesse público primário justifica o direito constitucionalmente deferido ao poder público de desapropriar bens (na forma da lei) independentemente da vontade do particular; o secundário, ao revés, coloca o proprietário do bem afetado pelo decreto de utilidade ou de necessidade pública em pé de igualdade com a Administração Pública, garantindo-lhe *a justa* (e prévia) indenização em dinheiro. E tudo, perceba-se, consoante a dicção do inciso XXIV do art. 5º da Constituição da República – que estipula os direitos individuais e coletivos no âmbito dos direitos e garantias individuais – no ambiente de proteção (dos direitos) dos cidadãos contra o próprio Estado.

Resta evidente, pois, que a Carta da República tenha considerado e valorado o interesse público em suas duas dimensões, a ponto de permitir a desapropriação compulsória do bem do particular e, ao mesmo tempo, exigir da Administração, e como *conditio sine qua non*, o prévio depósito em dinheiro da justa indenização.

Nesse sentido, aludir-se à supremacia do interesse público faz todo o sentido e ao mesmo tempo faz qualquer ilação em contrário parecer uma estultice, mesmo sem efetivamente o ser.[6] É que, em regra, as críticas voltam-se muito mais à contenção dos excessos grosseira, imotivada e usualmente cometidos pelo Poder Público a guisa de dar satisfação a um desconhecido interesse público do que à supremacia em si. Aliás, essa constatação foi feita por Tito Prates da Fonseca já na década de quarenta do século passado, como anotado por Daniel Wunder Hachem[7] e por Marçal Justen Filho.[8]

---

[4] BANDEIRA DE MELLO, Celso Antônio. *Grandes temas de direito administrativo*. São Paulo: Malheiros, 2009. p. 183.

[5] BANDEIRA DE MELLO, Celso Antônio. *Grandes temas de direito administrativo*. São Paulo: Malheiros, 2009. p. 182.

[6] Incluam-se, nesta categoria e de plano, as motivadas críticas de Humberto Ávila expostas no artigo "Repensando a supremacia do interesse público sobre o particular" (In: *Revista Trimestral de Direito Público* 24, São Paulo, Malheiros, 1998, p. 159-180) e no livro coordenado por Daniel Sarmento (*Interesses públicos versus interesses privados*: desconstruindo o princípio da supremacia do interesse público. Rio de Janeiro, Lumen Juris, 2005), que conta, ainda, com ensaios de Alexandre Santos de Aragão, de Gustavo Binenbojm, de Humberto Ávila e de Paulo Ricardo Schier.

[7] HACHEM, Daniel Wunder. *Princípio constitucional da supremacia do interesse público*. Belo Horizonte: Fórum, 2011. p. 43.

[8] JUSTEN FILHO, Marçal. *Curso de direito administrativo*. 7. ed. Belo Horizonte. Fórum, 2011. p. 115.

Mas esse, todavia, é apenas o começo do imbróglio porque também a supremacia do interesse público pode ser compreendida em dois sentidos, a partir de uma concepção ampla ou estrita de interesse público.

Apenas em sentido amplo é possível aludir a uma supremacia do interesse público sobre o interesse privado e na exata medida em que apenas o interesse público, do "ser social", é que apresenta proteção jurídica.[9] O interesse privado, nesse contexto, não passa de um interesse egoístico, não tutelado juridicamente e expressivo de "pura vontade". Contudo, referida acepção é, por evidente, de rarefeita utilidade, nada obstante seja o seu emprego equivocado o verdadeiro responsável pela confusão na interpretação e aplicação do princípio (da supremacia do interesse público).

Em senso estrito, interesse público equivale ao interesse geral (da coletividade) e com esta dimensão é possível verificar contraposição entre ele e outro interesse igualmente agasalhado pelo direito, porém específico (individual ou coletivo; de "uma" dada coletividade). E neste delimitado espaço é que o primeiro *usualmente* prevalece sobre o outro, devido a sua supremacia.[10] Isso reforça, então, a utilidade da distinção entre interesse público primário (da coletividade) e interesse público secundário (da Administração, aquele que encontra equivalência no interesse público de proteção ao patrimônio do particular).

Logo, a supremacia do interesse público constitui-se, a um só tempo, de fundamento do Estado e de princípio, portanto de *viga-mestra* do direito administrativo.

É fundamento do Estado na medida em que traduz o pacto silencioso por meio do qual "as pessoas abdicam de sua liberdade irrestrita ou da ausência de condicionamento de parcela de seus interesses particulares em busca da existência de uma instância apta a defender interesses coletivos, para o bem-estar comum (...)".[11] No caso do Brasil isso é ainda mais simples de se verificar, bastando uma perfunctória análise do preâmbulo e do conteúdo do seu artigo 3º para se chegar a essa conclusão.

Ademais, sustenta Celso Antônio Bandeira de Mello tratar-se "(...) de verdadeiro axioma reconhecível no moderno direito público. Proclama a superioridade do interesse da coletividade, firmando a prevalência dele sobre o particular, como condição, até mesmo, da sobrevivência e asseguramento deste último".[12] E por configurar axioma, "denota uma proposição cuja veracidade é aceita por todos, dado que nem é possível nem necessário prová-la. (...) O 'princípio da supremacia do interesse público sobre o particular' é definido como um axioma justamente porque seria autodemonstrável ou óbvio".[13]

---

[9] Sob essa perspectiva (sentido amplo), o interesse público engloba tanto os *direitos subjetivos* quanto os *interesses legítimos*, sejam de natureza *individual, coletiva* ou *difusa*. Abrange os interesses dos indivíduos, protegidos na forma de *direitos subjetivos*, tanto quanto os interesses da coletividade considerada em si mesma (*interesse geral*). (HACHEM, Daniel, Wunder. *Princípio constitucional da supremacia do interesse público*. Belo Horizonte: Fórum, 2011. p. 196.)

[10] HACHEM, Daniel Wunder. *Princípio constitucional da supremacia do interesse público*. Belo Horizonte: Fórum, 2011. p. 200. E, anote-se, é efetivamente deste tipo de interesse que cuida este estudo, de interesses (públicos e privados) juridicamente protegidos, tão-só.

[11] NOHARA, Irene Patrícia. Reflexões críticas acerca da tentativa de desconstrução do sentido da supremacia do interesse público no direito administrativo. In: DI PIETRO, Maria Sylvia Zanella; RIBEIRO, Carlos Vinicius Alves (Coord.). *Supremacia do interesse público e outros temas relevantes do direito administrativo*. São Paulo: Atlas, 2010. p. 132.

[12] BANDEIRA DE MELLO, Celso Antônio. *Curso de direito administrativo*. 26. ed. São Paulo: Malheiros, 2009. p. 69.

[13] ÁVILA, Humberto Bergmann. Repensando o "princípio da supremacia do interesse público sobre o particular". In: *Revista Trimestral de Direito Público* 24, São Paulo, Malheiros, 1998, p. 161.

O que importa mesmo é compreender, como alinhavado por Emerson Gabardo e Daniel Wunder Hachem, que "o interesse público 'por definição, engloba os interesses de cada um dos cidadãos que formam parte do Estado'. E é por isso que, com a sua prevalência sobre os interesses particulares, 'se está consagrando e protegendo o próprio interesse que se sacrifica formalmente'",[14] por meio da lei e de medidas administrativas.

Mas esse princípio (realmente óbvio, de fato e de direito) – que continua princípio, e com a força normativa e irradiadora de efeitos que lhe é própria – não pode ser compreendido isoladamente.

3 A indisponibilidade dos interesses públicos gerais

A bem da verdade:

> O regime de direito público resulta da caracterização normativa de determinados interesses como pertinentes à sociedade e não aos particulares considerados em sua individuada singularidade.
>
> Juridicamente, esta caracterização consiste, no Direito Administrativo, segundo nosso modo de ver, na atribuição de uma disciplina normativa peculiar que, fundamentalmente, se delineia em função da consagração de dois princípios: a) *supremacia do interesse público sobre o privado*; b) *indisponibilidade, pela Administração, dos interesses públicos*.[15]

Desse modo, os dois princípios assim se apresentam porque efetivamente caracterizados no sistema normativo como tais, de forma a refletir que o direito administrativo brasileiro também se erige sobre o binômio "prerrogativas da Administração-direitos dos administrados".

Mas em que consiste este novo primado, igualmente fundante do direito administrativo? O princípio da indisponibilidade dos interesses públicos gerais reclama que a gestão da coisa pública assimile, também jurídica e materialmente, que os interesses geridos não são próprios do gestor, são da coletividade, de sorte que ao exercente de função administrativa se atribui o dever-poder de protegê-los (poder de polícia) se não mesmo de realizá-los (serviço público).

Melhor dizendo, devido a isso o agente público se obriga a *fazer* e a *deixar de fazer*: por exemplo, e respectivamente, prestando um serviço público de modo a assegurar dignidade humana aos dele necessitados e abstendo-se de, desarrazoadamente, limitar o uso da propriedade privada.

Entretanto, não se pode confundir *deixar de fazer* com negligência, descaso na tutela dos interesses gerais, porque a Administração Pública sempre está obrigada a agir de ofício, ficando ademais impedida de renunciar a eles que, por evidente, não são de sua titularidade, mas sim de todos os brasileiros.

Daí ser preciso compreender como os dois princípios se imbricam e influenciam reciprocamente na tomada de decisões administrativas, o que se propõe seguindo a trilha de Marçal Justen Filho:

---

[14] GABARDO, Emerson; HACHEM, Daniel Wunder. O suposto caráter autoritário da supremacia do interesse público e das origens do direito administrativo: uma crítica da crítica. In: DI PIETRO, Maria Sylvia Zanella; RIBEIRO, Carlos Vinicius Alves (Coord.). *Supremacia do interesse público e outros temas relevantes do direito administrativo*. São Paulo: Atlas, 2010. p. 43.

[15] BANDEIRA DE MELLO, Celso Antônio. *Curso de direito administrativo*. 26. ed. São Paulo: Malheiros, 2009. p. 55.

A supremacia do interesse público significa sua superioridade sobre os demais interesses existentes em sociedade. Os interesses privados não podem prevalecer sobre o interesse público. A indisponibilidade indica a impossibilidade de sacrifício ou transigência quanto ao interesse público, e é uma decorrência de sua supremacia.[16]

Depois disso tudo, o grande desafio é assimilar a existência concomitante de diversos interesses públicos (gerais, coletivos e individuais) e, do mesmo modo, de diferentes interesses gerais (meio ambiente x crescimento econômico) e que, em cada caso concreto, far-se-á necessário valorar um e outro para fins de se encontrar o sobranceiro; aquele que se dirá como indisponível mesmo em face dos demais, a despeito de igualmente tutelados pelo direito, quando houver colisão.

Entretanto, nem sempre o interesse geral terá prevalência sobre o específico, porque ambos são interesses juridicamente protegidos, os quais se revelam – como visto – interesses públicos *lato sensu*.[17] E essa constatação foi pontuada por Daniel Hachem, ao assimilar a necessidade de concomitante consideração e aplicação do princípio da proporcionalidade:

> Mas as circunstâncias fáticas e jurídicas do caso concreto podem exigir uma ponderação que inverta essa relação de supremacia, fazendo prevalecer o interesse específico (individual ou coletivo) sobre o interesse geral (da coletividade). É nessas situações que o princípio da proporcionalidade figurará como peça essencial no processo ponderativo.[18]

Floriano de Azevedo Marques vai além ao propor uma releitura nos seguintes termos: "o princípio da supremacia do interesse público, parece-nos, deve ser aprofundado de modo a adquirir a feição da prevalência dos interesses públicos e desdobrando-se em três subprincípios balizadores da função administrativa: (i) a interdição do atendimento de interesses particularísticos (*v.g.*, aqueles desprovidos de amplitude coletiva, transindividual); (ii) a obrigatoriedade de ponderação de todos os interesses públicos enredados no caso específico; e (iii) a imprescindibilidade de explicitação das razões de atendimento de um interesse público em detrimento dos demais".[19] Destarte,

> o raciocínio ponderativo, que funciona como verdadeiro requisito de legitimidade dos atos da Administração, vai valorizar os contraditórios interesses em jogo e dar, afinal, prioridade a um deles, transformando um direito *prima facie* em direito definitivo por meio de uma decisão sopesada. O processo de ponderação de princípios opostos ou de interesses público e privado, enfim, possibilita a distribuição otimizada da liberdade, das funções estatais e alocação de recursos escassos, o que força a Administração, em última instância, a se voltar às diretrizes constitucionais, permeadas por princípios e valores morais.

---

[16] JUSTEN FILHO, Marçal. *Curso de direito administrativo*. 7. ed. Belo Horizonte. Fórum, 2011. p. 115.

[17] Confira, na passagem, a compreensão dos *interesses gerais* na perspectiva espanhola: MUÑOZ, Jaime Rodríguez-Arana. El interés general como categoría central de la actuación de las administraciones públicas. In: BACELLAR FILHO, Romeu Felipe; DA SILVA, Guilherme Amintas Pazinato (Coord.). *Direito administrativo e integração regional*: Anais do V Congresso da Associação de Direito Público do Mercosul e do X Congresso Paranaense de Direito Administrativo. Belo Horizonte: Fórum, 2010. p. 105-130.

[18] HACHEM, Daniel Wunder. *Princípio constitucional da supremacia do interesse público*. Belo Horizonte: Fórum, 2011. p. 267.

[19] MARQUES NETO, Floriano de Azevedo. *Regulação estatal e interesses públicos*. São Paulo: Malheiros, 2002. p. 165.

Em uma palavra, as decisões administrativas passam a assentar-se no sopesamento de finalidades, interesses e princípios que se encontram em situação de conflito. Esta via se concretiza, inicialmente, com a identificação dos interesses em jogo; em seguida, com a atribuição a cada um da importância que merecem; e, finalmente, com a decisão sobre as prioridades entre uns e outros para o caso concreto, criando-se uma regra de prevalência condicionada.[20]

E nesse cenário especial as lides envolvendo a Administração Pública e os seus colaboradores (diretos ou indiretos) servem de exemplo eloquente. É que um eventual acordo firmado, com ou sem intervenção do Estado-Juiz, pode levar um incauto a cogitar de lesão ao erário ou de atuação desconforme à lei e do direito apenas (*sic*) porque direta e imediatamente satisfativo de um interesse específico e individual.

E tudo, anote-se, na falsa compreensão do que realmente signifique violação ao princípio da indisponibilidade dos interesses públicos, por se baralhar o interesse geral com sua expressão patrimonial e de se erroneamente erigi-lo à condição de sempre prevalente interesse público.

4 Interesses públicos e o princípio da legalidade

Um dos primeiros argumentos usados pelos advogados públicos para a não firmação de acordos, especialmente de efeitos patrimoniais, é o da indisponibilidade dos interesses públicos (que se atrela umbilicalmente ao princípio da supremacia do interesse público). Contudo, e como visto, encontra-se ele superado.

O outro, que usualmente se segue, é o de que a falta de previsão legal específica e autorizativa para a promoção da conciliação encontraria barreiras no próprio princípio da legalidade. Melhor dizendo, essa tese sustenta a necessidade de autorização legal expressa para a firmação de acordos, de modo a validamente permitir a adoção da técnica de resolução de conflitos pautada pela consensualidade que afastaria a ordinária necessidade de uma decisão terminativa da lide, mediante declaração de vencedor e vencido.

É o que se percebe, *e.g.*, na disciplina da Lei de Ação Civil Pública (Lei nº 7.347/85)[21] e no vetusto Decreto de Desapropriação por Utilidade Pública (Decreto nº 3.365/41).[22]

Aliás, isso é tão marcante no dia a dia da Advocacia Pública que a Constituição do Estado de São Paulo chega a assim pontificar: "Artigo 98 – A Procuradoria-Geral do Estado é instituição de natureza permanente, essencial à administração da justiça e à Administração Pública Estadual, vinculada diretamente ao Governador, responsável pela advocacia do Estado, sendo orientada pelos princípios da legalidade e da indisponibilidade do interesse público".

De se perguntar, então, se na falta dela (da autorização legal) estaria a tutela regular dos interesses públicos necessariamente vinculada a uma decisão administrativa ou judicial marcada pela litigiosidade ou se, alternativamente, poder-se-ia cogitar de

---

[20] TORRES, Silvia Faber. *A flexibilização da legalidade no direito do estado*. Rio de Janeiro, Renovar, 2012. p. 164.

[21] Art. 5º Têm legitimidade para propor a ação principal e a ação cautelar: (...). §6º Os órgãos públicos legitimados poderão tomar dos interessados compromisso de ajustamento de sua conduta às exigências legais, mediante cominações, que terá eficácia de título executivo extrajudicial.

[22] Art. 22. Havendo concordância sobre o preço, o juiz o homologará por sentença no despacho saneador.

sua cura (do interesse geral e do interesse específico, ainda que mediante ponderação em cada caso concreto) não apenas a partir da lei, mas também do direito.[23]

Nesse sentido, o Supremo Tribunal Federal – a despeito de deixar de enfrentar o mérito do recurso em si (devido à proibição de revolver o conjunto probatório) – já decidiu pela *viabilidade jurídica* de realização de acordos e pela sua *legitimidade*, dada a não onerosidade "extraordinária":

> *EMENTA*: Poder Público. Transação. Validade. Em regra, os bens e o interesse público são indisponíveis, porque pertencem à coletividade. É, por isso, o Administrador, mero gestor da coisa pública, não tem disponibilidade sobre os interesses confiados à sua guarda e realização. Todavia, há casos em que o princípio da indisponibilidade do interesse público deve ser atenuado, mormente quando se tem em vista que a solução adotada pela Administração é a que melhor atenderá à ultimação deste interesse. Assim, tendo o acórdão recorrido concluído pela não onerosidade do acordo celebrado, decidir de forma diversa implicaria o reexame da matéria fático-probatória, o que é vedado nesta instância recursal (Súm. 279/STF). Recurso extraordinário não conhecido (RE 253885-0/MG, Relatora Min. Ellen Gracie, Primeira Turma, julgado em 04/06/2002, DJ 21/06/2002).[24]

Em seu voto, a Ministra Ellen Gracie destacou que "o acordo serviu a uma mais rápida e efetiva consecução do interesse público, não havendo, assim, que se falar em ofensa ao art. 37 da Constituição Federal", o que concluiu transcrevendo boa parte do aresto combatido. Nele se enfrentou – e afastou – a cogitação de necessidade de autorização legislativa para formalização da transação com lastro nos ensinamentos de Hely Lopes Meirelles, para quem a prévia chancela legal seria necessária apenas quando tais atos importassem em renúncia de direitos, alienação de bens ou assunção de obrigações extraordinárias. Assim sendo, concluiu-se no sentido de que a falta de lei específica para a transação não elide, por si só, a possibilidade de conciliação, mas que a conciliação para ser conforme ao direito encontra limites.

Demais disso, esse precedente da Corte Constitucional igualmente se fundou na vantagem evidente advinda do acordo, evitar os ônus da sucumbência e os acréscimos naturais decorrentes da atualização dos valores (induvidosamente) devidos aos servidores públicos da Administração Pública Municipal. Não parece ser diferente quando se tratar de empregados públicos.

5 A administração pública indireta entre o (regime) público e o privado

Relembrando, empresas públicas e sociedades de economia mista constituem a chamada Administração Pública Indireta, aquela que se presta à satisfação dos interesses gerais particularmente por meio de intervenções materiais, como a prestação de serviços públicos ou mesmo a exploração de atividade econômica.[25]

---

[23] A despeito da específica previsão constitucional, o Decreto nº 52.201/07 (e não uma lei!) dispõe sobre a celebração de termos de ajustamento de conduta no âmbito da Administração Direta e Indireta do Estado de São Paulo, de modo a permitir transação. (Disponível em: <ftp://ftp.saude.sp.gov.br/ftpsessp/bibliote/informe_eletronico/2007/iels.set.07/iels183/E_DC-52201_260907.pdf>. Acesso em: 28 out. 2012).

[24] Disponível em: <http://redir.stf.jus.br/paginadorpub/paginador.jsp?docTP=AC&docID=258322> Acesso em: 28 out. 2012.

[25] Nesse caso, desde que atendidos os requisitos constitucionais: "Art. 173. Ressalvados os casos previstos nesta Constituição, a exploração direta de atividade econômica pelo Estado só será permitida quando necessária aos imperativos da *segurança nacional* ou a *relevante interesse coletivo*, conforme definidos em lei" – destacamos.

Para tanto, a ordem jurídica vigente atribuiu-lhes um regime jurídico complexo, que reclama condicionantes normativos próprios à esfera privada aos quais se mesclam princípios, regras e valores próprios do "direito público", como os direta e literalmente exigidos no *caput* do art. 37 da Constituição da República.

Quer dizer, conquanto a contratação de pessoal se dê no regime próprio do mercado (CLT), ainda assim impõe-se a observância dos princípios da isonomia e da competitividade, o que redunda na necessidade de realização de processo seletivo de pessoal, nos termos do inciso II do mesmo art. 37.[26]

E especialmente esse corpo de colaboradores se submete aos ditames da consolidação, e mesmo ao disposto no contrato de trabalho, sem prejuízo de *a latere* dos titulares de cargos públicos (vinculados à Administração Pública Direta e Autárquica) igualmente emprestarem seu labor com vistas à satisfação dos interesses da coletividade.

Desse trabalho diário, como não poderia deixar de ser, resultam direitos e deveres recíprocos, do empregado público de um lado e da Administração contratante de outro, o que não pouca vez reclama levar à Justiça discussões nesse entorno, mormente à guisa de buscar proteção ou satisfação a direitos fundamentais do obreiro.

E como visto a conciliação no âmbito da Justiça do Trabalho não estaria vedada *a priori*, quer por falta de autorização legal específica, quer pela suposição de o princípio da indisponibilidade dos interesses públicos gerais assim proibir.

Nada obstante, parece razoável sustentar, que eventual transação feita antes da sentença estaria a exigir um juízo prévio de retratação da Administração Pública Indireta, no sentido de, no exercício do dever-poder de autotutela, rever atos anteriores por suposto descompasso com a ordem jurídica. Melhor dizendo, o acordo seria admissível, mas com a pecha de *confissão de erro*, o que redundaria na necessidade de instaurar um processo administrativo para apurar a responsabilidade por falha no exercício da função e para propiciar eventual ação de regresso.

Depois da sentença desfavorável às entidades da Administração Indireta, o atuar que envolve os empregados públicos deixa de presumir-se conforme ao direito (porque já infirmado pelo Estado-Juiz) e abre-se a porteira para revisão das decisões de outrora em cotejo com a potencial ratificação da sentença. E, mais ainda, para a ponderação entre os diversos interesses públicos envolvidos – da Administração contratante e, ainda, do empregado público contratado. Logo, de um lado, pois, um específico interesse patrimonial da entidade e, de outro, interesses patrimoniais personalíssimos do obreiro, mas que se mostram, concomitantemente, *conditio sine qua non* de sua dignidade.

Aqui, pois, é que se vislumbra extraordinário espaço para a conciliação trabalhista, e não no sentido de uma injustificada benevolência, caridade, contudo na compreensão de que a desarrazoada manutenção da lide pode estar, inclusive, a ofender direitos fundamentais e que em nada se confundem com aqueles já reclamados. É preciso lembrar, ainda e na passagem, que dentre os direitos fundamentais encontra-se o da razoável duração do processo, inclusive judicial (trabalhista), *ex vi* do inciso LXXVIII do art. 5º da Carta Magna.

---

[26] Art. 37: (...) II – a investidura em cargo ou *emprego público* depende de aprovação prévia em concurso público de provas ou de provas e títulos, de acordo com a natureza e a complexidade do cargo ou *emprego*, na forma prevista em lei, ressalvadas as nomeações para cargo em comissão declarado em lei de livre nomeação e exoneração – destacamos.

Logo, também para a Administração Pública (como para o particular) a conciliação perante a Justiça do Trabalho não é apenas juridicamente possível, porém pode eventualmente exprimir o meio mais eficaz para por rápido fim a um imbróglio injustificado. Aliás, pode-se afirmar o mesmo quando a decisão (por ação ou omissão) continuar assumida como aparentemente justificada (do ponto de vista da Administração), porém se vir superada por manifestação judicial de mérito em sentido contrário.[27]

De conseguinte, se ao longo da instrução a estatal percebe, por exemplo, que o reclamante realmente fazia horas-extras sem receber a necessária contrapartida remuneratória, o pagamento voluntário dessa dívida não apenas reintegra a ordem jurídica violada, mas evita um intolerável abuso de direito processual. Demais disso, a chancela judicial do acordo tem evidentes efeitos liberatórios, o que se mostra oportuno e conveniente para as empresas estatais que muitas vezes concorrem no mercado.

Todavia, ainda persiste uma situação complexa que merece análise, a que trata da responsabilidade da Administração Contratante relativamente aos direitos do trabalhador reconhecidos judicialmente como sonegados por sua parceira.

6 A Administração Pública entre a lei e o direito: o artigo 71 da Lei nº 8.666/93

De fato, a problemática reside no fato de a Lei nº 8.666/93 (Lei Geral de Licitações) desde sempre aparentemente afastar a responsabilidade da Administração Pública pelo pagamento solidário ou subsidiário de haveres trabalhistas inadimplidos por sua parceira intermediadora de mão de obra e a Justiça do Trabalho decidir reiteradamente de modo diverso. A dicção legal é a seguinte:

> Art. 71. O contratado é responsável pelos encargos trabalhistas, previdenciários, fiscais e comerciais resultantes da execução do contrato.
>
> §1º A inadimplência do contratado, com referência aos encargos trabalhistas, fiscais e comerciais não transfere à Administração Pública a responsabilidade por seu pagamento, nem poderá onerar o objeto do contrato ou restringir a regularização e o uso das obras e edificações, inclusive perante o Registro de Imóveis.

No entanto, as decisões trabalhistas contrárias à previsão da lei foram tantas que o entendimento chegou a ser sumulado:

> Súmula nº 331 do TST
> CONTRATO DE PRESTAÇÃO DE SERVIÇOS. LEGALIDADE (nova redação do item IV e inseridos os itens V e VI à redação) – Res. 174/2011, DEJT divulgado em 27, 30 e 31.05.2011

---

[27] Chame-se a atenção, na passagem, para o que consta da nova Lei de Mediação – Lei nº 13.140/2015, no sentido de já ser "legalmente" possível, até mesmo, adotar-se a mediação (judicial ou extrajudicial) como método alternativo de resolução de conflitos entre quaisquer particulares e a Administração Pública ou mesmo entre esta e seus contratados, até mesmo para discussões envolvendo equilíbrio econômico-financeiro. Ou seja, de fato caminhase para a consensualidade, sempre que possível, de modo a também se prestigiar a celeridade processual e o princípio a eficiência. Contudo, a porção "mais interessante" dessa lei talvez seja aquela sobre a qual quase nada se disse; sobre a mediação envolvendo as estatais e, mais especialmente ainda, acerca daquelas que atuam no mercado. Mas esse é assunto para um novo artigo, por evidente.

I – A contratação de trabalhadores por empresa interposta é ilegal, formando-se o vínculo diretamente com o tomador dos serviços, salvo no caso de trabalho temporário (Lei nº 6.019, de 03.01.1974).

II – A contratação irregular de trabalhador, mediante empresa interposta, não gera vínculo de emprego com os órgãos da Administração Pública direta, indireta ou fundacional (art. 37, II, da CF/1988).

III – Não forma vínculo de emprego com o tomador a contratação de serviços de vigilância (Lei nº 7.102, de 20.06.1983) e de conservação e limpeza, bem como a de serviços especializados ligados à atividade-meio do tomador, desde que inexistente a pessoalidade e a subordinação direta.

IV – O inadimplemento das obrigações trabalhistas, por parte do empregador, implica a responsabilidade subsidiária do tomador dos serviços quanto àquelas obrigações, desde que haja participado da relação processual e conste também do título executivo judicial.

V – Os entes integrantes da Administração Pública direta e indireta respondem subsidiariamente, nas mesmas condições do item IV, caso evidenciada a sua conduta culposa no cumprimento das obrigações da Lei n.º 8.666, de 21.06.1993, especialmente na fiscalização do cumprimento das obrigações contratuais e legais da prestadora de serviço como empregadora. A aludida responsabilidade não decorre de mero inadimplemento das obrigações trabalhistas assumidas pela empresa regularmente contratada.

VI – A responsabilidade subsidiária do tomador de serviços abrange todas as verbas decorrentes da condenação referentes ao período da prestação laboral.

Em reação, e especialmente visando a superar o contido no inciso IV da Súmula nº 331 do TST, o Governador do Distrito Federal propôs a ADC 16/DF, na qual a Corte Constitucional assim se posicionou no final de 2010:

EMENTA: RESPONSABILIDADE CONTRATUAL. Subsidiária. Contrato com a administração pública. Inadimplência negocial do outro contraente. Transferência consequente e automática dos seus encargos trabalhistas, fiscais e comerciais, resultantes da execução do contrato, à administração. Impossibilidade jurídica. Consequência proibida pelo art., 71, §1º, da Lei federal nº 8.666/93. Constitucionalidade reconhecida dessa norma. Ação direta de constitucionalidade julgada, nesse sentido, procedente. Voto vencido. É constitucional a norma inscrita no art. 71, §1º, da Lei federal nº 8.666, de 26 de junho de 1993, com a redação dada pela Lei nº 9.032, de 1995. (ADC 16, Relator Min. CEZAR PELUSO, Tribunal Pleno, julgado em 24/11/2010, DJe-173 DIVULG 08/09/2011)

No entanto, o efeito obtido não foi exatamente o esperado. A interpretação feita do art. 71 da Lei nº 8.666/93 é no sentido de que apenas a transferência automática (dita contratual) de responsabilidade trabalhista é vedada, ficando a declaração judicial de constitucionalidade, a olhos vistos, restrita.

E, não por acaso, a responsabilidade subsidiária, decorrente da omissão da Administração Pública contratante na fiscalização do contrato e do regular pagamento dos obreiros, de índole extracontratual, tem sido outra vez reconhecida como igualmente conforme ao direito.[28]

---

[28] E assim continua a decidir nossa Corte Trabalhista máxima: "RECURSO DE REVISTA. RESPONSABILIDADE SUBSIDIÁRIA. LIMITAÇÃO. MULTAS DOS ARTIGOS 467 E 477, §8º, DA CLT. MULTAS CONVENCIONAIS. PROVIMENTO. A responsabilidade subsidiária do tomador de serviços advém do inadimplemento das obrigações trabalhistas por parte da empresa prestadora de serviços, real empregadora. Decorre, então, a condenação

Devido a isso, para enfrentamento e superação de lides dessa ordem, o Tribunal Superior do Trabalho tem dado respostas adequadas à Administração Pública que insiste na superada tese de que a responsabilização subsidiária mostrar-se-ia incompatível com os princípios da supremacia do interesse público e da indisponibilidade dos interesses públicos.

E assim tem feito de forma merecedora de elogios, porquanto tenha a justiça especializada assimilado a aparente colisão de interesses públicos como comezinha, sem elidir o seu dever-poder de episodicamente priorizar um em detrimento de outro, consoante as particularidades de cada caso *sub examen*.

Nessa toada, o decidido nos autos de AIRR nº 103740-17.2006.5.14.0141, relatado pelo Ministro José Roberto Freire Pimenta e publicado aos 24.08.2012, merece estudo apartado por suas acertadas considerações e conclusões, bem como pelo fato de encampar como *ratio decidendi* a necessidade de se considerar e ponderar entre interesses igualmente protegidos pelo direito. Eis um trecho do voto que fala por si:

> Antes disso, contudo, é indispensável repelir enfaticamente a alegação, por vezes utilizada pelos entes públicos demandados em ações trabalhistas como esta, de que sua condenação a responder subsidiariamente pelos débitos trabalhistas dos particulares por eles contratados para fornecer trabalhadores terceirizados significaria afronta ao artigo 5º da Lei de introdução às normas do Direito Brasileiro (nova denominação dada pela Lei nº 12.376/2010 à Lei de introdução ao Código Civil brasileiro) e ao art. 8º, *caput*, *in fine*, da CLT, por pretensamente privilegiar os interesses meramente privados e patrimoniais destes e de seus empregados em detrimento do interesse público de toda a sociedade, que estaria sendo obrigada, pela Justiça do Trabalho, a suportar novamente um custo que já estaria embutido no preço dos serviços contratados por meio do correspondente contrato administrativo. Nada mais equivocado, no entanto!
>
> É que não se pode esquecer, antes de qualquer coisa, que essas obrigações trabalhistas, embora em sua quase totalidade tenham natureza pecuniária, são muito mais do que isso: são direitos fundamentais sociais constitucionalmente consagrados (especialmente no art. 7º da Norma Fundamental em vigor) e que desempenham a relevantíssima função extrapatrimonial de, por seu caráter inquestionavelmente alimentar, assegurar a vida e a subsistência dignas daqueles trabalhadores e de suas famílias. Por isso mesmo, portanto, devem receber uma tutela jurisdicional diferenciada e, na escala de valores e direitos em confronto, deve ser-lhes atribuído um peso necessariamente maior que o interesse público meramente secundário do ente público contratante de não ser subsidiariamente condenado a pagar aqueles débitos trabalhistas (sempre com preservação da possibilidade de se ressarcir plenamente daquele pagamento por meio da correspondente ação regressiva que poderá – e deverá – ajuizar contra o devedor principal por ela contratado).

Logo, por evidente que a responsabilização subsidiária calçada no *error in eligendo* e/ou no *error in fiscalizando* da Administração Pública contratante não encontra proibição da Lei nº 8.666/93 e nem mesmo nos esmiuçados princípios. Ao contrário, tudo aponta

---

subsidiária de culpa in eligendo (na escolha da contratada) e in vigilando (na vigilância da prestação de serviços e cumprimento das obrigações pela contratada), implicando responsabilidade pela totalidade dos créditos devidos ao empregado. Essa é a exegese do item IV da Súmula nº 331 desta C. Corte, do qual se dessume a inexistência de qualquer restrição ao alcance da responsabilidade subsidiária do tomador, nela estando compreendida toda e qualquer obrigação trabalhista inadimplida pelo efetivo empregador, inclusive as multas previstas no artigo 467 e no §8º do artigo 477, ambos da CLT, e as multas convencionais . Precedentes da SBDI-1 deste c. TST. Recurso de revista conhecido e provido" (Processo: RR – 154100-89.2009.5.12.0016 Data de Julgamento: 30.03.2011, Relator Ministro: Aloysio Corrêa da Veiga, 6ª Turma, Data de Publicação: DEJT 08.04.2011).

para a necessidade de pronta reintegração da ordem jurídica violada e em se tratando de ações trabalhistas o interesse público sobranceiro parece ser exatamente aquele que mais diretamente prestigia e tutela a dignidade da pessoa humana, qual seja o interesse público individualizado – do obreiro. De toda sorte, sempre cabe ação de regresso da Administração Pública em face da empresa contratada originalmente condenada.

E assim tem decidido a Corte Especializada, por um lado respeitando a decisão do E. Supremo Tribunal Federal e por outro dando conta de prestigiar, inteligentemente, sua própria razão de existir. E assim parecem estar escancarados os portões públicos para a (cogente) conciliação – aqui assumida como a facilitação de pagamento dos haveres trabalhistas devidos diretamente pela Administração Pública Indireta empregadora ou subsidiariamente pela Administração Pública contratante já a partir do *decisum* de primeiro grau.

Portanto, deixando-se de lado a beligerância excessiva e descabida – que em nada prestigia o interesse público, seja ele geral ou particularizado – e caminhando no rumo da *consensualidade*, defendida por Diogo de Figueiredo Moreira Neto como tendência na atuação da Administração Pública da contemporaneidade.[29]

Mas tudo, evidentemente, mediante prévia e motivada assimilação pela advocacia pública da decisão judicial como realmente acertada (fática e juridicamente), e sem gerar onerosidade excessiva – aquela que transcende ao quinhão efetivamente assumido como devido ao prejudicado.

Afinal, aponte-se que transações sobre reconhecimento de dano patrimonial ou moral e sua consequente indenização devem ser tratadas como exceção da exceção, salvo se o acordo homologado judicialmente vier imediatamente seguido da instauração de um processo administrativo voltado a apurar responsabilidades de índole civil e disciplinar do diretamente causador ou propiciador do dano.

7 Considerações finais

Em suma, a conciliação no âmbito da Justiça do Trabalho pode e deve ser almejada e obtida inclusive junto à Administração Pública, tanto Direta como Indireta, seja na condição de empregadora ou, ainda, de simples contratante.

E isso por três razões: a *primeira* é que os princípios da supremacia do interesse público e da indisponibilidade dos interesses públicos, ainda que pilares do direito administrativo, não são os únicos a influenciar a validade do exercício da função administrativa, merecendo similar proteção os princípios da legalidade e da autotutela administrativa. Ou seja, referidos princípios basilares do regime jurídico-administrativo não se mostram per se empecilhos à firmação de acordos no âmbito trabalhista e, ao revés, podem orientar o gestor público na escolha da melhor solução em Ada caso concreto.

A *segunda* reflete a consideração de que os interesses juridicamente protegidos dos empregados públicos ou terceirizados junto à Administração Pública ostentam o mesmo *status* de interesses públicos (em senso estrito), de modo que em algumas hipóteses o interesse particularizado (individual ou coletivo) pode se mostrar prevalente em relação ao interesse geral (da coletividade) a partir de um juízo de ponderação.

A *terceira* e última combina as duas anteriores: se de fato a Administração Pública reconhece, ao longo da instrução ou após a sentença, que errou anteriormente, então

---

[29] MOREIRA NETO, Diogo de Figueiredo. *Mutações do direito administrativo*. Rio de Janeiro: Renovar, 2000. p. 40-43.

pode e deve dar concreção a um acordo judicial como manifestação de autotutela administrativa e, ainda, de modo a minimizar os efeitos de uma antevista condenação transitada em julgado.

O que não se admite, contudo, são acordos – mesmo homologados judicialmente – grosseiramente descabidos na perspectiva patrimonial da Administração Pública, como aqueles que conferem vantagens não agasalhadas pelo direito e que denotam não apenas disponibilidade injustificada sobre o interesse público (secundário), mas fortes traços de imoralidade ou, pior ainda, de improbidade administrativa escancarada.

Referências

ÁVILA, Humberto Bergmann. Repensando o "princípio da supremacia do interesse público sobre o particular". In: *Revista Trimestral de Direito Público* 24, São Paulo, Malheiros, 1998.

BANDEIRA DE MELLO, Celso Antônio. *Curso de direito administrativo*. 26. ed. São Paulo: Malheiros, 2009.

_____. *Grandes temas de direito administrativo*. São Paulo: Malheiros, 2009.

DI PIETRO, Maria Sylvia Zanella. Introdução: existe um novo direito administrativo? In: DI PIETRO, Maria Sylvia Zanella; RIBEIRO, Carlos Vinicius Alves (Coord.). *Supremacia do interesse público e outros temas relevantes do direito administrativo*. São Paulo: Atlas, 2010.

FERREIRA, Daniel; PELLEGRINELLO, Ana Paula. Da supremacia e da indisponibilidade do interesse público ao dever-poder de a Administração Pública conciliar perante a Justiça do Trabalho. In: GUNTHER, Luiz Eduardo; PIMPÃO, Rosemarie Diedrichs (Orgs.). *CONCILIAÇÃO: um caminho para a paz social*. Curitiba: Juruá, 2013. p. 759-778.

GABARDO, Emerson; HACHEM, Daniel Wunder. O suposto caráter autoritário da supremacia do interesse público e das origens do direito administrativo: uma crítica da crítica. In: DI PIETRO, Maria Sylvia Zanella; RIBEIRO, Carlos Vinicius Alves (Coord.). *Supremacia do interesse público e outros temas relevantes do direito administrativo*. São Paulo: Atlas, 2010.

HACHEM, Daniel, Wunder. *Princípio constitucional da supremacia do interesse público*. Belo Horizonte: Fórum, 2011.

JUSTEN FILHO, Marçal. *Curso de direito administrativo*. 7ª ed. Belo Horizonte. Fórum, 2011.

MARQUES NETO, Floriano de Azevedo. *Regulação estatal e interesses públicos*. São Paulo: Malheiros, 2002.

MOREIRA NETO, Diogo de Figueiredo. *Mutações do direito administrativo*. Rio de Janeiro: Renovar, 2000.

MUÑOZ, Jaime Rodríguez-Arana. El interés general como categoría central de la actuación de las administraciones públicas. In: BACELLAR FILHO, Romeu Felipe; DA SILVA, Guilherme Amintas Pazinato (Coord.). *Direito administrativo e integração regional: Anais do V Congresso da Associação de Direito Público do Mercosul e do X Congresso Paranaense de Direito Administrativo*. Belo Horizonte: Fórum, 2010.

NOHARA, Irene Patrícia. Reflexões críticas acerca da tentativa de desconstrução do sentido da supremacia do interesse público no direito administrativo. In: DI PIETRO, Maria Sylvia Zanella; RIBEIRO, Carlos Vinicius Alves (Coord.). *Supremacia do interesse público e outros temas relevantes do direito administrativo*. São Paulo: Atlas, 2010.

TORRES, Silvia Faber. *A flexibilização da legalidade no direito do estado*. Rio de Janeiro, Renovar, 2012.

Informação bibliográfica deste texto, conforme a NBR 6023:2002 da Associação Brasileira de Normas Técnicas (ABNT):

FERREIRA, Daniel; PELLEGRINELLO, Ana Paula. O regime jurídico-administrativo como falsa-barreira à conciliação pelas estatais no âmbito da justiça do trabalho. *In*: PONTES FILHO, Valmir; MOTTA, Fabrício; GABARDO, Emerson (Coord.). *Administração Pública*: desafios para a transparência, probidade e desenvolvimento. XXIX Congresso Brasileiro de Direito Administrativo. Belo Horizonte: Fórum, 2017. p. 65-78. ISBN 978-85-450-0157-7.

A ARBITRAGEM NOS CONTRATOS DA ADMINISTRAÇÃO PÚBLICA

DINORÁ ADELAIDE MUSETTI GROTTI

1 Formas alternativas de solução dos conflitos

Paralelamente à implantação das mudanças constitucionais e legais sofridas pelo Estado brasileiro e, diante da mudança das relações na sociedade, os meios alternativos de solução de conflitos têm se difundido, estimulando-se o uso da negociação, da mediação, da conciliação e da arbitragem,[1] que se inserem num contexto mais amplo de realização da Justiça. Na verdade são formas que se filiam ao mesmo fundamento do princípio da autonomia da vontade, tendo por finalidade a resolução extrajudicial do conflito, como forma de se garantir à sociedade o acesso à ordem jurídica justa.

Os quatro modos consensuais de solução de controvérsias não se confundem e não se excluem, mas, ao contrário, se completam e podem ser adotados em sequência. Na negociação as próprias partes buscam a solução do conflito, sem a participação de terceiros. Enquanto na mediação incumbe ao mediador, um terceiro neutro e conhecedor do assunto em disputa, aproximar as partes para que reduzam suas divergências e possam chegar a um acordo – sem, contudo, apresentar sugestões ou opiniões a respeito da controvérsia, na conciliação a solução é apenas proposta por um conciliador, que tem a tarefa de conduzir as partes na negociação e oferecer-lhes alternativas, havendo uma obrigação de esforço, não de resultado e na arbitragem a solução do litígio é imposta às partes por árbitros que, atuando como um juiz privado, as substituem na solução de conflitos.

Nos termos da Lei nº 13.140, *de 26 de junho de 2015,* que dispõe sobre a mediação entre particulares como meio de solução de controvérsias e sobre a autocomposição de conflitos no âmbito da Administração Pública, "a mediação é a atividade técnica

---

[1] Marcos Juruena Villela Souto registra que esses instrumentos "não representam nada mais que o atendimento do princípio da subsidiariedade, em função do qual os interessados só devem levar ao Poder Público aquilo que não pode ser resolvido pelas próprias forças da sociedade" (*Direito administrativo regulatório*. Rio de Janeiro: Lumen Juris, 2002. p. 60).

exercida por terceiro imparcial e sem poder decisório, que, escolhido ou aceito pelas partes, as auxilia e estimula a identificar ou desenvolver soluções consensuais para a controvérsia" (parágrafo único do art. 1º).

A mediação poderá ser extrajudicial ou judicial, em centros judiciários de solução consensual de conflitos criados pelos próprios tribunais (art. 24). As partes podem submeter-se ao método ainda que haja processo arbitral ou judicial em curso, hipótese em que a tramitação é suspensa por prazo suficiente para a solução consensual do litígio (art. 16).

A lei prevê também a possibilidade de utilização da mediação em conflitos entre órgãos e entidades da administração pública ou entre a administração pública e particulares.

De acordo com o art. 32, os entes federativos poderão criar câmaras de prevenção e resolução administrativa de conflitos, no âmbito dos respectivos órgãos da Advocacia Pública, onde houver, com competência para: I – dirimir conflitos entre órgãos e entidades da administração pública; II – avaliar a admissibilidade dos pedidos de resolução de conflitos, por meio de composição, no caso de controvérsia entre particular e pessoa jurídica de direito público; III – promover, quando couber, a celebração de termo de ajustamento de conduta". E, enquanto não forem criadas as câmaras de mediação aplicam-se as mesmas regras da mediação judicial (art. 33).

Vale ressaltar que nesta competência está compreendida a prevenção e resolução de conflitos que envolvam equilíbrio econômico-financeiro de contratos celebrados pela administração com particulares (§5º do art.32). São admitidos, ainda, procedimentos de mediação coletiva de conflitos relacionados à prestação de serviços públicos (parágrafo único do art. 33).

A lei disciplinou a categoria dos *direitos indisponíveis, mas transigíveis*, exigindo a homologação do consenso em juízo, desde que haja oitiva do Ministério Público (art. 3º, §2º). As informações relativas ao procedimento de mediação são confidenciais em relação a terceiros, não podendo ser reveladas sequer em processo arbitral ou judicial, salvo se, conforme exceções elencadas na lei, as partes expressamente decidirem de forma diversa ou quando sua divulgação for exigida por lei ou necessária ao cumprimento de acordo obtido por mediação.[2]

A arbitragem é hoje regulada no Brasil, tanto quanto ao direito material, como quanto ao direito processual, pela Lei Federal nº 9.307, de 23.09.96, alterada pela Lei nº 13.129, de 26.05.2015, que, simplificando e prestigiando o arbitramento como forma amigável de resolver conflitos de ordem patrimonial, não coloca outro limite à sua exequibilidade a não ser quanto a direitos indisponíveis, a saber, aqueles que, por sua natureza, caracterizada em lei, não podem ser objeto de transação.

Dispõe o art. 1º da Lei de arbitragem que "as pessoas capazes de contratar poderão valer-se da arbitragem para dirimir litígios relativos a direitos patrimoniais disponíveis". O cabimento da arbitragem exige a presença de dois requisitos: um de caráter subjetivo e outro objetivo. O primeiro aspecto relaciona-se com a capacidade das partes de contratar, ou seja, com a capacidade de adquirir direitos e obrigações. O segundo refere-se às matérias suscetíveis de serem submetidas à arbitragem (conflitos envolvendo *apenas* direitos patrimoniais disponíveis).

---

[2] A Lei nº 13.140/2015 foi sancionada após o novo Código de Processo Civil (Lei nº 13.105, de 16.03.2015), que também cuida da mediação.

Referido diploma legal de regência inova ao equiparar o árbitro, quando no exercício da arbitragem, ao juiz estatal (arts. 17 e 18), ao dar à sentença arbitral os mesmos efeitos das sentenças judiciais, constituindo-se em título executivo judicial (art. 31 da Lei nº 9.307/1996), ao dispensar a homologação judicial (art. 18) e ao reconhecer a autonomia da cláusula compromissória e do compromisso arbitral para atribuir-lhes a natureza de "convenção de arbitragem" (art. 3º).

2 Constitucionalidade da arbitragem

Questionou-se inicialmente a constitucionalidade da opção pela via arbitral em substituição à via jurisdicional estatal. No entanto, no julgamento de agravo regimental em sentença estrangeira em que se discutiu incidentalmente a constitucionalidade de vários tópicos da Lei nº 9.307/1996, o Supremo Tribunal declarou constitucional a Lei nº 9.307/1996, considerando o Tribunal, por maioria de votos, que a manifestação de vontade da parte na cláusula compromissória, quando da celebração do contrato, e a permissão dada ao juiz para que substitua a vontade da parte recalcitrante em firmar compromisso não ofendem o art. 5º, XXXV, da CF ("a lei não excluirá da apreciação do Poder Judiciário lesão ou ameaça a direito"). Votos vencidos, em parte – incluído o do relator –, que entendiam inconstitucionais a indeterminação de seu objeto – e a possibilidade de a outra parte, havendo resistência quanto à instituição da arbitragem, recorrer ao Poder Judiciário para compelir a parte recalcitrante a firmar o compromisso, e, consequentemente, declaravam a inconstitucionalidade de dispositivos da Lei nº 9.307/1996 (o parágrafo único do art. 6º; o art. 7º e seus parágrafos; e, no art. 41, das novas redações atribuídas ao art. 267, VII e art. 301, inciso IX do Código de Processo Civil; e o art. 42), por violação da garantia da universalidade da jurisdição do Poder Judiciário. Constitucionalidade – aí por decisão unânime – dos dispositivos da Lei de Arbitragem que prescrevem a irrecorribilidade (LArb.18) e os efeitos da decisão judiciária da sentença arbitral (LArb.31). AgRg provido para homologar a sentença arbitral estrangeira (STF, AgRgSE 5.206-Espanha, Pleno, rel. c/ voto Min. Marco Aurélio (Presidente), j. 12-12-01, m.v., DJU 30-04-2004, vencidos parcialmente os Ministros Sepúlveda Pertence, Sydney Sanches, Néri da Silveira e Moreira Alves).[3]

Anteriormente, no caso da organização Lage, o Supremo Tribunal Federal, ao apreciar decisão do juízo arbitral instituído para dirimir litígio entre a União e herdeiros de Henrique Lage, já havia reconhecido especificamente a legalidade do Juízo Arbitral, que o nosso Direito sempre admitiu e consagrou, até mesmo nas causas contra a Fazenda[4] (STF- AI 52.181-GB, Pleno, rel. Min. Bilac Pinto, v. u., j. 14.11.73, DJ 15.02.74).

---

[3]　A competência atual para homologação de sentença estrangeira é do Superior Tribunal de Justiça, por força do art.105, I, "i", da Constituição Federal, incluído pela Emenda Constitucional nº 45, de 08.12. 2004.

[4]　Em primeiro grau, a pretensão dos herdeiros em sustentar a juridicidade da arbitragem havia sido acolhida e, em grau recursal, perante o antigo Tribunal Federal de Recursos, foi integralmente mantida, tendo o seu Relator, o Ministro Godoy Ilha, examinado em profundidade a questão doutrinária e sintetizado em sua Ementa as duas principais conclusões de fundo:
"*Juízo arbitral* – Na tradição do nosso direito, o instituto do Juízo Arbitral sempre foi admitido e consagrado, até mesmo nas causas contra a Fazenda. Pensar de modo contrário é restringir a autonomia contratual do Estado, que, como pessoa *sui juris*, pode prevenir o litígio pela via do pacto de compromisso, salvo nas relações em que age como Poder Público, por insuscetíveis de transação.
Natureza consensual do pacto de compromisso – O pacto de compromisso, sendo de natureza puramente consensual, não constitui foro privilegiado, nem tribunal de exceção, ainda que regulado por lei específica".

3 Natureza jurídica da arbitragem

A doutrina diverge sobre a natureza jurídica da arbitragem, sendo possível mencionar três correntes. A primeira – contratual ou privatista – considera a arbitragem fruto da manifestação de vontade das partes, que optam por submeter seus interesses à decisão arbitral; a arbitragem tem natureza contratual privada, pois haverá necessariamente um contrato estabelecido entre as partes para a sua instituição. A segunda corrente – jurisdicional ou publicista – sustenta a natureza jurisdicional do processo arbitral, pois os árbitros são juízes de fato e de direito do conflito de interesses, por força da faculdade de escolha atribuída às partes, cuja decisão não está sujeita à homologação do Judiciário, faltando-lhe, apenas, o poder coercitivo para fazer valer as suas decisões em caso de descumprimento.

Com o advento da Lei nº 9.307/1996, os principais argumentos da teoria contratualista perderam espaço para os fundamentos da teoria jurisdicional da arbitragem, na medida em que a sentença arbitral passou a ser título executivo judicial, dispensando a prévia homologação do Poder Judiciário. Além disso, os arts. 18 e 13, §6º, da Lei de Arbitragem atribuíram ao árbitro o *status* e atributos de um juiz.

A seu turno, a corrente intermediária ou mista mescla conceitos das duas correntes anteriores, ou seja, admite o caráter contratual da arbitragem na medida em que se firma uma convenção entre as partes no momento de sua adoção, e destaca o caráter público no processo de solução e pacificação dos conflitos. Agrega os fundamentos da corrente privatista e publicista, de modo que, "mesmo pautada no negócio jurídico realizada entre as partes, e sendo dele decorrente, não se pode desenvolver a arbitragem fora de um sistema jurídico, pois este método de solução submete-se à ordem legal existente, embora não controlada inteiramente por esse sistema".[5] Trata-se de uma instituição contratual nas suas origens e jurisdicional nos seus efeitos.

Corroborando a majoritária corrente publicista da arbitragem, esclarece Humberto Theodoro Júnior que, "se, no regime anterior à Lei nº 9.307, mostrava-se forte a corrente que defendia a natureza contratual ou privatista da arbitragem, agora não se pode mais duvidar que saiu vitoriosa, após o novo diploma legal, a corrente jurisdicional ou publicista".[6] Os defensores dessa corrente sustentam que a jurisdição deve ser encarada como o poder de solucionar conflitos independentemente da qualidade (pública ou privada) do agente que irá exercer esta atribuição.[7]

Não tendo sido admitido recurso extraordinário contra esse Acórdão, tampouco prosperou o agravo de instrumento interposto pela União (MOREIRA NETO, Diogo de Figueiredo. Arbitragem nos contratos administrativos. In: MOREIRA NETO, Diogo de Figueiredo *Mutações do direito administrativo*. Rio de Janeiro: Renovar, 2000. p. 229-230).

[5] CAHALI, Francisco José. *Curso de arbitragem*. 5. ed. rev. atual. e amp. São Paulo: Revista dos Tribunais, 2015. p. 125-126.

[6] THEODORO JÚNIOR, Humberto. *Curso de direito processual*. 18. ed. Rio de Janeiro: Forense, 1996. v 1. p. 41. No mesmo sentido, J. E. Carreira Alvim pontua: "Sem dúvida, a arbitragem brasileira, por natureza e por definição, tem indiscutível caráter jurisdicional, não cabendo mais, depois da lei n. 9307/96, falar-se em contratualidade, *salvo no que concerne à sua origem, por resultar da vontade das partes*" (ALVIM, J. E. Carreira. *Direito arbitral*. 2. ed. Rio de Janeiro: Forense, 2004. p. 46).

[7] CAHALI, Francisco José. *Curso de arbitragem*. 5. ed. rev. atual. e amp. São Paulo: Revista dos Tribunais, 2015. p. 127.

4 Arbitragem e litígios administrativos

Já em 1993, a Lei nº 8.666, que disciplina o regime geral das licitações e contratos administrativos pertinentes a obras e serviços, em seu artigo 55, §2º, previu a possibilidade de inserção de uma cláusula compromissória nos contratos referentes às licitações internacionais para aquisição de bens e serviços financiados por empréstimos obtidos no exterior, abrindo uma exceção à regra geral de competência exclusiva do foro da sede da Administração.[8]

Adite-se que, pelo art. 54 da Lei nº 8.666/1993, os contratos administrativos regem-se pelas suas cláusulas e preceitos de direito público, aplicando-se-lhes supletivamente os princípios da teoria geral dos contratos e as disposições de direito privado, o que vem reforçar a possibilidade de adoção do juízo arbitral para dirimir questões contratuais, tal como salientado no voto da lavra da então Desembargadora Nancy Andrighi, atual Ministra do STJ, no acórdão emanado do Tribunal de Justiça do Distrito Federal, no Mandado de Segurança nº 1998002003066-9, j. 18.05.99, v.u., DJU 18.08.99, p. 44.

O Tribunal de Contas da União, instado a se pronunciar, em consulta formulada pelo Ministério de Minas e Energia, inicialmente considerou inadmissível a utilização do juízo arbitral em contratos administrativos por falta de autorização legal e ofensa aos princípios básicos de direito público, dentre eles: a) o da supremacia do interesse público sobre o interesse privado; b) o da indisponibilidade do interesse público pela Administração; c) o da inalienabilidade dos direitos concernentes a interesses públicos; d) o do controle administrativo ou tutela; e) o da vinculação do contrato ao instrumento convocatório e à proposta que lhe deu origem (TCU, Decisão nº 286/1993, Plenário, rel. Min. Homero Santos, Dou 04-08-1993). Tal entendimento foi reafirmado pela E. Corte em outras oportunidades.[9]

Posteriormente, a Lei Federal nº 8.987, de 13.02.1995, dispondo especificamente sobre os contratos de concessão e de permissão de serviços públicos, em seu artigo 23, elenca, entre as cláusulas essenciais do contrato, no inciso XV, as relativas "ao foro e ao modo amigável de solução das divergências contratuais", dando liberdade de escolha

---

[8] Art. 55. São cláusulas necessárias em todo contrato as que estabeleçam: ....
§2º Nos contratos celebrados pela Administração Pública com pessoas físicas ou jurídicas, inclusive aquelas domiciliadas no estrangeiro, deverá constar necessariamente cláusula que declare competente o foro da sede da Administração para dirimir qualquer questão contratual, salvo o disposto no §6º do art. 32 desta Lei.

Art. 32. ....
§6º O disposto no §4º deste artigo, no §1º do art. 33 e no §2º do art. 55, não se aplica às licitações internacionais para a aquisição de bens e serviços cujo pagamento seja feito com o produto de financiamento concedido por organismo financeiro internacional de que o Brasil faça parte, ou por agência estrangeira de cooperação, nem nos casos de contratação com empresa estrangeira, para a compra de equipamentos fabricados e entregues no exterior, desde que para este caso tenha havido prévia autorização do Chefe do Poder Executivo, nem nos casos de aquisição de bens e serviços realizada por unidades administrativas com sede no exterior.

[9] TCU, Acórdão 587/2003, Plenário, rel. Min. Adylson Motta, DOU 10.06.2003; TCU, Acórdão 906/2003, Plenário, rel. Min. Lincoln Magalhães da Rocha, DOU 24.07.2003; TCU, Acórdão 537/2006, 2ª Câmara, rel. Walton Alencar Rodrigues, DOU 17.3.2006; TCU, Acórdão 1099/2006, Plenário, rel. Min. Augusto Nardes, DOU 10.07.2006. O Tribunal, posteriormente, admitiu a arbitragem nos contratos celebrados por sociedade de economia mista (Petrobras), versando exclusivamente sobre "a resolução dos eventuais litígios a assuntos relacionados à sua área-fim e a disputas eminentemente técnicas oriundas da execução dos aludidos contratos" (TCU, Acórdão 2094/2009, Plenário, rel. Min. José Jorge, DOU 11.09.2009). Todavia, nessa última hipótese, os contratos não seriam administrativos propriamente ditos, mas privados da administração e, portanto, submetidos, naturalmente, ao direito privado.

para a que melhor atenda aos interesses em jogo no objeto da concessão e ampliando e esclarecendo o previsto no art. 54 da Lei nº 8.666/1993.[10] Pela Lei nº 11.196, de 21 de novembro de 2005, foi introduzido o art. 23-A à Lei nº 8.987/1995, estabelecendo a possibilidade de previsão no contrato de concessão do "emprego de mecanismos privados para resolução de disputas decorrentes ou relacionadas ao contrato, inclusive a arbitragem, a ser realizada no Brasil e em língua portuguesa, nos termos da Lei nº 9.307, de 23 de setembro de 1996".

Por sua vez, a Lei nº 11.079, de 30.12.2004, que institui normas gerais para licitação e contratação de parceria público-privada, no âmbito da Administração Pública, prevê a possibilidade do emprego da arbitragem para a solução dos conflitos contratuais entre a Administração Pública e o particular contratado, estendendo sua aplicação aos fundos especiais, às autarquias, às fundações públicas, às empresas públicas, às sociedades de economia mista e às demais entidades controladas direta ou indiretamente pela União, Estados, Distrito Federal ou Municípios (art. 1º, parágrafo único). Nos termos do art. 11, III, o edital de licitação poderá prever "o emprego dos mecanismos privados de resolução de disputas, inclusive a arbitragem, a ser realizada no Brasil e em língua portuguesa, nos termos da Lei nº 9.307, de 23 de setembro de 1996, para dirimir conflitos decorrentes ou relacionados ao contrato", reforçando a corrente doutrinária que se tem empenhado na aplicabilidade do juízo arbitral em litígios administrativos, buscando definir as hipóteses de seu cabimento.[11]

A seu turno, o Superior Tribunal de Justiça – STJ, ao tratar de contratos celebrados por empresas estatais, admitiu a utilização da arbitragem nos respectivos ajustes[12] e o STF, em 2002, analisou a existência de disponibilidade em relação a bens e direitos do Poder Público para concluir pela validade de transação celebrada pelo Município de Santa Rita do Sapucaí.[13]

No acompanhamento do segundo estágio de concessão dos aeroportos internacionais Governador Franco Montoro, em Guarulhos/SP, Viracopos, em Campinas/SP e Presidente Juscelino Kubitscheck, em Brasília/DF, o Plenário do Tribunal de Contas da União, rel. Aroldo Cedraz, no Acórdão 157-03/12, DOU 09.12.2012, reconheceu a admissibilidade de cláusulas contratuais prevendo a utilização da arbitragem em questões de cunho patrimonial.[14]

---

[10] Antes desse diploma federal a Lei do Estado do Rio de Janeiro nº 1.481, de 21.07.1989, em seu art. 5º, §2º, continha a previsão expressa de juízo arbitral como solução consensual de controvérsias administrativas. Em igual sentido, a Lei paulista nº 7.835, de 08.05.1982, admite, em seu art. 8º, nº XXI, a solução amigável de controvérsias.

[11] Semelhantes disposições sobre arbitragem estão presentes em diversos dos diplomas estaduais (MG, Lei nº 14.868/2003, art. 13; Santa Catarina, Lei nº 12.930/2004, art. 10, III, e; SP, Lei nº 11.688/2004, art. 11, parágrafo único; Goiás, Lei nº 14.910/2004, art. 15; Bahia, Lei nº 9.290/2004, art. 9º; Rio Grande do Sul, Lei nº 12.234/2005, art. 6º, III, d; Sergipe, Lei nº 5.507/2004, art. 11; PE, Lei nº 12.765/2005, arts. 9º e 14).

[12] STJ, REsp nº 612.439/RS, T2, rel. Min. João Otávio de Noronha, T2, j. 25.10.2005, DJ 14.09.2006; STJ, MS 11.308/DF, S1, rel. Min. Luiz Fux, j. 09.04.2008, DJe 19.05.2008; REsp 904.813-PR, T 3, rel. Min Nancy Andrighi, j. 20.10.11, DJe 28.02.2012.

[13] RE 253885, T 1, rel. Min. Ellen Gracie, j. 0406-2002, DJ 21.06.2002.

[14] Ac. 157:133. Com supedâneo na Lei 9.307/1996, a minuta contratual a compor o Edital ANAC 2/2011 prevê cláusula compromissória arbitral. A previsão de cláusula remetendo à arbitragem o deslinde de litígio futuro e incerto no âmbito de contratos administrativos é considerada lícita sempre que incidente exclusivamente sobre direitos patrimoniais – representativos do chamado interesse público secundário ou instrumental –, e não sobre potestades de índole pública (interesse público primário, de promoção do bem comum). Resumindo amplo debate doutrinário, Ferreira Lemes (2003: 9) assevera: Assim, nos contratos de concessão de serviço público,

Todavia, contrariando as próprias decisões anteriores e o entendimento do STJ, o Plenário do TCU, no Acórdão 2573/2012, rel. Min. Raimundo Carreiro, j. 26.09.2012, tratando de concessão da Rodovia BR/101/ES/BA, considerou que questões econômicas e financeiras dos contratos de concessão e PPP constituem direitos indisponíveis, e que apenas as questões regulamentares poderiam ser submetidas ao juízo arbitral.

A propósito de tal decisão comentou Maurício Portugal:

> Além de tecnicamente insuficiente e incoerente com decisões passadas do próprio TCU, a decisão sobre a abrangência da aplicação da arbitragem adotada pelo TCU é particularmente inoportuna, considerando que a arbitragem se tornou, na visão da iniciativa privada, o principal mecanismo compensatório da perda da independência política das agências reguladoras federais.[15]

No acórdão 2.145/2013, o TCU reconheceu a possibilidade do emprego da arbitragem para dirimir divergências "relativas às questões econômico-financeiras do contrato de concessão", na esteira da manifestação da Ministra do STJ Nancy Andrighi[16] no sentido de que a discussão acerca da manutenção do equilíbrio econômico financeiro do contrato não envolve direitos indisponíveis. Referido acórdão confirmou, outrossim, posicionamentos anteriores do próprio Tribunal quanto à necessidade de previsão legal específica para aplicação da arbitragem aos contratos administrativos.[17]

Daí deflui que o Tribunal de Contas da União admite a utilização da arbitragem pela Administração Pública, inclusive para resolver divergências "relativas às questões econômico-financeiras do contrato de concessão", exigindo apenas a previsão legal específica para aplicação da arbitragem em contratos administrativos.

A Lei da arbitragem, em sua redação original, não se referia à Administração Pública. Restringia-se a definir o seu âmbito como meio de opção em relações patrimoniais entre pessoas capazes de contratar.

Na hipótese de contratos internacionais celebrados pela República Federativa do

---

tudo que diga respeito, tenha reflexo patrimonial e esteja relacionado ao equilíbrio econômico-financeiro do contrato será suscetível de ser dirimido por arbitragem. [...] Por outro lado, as disposições classificadas como regulamentares e atinentes à Administração, previstas no contrato, estariam fora da zona de direito disponível e, portanto, sujeitas à dirimência da jurisdição estatal.

[15] Arbitragem, TCU e risco regulatório: se o TCU quiser contribuir para reduzir o risco regulatório precisa rever sua posição sobre arbitragem em contratos administrativos. Disponível em: < http://pt.slideshare.net/portugalribeiro/tcu-e-arbitragem-verso-preliminar-em-16122014>. Acesso em: 23 mar. 2016. p. 10.

[16] STJ, REsp nº 904.813-PR, T3, rel. Min. Nancy Andrighi, j. 20.10.2011, Dje 28.02.2012.

[17] Constou do voto do Relator: "28. Entretanto, de acordo com o princípio da legalidade a que está sujeita a administração pública, não vislumbro motivos para ser afastado os argumentos expendidos no bojo do TC 008.217/1993-9, quando o TCU, em sede de consulta formulada pelo então Ministro das Minas e Energia, manifestou-se no sentido que deve haver previsão legal para a aplicação do instituto da arbitragem em contratos administrativos (Decisão 286/1993-Plenário). Isso porque, consoante o seguinte trecho do voto condutor do Acórdão 1099/2006-Plenário, 'a Lei n.º 9.307/1996, que dispõe de modo geral sobre a arbitragem, não supre a necessária autorização legal específica para que possa ser adotado o juízo arbitral nos contratos celebrados'. 29. Esse parece ser também o entendimento do legislador que especificamente, de acordo com a natureza das avenças, permitiu, somente em determinas hipóteses, a instituição de cláusula arbitral em contratos administrativos. Assim, ocorre nos contratos de concessão de serviços públicos (art. 23-A da Lei 8.987/1995), de parceria público privada (art.11, inciso III da Lei 11.079/2004) e de transações, por parte de empresa estatal, de compra e venda de energia elétrica nos sistemas interligados (§4 do art. 20 da Lei 10.433/2002).30. Ou seja, como regra geral, o compromisso arbitral não é cabível nos contratos administrativos, sendo as exceções objeto de específica disposição legal".

Brasil, é pacífico, já há muito tempo, o entendimento de que são válidas as cláusulas que estabelecem o compromisso arbitral e instituem os chamados Tribunais Arbitrais.

Em se tratando de direito interno, a possibilidade de solução consensual de litígios em que figure, num dos polos a Administração Pública, tem suscitado divergências entre os doutrinadores. Sempre sustentamos haver um espaço para sua utilização na Administração Pública, um campo de interesses patrimoniais disponíveis dentro do qual a arbitragem apresenta-se como alternativa ao litígio judicial, podendo ser um instrumento extremamente útil para garantir a regularidade na execução dos contratos.[18]

4.1 A remoção dos óbices da arbitragem na Administração Pública

Obstáculos eram apontados à adoção da arbitragem nos contratos da Administração Pública, inclusive a ausência de autorização expressa na Lei de Arbitragem. Nesse ponto, além dos diplomas legais antes referidos com previsão da arbitragem, restou oportuna a alteração promovida pela Lei nº 13.129/2015, que permite, de forma categórica, a arbitragem na Administração Pública direta e indireta para dirimir quaisquer conflitos relativos a direitos patrimoniais disponíveis (art. 1º, §1º), restando superada a questão da arbitrabilidade subjetiva.

Outro óbice apresentado diz respeito à indisponibilidade do interesse público diante do requisito objetivo do artigo 1º da Lei nº 9.307/1996, segundo o qual apenas os direitos patrimoniais disponíveis podem ser submetidos à arbitragem.

Importa ter presente que, em certos casos, o princípio da indisponibilidade do interesse público afasta o compromisso arbitral e, somente o Poder Judiciário poderá impor à Administração deveres ou obrigações de fazer ou não fazer, de permitir ou de autorizar.[19] O fato de o interesse público ser indisponível não implica, necessariamente, na indisponibilidade de todos os direitos titulados pela Administração.

Há um campo de interesses patrimoniais disponíveis dentro do qual a arbitragem é, não apenas lícita e constitucional, mas, também, recomendável como alternativa ao litígio judicial, por expressa admissão legal.

A questão se desloca, então, para a definição do que possa e do que não possa ser objeto de arbitragem. Nesse sentido já caminha parte da doutrina brasileira ao reconhecer a aplicabilidade do juízo arbitral em litígios administrativos e buscar definir as hipóteses de seu cabimento: Adilson Abreu Dallari,[20] Caio Tácito,[21] Eros Roberto Grau,[22] Diogo

---

[18] GROTTI, Dinorá Adelaide Musetti. Arbitragem e o setor de telecomunicações no Brasil. *Revista de Direito de Informática e Telecomunicações*, v. 2, p. 99-127, 2007; GROTTI, Dinorá Adelaide Musetti. A arbitragem e a Administração Pública. In: GUILHERME. Luiz Fernando do Vale de Almeida (Org.). Novos *rumos da arbitragem no Brasil*. São Paulo: Fiuza, 2004, p. 145-167.

[19] TÁCITO, Caio. Arbitragem nos litígios administrativos. In: *Temas de direito público (estudos e pareceres)*. Rio de Janeiro: Renovar, 2002. v. 3. p. 88.

[20] Arbitragem na concessão de serviço público. *Revista Trimestral de Direito Público*. São Paulo, n. 13, p. 5-10, 1996.

[21] Arbitragem nos litígios administrativos. In: *Temas de direito público (estudos e pareceres)*. Rio de Janeiro: Renovar, 2002. v. 3. p 83-88.

[22] Arbitragem e contrato administrativo. *Revista Trimestral de Direito Público*, São Paulo, v. 32, p. 14-20, 2000

de Figueiredo Moreira Neto,[23] Mauro Roberto Gomes de Mattos,[24] Arnoldo Wald, Luiza Rangel de Moraes e Alexandre de M. Wald,[25] Selma Maria Ferreira Lemes,[26] Fernando Antônio Dusi Rocha,[27] Cláudio Viana de Lima,[28] Leon Frejda Szklarowsky,[29] Marçal Justen Filho,[30] Carlos Ari Sundfeld e Jacintho de Arruda Câmara.[31]

Adilson Abreu Dallari, além de alertar para a necessidade "de uma disciplina específica das arbitragens aplicadas aos contratos administrativos, com utilização apenas subsidiária dos Códigos existentes", afasta os óbices normalmente invocados para a adoção da arbitragem para as relações contratuais de direito público, ressaltando que:

> 1) ao optar pela arbitragem o contratante público não está transigindo com o interesse público nem abrindo mão de instrumentos de defesa de interesses públicos. Está, sim, escolhendo uma forma mais expedita, ou um meio mais hábil, para a defesa do interesse público. [...] O interesse público não se confunde com o mero interesse da Administração ou da Fazenda Pública; o interesse público está na correta aplicação da lei, e se confunde com a realização concreta da Justiça. Inúmeras vezes, para defender o interesse público, é preciso decidir contra a Administração Pública. 2) A lei instituidora ou disciplinadora da arbitragem nos contratos administrativos não está vedando o acesso ao Poder Judiciário, mas, sim, apenas, proporcionando uma alternativa, que pode ser utilizada com maior ou menor intensidade, para certas espécies de conflitos (por exemplo, questões técnicas ou econômicas. [...]. 3) A possibilidade de solução dos conflitos pelo critério da equidade é uma simples faculdade, que pode existir ou não nas arbitragens envolvendo exclusivamente particulares [...], mas que não pode ser aplicada aos contratos administrativos.[32]

Caio Tácito pontifica que:

> quando se trata tão-somente de cláusulas pelas quais a Administração está submetida a uma contraprestação financeira, não faz sentido ampliar o conceito de indisponibilidade à obrigação de pagar vinculada à obra ou serviço executado ou ao benefício auferido pela Administração em virtude da prestação regular do outro contratante. A convenção de arbitragem será, em tais casos, caminho aberto a que, pelo acordo de vontades, se possa alcançar a plena eficácia da relação contratual.[33]

---

[23] Arbitragem nos contratos administrativos. In: *Mutações do Direito Administrativo*. Rio de Janeiro: Renovar, 2000. p. 221-235.

[24] Contrato administrativo e a Lei de Arbitragem. *Revista de Direito Administrativo*. Rio de Janeiro, n. 223, p. 115-131, jan.-mar. 2001.

[25] *O direito de parceria e a nova Lei de Concessões*: análise das Leis 8.987/95 e 9.074/95. São Paulo: RT, 1996. p. 140.

[26] Arbitragem na concessão de serviço público – perspectivas. *Revista de Direito Bancário, do Mercado de Capitais e da Arbitragem*, São Paulo, n. 17, p. 342-354, jul.-set. 2002.

[27] Da possibilidade do uso da arbitragem nos contratos administrativos. *Revista Licitar*, São Paulo, n. 1, p. 24-33, jul. 1997.

[28] A Lei de arbitragem e o art. 23, XV da Lei de Concessões. *Revista de Direito Administrativo*, Rio de Janeiro, n. 209, p. 91-104, jul.-set. 1997.

[29] Arbitragem e os contratos administrativos. *Revista de Direito Administrativo*, Rio de Janeiro, n. 209, p. 105-107, jul.-set. 1997.

[30] JUSTEN FILHO, Marçal. *Curso de direito administrativo*. 11. ed. São Paulo: Revista dos Tribunais, 2015. p. 824.

[31] SUNDFELD, Carlos Ari; CÂMARA, Jacintho Arruda. O cabimento da arbitragem nos contratos administrativos. In: SUNDFELD, Carlos Ari (org.). *Contratações públicas e seu controle*. São Paulo: Malheiros, 2013. p. 251-264, 256-258.

[32] Arbitragem na concessão de serviço público. *Revista Trimestral de Direito Público*. São Paulo, nº13, p. 5-10, 1996. p. 8-9.

[33] Arbitragem nos litígios administrativos. In: *Temas de direito público (estudos e pareceres)*. Rio de Janeiro: Renovar, 2002. v. 3. p. 88.

Pondera que o juízo arbitral mais ainda se compatibiliza "com atos de gestão de empresa estatal que se dedique à exploração de atividade econômica na qual, nos termos da Constituição de 1988, art. 173, §1º, prevalece o regime jurídico próprio das empresas privadas".[34]

Por sua vez, Eros Roberto Grau observa que o deslinde da questão relativa à juridicidade da solução, mediante arbitragem, de conflitos entre as partes nos contratos administrativos, reclama o exame de três pontos: jurisdição e arbitragem; a noção de contrato administrativo; a indisponibilidade do interesse público e a disponibilidade de direitos patrimoniais. Com relação ao primeiro aspecto, afirma que a arbitragem não encerra jurisdição. Ao contrário, previne-a, sendo sua origem contratual. Quanto aos contratos administrativos, destaca que "na relação contratual administrativa o Estado-aparato (a Administração) atua vinculado pelas mesmas estipulações que vinculam o particular; ambos se submetem à lei (Estado-ordenamento); ou seja, a Administração não exerce atos de autoridade no bojo da relação contratual".[35] No que diz respeito ao terceiro tópico, explicita que indisponível é o interesse público primário, não, o interesse da Administração, concluindo que "sempre que puder contratar, o que importa disponibilidade de direitos patrimoniais, poderá a Administração, sem que isso importe disposição do interesse público, convencionar cláusula de arbitragem".[36]

Mauro Roberto Gomes de Mattos entende que podem submeter-se às decisões arbitrais as matérias de índole privada, (cláusulas econômico-financeiras e monetárias do contrato administrativo – art. 58, §1º, hipóteses de alteração dos contratos previstas no art. 65, II, contratos dos entes públicos que tenham características privadas – art. 62, §3º, todos da Lei nº 8.666/93), em que a interpretação de determinadas cláusulas contratuais não ofende a indisponibilidade do interesse público.[37]

Marçal Justen Filho registra que admitir a procedência do argumento da não utilização da arbitragem em razão da indisponibilidade do interesse público levaria à negação da existência dos contratos administrativos. Sustenta que o poder de criar obrigações vinculantes compreende a disciplina do modo de solucionar litígios instaurados entre sujeitos determinados, de forma que a arbitragem seria manifestação indissociável da autonomia contratual.[38] Essa autonomia, contudo, não abrange todo e qualquer interesse jurídico.

Na medida em que a arbitragem nada mais é do que uma simples manifestação de cunho contratual, negar a possibilidade de o Estado firmar compromisso arbitral seria negar a existência de contratos administrativos e, consequentemente, a existência de aspectos negociais na Administração Pública.[39]

---

[34] Arbitragem nos litígios administrativos. In: *Temas de direito público (estudos e pareceres)*. Rio de Janeiro: Renovar, 2002. v. 3. p. 88.

[35] Arbitragem e contrato administrativo. *Revista Trimestral de Direito Público*, São Paulo, v. 32, p. 14-20, 2000. p. 17.

[36] Arbitragem e contrato administrativo. *Revista Trimestral de Direito Público*, São Paulo, v. 32, p. 14-20, 2000. p. 20.

[37] Contrato administrativo e a Lei de Arbitragem. *Revista de Direito Administrativo*, Rio de Janeiro, n. 223, p. 115-131, jan.-mar. 2001. p. 131.

[38] JUSTEN FILHO, Marçal. *Curso de direito administrativo*. 11. ed. São Paulo: Revista dos Tribunais, 2015. p. 824.

[39] Pontifica Paulo Osternack Amaral: "Para que desempenhe suas funções e realize o interesse público, o Estado pode praticar atos de disposição patrimonial, tal como ocorre nas compras, alienações de bens e nas contratações. Em todos esses casos, o Estado exercerá a sua capacidade contratual e disporá de alguma espécie de patrimônio (economicamente aferível) para realizar o interesse fundamental envolvido no caso concreto". E conclui: "Esse

Carlos Ari Sundfeld e Jacintho de Arruda Câmara ressaltam que, ao submeter uma discussão à arbitragem, as partes não estão abrindo mão de seus direitos ou mesmo transigindo (i.e. aceitando perder parte de seu poder). Na verdade, elas estão escolhendo um juízo (privado) para colocar termo ao litígio, por meio de uma decisão que dirá quem tem razão na disputa. Não se sustenta, desta forma, o argumento de que a Administração, ao utilizar-se da arbitragem, estaria abrindo mão de seus direitos.[40]

Aos argumentos elencados deve-se acrescer que, mesmo submetidas as partes à arbitragem, verifica-se, por força da Lei nº 9.307/1996, que a atividade desenvolvida no juízo arbitral não escapa do controle e fiscalização do Poder Judiciário.

A análise do Poder Judiciário, por expressa determinação legal, ficará restrita à regularidade formal do procedimento arbitral. Com efeito, o art. 33 da Lei nº 9.307 garante à parte prejudicada por vícios do procedimento da arbitragem o direito de pleitear a declaração de nulidade da sentença arbitral desde que presentes as situações previstas no rol taxativo do art. 32. Pode também ser arguida igual pretensão na impugnação ao cumprimento da sentença, se houver execução judicial (art. 33, §3º), sendo certo que a execução forçada terá curso na Justiça estatal e não no âmbito do juízo arbitral (art. 31 da Lei nº 9.307).

Também a controvérsia acerca da imposição do cumprimento da cláusula arbitral e da definição dos termos do compromisso da cláusula arbitral e da definição dos termos do compromisso, na falta de consenso entre as partes, será dirimida pelo Poder Judiciário.

Ademais, quando a arbitragem se der por organismo estrangeiro, a sentença somente será reconhecida e executada no Brasil depois de submeter-se à homologação do Superior Tribunal de Justiça, por força do art. 35 da Lei nº 9.307/1996, com a alteração promovida pela Lei nº 13.129/2015.

Cabe, ainda, frisar que a arbitragem vincula apenas as partes contratantes, não se estendendo a terceiros, que, julgando-se prejudicados, sempre poderão recorrer à via judicial para a defesa de seus direitos e interesses. Nas palavras de Humberto Theodoro Júnior "o modelo legal assegura a presença da Justiça estatal sempre que a parte se sentir vítima de lesão ou ilegalidade".[41]

Outros indicavam que a arbitragem afrontava o princípio constitucional da legalidade, dado que na arbitragem é possível que a solução do conflito seja feita por equidade, à margem do respeito estrito às normas legais. Essa questão restou consagrada com a edição da Lei nº 13.129/2015, que alterou a Lei de Arbitragem para estabelecer, de forma expressa, que, nas questões envolvendo a Administração Pública, direta e indireta, a arbitragem deve ser de direito e não por equidade (art. 2º, §3º da Lei nº 9.307/1996).[42]

---

raciocínio aplica-se à arbitragem. Se o direito é disponível e patrimonialmente aferível, ele estará contido na esfera contratual do Estado" (*Arbitragem e Administração Pública*: aspectos processuais, medidas de urgência e instrumentos de controle. Belo Horizonte: Fórum, 2012. p. 57).

[40] SUNDFELD, Carlos Ari; CÂMARA, Jacintho Arruda. O cabimento da arbitragem nos contratos administrativos. In: SUNDFELD, Carlos Ari (org.). *Contratações públicas e seu controle*. São Paulo: Malheiros, 2013. p. 251-264, p.256-258.

[41] A arbitragem como meio de solução de controvérsias. *Revista Forense*, v. 353, p. 107-116, jan.-fev. 2001. p. 114.

[42] Vale notar que, em especial no campo das arbitragens internacionais, é comum a utilização de critérios extralegais (costumes, equidade etc.) na solução das controvérsias, o que é respaldado pelo art. 2º, §2º da Lei nº 9.307/1996. A propósito, Rafael Carvalho Rezende Oliveira considera "oportuno que a legislação mencionasse expressamente a possibilidade de aplicação dos usos, costumes, equidade e regras internacionais do comércio

Outros reportavam-se ao princípio da publicidade, estampado no art. 37, *caput* da Lei Maior, como óbice tradicional à arbitragem na Administração Pública, uma vez que as arbitragens são submetidas à confidencialidade. A Lei de Arbitragem ao se referir ao sigilo vincula-o ao árbitro ao mencionar a discrição em atuar (art. 13, §6º).

Mas, a confidencialidade constitui apenas uma faculdade. Não configura característica obrigatória e impositiva do procedimento arbitral. Ademais, consoante §3º do art. 1º da Lei de Arbitragem, incluído pela Lei nº 13.129/2015, "a arbitragem que envolva a administração pública [...] respeitará o princípio da publicidade". A confidencialidade, porém, não impede o sigilo em condições excepcionais. A Lei nº 12.527/11 (Lei de Acesso à Informação) permite o sigilo em duas hipóteses: a) informações classificadas como sigilosas, consideradas imprescindíveis à segurança da sociedade ou do Estado (art.23); e b) informações pessoais relacionadas à intimidade, vida privada, honra e imagem (art.31).

Existem, pois, limites estabelecidos no próprio ordenamento jurídico. Quando a arbitragem envolver a Administração, a Lei nº 13.129/2015 fixou, ao menos, três importantes limites: a) a arbitragem se restringe aos direitos patrimoniais disponíveis; b) a arbitragem deve ser de direito, com fundamento no princípio da legalidade, sendo vedada a arbitragem por equidade; e c) a publicidade, salvo situações legais de sigilo, o que relativiza a confidencialidade normalmente encontrada na arbitragem dos contratos privados.

4.2 Críticas e vantagens da arbitragem na Administração Pública

Apesar de atualmente contar com expresso embasamento legal, a adoção da arbitragem na Administração Pública ainda encontra resistências e continua a receber críticas. Segundo Rafael Carvalho Rezende Oliveira, "em resumo, as principais desvantagens seriam: a) receio quanto à independência dos árbitros e possível tratamento preferencial aos interesses privados em detrimento dos interesses públicos; b) inexistência de mecanismos institucionais de garantia de 'coerência jurisprudencial', com a prolação de decisões diferentes para casos semelhantes; e c) déficit de responsabilidade democrática (*accountability*)".[43]

Na trilha do referido Autor, referidas críticas não inviabilizam a arbitragem nas relações estatais. A imparcialidade do árbitro seria garantida por meio do consenso das partes na sua escolha. O árbitro não deve desconsiderar a legislação e a jurisprudência dominante. A legitimidade da arbitragem repousa na sua base consensual e não impede a atuação dos órgãos de controle (ex.: Tribunais de Contas, Ministério Público).[44]

---

nas arbitragens internacionais envolvendo a Administração Pública Direta e Indireta" (A arbitragem nos contratos da Administração Pública e a Lei n.13.129/2015: novos desafios. *Revista Brasileira de Direito Público – RBDP*, Belo Horizonte, n. 51. out.-dez. 2015. Disponível em: <http://bid.editoraforum.com.br/PDI0006. aspx?pdiCntd=239318>. Acesso em: 23 mar. 2016.

[43] A arbitragem nos contratos da Administração Pública e a Lei n.13.129/2015: novos desafios. *Revista Brasileira de Direito Público – RBDP*, Belo Horizonte, n. 51. out.-dez. 2015. Disponível em: <http://bid.editoraforum.com.br/PDI0006.aspx?pdiCntd=239318>. Acesso em: 23 mar. 2016.

[44] OLIVEIRA, Rafael Carvalho Rezende. A arbitragem nos contratos da Administração Pública e a Lei n.13.129/2015: novos desafios. *Revista Brasileira de Direito Público – RBDP*, Belo Horizonte, n. 51. out.-dez. 2015. Disponível em: <http://bid.editoraforum.com.br/PDI0006.aspx?pdiCntd=239318>. Acesso em: 23 mar. 2016.

Apesar dos questionamentos existentes, as vantagens da arbitragem superam as críticas. É indubitável que a complexidade técnica e a especificidade dos conflitos entre as partes nas concessões requerem uma celeridade incompatível com a obrigatoriedade de recurso ao Poder Judiciário como única alternativa: o procedimento arbitral é extremamente rápido se comparado com o procedimento de uma ação proposta perante o Poder Judiciário, ensejando flexibilidade procedimental: prazos reduzidos, limitação de recursos e oportunidade de fixação das regras procedimentais pelas partes (arts. 21, 23 e 30 da Lei de Arbitragem). Caracteriza-se também a arbitragem pela especialidade: o conhecimento técnico e científico que se exige do árbitro para o deslinde da questão – daí a arbitragem ser chamada, algumas vezes, de justiça técnica,[45] por produzir um laudo (ou sentença) definitivo, com eficácia vinculativa, suscetível de execução; por ser consensual, ou seja, fruto do acordo entre as partes.

A adoção de mecanismos privados de solução de controvérsias representa uma garantia para os investidores, uma vez que tende a reduzir as disputas judiciais duradouras. Ademais, a previsão de um modo célere de decisão de controvérsias sobre direitos patrimoniais disponíveis, a serem solucionadas por julgadores especializados na matéria, significa maior aceitabilidade da decisão e uma redução dos riscos dos investidores quanto ao retorno do vultoso capital aplicado.

5 Aspectos operacionais pendentes

Vários aspectos operacionais foram deixados em aberto pela Lei de Arbitragem, alterada pela Lei nº 13.129/2015, em especial quanto ao procedimento arbitral, "que podem ser especificadas ou detalhadas no campo regulamentar, tais como: viabilidade de compromisso arbitral e desnecessidade de previsão no edital/contrato; relativização de prerrogativas processuais; utilização da arbitragem *ad hoc* ou institucional; arbitragem monocrática ou colegiado arbitral; (des)necessidade de licitação para escolha do árbitro ou instituição arbitral; dentre outras questões",[46] desde que observem as normas gerais da Lei de Arbitragem, uma vez que a arbitragem, nos contratos da Administração, envolve matéria inserida na competência legislativa concorrente dos entes da federação.

5.1 Arbitrabilidade subjetiva e objetiva

Nos termos do art. 1º da Lei de arbitragem dois são os requisitos para que os interessados possam se valer da arbitragem: o subjetivo consistente na capacidade de contratar e o objetivo (material) que impõe que o litígio verse sobre direitos patrimoniais disponíveis.

Em nossa opinião, a previsão genérica da utilização da arbitragem por pessoas capazes, constante da redação originária da Lei de Arbitragem, já legitimava sua adoção pela Administração. De qualquer forma, a alteração promovida pela Lei nº 13.129/2015 na Lei nº 9.307/1996 (Lei de Arbitragem), que permite, de forma categórica, a possibilidade de utilização da arbitragem pela Administração Pública em geral é positiva, encerrando muitas das discussões travadas acerca da arbitrabilidade subjetiva.

---

[45] MENEZELLO, Maria D'Assunção Costa. *Agências reguladoras e o direito brasileiro*. São Paulo: Atlas, 2002. p. 178.

[46] OLIVEIRA, Rafael Carvalho Rezende. A arbitragem nos contratos da Administração Pública e a Lei n.13.129/2015: novos desafios. *Revista Brasileira de Direito Público – RBDP*, Belo Horizonte, n. 51. out.-dez. 2015. Disponível em: <http://bid.editoraforum.com.br/PDI0006.aspx?pdiCntd=239318>. Acesso em: 23 mar. 2016.

Quanto à arbitrabilidade objetiva, as questões submetidas à arbitragem devem envolver direitos patrimoniais disponíveis.

A patrimonialidade não traz maiores polêmicas. Patrimonial é o direito passível de conteúdo econômico, de valoração pecuniária, que pode ser monetariamente quantificado. O interesse terá cunho patrimonial não apenas quando o objeto se reveste de valor econômico, mas também quando o eventual inadimplemento de determinada obrigação puder ser reparado ou compensado por medidas de conteúdo econômico.[47]

Ainda no que tange à arbitrabilidade objetiva do Estado, Eduardo Talamini observa que o Estado poderá se submeter à arbitragem sempre que o conflito (de natureza eminentemente patrimonial) puder ser resolvido pelas próprias partes, independentemente do ingresso em juízo. E complementa: "Se o conflito pode ser dirimido pelas próprias partes, não faria sentido que não pudesse também ser composto mediante juízo arbitral sob o pálio das garantias do devido processo".[48]

Tendo em conta a existência de bens e direitos disponíveis da Administração Pública, a discussão se desloca para a determinação dos critérios jurídicos de verificação da disponibilidade de um direito público.

Não existe um critério geral que permita determinar os direitos disponíveis da Administração Pública. A verificação da disponibilidade deverá ser feita no caso concreto e, em última instância, é o Poder Judiciário que decide acerca do caráter disponível da matéria controvertida submetida à arbitragem.

É bastante duvidosa a possibilidade de arrolamento legal das hipóteses em que o administrador poderia eleger a forma de resolução de conflitos mais adequada ao caso concreto. É difícil a edição de uma regulação para fixar critérios.

Uma relação exemplificativa é apresentada por Diogo Albaneze Gomes Ribeiro, qual seja: disputas sobre o equilíbrio da equação econômico-financeira; disputas sobre a identificação e o cumprimento das obrigações contratuais de ambas as partes, inclusive as consequências do descumprimento; disputas sobre os pressupostos e decorrências da extinção do contrato, revestidos de cunho patrimonial.[49]

Com o objetivo de precisar o conceito de direito público disponível, a doutrina tem apresentado alguns critérios, que, de acordo com Eugenia Cristina Cleto Marolla, "podem ser agrupados da seguinte forma: 1) dos interesses públicos primários e secundários;[50] 2) dos atos de império e de gestão;[51] 3) da ordem pública; 4) dos passíveis

---

[47] TALAMINI, Eduardo. Arbitragem e parceria público-privada. In: TALAMINI, Eduardo; JUSTEN, Monica Spezia (coords.). *Parcerias Público-Privadas*: um enfoque multidisciplinar. São Paulo: Revista dos Tribunais, 2005. p. 345.

[48] TALAMINI, Eduardo. Arbitragem e parceria público-privada. In: TALAMINI, Eduardo; JUSTEN, Monica Spezia (coords.). *Parcerias Público-Privadas*: um enfoque multidisciplinar. São Paulo: Revista dos Tribunais, 2005. p. 334.

[49] RIBEIRO, Diogo Albaneze Gomes. *Arbitragem no setor de energia elétrica*. 186 f. 2015. Dissertação (Mestrado em Direito) – Faculdade de Direito, Pontifícia Universidade Católica de São Paulo, São Paulo, 2015. p. 165.

[50] Entre nós está pacificada a distinção entre interesse público primário e interesse da Administração (interesse secundário). Leciona Renato Alessi que os interesses públicos, coletivos, cuja satisfação deve ser perseguida pela Administração, não são simplesmente o interesse da Administração enquanto aparato organizacional autônomo, porém aquele que é chamado interesse coletivo primário. Este é resultante do complexo dos interesses individuais prevalentes em determinada organização jurídica da coletividade, ao passo que o interesse do aparato organizacional que é a Administração, se pode ser concebido um interesse, desse aparato, unitariamente considerado, será simplesmente um dos interesse secundários que se fazem sentir no seio da coletividade e que podem ser realizados somente na medida em que coincidam, e nos limites dessa coincidência, com o interesse coletivo primário (*Principi di diritto amministrativo*, I. 4. ed. Milão: Giuffrè, 1978. p. 232-233).

[51] A distinção entre atos de império e atos de gestão leva em conta serem os atos praticados no gozo de prerrogativas de autoridade no primeiro caso e. sem o uso de poderes comandantes no segundo. Esta velha distinção está em

de transação; 5) dos que podem ser alienados ou renunciados; 6) dos direitos em relação aos quais não há proibição a que se reconheça, de maneira espontânea, que não se tem razão, sem o recurso à jurisdição".[52] Pontua a Autora que:

> nenhum dos critérios é suficiente para, sozinho, indicar a disponibilidade de um direito público. Para tanto, é preciso analisar, primeiramente, a atuação da Administração para verificar se ela se deu com o uso de prerrogativas, o que pode ser feito por meio do critério que distingue os atos de império dos atos de gestão. Todas as vezes em que a atuação administrativa decorrer dos poderes que foram outorgados à Administração, a arbitragem estará afastada, porque, nesses casos, o Estado age no exercício do *imperium* que lhe é próprio, figurando os indivíduos em uma relação de sujeição aos atos de autoridade. Observa-se, contudo, que a limitação à arbitragem cinge-se à discussão da atuação da Administração, não abrangendo as decorrências patrimoniais do *ius imperium* na órbita jurídica dos contratados ou administrados. Numa segunda etapa, deve-se verificar se, nos termos da lei, o bem ou direito é passível de transação, alienação ou renúncia, porque eles pressupõem a existência de disponibilidade.[53]

A estipulação de cláusulas exorbitantes nos contratos da Administração não obsta a utilização da arbitragem. Nesse caso, o árbitro decidirá sobre os efeitos patrimoniais oriundos da efetivação das referidas cláusulas.

5.2 A convenção arbitral

Para que as partes se submetam à arbitragem, o artigo 3º da Lei nº 9.307/96 exigiu a convenção de arbitragem (gênero), que abrange duas espécies: *a) cláusula compromissória*: "convenção através da qual as partes em um contrato comprometem-se a submeter à arbitragem os litígios que possam vir a surgir, relativamente a tal contrato" (art. 4º); e *b) compromisso arbitral*: "convenção através da qual as partes submetem um litígio à arbitragem de uma ou mais pessoas, podendo ser judicial ou extrajudicial" (art. 9º).

Na primeira hipótese, a cláusula arbitral será inserida no edital e na minuta do contrato administrativo. Contudo, nada impede que, mesmo na ausência da cláusula arbitral (ou *cláusula compromissória*) na respectiva avença, se surgir alguma controvérsia envolvendo direitos patrimoniais disponíveis, os interessados, de comum acordo, submetam esse litígio à arbitragem. Nesse caso, caberá às partes firmarem o denominado *compromisso arbitral*.

De conformidade com a Lei nº 13.129/2015, que introduziu o §2º no artigo 1º da Lei de Arbitragem, a autoridade ou o órgão competente da Administração Pública direta para a celebração de convenção de arbitragem é a mesma para a realização de acordos ou transações.

---

desuso desde o final do século passado por sua imprecisão, inexatidão e ter perdido sua função primordial de excluir responsabilidade do Estado pela prática dos atos de império.

[52] Arbitragem e os contratos da Administração Pública. 203 f. 2015. Tese (Doutorado em Direito) – Faculdade de Direito, Pontifícia Universidade Católica de São Paulo, São Paulo, 2015. p. 174.

[53] Arbitragem e os contratos da Administração Pública. 203 f. 2015. Tese (Doutorado em Direito) – Faculdade de Direito, Pontifícia Universidade Católica de São Paulo, São Paulo, 2015. p.147.

5.3 Arbitragem e prerrogativas processuais

A convenção de arbitragem possui natureza de contrato de direito privado. Via de consequência, várias prerrogativas da Fazenda Pública não são extensíveis ao processo arbitral. Reportando-nos a Rafael Carvalho Rezende Oliveira, temos:

a) inaplicabilidade dos prazos diferenciados (art. 183 do CPC/2015) ao processo arbitral: consoante art. 21 da Lei nº 9.307/1996, a arbitragem obedecerá ao procedimento estabelecido pelas partes na convenção de arbitragem, que poderá reportar-se às regras de um órgão arbitral institucional ou entidade especializada, facultando-se, ainda, às partes delegar ao próprio árbitro, ou ao tribunal arbitral, regular o procedimento.

b) ausência de reexame necessário (art. 496 do CPC/2015): na arbitragem a sentença arbitral, por não estar sujeita ao duplo grau de jurisdição, torna-se diretamente imutável tão logo proferida, pelo menos do ponto de vista do direito material.

c) ausência de isenção relativa à taxa judiciária, custas ou emolumentos na arbitragem: os valores em razão dos serviços devidos ao tribunal arbitral e aos árbitros devem ser suportados pelas partes.

d) incompatibilidade das regras relacionadas à fixação do valor dos honorários de sucumbência no processo judicial (art. 85, §3º do CPC/2015) ao processo arbitral: de conformidade com o art. 11, inciso VI da Lei de Arbitragem os honorários, em princípio, são definidos pelo compromisso arbitral.

e) inaplicabilidade do regime do precatório ou da requisição de pequeno valor: o pagamento do valor definido na arbitragem independe de precatório, salvo se houver necessidade de execução judicial da decisão arbitral condenatória, que possui natureza jurídica de título executivo extrajudicial (art. 31 da Lei de Arbitragem).[54]

5.4 Arbitragem *ad hoc* e institucional

Duas são as formas pelas quais os procedimentos arbitrais podem ser instaurados: através da arbitragem *ad hoc* ou avulsa e por meio da arbitragem institucional.

A Lei de Arbitragem não contemplou a necessidade de instituição de arbitragem *ad hoc* ou institucional, o que atribui discricionariedade ao administrador público para optar por uma dessas vias. No primeiro caso as próprias partes estabelecem as regras procedimentais a serem seguidas, fixando prazo, local da realização das reuniões, das audiências, bem como o local em que os autos do processo arbitral irão tramitar.

Por não haver intervenção de nenhuma instituição, o árbitro será a única figura deste procedimento, ficando aos seus cuidados todo o desenvolvimento da arbitragem a partir da aceitação da sua nomeação.[55]

Esse tipo de procedimento apresenta vantagens e desvantagens. Se, por um lado, a não contratação de uma câmara de arbitragem implica em redução de custos,

---

[54] A arbitragem nos contratos da Administração Pública e a Lei n.13.129/2015: novos desafios. *Revista Brasileira de Direito Público – RBDP*, Belo Horizonte, n. 51. out.-dez. 2015. Disponível em: <http://bid.editoraforum.com.br/PDI0006.aspx?pdiCntd=239318>. Acesso em: 23 mar. 2016.

[55] CAHALI, Francisco José. *Curso de arbitragem*. 5. ed. rev. atual. e amp. São Paulo: Revista dos Tribunais, 2015. p. 148.

por outro lado, acarreta insegurança para as partes, que devem atentar para todas as exigências e questões inerentes ao procedimento arbitral.

A arbitragem institucional é administrada por uma instituição arbitral especializada cujo procedimento e funcionamento seguem regras previamente estipuladas em regulamento próprio,[56] utilizando-se da sua infraestrutura de serviços, quer física, quer atinente ao quadro de árbitros.

Tal opção tem como vantagem resguardar as partes, na medida em que todo o procedimento arbitral, em todos os seus aspectos, é gerenciado pela instituição. Além do mais, proporciona às partes maior segurança jurídica e agilidade, desonerando-as do ônus do regramento e administração do procedimento.

São exemplos de instituições arbitrais existentes: a Corte Internacional de Arbitragem da Câmara de Comércio Internacional (CCI); a London Court of International Arbitration (LCIA); a Américan Arbitration Association (AAA); a Câmara de Arbitragem da Câmara de Comércio Brasil-Canadá; a Câmara de Arbitragem da AMCHAM; a Câmara de Arbitragem da FIESP, dentre outras.

5.5 Escolha do árbitro ou instituição arbitral: inexigibilidade de licitação

A contratação dos árbitros, ou da câmara arbitral, quando o ente estatal é parte do contrato, traz à baila a questão da exigência ou não da licitação, que deve ser analisada à luz da Lei nº 8.666/1993.

Nesse sentido, a atividade desempenhada pelas câmaras arbitrais e pelos árbitros enquadra-se como prestação de serviços técnico-profissionais (art. 6, II). Dentre os trabalhos considerados como de caráter técnico-profissionais enumerados no art. 13 desse dispositivo legal, não se encontra relacionado o prestado pelas câmaras e juízes arbitrais; no entanto, vários doutrinadores consideram esse rol como meramente exemplificativo,[57] podendo aí ser incluídos outros de mesma natureza.

Em tese, dada a pluralidade de câmaras arbitrais e de sujeitos que poderiam atuar como árbitros, poder-se-ia aventar a possibilidade de instaurar um procedimento licitatório para selecionar aqueles que atuariam na solução dos conflitos indicados previamente pelas partes.

No entanto, a notória especialização e qualificação técnica pretendida e exigida pelos contratantes, a busca por decisões mais técnicas, o histórico profissional dos árbitros e das câmaras, afigura o que a Lei nº 8.666/1993 considera notória especialização, afastando, dessa forma, a possibilidade de competição. Assim, a singularidade dos serviços técnicos desenvolvidos, que representam a melhor solução para as necessidades da Administração, inviabiliza a competição, tornando inexigível a licitação, nos termos do artigo 25, inciso II da Lei nº 8.666/93.

---

[56] O art. 5º da Lei nº 9.307/96 dispõe: "Reportando-se as partes, na cláusula compromissória, às regras de algum órgão arbitral institucional ou entidade especializada, a arbitragem será instituída e processada de acordo com tais regras, podendo, igualmente, as partes estabelecer na própria cláusula, ou em outro documento, a forma convencionada para a instituição da arbitragem".

[57] Nesse sentido MOREIRA, Egon Bockmann; GUIMARÃES, Fernando Vernalha. *Licitação pública:* a Lei Geral de Licitações – LGL e o Regime Diferenciado de Contratações: RDC. São Paulo: Malheiros, 2012. p. 432-433; MEIRELLES, Hely Lopes. *Licitação e contrato administrativo.* 15. ed. São Paulo: Malheiros, 2010. p. 75.

Nessa linha, mais recentemente, o Decreto nº 8.465/2015, que dispõe sobre os critérios de arbitragem para dirimir litígios no âmbito do setor portuário, em seu art. 7º, §3º, previu que a escolha de árbitro ou de instituição arbitral deva ser considerada contratação direta por inexigibilidade de licitação.

Paulo Osternack Amaral reconhece que:

> A escolha da câmara arbitral ou do árbitro pelo administrador não exigirá a realização de prévia licitação pública. Nesse caso, o processo licitatório seria de todo inadequado, pois o interesse estatal não poderia ser satisfeito por uma prestação padrão. A contratação do árbitro ou da câmara arbitral envolve peculiaridades (reputação, especialidade na matéria objeto do litígio etc.) que escapam aos padrões de normalidade.[58]

Importante frisar que o "procedimento de contratação da câmara ou dos árbitros deverá ser levado a cabo quando do surgimento do conflito a ser submetido à arbitragem, no mínimo porque é impossível saber de antemão se haverá arbitragem ou quantas arbitragens ocorrerão no curso dos contratos, especialmente os de longo prazo de execução como as concessões comuns e as parcerias público-privadas".[59]

Tendo em vista que a escolha dos árbitros ou da câmara arbitral está permeada por elementos "de cunho estritamente subjetivos, como a confiança das partes, a respeitabilidade e o conceito profissional ou da câmara no âmbito de sua especialidade",[60] mostra-se inviável a licitação.

6. Considerações finais

1. A entrada em vigor da Lei de Concessões de Serviços Públicos (Lei nº 8.987/95), da Lei das Parcerias Público-Privadas (Lei nº 11.079/2004), de diversos diplomas legais disciplinadores das agências reguladoras e da Lei de arbitragem (Lei nº 9.307/96) reacendeu as discussões acerca da viabilidade do uso, pelos órgãos da administração pública, de formas amigáveis de solução de divergências contratuais.

2. A Lei nº 13.129/2015, que alterou a Lei nº 9.307, de 23.09.96, contemplou expressamente a possibilidade de arbitragem em questões em que a Administração Pública seja parte, restando, assim, superada a questão da arbitrabilidade subjetiva.

3. Quanto à arbitrabilidade objetiva, as questões submetidas à arbitragem devem envolver direitos patrimoniais disponíveis. Convém ressaltar que, se em certos casos, o princípio da indisponibilidade do interesse público repele o compromisso arbitral, há um campo de interesses patrimoniais disponíveis

---

[58] *Arbitragem e administração pública, aspectos processuais, medidas de urgência e instrumentos de controle.* Belo Horizonte: Fórum, 2012. p. 75.

[59] MAROLLA, Eugenia Cristina Cleto. Arbitragem e os contratos da Administração Pública. 203 f. 2015. Tese (Doutorado em Direito) – Faculdade de Direito, Pontifícia Universidade Católica de São Paulo, São Paulo, 2015. p. 158.

[60] MAROLLA, Eugenia Cristina Cleto. Arbitragem e os contratos da Administração Pública. 203 f. 2015. Tese (Doutorado em Direito) – Faculdade de Direito, Pontifícia Universidade Católica de São Paulo, São Paulo, 2015. p. 184.

dentro do qual a arbitragem apresenta-se como alternativa ao litígio judicial, podendo ser um instrumento extremamente útil para garantir a regularidade na execução dos contratos.

Entretanto, diversas questões permanecem em aberto, inclusive a fixação de parâmetros mais concretos e precisos para pautar a ação do administrador e a especificação dos aspectos operacionais elencados, em especial quanto ao procedimento arbitral, o que pode ser efetuado por meio de uma regulamentação específica para que se possa disseminar o uso da arbitragem no âmbito do direito público.

Referências

ALVIM, J. E. Carreira. *Direito arbitral*. 2. ed. Rio de Janeiro: Forense, 2004.

AMARAL, Paulo Osternack. *Arbitragem e Administração Pública*: aspectos processuais, medidas de urgência e instrumentos de controle. Belo Horizonte: Fórum, 2012.

CAHALI, Francisco José. *Curso de arbitragem*. 5. ed. rev. atual. e amp. São Paulo: Revista dos Tribunais, 2015.

DALLARI, Adilson Abreu. Arbitragem na concessão de serviço público. *Revista Trimestral de Direito Público*. São Paulo, nº 13, p. 5-10, 1996.

GRAU, Eros. Arbitragem e contrato administrativo. *Revista Trimestral de Direito Público*, São Paulo, v. 32, p. 14-20, 2000.

GROTTI, Dinorá Adelaide Musetti. A arbitragem e a Administração Pública. In: GUILHERME. Luiz Fernando do Vale de Almeida (Org.). *Novos rumos da arbitragem no Brasil*. São Paulo: Fiuza, 2004, p. 145-167.

GROTTI, Dinorá Adelaide Musetti. Arbitragem e o setor de telecomunicações no Brasil. *Revista de Direito de Informática e Telecomunicações*, v. 2, p. 99-127, 2007.

JUSTEN FILHO, Marçal. *Curso de direito administrativo*. 11. ed. São Paulo: Revista dos Tribunais, 2015. p. 824.

LEMES, Selma Maria Ferreira. Arbitragem na concessão de serviço público – perspectivas. *Revista de Direito Bancário, do Mercado de Capitais e da Arbitragem*, São Paulo, n. 17, p. 342-354, jul.-set. 2002.

LIMA, Cláudio Viana de. A Lei de arbitragem e o art. 23, XV da Lei de Concessões. *Revista de Direito Administrativo*, Rio de Janeiro, n. 209, p. 91-104, jul.-set. 1997.

MAROLLA, Eugenia Cristina Cleto. Arbitragem e os contratos da Administração Pública. 203 f. 2015. Tese (Doutorado em Direito) – Faculdade de Direito, Pontifícia Universidade Católica de São Paulo, São Paulo, 2015.

MATTOS, Mauro Roberto Gomes de. Contrato administrativo e a Lei de Arbitragem. *Revista de Direito Administrativo*. Rio de Janeiro, n. 223, p. 115-131, jan.-mar. 2001.

MEIRELLES, Hely Lopes. *Licitação e contrato administrativo*. 15. ed. São Paulo: Malheiros, 2010.

MENEZELLO, Maria D'Assunção Costa. *Agências reguladoras e o direito brasileiro*. São Paulo: Atlas, 2002.

MOREIRA NETO, Diogo de Figueiredo. Arbitragem nos contratos administrativos. In: MOREIRA NETO, Diogo de Figueiredo *Mutações do direito administrativo*. Rio de Janeiro: Renovar, 2000.

MOREIRA, Egon Bockmann; GUIMARÃES, Fernando Vernalha. *Licitação pública*: a Lei Geral de Licitações – LGL e o Regime Diferenciado de Contratações: RDC. São Paulo: Malheiros, 2012.

OLIVEIRA, Rafael Carvalho Rezende. A arbitragem nos contratos da Administração Pública e a Lei n.13.129/2015: novos desafios. *Revista Brasileira de Direito Público – RBDP*, Belo Horizonte, n. 51. out.-dez. 2015. Disponível em: <http://bid.editoraforum.com.br/PDI0006.aspx?pdiCntd=239318>. Acesso em: 23 mar. 2016.

RIBEIRO, Diogo Albaneze Gomes. *Arbitragem no setor de energia elétrica*. 186 f. 2015. Dissertação (Mestrado em Direito) – Faculdade de Direito, Pontifícia Universidade Católica de São Paulo, São Paulo, 2015.

RIBEIRO, Maurício Portugal. Arbitragem, TCU e risco regulatório: se o TCU quiser contribuir para reduzir o risco regulatório precisa rever sua posição sobre arbitragem em contratos administrativos. Disponível em:

<http://pt.slideshare.net/portugalribeiro/tcu-e-arbitragem-verso-preliminar-em-16122014>. Acesso em: 23 mar. 2016.

ROCHA, Fernando Antônio Dusi. Da possibilidade do uso da arbitragem nos contratos administrativos. *Revista Licitar*, São Paulo, n. 1, p. 24-33, jul. 1997.

SOUTO, Marcos Juruena Villela. *Direito administrativo regulatório*. Rio de Janeiro: Lumen Juris, 2002.

SUNDFELD, Carlos Ari; CÂMARA, Jacintho Arruda. O cabimento da arbitragem nos contratos administrativos. *In*: SUNDFELD, Carlos Ari (org.). *Contratações públicas e seu controle*. São Paulo: Malheiros, 2013.

SZKLAROWSKY, Leon Frejda. Arbitragem e os contratos administrativos. *Revista de Direito Administrativo*, Rio de Janeiro, n. 209, p. 105-107, jul.-set. 1997.

TÁCITO, Caio. Arbitragem nos litígios administrativos. In: *Temas de direito público (estudos e pareceres)*. Rio de Janeiro: Renovar, 2002. v. 3.

TALAMINI, Eduardo. Arbitragem e parceria público-privada. In: TALAMINI, Eduardo; JUSTEN, Monica Spezia (coords.). *Parcerias Público-Privadas*: um enfoque multidisciplinar. São Paulo: Revista dos Tribunais, 2005.

THEODORO JÚNIOR, Humberto. A arbitragem como meio de solução de controvérsias. *Revista Forense*, v. 353, p. 107-116, jan./fev. 2001. p. 114.

THEODORO JÚNIOR, Humberto. *Curso de direito processual*. 18. ed. Rio de Janeiro: Forense, 1996. v 1. p. 41.

WALD, Arnoldo; MORAES, Luiza Rangel de; WALD, Alexandre de M. *O direito de parceria e a nova Lei de Concessões:* análise das Leis 8.987/95 e 9.074/95. São Paulo: RT, 1996.

Informação bibliográfica deste texto, conforme a NBR 6023:2002 da Associação Brasileira de Normas Técnicas (ABNT):

GROTTI, Dinorá Adelaide Musetti. A arbitragem nos contratos da administração pública. *In:* PONTES FILHO, Valmir; MOTTA, Fabrício; GABARDO, Emerson (Coord.). *Administração Pública:* desafios para a transparência, probidade e desenvolvimento. XXIX Congresso Brasileiro de Direito Administrativo. Belo Horizonte: Fórum, 2017. p. 79-98. ISBN 978-85-450-0157-7.

LICITAÇÕES E CONTRATAÇÕES DIFERENCIADAS À LUZ DA LC Nº 123/06 COM AS ALTERAÇÕES DA LC Nº 147/14

EDGAR GUIMARÃES

1 Introdução

Após sanção do Chefe do Poder Executivo Federal, em 15 de dezembro de 2006, foi publicada a Lei Complementar nº 123/06 que institui o Estatuto da Microempresa e da Empresa de Pequeno Porte.

Objetivando materializar comandos constitucionais, notadamente aqueles contidos nos artigos 170, inciso IX e 179,[1] o legislador, dentre outras coisas, estabeleceu um regime tributário diferenciado, criou o Simples Nacional, sistema que implica o recolhimento mensal mediante documento único de arrecadação de alguns impostos, e ainda promoveu alterações nas licitações, prescrevendo benefícios a serem dispensados às micro e pequenas empresas.

Quanto ao âmbito de incidência da LC nº 123/06 e das entidades que estão submetidas ao regime jurídico que impacta as licitações (artigos 42 a 45 e 47 a 49), é preciso observar o contido em seu art. 1º, assim disposto:

> Art. 1º Esta Lei Complementar estabelece *normas gerais relativas ao tratamento diferenciado e favorecido a ser dispensado às microempresas e empresas de pequeno porte no âmbito dos Poderes da União, dos Estados, do Distrito Federal e dos Municípios*, especialmente no que se refere:
>
> (...)

---

[1] Art. 170. A ordem econômica, fundada na valorização do trabalho humano e na livre iniciativa, tem por fim assegurar a todos existência digna, conforme os ditames da justiça social, observados os seguintes princípios: (...) IX – tratamento favorecido para as empresas de pequeno porte constituídas sob as leis brasileiras e que tenham sua sede e administração no País.

Art. 179. A União, os Estados, o Distrito Federal e os Municípios dispensarão às microempresas e às empresas de pequeno porte, assim definidas em lei, tratamento jurídico diferenciado, visando a incentivá-las pela simplificação de suas obrigações administrativas, tributárias, previdenciárias e creditícias, ou pela eliminação ou redução destas por meio de lei.

III – ao acesso a crédito e ao mercado, inclusive quanto à *preferência nas aquisições de bens e serviços pelos Poderes Públicos, à tecnologia, ao associativismo e às regras de inclusão.* (destacamos)

É possível concluir que todas as pessoas políticas da federação estão sujeitas à observância da LC nº 123/06, vale dizer, a União, Estados-Membros, Municípios, Distrito Federal todos os Poderes constitucionalmente instituídos (Executivo, Legislativo e Judiciário) e os Tribunais de Contas, Ministério Público e os órgãos e entidades da Administração Direta e Indireta.

O legislador complementar fixou prazo de um ano para que as empresas públicas, sociedades de economia mista e paraestatais, entidades que fazem parte da Administração Indireta, promovam ações visando à adaptação dos seus respectivos atos normativos ao disposto na LC nº 123/06 (art. 77, §2º).

De outro giro, a LC nº 147/14 (DOU, 08.08.2014) trouxe significativas alterações na LC nº 123/06, uma delas dispondo acerca da ampliação do rol de beneficiários do tratamento diferenciado e favorecido[2] para além da microempresa, empresa de pequeno porte, sociedade empresária, sociedade simples e empresa individual de responsabilidade limitada, incluindo como detentores dos mesmos direitos, o produtor rural pessoa física e o agricultor familiar.[3]

Cabe, desde logo, observação no sentido de que tanto as pessoas físicas quanto as jurídicas podem, uma vez preenchidos os necessários requisitos legais, receber o *status jurídico* de microempresa ou empresa de pequeno porte, gozando dos benefícios a elas inerentes.

Importa anotar ainda que, em 15 de junho de 2007, foi editada a Lei nº 11.488 que estendeu o tratamento diferenciado e favorecido às sociedades cooperativas que tenham auferido, no ano-calendário anterior, receita bruta até o limite definido no inciso II do *caput* do artigo 3º da LC nº 123/06 (R$3.600.000,00), nela incluídos os atos cooperados e não cooperados.

Assim, as sociedades cooperativas que atendam ao limite de receita bruta anual nos termos acima referidos têm direito aos mesmos benefícios outorgados às microempresas e empresas de pequeno porte nas licitações, o que será mais um fator de extrema complexidade e merecedor de muita atenção por parte da entidade licitadora.

Especificamente no tocante à disciplina jurídica das licitações, a tratativa desta matéria encontra-se consignada nos artigos 42 a 49 da mencionada LC. De uma análise sistemática de tais dispositivos, é possível constatar que ditas alterações resumem-se em três grandes categorias, quais sejam: (i) alteração na fase de habilitação (arts. 42 e 43), (ii) alteração no julgamento das propostas (arts. 44 e 45) e, (iii) criação de licitações e contratações diferenciadas (arts. 47 a 49).

---

[2]   Art. 3º-A. Aplica-se ao produtor rural pessoa física e ao agricultor familiar conceituado na Lei nº 11.326, de 24 de julho de 2006, com situação regular na Previdência Social e no Município que tenham auferido receita bruta anual até o limite de que trata o inciso II do *caput* do art. 3º o disposto nos arts. 6º e 7º, nos Capítulos V a X, na Seção IV do Capítulo XI e no Capítulo XII desta Lei Complementar, ressalvadas as disposições da Lei no 11.718, de 20 de junho de 2008. (Incluído pela Lei Complementar nº 147, de 2014).

[3]   Para fins meramente didáticos, utilizaremos apenas a expressão "pequena empresa", para se referir a todas as pessoas que gozam do tratamento jurídico diferenciado nas licitações conferido pela Lei Complementar nº 123/06.

Outra disposição, distinta das acima mencionadas, pois indiretamente ligada às licitações e muito mais próxima da execução contratual, diz respeito à possibilidade da pequena empresa, titular de direitos creditórios decorrentes de empenhos liquidados por órgãos e entidades da União, Estados, Distrito Federal e Municípios e não pagos em até 30 (trinta) dias contados da data de liquidação, poder emitir cédula de crédito microempresarial, conforme disposição contida no art. 46 da Lei Complementar.

Nos termos do art. 88, a Lei Complementar nº 123 entrou em vigor na data de sua publicação (15.12.2006), ressalvado o regime de tributação das pequenas empresas que passou a vigorar a partir de 1º de julho de 2007.

Acerca da vigência e aplicação deste Diploma Legal, as normas consignadas nos artigos 42 a 45 são de eficácia plena e imediata, ou seja, encontram-se produzindo efeitos no mundo jurídico desde a publicação da LC nº 123/06 (DOU, de 15.12.2006). Sendo assim, por ocasião da instauração, processamento e julgamento de licitações instauradas a partir da sua publicidade, todas as entidades da Administração Pública, de qualquer esfera governamental, estão obrigadas a prestar total obediência a tais dispositivos.

A implementação das prerrogativas conferidas às pequenas empresas estabelecidas nos artigos 42 a 45 deve ser respeitada e disciplinada pela Administração Pública que deverá prever, em seus instrumentos convocatórios, os benefícios outorgados pela lei a esta categoria jurídica de licitantes.

Situação diversa aponta para as disposições dos artigos 46, 47, 48 e 49 da LC nº 123/06, que tratam, na verdade, de normas de eficácia contida, dependente de regulamentação advinda do Poder Executivo. No que toca às licitações diferenciadas (arts. 47 a 49), no ambiente federal a questão foi resolvida, pois em 05.09.2007 a União editou o Decreto nº 6.204 regulamentando a matéria.

Ainda no plano da eficácia, é preciso assentar que em 2014 a LC nº 123/06 sofreu significativas alterações promovidas pela LC nº 147/14 e uma delas dispõe que, enquanto não sobrevier legislação estadual, municipal ou regulamento específico de cada órgão mais favorável à pequena empresa, aplica-se a legislação federal.[4]

Em 2015, mais precisamente em 06 de outubro, nasce um novo panorama jurídico com advento do Decreto Federal nº 8.538 que, ao revogar o Decreto 6.204, introduziu inovações no tratamento diferenciado às microempresas e empresas de pequeno porte.

Dessa forma, ainda que determinadas pessoas políticas integrantes da federação não tenham regulamentado as licitações diferenciadas, essa omissão não impede a aplicação das respectivas regras visando a favorecer as pequenas empresas nas contratações públicas realizadas nestas órbitas federativas (arts. 47 a 49).

2 Licitações e contratações diferenciadas

As licitações e contratações diferenciadas encontram a respectiva disciplina jurídica nos artigos 47, 48 e 49 da LC nº 123/06 que adiante serão objeto de nossa análise e breves comentários.

---

[4] Art. 47. (...) Parágrafo único. No que diz respeito às compras públicas, enquanto não sobrevier legislação estadual, municipal ou regulamento específico de cada órgão mais favorável à microempresa e empresa de pequeno porte, aplica-se a legislação federal. (Incluído pela Lei Complementar nº 147, de 2014).

Primeiramente, cumpre destacar, uma vez mais, a presença das normas constitucionais antes invocadas (art. 170, IX, e art. 179), despontando com vigor ao criar outro bloco de privilégios legais às pequenas empresas. É o que se subtrai, desde logo, da prescrição do artigo 47 da LC nº 123/06, assim disposto:

> Art. 47. *Nas contratações públicas* da administração direta e indireta, autárquica e fundacional, federal, estadual e municipal, *deverá ser concedido tratamento diferenciado e simplificado* para as microempresas e empresas de pequeno porte objetivando a promoção do desenvolvimento econômico e social no âmbito municipal e regional, a ampliação da eficiência das políticas públicas e o incentivo à inovação tecnológica. (Redação dada pela Lei Complementar nº 147, de 2014) (destacamos)

A leitura do dispositivo em questão não suscita qualquer dúvida, pois, claramente, estabelece à Administração Pública um *dever legal* de dispensar um *tratamento diferenciado e simplificado às pequenas empresas,* afastando, assim, qualquer faculdade ou juízo subjetivo de valor.

Dessa forma a materialização dos comandos constitucionais que pretendeu regulamentar (art. 170, IX e art. 179), se dará com a efetiva conduta comissiva da Administração Pública. Se a Administração, ao contrário, omitir-se, não colocando em prática o mencionado regime diferenciado, obstaculiza-se a própria estrutura constitucional.

Não há dúvida de que há dever legal na aplicação do tratamento diferenciado e simplificado às pequenas empresas (arts. 47, 48, e 49 da LC nº 123/06). Todavia, consoante nossa afirmação anterior, tais disposições não são autoaplicáveis, sendo necessária a edição de lei tratando das especificidades que norteiam a matéria em cada uma das órbitas federativas.

Nesse particular aspecto comungamos da opinião de Marçal Justen Filho[5] que encampa a teoria segundo a qual a norma é dependente de regulação formal — pelo fato de haver no artigo 48 temas reservados a tratamento legislativo (lei). É o caso, por exemplo, do §2º do artigo 48 que cuida de uma só vez de matéria que resvala no domínio tributário, financeiro e fiscal.

Outros dois argumentos que robustecem a tese da necessidade da edição de um regulamento residem no fato de que o §1º, do artigo 77 (LC nº 123/06) estabelece prazo para que sejam editadas leis e demais atos propiciadores do tratamento jurídico diferenciado, simplificado e favorecido e, ainda, o parágrafo único, do artigo 44 (LC nº 123/06), dispõe que enquanto não sobrevier legislação estadual, municipal ou regulamento específico de cada órgão mais favorável à pequena empresa, aplica-se a legislação federal.

A União, conforme já noticiamos anteriormente, entendeu por bem editar o Decreto nº 6.204/2007, que foi revogado pelo Decreto nº 8.538/2015. Verifica-se assim que este ente da federação optou por fazer uso do decreto para regulamentar a matéria.

Do *caput* do art. 47 da LC nº 123/06, depreende-se que, nas contratações da administração pública, a concessão do tratamento diferenciado e simplificado para as pequenas empresas tem por finalidade: (i) a promoção do desenvolvimento econômico

---

[5] JUSTEN FILHO, Marçal. *O estatuto da microempresa e as licitações públicas*: comentários aos artigos da Lei Complementar nº 123 atinentes a licitações públicas. São Paulo: Dialética, 2007, p. 77.

e social no âmbito municipal e regional;[6] (ii) a ampliação da eficiência das políticas públicas e (iii) o incentivo à inovação tecnológica.

Visando à concretização de tais diretrizes, o art. 48 da LC nº 123/06 prescreve:

> Art. 48. Para o cumprimento do disposto no art. 47 desta Lei Complementar, a administração pública: (Redação dada pela Lei Complementar nº 147, de 2014).
>
> I – deverá realizar processo licitatório destinado exclusivamente à participação de microempresas e empresas de pequeno porte nos itens de contratação cujo valor seja de até R$80.000,00 (oitenta mil reais); (Redação dada pela Lei Complementar nº 147, de 2014).
>
> II – poderá, em relação aos processos licitatórios destinados à aquisição de obras e serviços, exigir dos licitantes a subcontratação de microempresa ou empresa de pequeno porte; (Redação dada pela Lei Complementar nº 147, de 2014).
>
> III – deverá estabelecer, em certames para aquisição de bens de natureza divisível, cota de até 25% (vinte e cinco por cento) do objeto para a contratação de microempresas e empresas de pequeno porte. (Redação dada pela Lei Complementar nº 147, de 2014).

Das disposições legais acima transcritas é possível concluir pela existência das seguintes espécies de licitações e contratações diferenciadas, a saber: (i) licitações exclusivas às pequenas empresas; (ii) licitação com subcontratação compulsória de pequena empresa e; (iii) licitação com reserva de cota para pequena empresa.

3 Licitações exclusivas às pequenas empresas

O inciso I, do art. 48 da LC nº 123/06, prevê que, para cumprimento das diretrizes do art. 47, a Administração Pública deverá instaurar processo licitatório destinado à participação exclusiva de pequenas empresas nos itens de contratação cujo valor seja de até R$80.000,00 (oitenta mil reais).

É possível destacar desde logo que, preenchido o requisito legal que diz respeito ao valor de referência e inexistindo qualquer circunstância ou fato impeditivo consoante as exceções previstas no art. 49 da LC nº 123/06 que adiante serão analisadas, a instauração de licitação exclusiva é obrigatória, não incidindo, portanto, qualquer discricionariedade atribuída ao administrador público.

Quanto ao valor de referência (R$80.000,00), a norma não deixa dúvidas de que devem ser considerados os itens ou lotes que eventualmente compõem a licitação. Em outras palavras, se em determinado certame licitatório um ou mais lotes totalizarem, individualmente, R$80.000,00, em cada um deles só poderá haver a participação de pequenas empresas, desprezando-se, neste caso, a somatória total. Assim, em termos práticos é possível que em uma mesma licitação tenhamos lotes com a participação exclusiva de pequenas empresas e outros abertos a qualquer licitante, independentemente do seu *status jurídico* (pequeno ou grande).

---

[6] Nos termos do Decreto nº 8.538/15, considera-se âmbito local os limites geográficos do Município onde será executado o objeto da contratação; âmbito regional os limites geográficos do Estado ou da região metropolitana, que podem envolver mesorregiões ou microrregiões, conforme definido pelo Instituto Brasileiro de Geografia e Estatística – IBGE. Admite-se a adoção de outro critério de definição de âmbito local e regional, justificadamente, em edital, desde que previsto em regulamento específico do órgão ou entidade contratante e que promova o desenvolvimento econômico e social no âmbito municipal e regional, amplie a eficiência das políticas públicas e incentive a inovação tecnológica.

A fim de que a norma encartada no dispositivo sob análise não se torne letra morta, inviabilizando a sua aplicação, sempre que possível, mediante prévia análise do ponto de vista técnico e econômico e desde que não haja prejuízo ao interesse público, a entidade licitadora deve dividir o objeto em lotes ou itens menores, de modo que o valor de cada um deles se enquadre no limite de R$80.000,00 propiciando, desta forma, uma adequada interpretação da lei.

Ainda no tocante ao valor de referência, cabe assinalar que, nas licitações que contemplem por objeto a contratação de serviços de natureza contínua, a Administração Pública deve levar em conta o prazo total de vigência destes contratos, computando-se as eventuais prorrogações até o limite legal (60 meses). Dessa forma, se o valor estimado para a contratação de um serviço de limpeza para 12 (doze) meses importar em R$70.000,00 e houver a previsão editalícia para sucessivas prorrogações até 60 meses, não se cogita, nesse caso, da instauração de licitação exclusiva às pequenas empresas.

4 Licitação com subcontratação compulsória de pequena empresa

A outra espécie de licitação diferenciada diz respeito à subcontratação de pequena empresa como exigência a ser imposta à vencedora da licitação que não ostente essa qualificação jurídica, ou seja, que se trate de uma grande empresa.

Nos termos da exata dicção legal, temos a seguinte disposição:

> Art. 48. (...)
> II – *poderá*, em relação aos processos licitatórios destinados à aquisição de *obras e serviços*, *exigir* dos licitantes a *subcontratação de microempresa ou empresa de pequeno porte*; (Redação dada pela Lei Complementar nº 147, de 2014)
> (destacamos)

De seu turno, o Decreto Federal 8.538/15 assim estabelece:

> Art. 7º Nas licitações para contratação de *serviços e obras*, os órgãos e as entidades contratantes *poderão* estabelecer, nos instrumentos convocatórios, a exigência de *subcontratação de microempresas ou empresas de pequeno porte, sob pena de rescisão contratual, sem prejuízo das sanções legais, determinando*:
> I – o *percentual mínimo* a ser subcontratado e o *percentual máximo admitido*, a serem estabelecidos no edital, sendo *vedada a sub-rogação completa ou da parcela principal* da contratação; (destacamos)

Diferentemente da hipótese analisada no tópico anterior (licitações exclusivas às pequenas empresas), nesta o legislador complementar outorga ao administrador público um *poder discricionário*. Assim, em se tratando de uma licitação cujo objeto seja *obra* ou *serviço de engenharia*, o edital *poderá* (ou não), prever cláusula determinando que a grande empresa, se vencedora da competição, subcontrate uma pequena empresa. Afasta-se esta possibilidade para certames voltados ao *fornecimento de bens*, exceto quando estiver vinculado à prestação de serviços acessórios, nos termos do disposto no §2º, do art. 7º do Decreto Federal 8.538/15.

O tema *subcontratação* em licitações e contratos administrativos não é novo. Sua disciplina, muito pobre, diga-se de passagem, pois tratada em um único dispositivo, está prevista no artigo 72 da Lei nº 8.666/93 nos seguintes termos:

Art. 72. O *contratado*, na execução do contrato, sem prejuízo das responsabilidades contratuais e legais, *poderá subcontratar partes* da *obra, serviço* ou *fornecimento, até o limite admitido*, em cada caso, pela Administração. (destacamos)

Tanto a lei de licitações quanto a LC nº 123/06[7] não fixam um limite para a subcontratação, o que não significa a possibilidade de utilização desta figura de forma desmedida. Na hipótese de haver a opção administrativa pela subcontratação de pequena empresa, o regulamento federal apenas dispõe que o edital deverá fixar um *limite mínimo* e um *máximo*, vedando a sub-rogação completa ou da parcela principal.

A subcontratação não poderá ser *total*, muito menos recair sobre a *parcela principal* do contrato. Entendemos como *parcela principal* aquilo que denominamos de *núcleo duro* do objeto do contrato.

Ocorre que na fase preparatória de uma licitação a entidade licitadora deve eleger as parcelas de maior relevância técnica e valor significativo do objeto a ser posto em competição (art. 30, §1º, inc. I da Lei nº 8.666/93) e, em face destas parcelas, fixar as exigências de qualificação técnica. Não teria sentido, portanto, um licitante passar pelo crivo da habilitação técnica e, posteriormente, este mesmo licitante transferir exatamente as parcelas de maior relevância técnica para um terceiro (subcontratado) executá-las.[8] Assim, entendemos que este *núcleo duro*, ou *parcela principal da contratação*, não pode ser subcontratado.

Também é vedada a subcontratação de pequenas empresas que estejam participando da licitação, bem como daquelas que tenham um ou mais sócios em comum com a empresa contratante. Ainda nos termos do decreto regulamentador,[9] não será aplicável esta figura quando o licitante for uma pequena empresa, consórcio composto em sua totalidade por microempresas e empresas de pequeno porte, respeitado o disposto no art. 33 da Lei nº 8.666/93, ou consórcio composto parcialmente por microempresas ou empresas de pequeno porte com participação igual ou superior ao percentual exigido de subcontratação.

Se o caso concreto não se subsumir a nenhuma das vedações e, em face da opção administrativa, houver a implementação da subcontratação, a grande empresa deverá indicar e qualificar a pequena empresa a ser subcontratada, indicando os bens, serviços e respectivos valores que serão por ela executados.

Quanto à escolha da pessoa a ser subcontratada, há que se esclarecer que isso competirá exclusivamente ao contratado. É dizer, apesar de a Administração Pública exigir a subcontratação de uma pequena empresa, essa tarefa não é de sua responsabilidade, eis que caso contrário a própria entidade licitadora o faria. Assim, a promotora da licitação pode exigir a subcontratação de pequena empresa no instrumento convocatório, mas por ela não se compromete, muito menos se responsabiliza.

---

[7] Na redação anterior da LC nº 123/06, que foi alterada pela LC nº 147/14, o limite máximo para subcontratação era de 30% do total licitado.

[8] Esta é uma das vedações expressas do Decreto Federal nº 8.538/15, que assim dispõe: Art. 7º (...).§6º *São vedadas*: I – a *subcontratação das parcelas de maior relevância técnica*, assim definidas no instrumento convocatório; (destacamos).

[9] Decreto Federal nº 8.538/15, art. 7º, §1º.

A propósito dos documentos da subcontratada, em que pese o Decreto Federal nº 8.538/15 determinar que a pequena empresa, na fase de habilitação[10] e ao longo do contrato, deverá apresentar apenas a regularidade fiscal, aplicando-se a ela, inclusive, o benefício da habilitação fiscal tardia (LC nº 123/06, art. 43, §1º), nos termos da posição externada pelo Tribunal de Contas da União,[11] caberá exigir também a regularidade jurídica, qualificação técnica, qualificação econômico-financeira e o cumprimento do disposto no inciso XXXIII do art. 7º da Constituição Federal, proporcionais, por óbvio, à parcela a ser assumida.

Na figura clássica da subcontratação prevista no art. 72 da Lei nº 8.666/93, a responsabilidade pela perfeita execução contratual é única e exclusivamente da contratada, assim como todos os pagamentos são a ela efetuados. Não há, portanto, nenhuma espécie de liame jurídico entre a entidade contratante e a subcontratada.

Todavia, o cenário acima mencionado foi ligeiramente alterado em razão de que tanto a LC nº 123/06 (art. 48, §1º), quanto o Decreto Federal nº 8.538/15 (art. 7º, §5º), tendo em vista a possibilidade de os empenhos e pagamentos serem destinados diretamente à pequena empresa subcontratada. Salientamos que a LC nº 123/06 prevê uma possibilidade que se traduz em faculdade, pois o legislador complementar utiliza o vocábulo *"poderão"*, o mesmo não ocorrendo no plano regulamentar, tendo em vista que a Presidente da República, no Decreto Federal nº 8.538/15, determinou a implementação deste procedimento ao empregar o verbo *"ser"* na sua forma imperativa *"serão"*.

Assim, em face da disposição regulamentar no âmbito federal, ocorrendo a subcontratação nos termos aqui delineados, todos os empenhos e pagamentos deverão ser realizados diretamente à subcontratada, o que pode ensejar a seguinte dificuldade no plano prático: como empenhar e efetuar um pagamento a uma subcontratada sem qualquer espécie de vínculo contratual? Parece-nos que a solução mais adequada é incluir a pequena empresa subcontratada no instrumento de contrato a ser celebrado com a licitante vencedora da competição, especificando, detalhadamente, as parcelas do objeto sob sua responsabilidade.

5 Licitação com reserva de cota para pequenas empresas

A terceira e última espécie de licitação diferenciada encontra previsão legal no inc. III, do art. 48 da LC nº 123/06. Vejamos:

> Art. 48. *Para o cumprimento do disposto no art.* 47 desta Lei Complementar, *a administração pública*: (Redação dada pela Lei Complementar nº 147, de 2014)
>
> (...)
>
> III – *deverá estabelecer*, em certames para aquisição de bens de natureza divisível, *cota de até 25% (vinte e cinco por cento) do objeto para a contratação de microempresas e empresas de pequeno porte.* (Redação dada pela Lei Complementar nº 147, de 2014) (destacamos)

---

[10] Nos termos do §3º, do art. 7º do Decreto Federal nº 8.538/15, a indicação e a qualificação da pequena empresa pelo licitante *"deverá ser comprovado no momento da aceitação, na hipótese de a modalidade de licitação ser pregão, ou no momento da habilitação, nas demais modalidades, sob pena de desclassificação"*.

[11] BRASIL, Tribunal de Contas da União. *Licitações e contratos: orientações e jurisprudência do TCU.* 4. ed. Brasília, 2010, p. 791.

No plano regulamentar, o Decreto Federal nº 8.538/15 tratou da matéria de forma semelhante à lei, assim prescrevendo:

> Art. 8º *Nas licitações* para a aquisição de bens de natureza divisível, e *desde que não haja prejuízo para o conjunto ou o complexo do objeto*, os órgãos e as entidades contratantes *deverão reservar cota de até vinte e cinco por cento do objeto para a contratação de microempresas e empresas de pequeno porte.*

De uma interpretação sistemática dos dispositivos acima transcritos é possível subtrair, desde logo, as primeiras conclusões acerca da aplicabilidade da norma. Resta claro que a instauração de uma licitação com uma cota reservada à participação de pequenas empresas é uma imposição, em outras palavras, um dever imposto à entidade licitadora sempre que o objeto posto em competição seja um bem[12] de natureza divisível e desde que não haja prejuízo para o conjunto ou do seu complexo.

Com a fragmentação do objeto em uma partícula menor de até 25%, a norma visa a criar um ambiente propício e favorável às pequenas empresas, ampliando assim o acesso às contratações públicas para esta categoria de licitantes, nem sempre presente em face das exigências de habilitação – especialmente as de ordem técnica e econômica – em certames que contemplam objetos vultosos.

Cabe salientar que nesta espécie de licitação diferenciada todo e qualquer licitante que atenda às exigências do edital poderá participar, seja *grande* ou *pequeno*. Não se trata de uma licitação com participação exclusiva de pequenas empresas. A exclusividade, neste caso, encontra lugar apenas na cota reservada de até 25%. Assim, somente os licitantes qualificados como pequenos é que poderão competir nesta fração do objeto, não havendo impedimento que disputem em igualdade de condições com os grandes, a cota principal, ou seja, os outros 75%.[13]

Da premissa acima fixada é forçoso concluir que, se um bem a ser licitado é de natureza divisível com valor total estimado de até R$80.000,00 (oitenta mil reais),[14] caberá a instauração de uma *licitação com participação exclusiva de pequena empresa* (art. 48, inc. I da LC nº 123/06). Por outro lado, se o mesmo bem consignar valor estimado superior a R$80.000,00 (oitenta mil reais), deverá ocorrer o seu fracionamento em duas cotas, uma de até 25% reservada às pequenas empresas e outra principal de 75% do total a ser posto em competição.

Todavia, a aplicação destes dispositivos legais sob análise deve ser pautada por uma interpretação sistêmica da ordem jurídica que regula a matéria. Explicando melhor. Suponha-se um bem divisível com valor estimado de R$1.000.000,00 (um milhão de reais). O aplicador mais afoito poderia optar pela instauração de uma licitação reservando uma cota de R$250.000,00 (25%) para as pequenas empresas e outra cota principal de R$750.000,00 para qualquer categoria de licitante. Entendemos que a aplicação da

---

[12] A licitação com reserva de cota é voltada apenas para aquisição de *bens*, não se aplicando na hipótese de contratação de *serviços*.

[13] Nos termos do que dispõe o §1º, do art. 8º, do Decreto Federal nº 8.538/15 na licitação com reserva de cota não há vedação para a contratação das microempresas ou das empresas de pequeno porte na totalidade do objeto.

[14] Não se aplica o benefício da licitação com reserva de cota, quando os itens ou lotes de uma licitação possuírem valor estimado de até R$80.000,00, sendo cabível, nesta hipótese, a instauração de uma licitação exclusiva às pequenas empresas, na forma do inc. I, do art. 48, da LC nº 123/06.

regra nestes termos é equivocada, pois se faz necessário conjugar o inc. III, do art. 48 da LC nº 123/06 (licitação com reserva de cota) com o inc. I do mesmo artigo (licitação exclusiva). Deste temperamento, concluímos que na hipótese aventada a cota reservada à pequena empresa não pode ultrapassar R$80.000,00, ainda que o total a ser licitado importe em R$1.000.000,00. Assim, teríamos cota reserva às pequenas empresas no valor R$80.000,00 e cota principal de R$920.000,00 aberta a qualquer licitante.

Neste sentido é o pensamento de Joel de Menezes Niebuhr:

> "O que se defende é que o limite de 25% do objeto da licitação, que forma a cota reservada prevista no inc. III do art. 48 da Lei Complementar nº 123/06, deve ser limitado e definido de modo proporcional a R$80.000,00, que é o limite da licitação exclusiva para microempresas e empresas de pequeno porte".[15]

Outro ponto merecedor de destaque diz respeito à licitação cujo objeto é dividido em itens ou lotes. Nesse caso, considerando que os itens ou lotes constituem parcelas *autônomas* e *independentes* de um mesmo processo licitatório, a cota reservada de até 25% deve ser calculada sobre o valor de cada item/lote que superar os R$80.000,00. De outra banda, se o valor de um item ou lote for *igual* ou *inferior* a R$80.000,00, nesta parte do objeto haverá a participação exclusiva de pequenas empresas.[16]

Cabe anotar que, havendo a instauração desta espécie de licitação diferenciada, os licitantes qualificados como pequenos poderão, se assim desejarem, apresentar dois preços, um para a cota reserva e outro para a cota principal, não tendo a necessidade de serem absolutamente iguais.

Considerando que num certame licitatório com esta configuração, objeto dividido em duas cotas (reservada e principal), ocorra a participação de grandes e pequenas empresas, as grandes disputando apenas a fração principal e as pequenas as duas, reservada e principal, existe a possibilidade de haver dois vencedores na mesma licitação (um na cota principal e outro na reservada), inclusive com preços distintos para o mesmo objeto licitado, sem que tal situação possa caracterizar qualquer ilegalidade.

O regulamento federal ainda prescreve que, se não houver vencedor na cota reservada, a entidade licitadora poderá adjudicá-la ao ganhador da cota principal ou, diante da sua recusa, aos licitantes remanescentes na ordem de classificação, desde que pratiquem o mesmo preço do primeiro colocado da cota principal.[17] Na esteira da classificação e contratação nos termos do decreto, se a mesma licitante vencer a cota reservada e a principal com preços distintos, a contratação deverá ocorrer pelo menor preço.

Ainda no tocante a esta espécie de licitação diferenciada, se a competição tiver por finalidade instituir Sistema de Registro de Preços ou objetivar entregas parceladas, o instrumento convocatório deverá prever cláusula estabelecendo prioridade de contratação da pequena empresa vencedora da cota reservada, ressalvados os casos

---

[15] NIEBUHR, Joel de Menezes. *Licitação com cota reservada para microempresas e empresas de pequeno porte*. Revista Zênite – Informativo de Licitações e Contratos (ILC), Curitiba: Zênite, n. 264. p. 148, fev. 2016.

[16] Esta, a propósito, é a dicção do inc. I, do art. 9º, do Decreto Federal nº 8.538/15. Art. 9º Para aplicação dos benefícios previstos nos arts. 6º a 8º: I – *será considerado, para efeitos dos limites de valor estabelecidos, cada item separadamente ou*, nas licitações por preço global, *o valor estimado para o grupo ou o lote da licitação* que deve ser considerado como um único item; (destacamos).

[17] Decreto Federal nº 8.538/15, art. 8º, §2º.

justificados em que esta cota se torne inadequada para atender as quantidades ou as condições do pedido.

Nota-se que o regulamento, em seu §4º, art. 8º, utilizou o vocábulo *"deverá"*, ou seja, a fim de que a norma seja efetivamente cumprida e, especialmente, que sua finalidade seja atingida, entendemos que há uma obrigação imposta ao administrador público de proceder na forma ali prescrita.

Não havendo um motivo que justifique a inadequação, a entidade contratante estará obrigada a dar preferência para a aquisição dos bens constantes da cota reservada, ainda que o preço seja superior ao da principal, atingindo, desta forma, a finalidade da lei que é, em última análise, respeitar e fazer valer os mandamentos constitucionais que estabelecem o tratamento favorecido à esta categoria de licitantes.

6 Inaplicabilidade das disposições dos arts. 47 e 48 da LC nº 123/06

Desenhado o quadro, dentro do qual despontam com vigor o bloco de licitações diferenciadas que materializam as normas constitucionais insculpidas no art. 170, IX, e art. 179, cabe prosseguir na análise de alguns dispositivos que afastam a incidência dos benefícios e do tratamento favorecido às pequenas empresas.

É o que se passa no art. 49 da LC nº 123/06, cuja transcrição é de rigor:

> Art. 49. *Não se aplica* o disposto nos arts. *47 e 48* desta Lei Complementar *quando*:
> I – (Revogado);
> II – *não houver um mínimo de 3 (três) fornecedores competitivos enquadrados como microempresas ou empresas de pequeno porte sediados local ou regionalmente* e capazes de cumprir as exigências estabelecidas no instrumento convocatório;
> III – *o tratamento diferenciado e simplificado para as microempresas e empresas de pequeno porte não for vantajoso* para a administração pública *ou representar prejuízo* ao conjunto ou complexo do objeto a ser contratado;
> IV – *a licitação for dispensável ou inexigível,* nos termos dos arts. 24 e 25 da Lei nº 8.666, de 21 de junho de 1993, *excetuando-se as dispensas tratadas pelos incisos I e II do art. 24 da mesma Lei*, nas quais a compra deverá ser feita preferencialmente de microempresas e empresas de pequeno porte, aplicando-se o disposto no inciso I do art. 48. (Redação dada pela Lei Complementar nº 147, de 2014) (destacamos)

De seu turno, o regulamento federal foi além ao acrescentar uma hipótese de não aplicação dos arts. 47 e 48 da LC nº 123/06 ao prescrever que:

> Art. 10. *Não se aplica* o disposto nos art. 6º ao art. 8º *quando*: (...)
> IV – *o tratamento diferenciado e simplificado não for capaz de alcançar,* justificadamente, *pelo menos um dos objetivos* previstos no art. 1º. (destacamos)

Afastando assim as diretrizes dos artigos 47 e 48, estabeleceu-se a inaplicabilidade respectiva quando — *primeira hipótese* — não houver um mínimo de 03 (três) fornecedores competitivos enquadrados como microempresas ou empresas de pequeno porte sediados local ou regionalmente e capazes de cumprir as exigências estabelecidas no instrumento convocatório.

A se interpretar o texto do inc. II (art. 49), poderá o intérprete ser conduzido a uma dúvida inicial. No tocante a existir *três fornecedores competitivos* qualificados como pequenas empresas, muitas questões operacionais poderão surgir, como é o caso de eventual número mínimo de participantes efetivos no certame, o que não nos parece ser a melhor dicção da norma. Não há, no nosso sentir, a imposição da lei no sentido de que a licitação conte, obrigatoriamente, com a participação ativa de, no mínimo, três competidores.

Para que a força normativa dos arts. 47 e 48 da LC nº 123/06 possa ser afastada validamente, necessário se faz apenas a demonstração de que inexistem no mínimo 03 (três) fornecedores competitivos enquadrados como microempresas ou empresas de pequeno porte capazes de cumprir as exigências estabelecidas no instrumento convocatório sediados local ou regionalmente. É preciso chamar a atenção para o fato de que não basta existir no mercado local ou regional 03 pequenas empresas. A lei exige mais do que isso, que essas três atendam às condições impostas pela entidade licitadora.

Outras questões causadoras de inquietações e debates são: (i) *como comprovar se há ou não três pequenas empresas capazes de cumprir as exigências estabelecidas no instrumento convocatório?* e; (ii) *qual o conceito de "mercado local" e "regional"?*

O Estatuto das micro e pequenas empresas não cuidou de estabelecer uma fórmula para se comprovar a existência de no mínimo três fornecedores com capacidade para atender a determinada necessidade pública. A solução que nos parece razoável, e talvez a única, seja a entidade promotora da licitação se valer de dados cadastrais, por meio dos quais seja possível identificar a existência de potenciais particulares qualificados como pequenas empresas e com capacidade para atender ao chamamento público.

Outrossim, inobstante o fato de a LC nº 123/06 ter silenciado quanto ao conceito de *"mercado local"* e *"regional"*, o regulamento federal não passou ao largo desta questão, ao dispor que:

> Art. 1º (...)
> §2º Para efeitos deste Decreto, considera-se:
> I – *âmbito local* – limites geográficos do Município onde será executado o objeto da contratação;
> II – *âmbito regional* – limites geográficos do Estado ou da região metropolitana, que podem envolver mesorregiões ou microrregiões, conforme definido pelo Instituto Brasileiro de Geografia e Estatística – IBGE; e
> (...)
> §3º *Admite-se a adoção de outro critério de definição de âmbito local e regional, justificadamente, em edital, desde que previsto em regulamento específico do órgão ou entidade contratante e que atenda aos objetivos previstos no art. 1º.* (destacamos)

É de se destacar que, para definir *"âmbito local"* e *"âmbito regional"*, o decreto levou em conta os limites geográficos dos Municípios, dos Estados e das regiões metropolitanas, não se constituindo, todavia, em conceitos fechados, pois, consoante disposição do §3º acima transcrito, o regulamento de outra pessoa política da federação poderá, por exemplo, estabelecer como *"âmbito regional"* a região sul (Paraná, Santa Catarina e Rio Grande do Sul), desde que, com isso, não deixe de se promover o desenvolvimento econômico e social no âmbito local e regional, a ampliação da eficiência das políticas públicas e o incentivo a inovação tecnológica.

A *segunda hipótese* de inaplicabilidade de qualquer das espécies de licitação diferenciada é a do inc. III, do art. 49. Assim, se o tratamento diferenciado e simplificado outorgado às pequenas empresas, justificadamente, *não for vantajoso* ou *representar prejuízo* ao conjunto ou complexo do objeto a ser contratado, as regras dos arts. 47 e 48 são afastadas.

Consoante disposição regulamentar,[18] considera-se *"não vantajosa"* a licitação diferenciada quando *"resultar em preço superior ao valor estabelecido como referência; ou a natureza do bem, serviço ou obra for incompatível com a aplicação dos benefícios"*. Justificar que a natureza do bem, serviço ou obra é incompatível com a licitação diferenciada não é tarefa das mais difíceis, dependente, a nosso ver, de um parecer técnico ou jurídico, conforme o caso, contendo robustos motivos.

Todavia, o tratamento dado pelo decreto federal à *"não vantajosidade"* é esdrúxulo pois, para *"resultar em preço superior ao valor estabelecido"*, o que caracteriza a *"desvantagem"*, será preciso instaurar uma licitação diferenciada, julgá-la e, se ao final o menor preço ofertado nesta competição for superior ao de referência, a única solução é a anulação da licitação iniciando outra competição comum, ou seja, sem o tratamento favorecido às pequenas empresas, o que, convenhamos, seria um verdadeiro despautério.

Como *terceira hipótese* de afastamento da licitação diferenciada, temos os casos de *dispensa* ou *inexigibilidade*, nos termos dos arts. 24 e 25 da Lei nº 8.666/93, excetuando-se as *dispensas* em razão do baixo valor (art. 24, incs. I e II). As contratações dispensáveis na forma dos incs. I e II do art. 24 da Lei nº 8.666/93, devem ser realizadas *preferencialmente* com pequenas empresas, aplicando-se a regra da *licitação exclusiva* (art. 48, inc. I da LC nº 123/06). Não se trata de instaurar uma *licitação exclusiva* às pequenas empresas para objetos de baixo valor (R$15.000,00 art. 24, inc. I – R$8.000,00, art. 24, inc. II), pois a lei geral autoriza o afastamento da licitação justamente pelo fato de que os custos que envolvem um certame superam o valor do objeto que se pretende contratar.

Considerando que a Lei nº 8.666/93 disciplina as hipóteses de licitação dispensável e, especificamente, no tocante ao disposto nos incs. I e II, do art. 24, possibilita a contratação direta tendo como fundamento uma relação de *custo x benefício*, não há sentido lógico-jurídico para se instaurar uma *licitação exclusiva* às pequenas empresas objetivando alcançar um contrato de baixo valor (R$15.000,00 ou R$8.000,00). Defender esta ideia seria afrontar os princípios jurídicos mais comezinhos das licitações, tais como, o da *eficiência* e da *economicidade*.

Sustentamos que, havendo uma dispensa de licitação com fundamento nos incs. I e II do art. 24 da Lei nº 8.666/93, independente de eventuais orçamentos informais que possam ser obtidos no mercado para justificar o preço, o benefício *impõe* que a contratação ocorra com pequenas empresas. É o que deve se passar, por exemplo, com a instauração de uma cotação eletrônica de preços na forma prevista pela Portaria nº 306/2001 do Ministério do Planejamento, Orçamento e Gestão.

Para sustentar nosso posicionamento, é preciso, mais uma vez, chamar a atenção para a importância da interpretação sistemática da ordem jurídica regedora da matéria. Nesta linha de pensar, cabe transcrever dispositivo do Decreto Federal nº 8.538/15 que, no nosso entender, aponta para o caminho a ser trilhado. Vejamos:

---

[18] Decreto Federal nº 8.538/15, art. 10, parágrafo único.

Art. 10. *Não se aplica o disposto nos art. 6º ao art. 8º quando*:

I – não houver o mínimo de três fornecedores competitivos enquadrados como microempresas ou empresas de pequeno porte sediadas local ou regionalmente e capazes de cumprir as exigências estabelecidas no instrumento convocatório;

II – o tratamento diferenciado e simplificado para as microempresas e as empresas de pequeno porte não for vantajoso para a administração pública ou representar prejuízo ao conjunto ou ao complexo do objeto a ser contratado, justificadamente;

III – *a licitação for dispensável ou inexigível*, nos termos dos arts. 24 e 25 da Lei nº 8.666, de 1993, excetuadas as dispensas tratadas pelos incisos I e II do caput do referido art. 24, nas quais a compra deverá ser feita preferencialmente por microempresas e empresas de pequeno porte, *observados, no que couber, os incisos I, II e IV do caput deste artigo*; ou

IV – o tratamento diferenciado e simplificado não for capaz de alcançar, justificadamente, pelo menos um dos objetivos previstos no art. 1º. (destacamos)

Subtrai-se da parte final do inc. III acima a nítida possibilidade de não favorecer a pequena empresa quando o caso concreto se subsumir a uma das hipóteses previstas nos incisos I, II e IV do *caput* do art. 10 do regulamento federal.

Entendemos que este *dever* de contratar diretamente uma pequena empresa, se caracterizada uma das hipóteses de dispensa em razão do baixo valor, apenas restará afastado quando, justificadamente, estiver presente alguma das exceções à regra do tratamento diferenciado e favorecido dispostas em lei (LC nº 123/06) ou no regulamento federal (Decreto 8.538/15).

7 Margem de preferência de 10% para as pequenas empresas sediadas local e regionalmente

Com o advento da LC nº 147/14, foi incluído no ordenamento jurídico um novo benefício material às pequenas empresas. Isso se deu em razão do surgimento de um §3º acrescido ao art. 48, da LC nº 123/06, neste termo prescrito:

Art. 48. Para o cumprimento do disposto no art. 47 desta Lei Complementar, a administração pública: (Redação dada pela Lei Complementar nº 147, de 2014)

(...)

§3º Os *benefícios referidos no caput deste artigo poderão*, justificadamente, *estabelecer a prioridade de contratação para as microempresas e empresas de pequeno porte sediadas local ou regionalmente, até o limite de 10% (dez por cento) do melhor preço válido.* (Incluído pela Lei Complementar nº 147, de 2014) (destacamos)

Num primeiro momento, a nova regra pode soar um tanto quanto estranha, mas se adotarmos uma visão macro da legislação, direcionada especialmente para as políticas públicas que devem ser implementadas visando o desenvolvimento local e regional, será possível visualizar o procedimento a ser adotado para que a finalidade possa ser atingida.

Assim, a fim de promover o desenvolvimento econômico e social no âmbito municipal e regional, ampliar a eficiência das políticas públicas e incentivar a inovação tecnológica, este novo benefício pode ser outorgado às pequenas empresas nas *licitações exclusivas, com subcontratação compulsória* e *com reserva de cota*.[19] Neste caso, a entidade licitadora, desde que previsto no edital do certame, *poderá*, estabelecer uma preferência à licitante qualificada como pequena e sediada local ou regionalmente, desde que o preço por ela ofertado não seja superior a 10% (dez por cento) do menor valor apresentado.

Ainda no tocante a esta nova regra, cabe chamar a atenção para a disposição do Decreto Federal nº 8.538/15, nestes termos encontrados:

> Art. 9º *Para aplicação dos benefícios previstos nos arts. 6º a 8º:*
>
> I – será considerado, para efeitos dos limites de valor estabelecidos, cada item separadamente ou, nas licitações por preço global, o valor estimado para o grupo ou o lote da licitação que deve ser considerado como um único item; e
>
> II – *poderá ser concedida, justificadamente, prioridade de contratação de microempresas e empresas de pequeno porte sediadas local ou regionalmente, até o limite de dez por cento do melhor preço válido, nos seguintes termos:*
>
> a) aplica-se o disposto neste inciso nas situações em que as ofertas apresentadas pelas microempresas e empresas de pequeno porte sediadas local ou regionalmente sejam iguais ou até dez por cento superiores ao menor preço;
>
> b) *a microempresa ou a empresa de pequeno porte sediada local ou regionalmente melhor classificada poderá apresentar proposta de preço inferior àquela considerada vencedora da licitação, situação em que será adjudicado o objeto em seu favor;*
>
> c) na hipótese da não contratação da microempresa ou da empresa de pequeno porte sediada local ou regionalmente com base na alínea "b", serão convocadas as remanescentes que porventura se enquadrem na situação da alínea "a", na ordem classificatória, para o exercício do mesmo direito;
>
> d) no caso de equivalência dos valores apresentados pelas microempresas e empresas de pequeno porte sediadas local ou regionalmente, será realizado sorteio entre elas para que se identifique aquela que primeiro poderá apresentar melhor oferta;
>
> e) nas licitações a que se refere o art. 8º, a prioridade será aplicada apenas na cota reservada para contratação exclusiva de microempresas e empresas de pequeno porte;
>
> f) nas licitações com exigência de subcontratação, a prioridade de contratação prevista neste inciso somente será aplicada se o licitante for microempresa ou empresa de pequeno porte sediada local ou regionalmente ou for um consórcio ou uma sociedade de propósito específico formada exclusivamente por microempresas e empresas de pequeno porte sediadas local ou regionalmente;
>
> g) quando houver propostas beneficiadas com as margens de preferência para produto nacional em relação ao produto estrangeiro previstas no art. 3º da Lei nº 8.666, de 1993, a prioridade de contratação prevista neste artigo será aplicada exclusivamente entre as propostas que fizerem jus às margens de preferência, de acordo com os Decretos de aplicação das margens de preferência, observado o limite de vinte e cinco por cento estabelecido pela Lei nº 8.666, de 1993; e
>
> h) a aplicação do benefício previsto neste inciso e do percentual da prioridade adotado, limitado a dez por cento, deverá ser motivada, nos termos dos arts. 47 e 48, §3º, da Lei Complementar nº 123, de 2006. (destacamos)

---

[19] Importa assinalar que não há possibilidade jurídica deste benefício sob comento (margem preferência de 10%) ser implementado nas *licitações com subcontratação compulsória de pequena empresa* (art. 48, inc. II da LC nº 123/06), em razão de que em certames desta natureza o preço é apresentado pela grande empresa, incluído aí, os valores que serão destinados à subcontratada.

É facilmente perceptível que o decreto, ao regulamentar a matéria, foi além das disposições constantes da LC nº 123/06, criando um *empate ficto entre pequenas empresas*. Desta forma, se uma pequena empresa, *localizada em região diversa da local ou regional*, apresentar uma proposta de R$70.000,00 e for classificada em 1º lugar e outra, também pequena, mas *sediada local ou regionalmente*, ofertar R$77.000,00 classificando-se em 2º lugar, aplicada a margem de preferência do §3º, do art. 48 da LC nº 123/06, combinado com as alíneas do inc. II, do art. 9º do Decreto Federal nº 8.538/15, caracteriza-se o *empate ficto entre pequenas empresas*, devendo o desempate ocorrer na forma do regulamento, qual seja, aquela pequena empresa classificada provisoriamente em 2º lugar, poderá apresentar nova proposta de preço inferior àquela considerada vencedora.

Trata-se da mesma sistemática do *empate ficto* estabelecida pela LC nº 123/06, tanto para a caracterização, quanto para o desempate, diferindo apenas com relação aos atores envolvidos, pois neste caso, a sua aplicação deve se dar apenas entre pequenas empresas, diferentemente do que ocorre em face da lei complementar onde este fenômeno se dá entre grandes e pequenos licitantes. Concluímos pela existência de *dois tipos de empate ficto*, que se distinguem, substancialmente, em razão da categoria de licitantes envolvida, sendo um deles (i) *empate ficto entre grandes e pequenas empresas sediadas em qualquer local/ região* (arts. 44 e 45 da LC nº 123/06) e (ii) *empate ficto entre pequenas empresas sediadas local/regionalmente e pequenas empresas sediadas em outras localidades/regiões* (§3º, do art. 48 da LC nº 123/06).

Da assertiva acima, situações distintas merecem ser analisadas. A primeira delas, talvez de fácil e imediata compreensão, diz respeito a aplicação deste novo benefício – *empate ficto entre pequenas empresas* – em *licitações exclusivas* a licitantes com esta qualificação jurídica. Parece-nos que, neste caso, é de se concluir que, se prevista no edital a margem preferencial de 10% para as pequenas empresas sediadas local ou regionalmente, sua aplicação não requer qualquer dificuldade de ordem prática.

Já consoante o regulamento federal,[20] em *licitações com subcontratação compulsória de pequena empresa*, este benefício somente poderá ser aplicado se o licitante for pequeno e sediado local ou regionalmente, ou se tratar de consórcio ou sociedade de propósito específico constituída exclusivamente por pequenas empresas sediadas local ou regionalmente.

Em hipótese diversa das acima aventadas, dúvidas podem surgir em face de uma *licitação com cota reservada para pequenas empresas*. Em certame com esta configuração, entendemos ser possível aplicar o benefício do *empate ficto entre pequenas empresas* apenas na cota a elas reservada.[21] Na cota principal, onde a disputa pode ocorrer entre qualquer tipo de licitante, haverá a incidência do *empate ficto entre grandes e pequenas empresas* (arts. 44 e 45 da LC nº 123/06).

É de salientar também que, se a disputa ocorrer entre duas ou mais pequenas empresas, todas sediadas local ou regionalmente, por óbvio, não há que se cogitar da aplicação da margem preferencial de 10%, devendo, neste caso, a classificação se dar única e exclusivamente de acordo com o tipo da licitação e os critérios de julgamento estabelecidos no instrumento convocatório.

---

[20] Decreto Federal, alínea "f", inc. II, art. 9º.

[21] É neste sentido a disposição alínea "e"do inc. II, do art. 9º do Decreto Federal nº 8.538/15.

Essas são breves reflexões que reputamos deixar registradas, salientando que não tivemos a intenção de esgotar a matéria, até mesmo porque são inovações de certa forma recentes no ordenamento jurídico que com o passar do tempo, o amadurecimento das ideias, os debates no plano da doutrina, bem como em face da sedimentação da jurisprudência dos nossos Tribunais Judicias e de Contas, poderão sofrer mutações.

Informação bibliográfica deste texto, conforme a NBR 6023:2002 da Associação Brasileira de Normas Técnicas (ABNT):

GUIMARÃES, Edgar. Licitações e contratações diferenciadas à luz da LC nº 123/06 com as alterações da LC nº 147/14. *In*: PONTES FILHO, Valmir; MOTTA, Fabrício; GABARDO, Emerson (Coord.). *Administração Pública*: desafios para a transparência, probidade e desenvolvimento. XXIX Congresso Brasileiro de Direito Administrativo. Belo Horizonte: Fórum, 2017. p. 99-115. ISBN 978-85-450-0157-7.

ADMINISTRAÇÃO PÚBLICA CONTRATUAL: BREVES REFLEXÕES SOBRE O CONTRATO E O DIREITO ADMINISTRATIVO

EURICO BITENCOURT NETO

1 Introdução

Uma das características marcantes do Direito Administrativo deste início de século é o aprofundamento do fenômeno da contratualização da Administração Pública, iniciado em meados do século passado. Para além de se intensificar o uso de contratos com objeto de Direito Privado, mais ou menos sujeitos a derrogações jurídico-públicas, o que varia de acordo com o ordenamento positivo, passa-se a admitir, em diversos países da família jusadministrativa, uma competência genérica de escolha entre o ato administrativo e o contrato administrativo, como instrumento de expressão de competências típicas da Administração.

Aliado a isso, diversas Administrações Públicas de todos os quadrantes passam a valorizar, de modo geral, uma atuação dialógica e concertada, em alternativa à clássica atuação impositiva, o que se manifesta não só por meio dos típicos contratos administrativos, mas também por diversas espécies de acordos, mais ou menos formalizados. É o caso da participação de particulares no procedimento administrativo, que pode resultar em um modo de concertação sobre o conteúdo de um ato administrativo, chegando-se a se falar em "contratualização" do ato administrativo.[1] É o caso também da difusão de diversos meios negociais para o cumprimento de finalidades próprias da Administração, como nos exemplos da cooperação federativa, do fomento ao terceiro setor e das subvenções econômicas.

Tal fenômeno, reconhecido e desenvolvido em várias experiências nacionais, em especial no que toca à admissão da figura contratual como modo próprio de atuação da Administração Pública, embora também se manifeste na realidade brasileira, ainda carece de tratamento sistêmico, especialmente no Direito infraconstitucional. Nesta

---

[1] CORREIA, José Manuel Sérvulo. *Legalidade e autonomia contratual nos contratos administrativos*, p. 348.

oportunidade, a intenção é a de trazer à tona esse relevante tema do Direito Administrativo contemporâneo, sem a pretensão, por óbvio, de proceder a análise aprofundada,[2] mas com o fim de provocar a discussão sobre qual o papel do contrato no Direito Administrativo brasileiro e qual o alcance da contratualização – entendida como amplo fenômeno de substituição da atuação unilateral pelo diálogo e o consenso – na nossa Administração Pública.

2 Expansão da administração contratual

A admissão do uso do contrato como instrumento de atuação da Administração Pública sempre enfrentou resistências, mais ou menos intensas, da doutrina do Direito Administrativo. A inicial negação da admissão de contratos no seio desse ramo do Direito Público teve como fundamento a ideia segundo a qual o poder público é inegociável e, portanto, insuscetível de ser veiculado por instrumento bilateral. Não obstante esse dogma ser comum aos países que adotaram o Direito Administrativo, suas consequências foram distintas nos modelos jusadministrativistas alemão e francês, e naqueles por eles diretamente influenciados, como o italiano, no primeiro caso, e o português, no segundo.

No caso da Alemanha, tratava-se, sobretudo, de rejeitar o uso de contratos sobre o exercício de poderes públicos, já que não se negava o uso de contratos privados pela Administração. Já no modelo francês, para além da não admissão da figura contratual como modo de exercício do poder público, passou-se, por outro lado, a uma tentativa de publicizar os contratos com objeto de Direito Privado utilizados em âmbito estatal.[3] Pode-se dizer que a construção da figura do contrato administrativo francês teve como fim a publicização parcial de contratos privados, não se afastando a ideia de que o poder público não poderia ser objeto de contrato, também rejeitada pelo Direito Administrativo alemão e o italiano.[4]

Daí que a principal dificuldade da relação do Direito Administrativo com o contrato nunca esteve, para a principal doutrina dos países que estabeleceram as suas bases fundadoras, na admissibilidade do uso da figura contratual pela Administração Pública, mas em lançar mão do contrato para exercer poderes públicos de autoridade. E, nesse sentido, pode-se dizer que a admissão da existência de contratos sobre o exercício de poderes públicos, que se tem disseminado nos principais centros jurídicos europeus,[5] talvez seja a mais relevante transformação recente do amplo fenômeno de contratualização por que passa a função administrativa do Estado.

E, se foi a Alemanha importante fonte da forte rejeição da ideia de se pactuar poder de autoridade e da elevação do ato administrativo à condição de modo próprio de atuação administrativa, na esteira da marcante lição anticontratualista de Otto Mayer,[6]

---

[2] Tal análise foi realizada em BITENCOURT NETO, Eurico. *Concertação administrativa interorgânica*. 462f. 2014. Tese (Doutorado em Ciências Jurídico-Políticas) – Faculdade de Direito, Universidade de Lisboa.

[3] KIRKBY, Mark Bobela-Mota. *Contratos sobre o exercício de poderes públicos*, p. 138.

[4] GONÇALVES, Pedro. *O contrato administrativo*, p. 16-19; SOUSA, Marcelo Rebelo de; MATOS, André Salgado de. *Contratos públicos*, p. 16.

[5] Por todos, KIRKBY, Mark Bobela-Mota. *Contratos sobre o exercício de poderes públicos*, p. 61 e ss.

[6] Lição que rejeitava o uso de contratos para o exercício de poderes de autoridade, mas que admitia, como registrado, o uso, pela Administração, de contratos de Direito Privado. Nesse sentido, por todos, ESTORNINHO, Maria João. *Requiem pelo contrato administrativo*, p. 43.

foi também o Direito alemão que deu origem, a partir do debate iniciado com a posição de negação de Mayer,[7] culminando na Lei de Procedimento Administrativo de 1976, ao uso do contrato de Direito Público em alternativa ao ato administrativo, sempre que uma norma jurídica não prescreva o contrário (art. 54).

Essa significativa alteração no modo de encarar o uso de poderes de autoridade e na clássica posição anticontratualista foi seguida posteriormente pela Itália, pela Espanha e por Portugal.[8] Para além da admissão do uso de contratos com objeto de Direito Privado, ainda que parcialmente publicizados, passa-se a não mais rejeitar o uso da figura contratual em alternativa ao ato administrativo. Hoje, pode-se afirmar que, nos países centrais de tradição jusadministrativa na Europa continental, o uso do contrato se espalhou para vários setores da atuação administrativa, incluídos aqueles em que o ato administrativo sempre foi considerado o único meio de manifestação de competências da Administração Pública.

Cabe registrar que a admissão de contratos com objeto de Direito Público, em alternativa ao ato administrativo, não é o único fenômeno relevante que marca a quebra do mito anticontratualista no Direito Administrativo. Um crescente movimento de contratualização da Administração ganhou impulso nos modelos constitucionais europeus no período posterior à Segunda Guerra Mundial, a partir da afirmação de uma Administração prestadora,[9] que rompe o quadro de marcada separação entre Estado e Sociedade, e em que se aprofunda a transformação da relação Administração-súdito em relações que valorizam a participação voluntária dos particulares no desempenho de tarefas públicas, formalizadas em instrumentos bilaterais. Assumida, pela Administração, a tarefa de conformar a ordem social, chega-se à conclusão de que *"El acto unilateral asegura eficazmente la sumisión, pero es incapaz de suscitar el entusiasmo y el deseo de colaboración"*.[10]

Esse fenômeno de contratualização não se resume à disseminação do uso do contrato pela Administração, mas se manifesta como um novo modo de atuar, que passa a fazer uso também de uma variada gama de acordos, sejam ou não revestidos de natureza contratual,. Trata-se de *"um novo estilo de administração"*,[11] de verdadeira *"cultura contratual"*,[12] que privilegia o diálogo e o consenso em substituição à imposição,[13] abrindo largo campo para os contratos no âmbito do Direito Administrativo e, por outro lado, provocando uma diluição das fronteiras que separam a figura tradicional do

---

[7] KIRKBY, Mark Bobela-Mota. *Contratos sobre o exercício de poderes públicos*, p. 137.

[8] GONÇALVES, Pedro. *O contrato administrativo*, p. 20. No caso de Portugal, o novo Código do Procedimento Administrativo, aprovado pelo Decreto-Lei nº 4, de 7 de janeiro de 2015, dispõe, em seu art. 200º, nº 3, que *"Na prossecução das suas atribuições ou de seus fins, os órgãos da Administração Pública podem celebrar quaisquer contratos administrativos, salvo se outra coisa resultar da lei ou da natureza das relações a estabelecer"*. Norma similar já constava do texto do Código anterior (art. 179º, nº 1, do CPA de 1991) e pode ser extraída também do Código dos Contratos Públicos (art. 278º).

[9] MASUCCI, Alfonso. *Il contrato di diritto pubblico fra "amministrazione imperativa" e "amministrazione paritaria: l'esperienza tedesca"*, p. 121-122.

[10] GARCÍA DE ENTERRÍA, Eduardo; FERNÁNDEZ, Tomás-Ramón. *Curso de derecho administrativo*, v. 1, p. 684.

[11] CORREIA, José Manuel Sérvulo. *Legalidade e autonomia contratual nos contratos administrativos*, p. 353.

[12] HARLOW, Carol; RAWLINGS, Richard. *Law and administration*, p. 138-141.

[13] CHEVALLIER, Jacques. *O Estado pós-moderno*, p. 161.

contrato dos atos unilaterais e de meios informais de cooperação.[14] A Administração consensual passa a ser vista como preferível, em uma vasta gama de situações, àquela fundada na autoridade.[15]

Faz parte dessa ampla noção contratual a inclusão, no âmbito dos contratos administrativos – para além dos instrumentos firmados entre o Estado e particulares –, dos meios de colaboração entre o Estado e o poder local, da cooperação entre entes federados, das relações com entidades estatais auxiliares, como expressão dos chamados contratos interadministrativos,[16] além da forte polêmica que envolve os acordos entre órgãos despersonalizados no interior das pessoas jurídico-públicas.[17]

Sem desconhecer os riscos que podem advir de uma indiscriminada substituição da atuação unilateral da Administração Pública por meios contratuais – utilizada a expressão em sentido amplo, como acima mencionado –, para além da consideração de qualquer espécie de acordo como um contrato, no que se tem designado como *"pancontratualismo acrítico"*,[18] o que se quer, nesta oportunidade, deixar assinalado, é que para a maior parte da doutrina e das experiências administrativas que alguma influência têm sobre o Direito Administrativo brasileiro – em especial a Europeia continental e, mais recentemente, a inglesa e a dos Estados Unidos da América – o uso de instrumentos bilaterais, em especial o contrato, passou a ser considerado um dos modos normais de atuação administrativa do Estado.

No caso brasileiro, pode-se dizer que ainda é significativa a resistência ao uso do contrato para exprimir competências administrativas tradicionalmente veiculadas por atos administrativos, na esteira de uma genérica dificuldade, ainda persistente em parcela relevante da doutrina, em se admitir a própria figura contratual como modo normal de expressão da Administração Pública. Exemplo significativo pode ser recolhido – pela relevância da produção jurídica do autor na nova geração do Direito Público brasileiro – na lição de Ricardo Marcondes Martins,[19] para quem a Administração não pode celebrar quaisquer contratos, por serem estes figuras típicas de Direito Privado, incompatíveis com uma concepção purista e radical de Direito Administrativo como expressão de Direito Público.

Não obstante esta e outras respeitáveis posições que rejeitam ou limitam o uso do contrato, seja com objeto de Direito Privado, seja como substitutivo do ato administrativo em largos campos de atuação da Administração contemporânea, cabe dizer que este é um debate que merece ser levado a cabo na doutrina brasileira. Partindo da ideia geral de que o contrato não é figura estranha ao Direito Público em geral[20] e ao Direito Administrativo em especial – sem desconhecer as polêmicas que o rodeiam e as necessárias cautelas que não indicam seu uso indiscriminado –, e, para além disso,

---

[14] HARLOW, Carol; RAWLINGS, Richard. *Law and administration*, p. 139.

[15] GIANNINI, Massimo Severo. *Diritto amministrativo*, v. 2, p. 344-345.

[16] Por todos, LEITÃO, Alexandra. *Contratos interadministrativos*.

[17] Para uma visão ampliada, BITENCOURT NETO, Eurico. *Concertação administrativa interorgânica*.

[18] RODRÍGUEZ DE SANTIAGO, José Maria. *Los convenios entre administraciones públicas*, p. 96.

[19] MARTINS, Ricardo Marcondes. *Contratos administrativos*.

[20] Demonstrando que o contrato dá corpo à organização política desde as cidades gregas até o comunitarismo europeu, CORDEIRO, António Menezes. *Tratado de direito civil português*, v. 2, t. II, p. 172.

tendo em conta a ideia de que os conceitos jurídicos devem ser construídos tomando como referenciais *"uma coleção de traços arrecadados no direito positivo"*,[21] qualquer negação da admissibilidade do uso do contrato pela Administração deve partir de fundamentos extraídos do sistema jurídico-constitucional vigente.

Assim é que uma negação radical do uso do contrato, com base numa determinada visão purista do Direito Administrativo, ou a sua vinculação a critérios conceituais como a presença de *vontades contrapostas* ou de *caráter patrimonial,* não encontram fundamento no Direito brasileiro vigente, em que a própria Constituição prevê expressamente o uso de contratos, com variada finalidade, pela Administração, além de nem o texto constitucional, nem o Código Civil preverem definições ou balizas limitadoras do conceito geral de contrato, o que autoriza fundamentar amplo espaço de autação para a Administração Pública contratual.[22]

Nem mesmo no Direito Privado resistem concepções tradicionais de contrato, desvinculadas das grandes transformações por que tem passado a figura contratual, de que são exemplos o contrato de adesão e os contratos de massa. Trata-se de profundo abalo no dogma da autonomia da vontade, podendo-se dizer que *"A autonomia privada existe na medida em que, directa ou indirectamente, o ordenamento estadual a permite e a delineia"*.[23] É preciso ter na devida conta a historicidade dos conceitos jurídicos, entre eles o de contrato, na medida em que as mudanças da realidade social e do Direito positivo *"vão determinando a gradativa perda de univocidade de um conceito originalmente estável ou relativamente estável em sua significação"*.[24]

Assim é que onde a Constituição de 1988 prevê a competência da União para legislar sobre normas gerais de contratação "em todas as modalidades", abre-se largo leque de regulação para o legislador infraconstitucional, que também se sustenta na ausência de balizas rígidas no Código Civil para o conceito de contrato, o que diminui o ônus argumentativo para uma ampla concepção também no Direito Administrativo. Para além dessa competência geral, que disciplina essencialmente contatos de colaboração com particulares, a Constituição faz referência ao uso de contratos pela Administração no art. 175, que trata da delegação da prestação de serviços públicos, no art. 37, §8º, que prevê contratos gerenciais, além de dispositivos genéricos que tratam de cooperação entre entes federados (art. 23, parágrafo único e art. 241), fundamentando os chamados contratos interadministrativos.

Daí é que – sem entrar, nesta oportunidade, na análise da maior ou menor incidência de normas jurídico-públicas em cada espécie de contrato – o Direito positivo brasileiro abre amplo campo de atuação para a Administração contratual, seja pela previsão constitucional de variadas possibilidades de uso de figuras contratuais jurídico-públicas, seja pela autorização implícita para uma elástica concepção geral de contrato, a partir do Direito Privado. Por consequência, partindo-se de um núcleo essencial da figura contratual como um acordo lícito entre partes, reconhecidas como sujeitos de direito, que vincula juridicamente seus signatários, não há razões para se deixar de

---

[21] BANDEIRA DE MELLO, Celso Antônio. *Curso de direito administrativo,* p. 381.

[22] Para maior desenvolvimento, BITENCOURT NETO, Eurico. *Concertação administrativa interorgânica,* p. 357 e ss.

[23] CORREIA, José Manuel Sérvulo. *Legalidade e autonomia contratual nos contratos administrativos,* p. 437.

[24] BANDEIRA DE MELLO, Celso Antônio. *Curso de direito administrativo,* p. 384.

reconhecer uma ampla possibilidade de contratualização da atuação da Administração Pública brasileira.[25]

Nesse vasto campo de atividade administrativa contratual, devem ser mencionados inúmeras espécies de acordos que podem ser arrumados num conceito geral de contratos administrativos, ou contratos regidos pelo Direito Administrativo, como um processo de agir próprio da Administração, assim como o é o ato administrativo. Nesse sentido, cabe dizer, mesmo que de passagem, que os contratos administrativos ainda constituem categoria específica, particularizada em relação aos contratos privados, em função da submissão geral a um regime de Direito Administrativo.[26]

É o caso dos contratos de colaboração ou intercâmbio patrimonial com particulares, publicizados pela Lei nº 8.666/93; dos contratos de delegação a particulares de tarefas públicas ou do uso do domínio público; dos contratos de colaboração com entidades privadas sem fins lucrativos; dos contratos de subvenção ou mitigação de danos decorrentes de atividades econômicas; dos acordos substitutivos de procedimentos sancionatórios; dos contratos interadministrativos de cooperação; dos contratos de Direito Privado sujeitos parciamente a regime jurídico-público; e dos contratos organizatórios, ou gerenciais, entre entes e órgãos da Administração Pública.[27]

Em suma, se a contratualização da Administração, como amplo e crescente fenômeno que privilegia uma atuação concertada, não tem dificuldades de ser reconhecida em todos os quadrantes onde se aplica o Direito Administrativo, no campo de abrangência do modelo constitucional que consagra um Estado de Direito democrático e social, pode-se dizer que também mereceu tratamento generoso no âmbito do ordenamento jurídico-constitucional brasileiro. Não obstante, tal quadro não se reflete no Direito Administrativo infranconstitucional, ainda aferrado, em linhas gerais, a uma concepção quase novecentista da distinção entre ato e contrato administrativo.

É assim, por exemplo, que a Lei nº 8.666/93, chamada lei geral de licitações e contratos administrativos, limita-se a disciplinar contratos de colaboração com privados, não tratando das balizas gerais da ampla competência contratual que a Constituição assegura à Administração Pública. É assim também que a Lei nº 9.784/99, que trata de normas gerais de procedimento administrativo em nível federal, assim como as leis subnacionais existentes, cuidam de um procedimento administrativo adversativo, que expressa quase exclusivamente sua face garantista, deixando ao largo de sua disciplina extenso campo de atuação administrativa, em especial não tratando das inúmeras possibilidades de concertação procedimental, muitas delas, ao menos em tese, podendo ter natureza contratual.

Para além da ausência de normas gerais de atuação contratualizada, podem ser referidas relevantes normas específicas, que tratam, por exemplo, da relação entre o Estado e o terceiro setor, casos das Leis nº 9.637/1998 (Organizações Sociais), nº 9.790/1999 (OSCIP) e nº 13.019/2014 (parcerias voluntárias), ou de relações de cooperação entre entes

---

[25] Para maior desenvolvimento, BITENCOURT NETO, Eurico. *Concertação administrativa interorgânica*, p. 354 e ss.

[26] Nesse sentido, BITENCOURT NETO, Eurico. *Concertação administrativa interorgânica*, p. 367-368; CORREIA, José Manuel Sérvulo. *Legalidade e autonomia contratual nos contratos administrativos*, p. 353-406; GONÇALVES, Pedro. *O contrato administrativo*, p. 30-36. Em sentido contrário, ESTORNINHO, Maria João. *Requiem pelo contrato administrativo*.

[27] Para maior desenvolvimento, BITENCOURT NETO, Eurico. *Concertação administrativa interorgânica*, p. 370 e ss.

federados, caso da Lei nº 11.107/2005 (consórcios públicos). Uma visão sistêmica sobre a ampla competência contratual da Administração na Constituição de 1988 é necessária para, ao lado de fundamentar o estabelecimento de normas gerais para todos os modos de sua expressão, harmonizar o tratamento e a aplicação de suas manifestações setoriais.

3 Conclusão

A análise do regime jurídico-administrativo positivo brasileiro, desde a Constituição até as leis que tratam de contratualização da atividade administrativa, indicam ampla abertura ao uso do contrato administrativo como modo próprio de atuação da Administração, ultrapassando velhos dogmas anticontratualistas. É preciso ter em conta que o contrato administrativo é, hoje, um dos modos ordinários de expressão da Administração Pública, típica manifestação de Direito Administrativo.

Debater o uso do contrato pela Administração Pública e sua inserção no âmbito do Direito Administrativo é um passo indispensável para se verificar a conveniência de se editar uma lei geral de contratos administrativos no Brasil, que, para além dos clássicos contratos administrativos à francesa e da publicização parcial de contratos privados, estabeleça normas gerais que tratem, de modo amplo, das inúmeras possibilidades de atuação da Administração contratual, como expressão de seu enquadramento em um modelo dialógico e concertado de atuar.

Referências

BANDEIRA DE MELLO, Celso Antônio. *Curso de direito administrativo*. 29. ed. São Paulo: Malheiros, 2012.

BITENCOURT NETO, Eurico. *Concertação administrativa interorgânica*. 462f. 2014. Tese (Doutorado em Ciências Jurídico-Políticas) – Faculdade de Direito, Universidade de Lisboa.

CHEVALLIER, Jacques. *O Estado pós-moderno*. Trad. Marçal Justen Filho. Belo Horizonte: Fórum, 2009.

CORDEIRO, António Menezes. *Tratado de direito civil português*. v. 1. t. III. Coimbra: Almedina, 2004.

CORREIA, José Manuel Sérvulo. *Legalidade e autonomia contratual nos contratos administrativos*. Reimpressão. Coimbra: Almedina, 2003.

ESTORNINHO, Maria João. *Requiem pelo contrato administrativo*. Coimbra: Almedina, 1990.

GARCÍA DE ENTERRÍA, Eduardo; FERNÁNDEZ, Tomás-Ramón. *Curso de derecho administrativo*. v. 1, 14. ed. Navarra: Thomson-Civitas, 2008.

GIANNINI, Massimo Severo. *Diritto amministrativo*. v. 2. 3. ed. Milão: Giuffrè, 1993.

GONÇALVES, Pedro. *O contrato administrativo:* uma instituição do direito administrativo de nosso tempo. Reimpressão. Coimbra: Almedina: 2004.

HARLOW, Carol; RAWLINGS, Richard. *Law and administration*. 2. ed. Cambridge: Cambridge University Press, 2006.

KIRKBY, Mark Bobela-Mota. *Contratos sobre o exercício de poderes públicos:* o exercício contratualizado do poder administrativo de decisão unilateral. Coimbra: Coimbra Editora, 2011.

LEITÃO, Alexandra. *Contratos interadministrativos*. Coimbra: Almedina, 2011.

MARTINS, Ricardo Marcondes. Contratos administrativos. *Revista Eletrônica de Direito do Estado*, Salvador, n. 17, jan./fev./mar. 2009. Disponível em: <http://www.direitodoestado.com.br/rede.asp>. Acesso em: 03 de fevereiro de 2014.

MASUCCI, Alfonso. Il contrato di diritto pubblico fra "amministrazione imperativa" e "amministrazione paritária": l'esperienza tedesta. *In:* AMIRANTE, Carlo (Coord.). *La contrattualizzazione dell'azione amministrativa.* Turim: Giappichelli, 1993. p. 115-129.

RODRÍGUEZ DE SANTIAGO, José María. *Los convénios entre administraciones públicas.* Madri: Marcial Pons, 1997.

SOUSA, Marcelo Rebelo de; MATOS, André Salgado de. *Contratos públicos:* direito administrativo geral. t. III. Lisboa: Dom Quixote, 2008.

Informação bibliográfica deste texto, conforme a NBR 6023:2002 da Associação Brasileira de Normas Técnicas (ABNT):

BITENCOURT NETO, Eurico. Administração pública contratual: breves reflexões sobre o contrato e o direito administrativo. *In:* PONTES FILHO, Valmir; MOTTA, Fabrício; GABARDO, Emerson (Coord.). *Administração Pública:* desafios para a transparência, probidade e desenvolvimento. XXIX Congresso Brasileiro de Direito Administrativo. Belo Horizonte: Fórum, 2017. p. 117-124. ISBN 978-85-450-0157-7.

INFLUÊNCIA DO DIREITO ADMINISTRATIVO ITALIANO NA CONSTRUÇÃO DAS BASES DOGMÁTICAS DO DIREITO ADMINISTRATIVO BRASILEIRO

FABRÍCIO MOTTA

1 Introdução

Podemos utilizar a expressão "direito comparado" para designar o *método* de comparação entre ordenamentos jurídicos distintos, o que obviamente pressupõe o conhecimento do direito estrangeiro como pressuposto. Com efeito, o *método de comparação* é utilizado com o intuito de buscar semelhanças e diferenças e permitir, em última análise, o aprimoramento do ordenamento nacional com fundamento nas experiências estrangeiras. A utilização da comparação como método aplicado ao direito administrativo – ao tratar, no que nos interessa, do regime jurídico das universidades e do exercício de função normativa – é marcada por algumas peculiaridades.

Na lição de Cretella Júnior:

> "O *direito comparado* conduz à *precisão* na ordem jurídica e procura erguer a Jurisprudência a mesma altura das ciências exatas. Evitando o particularismo local, a inexatidão, o aproximado, o mais ou menos, o *direito administrativo* comparado trabalha com o preciso e o exato, afastando a arquitetônica regional e procurando atingir os modelos universais, para captar os cânones categoriais da Jurisprudência. Procurando fixar os constantes dos sistemas, uniformiza a terminologia, define os institutos, delineia os sistemas, elimina o supérfluo, procura recorrer, no primeiro momento, a fórmulas exatas do campo universal, flexionando-as, depois, ao particularismo específico de um dado sistema jurídico" (destaques originais).[1]

Jean Rivero aponta as peculiaridades – ou dificuldades – relativas à aplicação do método de comparação ao direito administrativo: a) as diferentes definições do que seja considerado "direito administrativo" nos diversos países, sobretudo nos países

---

[1] CRETELLA JÚNIOR, José. *Direito Administrativo Comparado*, 1990, 3. ed., Forense, p. 119.

com diferentes sistemas jurídicos; b) as relações imprecisas deste ramo do conhecimento para com o direito constitucional; c) o fato de se tratar de um ramo do direito de formação relativamente recente; d) as diferentes concepções relativas à existência ou não de jurisdição administrativa o seu reflexo no objeto do direito administrativo. Ao encarecer a importância do conhecimento do ordenamento de cada país, o mesmo autor adverte, com razão:

> "[...] o estudo dos textos não basta. É preciso ver, viver a instituição, mas nada se pode fazer sem que se tenha, preliminarmente, a descrição oficial que dela fazem as leis e os regulamentos. Por outro lado, as estruturas adotadas refletem, ao mesmo tempo que o meio histórico, sociológico e econômico, um meio jurídico. [...] Enfim, o ponto de vista descritivo, essencialmente, estático, é superficial. Para captar, apreender a vida administrativa de um país, é preciso ver a Administração em ação, acompanhar-lhe a relação com os administrados; então, abordar o segundo grupo de problemas: os que dizem respeito à ação administrativa".[2]

Este breve ensaio não possui como objeto a comparação dos ordenamentos jurídicos da Itália e do Brasil, mas sim verificar a influência do direito administrativo italiano – notadamente, de sua doutrina – na construção do direito administrativo brasileiro. Para tanto, inicialmente, será pesquisada a influência italiana na construção do conteúdo clássico do direito administrativo ocidental.

2 Origem do direito administrativo

O Direito Administrativo tem sua origem ligada às chamadas revoluções liberais (ou burguesas), como um misto de práticas e normas que deveria submeter o exercício do poder a uma disciplina mais rigorosa, intentando conter os abusos verificados no antigo regime. Apesar da singularidade de cada processo revolucionário, costuma merecer atenção principal a Revolução Francesa, em razão de sua ligação mais direta com o nascimento e a consolidação do Direito Administrativo (chamado "continental" e oposto, inicialmente, àquele que foi concebido mais tardiamente nos moldes da *common law*, com nítida inspiração inglesa e americana). A importância daquele processo revolucionário é bem demonstrada por Eric J. Hobsbawn:

> *Se a economia do mundo do século XIX foi constituída principalmente sob a influência da Revolução Industrial britânica, sua política e ideologia foram constituídas fundamentalmente pela Revolução Francesa. A Grã-Bretanha forneceu o modelo para as ferrovias e fábricas, o explosivo econômico que rompeu com as estruturas socioeconômicas tradicionais do mundo não-europeu. No entanto, foi a França que fez suas revoluções e a elas deu suas idéias, a ponto de bandeiras tricolores de um tipo ou de outro terem se tornado o emblema de praticamente todas as nações emergentes, e as políticas européias (ou mesmo mundiais), entre 1789 e 1917, foram em grande parte lutas a favor e contra os princípios de 1789 [...] A França forneceu o vocabulário e os temas da política liberal e radical-democrática para a maior parte do mundo. A França deu o primeiro grande exemplo, o conceito e o vocabulário do nacionalismo. Ela forneceu os códigos legais, o modelo de organização técnica e*

---

[2] RIVERO, Jean. *Curso de Direito Administrativo Comparado.* Tradução de J. Cretella Júnior. São Paulo: Revista dos Tribunais, 1995, p. 48.

científica e o sistema métrico de medidas para a maioria dos países [...] A Revolução Francesa é, assim, a revolução do seu tempo, e não apenas uma revolução [...] O rei não era mais Luís, pela Graça de Deus, rei de França e Navarra, mas Luís, pela Graça de Deus e do direito constitucional do Estado, *rei dos franceses.*[3]

Com efeito, a Revolução Francesa liga-se ao Direito Administrativo, substancial-mente, por meio do estabelecimento de dois grandes marcos: o primeiro, filosófico e político, refere-se à consagração da liberdade como valor principal tutelado pela socie-dade, a ser protegido sob qualquer custo ou pretexto; o segundo marco, jurídico, impõe a submissão do poder à lei dos homens, e não mais às leis divinas ou consuetudinárias. A junção desses dois marcos determinou o entendimento de que a fonte de todo o poder reside essencialmente na nação, e a nação não reconhece nenhum interesse acima do seu e não aceita nenhuma lei ou autoridade que não a sua. A mudança, com relação ao Antigo Regime, é intensa e tentadora: sai de cena o governo pessoal e arbitrário, fundado em um pretenso poder divino, para ceder lugar a um governo fundado nas leis, em sua legitimidade e em suas competências.

Em razão da memória então recente das práticas verificadas no Estado absoluto francês, a maior preocupação reinante no período era com a limitação da interferência do Estado nos direitos individuais. Era nítida a influência das ideias iluministas que colocavam o indivíduo no centro das questões existenciais. De acordo com esses ideais, a personalidade do indivíduo, a sociedade e a economia se desenvolvem com e por suas próprias leis. Ao ressaltar o primado do ideal humanista de livre desenvolvimento, Reinhold Zippelius traz à colação lição de Wilhelm von Humboldt, publicada em 1792, sob o sugestivo título de "Idéias relativas a uma tentativa de determinar os limites da ação do Estado": "O Estado deve abster-se de todo o cuidado pela prosperidade positiva dos cidadãos e não deve ter mais passo algum além dos que forem necessários para protegê-los contra si próprios e contra inimigos externos; não deve restringir a liberdade deles para outra finalidade qualquer".[4]

Nesse período, o Estado era visto em crescente contraposição ao indivíduo – essa a razão pela qual os direitos fundamentais eram considerados direitos de defesa do in-divíduo frente à força estatal. Esse o motivo de falar-se na existência de uma dicotomia entre Estado e sociedade –[5] a doutrina iluminista concebe um Estado individualista, or-ganizado a serviço do indivíduo e ligado diretamente a ele, sem entidades intermediárias.

---

[3] HOBSBAWN, Eric J. *A Revolução Francesa.* 7. ed. Tradução de Maria Tereza Lopes Teixeira e Marcos Penchel. Rio de Janeiro: Paz e Terra, 1996.

[4] ZIPPELIUS, 1997, p.378.

[5] Nuno Piçarra aduz que a separação conceitual entre Estado e Sociedade assenta-se em fatores contraditórios e ressalta, fundamentalmente, a teoria do contrato social e do absolutismo monárquico como fatores de unidade política contra os poderes intermediários – "[...] embora a níveis totalmente diversos, respectivamente, hipotético-racional e histórico-concreto, ambos contribuíram para o monismo que haveria de caracterizar o Estado liberal que se afirmou detentor exclusivo do poder político, antes partilhado com os vários corpos intermediários, e se prendeu contrapolo nítido de uma sociedade dele esvaziada. [...] Não há aqui lugar a qualquer separação social ou horizontal, ou balança dos poderes, mediante o encaixe de grupos nas estruturas institucionais, desde logo porque não há (não deve haver) grupos com relevância política e, muito menos, de natureza estamental. Neste contexto, o princípio da separação dos poderes apenas poderá ter um carácter técnico-organizatório no interior de um Estado contraposto a uma sociedade politicamente homogênea" (PIÇARRA, 1989, p.175).

Como explica Maurizio Fioravanti:[6] "a célebre separação Estado-sociedade da época liberal funciona em ambos os sentidos: na proteção da sociedade e dos indivíduos frente a invasão arbitrária do poder público, mas também na proteção dos mesmos poderes frente às vontades particulares, individuais e de grupo, operantes na sociedade civil". Por tudo isto, as atividades do Estado eram delineadas de modo a respeitar o espaço do indivíduo, cingindo-se ao mínimo necessário para lhe oferecer condições de se desenvolver. Pregava-se que cabia ao Estado, além das atividades voltadas à segurança (interna e externa), distribuição de justiça e tributação, oferecer um livre espaço de atuação para o desenvolvimento do indivíduo, inclusive no domínio econômico. A necessidade de limitar o poder político por meio da sua divisão e repartição por vários órgãos, de forma a evitar a concentração do mesmo, atendia também às exigências de preservação da liberdade. A separação de funções trouxe consigo o princípio da legalidade, como mais uma manifestação da importância então atribuída à soberania popular. Ganhou destaque a concepção da lei como emanação da "vontade geral", na formulação de Rousseau que, necessariamente, deveria ser respeitada pela atuação da Administração.[7]

Estas breves considerações permitem situar, no mesmo contexto da Revolução Francesa e do surgimento do Direito Administrativo, algumas características que passaram a ser exigidas no exercício do poder estatal: a) ênfase na proteção dos valores fundamentais da liberdade, propriedade e segurança; b) afirmação do princípio da separação de poderes; c) entendimento da lei como expressão da vontade geral; e d) consagração do princípio da legalidade como subordinação do Estado às leis. No tocante às relações entre cidadão e Estado, a revolução marcou não somente o campo filosófico e político, mas também o campo jurídico. Diante das mudanças verificadas, é questionável afirmar que o Direito Administrativo teve uma *origem autoritária*. Com efeito, tanto em o *marco simbólico* – a consagração do valor liberdade – como o *marco jurídico* – a consagração, em síntese, do princípio da legalidade – agregam valores incompatíveis com autoritarismo. Em acentuada crítica, Emerson Gabardo anota com precisão que esse posicionamento

> [...] decorre de uma interpretação da história cujo fim é conferir às proposições do presente um sentido mais facilmente apreensível e consoante com a mentalidade vigente, que é a de maior liberalização e flexibilização da vida. E embora seja uma 'tese' muito atraente para o indivíduo pós-moderno, que é um sujeito por definição voltado À autonomia, à liberdade e à consensualidade negocial, trata-se de uma teoria de precária capacidade explicativa.[8]

Não se nega que a defesa da liberdade tenha servido como pretexto para barbaridades e que a instalação de um período de *"terror"* tenha sido, inclusive, determinada por lei.[9] Também não se nega que a Administração Pública pós-revolucionária concentrou

---

[6] FIORAVANTI, 1998, p.103, tradução nossa.

[7] *"De ser una vaga aspiración, una pura concepción metafísica, el principio de legalidad pasa a ser por obra de esta doctrina un preciso mecanismo político. Sobre la tesis de Rousseau, en efecto, va a montarse todo el moderno concepto de la Ley y su papel central en la teoría del Estado"* (GARCIA DE ENTERRÍA, 1998, p.23).

[8] GABARDO, 2009, p.254.

[9] De acordo com a lei dos suspeitos, qualquer pessoa podia ser condenada à morte na guilhotina por mera suspeita de ser contra-revolucionário, bastando que fosse apontada por duas testemunhas como suspeita. A literatura que investiga o período atesta e impressiona desordem e absoluta convulsão social no período pós-revolucionário (GALLO, Max. *Revolução Francesa, vol. II: às armas, cidadãos! (1793-1799)*.Tradução de Julia da Rosa Simões. Porto Alegre: L&PM, 2009).

poderes demasiados, possuindo uma estrutura imensamente forte e rígida. Contudo, a história deve ser interpretada sem ignorar o contexto em que os fatos ocorreram. As deturpações no plano dos fatos, creditadas a uma convulsão social absurda e absoluta, até então sem precedentes, não descaracterizam os princípios que marcaram o início de uma nova era, com uma nova conformação do Estado. Como anota Emerson Gabardo:

> Não se ignora que a realidade política de antes e depois era igualmente arbitrária, porém seria ingênuo imaginar que seria arbitrária da mesma forma. Os modelos de normatização destas realidades constituem ontologia radicalmente diversa, o que, por si só, resulta na existência de uma realidade distinta. Afinal, a realidade é composta pela junção entre ser e dever ser.[10]

Eduardo García de Enterría, em percuciente análise, conclui que o Direito Administrativo surge como subproduto da Revolução, como fruto de uma reação à interpretação que os revolucionários fizeram dos princípios que inspiraram o movimento:

> [...] los revolucionarios, en el momento de plasmar El Estado nuevo, siguen una interpretación claramente disidente de la ortodoxia doctrinal que representaban; esta interpretación, junto con las circunstancias históricas de la Revolución y de los tiempos posteriores, permitieron y determinaron el fortalecimiento de una Administración como no habia conocido siquiera el Antiguo Régimen; pero los dogmas jurídico-políticos de la Revolución obraron ahora, ya que no para impedir ese hecho, para someterlo a una cierta disciplina, y esta disciplina fue justamente el Derecho Administrativo.[11]

3 Influência italiana na construção do conteúdo clássico do direito administrativo ocidental

Ainda que a influência predominante para a estruturação do direito administrativo ocidental tenha vindo do direito francês, não há como negar a importância da contribuição do direito italiano. Inicialmente, convém transcrever a lição de Odete Medauar:

> "Pertence à Itália, na figura de Romagnosi, a primazia da obra específica sobre direito administrativo, editada em 1814, e o pioneirismo na criação de cátedra da matéria, em Milão [...] Diversamente dos autores franceses que, na mesma época, escreveram trabalhos de predominante caráter descritivo, Romagnosi realizou esforço de síntese entre materiais propiciados pela antiga ciência de polícia, pela legislação administrativa napoleônica e jurisprudência inicial do Conselho de Estado Francês.[...] A primazia cronológica de Romagnosi não conferiu à Itália, no entanto, a condição de berço do direito administrativo, nem propiciou força de propagação a essa obra. Algumas justificativas vêm oferecidas pela doutrina. Assim, para Giannini, Romagnosi elaborou especulativamente critérios gerais, sem precedente doutrinário algum e sem base em dados do direito positivo. No mesmo sentido, Manori lembra que 'era a época da face constitutiva do Estado em que faltava ainda um direito positivo em grau de impor-se à consciência dos juristas como expressão de toda a sociedade nacional, com caracteres de definitivo e completo".[12]

---

[10] GABARDO, 2009, p.255.

[11] GARCIA DE ENTERRÍA, 1998, p.41.

[12] MEDAUAR, Odete. *O direito administrativo em evolução*. 2.ed. rev., atual. e ampl. São Paulo: Revista dos Tribunais, 2003, p.30

Maria Sylvia Zanella Di Pietro localiza as origens do Direito Administrativo italiano "[...] no ordenamento administrativo piemontês que, sob dominação da França, foi profundamente influenciado pelo direito francês elaborado a partir da época de Napoleão. O próprio método exegético do direito francês foi seguido, nas origens, pelo Direito Administrativo italiano. Com a anexação das demais províncias ao Reino piemontês, aquela mesma influência se fez sentir, na medida em que houve a unificação administrativa, em especial pela Lei nº 2.248, de 20-3-1865, conhecida como "Lei sobre unificação administrativa do Reino", compreendendo seis anexos referentes às leis fundamentais do Estado; a Lei provincial e municipal, a Lei sobre segurança pública, a Lei de saúde, a do Conselho de Estado, a do contencioso administrativo e a de obras públicas".[13]

Com apoio em estudos de Eberhard Schmidtt-Assmann, Alberto Massera analisa a contribuição italiana para a construção do sistema tradicional do direito administrativo ocidental, o *"diritto amministrativo ben ordinato come consegnato al futuro dallo Stato liberale, individuandone i tre elementi costitutivi – l'unità dell'amministrazione, la formalizzazione della sua azione e l'applicazione del diritto come semplice esecuzione"*. O autor se apoia também em Jean Rivero para, ao comparar a influência das escolas francesa, alemã e inglesa, anotar que:

> *"[...] il «caso» italiano non presenta [...] specificità tali da indurlo a considerare la vicenda del diritto amministrativo nel nostro Paese come sottratta al «gioco delle influenze» di cui è stato protagonista il diritto amministrativo come caratterizzato nei suoi elementi costitutivi dal Paese, appunto la Francia, che lo ha esportato a partire dalla prima metà del secolo diciannovesimo. In definitiva, una costante sembrerebbe emergere dall'esame, pure assolutamente sintomatico, del flusso ormai bisecolare della vicenda del diritto amministrativo e della sua scienza nel contesto comparato: la marginalità dell'esperienza giuridica italiana in questo campo, la sua assenza, più o meno totale, nel «gioco delle influenze», o meglio la sua posizione meramente ricettiva. Se così fosse, ben lunga e approfondita dovrebbe essere l'analisi delle cause e delle ragioni di una tale situazione; qui, comunque, possono essere indicati, anche se solo per cenni estremamente sintetici, alcuni punti che in ogni caso costituiscono altrettanti fattori di debolezza, in un quadro comparativo, del diritto amministrativo italiano e della sua scienza".[14]*

Uma análise breve da influência menor do direito administrativo italiano quando comparada à influência francesa certamente reconhecerá alguma carga de responsabilidade ao caráter excessivamente nacionalista do direito, aliado a uma unificação estatal tardia. A figura inicial de maior expressão é justamente Orlando, que em 1889, em aula inaugural sobre *"I criteri tecnici per la ricostruzione del diritto pubblico"*, apresenta sua elaboração científica a partir de premissas tomadas de forma independente (o resto também apoiada por importantes alterações legislativas) com o intuito de conferir maior cientificidade ao direito administrativo. A lição de Orlando tem um impacto imenso, ainda hoje referido pela doutrina como *"la svolta orlandiana"* em razão de uma mudança radical de perspectiva para com o trato do direito público até então:

> *"Il testo si apriva con l'indicazione del punto di riferimento essenziale rappresentato dalla plurisecolare elaborazione romanística del diritto pubblico e soprattuto con il riconoscimento della*

---

[13] DI PIETRO, Maria Sylvia Zanella. *Direito Administrativo*. 26. ed. São Paulo: Atlas, 2013, p.10.

[14] MASSERA, Alberto. Il contributo originale della dottrina italiana al Diritto Amministrativo. *Dir. Amm.*, 2010, 761

piena sistematicità raggiunta dal diritto privato dell'Ottocento sotto l'impulso dela pandettistica tedesca "um complesso di principi giuridici sistematicamente cordinati); proseguiva indicando l'urgenza di superare, negli studi italiani di diritto pubblico, 'la discussione filosófica a politica circa la natura e la convenienza generica e specifica di um istituto', contrapponendovi invece la realtà giuridica concreta. A quelli che denunciava come i pesanti limiti dela scuola dell'esegesi Orlando opponeva l'indipendenza dei principi giuridici dalla stessa legge positiva (la lege non essendo che um principio giuridico di cui il giurista 'deve avere già notizia e coscienza'), alle dispute sullo Stato ótimo la concreta realtà dello 'Stato esistente'. Concludeva invitando i cultori degli studi giuridici aimpegnarsi nella ricostruzione scientifica del diritto pubblico italiano qual era, identificando in questo specifico compito la funzione storica dei giuristi nell'edificazione dello Stato giuridico nazionale: 'Il sangue dei martiri ed il consiglio degli statisti ci diede lo Stato italiano, la scuola giuridica deve essa ora dar ela scienza del diritto pubblico italiano'.[...] La memoria dei giuristi pre-orlandiani (come venne naturale chiamarli: e fu anche questo sintomático) ne fu semplicemente cancellata".[15]

Sob a influência de Orlando se desenvolve a teoria institucionalista, que ganha maior divulgação na Itália com a obra de Santi Romano, seu discípulo e, posteriormente, mestre do mesmo período.

Com efeito, a *teoria institucionalista* é construída em torno dos conceitos de direito e pluralidade institucional dos sistemas jurídicos, cuja influência atual ainda é marcante no desenvolvimento da ciência do direito administrativo.[16] A concepção institucional coloca equivalência entre o "legal" e o "institucional" – como uma "instituição social ou corpo" – e concebe a lei não como uma simples regra ou conjunto de regras, mas como uma organização. A concepção possui o mérito de não reduzir o sistema legal para o mero elemento normativo e, ao mesmo tempo, permite colocar em evidência a importância do fenômeno organizacional, particularmente importante na experiência administrativa. Para efeitos desse estudo, a teoria que admite o pluralismo institucional ganha ainda mais relevo ao explicar a legalidade das regras postas em prática por entidades públicas que não o Estado. Na lição de Giannini, os *Principii di diritto amministrativo* de Santi Romano contém "il più notevole contributo della nostra scienza a costituirsi una problematica propria di diritto amministrativo".[17]

Santi Romano deu ainda contribuição essencial para a construção da teoria da personalidade jurídica do Estado, ainda que influenciado pela doutrina alemã. Para o autor, *"l'impersonalità del potere pubblico, o meglio, la personificazione del potere per mezzo dello Stato, concepito esso stesso come persona"* torna-se *"il principio fondamentale del diritto pubblico moderno"*,por meio do qual o próprio Estado *"si erge con una personalità propria, dotata di un potere, che non ripete se non dalla sua stessa natura e dalla sua forza, che è la forza del diritto".*[18]

---

[15] MELIS, Guido. La storia del diritto amministrativo. In: CASSESE, Sabino (org).*Trattato di Diritto Amministrativo*, Tomo primo. 2.ed. Milano: Giuffrè, 2003, p.110

[16] Dentre os doutrinadores brasileiros atuais que adotam a visão institucionalista merece destaque Marçal Justen Filho. Ao reconhecer que a disciplina jurídica é produzida por instituições e impede a redução do direito à lei, o consagrado autor ressalta a importância de reconhecer diversas manifestações estatais comumente relegadas a segundo plano e constrói sua definição de Direito Administrativa com base na centralidade dos direitos fundamentais (JUSTEN FILHO, Marçal. *Curso de Direito Administrativo*. 9.ed. rev., atual. e ampl. São Paulo: Revista dos Tribunais, 2013).

[17] M.S. Giannini, Profili storici della scienza del diritto amministrativo, in *Quad. fior.*, 1973, n. 2, p. 179 ss., p. 255.

[18] S. Romano, *Lo Stato moderno*, cit., p. 7-10.

Percebe-se o motivo da afirmação de Giannini antes transcrita: no plano dogmático, é precisamente em razão do institucionalismo e da pluralidade de sistemas jurídicos que Giannini construiu sua teoria original de organização de um sistema pluralista administração pública e do interesse público. A teoria talvez tenha sido influenciada pelo arcabouço constitucional de 1948, marcado por um forte desenvolvimento da autonomia com base especialmente em organizações territoriais e de proteção social e trabalho. Giannini reconhece que a teoria dos sistemas jurídicos é a base da teoria da organização e também oferece um critério de equilíbrio para explicar o crescimento policêntrico da administração.[19]

O reconhecimento da pluralidade de ordenamentos institucionais no interior da esfera jurídica – ordenamento – estatal contribui também para a difusão da teoria do órgão, ainda que sua criação deva ser creditada à doutrina alemã. Interessa fazer referência à importância da difusão da teoria do órgão para lenta construção da unidade e da homogeneidade da administração pública, em uma fase em que se inicia o processo que marcaria a centralidade da pessoa jurídica Estado na administração. Por meio do conceito do órgão, a doutrina italiana foi capaz de construir um arcabouço teórico favorável à unidade e homogeneidade em um momento delicado em que havia, em razão de circunstâncias históricas e sociais, um movimento centrífugo de diversas figuras organizacionais. Nesse ponto, ganha relevo a concepção segundo a qual tudo o que derive do Estado esteja submetido ao direito público, que deve especial tributo à doutrina de Oreste Ranellti:

> "[...] Oreste Ranelletti, il quale programmaticamente, nella prolusione con la quale dava inizio al suo insegnamento presso l'Università di Pavia, affermava che lo Stato «è la persona giuridica per eccellenza», anzi esso è la «sintesi della cosa pubblica», e «non vi è cosa pubblica, se lo Stato non la consideri tale», per cui le unità che hanno come proprio compito la soddisfazione di interessi collettivi, pur rimanendo fuori della sua organizzazione, cioè della «amministrazione governativa», sono riconosciute dallo Stato come persone giuridiche pubbliche quando lo Stato quegli interessi «pone anche come fini propri», e quindi sono «dallo Stato considerate come attive nel suo proprio interesse»".[20]

Assim, os órgãos da administração indireta do Estado começam a ser reconhecidos como entes autárquicos, com relativa autonomia, assim como entes territoriais menores. A partir desse momento se nota a evolução conceitual e dogmática dos entes autárquicos, que deve especial tributo à doutrina de Giannini e Zanobini. Alberto Massera resume a contribuição da doutrina italiana:

> "Nondimeno, comunque sia di ciò, si ritiene che bene venga in evidenza da questi sviluppi quale sia stato l'apporto della dottrina italiana al consolidamento dell'edificio del «diritto amministrativo ben ordinato»: con il saldo incardinamento dell'amministrazione nella cornice della teoria della divisione dei poteri come rappresentante, secondo modalità rinnovate che pure non negavano la primazia costituzionale della funzione politica del governo, «l'idea del potere esecutivo»; con il compattamento della struttura amministrativa attraverso la specificità della figura dell'organo e la capacità di questa di tenere insieme, in una prima fase di complicazione del sistema amministrativo

---

[19] M.S. Giannini, *Corso*, cit., p. 57, 115 e 103.

[20] MASSERA.

legata alla progressiva attuazione degli istituti propri del c.d. Stato pluriclasse, omogeneità e differenziazione; con l'estensione a tutte le componenti dell'apparato amministrativo, mediante i predicati dell'autarchia, dell'autonomia e dell'autotutela, del principio dell'agire amministrativo con atto formale in esecuzione della legge, che appare d'altro canto esprimere essenzialmente il primato della legge statale nel (pre-)determinare forme e finalità nello spazio proprio della condotta amministrativa, ma che in realtà contiene anche la centralità dello stesso atto amministrativo nell'ordinamento dello Stato liberale, come «il luogo in cui confluiscono tutti gli elementi che [lo] compongono» e nello stesso tempo «si annullano (salvo a risorgere) tutte le contraddizioni del medesimo» e che come tale ha richiesto il necessario completamento tramite un sistema di giustizia amministrativa, in quanto a fronte della «formale enunciazione autoritativa della volontà dello Stato» in esso contenuta, la giustiziabilità dell'atto stesso «è un ulteriore profilo della sua legalità», tenendo insieme l'ordine della supremazia (per l'interesse pubblico) con l'ordine della garanzia (per gli interessi dei privati) e realizzando al fondo «il miracolo» per cui 'l'État juge y divien l'État jugé'".

Guido Zanobini, em minuciosa análise do sistema jurídico e sem ignorar o direito privado, ainda contribui para a identificação dos interesses legítimos e das situações jurídicas subjetivas. A configuração do procedimento administrativo deve especial tributo a Aldo Sandulli e Giannini, tendo este último escrito que:

"[...] il procedimento amministrativo storicamente nacque come procedimento di garanzia del privato; quando, nel secolo scorso, si cominciarono a introdurre regole su di esso, la finalità delle regole era principalmente di dotare il cittadino di strumenti più efficienti nei confronti dell'amministrazione. Il tempo ha introdotto anche la vicenda contraria, cioè il procedimento amministrativo come procedimento che serve soprattutto all'amministrazione".[21]

Essas breves referências bem demonstram a influência italiana na *construção do edifício clássico do direito administrativo ocidental*, formado após as revoluções liberais e com o advento do chamado "estado Nacional" e fundado sob as bases da unidade da Administração, da separação de poderes e da atividade administrativa subordinada à lei.

4 Influência na construção do direito administrativo brasileiro

Para além da contribuição geral na formação do direito administrativo clássico, não se pode negar que *o direito italiano possuiu – e possui – influência muito forte sobre as fontes do direito brasileiro*, acompanhando e contribuindo para os caminhos da doutrina, da jurisprudência e das leis, muitas vezes segundo essa ordem. Na lição de Miguel Reale, no campo do Direito se revela a mais viva repercussão da cultura italiana no Brasil. Segundo o renomado autor, "A primeira projeção da cultura italiana no Brasil talvez seja representada pelo compêndio que Antonio Genovesi escreveu para iniciar os jovens nos estudos de Lógica e Metafísica, compêndio esse adotado pela Faculdade de Direito de Coimbra, e, depois, pela de São Paulo, fundada em 1827".[22]

Michele Carducci analisa detidamente essa influência a partir do que denominou de *"fluxo jurídico"*, ou seja, como diálogo ou comunicação à distância entre operadores

---

[21] M.S. Giannini, *La legge sul procedimento amministrativo e l'inizio della sua attuazione*, in Id., *Scritti*, X, cit., p. 69-70.

[22] REALE, Miguel. O direito italiano na cultura brasileira. In: DE BONI, Luis Alberto (org.). *A presença italiana no Brasil*: vol. II. Porto Alegre: Fondazione Giovanni Agnelli – Escola Superior de Teologia, 1990. P.735-740. P.735

do direito e intelectuais, sejam esses professores, juízes ou advogados. Nesse processo de influência, mais propriamente do que analisar qual autor italiano tenha influenciado "quem" ou "o quê", é importante discutir o porquê e como foram produzidos os produtos desse fluxo.[23]

O processo de influência do direito italiano no direito brasileiro foi facilitado, inicialmente, em razão de se filiarem os dois ordenamentos ao mesmo "sistema romano-germânico", na difundida concepção de René David, em contraposição ao "sistema da *Common Law*".[24] No mesmo sentido, mas com outro critério de classificação sistemática, Michelle Carducci ensina que a facilidade de fluxo se deve também ao fato de que:

> "[...] *il contesto ibero-americano ed anche brasiliano potrebbe essere ascritto al quadro delle cosiddette "scuole latine", da contrapporre, come affermò Vittorio Emanuele Orlando in suoi diversi scritti dal 1921 al 1949,10 alle "scuole germaniche" del diritto pubblico, per la prevalenza, negli indirizzi scientifici dei popoli latini, dell'attenzione verso i diritti originari della personalità e dei diritti civili e politici, la teoria della rappresentanza e della costruzione di un sistema di garanzie, a differenza di quelle "germaniche" a vocazione organicistica, incentrata sulla sovranità a sé stante di una entità separata dal popolo (lo Stato), fonte di personalità giuridica e di diritto oggettivo. Da tale prospettiva, il "flusso" giuridico latino sarebbe stato favorito dall'impronta "umanistica" del diritto pubblico, rispetto al grande protagonismo europeo continentale soprattutto della dottrina tedesca".*[25]

Há que se destacar que o fluxo também foi – e é facilitado – pela *afinidade de idiomas*, sobretudo quando se trata de línguas consideradas neolatinas. Esta afinidade é bem demonstrada pela transcrição de uma nota singela que Vittorio Emannuele Orlando tratou como "curiosidade bibliográfica":

> "[...] *quando io visitai l'Università di S. Paolo di Brasile, nel 1921, la Biblioteca di quella Università m'invitò cortesemente ad una curiosa e commovente e non comune cerimonia che diventò una festa di cultura italo-brasiliana, e cioè, all'inaugurazione di un volume dei miei Principî che era il terzo acquistato dalla Biblioteca stessa; e ciò non perché alcuna delle prime due copie fosse andata dispersa o danneggiata, ma esclusivamente per il lungo logorio dell'uso, onde ormai anche la seconda copia, come già la prima, era diventata inservibile".*[26]

Miguel Reale rememora que a influência italiana foi marcante na Faculdade de Direito da Universidade de São Paulo, sobretudo em razão de a instituição ter acolhido em exílio os ilustres doutrinadores Liebmann e Ascarelli, tendo a Faculdade de Recife permanecido mais permeável ao influxo do pensamento germânico.[27] Especificamente no tocante ao Direito Administrativo, era notável na Faculdade de São Paulo o conhecimento das obras, sobretudo manuais, de autores ilustres do direito italiano, especialmente

---

[23] CARDUCCI, Michele. Diritto pubblico e "flussi giuridici" tra Italia e Brasile. *A&C – Revista de Direito Administrativo & Constitucional*, Belo Horizonte, ano 11, n. 46, p. 13-41, out./dez. 2011

[24] DAVID, René. *Os Grandes Sistemas do Direito Contemporâneo*, São Paulo, Martins Fontes, 1986.

[25] *Id.*

[26] V.E. Orlando, Sviluppi storici del diritto amministrativo in Italia dal 1890 al 1950, (1952), in *Scritti giuridici varii* (1941-1952), Milano, Giuffrè, 1955, p. 165, nota 4.

[27] *Id.* p.737

após a II Guerra Mundial.[28] Não é demais destacar que as primeiras cátedras de Direito Administrativo foram criadas em 1851, em São Paulo e no Recife, ainda no período Imperial, e que a primeira obra diretamente ligada à matéria é publicada em 1857 por Vicente Pereira do Rego.

A primeira influência italiana digna de nota diz respeito à própria sistematização do direito administrativo. Com efeito, ainda que no direito italiano tenha sido importante e nítida a função jurisdicional no reconhecimento e mesmo estabelecimento dos princípios do direito administrativo, a exemplo do sistema francês, a sistematização feita pelos autores "pós-Orlandianos", já abandonando gradativamente o recurso aos métodos do direito privado, foi essencial para a adoção de um critério técnico-científico para o direito administrativo.[29]

---

[28] Michele Carducci, com apoio na lição de López Medina, ressalta as características da América Latina que a tornam campo propício à "recepção" de fluxos jurídicos: "[...] *il sub-continente americano siederebbe sopra un tesoro di cui non avrebbe consapevolezza: il proprio patrimonio di errori, adattamenti, approssimazioni che, grazie anche alle innumerevoli traduzioni circolate nel suo spazio linguistico spagnolo o portoghese, ha contribuito a conformare la cultura costituzionale dei suoi operatori, sia come teorici del diritto sia come pratici, capaci di costruire le mappe mentali di auto-riconoscimento dei propri formanti. Per spiegare l'effettiva consistenza di questo "tesoro", Medina ricorre ad una teorizzazione dei "flussi", diversa da quella italiana, perché "adeguata" al contesto "ermeneuticamente povero" dell' "altro Occidente" del mondo: una "povertà", si badi, frutto di quelle caratteristiche — linguistiche, storiche e quindi semantiche — dell'ethos iberico, accennate in apertura*" (Ibid).

[29] A respeito da influência da jurisprudência e do trabalho da doutrina, vale conferir a lição de MASSERA: "Quest'ultimo punto, infine, può essere rilevante anche su di un altro versante, cui pure occorre accennare in conclusione, che è quello del rapporto fra lavoro della scienza gius-amministrativistica e operato della giurisprudenza. In Italia, in particolare, il giudice amministrativo si è trovato a svolgere la unanimemente riconosciuta funzione di creatore di principi e di istituti essenziali del diritto amministrativo, secondo modalità diverse sia da quelle tipiche di un ordinamento di *judge-made law*, sia da quelle realizzatesi in un ordinamento a diritto legislativo come il francese, abbinando a tale funzione normativa una rilevante e accertata funzione di guida dell'amministrazione; ma a questi ruoli, di giudice-legislatore e di giudice-amministratore, il giudice amministrativo (e in specie il Consiglio di Stato) ha potuto accostare, proprio in connessione con essi e con i loro modi di svolgimento, nelle loro diverse forme, anche l'esercizio di una sicura influenza sulla dottrina amministrativistica, tale che, pochi anni or sono, guardando a questi profili nel presentare una raccolta di «grands arrêts» dello stesso supremo giudice amministrativo italiano, Sabino Cassese aveva osservato che «così, con *dicta* e discorsi del Consiglio di Stato, si potrebbe scrivere un manuale di diritto amministrativo nel quale non mancherebbe quasi nulla di una ordinaria, ampia trattazione della materia» . Orbene, come sappiamo, ciò è stato fatto, dagli stessi Autori di (alcuni di) quei *dicta* e di quei discorsi; e questo lavoro di ricostruzione sistematica ha avuto largo successo, presentando l'indubbio fascino, soprattutto a fini applicativi, della narrazione del «diritto vivente» (intesa questa formula in senso largo) *nell'*amministrazione (e anche *per* l'amministrazione) e mostrando il volto particolarmente accattivante del suo denso profilo empirico. Questa sorta di primato della elaborazione giurisprudenziale, infatti, si alimenta in modo forte della prossimità alla esperienza giuridica concreta, pur avendo saputo mantenere il giudice amministrativo, soprattutto nelle sue pronunce di più ampio respiro e di valenza più generalizzata, quel tanto di distacco dal «fatto» che lo ha messo in condizioni di presentarsi ed operare con la credibilità di chi, a guisa di «*living oracles of the law*» *à la* Blackstone, pronunciava il diritto attingendo agli elementi più profondi del sapere giuridico. Orbene, in presenza di tali sviluppi, è giusto attraverso la interazione con i saperi diversi dal proprio e da quello costruito nelle aree disciplinari che comunque è più adusa a frequentare che la dottrina amministrativistica può riuscire a riallineare la sua posizione a fronte di quella del giudice-dottore, quindi non per abbandonare il suo compito di elaborazione della dogmatica del diritto amministrativo, ma al contrario per raffinare e rivitalizzare la sua missione, traendo da quella interazione nuovi spunti e impulsi per la riflessione costruttiva sul proprio campo disciplinare; ovvero, se si vuole, per coniugare sapientemente il «pensiero-sistema» con il «pensiero-problema». Ché altrimenti verrebbe a compiersi un'ulteriore condizione di specificità del diritto amministrativo italiano rispetto ad altre esperienze ordinamentali (ma come eventuale fattore di regressione), ove siano da assumere come formulazione di una asserzione con pretesa di portata generale le seguenti parole dell'Autore con cui pure abbiamo iniziato il nostro discorso, E. Schmidt-Assmann: «en suma, pues, no puede decirse que, en la actualidad, la jurisprudencia constituya la fuerza más sobresaliente para el impulso, innovación y transformación del Derecho Administrativo, por más que así lo fuera en el pasado»" MASSERA, *Op.cit.*

Talvez a influência mais decisiva se note na sistematização do estudo da noção de *interesse público*, ainda hoje ponto central do direito administrativo brasileiro. Com efeito, a contribuição mais acolhida e original da doutrina brasileira no tocante à teorização do princípio do interesse público é creditada a Celso Antônio Bandeira de Mello, desenvolvida inicialmente em artigo publicado em 1967.[30] A concepção, ainda hoje bastante difundida e aceita, foi expedida com o propósito de conferir unidade metodológica e científica ao direito administrativo com fundamento na noção de regime jurídico administrativo. Os sucessivos desenvolvimentos da concepção de Celso Antônio Bandeira de Mello, notadamente após a Constituição de 1988, tornam nítida a influência da doutrina italiana, sobretudo de Renato Alessi:

> "[...] o interesse público deve ser conceituado como o interesse resultante do conjunto dos interesses que os indivíduos pessoalmente têm quando considerados em sua qualidade de membros da Sociedade e pelo simples fato de o serem. [...] Uma vez reconhecido que os interesse públicos correspondem à dimensão pública dos interesses individuais, ou seja, que consistem no plexo dos interesses dos indivíduos enquanto partícipes da Sociedade (entificada juridicamente no Estado), nisto incluído o depósito intertemporal destes mesmos interesses, põe-se a nu a circunstância de que não existe coincidência necessária entre interesse público e interesse do Estado e demais pessoas de Direito Público. [...] Esta distinção a que se acaba de aludir, entre interesses públicos propriamente ditos – isto é, interesses primários do Estado – e interesses secundários é trânsito corrente e moente na doutrina italiana, e a um ponto tal que, hoje, poucos doutrinadores daquele país se ocupam em explicá-los, limitando-se a fazer-lhes menção, como referência a algo óbvio e de conhecimento geral. Este discrímen, contudo, é exposto com exemplar clareza por Renato Alessi, colacionando lições de Carnelutti e Picardi, ao elucidar que os interesses secundários do Estado só podem ser por ele buscados quando coincidentes com os interesses primários, isto é, com os interesses públicos propriamente ditos".[31]

Na concepção de Giannini, ao seu turno, a análise dos interesses públicos mostra a passagem do Estado Monoclasse ao Estado contemporâneo. Ao mesmo tempo, o autor de há muito ressalta a importância da atividade administrativa de ponderar os múltiplos interesses públicos que incidem nas situações concretas, notadamente no exercício de *competências discricionárias*.[32] Com efeito, outra importância influência italiana no direito brasileiro é notada ao se tratar da delimitação do exercício da discricionariedade, sobretudo da chamada *discricionariedade técnica*.

Tradicionalmente, costuma-se entender a discricionariedade como a faculdade atribuída à Administração de apreciar, diante de um caso concreto, a conveniência e a oportunidade de praticar (ou de como, ou quando, praticar) determinado ato ou conduta, escolhendo uma dentre duas ou mais possibilidades acolhidas pelo sistema jurídico. É comum justificar-se a discricionariedade com argumentos como a impossibilidade

---

[30] Para uma análise completa da evolução do tema na doutrina brasileira, ver HACHEM, Daniel Wunder. *Princípio constitucional da supremacia do interesse público*. Belo Horizonte: Fórum, 2010.

[31] BANDEIRA DE MELLO, Celso Antônio. *Curso de Direito Administrativo*. 28.ed. São Paulo: Malheiros, 2011, p.66

[32] "*In um modo immaginario, in cui ogni interesse pubblico esistesse solitario, la scelta dell'autorità dovrebbe corrispondere ala soluzione che comporta la massimizzazione di quel'interesse. [...] Um interesse pubblico non existe mai solitario ma sta insieme ad altriinteressi, pubblici collettivi e privati. Chiamiamo primerio l'interesse pubblico che um'autorità há in attribuzione o in comptenza, secondari, per quell'autorità, gli altri interessi. Ovviamente ciò che per um'autorità è interesse primario, per um'altra è secondario*" (GIANNINI, *Massimo Severo*. *Diritto Amministrativo*. v. 2. 3. ed. Milão: Giuffrè, 1993, p.28)

de disciplina exaustiva, por lei, de todos os aspectos da atuação administrativa; a necessidade de flexibilidade para atender ao interesse público, que não comportaria fórmulas rígidas; a necessidade de evitar o automatismo; a necessidade permitir, por último, o poder de iniciativa da Administração para atender ao interesse público.

A *influência da doutrina italiana* é verificada, sobretudo, quando se trata de admitir a diferenciação entre discricionariedade administrativa e discricionariedade técnica, tema de grande importância para a análise dos chamados conceitos jurídicos indeterminados. Com efeito, o recurso à doutrina italiana a respeito do assunto é feito por autores como Celso Antônio Bandeira de Mello, Juarez Freitas e Maria Sylvia Zanella Di Pietro, dentre outros. Na lição de Di Pietro:

> "No direito italiano, um dos autores que melhor colocaram o tema foi Renato Alessi. Para ele, existem casos em que a apreciação do interesse público exige exclusivamente a utilização de critérios administrativos, hipótese em que se tem a discricionariedade administrativa, que se dá, por exemplo, quando se tenha que conceder uma licença para uso de armas, uma licença comercial, um certificado de boa conduta, aplicar uma sanção disciplinar, etc. E, ao contrário, existem casos em que a referida aplicação exige a utilização de critérios técnicos e a solução de questões técnicas que devem realizar-se conforme as regras e os conhecimentos técnicos, como, por exemplo, quando se trata de ordenar o fechamento de locais insalubres [...] Nesses casos, a solução é diferente conforme os conceitos técnicos estejam ou não ligados a critérios administrativos. Quando haja essa vinculação, a Administração faz um juízo de valor; caso contrário, não".[33]

O influxo da doutrina italiana também é nitidamente percebido ao se tratar dos elementos do ato administrativos, sobretudo na doutrina de Oswaldo Aranha Bandeira de Mello,[34] posteriormente seguida por seu filho Celso Antônio Bandeira de Mello. Ainda quanto ao assunto, Seabra Fagundes, um dos mais prestigiados autores brasileiros, recorre à doutrina de Ranneletti para tratar do controle do mérito dos atos administrativos, mais especificamente no tocante ao controle dos motivos.[35]

A presença da doutrina italiana é sentida fortemente ao se analisar o regime jurídico das *autarquias*. Inicialmente, destaca-se a influência da doutrina italiana de direito privado – Ferrara e Bonelli – na obra pioneira a tratar do regime jurídico das autarquias brasileira, escrita por Tito Prates da Fonseca.[36] Celso Antônio Bandeira de Mello, por sua vez, em obra muito pranteada, socorre-se da lição de Zanobini para tratar, dentre outras coisas, do conceito de autarquia:

> "[...] só se pode falar de autarquia relativamente a pessoa jurídica subsumida ao regime administrativo. À falta deste inexiste pessoa autárquica. Infelizmente, a doutrina tem, em sua grande maioria, desdenhado o sentido formal de administração pública. Zanobini, entretanto, esteve atento à sua existência. Ensina que ao lado dos conceitos subjetivo e

---

[33] DI PIETRO, Maria Sylvia Zanella. *Discricionariedade administrativa na Constituição de 1988*. 3.ed. São Paulo, Atlas, 2012, p. 107. A autora faz ainda referência à obra de Giannini, que aponta dificuldades para definir com exatidão quais são as ciências técnicas que permitiriam à Administração identificar a única solução correta.

[34] BANDEIRA DE MELLO, Oswaldo Aranha. *Princípios gerais de direito administrativo*. v.1 Rio de Janeiro: Forense, 1969.

[35] FAGUNDES, M. Seabra. O *contrôle dos atos administrativos pelo Poder Judiciário*. 3.ed. atual. Rio de Janeiro: Forense, 1957.

[36] FONSECA, Tito Prates da. *Autarquias administrativas*. São Paulo: Livraria Saraiva, 1935.

objetivo de administração pública há um terceiro: *'quello dell'amministrazione in senzo formale, che compreende tutti i provvedimenti aventi l'efficacia propria di aati amministrativi, qualunque sai il loro contenuto e i soggetti da cui sono emanati'"*.[37]

É ainda digno de nota o recurso à doutrina italiana quando se cuida das chamadas *relações de sujeição especial*, invocadas por parte da doutrina para amparar o exercício de parcela de função normativa. Esta teoria prega que, nas relações jurídicas travadas pela Administração, deve ser diferenciada a situação dos cidadãos, em geral, e a situação das pessoas físicas ou jurídicas que possuem vinculação por uma *relação jurídica especial*, a qual foi qualificada pela doutrina alemã como sujeição ou dominação. É creditado a Laband o primeiro desenvolvimento da teoria, utilizada, então, para explicar a relação do Estado com seus funcionários. A concepção ganhou repercussão com Otto Mayer,[38] para quem as espécies normativas decorrentes destas relações especiais possuíam somente efeitos internos, sendo, em princípio, inacessíveis ao Parlamento e estando, assim, praticamente "alheias ao direito". Celso Antônio Bandeira de Mello recorre à Alessi e a outros autores de renome para, ao transpor a teoria referida para o direito brasileiro, advogar que nas relações especiais os poderes ativos da administração, específicos e delimitados, são sacados indiretamente da lei e diretamente da própria relação.[39]

Finalmente, o prestígio da doutrina italiana é perfeitamente visível no trato do *processo administrativo*. Para além da notável importância para a teoria geral do processo de autores como Chiovenda, Carnelutti e Calamandrei, os autores italianos contribuíram sobremaneira para o estudo do processo administrativo sob uma perspectiva garantística. Serve como exemplo o entendimento de Romeu Bacellar Filho,[40] o procedimento configura requisito essencial da atividade estatal, pois é a forma de explicitação de competência. Desta maneira, o procedimento, presente em todas as atividades estatais, constitui-se em gênero que abrange a espécie processo. Com apoio em autores como Elio Fazzalari e Feliciano Benvenutti, o processo, nesta concepção, se apresenta quando a esta sequência de atos se adiciona a colaboração de sujeitos em contraditório.[41] Na síntese de Bacellar Filho:

> [...] o processo administrativo é forma de exteriorização da função administrativa (procedimento administrativo) qualificado pela participação dos interessados em

---

[37] BANDEIRA DE MELLO, Celso Antônio. *Natureza e regime jurídico das autarquias*. São Paulo: Revista dos Tribunais, 1968, p. 9. Na mesma obra é recorrente a referência à doutrina de Renato Alessi Federico Cammeo. Odete Medauar, em obra na qual predomina a referência à doutrina francesa, invoca o italiano Roversi-Monaco ao tratar dos sentidos da descentralização. (MEDAUAR, Odete. *Controle administrativo das autarquias*. São Paulo: José Bushatsky Editor, 1976).

[38] MAYER, 1949.

[39] BANDEIRA DE MELLO, 2011, p.831

[40] BACELLAR FILHO, 1998, p.46.

[41] Para Fazzalari (2006, p.119) "o processo é um procedimento do qual participam (são habilitados a participar) aqueles em cuja esfera jurídica o ato final é destinado a desenvolver efeitos: em contraditório, e de modo que o autor do ato não possa obliterar as suas atividades[...] tal estrutura consiste na participação dos destinatários dos efeitos do ato final em sua fase preparatória; na simétrica paridade das suas posições; na mútua implicação das suas atividades; na relevância das mesmas para o autor do provimento; de modo que cada contraditor possa exercitar um conjunto – conspícuo ou modesto, não importa – de escolhas, de reações, de controles, e deva sofrer os controles e reações dos outros, e que o autor do ato deva prestar conta dos resultados".

contraditório, imposto diante da circunstância de se tratar de procedimentos celebrados em preparação a algum provimento (ato de poder imperativo por natureza e definição), capaz de interferir na esfera jurídica das pessoas.[42]

A análise destas influências permitirá reconhecer a construção de um direito administrativo sob o ponto de vista do Estado e fundado em sua soberania. Em outras palavras, o direito administrativo brasileiro é estruturado fortemente sob a perspectiva do *poder do Estado*, e não dos direitos fundamentais do cidadão. Essa perspectiva não passou despercebida a Michelle Carducci ao analisar a influência maior de Alessi e Zanobini:

> *"Alessi e Zanobini, infatti, profilavano una tendenza dottrinale specificamente ancorata al concetto di Stato e soprattutto all'idea di sovranità come attributo naturale del potere pubblico.*
>
> *Scriveva Renato Alessi che la esistenza di una funzione amministrativa è essenziale per la esistenza stesa della nozione di Stato. Tuttavia, tale esistenza, secondo l'Autore italiano, non poteva assumersi come sufficiente per affermare la creazione di un diritto amministrativo, inteso come diritto oggettivo. A tal fine, il requisito considerato indispensabile consisteva nella produzione sovrana di norme di soggezione esterna necessarie, e quindi legittime, per il funzionamento dei poteri pubblici. Pertanto, nella sua prospettive, il diritto amministrativo non poteva coincidere con una qualsiasi interpretazione o descrizione di funzioni pubbliche, ma in una specifica relazione subordinata tra individuo e potere pubblico, con solo quest'ultimo dotato dell'attributo della sovranità. In altri termini, nella prospettiva di Alessi, diritto amministrativo non poteva che diventare sinonimo di volontà normativa dello Stato verso altri soggetti.*
>
> *Anche per Guido Zanobini, per poter parlare di diritto amministrativo dovevano concorrere due condizioni specifiche: un'attività amministrativa regolamentata da norme giuridiche dotate di forza esterna; una qualificazione e legittimazione di queste norme in termini differenti da quelle regolatrici di altri tipi di rapporti e altri soggetti, come il diritto privato, il tributario, lo stesso costituzionale. Nella prospettiva di Zanobini, non era il rapporto o il "contatto" tra soggetto e potere a far scaturire fenomeni di diritto amministrativo, bensì la soggezione deliberata a un potere.*
>
> *Necessità, soggezione, potere, oggettività della norma. Tutte queste figurazioni concettuali arrivano in Italia non solo, come ancora si ripete, per "influenza" francese, ma anche per via del "flusso" delle sistematiche teorie tedesche del diritto pubblico come Staatsrecht, diritto dello Stato. È proprio questo doppio "flusso" a permettere la edificazione di schemi e sistemi concettuali del diritto amministrativo italiano, sia come diritto oggettivo sia come scienza".*[43]

Sob influência de muitos fluxos, o direito administrativo brasileiro foi construído em um modelo de Estado concebido sobre diversos e sólidos alicerces, dentre os quais se destacavam: a celebração da dicotomia entre Estado e sociedade, prevalecendo uma visão individualista do mundo com o ser humano em seu centro; a separação dos poderes como forma de limitá-los e garantir a preservação da liberdade individual, verdadeira obsessão do período; o monismo legislativo, caracterizado pelo monopólio da edição de normas pelo Estado, de forma centralizada, sem o reconhecimento de outras fontes a ele externas; a centralidade e prestígio da lei, reveladora da vontade geral e garantia de liberdade e segurança jurídica aos cidadãos. Esta última característica merece relevo

---

[42] BACELLAR FILHO, 1998, p.46. No mesmo sentido ensina Odete Medauar (1993, p.40).

[43] CARDUCCI, *op.cit.*

porque se entendia que a lei beirava as raias da perfeição, "igualava" os homens por meio de prescrições gerais e abstratas e ainda apresentava-se como um anteparo que protegia os indivíduos da indevida intromissão estatal. É possível identificar, naquele período, certo descompasso entre lei e Constituição; esta última deveria, em princípio, limitar-se a normas organizatórias e processuais.

O edifício jurídico erigido no Estado Liberal, contudo, é insuficiente para a Administração Pública atual – uma Administração vinculada à efetividade dos direitos fundamentais, à qual se impõem tarefas mais amplas, da qual se exigem resultados e que se vê obrigada a intervir na atividade econômica privada e na prestação de novos serviços públicos. Por estas razões, muitas bases clássicas do Direito Administrativo tem sido objeto de sucessivas alterações que não tem passado despercebidas pela doutrina nacional.[44] Esse fascinante percurso de transformação, contudo, escapa aos limites do presente artigo.

Informação bibliográfica deste texto, conforme a NBR 6023:2002 da Associação Brasileira de Normas Técnicas (ABNT):

MOTTA, Fabrício. Influência do direito administrativo italiano na construção das bases dogmáticas do direito administrativo brasileiro. *In*: PONTES FILHO, Valmir; MOTTA, Fabrício; GABARDO, Emerson (Coord.). *Administração Pública*: desafios para a transparência, probidade e desenvolvimento. XXIX Congresso Brasileiro de Direito Administrativo. Belo Horizonte: Fórum, 2017. p. 125-140. ISBN 978-85-450-0157-7.

---

[44] Vide, dentre outros, os estudos de autoria de Odete Medauar, Diogo de Figueiredo Moreira Neto, Patrícia Baptista e João Batista Gomes Moreira.

A DISTINÇÃO ATIVIDADE-MEIO/ATIVIDADE-FIM NA TERCEIRIZAÇÃO E SEUS REFLEXOS NA ADMINISTRAÇÃO PÚBLICA

FLORIVALDO DUTRA DE ARAÚJO

1 Introdução

Tramita atualmente no Senado Federal o Projeto de Lei nº 30/2015, que dispõe sobre os contratos de terceirização e as relações de trabalho deles decorrentes. A proposição é originária da Câmara dos Deputados, onde tramitou sob o nº 4.330/2004.

Trata-se de um dos mais polêmicos projetos de lei em curso no Poder Legislativo federal, por cuidar de tema de grandes dissensos econômicos e jurídicos, além de possuir imensa repercussão social.

Na conformação clássica do direito trabalhista, a relação de trabalho é bilateral, ou seja, envolve dois sujeitos: o empregador e o empregado, tal como definidos nos arts. 2º e 3º da CLT.[1]

A terceirização, como o vocábulo denota, implica a inserção de um outro sujeito no processo produtivo, uma outra empresa por meio da qual os empregados prestarão a atividade laboral.

Márcio Túlio Viana distingue duas grandes formas de terceirização: a *interna* e a *externa*.[2]

Na primeira, um empregador – denominado *tomador de serviços* – busca trabalhadores de outro empregador e insere-os em sua estrutura produtiva. São exemplos a inserção de trabalhadores temporários e de conservação e limpeza.

---

[1] "Art. 2º – Considera-se empregador a empresa, individual ou coletiva, que, assumindo os riscos da atividade econômica, admite, assalaria e dirige a prestação pessoal de serviço". "Art. 3º – Considera-se empregado toda pessoa física que prestar serviços de natureza não eventual a empregador, sob a dependência deste e mediante salário".

[2] VIANA, As Várias Faces da Terceirização. *Revista da Faculdade de Direito da UFMG*, Belo Horizonte, n. 54, p. 141-156, jan.-jun. 2009.

Na segunda modalidade, o empregador exclui de sua estrutura alguma etapa do ciclo produtivo, que passa ser executada por outra empresa, que é autônoma em relação à beneficiária final de sua atividade. O clássico exemplo é o da indústria automobilística, que se tornou simples *montadora de veículos*, com as peças que são produzidas por inúmeras outras empresas.

Verifica-se, assim, que na *terceirização externa* uma empresa fornece à outra bens, ou seja, insumos para sua produção. Já na *terceirização interna* ocorre a contratação de serviços, que são prestados por intermédio dos trabalhadores da empresa contratada.

O presente texto cuidará da *terceirização interna* – doravante chamada simplesmente de *terceirização* – na administração pública. Mas mesmo neste recorte, o tema apresenta diversos desdobramentos controversos. Dentre eles, trataremos das implicações específicas, na administração pública, da distinção entre atividade-fim e atividade-meio, aspecto em torno do qual se formou uma das discussões centrais da terceirização.

2 Atividade-fim e atividade-meio na terceirização

Embora a legislação trabalhista brasileira não possua previsão legal a respeito, a distinção entre atividade-fim e atividade-meio constitui-se parâmetro fundamental para definir a validade jurídica da terceirização.

Considera-se *atividade-fim* toda aquela que compõe o núcleo, a essência da atividade de uma empresa, que externaliza a própria identidade empresarial no mercado.

Em contraposição, *atividade-meio* é aquela que se apresenta de maneira instrumental ou secundária em relação às atividades-fim.[3]

No Brasil, até o momento, vigora a proibição de terceirização das atividades-fim. É interessante verificar que essa vedação há muito foi explicitada em normas de direito administrativo, mas não se encontra na legislação trabalhista. A dimensão em que se permite a terceirização no direito do trabalho é construção da jurisprudência trabalhista que, ancorada em razões de cunho econômico, ampliou as hipóteses de terceirização para além do que previsto na legislação, tendo por referência a distinção de atividade-fim e atividade-meio.

Como já registramos, a relação de emprego normatizada pela CLT tem as clássicas características de vínculo bilateral empregador-empregado. A única exceção é a figura da subempreitada, prevista no art. 455, que foi, durante muitos anos, a única relação trilateral aceita pelo direito do trabalho pátrio.[4]

Esse panorama muda com a publicação da Lei nº 6.019, de 03.01.1974, que dispôs sobre o trabalho temporário em empresas urbanas. Entre outros dispositivos, essa Lei validou a atividade da empresa de trabalho temporário, assim definida em seu art. 4º: "Compreende-se como empresa de trabalho temporário a pessoa física ou jurídica urbana, cuja atividade consiste em colocar à disposição de outras empresas, temporariamente, trabalhadores, devidamente qualificados, por elas remunerados e assistidos".

---

[3] DELGADO, *Curso de Direito do Trabalho*, 2014, p. 468.

[4] "Art. 455 – Nos contratos de subempreitada responderá o subempreiteiro pelas obrigações derivadas do contrato de trabalho que celebrar, cabendo, todavia, aos empregados, o direito de reclamação contra o empreiteiro principal pelo inadimplemento daquelas obrigações por parte do primeiro. Parágrafo único – Ao empreiteiro principal fica ressalvada, nos termos da lei civil, ação regressiva contra o subempreiteiro e a retenção de importâncias a este devidas, para a garantia das obrigações previstas neste artigo".

Quase uma década depois, adveio a Lei nº 7.102, de 20.06.1983, dispondo sobre segurança para estabelecimentos financeiros e estabelecendo normas para constituição e funcionamento de empresas particulares prestadoras de serviços de vigilância e de transporte de valores. Segundo essa Lei, essas duas atividades podem ser executadas por empresa especializada, contratada pelo estabelecimento financeiro (art. 3º).

Até o início dos anos 1980, somente as atividades previstas nas Leis nº 6.019/1974 e 7.102/1983 eram reconhecidas como hipóteses válidas de terceirização, além da subempreitada. E não poderia ser de outra forma. Dado o caráter de proteção ao hipossuficiente (trabalhador) e – por isso mesmo – a natureza, em geral, imperativa das normas trabalhistas, permitir a criação, no ambiente empresarial, de outros casos de terceirização, seria abrir portas à fraude à legislação trabalhista, o que é rechaçado tanto pelos princípios constitucionais do direito do trabalho,[5] como pelo art. 9º da CLT: "Serão nulos de pleno direito os atos praticados com o objetivo de desvirtuar, impedir ou fraudar a aplicação dos preceitos contidos na presente Consolidação".

Em plena harmonia com a legislação vigente, o Tribunal Superior do Trabalho editou, em 1986, o Enunciado de Jurisprudência 256, que assim sintetizava a jurisprudência consolidada nessa jurisdição especializada: "Salvo os casos de trabalho temporário e de serviço de vigilância, previstos nas Leis nºs 6.019, de 03.01.1974, e 7.102, de 20.06.1983, é ilegal a contratação de trabalhadores por empresa interposta, formando-se o vínculo empregatício diretamente com o tomador dos serviços".

Gabriela Delgado e Helder Amorim observam que, já ao tempo de edição desse Enunciado jurisprudencial, "na década de 1980, iniciava-se um gradual processo de expulsão de atividades do interior das empresas, com a progressiva organização de um mercado de serviços, tomando impulso o processo de terceirização, ao largo de autorização legal".[6]

Esse processo recrudesceu nos anos 1990, alimentado pelo ápice atingido pelo ideário neoliberal, propiciado especialmente pela ruína do sistema de socialismo autoritário do leste europeu. Esse ideário coloca-se, sobretudo, contra as bases do Estado Social de Direito, considerado um dos principais obstáculos à expansão de um mercado internacional oriundo da globalização econômica. A respeito, observam Delgado e Amorim:

> Essa ideologia reivindicou a reestruturação da organização produtiva, com a adoção de um modelo de empresa flexível e horizontalizada, de inspiração japonesa *toyotista*, adaptada para enfrentar uma demanda exigente e instável, em superação ao modelo *fordista* verticalizado e estável de organização empresarial.
>
> (...)
>
> Na descrição desse novo modelo de organização flexível se destaca o papel da subcontratação (terceirização) de insumos e serviços inerentes ao processo produtivo, como exigência de permanente adaptação da empresa-mãe, contratante, à demanda volátil do

---

[5] Ao tempo em que editadas essas leis, vigorava a Constituição de 1967, com a redação da chamada "Emenda Constitucional nº 01/1969", que estabelecia, no art. 157: "A ordem econômica tem por fim realizar a justiça social, com base nos seguintes princípios: (...) II – valorização do trabalho como condição da dignidade humana". Na Constituição de 1988, salientam-se os princípios da *valorização do trabalho humano* e da *redução das desigualdades sociais* (CF, art. 170), *o primado do trabalho* como base da ordem social e, como objetivo desta, *o bem-estar e a justiça sociais* (CF, art. 193).

[6] *Os Limites Constitucionais da Terceirização*, 2014, p. 40.

mercado. A perspectiva, como se percebe, é estritamente economicista, sem consideração a qualquer outra referência de cunho civilizatório.[7]

No plano legislativo, porém, não se logrou mais que uma pequena ampliação das hipóteses em que se autoriza a terceirização. A Lei nº 8.863, de 28.03.1994, incluiu alguns parágrafos na Lei 7.102/1983. Entre eles o §2º, prevendo que as empresas privadas especializadas em prestação de serviços de segurança, vigilância e transporte de valores, além de proceder à vigilância patrimonial das instituições financeiras, transportar valores e garantir o transporte de cargas, também poderão prestar "atividades de segurança privada a pessoas; a estabelecimentos comerciais, industriais, de prestação de serviços e residências; a entidades sem fins lucrativos; e órgãos e empresas públicas".

Mas aquilo que não se alcançou pela via legislativa acabou sendo, pelo menos em parte, obtido por meio da alteração da jurisprudência trabalhista, que fez flexibilizar as hipóteses de terceirização, para autorizar a ampla contratação indireta de trabalhadores nas atividades-meio das empresas.

Em 1993, a título de revisão do antigo Enunciado 256, o TST editou a Súmula 331 que, entre outras disposições, reafirmou a legalidade das terceirizações previstas nas Leis nºs 6.019/1974 e 7.102/1983, mas acrescentou que também seria válida a terceirização dos serviços "de conservação e limpeza, bem como a de serviços especializados ligados à atividade-meio do tomador, desde que inexistente a pessoalidade e a subordinação direta".

Duas ordens de argumentos verificam-se nas decisões da Justiça do Trabalho que constituem os precedentes do Enunciado 331: a necessidade de flexibilização das relações trabalhistas para fazer frente às novas exigências da economia global e a inspiração em normas há muito já vigorantes na administração pública, autorizadoras da terceirização em atividades-meio.

Quanto à justificativa econômica, já fizemos referência.[8] Cabe agora abordar brevemente a extensão que se fez das normas de direito administrativo ao campo do direito do trabalho, para ampliar as hipóteses autorizativas da terceirização.

O Decreto-lei nº 200, de 25.02.1967, foi editado pelo Regime Militar com o propalado objetivo de modernizar a administração pública brasileira. Entre outros aspectos, propugnava-se pelo que se chamou, em amplo sentido, de *descentralização* da execução das atividades administrativas. Conforme o – ainda vigente – art. 10 do Decreto-lei nº 200/1967, essa descentralização deve ocorrer diversos planos, sendo um deles "da Administração Federal para a órbita privada, mediante contratos ou concessões" (§1º, *c*). E o §7º desse artigo explicita, nesse plano, a diretriz da terceirização de mão de obra:

> §7º. Para melhor desincumbir-se das tarefas de planejamento, coordenação, supervisão e contrôle e com o objetivo de impedir o crescimento desmesurado da máquina administrativa, a Administração procurará desobrigar-se da realização material de tarefas executivas, recorrendo, sempre que possível, à execução indireta, mediante contrato,

---

[7] *Os Limites Constitucionais da Terceirização*, 2014, p. 43.

[8] Para uma visão mais ampla, inclusive com a citação de decisões exemplares da Justiça do Trabalho nesse sentido, cf. DELGADO e AMORIM, *Os Limites Constitucionais da Terceirização*, 2014, p. 39-56.

desde que exista, na área, iniciativa privada suficientemente desenvolvida e capacitada a desempenhar os encargos de execução.

Posteriormente, a Lei Federal nº 5.645, de 10.12.1970, cujo objeto principal é estabelecer diretrizes para a classificação de cargos civis da União e das autarquias federais, veio explicitar, no parágrafo único do art. 3º, de modo exemplificativo, atividades que deveriam ser objeto de terceirização:

> Parágrafo único. As atividades relacionadas com transporte, conservação, custódia, operação de elevadores, limpeza e outras assemelhadas serão, de preferência, objeto de execução indireta, mediante contrato, de acôrdo com o artigo 10, §7º, do Decreto-lei número 200, de 25 de fevereiro de 1967.

Esse parágrafo foi revogado pela Medida Provisória nº 1.573-7, de 02.05.1997 que, depois de mais sete reedições, foi convertida na Lei nº 9.527, de 10.12.1997. Com a revogação operada pela referida MP, o Governo Federal optou pela regulamentação do art. 10, §7º, do Decreto-lei nº 200/1967 por meio do Decreto nº 2.271, de 07.07.1997.

O conteúdo material nuclear do Decreto nº 2.271/1997 encontra-se no seu art. 1º, que dispõe:

> Art. 1º. No âmbito da Administração Pública Federal direta, autárquica e fundacional poderão ser objeto de execução indireta as atividades materiais acessórias, instrumentais ou complementares aos assuntos que constituem área de competência legal do órgão ou entidade.
> §1º. As atividades de conservação, limpeza, segurança, vigilância, transportes, informática, copeiragem, recepção, reprografia, telecomunicações e manutenção de prédios, equipamentos e instalações serão, de preferência, objeto de execução indireta.
> §2º. Não poderão ser objeto de execução indireta as atividades inerentes às categorias funcionais abrangidas pelo plano de cargos do órgão ou entidade, salvo expressa disposição legal em contrário ou quando se tratar de cargo extinto, total ou parcialmente, no âmbito do quadro geral de pessoal.

Para as empresas estatais, o art. 9º do Decreto nº 2.171/1997 determina que: "As contratações visando à prestação de serviços, efetuadas por empresas públicas, sociedades de economia mista e demais empresas controladas direta ou indiretamente pela União, serão disciplinadas por resoluções do Conselho de Coordenação das Empresas Estatais – CCE".[9]

Considerando que a administração federal compreende a administração direta e indireta, e que as empresas estatais inserem-se na administração indireta (CF, art. 37, *caput* e incs. XIX e XX; Decreto-lei nº 200/1967, art. 4º), tais empresas encontram-se sujeitas ao §7º do art. 10 do Decreto-lei nº 200/1967. Por isso, pode-se concluir que suas contratações, ainda que regulamentadas em atos normativos infralegais, como indicado no art. 9º do Decreto nº 2.171/1997, devem manter como critério fundamental o mesmo

---

[9] O CCE foi extinto e suas atribuições são hoje exercidas pelo Departamento de Coordenação e Governança das Empresas Estatais, órgão da estrutura do Ministério do Planejamento, Orçamento e Gestão, conforme o Decreto nº 8.578, de 26.11.2015.

indicado pelo art. 1º do Decreto nº 2.171/1997 para a administração direta, autárquica e fundacional, ou seja, a terceirização somente pode abranger "atividades materiais acessórias, instrumentais ou complementares" às tarefas componentes do objeto da empresa estatal.[10]

Mas há um fator que torna problemática essa conclusão. Tanto a Constituição de 1967 – em cuja vigência foi editado o Decreto-Lei nº 200/1967 – quanto a Constituição de 1988, estabeleceram que as empresas estatais exploradoras de atividades econômicas sujeitam-se às mesmas normas das empresas privadas, inclusive quanto ao direito do trabalho.[11]

Assim, entendemos que o §7º do art. 10 do Decreto-lei nº 200/1967, desde sua edição, somente pode validamente ser aplicado às empresas estatais prestadoras de serviços públicos. As estatais exploradoras de atividades econômicas deveriam se restringir à observância das Leis nº 6.019/1974 e 7.102/1983, sob pena de ofensa às referidas normas constitucionais que vinculam suas relações trabalhistas às mesmas normas aplicáveis às empresas privadas.

Curiosamente, em vez de se observar essa diretriz constitucional, a jurisprudência trabalhista caminhou no sentido inverso: primeiro, admitiu possibilidade ampla de terceirização de atividades-meio, contida no Decreto-Lei nº 200/1967, às empresas estatais exploradoras de atividades econômicas; em seguida, estendeu esse mesmo tratamento às empresas privadas.[12]

Com esse polêmico caminho, o TST consolidou sua jurisprudência a respeito, com a edição da citada Súmula 331. Desde então, tanto no setor público, como no setor privado, tornou-se crucial, para a legitimidade da terceirização, o discrímen entre atividade-fim e atividade-meio, salvo na hipótese de trabalho temporário (Lei nº 6.019/1974).

3 A polêmica em torno da distinção entre atividade-fim e atividade-meio e as propostas de seu abandono

Não obstante serem os conceitos de fácil compreensão, na realidade empresarial pode se tornar difícil a distinção entre atividade-fim e atividade-meio.

---

[10] Como bem observa José Roberto Pimenta Oliveira: "A realização material de tarefas executivas se afasta claramente não apenas da atividade administrativa de planejamento, coordenação e supervisão e controle, mas também da atividade que encerra a produção de atos jurídicos no âmbito de órgãos e entes da Administração Pública" (Terceirização na administração pública: possibilidades e limites, *Boletim de Direito Administrativo*, v.30, n.4, p. 391, abr. 2014).

[11] Constituição de 1967 (redação original): "Art. 163. (...) §2º. Na exploração, pelo Estado, da atividade econômica, as empresas públicas, as autarquias e sociedades de economia mista reger-se-ão pelas normas aplicáveis às empresas privadas, inclusive quanto ao direito do trabalho e das obrigações". Redação da EC 01/1969: "Art. 170. (...) §2º. Na exploração, pelo Estado, da atividade econômica, as emprêsas públicas e as sociedades de economia mista reger-se-ão pelas normas aplicáveis às emprêsas privadas, inclusive quanto ao direito do trabalho e ao das obrigações". Constituição de 1988 (redação original): "Art. 173. (...) §1º. A empresa pública, a sociedade de economia mista e outras entidades que explorem atividade econômica sujeitam-se ao regime jurídico próprio das empresas privadas, inclusive quanto às obrigações trabalhistas e tributárias". Constituição de 1988 (redação da EC 19/1998): "Art. 173. (...) §1º. A lei estabelecerá o estatuto jurídico da empresa pública, da sociedade de economia mista e de suas subsidiárias que explorem atividade econômica de produção ou comercialização de bens ou de prestação de serviços, dispondo sobre: (...) II – a sujeição ao regime jurídico próprio das empresas privadas, inclusive quanto aos direitos e obrigações civis, comerciais, trabalhistas e tributários; (...)".

[12] A esse respeito, confira-se a explanação de DELGADO e AMORIM, *Os Limites Constitucionais da Terceirização*, 2014, p. 49-56, ilustrada pela decisão do TST no Processo E-RR nº 0211/90.6, envolvendo o Banco do Brasil.

Ademais, cabe ressaltar que não se trata de uma conceituação propriamente jurídica, mas econômica, o que exige do jurista a abertura para esse outro campo do conhecimento. Essas complexidades levam a que parte dos estudiosos, no campo do Direito e das Ciências Econômicas, proponham que se abandone a distinção entre esses dois tipos de atividades, passando-se a permitir a terceirização de ambos. Essa tese tem repercussão no Projeto de Lei nº 30/2015, em cujo art. 2º, I, assim define a terceirização: "a transferência feita pela contratante da execução de parcela de *qualquer* de suas atividades à contratada para que esta a realize na forma prevista nesta Lei".

No âmbito do Poder Judiciário, a matéria é objeto do Recurso Extraordinário com Agravo ARE 713.211, ao qual se reconheceu o caráter de repercussão geral. Nesse feito, em essência, a empresa Celulose Nipo Brasileira S.A (Cenibra) defende a tese de que a distinção entre atividade-fim e atividade-meio, com o fito de vedar a terceirização daquela, contraria a liberdade de contratação que decorre do art. 5º, II, CF.

Portanto, a depender de decisões que serão tomadas nos Poderes Legislativo e Judiciário, é possível que venha a ser superada a restrição da terceirização às atividades-meio.

Cabe, agora, como aspecto final deste texto, examinar os possíveis reflexos da queda dessa distinção na administração pública.

4 A distinção atividade-fim/atividade-meio e a administração pública

A diferenciação entre atividade-fim e atividade-meio tem aplicabilidade tanto na administração direta e autárquica, quanto nas pessoas de direito privado da administração indireta (empresas estatais e fundações de direito privado).

É possível identificar, em cada uma dessas pessoas, aquelas atividades que constituem seu objeto essencial de atuação[13] e as demais, que apenas instrumentam a entidade a cumprir suas tarefas nucleares.

O PL nº 30/2015 estabelece no §2º do art. 1º: "As disposições desta Lei não se aplicam aos contratos de terceirização no âmbito da administração pública direta, autárquica e fundacional da União, dos Estados, do Distrito Federal e dos Municípios".

Porém, o PL nº 30/2015 também possui uma determinação contraditória com essa, expressa no art. 26: "Os direitos previstos nesta Lei serão imediatamente estendidos aos terceirizados da administração direta e indireta".

Trata-se de evidente antinomia legal, que precisa ser corrigida na tramitação do processo no Senado. Caso se mantenha a intenção da norma do art. 1º, §2º, o Projeto deixará intocada a vigência do art. 10, §7º, do Decreto-lei nº 200/1967 e o Decreto nº 2.271/1997. Permanecerá a possibilidade de terceirização apenas das "atividades materiais acessórias, instrumentais ou complementares aos assuntos que constituem área de competência legal do órgão ou entidade", conforme expressão do art. 1º desse Decreto.

Considerando que a única exclusão de entidades da administração pública é a contida no citado §2º do art. 1º do PL nº 30/2015, fica claro que se pretende submeter

---

[13] Conforme OLIVEIRA: "Constituirão atividades-fim todas aquelas diretamente relacionadas com a busca e realização dos interesses públicos que delimitam a constituição do ente como integrante da Administração Pública e exercente de função administrativa" (Terceirização na administração pública: possibilidades e limites, *Boletim de Direito Administrativo*, v.30, n.4, p. 392-393, abr. 2014.)

as empresas estatais à regência do texto desse PL, apenas com a exceção expressa no §2º do art. 4º. Confira-se:

> Art. 4º. É lícito o contrato de terceirização relacionado a parcela de qualquer atividade da contratante que obedeça aos requisitos previstos nesta Lei, não se configurando vínculo de emprego entre a contratante e os empregados da contratada, exceto se verificados os requisitos previstos nos arts. 2º e 3º da Consolidação das Leis do Trabalho – CLT, aprovada pelo Decreto-Lei nº 5.452, de 1º de maio de 1943.
>
> §1º. Configurados os elementos da relação de emprego entre a contratante e o empregado da contratada, a contratante ficará sujeita a todas as obrigações dela decorrentes, inclusive trabalhistas, tributárias e previdenciárias.
>
> §2º. A exceção prevista no caput deste artigo no que se refere à formação de vínculo empregatício não se aplica quando a contratante for empresa pública ou sociedade de economia mista, bem como suas subsidiárias e controladas, no âmbito da União, dos Estados, do Distrito Federal e dos Municípios.

Trata-se de exclusão que decorre imediatamente da CF e, portanto, de obrigatória observância, mesmo que não venha a constar de possível lei resultante do PL.

Essa conclusão decorre da obrigatoriedade de que os empregos públicos das empresas estatais sejam ocupados mediante aprovação em concurso público, excetuados apenas aqueles postos de trabalho cuja atividade caracterize exercício de chefia, direção ou assessoramento, tudo conforme o art. 37, II e V, CF.[14]

Assim, em se tratando de empresa estatal, independentemente de previsão em lei, se verificada a burla aos requisitos legais da terceirização, vindo a caracterizar liame empregatício direto entre o empregado e a empresa beneficiária dos serviços, deverá ser declarada a nulidade dessa relação e determinado o seu encerramento. Jamais se poderá pretender transformar essa situação irregular em vínculo empregatício direto entre trabalhador terceirizado e empresa, uma vez que a formação desse vínculo somente pode ocorrer mediante concurso público.

Esse é o mesmo fundamento pelo qual não se pode abandonar a distinção entre atividade-fim e atividade-meio nas empresas estatais.

Com efeito, se todas as atividades das empresas estatais pudessem ser objeto de terceirização, a regra constitucional que determina o concurso público como procedimento necessário para a ocupação dos postos de trabalho nessas empresas tornar-se-ia facilmente contornável e, ao cabo, inútil. Todo administrador público que não desejasse cumprir a regra da Constituição poderia simplesmente terceirizar todas as atividades da empresa estatal.[15]

---

[14] Logo nos primeiros anos de vigência da Constituição de 1988 o STF consolidou sua jurisprudência no sentido de que as empresas estatais também passaram a se submeter à regra constitucional do concurso público, como exemplifica a seguinte decisão: "Após a CB de 1988, é nula a contratação para a investidura em cargo ou emprego público sem prévia aprovação em concurso público. Tal contratação não gera efeitos trabalhistas, salvo o pagamento do saldo de salários dos dias efetivamente trabalhados, sob pena de enriquecimento sem causa do Poder Público. Precedentes. A regra constitucional que submete as empresas públicas e sociedades de economia mista ao regime jurídico próprio das empresas privadas (...) não elide a aplicação, a esses entes, do preceituado no art. 37, II, da CB/1988, que se refere à investidura em cargo ou emprego público" (AI 680.939 – AgR, Segunda Turma, Relator: Min. Eros Grau, julgamento em 27.11.2007, DJE de 1º.02.2008).

[15] Nesta mesma senda, as considerações de FORTINI e VIEIRA, A terceirização pela administração pública no direito administrativo: considerações sobre o Decreto n. 2.271/97, a Instrução Normativa n. 2/08 e suas alterações, a ADC n. 16 e a nova Súmula n. 331 do TST. *Fórum de Contratação e Gestão Pública*, v.14, n.157, p. 16-23, jan. 2015.

Essa conclusão vale tanto para as empresas estatais prestadoras de serviços públicos, como para as exploradoras de atividades econômicas.

E nem se argumente com a regra do art. 173, §1º, II, CF, que determina a sujeição das exploradoras de atividades econômicas ao regime jurídico próprio das empresas privadas, incluídas as normas trabalhistas. Sabe-se que nenhuma norma jurídica pode ser interpretada isoladamente. Essa regra constitucional não se sobrepõe às demais. Sendo uma disposição ampla, encontra restrições nas demais normas da mesma Constituição, naquilo em que estas estabelecerem regras próprias às empresas estatais. Donde se conclui que, embora o regime predominante seja o de direito privado, na verdade as empresas estatais, mesmo exploradoras de atividades econômicas, possuem um *regime misto*, com parcial derrogação do direito privado por normas de direito público previstas na Constituição.[16]

Outro raciocínio incabível seria o de tentar caracterizar todas as atividades das empresas estatais como "atividades-meio" da administração pública, considerada em seu todo, em relação ao qual a administração central (direta) seria "atividade-fim". Essa distinção deve ser feita no interior de cada pessoa da administração pública, visto serem sujeitos jurídicos com autonomia administrativa, com direitos e obrigações próprios que caracterizam a individualidade de cada pessoa jurídica.

Diante desses aspectos, ainda que o PL nº 30/2015 fosse aprovado incluindo a administração direta e autárquica, ou se o STF viesse a considerar superada, de modo geral, a dicotomia atividade-fim/atividade-meio, pelas mesmas razões aplicáveis às empresas estatais, seria indeclinável a continuidade da observância dessa distinção na administração central e suas autarquias. Para esse setor do poder público, permaneceria a necessidade de observar a distinção hoje presente no §7º do art. 10 do Decreto-Lei nº 200/1967.

5 Conclusão

Sabe-se que a tramitação do PL nº 30/2015 e do processo judicial relativo ao ARE nº 713.211 no STF provocam, em amplos setores dos sindicatos profissionais, da representação política e da doutrina jurídica, grandes preocupações quanto a possíveis supressões de direitos e precarização das condições de trabalho. A principal razão desses temores está ligada à possível superação da dicotomia atividade-fim/atividade-meio.

No caso da administração pública, para além dos justificados receios e objeções relativos ao mundo do trabalho em geral, deve-se acrescentar a preocupação com os princípios e regras constitucionais específicos do poder público. Nesse contexto, o respeito à referida distinção de atividades também é condição necessária ao resguardo da juridicidade, da impessoalidade e da moralidade administrativas.

---

[16] DI PIETRO, *Direito Administrativo*, 2014, p. 521.

Referências

DELGADO, Gabriela Neves, AMORIM, Helder Santos. *Os Limites Constitucionais da Terceirização*. São Paulo: LTr, 2014.

DELGADO, Maurício Godinho. *Curso de Direito do Trabalho*. 13. ed. São Paulo: Ltr, 2014.

DI PIETRO, Maria Sylvia Zanella. *Direito Administrativo*. 27. ed. São Paulo: Atlas, 2014.

FORTINI, Cristiana, VIEIRA, Virgínia Kirchmeyer. A terceirização pela administração pública no direito administrativo: considerações sobre o Decreto n. 2.271/97, a Instrução Normativa n. 2/08 e suas alterações, a ADC n. 16 e a nova Súmula n. 331 do TST. *Fórum de Contratação e Gestão Pública*, v.14, n.157, p. 16-23, jan. 2015.

OLIVEIRA, José Roberto Pimenta. Terceirização na administração pública: possibilidades e limites. *Boletim de Direito Administrativo*, v.30, n.4, p. 381-412, abr. 2014.

VIANA, Márcio Túlio. As Várias Faces da Terceirização. *Revista da Faculdade de Direito da UFMG*, Belo Horizonte, n. 54, p. 141-156, jan.-jun. 2009.

Informação bibliográfica deste texto, conforme a NBR 6023:2002 da Associação Brasileira de Normas Técnicas (ABNT):

ARAÚJO, Florivaldo Dutra de. A distinção atividade-meio/atividade-fim na terceirização e seus reflexos na administração pública. *In*: PONTES FILHO, Valmir; MOTTA, Fabrício; GABARDO, Emerson (Coord.). *Administração Pública*: desafios para a transparência, probidade e desenvolvimento. XXIX Congresso Brasileiro de Direito Administrativo. Belo Horizonte: Fórum, 2017. p. 141-151. ISBN 978-85-450-0157-7.

DESAFIOS DE INOVAÇÃO NA ADMINISTRAÇÃO PÚBLICA CONTEMPORÂNEA: "DESTRUIÇÃO CRIADORA" OU "INOVAÇÃO DESTRUIDORA" DO DIREITO ADMINISTRATIVO?

IRENE PATRÍCIA NOHARA

1 Considerações introdutórias

Inovação é um imperativo da dinamicidade do capitalismo contemporâneo que atinge amplos setores das atividades econômicas, sendo exigidas transformações tanto em produtos oferecidos, como na forma de prestação dos serviços. A atual onda de exigência por inovação também atinge a atuação da Administração Pública, que enfrenta desafios de adaptação às transformações tecnológicas, sociais e simultaneamente ao regime jurídico de direito público.

A questão da inovação relaciona-se com a exigência de celeridade, presente no cenário pós-moderno. No entanto, a integração em rede, a necessidade de transparência e de busca pelo consenso, do ponto de vista dos cidadãos, a presença de procedimentos regulamentados, os riscos produzidos pelas diversas atividades, a presença de inúmeras responsabilizações no cenário do direito público são complexidades que afastam do âmbito das Administrações Públicas a fácil sedução pelas fórmulas simplistas de inovação.

Ainda, aquilo que hoje pode ser aplaudido como um exemplo de inovação de práticas da gestão pública ou mesmo das novas modelagens de delegação de serviços, futuramente pode se revelar, em análises mais detidas dos Tribunais de Contas, ou mesmo em ações judiciais promovidas pelo Ministério Público, como uma burla aos limites do Direito Administrativo, sobretudo quando a inovação ultrapassa as possibilidades de uma ação administrativa proba, legítima e impessoal.

Contudo, sem a força da inovação não há como pensar em soluções estratégicas para os desafios que as Administrações Públicas enfrentam no cenário atual, sendo que a gestão pública deve dar soluções distintas às novas circunstâncias que surgem, pois, em conhecido raciocínio: soluções antigas dificilmente solucionarão novos problemas.

Como o presente artigo pretende ser crítico sobre a questão dos *desafios de inovação*, dado que os congressos do IBDA se destacam pela análise profunda e por reunir publicistas atentos aos valores republicados que devem permear as práticas administrativas, também se objetiva abordar a necessidade de se avaliar a sustentabilidade na inovação.

Logo, intenta-se, com a presente análise, além de ressaltar um caminho sem volta, isto é, que a inovação faz parte da criatividade humana e que ela não pode ser barrada, pois dela depende o progresso da humanidade, dado que ela pode gerar economia e benefícios a todos, também não se pode deixar de refletir sobre a necessidade de se separar práticas de inovação elogiáveis, ainda que na forma de "destruição criadora" (expressão de Schumpeter), em relação aos perigos das apelidadas, por Luc Ferry, "inovações destruidoras".

Daí será enfatizada uma potencialidade negativa de algumas propostas de inovação, recortadas em função da seguinte problemática: "o Estado rende menos porque é sucateado ou é sucateado *para* render menos?" – e ser convenientemente, para alguns grupos interessados, substituído pelas modelagens de inovação destruidora.

Trata-se, portanto, não só de elogiar as inovações, mas de fazer simultaneamente uma "abordagem reversa", ou seja, promover a desconstrução da ideia corrente de que, como o Estado estaria supostamente "sucateado", o que é uma visão tendenciosa, a inovação operaria como uma solução para a redução de custos por meio da desobstrução das práticas administrativas dos "entraves" do direito público (via flexibilização).

Para demonstrar a utilidade de emprego do raciocínio, será exemplificada tal possibilidade dentro da análise da privatização de presídio por meio de concessão administrativa, uma espécie de parceria público-privada.

Espera-se, portanto, estimular a reflexão sobre facetas *ambivalentes* da inovação, dado que, ao lado de inovações que geram eficiência, modernização e também inúmeros benefícios do ponto de vista coletivo, que devem ser estimuladas pelas Administrações Públicas, há, por outro lado, inovações que representam um grande retrocesso em conquistas sociais, tanto por parte da população, como dos próprios servidores públicos, que são, em inúmeras circunstâncias, desprezados em nome de projetos que escondem, sob uma nova roupagem, o resgate da "ancestral" terceirização, disseminando a precarização das relações nas Administrações Públicas a pretexto de *inovar*.

Como resultado, procurar-se-á defender que a inovação em si é um movimento salutar e também necessário, mas que isso não significa que *toda* inovação *seja boa*, pois há inovações que são elogiáveis e outras que devem ser criticadas pelos efeitos negativos que produzem.

2 Inovação: um imperativo

O componente da inovação é visto atualmente como um "diferencial competitivo"[1] das organizações. Inovação compreende tanto o desenvolvimento de novos produtos, como as novas formas de se prestar serviços, que quase sempre agregam otimização de custos aos processos.

Do ponto de vista do Capitalismo, na chamada *Era da Informação*, que se deu após a Revolução Tecnológica, a informação passou a ser matéria-prima, sendo a tecnologia capaz de influenciar a coletividade, principalmente em um contexto de integração em

---

[1] GANEM, Carlos; SANTOS, Eliane Menezes dos (Coord.). *Brasil inovador*: o desafio empreendedor. Brasília: IEL, 2006. p. 5.

rede. Segundo expõe Manuel Castells,[2] sociólogo espanhol conhecido por abordar tal temática, no Capitalismo Informacional a geração de riquezas e de competitividade de organizações e países depende de informação e conhecimento.

Nessa perspectiva, enfatiza Marcuzzo que, "antes eram as matérias-primas, os bens fixos e tangíveis que determinavam a competitividade dos países. Nos últimos trinta anos as nações estão investindo cada vez mais em conhecimento".[3]

A partir das adaptações às mudanças tecnológicas e investimentos em conhecimento, há significativos avanços organizacionais. Existe, portanto, valorização de empresas que produzam conhecimentos atrelados ao desenvolvimento tecnológico, sendo alavancada a criatividade dentro das organizações.

Também do ponto de vista das organizações públicas, a inovação se apresenta fortemente vinculada a questões de Tecnologia de Informação (TI). Tal afirmação pode ser reforçada pelo fato de que muitos dos prêmios de inovação que são recebidos por órgãos públicos têm relação com o desenvolvimento de sistemas integrados de dados.

Um exemplo foi a premiação, em 2014, do programa: *Brasil sem Miséria*, que articulou em cadastro único um mapa qualificado de 19 programas sociais, bem como do *e-SIC* (Sistema Eletrônico de Informação do Cidadão), desenvolvido pela Controladoria-Geral da União (CGU), com sua equipe de TI, que simplificou o acompanhamento de pedidos de acesso à informação, desde a entrada da demanda até a resposta final realizada pelo sistema.[4]

Tais premiações fizeram parte do Concurso de Inovação na Gestão Pública Federal, que é coordenado pela Escola Nacional de Administração Pública (Enap), e que completa, em 2016, mais de vinte anos de estímulo de práticas inovadoras na gestão que provoquem aprimoramento no desenvolvimento de serviços públicos.

Interessante observar, conforme dados divulgados em 2014, que os critérios utilizados para averiguar o grau de introdução de mudanças em relação a práticas anteriores, para indicar os parâmetros de inovação, do mencionado concurso, relacionam-se com:

> impactos na (1) resolução da situação-problema; (2) atendimento à demanda do público-alvo; ou (3) atendimento aos direitos dos cidadãos; grau de envolvimento e participação dos servidores na mudança; grau de interação com outras iniciativas internas, externas ou parcerias; grau de eficiência na utilização dos recursos; e grau de promoção de mecanismo de transparência, participação ou controle social.[5]

São critérios elogiáveis, pois buscam agregar aos serviços o melhor atendimento das necessidades dos cidadãos, bem como envolver os servidores no desenvolvimento de soluções que acrescentem maior eficiência na prestação do serviço público, com promoção simultânea de transparência e de controle social.

---

[2] CASTELLS, Manuel. *A sociedade em rede* – a era da informação. São Paulo: Paz e Terra, 1999. Passim.

[3] GANEM, Carlos; SANTOS, Eliane Menezes dos (Coord.). *Brasil inovador*: o desafio empreendedor. Brasília: IEL, 2006. p. 15.

[4] Cf. E-SIC. Repositório Enap. Disponível em: <http://repositorio.enap.gov.br/handle/1/1071>. Acesso em: 25 fev. 2016.

[5] PEREIRA, Flavio Schettini; VILELA, Pedro Junqueira. *Ações Premiadas no 19º Concurso Inovação na Gestão Pública Federal*. Brasília: Enap, 2014. p. 12.

Assim, pelo processo de inovação ocorre o que Schumpeter denominou de "destruição criadora",[6] pois o "novo" toma o lugar do "velho". A inovação auxilia na satisfação de necessidades emergentes dos destinatários das melhorias, resultando, em diversos contextos, na criação de novos processos de produção com redução de custos e também maior eficiência na produção.[7]

Tais vantagens são cruciais para que as organizações enfrentem tempos de crise, em que há a retração de recursos, inclusive os públicos. Logo, a inovação se apresenta como solução apta a provocar maior produtividade na gestão pública, sendo, portanto, tema de acentuada relevância prática.

Todavia, conforme será discutido a seguir, não obstante todas as vantagens da inovação, ainda assim a abordagem mais crítica nos exige alertar para o fato de que nem toda inovação tem impactos positivos no contexto da Administração Pública.

3 Perigos da "inovação destruidora" na administração pública

Em obra recente acerca da inovação, Luc Ferry lança um olhar mais humanista sobre o fenômeno denominado por Schumpeter de "destruição criativa". Para o filósofo francês, não é só da "destruição" que surge a necessidade da "criação", mas, em muitos aspectos, é a própria inovação que, em um movimento inverso, se volta a destruir antigas formas.

Sem adotar uma visão propriamente maniqueísta acerca da inovação, Ferry, em abordagem equilibrada, enfatiza que, numa situação de abertura das economias ao mercado global, o crescimento é alimentado pela invenção de novidades em todos os campos essenciais à produção capitalista, o que compreende não apenas os produtos, mas também a organização do trabalho, a conquista de novos mercados, os métodos de gestão, os meios de transporte ou as fontes de matéria prima.[8]

Do ponto de vista do mercado, há, ainda, a prática disfarçada da *obsolescência prematura* de produtos. Esta abrange a estruturação de estratégias de troca de produtos que poderiam durar mais, mas que são feitos para serem substituídos exatamente quando outros são divulgados como novidades, por intensivas estratégias de *marketing*. Tal prática acaba prejudicando a sustentabilidade do consumo e, portanto, do planeta, pois a necessidade de troca é induzida pela obsolescência de produtos que poderiam ser utilizados por mais tempo.

Ainda, as instâncias organizacionais privadas sempre são desafiadas por aqueles que desejam implodir o velho para dar margem às novas contratações e necessidades, o que é conveniente inclusive para os que desejam proceder às "reengenharias" organizacionais, que quase sempre têm impactos na vida e nos direitos dos funcionários.

A ideia de mostrar que as práticas são arcaicas e que não funcionam mais vai ao encontro do desejo, não confessável, de substituir funcionários antigos por outros que celebrem um contrato de trabalho "mais leve" do ponto de vista da empresa. Ainda,

---

[6] SCHUMPETER, Joseph. *A Teoria do Desenvolvimento Econômico*: Uma investigação sobre Lucros, Capital, Crédito, Juro e o Ciclo Econômico. São Paulo: Abril Cultural, 1982. p. 62.

[7] GANEM, Carlos; SANTOS, Eliane Menezes dos (Coord.). *Brasil inovador*: o desafio empreendedor. Brasília: IEL, 2006. p. 22.

[8] FERRY, Luc. *A inovação destruidora*: ensaio sobre a lógica das sociedades modernas. Rio de Janeiro: Objetiva, 2015. p. 35.

com o crescimento do valor do depósito do FGTS, se houver uma futura demissão por parte da empresa, haverá gastos progressivos por parte da organização.

Por conseguinte, o "discurso" da necessidade de inovar pode ser utilizado como fachada para demissões e cortes, com a celebração de contratos em novos termos, mais baratos para a empresa, mas que nem sempre oferecem melhorias em relação às práticas organizacionais e à eficiência administrativa. Não é rara a substituição de pessoas qualificadas e, portanto, mais caras à organização, por pessoas que concordam em trabalhar com baixa remuneração e que nem sempre possuem um perfil inovador.

Reitere-se que, na abordagem de Ferry, é a própria inovação que tem potencial de destruir as antigas formas. O movimento não é como se supõe, isto é: não é da obsolescência do antigo, que se torna imprestável, que surgem condições para o aparecimento do novo, mas, quando o antigo ainda pode ser útil (e, em muitos casos, está rendendo adequadamente), já existe 'um novo' sendo criado, de cima para baixo, daí a expressão "inovação destruidora",[9] ou seja, inovação que destrói.

Isso ocorre com uma frequência ainda maior quando há um contexto de fusões e aquisições, relacionado com as crises econômicas, em que as empresas são modificadas para oferecerem ao comprador melhores condições lucrativas.

A margem de lucro é, em muitos contextos, inversamente proporcional a uma folha de pagamentos custosa, sendo a desvalorização dos empregados ainda maior em países em desenvolvimento, pois nos países desenvolvidos há uma cultura de mais intensiva valorização da mão de obra qualificada, pois existe a percepção de que a qualidade do serviço está associada com trabalhadores satisfeitos com as condições de trabalho.

Do ponto de vista das organizações publicas, por sua vez, o discurso da necessidade de inovar também se intensifica nos contextos de crise. Ora, não foi à toa que se falou em flexibilizar a estabilidade dos servidores públicos quando da Reforma Administrativa da década de noventa,[10] pois as economias latino-americanas estavam sendo pressionadas pelos organismos financeiros internacionais para reduzir o tamanho do Estado, dada retração do crescimento econômico após os dois choques do petróleo, com impactos que se protraíram ao longo de toda a década de oitenta, levando, portanto, às medidas de "enxugamento" da década de noventa.

Como resultado, houve, após o *Plano Diretor de Reforma do Aparelho do Estado*, de 1995, a edição, em 1998, da Emenda Constitucional nº 19, que aumentou as hipóteses de corte de servidores estáveis, para: avaliação periódica de desempenho, com ampla defesa e contraditório, e, ainda, na hipótese de os gastos com o funcionalismo extrapolem os limites estabelecidos na lei de responsabilidade fiscal.

Atualmente, segundo dispõe o art. 169, §3º, da Constituição, com redação da EC 19/98, primeiro serão cortados 20% dos cargos em comissão ou funções de confiança, depois os servidores que não adquiriram estabilidade, para que finalmente tal hipótese alcance servidores estáveis. No momento de criação da emenda, as pessoas achavam até que seria difícil que os estáveis perdessem seus cargos nestas hipóteses, mas tal possibilidade passa a ser cada vez mais factível diante da circunstância de crise e de aumento da dívida pública.

---

[9] Advirta-se que Schumpeter também advertiu dessa função da inovação, que ao criar, destrói, mas o Ferry lança luz mais intensiva na "lógica reversa" pois aborda a inovação destruidora.

[10] NOHARA, Irene Patrícia. *Reforma Administrativa e Burocracia*. São Paulo: Atlas, 2012. p. 82.

A 'pseudo' novidade da época da Reforma Administrativa foi o modelo gerencial, influenciado pela fase de gerencialismo puro da *new public management*. As inovações dos novos métodos de gestão também foram transplantadas do âmbito privado para a administração pública. Ocorre que as características do gerencialismo e sua tentativa de descentralização, pelo incremento da contratualização, não eram propriamente novidades no cenário nacional, sendo este inclusive um projeto encontrado na época dos governos militares no Brasil.

Daí surge a seguinte indagação: será que o discurso do "Estado sucateado" não representa um bom pretexto para a implementação de projetos de parcerias que já estão sendo gestados para substituir as formas mais autênticas de prestação de serviços público por novas modelagens, sendo muito conveniente, em alguns contextos, que o 'supostamente' velho seja dado por imprestável, num discurso deslegitimador do direito público?

Se esta hipótese puder ser confirmada para alguns contextos, então, não seria o Estado sucateado que exigiria que houvesse as novas modelagens, mas as inovações em modelagens seriam engendradas para destruir o desenvolvimento de atividades nos moldes anteriores, substituindo-as por "novidades" que não necessariamente são melhores do que as antigas.

Para que o raciocínio não fique "no ar", será utilizado o exemplo da privatização de presídios pela concessão administrativa, espécie de parceria público-privada. A ideia mais recente de privatizar presídios foi inspirada em prática norte-americana. Ocorre que a privatização dos presídios nos Estados Unidos não resolveu os problemas que prometia enfrentar.

Provocou, ao revés, um movimento de aumento da população carcerária,[11] sendo que, tanto na Inglaterra, como nos Estados Unidos, os indicadores apontam para manutenção em unidades privadas dos mesmos problemas que a proposta de privatização desejava combater, como: fugas, mortes por negligência, denúncia de maus tratos e rebeliões.

Segundo Minhoto, "o experimento concreto norte-americano e britânico tem demonstrado que as prisões privadas não vêm prestando serviços necessariamente mais baratos nem tampouco mais eficientes, reproduzindo os problemas estruturais que atravessem o sistema penitenciário público tradicional".[12]

Houve, ainda, com a privatização dos presídios norte-americanos, a atuação mais intensiva de lobbies no Congresso em favor de um direito penal máximo, sendo seguida pela corrupção, dado que segmentos empresariais interessados começaram a oferecer vantagens a juízes norte-americanos para aumentar o número de condenações, tendo havido inclusive condenações na justiça de juízes envolvidos no esquema.

Quando o número de presos oferecidos pelo Estado passa a ser um elemento lucrativo aos grupos responsáveis por administrar os presídios privatizados, ocorre a retração da proposta de um direito penal dito progressista, pois a diminuição da população carcerária passa a ser um fator *desinteressante* para os grupos de pressão.

É legítima, portanto, a preocupação de sociólogos e de pesquisadores empíricos com os impactos deste modelo na desarticulação das políticas de redução da criminalidade

---

[11] Ver. MINHOTO, Laurindo Dias. *Privatização de presídios e criminalidade*. São Paulo: Max Limonad, 2000. Passim.

[12] MINHOTO, Laurindo Dias. As prisões do mercado. *Lua Nova*: Revista de Cultura e Política, São Paulo, v. 55-56, p. 40.

por meios alternativos ou por um direito penal fragmentário, que se volte à privação da liberdade só de lesões a bens jurídicos mais relevantes em termos sociais.

Em vez da recuperação das pessoas, isto é, da ressocialização, a ótica da privatização passa a ser voltada ao encarceramento. Loïc Wacquant[13] aprofunda a crítica, enfatizando que a expansão do encarceramento em massa é associada às reformas da década de noventa, sendo que a hegemonia da "ideologia do mercado", que marca tal período, de forte influência neoliberal, foi acompanhada, não por acaso, pela retração das políticas de assistência social aos pobres. Assim, nos Estados Unidos, a reflexão acerca do fenômeno da marginalização foi progressivamente dissociada da questão social, sendo alçada, com a influência da visão neoliberal, à perspectiva de "pretensa" escolha individual.

No Brasil, o primeiro modelo criado nesse sentido, único em operação ainda, foi o Complexo Penitenciário Público-Privado de Ribeirão das Neves, na região metropolitana de Belo Horizonte-MG. Trata-se de concessão administrativa, sendo o sistema, portanto, remunerado integralmente pelo Poder Público, diferentemente da concessão patrocinada (modelo de parceria público-privada em que há também tarifa, aliada à contraprestação do Poder Público).

Pelo modelo de concessão, o fator *trabalho dos presos*, sem a proteção da CLT, mas subordinado à dinâmica da Lei de Execução Penal, pode ser visto não apenas como uma maneira de remição da pena, mas também como forma de se viabilizar projetos complementares, que buscam receitas alternativas.

No caso do complexo de Ribeirão das Neves, em Minas Gerais, houve uma triagem de presos, sendo direcionados para o presídio privatizado os de menor periculosidade, isto é, aqueles que não cometeram crimes tão violentos. Logo, ter funcionários presidiários passa a ser vantajoso para o empresário, pois custará nas atividades laborais menos do que um empregado em liberdade, transformando a política de ressocialização criminal num "grande negócio", o que não deixa de ser uma afronta à dignidade humana.

Assim, em vez de estarem em liberdade desenvolvendo atividades econômicas, os presos de menor periculosidade estarão trabalhando nos presídios, sendo que, se houver o aumento do número de presos, em vez de os recursos públicos serem direcionados às políticas públicas que efetivamente colaborariam com a redução da criminalidade, eles estarão sendo usados para o progressivo encarceramento das pessoas e também para o lucro dos empresários do setor.

Do ponto de vista do direito público, há dificuldades técnicas, relacionadas com os limites do Direito Administrativo, de se dissociar atividades-meio dos presídios em relação às atividades-fim, que poderiam ser terceirizadas, pois os atos extroversos de poder de polícia baseados no monopólio da força do Estado não admitem delegação (desde o julgamento da ADI 1717, em 2002). Será que o uso da força, para conter uma rebelião, poderia ser delegável ao particular? E as atividades realizadas para remição da pena, que são assuntos afetos não apenas à Administração Penitenciária, mas também ao Poder Judiciário?

O presídio de Minas Gerais chegou a celebrar um contrato com prestadores de serviços de assistência advocatícia aos presos. Ocorre que se os advogados fornecidos foram contratados pelo presídio, o que revelava um potencial conflito de interesses.

---

[13] WACQUANT, Loïc. *Punishing the poor*: the neoliberal government of social insecurity. Durban, NC: Duke University Press, 2009. p. xviii.

Daí porque Bruno Shimizu, defensor do Núcleo de Situação Carcerária da Defensoria de São Paulo, Estado que pretende também implantar a privatização dos presídios, acha incompatível a convivência entre lucro e direitos individuais. Conforme expõe o defensor público:

> Nos Estados Unidos, há cláusulas nos contratos de privatização pelas quais a unidade tem de se manter com 90% do limite máximo da lotação. Se a própria unidade vai administrar, ela não vai fazer grandes esforços para que as pessoas saiam de lá (...). Quanto mais encarceramento, mais lucro. A unidade é que vai controlar as faltas graves, a emissão de documentos para a progressão do regime. Isso tudo pode ser barrado em função do lucro.[14]

Outra indagação que ainda não foi enfrentada: como seria, no Brasil, a situação de aproximar empresários, que se guiam pelo aspecto lucrativo, com a atividade de encarceramento de controle de pessoas ligadas ao crime organizado, que movimenta quantias elevadas de recursos? É preocupante na América Latina toda a situação em que há nos presídios a infiltração de influência do crime organizado, situação que pode ser ainda mais dramática no modelo privatizado.

Percebe-se, então, que a inovação da privatização de presídios, em vez de solucionar os problemas dos presídios públicos, acaba por ser utilizada como uma forma de substituir e enterrar o modelo público, dentro do prisma da "inovação destruidora". Mas ela não demonstra ser uma fórmula sustentável, principalmente pelas peculiaridades das atividades relacionadas com o encarceramento.

É instintivo que, para o setor privado, interessado em investir nesse novo negócio, com potencial lucrativo, não há porque defender a melhoria do sistema antigo, sendo que quanto mais sucateados se mostrarem os presídios públicos, tanto melhor o cenário para a defesa das "pseudo-vantagens" da privatização de presídios.

Por este motivo que se defende que não é simplesmente porque o Estado rende menos que é sucateado, mas há grupos interessados no sucateamento do Estado exatamente para que ele renda menos, emergindo deste contexto um cenário propício ao oferecimento de "inovações destruidoras".

Aliás, muitas modelagens "vendidas" como novidades, a partir de um *marketing* absolutamente parcial, deixa os estudiosos preocupados. Não se trata de deixar de lado a utilidade de algumas inovações, que podem ser interessantes, uma vez que o progresso vem acompanhado das novidades, mas de analisar com prudência os novos modelos, sobretudo quando ainda não se sabe ao certo os riscos e os resultados deles do ponto de vista público.

"Inovação por inovação" ou, ainda pior, "inovação destruidora" de avanços, como: responsabilidade, respeito à dignidade humana, controle administrativo, participação pública e transparência, podem não implicar em melhorias nos ambientes organizacionais.

Segundo enfatiza Luc Ferry, é necessário que o Estado se recomponha, pois "quando ele decai, as paixões mais comuns e as mais funestas tomam conta da sociedade civil". Interessante o alerta, pois, segundo o pensador francês, quando o Estado perde a credibilidade, ou seja, quando:

---

[14] MARETTI, Eduardo. **Para especialistas, presídios privatizados custam caro e violam direitos.** Disponível em: <http://www.redebrasilatual.com.br/cidadania/2013/09/para-especialistas-presidios-privatizados-custam-caro-e-violam-direitos-2771.html>. Acesso em: 25 fev. 2016.

não é nem amado, nem mesmo detestado, mas desprezado, olhado como insípido, incolor e inodoro, então a tentação da desobediência civil se instaura: manifestantes que quebram sem pudor bens públicos, cidadãos que fogem dos impostos, prefeitos que não querem mais aplicar a lei, como se as decisões do Poder Legislativo pudessem a partir de agora ser escolhidas *à la carte*; em resumo, é a república, a *res publica*, que se abre aos maus ventos.[15]

Os publicistas devem ficar atentos, portanto, para as características das inovações que se propõem na seara do Direito Administrativo, que podem ter o efeito de um verdadeiro "cavalo de Tróia".[16]

4 Conclusões

O artigo partiu do pressuposto de que a inovação é um imperativo dos novos tempos. Por meio da inovação há a possibilidade de progresso. Contudo, o fato de a inovação ser um movimento que deve ser estimulado pelas instâncias organizacionais, não significa que toda e qualquer inovação seja necessariamente boa.

Logo, há facetas ambivalentes da inovação, isto é, uma inovação pode ser boa do ponto de vista público, quando trouxer benefícios coletivos e formas mais eficientes de se desenvolver dada atividade, ou pode ser ruim, quando fizer parte de um projeto de desmonte da Administração que se volta a beneficiar apenas alguns grupos, em detrimento tanto dos cidadãos-administrados como dos próprios servidores públicos.

Do ponto de vista da gestão pública, é muito comum que a "destruição criativa", a pretexto de inovação, estimule aqueles que, sempre apoiados nas altas cúpulas (que, no caso do Poder Público, são constituídas principalmente pelos agentes políticos) façam implodir antigas formas organizacionais a pretexto do aumento do desempenho e da redução de custos, proliferando no ambiente organizacional público o medo e a insegurança.

Daí é importante o alerta, pois as estruturas sociais que estão emergindo do movimento do desmonte estatal, não estão propiciando o surgimento de um caminho construtivo, sendo o destaque do momento, tendo em vista o acirramento dos valores individualistas da pós-modernidade, dado ao homem competitivo, destrutivo e orientado a vencer os demais e acumular para si riquezas e oportunidades.

Nesta perspectiva, o Direito Administrativo do século XXI possui um grande desafio: instrumentalizar um resgate da credibilidade do Estado, no equilíbrio entre o estímulo à liberdade empreendedora e a proteção social, o que deve ser feito por meio do fortalecimento das instituições públicas, conforme defendido por Luc Ferry.

Também não pode o Direito Administrativo servir de obstáculo às ações inovadoras, juridicamente adequadas, que se harmonizem com o objetivo de promoção do desenvolvimento sustentável de um País, o que pode ocorrer tanto por alterações legislativas edificantes, como por novas formas de se prestar os serviços públicos.

---

[15] FERRY, Luc. *A inovação destruidora*: ensaio sobre a lógica das sociedades modernas. Rio de Janeiro: Objetiva, 2015. p. 48.

[16] Utilizado aqui como alegoria de um "presente grego", isto é, de algo que se mostra inofensivo e bom, mas que depois produz destruição, como no Cavalo de Tróia, da Ilíada (dado pelos gregos aos troianos – no nosso contexto, por exemplo, alerta-se para as inovações que podem ser gestadas na iniciativa privada e que são 'vendidas' como um presente 'pseudo-solucionador' de problemas do Poder Público, sem que se analise, mais a fundo, se a 'solução' não cria problemas ainda mais graves em termos de sustentabilidade do sistema).

Em suma, precisaremos de administrativistas sensíveis, do ponto de vista ético, e munidos de equilíbrio para orientar essa "sede de inovação", que permeia toda ambiência produtiva nos dias atuais, para que a sociedade não pague um preço excessivo e desumanizante por conta de toda e qualquer inovação, sendo esta filtrada pela rede de valores republicanos inerentes ao direito público contemporâneo.

Assim, somente as inovações que efetivamente trouxerem benefícios sociais, para além do estímulo ao empreendedorismo, deverão ser abraçadas pela gestão pública, sendo esta capaz de perceber e se desvencilhar de projetos que tragam mais malefícios do que benefícios, antes que os prejuízos econômicos e sociais se tornem incontornáveis.

Referências

CASTELLS, Manuel. *A sociedade em rede* – a era da informação. São Paulo: Paz e Terra, 1999.

E-SIC. Repositório Enap. Disponível em: <http://repositorio.enap.gov.br/handle/1/1071>. Acesso em: 25 fev. 2016.

FERRY, Luc. *A inovação destruidora*: ensaio sobre a lógica das sociedades modernas. Rio de Janeiro: Objetiva, 2015.

GANEM, Carlos; SANTOS, Eliane Menezes dos (Coord.). *Brasil inovador*: o desafio empreendedor. Brasília: IEL, 2006.

MARETTI, Eduardo. Para especialistas, presídios privatizados custam caro e violam direitos. Disponível em: <http://www.redebrasilatual.com.br/cidadania/2013/09/para-especialistas-presidios-privatizados-custam-caro-e-violam-direitos-2771.html>. Acesso em: 25 fev. 2016.

MINHOTO, Laurindo Dias. As prisões do mercado. *Lua Nova*: Revista de Cultura e Política, São Paulo, v. 55-56.

_____. *Privatização de presídios e criminalidade*. São Paulo: Max Limonad, 2000.

NOHARA, Irene Patrícia. *Reforma Administrativa e Burocracia*. São Paulo: Atlas, 2012.

PEREIRA, Flavio Schettini; VILELA, Pedro Junqueira. *Ações Premiadas no 19º Concurso Inovação na Gestão Pública Federal*. Brasília: Enap, 2014.

SCHUMPETER, Joseph. A Teoria do Desenvolvimento Econômico: Uma investigação sobre Lucros, Capital, Crédito, Juro e o Ciclo Econômico. São Paulo: Abril Cultural, 1982.

WACQUANT, Loïc. *Punishing the poor*: the neoliberal government of social insecurity. Durban, NC: Duke University Press, 2009.

Informação bibliográfica deste texto, conforme a NBR 6023:2002 da Associação Brasileira de Normas Técnicas (ABNT):

NOHARA, Irene Patrícia. Desafios de inovação na administração pública contemporânea: "destruição criadora" ou "inovação destruidora" do direito administrativo?. *In*: PONTES FILHO, Valmir; MOTTA, Fabrício; GABARDO, Emerson (Coord.). *Administração Pública*: desafios para a transparência, probidade e desenvolvimento. XXIX Congresso Brasileiro de Direito Administrativo. Belo Horizonte: Fórum, 2017. p. 151-160. ISBN 978-85-450-0157-7.

LICITAÇÃO COM COTA RESERVADA PARA MICROEMPRESAS E EMPRESAS DE PEQUENO PORTE

JOEL DE MENEZES NIEBUHR

1 Breve contextualização: tratamento diferenciado e simplificado para microempresas e empresas de pequeno porte

A Lei Complementar nº 123/06 versa sobre o Estatuto da Microempresa e da Empresa de Pequeno Porte. Como se depreende do seu art. 1º, ela estabelece normas gerais que instauram tratamento privilegiado às microempresas e às empresas de pequeno porte no âmbito da União, dos estados, do Distrito Federal e dos municípios, sobretudo de ordem fiscal. Sem embargo, afora a questão tributária, o legislador resolveu imiscuir-se na seara da licitação pública, prescrevendo normas abertamente estranhas ao regime jurídico que lhes é próprio, já bastante complicado, diga-se de passagem, o que causa espécie e dificuldades de toda sorte. Não bastasse, o legislador houve por bem alterar a redação da Lei Complementar nº 123/06 por meio da Lei Complementar nº 174/14, com a introdução de dispositivos ainda mais equivocados e ainda mais mal redigidos, de difícil entendimento e aplicação prática por parte da Administração Pública.

A Lei Complementar prescreve normas que afetam as licitações públicas nos seus artigos 42 a 49. Os artigos 42 e 43 enunciam normas sobre a comprovação da regularidade fiscal por parte das microempresas e das empresas de pequeno porte. Os artigos 44 e 45 estatuem em favor delas "direito de preferência". O art. 46 autoriza-as a emitir cédula de crédito microempresarial, na forma de regulamento a ser expedido pelo Poder Executivo. E, enfim, os artigos 47, 48 e 49 dispõem sobre "tratamento privilegiado e simplificado para as microempresas e as empresas de pequeno porte".

Pois bem, o art. 47 da Lei Complementar nº 123/06 prescrevia, em sua redação original, o seguinte:

> Nas contratações públicas da União, dos Estados e dos Municípios, poderá ser concedido tratamento diferenciado e simplificado para as microempresas e empresas de pequeno porte objetivando a promoção do desenvolvimento econômico e social no âmbito municipal e regional, a ampliação da eficiência das políticas públicas e o incentivo à inovação tecnológica, desde que previsto e regulamentado na legislação do respectivo ente.

Vê-se que, na redação original do artigo supracitado, o chamado tratamento diferenciado e simplificado era uma faculdade e não uma obrigação, haja vista a afirmação de que "poderá ser concedido". Ademais, o tratamento diferenciado e simplificado estava condicionado à previsão legislativa. Na prática, não era utilizado pela grande maioria dos órgãos e entidades da Administração, era ignorado, salvo raras exceções.

Para reverter esse quadro, o legislador, por meio da Lei Complementar nº 147/14, emprestou nova redação ao artigo 47 da Lei Complementar nº 123/14, tornando o tratamento diferenciado e simplificado obrigatório e autoaplicável, desfazendo a exigência de que fosse regulamentado por legislação. A atual redação, com a inclusão de parágrafo, é a seguinte:

> Art. 47. Nas contratações públicas da administração direta e indireta, autárquica e fundacional, federal, estadual e municipal, deverá ser concedido tratamento diferenciado e simplificado para as microempresas e empresas de pequeno porte objetivando a promoção do desenvolvimento econômico e social no âmbito municipal e regional, a ampliação da eficiência das políticas públicas e o incentivo à inovação tecnológica.
>
> Parágrafo único. No que diz respeito às compras públicas, enquanto não sobrevier legislação estadual, municipal ou regulamento específico de cada órgão mais favorável à microempresa e empresa de pequeno porte, aplica-se a legislação federal.

De todo modo, o denominado tratamento diferenciado e simplificado consiste em promover processo licitatório, na dicção dos incisos do art. 48 da Lei Complementar nº 123/06, também com redação alterada pela Lei Complementar nº 174/14, em que a Administração Pública:

> I – deverá realizar processo licitatório destinado exclusivamente à participação de microempresas e empresas de pequeno porte nos itens de contratação cujo valor seja de até R$80.000,00 (oitenta mil reais);
> II – poderá, em relação aos processos licitatórios destinados à aquisição de obras e serviços, exigir dos licitantes a subcontratação de microempresa ou empresa de pequeno porte;
> III – deverá estabelecer, em certames para aquisição de bens de natureza divisível, cota de até 25% (vinte e cinco por cento) do objeto para a contratação de microempresas e empresas de pequeno porte.

Outrossim, com escudo no art. 49 da Lei Complementar nº 123/06, o tratamento diferenciado e simplificado não deve ser aplicado, conforme seus incisos, se:[1]

> II – não houver um mínimo de três fornecedores competitivos enquadrados como microempresas ou empresas de pequeno porte sediados local ou regionalmente e capazes de cumprir as exigências estabelecidas no instrumento convocatório;
> III – o tratamento diferenciado e simplificado para as microempresas e empresas de pequeno porte não for vantajoso para a Administração Pública ou representar prejuízo ao conjunto ou complexo do objeto a ser contratado; e

---

[1] O inciso I do artigo 48 foi revogado pela Lei Complementar nº 147/14.

IV – a licitação for dispensável ou inexigível, nos termos dos arts. 24 e 25 da Lei nº 8.666, de 21 de junho de 1993, excetuando-se as dispensas tratadas pelos incisos I e II do art. 24 da mesma Lei, nas quais a compra deverá ser feita preferencialmente de microempresas e empresas de pequeno porte, aplicando-se o disposto no inciso I do art. 48.

As alterações na Lei Complementar nº 123/06, promovidas pela Lei Complementar nº 174/14, demandaram a edição de um novo Decreto Presidencial, o de nº 8.538/15, em que se destaca, para o presente texto, a dicção do seu artigo 8º:

> Art. 8º Nas licitações para a aquisição de bens de natureza divisível, e desde que não haja prejuízo para o conjunto ou o complexo do objeto, os órgãos e as entidades contratantes deverão reservar cota de até vinte e cinco por cento do objeto para a contratação de microempresas e empresas de pequeno porte.
> §1º O disposto neste artigo não impede a contratação das microempresas ou das empresas de pequeno porte na totalidade do objeto.
> §2º O instrumento convocatório deverá prever que, na hipótese de não haver vencedor para a cota reservada, esta poderá ser adjudicada ao vencedor da cota principal ou, diante de sua recusa, aos licitantes remanescentes, desde que pratiquem o preço do primeiro colocado da cota principal.
> §3º Se a mesma empresa vencer a cota reservada e a cota principal, a contratação das cotas deverá ocorrer pelo menor preço.
> §4º Nas licitações por Sistema de Registro de Preço ou por entregas parceladas, o instrumento convocatório deverá prever a prioridade de aquisição dos produtos das cotas reservadas, ressalvados os casos em que a cota reservada for inadequada para atender as quantidades ou as condições do pedido, justificadamente.
> §5º Não se aplica o benefício disposto neste artigo quando os itens ou os lotes de licitação possuírem valor estimado de até R$80.000,00 (oitenta mil reais), tendo em vista a aplicação da licitação exclusiva prevista no art. 6º.

Pois bem, esse é o quadro normativo do que se convencionou chamar de "licitações com cotas reservadas", que favorecem microempresas e empresas de pequeno porte.

2 Inconstitucionalidade: princípios da eficiência e economicidade

Favorecer microempresas e empresas de pequeno porte em licitações públicas e contratos administrativos não é, por si só, medida inconstitucional. O inciso IX do art. 170 da Constituição Federal prescreve que a ordem econômica importa no favorecimento às empresas de pequeno porte, o que se constitui o objetivo da Lei Complementar nº 123/06. O dispositivo constitucional cogita do favorecimento das empresas de pequeno porte sem mencionar ou restringi-lo a qualquer ramo ou área da atividade econômica. É importante frisar que o constituinte não exigiu que o favorecimento ocorresse em licitação pública e contrato administrativo. Ele deixou em aberto. Portanto, cabe ao Legislador escolher as áreas em que as empresas de pequeno porte devem ser favorecidas, bem como as medidas de tais favorecimentos.

O Legislador resolveu beneficiar as empresas de pequeno porte em licitações e contratos administrativos, conforme se depreende dos artigos 42 e seguintes da Lei Complementar nº 123/06, mencionados no primeiro tópico deste texto. A opção do legislador não foi a melhor, haja vista que as licitações públicas e os contratos administrativos não deveriam ser utilizados como instrumentos de política pública[2] e, por corolário, microempresas e empresas de pequeno porte não deveriam ser beneficiadas. Qualquer cidadão pode concordar ou discordar com as opções do Legislativo, afinal de contas vive-se numa democracia e numa sociedade plural. Deixe-se claro: discorda-se da ideia de favorecer microempresas e empresas de pequeno porte em licitações públicas e contratos administrativos, o que não significa dizer que se considere que o tal favorecimento é, por si só, inconstitucional. Em tese, inconstitucional não é. É "apenas" contrário ao interesse público.

Pois bem, afirmar que, em tese, favorecer microempresas e empresas de pequeno porte em licitação pública e contrato administrativo seja constitucional não significa que qualquer tipo de favorecimento previsto pelo Legislador também seja constitucional. O Legislador pode favorecer, porém é necessário tratar-se das medidas concretas de favorecimento. Essas podem ser inconstitucionais, a depender dos seus teores.

A medida de favorecimento prevista no inciso III do art. 48 da Lei Complementar nº 123/06, representada pela licitação com cota reservada, é inconstitucional. Repita-se que ela prescreve que se promova licitação, para aquisição de bens de natureza divisível, com "cota de até 25% (vinte e cinco por cento) do objeto para a contratação de microempresas e empresas de pequeno porte".

O dispositivo supracitado reserva uma parte do objeto licitado às microempresas e empresas de pequeno porte, impedindo que empresas de médio e grande porte a dispute, o que é visivelmente inconstitucional, porque agride o princípio da isonomia (*caput* do art. 5º da Constituição Federal), os da eficiência e da economicidade (*caput* do art. 37 da Constituição Federal) e o da livre concorrência (*caput* do art. 170 da Constituição Federal).

O art. 8º do Decreto Federal nº 8.538/15 regulamenta o inciso III do art. 48 da Lei Complementar nº 123/06. Em termos práticos, o dispositivo supracitado pretende que se reserve até 25% do quantitativo total do objeto para microempresas ou empresas de pequeno porte, o que ele denomina de *cota reservada*. O restante é chamado de *cota principal*.

Por exemplo, a Administração quer adquirir 1.000 computadores. Ela deve reservar até 250 para as microempresas e empresas de pequeno porte. Em vista disso, as empresas de médio e grande porte oferecerão propostas apenas para os 750 computadores restantes. Os 250 computadores reservados serão disputados exclusivamente pelas microempresas e empresas de pequeno porte.

Dessa forma, provavelmente haverá um preço para a cota reservada e outro para a principal. Supõe-se, também, que o preço da cota reservada seja superior ao preço da principal, uma vez que na cota reservada a competição é restrita às microempresas e às empresas de pequeno porte. É isso que se tem verificado na prática da Administração Pública. Pelo mesmo produto, a Administração paga dois preços diferentes, o preço menor para a cota principal, destinada à ampla competição, e o preço maior para a cota reservada, onde se refastelam, sozinhas, as microempresas e empresas de pequeno porte.

Essa possibilidade de dois preços diferentes para o mesmo produto é inerente à licitação com cota reservada. Por bom senso e pela mínima experiência prática, insiste-se

---

[2] Para uma crítica mais bem apanhada sobre a utilização de licitações públicas e contratos administrativos como instrumento de políticas públicas, confira-se: NIEBUHR, Joel de Menezes. *Licitação Pública e Contrato Administrativo*, 4. ed, 2015, Ed. Fórum, p. 35.

que, quase em regra absoluta, o preço da cota reservada, cuja competição é restrita, é mais caro que o preço da cota reservada, cuja competição é aberta. Não é preciso ser um *expert* em economia para aportar a tais conclusões. A ideia da cota reservada, diga-se claramente, é que a Administração Pública pague mais caro para estimular microempresas e empresas de pequeno porte. O quão mais caro a Administração Pública irá pagar para a cota reservada depende de cada licitação. Porém, o fato é que, em regra, pagará mais caro.

Aliás, o §3º do artigo 8º do Decreto Federal nº 8.583/15 estabelece que, "se a mesma empresa vencer a cota reservada e a cota principal, a contratação das cotas deverá ocorrer pelo menor preço". A *contrario sensu*, se empresas diferentes vencerem a cota reservada e a cota principal, cada uma delas é contratada com o seu preço, logo com preços diferentes.

Essa possibilidade, de preços diferentes para o mesmo objeto, opõe-se ao princípio da eficiência, reconhecido no *caput* do art. 37 da Constituição Federal, e, mais precisamente, ao seu consectário, que é o princípio da economicidade.[3]

A situação é inusitada. Seguindo o exemplo dos computadores, dado acima, supõe-se que na cota principal o preço obtido pela Administração seja de R$1.500,00 e que na cota reservada o preço seja de R$1.750,00. Para o legislador, essa diferença de preço parece algo normal, inerente ao tratamento diferenciado e simplificado que se pretende conceder às microempresas e empresas de pequeno porte. O autor do presente texto não admite nem concede a ideia de pagar pelo mesmo produto preços diferentes, preços superiores às microempresas e empresas de pequeno porte. Quer-se favorecê-las em licitações públicas e contratos administrativos, perfeito, a Constituição Federal autoriza. Sem embargo, que sejam favorecidas em acordo com os demais princípios constitucionais, dentre os quais, para o caso em tela, ganha relevo o princípio da eficiência, previsto no *caput* do artigo 37 da Constituição Federal, e o seu consectário, que é o princípio da economicidade.

---

[3] Sobre o princípio da eficiência, leiam-se as observações de Paulo Modesto: "A imposição de atuação eficiente, do ponto de vista jurídico, refere a duas dimensões da atividade administrativa indissociáveis: a) a dimensão da racionalidade e otimização no uso dos meios; b) a dimensão da satisfatoriedade dos resultados da atividade administrativa pública. Não é apenas uma ou outra exigência, mas as duas ideias conjugadas. Eficiência, para fins jurídicos, não é apenas o razoável ou correto aproveitamento dos recursos e meios disponíveis em função dos fins prezados, como é corrente entre os economistas e os administradores. A eficiência, para os administradores, é um simples problema de otimização de meios; para o jurista, diz respeito tanto a otimização dos meios quanto à qualidade do agir final. Recorde-se que o administrador público está obrigado a agir tendo como parâmetro o melhor resultado, consultando-se o princípio da proporcionalidade (Juarez Freitas, 1999: 85-86). Na primeira dimensão do princípio da eficiência insere-se a "exigência de economicidade, igualmente positivada entre nós", sendo o desperdício a ideia oposta imediata. Trata-se aqui da eficiência como qualidade da ação administrativa que maximiza recursos na obtenção de resultados previstos. Na segunda dimensão, cuida-se da eficiência como qualidade da ação administrativa que obtém resultados satisfatórios ou excelentes, constituindo a obtenção de resultados inúteis ou insatisfatórios uma das formas de contravenção mais comum ao princípio. A primeira face ou dimensão do princípio é enfatizada por diversas disposições constitucionais (em especial, o art. 39, §7o, e art. 74, II, da Constituição Federal). Enfatizam o segundo aspecto as disposições sobre "avaliação de resultado", em especial o referido no art. 37, §3o "avaliação periódica, externa e interna, da qualidade dos serviços" e a necessidade de lei para disciplinar a "representação contra o exercício negligente ou abusivo de cargo, emprego ou função na administração pública". Vale, neste ponto, conferir também o prescrito nos art. 41, §3º e 41, §1º, III e 247. (MODESTO, Paulo. *Notas para um debate sobre o princípio da eficiência*. Revista do Serviço Público. Ano 51, n. 2, abr.-jun 2000).

3 A cota reservada de até 25% deve ser limitada a R$80.000,00

As duas principais medidas dispostas na Lei Complementar nº 123/06 para o tratamento diferenciado e simplificado são as licitações exclusivas para microempresas e empresas de pequeno porte, previstas no inciso I do art. 48 da referida Lei, e as licitações com cotas reservadas, previstas no inciso III do mesmo artigo. Defende-se, nesse tópico, que estas duas medidas, licitações exclusivas e com cotas reservadas, devem ser interpretadas de modo sistemático, em conjunto, porque uma é ligada umbilicalmente à outra.

Não é novidade que os preceitos de Direito devem ser contextualizados, interpretados de modo sistemático. Juarez Freitas adverte *"que cada preceito deve ser visto como parte viva do todo, eis que apenas no exame de conjunto tende a ser melhor equacionado qualquer caso problemático (...)"*.[4] Nesse sentido, pondera que *"interpretar uma norma é interpretar o sistema inteiro, pois qualquer exegese comete, direta ou obliquamente, uma aplicação da totalidade do Direito, para além de sua dimensão textual"*.[5]

A questão é a seguinte: o inciso III do art. 48 da Lei Complementar nº 123/06 prescreve que se promova licitação, para aquisição de bens de natureza divisível, com "cota de até 25% (vinte e cinco por cento) do objeto para a contratação de microempresas e empresas de pequeno porte". Fica claro que a cota reservada não é, necessariamente, de 25%. O texto prescreve que é "de até 25%". Logo, em princípio, pode ser, por exemplo, 20%, 10%, 1% ou 0,5%. 25% é o limite máximo, o mínimo quem define é a Administração. A dúvida, então, é como definir esse percentual.

Numa primeira interpretação, da leitura do inciso III do art. 48 da Lei Complementar nº 123/06, a impressão é que a Administração goza de competência discricionária para definir o percentual. Dito isso, os agentes administrativos disporiam de um elevadíssimo grau de liberdade para defini-lo, dado que o percentual pode variar, por exemplo, de qualquer fração superior a zero a 25%. A dúvida, sob essa perspectiva, seria a respeito dos critérios para exercer tal competência discricionária, as bases para fixar o percentual que pode chegar a 25%.

Não há competência discricionária. A leitura conjugada dos incisos I e III do artigo 48 da Lei Complementar nº 123/06 impõe critério objetivo, que deve ser observado pelos agentes administrativos e que afasta qualquer impressão de juízo discricionário. Explica-se:

O inciso I do art. 48 da Lei Complementar nº 123/06 prescreve que se promova licitação destinada exclusivamente à participação de microempresas e empresas de pequeno porte desde que o valor do contrato não ultrapasse R$80.000,00. Ou seja, o legislador definiu montante em que a disputa deve ser restrita às microempresas e empresas de pequeno porte. Poderia ter estabelecido outro valor, maior ou menor, entretanto estabeleceu R$80.000,00. A ideia é que licitações de até R$80.000,00 são de baixa representatividade econômica, o que se conforma também à alínea "a" do inciso II do artigo 23 da Lei nº 8.666/93, que prescreve os limites para a modalidade convite em relação às compras e serviços que não são de engenharia. Portanto, o legislador entendeu ser razoável sacrificar a ampla competitividade em prol das microempresas

---

[4] FREITAS, Juarez. *Interpretação Sistemática do Direito*. 5. ed. São Paulo: Malheiros, 2010. p. 73.

[5] *Op. Cit.* p. 76.

e empresas de pequeno porte nestes limites mais estreitos, em relação aos processos de contratação que não têm expressão econômica mais relevante, limitados, repita-se, a R$80.000,00. Nesse patamar, entendeu que a economicidade poderia ser posta num segundo plano para favorecer microempresas e empresas de pequeno porte. Porém, sempre até esse patamar de R$80.000,00, sem ultrapassá-lo.

Nessa percepção, de favorecer as microempresas e empresas de pequeno porte em até R$80.000,00, o legislador deparou-se com um problema de ordem prática, que traz consigo conflito de valores e que poderia retirar os efeitos da licitação exclusiva pretendida por ele. Ora, tratando-se de objetos divisíveis, se a licitação fosse em qualquer patamar acima de R$80.000,00, por exemplo, R$80.000,01, acrescendo-se quantidade pouco superior ao objeto licitado, já não se aplicaria a licitação exclusiva e as microempresas e empresas de pequeno porte deixariam de ser favorecidas. Não faria sentido (conflito de valores) beneficiar as microempresas e empresas de pequeno porte nas licitações de até R$80.000,00 e nas licitações com valores superiores e com objetos divisíveis não lhes beneficiar em nada. Por coerência, sendo o objeto divisível, o benefício precisaria ser estendido para as licitações em patamar superior a R$80.000,00, desde que fosse limitado.

Daí entra em cena a licitação com cota reservada, que se aplica para objetos divisíveis, quando o valor ultrapassa R$80.0000,00, ou seja, fora da hipótese de licitação exclusiva, no limite de até 25% do seu objeto.

O que se defende é que o limite de 25% do objeto da licitação, que forma a cota reservada prevista no inciso III do art. 48 da Lei Complementar nº 123/06, deve ser limitado e definido de modo proporcional a R$80.000,00, que é o limite da licitação exclusiva para microempresas e empresas de pequeno porte. Por exemplo, se a licitação é de R$1.000.000,00, a cota reservada deve ser de 8%, correspondente a R$80.000,00. Se a licitação for de R$10.000.000,00, a cota reservada deve ser de 0,8%, correspondente a R$80.000,00. Nessa linha, 25% somente seriam definidos como cota reservada para licitações que não ultrapassassem R$320.000,00, porque R$80.000,00 representa 25% de R$320.000,00.

Os argumentos a favor dessa intepretação são os seguintes:

(i) A licitação com cota reservada é uma espécie de licitação exclusiva. A palavra licitação significa competição, disputa. Na cota reservada existe uma competição (licitação) exclusiva para microempresas e empresas de pequeno porte. Pode-se dizer que é uma licitação exclusiva dentro de uma licitação maior, que, no seu conjunto, ultrapassa o limite da licitação exclusiva do inciso I do art. 48 da Lei Complementar nº 123/06. Então, a lógica é que se reserve uma parte da licitação maior para competição (licitação) exclusiva entre microempresas e empresas de pequeno porte. Por consequência, a parte reservada deve guardar coerência com os limites da licitação exclusiva, que é de R$80.000,00.

(ii) Nas duas figuras, licitação exclusiva e com cota reservada, o legislador admite que a Administração pague mais caro para beneficiar as microempresas e empresas de pequeno porte. No entanto, com foco no princípio da proporcionalidade, o legislador estabeleceu limites para os impactos à economicidade. A Administração paga mais caro, porém dentro de um espaço limitado. O espaço é o definido pelo inciso I do art. 48 da Lei Complementar nº 123/06 para as licitações exclusivas, de R$80.000,00.

(iii) Se não fosse assim, haveria uma espécie de conflito de valores entre os critérios do legislador para a licitação exclusiva e para as com cota reservada. Seria contraditório estabelecer limite de R$80.000,00 para a licitação exclusiva e permitir que a cota reservada, que é uma espécie de licitação exclusiva, drague milhões, dezenas ou centenas de milhões de reais.

(iv) A parte da licitação maior, reservada para a microempresa e empresa de pequeno porte, precisa ser limitada, sob pena de violação do princípio da proporcionalidade. Seria desproporcional que valores vultosos, milhões, dezenas ou centenas de milhões, fossem reservados às microempresas e empresas de pequeno porte, que outras empresas não pudessem disputar. Os 25% previstos no inciso III do art. 48 da Lei Complementar nº 123/06 devem ser limitados, por imperativo de proporcionalidade. Suponha uma licitação de R$100 milhões. Não faria sentido, seria desproporcional, que R$25 milhões fossem reservados às microempresas e empresas de pequeno porte, sem que outras empresas pudessem participar. Os efeitos disso seriam impactantes, sobretudo pensando-se nos valores mais elevados que são praticados nas cotas reservadas. Para além disso, a própria competição da cota reservada seria prejudicada, porque é razoável supor que licitantes cujos faturamentos não ultrapassam R$3.600.000,00 por ano, que é o caso das empresas de pequeno porte, não teriam condições ou teriam muitas dificuldades para disputar cota reservada, conforme exemplo acima, de R$25 milhões.

(v) Considerando que 25% não é o percentual da cota reservada, porém o seu limite, como é claro no inciso III do art. 48 da Lei Complementar nº 123/06, é necessário que se construa algum parâmetro para estabelecer, nos casos concretos, o percentual. Se a definição fosse discricionária, a margem concedida aos agentes administrativos seria exorbitante, de qualquer fração acima de zero a 25%. E pior, não haveria critério para definir o percentual. Não haveria critério para estabelecer, por exemplo, 0,1% ou 25%, nem, por conseguinte, parâmetros para questioná-lo ou obstá-lo. A maioria dos casos concretos não trariam também nada que servisse como justificativa para a definição dos percentuais. Seria uma competência discricionária solta, dada às cegas. O único critério que se consegue colher da legislação para definir o percentual, que pode ir até 25%, em exercício de interpretação sistemática, é o estabelecido no inciso I do art. 48 da Lei Complementar nº 123/06 para as licitações exclusivas. Ou seja, que o percentual dedicado à cota reservada, nos casos concretos, não ultrapasse R$80.000,00, que serve como critério definidor.

A péssima técnica legislativa é presença constante na parte da Lei nº 123/06 que versa sobre licitação pública e contrato administrativo. Seria melhor que o legislador tivesse sido mais claro em relação aos limites para a cota reservada. Não foi, infelizmente. Cabe à doutrina e aos agentes administrativos, intérpretes da Lei, o desafio de encontrar os critérios. Insista-se que, diante do *menu* oferecido na Lei Complementar nº 123/06, o único critério que se descortina como razoável para definir o percentual de até 25% para a cota reservada é o de limitá-lo a R$80.000,00, para que tenha coerência e seja harmonizado às prescrições da própria Lei Complementar nº 123/06 e ao princípio da proporcionalidade.

Por derradeiro, a ideia de que R$80.000,00 seja o limite para a fixação do percentual de até 25% da cota reservada não é originariamente do autor deste texto.

A ideia foi-lhe apresentada por uma participante de seminário promovido pela Zênite, no Rio de Janeiro, no segundo semestre de 2015. Infelizmente, o autor perdeu o nome da participante, pelo que não pode referi-lo expressamente. Com escusas.

4 Cota reservada não autoriza sobrepreço

O inciso X do artigo 40 da Lei nº 8.666/93 prescreve que a Administração tem a obrigação de estabelecer em edital os critérios de aceitabilidade das propostas. O §3º do artigo 43 da mesma Lei determina que a Administração não pode admitir propostas com preços incompatíveis com os insumos, salários e respectivos encargos. O inciso II do artigo 44, também da Lei de Licitações, ordena a desclassificação de propostas inexequíveis, que são aquelas sem demonstração de que "*os coeficientes de produtividade são compatíveis com a execução do objeto*". Os incisos I e II do artigo 48 da Lei nº 8.666/93 estabelecem que as propostas incompatíveis com o edital e com preços superiores ou inexequíveis devem ser desclassificadas.

Propostas incompatíveis com os valores de mercado devem ser rechaçadas pela Administração, independentemente do tipo ou espécie de licitação e do fato de visarem o benefício de microempresas e empresas de pequeno porte.

A lógica da licitação com cota reservada é que a Administração receba dois preços pelo mesmo produto, dado que as disputas das cotas principal e reservada correm em paralelo e são autônomas. É de supor que o preço obtido na cota reservada seja superior ao preço obtido na cota principal, uma vez que a disputa é restrita às microempresas e às empresas de pequeno porte. O legislador autoriza pagar mais caro para as microempresas e empresas de pequeno porte. Porém, a advertência é fundamental, não autoriza que a Administração arque com sobrepreço, com preços superiores aos praticados no mercado. Daí que as propostas apresentadas em cota reservada devem ser analisadas com lupa pela Administração, sobremodo nos casos em que o valor é superior ao da cota principal. A Administração deve justificar, com cuidado, que o preço da cota reservada, ainda que superior ao da cota principal, é compatível com o de mercado e, logo, aceitável.

Se o preço oferecido por microempresa e empresa de pequeno porte em cota reservada for superior ao praticado no mercado, sugere-se o seguinte procedimento, por ordem: (i) negociar com a microempresa ou empresa de pequeno porte para a redução do valor; (ii) se o valor não for reduzido, desclassificá-la; (iii) negociar com as microempresas e empresas de pequeno porte remanescentes, de acordo com a ordem de classificação; (iv) se nenhuma delas concordar em reduzir o seu preço para patamares aceitáveis, desclassificar todas e declarar a cota reservada fracassada; (v) aplicar o §2º do artigo 8º do Decreto Federal nº 8.538/15, adjudicando o objeto ao vencedor da cota principal ou, diante de sua recusa, aos licitantes remanescentes, desde que aceitem o preço do vencedor da cota principal.

Pelas razões já expostas, em licitações com cota reservada, torna-se ainda mais importante a pesquisa de preços que se realiza na fase interna da licitação, conforme regramento da Instrução Normativa nº 05/2014, da Secretaria de Logística e Tecnologia da Informação do Ministério do Planejamento, Orçamento e Gestão. A Administração precisa abrir a licitação com referência clara e real do preço de mercado, a fim de evitar que a cota reservada seja distorcida para propiciar contratos superfaturados, em prejuízo ao Erário. O risco que isso ocorra, em licitações com cota reservada, é altíssimo e sabido de antemão, pelo que se demanda da Administração cautelas redobradas.

5 Cota reservada e registro de preços ou compras com entregas parceladas

Em regra, a Administração promove a licitação, define as cotas principais e reservada e contrata, todos os seus quantitativos, das cotas principal e reservada, de uma vez. Não há, então, em regra, precedência de contratação entre as cotas principal e reservada, elas são contratadas ao mesmo tempo.

Essa regra é excepcionada pelos procedimentos de registro de preços. Neles, a Administração promove a licitação, o vencedor ou vencedores assinam a ata de registro de preços e a Administração não tem a obrigação de firmar os contratos dela decorrentes, conforme se depreende do §4º do art. 15 da Lei nº 8.666/93. Assinada a ata de registro de preços, a Administração contrata de acordo com as suas necessidades e na medida delas, contrata se quiser, quando quiser (desde que dentro da vigência da ata) e na quantidade de quiser (desde que sem ultrapassar o quantitativo registrado na ata). Portanto, no registro de preços, em regra, a Administração não contrata todo o quantitativo registrado na ata de uma vez, ela contrata aos poucos, conforme suas demandas.

O problema é que, com a cota reservada, a Administração disporá de ata de registro de preços com o mesmo objeto e com dois fornecedores, um da cota principal e outro da reservada. Por exemplo, licitação para a aquisição de 100 computadores, 75 deles na cota principal e 25 na cota reservada. A cota principal foi arrematada por empresa de médio porte, ao preço de R$1.500.000,00 cada computador, e a cota reservada foi arrematada por microempresa ao preço de R$1.750.000,00 cada computador. Então, na ata são registrados 100 computadores, 75 da empresa média e 25 da microempresa. A Administração tem uma primeira demanda de 20 computadores, que ela pretende contratar imediatamente. Deve contratar com quem, com a empresa média, da cota principal, ou com a microempresa, da cota reservada?

Esse mesmo problema põe-se em contratos com entrega parcelada, que costumam ser chamados de "contratos de fornecimento". Por exemplo, a Administração promove licitação, com cotas principal e reservada, para aquisição de 50 mil litros de combustível, que deve ser fornecido ao longo de 12 meses. A Administração pagará na medida em que o combustível for fornecido, mês a mês. Terá, é provável, dois fornecedores, um para a cota principal e outro para a reservada, com preços diferentes. Contratará quem primeiro?

Na opinião da Presidente da República deve-se contratar primeiro com a microempresa, ainda que o preço dela seja mais caro. Essa opinião está expressa na regra do §4º do artigo 8º do Decreto Federal nº 8.538/15:

> Art. 8º
>
> (...)
>
> §4º Nas licitações por Sistema de Registro de Preço ou por entregas parceladas, o instrumento convocatório deverá prever a prioridade de aquisição dos produtos das cotas reservadas, ressalvados os casos em que a cota reservada for inadequada para atender as quantidades ou as condições do pedido, justificadamente.

Não faz sentido que, dispondo de dois fornecedores, com preços diferentes, a Administração contrate primeiro o fornecedor que tem o preço mais elevado. Essa opção, infelizmente seguida pela Presidente da República, viola os princípios da eficiência e da economicidade, ferindo a Constituição Federal.

Afora isso, a norma encartada no Decreto transborda da competência regulamentar conferida à Presidente da República, em ofensa ao inciso II do art. 5º, *caput* do art. 37 e inciso IV do art. 84, todos os dispositivos da Constituição Federal. Ora, o legislador prescreveu cota reservada para as microempresas e empresas de pequeno porte. Não prescreveu que a cota reservada, com preço superior ao da cota principal, seja contratada em primeiro lugar, de modo a maximizar os dispêndios públicos. Portanto, a Presidente da República, por meio de Decreto, inovou a ordem jurídica, criou uma novo benefício para as microempresas e empresas de pequeno porte, não pressuposto na Lei.

Aliás, a interpretação sistemática do Direito brasileiro induz à conclusão diametralmente oposta à da Presidente da República, haja vista os princípios constitucionais da eficiência e da economicidade e as normas da legislação ordinária, sobremodo a prevista no *caput* do art. 3º da Lei nº 8.666/93, cujo teor propugna que a Administração deve contratar a proposta mais vantajosa.

Esclareça-se, a propósito, que o mesmo *caput* do art. 3º da Lei nº 8.666/93 prescreve que as licitações também devem promover o desenvolvimento nacional sustentável. Os princípios devem ser ponderados e equilibrados. O desenvolvimento nacional sustentável não antecede e, muito menos, justifica a exclusão ou postergação da proposta mais vantajosa. O desenvolvimento nacional sustentável não é razão suficiente para que, diante de uma ata ou contrato com dois preços para o mesmo produto, a Administração comece com o preço mais elevado, o que lhe é, obviamente, desvantajoso.

De toda sorte, o §4º do artigo 8º do Decreto Federal nº 8.538/15 determina que, justificadamente, se "a cota reservada for inadequada para atender as quantidades ou as condições do pedido", a Administração pode iniciar com a contratação da cota principal. Volta-se ao exemplo dos computadores, descrito acima. Repita-se que na ata são registrados 100 computadores, 75 da empresa média e 25 da microempresa. Se a primeira demanda da Administração for de 50 computadores, fica claro que a cota reservada não tem condições de atendê-la, porque somente dispõe de 25 computadores. Daí que, nessa situação, insista-se, com as devidas justificativas, a Administração estaria autorizada a contratar primeiro os computadores da cota principal.

Informação bibliográfica deste texto, conforme a NBR 6023:2002 da Associação Brasileira de Normas Técnicas (ABNT):

NIEBUHR, Joel de Menezes. Licitação com cota reservada para microempresas e empresas de pequeno porte. *In*: PONTES FILHO, Valmir; MOTTA, Fabrício; GABARDO, Emerson (Coord.). *Administração Pública*: desafios para a transparência, probidade e desenvolvimento. XXIX Congresso Brasileiro de Direito Administrativo. Belo Horizonte: Fórum, 2017. p. 161-171. ISBN 978-85-450-0157-7.

MAGISTRATURA, MINISTÉRIO PÚBLICO E CONSELHOS NACIONAIS

JOSÉ DOS SANTOS CARVALHO FILHO

1 Magistratura e Ministério Público

Tanto a Magistratura quanto o Ministério Público configuram instituições relevantes e especiais, cujo regime jurídico é alinhado, em suas bases, na Constituição. Aquela corporifica o Poder Judiciário, um dos pilares do regime republicano e democrático, responsável pela função básica de dirimir conflitos de interesse com caráter de imparcialidade e neutralidade, somada a outras funções periféricas, algumas delas até mesmo consideradas de cunho político.

O Ministério Público, a seu turno, é qualificado na Constituição como instituição permanente e essencial à função jurisdicional do Estado e tem a seu cargo multifária função, destacando-se, como missão primordial, a defesa da ordem jurídica, do regime democrático e dos interesses sociais e individuais indisponíveis, conforme anuncia o art. 127 da CF.

A Constituição dedica o Capítulo III do Título IV ao Poder Judiciário, constituído pelos artigos 92 a 126, ao passo que o Ministério Público tem sua disciplina prevista no Capítulo IV do mesmo Título, enunciada nos artigos 127 a 130.

A importância da missão constitucional dessas instituições tem o efeito de dar qualificação especial aos membros que as compõem – os magistrados e os membros do Ministério Público. Em virtude de sua posição singular no sistema, há autores que os enquadram como agentes políticos, realçando a base constitucional de suas respectivas instituições.[1] Semelhante qualificação, contudo, é contraditada por outros estudiosos, para os quais os agentes políticos verdadeiros são aqueles que desempenham, como regular, a função política dos entes públicos. Aliás, já tivemos a oportunidade de afirmar, em outra oportunidade:

---

[1] MEIRELLES, Hely Lopes. *Direito administrativo brasileiro,* 39. ed., 2013, p. 80.

"Ninguém discute a importância do papel que tais agentes desempenham no cenário nacional, mas, ao contrário do que ocorre com os legítimos agentes políticos, cuja função é transitória e política, sua vinculação ao Estado tem caráter profissional e de permanência e os cargos que ocupam não resultam de processo eletivo, e sim, como regra, de nomeação decorrente de aprovação em concurso público. Não interferem diretamente nos objetivos políticos, como o fazem os verdadeiros agentes políticos. Assim, sua fisionomia jurídica se distancia bastante da que caracteriza estes últimos. Não se nos afigura adequada, com efeito, sua inclusão como agentes políticos do Estado. Mas apropriado é inseri-los como servidores especiais dentro da categoria genérica de servidores públicos, como veremos adiante".[2]

Celso Antônio Bandeira de Mello também não os inclui na classe de agentes políticos, inserindo nessa categoria os membros dos Poderes Executivo e Legislativo dos entes federativos, bem como Ministros e Secretários Estaduais e Municipais. Aduz o autor, com razão, que "o vínculo que tais agentes entretêm com o Estado *não é de natureza profissional,* mas de *natureza política*", e que, na verdade, desempenham um *munus* público.[3]

De qualquer modo, a instituição e seus membros, considerando suas peculiaridades e posição no quadro republicano, desafiam tratamento compatível com tais características e, por via de consequência, a outorga de prerrogativas específicas não extensíveis, como regra, a outras categorias de agentes.

2 Prerrogativas

Magistrados e membros do Ministério Público são titulares de determinadas prerrogativas mencionadas na Constituição. As prerrogativas dos magistrados estão relacionadas no art. 95, I a III, da CF, ao passo que as dos membros do Ministério Público se situam no art. 128, §5º, I, "a" a "c", da CF.

Prerrogativas, como se sabe, não são direitos subjetivos comuns, mas sim direitos de natureza especial, dotados de efeitos singulares que os diferenciam dos direitos em geral. Como lembra Plácido e Silva, prerrogativas do cargo "são os privilégios, as vantagens e as imunidades, que dele decorrem, em benefício ou em proveito da pessoa que nele está provida".[4] A especificidade das prerrogativas envolve sua previsão constitucional, numa clara demonstração de que ao legislador ordinário não cabe desnaturá-las.

As prerrogativas fundamentais de tais agentes são a vitaliciedade, a inamovibilidade e a irredutibilidade de subsídio.

A vitaliciedade assegura a permanência de magistrados e membros do Ministério Público em seus cargos, de modo que somente podem perdê-los em decorrência de sentença judicial transitada em julgado. Submetem-se, porém, a período de estágio probatório, e dentro dele é possível a perda do cargo em virtude de processo administrativo. Tal prerrogativa funda-se na necessidade de conferir-lhes estabilidade funcional, para que não se submetam a arbitrariedades cometidas por autoridades cujos interesses tenham sido contrariados.

---

[2] CARVALHO FILHO, José dos Santos, *Manual de direito administrativo,* Atlas, 29. ed., 2015, p. 613.

[3] BANDEIRA DE MELLO, Celso Antônio. *Curso de direito administrativo,* Malheiros, 31. ed., 2014, p. 252.

[4] SILVA, De Plácido e. *Vocabulário jurídico,* Forense, 29. ed., 2012, p. 1.082.

A inamovibilidade assegura aos titulares a permanência em seus órgãos de atuação, sem que deles sejam afastados arbitrariamente para satisfazer interesses escusos.[5] Não pode o tribunal afastá-los para serem inseridos em outro órgão, a menos que sejam removidos por interesse público em voto da maioria do tribunal a que estiver vinculado ou do Conselho Nacional de Justiça, como estabelece o art. 93, VIII, da Constituição.

Por fim, a irredutibilidade de subsídio implica a impossibilidade de ser diminuído o valor de sua remuneração. Não obstante, os dispositivos constitucionais que asseguram essa prerrogativa ressalvam o art. 37, X, pelo qual o aumento do subsídio precisa ser formalizado por lei, bem como alguns dispositivos relacionados a tributos, numa indicação de que a incidência tributária não traduz redutibilidade remuneratória, e que tanto magistrados como membros do Ministério Público devem sujeitar-se aos tributos gerais, que incidem sobre todos os demais cidadãos.

3 Deveres e responsabilidades

Ao lado das prerrogativas, os magistrados e os membros do Ministério Público também estão sujeitos a determinados deveres e vedações, bem como à responsabilização diante de eventuais transgressões.

No âmbito constitucional, os magistrados têm o dever de residir na comarca, salvo se houver autorização especial em contrário (art. 93, VII, CF). Idêntico dever têm os membros do Ministério Público, em razão da remissão inscrita no art. 129, §4º, CF.

Por outro lado, a Carta enumera vedações atribuídas aos magistrados no art. 95, parágrafo único. Assim, a eles é vedado a) exercer, ainda que em disponibilidade, outro cargo ou função, salvo uma de magistério; b) receber, a qualquer título ou pretexto, custas ou participação em processo; c) dedicar-se à atividade político-partidária; d) receber, a qualquer título ou pretexto, auxílios ou contribuições de pessoas físicas, entidades públicas ou privadas, ressalvadas as exceções previstas em lei; e) exercer a advocacia no juízo ou tribunal do qual se afastou, antes de decorridos três anos do afastamento do cargo por aposentadoria ou exoneração.

Os membros do Ministério Público, por sua vez, devem observar as vedações constantes do art. 128, §5º, II, da CF. Assim, proíbe-se a eles: a) receber, a qualquer título e sob qualquer pretexto, honorários, percentagens ou custas processuais; b) exercer a advocacia; c) participar de sociedade comercial, na forma da lei; d) exercer, ainda que em disponibilidade, qualquer outra função pública, salvo uma de magistério; e) exercer atividade político-partidária; f) receber, a qualquer título ou pretexto, auxílios ou contribuições de pessoas físicas, entidades públicas ou privadas, ressalvadas as exceções previstas em lei.

Além da Constituição, as leis orgânicas disciplinadoras do regime jurídico de magistrados e membros do Ministério Público também contemplam outros deveres e vedações.

No que tange aos magistrados, a lei regente é a Lei Complementar nº 35/1979 – Lei Orgânica da Magistratura – e nela está disciplinado o vínculo jurídico entre a categoria

---

[5] DA SILVA, José Afonso. *Curso de direito constitucional positivo*, Malheiros, 20. ed., 2002, p. 577.

e o Poder Público. Dentro do regime jurídico aplicável aos magistrados, outros deveres são relacionados na lei. Apenas para exemplificar, são deveres o cumprimento e a determinação de cumprimento das disposições legais, com independência, serenidade e exatidão (art. 35, I). Cabe-lhes, ainda, não exceder injustificadamente os prazos para sentenciar ou despachar (art. 35, II), bem como determinar as providências necessárias para que os atos processuais se realizem nos prazos legais (art. 35, III).

Para os membros do Ministério Público, existem duas leis orgânicas – uma a Lei nº 8.625/1993, a Lei Orgânica Nacional do Ministério Público, aplicável à instituição nos Estados, e a outra a Lei Complementar nº 75/1993, que dispõe sobre a organização, as atribuições e o estatuto do Ministério Público da União.

Apenas à guisa de exemplos, o art. 43 da Lei nº 8.625/1993 enumera um elenco de deveres atribuídos aos membros do Ministério Público dos Estados, destacando-se, dentre todos, os deveres de: a) manter ilibada conduta pública e particular; (b) zelar pelo prestígio da Justiça, por suas prerrogativas e pela dignidade de suas funções; (c) desempenhar, com zelo e presteza, as suas funções; (d) tratar com urbanidade as partes, testemunhas, funcionários e auxiliares da Justiça; (e) obedecer aos prazos processuais e assistir a eles, quando necessário. Em outra vertente, o art. 44 da mesma lei praticamente reproduz as vedações instituídas em sede constitucional.

Na medida em que a Constituição e as leis atribuem deveres aos magistrados e aos membros do Ministério Público, a consequência inafastável será a imposição do sistema de responsabilidades. Estas, em suas diversas esferas, originam-se da capacidade desses agentes de adquirir direitos e prerrogativas e contrair obrigações, estabelecendo a legislação, por esse motivo, os efeitos caracterizadores de sua responsabilização.

A responsabilidade desses agentes pode ser penal, civil ou administrativa. Cada uma destas áreas é autônoma no que tange à responsabilidade. Desse modo, a responsabilidade penal não implica necessariamente a responsabilização civil, do mesmo modo que a responsabilidade administrativa não se configura compulsoriamente como responsabilidade civil. O que importa é verificar a natureza da norma transgredida. Se a mesma conduta agredir normas de diversa natureza, surgirão responsabilidades cumulativas, e, por tal razão, pode ocorrer que um só comportamento importe simultaneamente em responsabilidade penal, civil e administrativa.

A Lei Orgânica da Magistratura prevê explicitamente a responsabilidade civil do magistrado quando (a) no exercício de suas funções, proceder com dolo ou fraude e (b) recusar, omitir ou retardar, sem justo motivo, providência que deva ordenar o ofício, ou a requerimento das partes.[6] A responsabilidade administrativa-funcional decorre de agressão aos deveres da Magistratura e acarreta as penalidades aplicadas na atividade censória dos tribunais e conselhos correicionais. São penas disciplinares aplicáveis nessa esfera de responsabilidade: a) advertência; b) censura; c) remoção compulsória; d) disponibilidade com vencimentos proporcionais ao tempo de serviço; e) aposentadoria compulsória com vencimentos proporcionais ao tempo de serviço; f) demissão.[7] Por fim, a responsabilidade penal tem como nascedouro a prática de delitos previstos na legislação penal.

---

[6] Art. 49, I e II.

[7] Art. 42, I a VI.

Em relação ao Ministério Público, a Lei Orgânica Nacional apresenta caráter genérico, estabelecendo o rol de deveres e de vedações.[8] A ofensa a tais ditames provoca a responsabilidade administrativa-funcional de seus membros, a ser apurada em processos administrativos em que lhes seja assegurada ampla defesa. O legislador delegou a disciplina específica às leis orgânicas dos próprios Estados. Embora não haja previsão, como no caso da Magistratura, da responsabilidade civil, o Código de Processo Civil deixa expresso que *"O membro do Ministério Público será civil e regressivamente responsável quando agir com dolo ou fraude no exercício de suas funções"*.[9] A responsabilidade penal tem os mesmos *standards* que a dos magistrados, exsurgindo quando o membro do Ministério Público pratica delito tipificado na lei penal.

4 Conselhos nacionais de justiça e do ministério público

A Emenda Constitucional nº 45/2004 instituiu dois órgãos paralelos e de relevante estatura: o CNJ – Conselho Nacional de Justiça (art. 103-B, CF) e o CNMP – Conselho Nacional do Ministério Público (art. 130-A, CF). O primeiro compõe-se de quinze membros, sendo presidido pelo presidente do STF; o segundo é constituído de quatorze membros e sua presidência cabe ao Procurador-Geral da República. Todos os membros são nomeados pelo Presidente da República, depois de aprovação pelo Senado e seus mandatos têm a duração de dois anos, com a possibilidade de uma recondução.

Uma das características dos referidos Conselhos é a heterogeneidade de sua constituição. Além dos membros oriundos das carreiras da Magistratura e do Ministério Público, os órgãos têm em sua composição membros de outras origens, como é o caso de advogados e de cidadãos indicados pela Câmara dos Deputados e pelo Senado Federal. Por outro lado, enquanto o CNJ também é integrado por membros do Ministério Público, o CNMP inclui magistrados em sua formação. A ideia do Constituinte reformador foi exatamente essa, qual seja, a de não constituir os Conselhos com quadros exclusivos de sua categoria funcional, evitando, desse modo, eventual falta de neutralidade e imparcialidade dos órgãos e impedindo a função para a qual foram criados.

Evidentemente, a instituição de tais órgãos não se deu por falta de motivo, mas o certo é que passaram a ostentar situação constitucional singular, até então não conhecida de outras Constituições pátrias. Como vem anotando a doutrina, trata-se de órgãos de natureza constitucional-administrativa do Poder Judiciário e do sistema do *Parquet*, com autonomia relativa, mas com funções de controle administrativo, financeiro e disciplinar das respectivas instituições.[10] De fato, quando se analisam as funções que lhes foram outorgadas pela Constituição, facilmente se poderá constatar seu caráter fiscalizatório, erguendo-se em sede constitucional como órgãos vigilantes e censores.

Na Exposição de Motivos nº 204, de 15.12.2004, editada após a Emenda 45, o Ministério da Justiça elaborou a proposta de formalização do "Pacto de Estado em favor de um Judiciário mais Rápido e Republicano", firmado pelos Chefes de Poder:

---

[8] Arts. 43 e 44.

[9] Art. 181, CPC.

[10] PANSIERI, Flávio. *Comentários à Constituição do Brasil*, coord. Gomes Canotilho e outros, Saraiva/Almedina, 2013, p. 1.434.

o Presidente da República, o Presidente do STF e os Presidentes do Senado Federal e da Câmara dos Deputados.

O documento demonstrava nitidamente a preocupação dos órgãos constitucionais de cúpula, e isso se pode observar no seguinte trecho: *"Poucos problemas nacionais possuem tanto consenso no tocante aos diagnósticos quanto a questão judiciária. A morosidade dos processos judiciais e a baixa eficácia de suas decisões retardam o desenvolvimento nacional, desestimulam investimentos, propiciam a inadimplência, geram impunidade e solapam a crença dos cidadãos no regime democrático"*. Havia, pois, um reclamo geral quanto à atuação do Poder Judiciário e foi essa demanda que acabou por gerar o desenvolvimento dos controles incidentes sobre o poder.

A despeito do tempo decorrido desde sua criação, os Conselhos ainda despertam algumas complexidades quanto à sua atuação e a seu papel no sistema. Na verdade, vários conflitos têm ocorrido, como era esperado, entre os Conselhos e os órgãos do Poder Judiciário e do Ministério Público, já que era costume, por décadas e décadas, o exercício de suas prerrogativas sem qualquer tipo de barreira de contenção, e, por isso, não raras vezes essa liberdade ilimitada acabava por culminar em injustiças e arbitrariedades.

É sob esse enfoque de controle sobre diversos vetores da atuação dos órgãos judiciários e ministeriais que serão anotadas as sucintas observações a seguir.

5 A função controladora dos conselhos

Primeiramente, é mister esclarecer o sentido da primeira competência atribuída aos Conselhos: o CNJ deve zelar pela autonomia do Poder Judiciário (art. 103, §4º, I, CF) e pelo cumprimento do Estatuto da Magistratura e o CNMP deve fazê-lo em favor da autonomia funcional e administrativa do Ministério Público (art. 130-A, §2º, I, CF).

A função de zelar pela autonomia do Poder deve ser interpretada no sentido de que a preservação da autonomia refere-se àquela cominada ao Judiciário em relação aos demais Poderes e também ao próprio Judiciário no que concerne às suas funções constitucionais. Os tribunais e juízes estaduais, portanto, estão protegidos contra a agressão de suas competências por outros órgãos, da mesma forma que hão de estar resguardados contra hostilidades lançadas pelo Executivo e pelo Legislativo. O CNJ não pode proceder à intervenção direta em competências exclusivas de juízes e tribunais estaduais, fora da permissão constitucional, pois que isso vulneraria, sem dúvida, a autonomia desses órgãos.

Desse modo, fica clara a vedação da atividade correicional dos Conselhos sobre os atos *tipicamente institucionais*, não lhes cabendo, então, rever atos jurisdicionais produzidos pelos diversos órgãos do Judiciário e do Ministério Público. Há duas razões óbvias para tanto. Uma consiste no sistema recursal, que está disciplinado na lei processual própria. Admitir essa ingerência seria o mesmo que instituir uma superposição de órgãos com as mesmas competências revisionais – fato que, longe de esclarecer, aprofunda a confusão que tem reinado atualmente. A outra reside em considerar que esse não foi o objetivo que inspirou a criação daquele órgão – cuja função, repita-se, tem feição nitidamente *administrativa*.

Veda-se aos Conselhos exercer a função jurisdicional, deixando de ater-se à função meramente administrativa, que é a que marca sua atividade. Contrariamente aos órgãos jurisdicionais típicos, o Conselho não julga, não dirime conflitos de modo definitivo e não funciona como órgão representante do Estado-Jurisdição. Não pode, pois, decidir sobre pretensões deduzidas na forma de ação judicial, a despeito de uma ou outra escaramuça desferida em semelhante direção. Aliás, o STF já teve a oportunidade de confirmar decisão do CNJ, que não conheceu de pedido de suspensão de processo judicial e de suspeição da julgadora da ação, justamente sob o fundamento de que não cabe ao órgão o reexame de atos jurisdicionais.[11]

Não se pode negar, todavia, que os Conselhos têm a competência de executar o *controle administrativo* sobre os órgãos judiciais e ministeriais. Vale a pena lembrar alguns aspectos desse controle.

O controle administrativo está contemplado em mais de uma passagem do referido art. 103-B da CF. Fala-se em "controle administrativo" (§4º, *caput*); "cumprimento dos deveres funcionais" (idem); "apreciar...a legalidade dos atos administrativos praticados por membros ou órgãos do Poder Judiciário" (§4º, II); "receber e conhecer reclamações" (§4º, III); "avocar processos disciplinares" (§4º, III); e "rever...processos disciplinares" (§4º, V).

Em dois vetores é exercido o controle administrativo. Um deles é o referente aos atos e processos administrativos de cunho disciplinar e o outro concerne aos atos administrativos em geral, incluindo-se aqueles destinados a ordenar, coordenar e organizar os vários departamentos de juízos e tribunais. Esse poder de controle não é o controle *rotineiro* ou *ordinário*, mas sim aquele processado diante de insuficiências ou omissões da administração do tribunal, sendo, portanto, caracterizado como *especial*. O controle comum deve ser feito com o respeito à autonomia do Judiciário, do Ministério Público e do respectivo ente da federação. O controle especial só se legitima diante dos pressupostos que lhe justificaram a criação, particularmente os vícios de conduta relativos ao exercício da função administrativa situada dentro da competência reservada aos tribunais.

O poder disciplinar, particularmente ao envolver magistrados e membros do Ministério Público, sempre despertou na sociedade suspeitas sobre o corporativismo dos órgãos judiciais ou ministeriais incumbidos da apuração das faltas funcionais, muito embora – é justo ressalvar – haja órgãos e agentes correicionais idôneos. O corporativismo frequentemente era invocado (e ainda o é, em certas situações) como fator de indevido protecionismo dos membros das instituições e blindagem contra a investigação de ilícitos, muitos destes de indiscutível gravidade. Até hoje – é oportuno realçar – existe mesmo uma certa tendência das instituições a blindar seus membros do desconforto causado por investigações, não agindo, porém, com idêntico parâmetro quando a apuração recai sobre outros agentes públicos. Haveria aqui dois pesos e duas medidas.

Em relação aos processos disciplinares, os Conselhos não são a última instância administrativa nem do Judiciário nem do Ministério Público. A instância mais elevada é aquela constituída por órgão que se situa dentro da própria estrutura orgânica do tribunal ou de cada Ministério Público, tudo em conformidade com as normas regentes (Presidente do tribunal ou Procurador-Geral de Justiça, Órgãos Especiais, Conselhos Superiores, Corregedorias).

---

[11] STF, MS 27.148, Min. CELSO DE MELLO, publ. 26.5.2010.

A Constituição confere ao CNJ competência para "receber e conhecer reclamações contra membros ou órgãos do Poder Judiciário". Significa dizer que, ao fazê-lo, o Conselho instaura processo administrativo *autônomo*, e isso pelo fato de não haver algum outro processo com idêntica fisionomia e conteúdo, ou pela circunstância de já existir esse processo no âmbito interno do Judiciário, conquanto sem o padrão de confiabilidade por parte dos interessados. De qualquer modo, no entanto, a reclamação deve ser fundada na existência de conduta ilícita cuja apuração não esteja sendo identificada como idônea pelo reclamante. O mesmo se aplica ao CNMP com relação a cada Ministério Público.

Esse tipo de controle está bem explícito, por exemplo, no caso da competência do CNJ e do CNMP para "avocar processos disciplinares em curso" (arts. 103, §4º, V, e 130-A, §2º, III, CF, respectivamente). *Avocação* pode ser definida como o fenômeno administrativo que *"consiste no chamamento a si, pelo superior hierárquico, de função atribuída, normalmente, a funcionário, seu subordinado"*.[12] A avocação é providência caracterizada como exceção, devendo ser utilizada com muita cautela por parte dos órgãos competentes. Não por outra razão, já anotamos que *"tanto a delegação como a avocação devem ser consideradas como figuras excepcionais, só justificáveis ante os pressupostos que a lei estabelecer"*.[13] Na verdade, entendemos que a avocação, tomada como instrumento de rotina, retrata fatalmente decisão autoritária, *et pour cause*, abusiva e ilegal.

A competência dos Conselhos para avocar processos disciplinares não tem caráter discricionário. Pelo contrário, tendo em vista o seu alvo, depende de denúncia ou outra informação pela qual se indique desvio de finalidade por parte dos órgãos de controle disciplinar dos tribunais e ramos do Ministério Público. Tal competência – vale reiterar – não teve o condão de suprimir a atribuição natural e privativa dos órgãos internos de controle, vez que não compete aos Conselhos substituir os órgãos competentes da Administração, aos quais se outorga o exercício do poder disciplinar interno.

Diante desse cenário, a atuação dos Conselhos deve revestir-se da fiel competência que a Constituição lhes atribuiu. Os tribunais e os órgãos do Ministério Público sempre se submeterão a seu controle administrativo na hipótese de ineficiência ou improbidade, o qual tem natureza efetivamente correicional. Mas a interferência não pode recair sobre as atribuições relativas às competências originárias; haveria aí flagrante inconstitucionalidade, suscitando, por isso, a possibilidade jurídica de defesa de suas prerrogativas perante o Supremo Tribunal Federal.[14]

Tão importante quanto o controle administrativo, aos Conselhos cabe, ainda, exercer o *controle financeiro*, com a verificação e inspeção das contas e dos gastos dos tribunais e órgãos do Ministério Público.

O controle financeiro, previsto nos arts. 103-B, §4º e 130-A, §2 º, da CF, não traduz a forma rotineira de fiscalização dos órgãos internos de controle. O controle financeiro *comum* incumbe ao Poder Legislativo, por meio do Tribunal de Contas (controle externo),[15] e aos órgãos integrantes da própria estrutura dos tribunais (controle

---

[12] CRETELLA JUNIOR, José. *Dicionário de direito administrativo*, Forense, 1980, 3. ed., p. 103.

[13] CARVALHO FILHO, José dos Santos. *Manual* cit., p. 110.

[14] Art. 102, I, "r", CF.

[15] Arts. 70, *caput*, e 71, *caput*, CF.

interno).[16] Ao CNJ e CNMP compete somente o controle financeiro *especial*, ou seja, aquele exercido fora da rotina normal de controle, instaurado, como regra, em virtude de reclamações, ou comunicações, que denunciem alguma forma de ilegalidade no uso dos recursos pertencentes ao tribunal.

Os Conselhos não dispõem de órgãos próprios em sua estrutura que possibilitem um controle financeiro comum e genérico em todos os tribunais e órgãos do Ministério Público. Na verdade, órgãos dessa natureza seriam, indiretamente, novas Cortes de Contas, o que implicaria superposição de funções relativamente aos Tribunais de Contas constitucionais. Por razões de ordem lógica, esse não era o objetivo do Constituinte da EC 45.

Para que os Conselhos possam exercer o controle financeiro, cumpre que tenham à disposição elementos probatórios que demonstrem a má gestão ou o desvio de recursos no âmbito das instituições controladas. E mais: tratando-se de investigação, exige-se a instauração de processo administrativo formal, para que nele sejam coletados todos os dados instrutórios. Noutro giro, o controle não decorre de discricionariedade dos órgãos controladores; daí, não lhes ser lícito avaliar a conveniência e a oportunidade da função controladora, sob pena de violação ao princípio da impessoalidade e permissão para a prática de condutas abusivas, fato que afastaria os Conselhos do objetivo a que se preordenaram.

Parece importante, por fim, destacar que o controle financeiro é fundamental e imprescindível para o bom funcionamento do Judiciário e do Ministério Público, ainda mais quando se sabe que, ressalvadas honrosas exceções, há em alguns tribunais e ramos do MP flagrante desperdício e mau uso do dinheiro público, o que fica mais facilitado em razão da autonomia financeira de que dispõem com base na Constituição.

Além dessas ferramentas de controle sobre a atividade institucional dos Conselhos, cabe uma última e breve observação a respeito do controle sobre os magistrados e membros do Ministério Público. E, de início, já convém frisar que tal controle retrata o contraponto das prerrogativas e benefícios outorgados a tais agentes.

O primeiro instrumento a ser destacado nessa forma de controle se perfaz pela *reclamação*, que tem o objetivo de permitir a apuração de arbitrariedades e condutas de abuso e desvio de poder por parte de magistrados e membros do Ministério Público. Na verdade, ouvem-se muitas queixas de advogados, servidores e administrados contra abusos por eles cometidos – e, neste passo, é justo excluir aqueles que, ciosos de sua nobre missão, dispensam a todos um tratamento equânime e respeitoso, como é o que a sociedade efetivamente espera.

A reclamação está prevista no art. 103-B, §4º, III, da CF, para os magistrados, e no art. 130-A, §2º, III, da CF, para os membros do Ministério Público. Os dispositivos constitucionais admitem o conhecimento e julgamento das reclamações sem prejuízo das investigações disciplinares a serem realizadas nas próprias instituições. Essa observação tem o escopo de demonstrar que nem sempre os processos internos disciplinares despertam confiabilidade nos interessados, e esse fato não nasceu simplesmente no ar, mas, ao contrário, cresceu na medida em que várias providências tendenciosas e corporativas foram produzidas para proteger maus juízes e membros do Ministério Público.

---

[16] Art. 70, *caput*, CF.

Como mecanismo próprio do poder disciplinar, os Conselhos podem controlar o cumprimento dos deveres funcionais por juízes e membros do MP, destacando-se a observância dos prazos, o tratamento com urbanidade e serenidade a ser dispensado às partes, o atendimento aos advogados, a conduta de neutralidade e imparcialidade e, enfim, todos os deveres e obrigações cominadas por lei.[17] Aqui deve ser lembrado que não pode haver abuso na interposição de reclamações, ao mesmo tempo em que elas não devem servir como meio para retaliações e vinditas pessoais por parte de pessoas que tiveram interesses contrariados.

A posição dos Conselhos sobrepuja a dos órgãos correicionais internos dos tribunais e do Ministério Público. Por tal motivo, os referidos mandamentos preveem explicitamente a avocação dos processos disciplinares, ensejando sua análise por órgãos extrínsecos à estrutura corporativa das instituições. Como já se antecipou, a avocação traduz medida de exceção, mas, diante de certas situações de maior complexidade, pode representar uma ferramenta de indiscutível valor democrático, pelo acesso que franqueia aos menos poderosos.

O outro ponto a considerar reside no poder sancionatório dos Conselhos. Com efeito, compete-lhes, conforme a hipótese, determinar a remoção, a disponibilidade e a aposentadoria com subsídios proporcionais, bem como outras sanções administrativas. A Constituição, como se pode observar, deixou um leque bem aberto quanto ao poder punitivo, registrando a aplicabilidade de sanções extremamente graves ao lado daquelas de menor gravame. O poder punitivo, no caso, é digno de aplausos, pois que quem tem a seu favor prerrogativas especiais há de ter, como corolário, responsabilidade também especial, com ampla possibilidade de sujeitar-se a sanções.

A correição dos Conselhos estende-se, ainda, ao poder revisional no que toca aos processos disciplinares. É o que consta dos arts. 103-B, §4º, V e 130-A, §2º, IV, da Constituição. De acordo com tais dispositivos, os Conselhos podem, de ofício ou mediante provocação, rever os processos disciplinares de juízes e membros de tribunais julgados há menos de um ano. Ou seja: ultrapassado esse prazo, sua competência se extingue. Se dentro do prazo, admite-se o exercício de seu poder revisional. Existem, é verdade, alguns questionamentos sobre as normas em tela, e um deles é o de saber se o poder revisional alcança situações abrangidas por decisão judicial.[18] O certo, contudo, é que o prejudicado por eventual protecionismo de tribunal pode oferecer, dentro de um ano, o pedido de revisão de processo disciplinar em que são envolvidos magistrados e membros do Ministério Público.

Se a conduta desses agentes tipificar algum crime contra a Administração Pública ou abuso de autoridade, devem os Conselhos representar ao Ministério Público para fins penais. Nesse caso, as prerrogativas não impedem a responsabilização penal, caso a conduta seja qualificada como crime.

---

[17] BADIN, Luiz Armando.In: BONAVIDES, Paulo et al (coord.). *Comentários à Constituição Federal de 1988*. Rio de Janeiro: Forense, 2009, p. 1.394.

[18] PANSIERI, Flávio. *Comentários à Constituição do Brasil* cit., p. 1.438.

6 Conclusão

Essas sucintas observações tiveram o escopo de correlacionar as prerrogativas de magistrados e membros do Ministério Público, de um lado, com os deveres e responsabilidades desses agentes, de outro. Examinando todo o sistema aplicável, deduz-se que quanto mais específica é a prerrogativa, maior deve ser a responsabilidade decorrente da transgressão aos deveres e obrigações referentes aos respectivos cargos.

O CNJ e o CNMP foram instituídos como uma instância superior à dos tribunais e órgãos diretivos ministeriais, para franquearem o acesso de cidadãos que, de alguma forma, foram prejudicados na instância interna em virtude de comportamentos corporativos e ilegítimos dos integrantes das instituições.

Não há dúvida de que, ainda assim, notam-se algumas distorções no sistema dos Conselhos, inclusive quanto à exata delimitação de sua competência constitucional e à impossibilidade de arranhar a competência tipicamente jurisdicional e institucional dos órgãos do Judiciário e do Ministério Público. Por isso, aqui e ali têm surgido alguma rota de colisão entre as esferas de atuação das instituições.

Entretanto, como alinhamos nas notas acima, os Conselhos retratam um instrumento democrático de acesso dos cidadãos menos poderosos, no caso de abuso ou desvio de poder cometidos por magistrados e membros do Ministério Público, já que, por bastante tempo, muitos desses agentes só descortinaram seus poderes, mas relegaram seus deveres e responsabilidades.

Referências

BADIN, Luiz Armando – *Comentários à Constituição Federal de 1988,* coord. por Paulo Bonavides e outros, Forense, 2009.

BANDEIRA DE MELLO, Celso Antônio. *Curso de direito administrativo,* Malheiros, 31. ed., 2014.

CARVALHO FILHO, José dos Santos – *Manual de direito administrativo,* Atlas, 29. ed., 2015.

CRETELLA JUNIOR, José – *Dicionário de direito administrativo,* Forense, 1980, 3. ed.

MEIRELLES, Hely Lopes – *Direito administrativo brasileiro,* 39. ed., 2013.

PANSIERI, Flávio – *Comentários à Constituição do Brasil,* coord. Gomes Canotilho e outros, Saraiva/Almedina, 2013.

SILVA, De Plácido e – *Vocabulário jurídico,* Forense, 29. ed., 2012.

SILVA, José Afonso da – *Curso de direito constitucional positivo,* Malheiros, 20. ed., 2002.

Informação bibliográfica deste texto, conforme a NBR 6023:2002 da Associação Brasileira de Normas Técnicas (ABNT):

CARVALHO FILHO, José dos Santos. Magistratura, Ministério Público e Conselhos Nacionais. *In:* PONTES FILHO, Valmir; MOTTA, Fabrício; GABARDO, Emerson (Coord.). *Administração Pública:* desafios para a transparência, probidade e desenvolvimento. XXIX Congresso Brasileiro de Direito Administrativo. Belo Horizonte: Fórum, 2017. p. 173-183. ISBN 978-85-450-0157-7.

DIREITO DA INFRAESTRUTURA E A SINDICABILIDADE DOS BENEFÍCIOS SOCIAIS, AMBIENTAIS E ECONÔMICOS

JUAREZ FREITAS

1 Introdução[1]

A infraestrutura brasileira demanda enormes investimentos consistentes, motivados, prioritários. Numa palavra: sustentáveis. A produtividade, com a correspondente redução de custos diretos e indiretos (relacionados às externalidades negativas) e o incremento dos benefícios líquidos intertemporais passam a ser as chaves mestras do novo modelo de contratação pública.

Naturalmente, há fortes resistências do *status quo* a sobrepassar. Ao contrário do que imagina o senso comum, há vários *players* que preferem as relações jurídicas precárias, turvas e opacas, em lugar da segurança jurídica e da competição aberta. São os amantes do jogo sórdido de informações assimétricas, do abuso do poder dominante e dos favores lesivos à moralidade.

Para mudar esse panorama arcaico e deplorável, impõe-se, para já, completar o redesenho do ambiente regulatório e de controle, fazendo-o independente e de Estado (mais do que de governo), com a medição prospectiva de riscos, a exigência de projetos harmonizados com os objetivos do desenvolvimento sustentável[2] e o exame acurado das prioridades na formulação e na implementação das políticas públicas.

Sem dúvida, milita em desfavor de investimentos sistêmicos em infraestrutura, a falta de realização dos testes de sustentabilidade em projetos de longo tempo de amortização. Constata-se, por ora, que são poucos os que se dão conta de que as contratações públicas precisam ser sustentáveis, desde a fase interna, ou restarão eivadas de vícios irremediáveis. Não se trata de faculdade, mas dever incontornável.

---

[1] Texto-base de palestra proferida no XXIX Congresso do IBDA, em Goiânia, em 21 de outubro de 2015. Para aprofundamento, vide Juarez Freitas in Sustentabilidade: Direito ao Futuro. 3. ed., Belo Horizonte: Fórum, 2016.

[2] Vide os 17 Objetivos do Desenvolvimento Sustentável, aprovados pela ONU, em setembro de 2015, constantes na Agenda 2030.

Entretanto, sinais auspiciosos aparecem no horizonte, com novos atores cerrando fileiras no sentido da imprescindibilidade de incorporar os critérios de sustentabilidade às contratações públicas.[3] Critérios relativos aos efeitos sociais, econômicos e ambientais dos empreendimentos, antes não considerados, mal utilizados ou subutilizados.

A presente exposição almeja justamente contribuir, de um lado, para fortalecer a avaliação da eficácia e da eficiência das contratações públicas de infraestrutura e, de outro, para defender que o modo de alcançar esse objetivo consiste em adotar uma nova sindicabilidade da motivação contratual, no sentido de descartar (preventivamente) os projetos desnecessários, superfaturados, mal concebidos, demasiado onerosos ou simplesmente não prioritários.

2 Infraestrutura e o escrutínio de sustentabilidade das motivações contratuais

A *fase interna* da contratação pública em geral (antecedente do instrumento convocatório) é a mais perigosa, crítica e vulnerável aos desvios morais e/ou cognitivos (vieses). Precisamente por essa razão, imprescindível acentuar o filtro de congruência, consistência, eficiência, eficácia e legalidade das motivações explicitadas.

Nessa perspectiva, avulta o dever de cobrar a motivação cabalmente demonstrativa dos benefícios líquidos sociais e ambientais, não apenas econômicos, em toda contratação administrativa. Trata-se, desde a partida, de indagar se a licitação é realmente necessária. Por incrível que pareça, inúmeros projetos de infraestrutura não passam nesse primeiro requisito. Há pontes à espera de rios. Não são raros os equipamentos esportivos deficitários, acintosos monumentos à violação cabal da economicidade.

Na sequência, a indagação gravita em torno da hierarquização razoável das prioridades. Vários projetos de transportes, energia e comunicações não passam, pois não são prioritários. Exatamente por isso, o "trade-off" tem de ser suficientemente motivado, com a indicação de vantagens, quantitativas e qualitativas, sobre as soluções alternativas. A construção de uma usina, por exemplo, tem que ser cotejada com alternativas menos onerosas em termos de externalidades negativas. Não por acaso, as energias renováveis reclamam prioridade dos investimentos. Outro exemplo: o traçado de estrada tem de ser justificado cientificamente, com a responsabilização por danos eventualmente provocados pela escolha menos adequada, por dolo ou falha crassa.

A sindicabilidade, útil enfatizar, tem que se debruçar sobre o alinhamento dos projetos com o plano estratégico do desenvolvimento sustentável. Em outras palavras, não é lícito produzir impactos sociais, econômicos e ambientais, sem o escrutínio correspondente dos custos e benefícios diretos e indiretos e a verificação do pleno respeito às prioridades constitucionalmente vinculantes.

Trata-se, ademais, de perquirir sobre a viabilidade econômico-financeira, contemplando riscos ambientais e sociais, ao mesmo tempo. Outra indagação: deve-se insistir no modelo da maior oferta, o qual, não raro, conspira contra a modicidade tarifária? O projeto representa a melhor solução à vista da tecnologia disponível no mercado? Existe uma alternativa menos nociva e com menores efeitos adversos? Existe possibilidade

---

[3] Por exemplo, vide a Resolução 201/2015, do Conselho Nacional de Justiça. Existem importantes resoluções de Tribunais de Contas (*v.g.* RS, SC e TCU), no sentido da exigência de incorporação dos critérios de sustentabilidade nas contratações públicas.

de autossuficiência energética do empreendimento? No caso específico da infraestrutura das telecomunicações, qual o regime mais indicado para alcançar os objetivos do desenvolvimento sustentável (público ou privado)? Além disso, as falhas de mercado não podem ser negligenciadas. Enfim, nesta fase, crucial a sindicabilidade sustentável.

Em próximo momento, fundamental incorporar os critérios de sustentabilidade social, ambiental e econômica ao exame do próprio contrato de infraestrutura. Nesse passo, quadra, para ilustrar, verificar se constam, de modo expresso, os compromissos com a eficiência energética. Importa, ainda, que resulte estampada a cláusula de responsabilidade pós-consumo. Enfim, é o tempo de plasmar e concretizar as regras de sustentabilidade e celebrar o contrato, à base de cogentes considerações sociais, econômicas e do equilíbrio ecológico.

Finalmente, sobrevém a etapa do monitoramento da implementação, na qual se verifica se as condicionantes restaram cumpridas. Nas três etapas (da interna ao monitoramento da execução da avença), somente pode haver higidez se as contratações nascerem sustentáveis. Torna-se, nessa medida, rigorosamente essencial apertar o controle da *fase interna*. Medidas cautelares têm que ser tomadas, e não serão culpadas por eventuais atrasos. A culpa, se houver, será imputável à má qualidade de projetos ou anteprojetos e do pouco cuidado na absorção crítica das manifestações de interesse.

O que releva destacar é que a nova sindicabilidade proposta (sistêmica, independente e sustentável) é obrigatória, nos termos do art. 4º, do RDC e do art.3º, da Lei de Licitações, mas antes por força do princípio da sustentabilidade, encapsulado no art. 225, da CF. Não é, pois, matéria de simples e pura discricionariedade administrativa.

Com efeito, apenas as lentes da sustentabilidade permitem enxergar os critérios pertinentes a serem adotados nas respectivas etapas da contratação pública. Indispensável, assim, que o administrador público, com esmero e capacidade de cálculo, favoreça a prioridade sistêmica, em vez de contribuir para a formação de gargalos que dificultam a vida de todos.

A motivação dos contratos tem de, doravante, enfrentar, coerente e consistentemente, o mérito dessas questões em bloco, na ciência de que o contrato supérfluo, tóxico, ou demasiado oneroso não pode ser tolerado. Tendo em conta o art. 50 da Lei 9.784/99, cogente a motivação aprofundada, em todas as licitações e contratações públicas, de sorte a dar conta dos requisitos multidimensionais da sustentabilidade.

Não se deve esquecer que, consoante o inciso I, do citado art. 50, da Lei 9.784, a motivação é impositiva sempre que os atos administrativos negarem, limitarem ou afetarem direitos e interesses. Ora, por conta das atuais circunstâncias, nada está mais exposto ao exame dos efeitos e dos impactos sistêmicos sobre os direitos (das gerações presentes e futuras) do que as decisões administrativas à luz do princípio constitucional da sustentabilidade.

Como assinalado, superada a fase decisória, é o momento de definir, com precisão, o objeto e inserir, no exame de habilitação e no rol de critérios avaliativos da proposta mais vantajosa, os parâmetros de sustentabilidade ambiental, econômica e social. Requisitos que, na etapa de julgamento das propostas, ultrapassam – sem excluir – o exame das formas.

Mais: no projeto básico, quando se cogita de orçamento detalhado, importa que constem as estimativas de custos diretos e dos relacionados às externalidades negativas. Não faz sentido levantar o custo econômico imediato para a construção de um prédio, sem pensar no custo de sua manutenção e de sua operação.

Por derradeiro, o teste de sustentabilidade se aplica ao cumprimento propriamente das obrigações pactuadas. Nessa fase, que não pode ser separada teleologicamente das anteriores, conferir-se-á se resulta bem sucedida a execução do ajuste, consoante o planejamento de custos e benefícios, expostos à reavaliação permanente dos aspectos comensuráveis e incomensuráveis, com a observância do equilíbrio econômico-financeiro intangível. No ponto, por exemplo, impõem-se cuidados adicionais de fiscalização do pós-licenciamento ambiental, verificando o atendimento rigoroso das condicionantes.

3 Conclusões

Em recapitulação, eis os tópicos que se afiguram os mais relevantes para o teste obrigatório de sustentabilidade, aplicável às licitações e contratações administrativas de infraestrutura:

(a) Antes de começar a licitação, indispensável responder se existe comprovada conveniência de iniciar o procedimento, assim como se há, disponíveis ou disponibilizáveis projetos alternativos. Aqui, as perguntas centrais são: a decisão administrativa de licitar é compatível com o princípio da sustentabilidade em todas as suas dimensões?

(b) Na fase de implementação, destacam-se as seguintes indagações substanciais: Quais são as especificações do objeto que, sem discriminação negativa, reclamam um tratamento diferenciado, consoante o princípio da sustentabilidade? A análise da contratação administrativa contempla o ciclo de vida dos bens e serviços ou se encontra adstrita à variável preço, numa perspectiva temporalmente míope? A contratação em tela proporciona resultados defensáveis a longo prazo ou acarreta ablação da chance de gerações futuras alcançarem o próprio bem-estar?

(c) Na terceira fase, a questão-chave é: As obrigações pactuadas, segundo o edital sustentável, são cumpridas a contento?

Uma vez diligentemente enfrentadas tais questões (reciprocamente implicadas), a contratação pública de infraestrutura tem o condão de contribuir à instauração de ambiência dos negócios de cores limpas, inclusive eticamente. Nesses moldes, os critérios de sustentabilidade são redefinidores dos modos de produção e de consumo, descarbonizando a economia, seja pela ressignificação dos elementos vinculados de julgamentos do certame, seja pela sua operacionalização em outras bases.

Em última análise, o mandamento da sustentabilidade *proíbe* a ineficiência e a ineficácia (finalidade inibitória) nas contratações públicas. *Obriga* a prevenção e a antecipação, com planejamento estratégico e antevisão de seus resultados (finalidade antecipatória e prospectiva). *Estimula* e induz os comportamentos intertemporalmente responsáveis (finalidade indutora) dos contratatados, fornecedores e usuários. Em suma, a contratação pública sustentável pode-deve servir como fomento poderoso ao desenvolvimento de longo espectro, com ênfase para a saúde pública e o ambiente limpo, nada se contratando que não se aprove sob o crivo justo e ponderado dos benefícios líquidos (sociais, ambientais e econômicos).

Informação bibliográfica deste texto, conforme a NBR 6023:2002 da Associação Brasileira de Normas Técnicas (ABNT):

FREITAS, Juarez. Direito da infraestrutura e a sindicabilidade dos benefícios sociais, ambientais e econômicos. *In*: PONTES FILHO, Valmir; MOTTA, Fabrício; GABARDO, Emerson (Coord.). *Administração Pública*: desafios para a transparência, probidade e desenvolvimento. XXIX Congresso Brasileiro de Direito Administrativo. Belo Horizonte: Fórum, 2017. p.185-188. ISBN 978-85-450-0157-7.

ALGUNS APONTAMENTOS NA DISCUSSÃO SOBRE REGIME JURÍDICO DAS CARREIRAS DE ESTADO: PONTOS DE APROXIMAÇÃO E DISTANCIAMENTO ENTRE PRERROGATIVAS E RESPONSABILIZAÇÃO DOS MEMBROS DO JUDICIÁRIO, DO MINISTÉRIO PÚBLICO E DA ADVOCACIA PÚBLICA FEDERAL, ESTADUAL E MUNICIPAL

JUSCIMAR PINTO RIBEIRO

1 Introdução

O Instituto Brasileiro de Direito Administrativo (IBDA) realizou, entre 21 e 23 de outubro de 2015, no Centro de Convenções de Goiânia-GO, a XXIX edição do Congresso Brasileiro de Direito Administrativo. O tema central do evento foi Administração Pública: desafios para a transparência, probidade e desenvolvimento. Assuntos como a atuação do Ministério Público, Poder Judiciário e Tribunais de Contas nas diversas etapas da contratação, bem como o concurso público, a terceirização e a eficiência na gestão pública, a administração pública no século XXI, a licitação e o regime diferenciado para MPEs, entre outras questões, foram abordados nos três dias de debates. Tive a grata oportunidade de participar do referido evento ao integrar, como substituto do Prof. Bruno Belém, do 9º Painel, que teve como TEMA: Regime jurídico das carreiras de Estado: pontos de aproximação e distanciamento entre prerrogativas e responsabilização dos membros do Judiciário, do Ministério Público e da advocacia pública federal, estadual e municipal. O mencionado painel teve como Mediador: Rodrigo Valgas (SC) e ainda como demais participantes, Carolina Zancaner Zockun (SP), o mestre de todos nós, José dos Santos Carvalho Filho (RJ).

Na discussão do tema, fiz algumas considerações que entendo oportuno aqui mencionar, no diz respeito ao papel que a Magistratura, o Ministério Público e a Advocacia Pública tem no ordenamento constitucional e sua relevância no Estado Democrático e de Direito.

2 A inserção da Magistratura, Ministério Público e Advocacia Pública como carreiras de Estado

As carreiras da Magistratura, do Ministério Público e da Advocacia Pública são consideradas carreiras típicas de Estado, a que se referem às atribuições relacionadas exclusivamente ao estado ou poder estatal, sem ter nenhum vínculo e correspondência no setor privado. Em resumo os servidores das carreiras típicas de estado são encarregados das tarefas que só o poder público pode exercer.

O entendimento majoritário do que sejam as "carreiras típicas de Estado" é de tratar-se daquelas que exercem principalmente atividades que necessitam de grande padrão de independência funcional para o correto e efetivo desempenho de suas atribuições.

A Constituição fornece uma diretriz sólida para a sua conceituação: a caracterização da *exclusividade* estatal não decorrerá de um critério orgânico, segundo o qual o servidor que exerce suas funções em órgão ou entidade estatal seria enquadrado no art. 247 da Constituição pelo simples fato de pertencer a esse órgão tido como executor de "atividade exclusiva de Estado", mas sim de um critério que se pode denominar de funcional: as atribuições do cargo ocupado é que serão levadas em consideração para a definição das atividades exclusivas de Estado, tendo como cerne, em decorrência disso, o servidor que ocupe esse posto e não o órgão em que há desempenho do seu trabalho.

O alcance da expressão "atividade exclusiva de Estado" é ainda controvertido na doutrina que se debruça sobre o tema. Parte dela entende, de forma restritiva, que, afora os membros de Poder, as atividades exclusivas de Estado seriam apenas relativas à regulamentação, à fiscalização e ao fomento. Outros setores especializados, identificando atividade exclusiva de Estado com carreira típica de Estado, entendem que tais atividades são apenas as exercidas por diplomatas, fiscais, administradores civis, procuradores e policiais. A despeito do dissenso travado acerca do referido conceito, bem como da confusão que muitas vezes se faz entre atividade típica e carreira típica de Estado, temos que, de fato, a Carta Constitucional conferiu à lei o mister de determinar quais as carreiras e as atividades que devem ostentar tal título.

No tocante às carreiras aqui tratadas existe um consenso de que são sim carreiras típicas de estado.

3 O auxílio moradia aos membros da magistratura e do ministério público e o regime de subsídio

A remuneração sob a forma de subsídio foi estabelecida, enquanto instrumento da política remuneratória da Administração Pública Federal, pela Emenda Constitucional nº 19, de 4 de junho de 1998. Trata-se de um novo conceito, instituído nos termos do 4º do art. 39 da Constituição Federal, na forma a seguir:

> 4º O membro de Poder, o detentor de mandato eletivo, os Ministros de Estado e os Secretários Estaduais e Municipais serão remunerados exclusivamente por subsídio fixado em parcela única, vedado o acréscimo de qualquer gratificação, adicional, abono, prêmio, verba de representação ou outra espécie remuneratória, obedecido, em qualquer caso, o disposto no art. 37, X e XI.

O subsídio é, portanto, precipuamente, uma forma de retribuição orientada, original e obrigatoriamente, a agentes políticos que ocupam cargos públicos intrínsecos à estrutura do Estado como forma de expressão dos Poderes da República, nos três níveis de Governo. Pretende o comando constitucional, por meio do subsídio, impedir que tais agentes tenham sua retribuição composta por vantagens ou parcelas remuneratórias que impeçam a plena e fácil identificação pelos cidadãos dos seus valores efetivos. Dessa forma, ao determinar que tais agentes públicos sejam remunerados por subsídio fixado em parcela única, pretende impedir que lhes possam ser acrescidas ou concedidas quaisquer outras vantagens com natureza remuneratória. Tal parcela, porém, fixada por lei, há de ser preservada da corrosão inflacionária por meio da aplicação do princípio da revisão geral anual (art. 37, X), mas, também, limitada ao teto remuneratório do serviço público, que é a remuneração dos Ministros do Supremo Tribunal Federal (art. 37, XI).

A regulamentação nacional do pagamento, a juízes e membros do Ministério Público, de "auxílio-moradia", gerou enorme repúdio da sociedade, tendo em vista saltar aos olhos que esses importantíssimos agentes públicos, essenciais ao Estado Democrático de Direito, são suficientemente remunerados para aquisição de moradias dignas, enquanto outros tantos brasileiros, trabalhadores ou não, que não dispõem de rendimentos mensais tão elevados, não recebem esse tipo de auxílio estatal para subsidiar as suas despesas com habitação.

O que já era uma mal disfarçada forma de obter um reajuste em suas remunerações sem que isso fosse feito pela via adequada ficou escancarado com a constrangedora defesa pelas entidades representativas das mencionadas carreiras, quando afirma esse auxílio-moradia na verdade disfarça um aumento do subsídio que está defasado há muito tempo.

Com efeito, na raiz da decisão monocrática proferida pelo Ministro do STF Luiz Fux (Medida Cautelar da Ação Originária 1.773-DF), que deu ensejo à edição da Resolução nº 199 do Conselho Nacional de Justiça (resolução que regulamenta a concessão de auxílio-moradia aos juízes), está a fundamentação de que essa "ajuda de custo" possui respaldo na LOMAN (Lei Orgânica da Magistratura Nacional – Lei Complementar nº 35/79) e também na Lei Orgânica do Ministério Público da União (Lei Complementar nº 75/1993).

Ocorre que essas duas leis são anteriores ao novo regime constitucional impositivo da sistemática de remuneração de diversos agentes públicos, dentre eles magistrados e membros do Ministério Público, em forma de subsídio (parcela única), instituído pela emenda constitucional nº 19/1998; suas incompatibilidades com a Constituição, portanto, são patentes, tudo como de resto já foi aqui comentado, na coluna publicada em 25.01.2012, a propósito da instituição desse benefício aos juízes e membros do Ministério Público do Estado de Sergipe.

A Constituição Federal, desde a aprovação da emenda constitucional nº 19/98 (portanto, após a elaboração da Lei Orgânica da Magistratura Nacional – LOMAN – Lei Complementar nº 35/1979 e da Lei Orgânica Nacional do Ministério Público – Lei nº 8.625/1993), determina que magistrados e membros do Ministério Público, dentre outros agentes públicos, somente podem ser remunerados em parcela única (regime de subsídios).

Os magistrados são membros de poder. E os membros do Ministério Público também se submetem à obrigatoriedade do regime remuneratório em parcela única (subsídios) por força do que estabelece o Art. 128, §5º, inciso I, alínea "c" (norma que assegura a garantia de irredutibilidade de subsídio, fixado na forma do §4º do Art. 39).

Mais evidente não pode ser, portanto, a inconstitucionalidade de qualquer previsão legislativa assecuratória do pagamento de verba denominada "auxílio-moradia" para juízes e membros do Ministério Público, quando interpretada como verba de caráter puramente remuneratório.

A Constituição Federal não permite o recebimento, pelos "membros de poder", de outras parcelas remuneratórias além do subsidio, fixado em parcela única. De acordo com o artigo 128, §5º, da Constituição Federal, com a redação dada pela Emenda Constitucional n. 19, esta é também uma garantia dos membros do Ministério Público. A Emenda Constitucional n. 19, quanto a esse tópico, é medida moralizadora, evitando que agentes políticos recebam uma variedade de gratificações. O subsídio, fixado em parcela única, dignifica a remuneração, conferindo-lhe clareza e seriedade.

O caráter moralizador da novidade introduzida pela EC nº 19/98, aponta que o regime de subsídios dignifica a remuneração, dando-lhe clareza e seriedade, também é registrado por Fernanda Marinela:

> A segunda modalidade introduzida com a Reforma Administrativa de 1998 foi denominada subsídio e passou a ser atribuída a certos cargos da estrutura estatal. Essa retribuição mensal do servidor é constituída por uma parcela única, sendo vedados aditamentos ou acréscimos de qualquer espécie (art. 39, §4º). O objetivo da exclusão da parcela variável, formando um todo remuneratório único, é tornar mais visível e controlável a retribuição de determinados casos, evitando os aumentos descontrolados gerados pela criação de parcelas variáveis sem qualquer critério.[1]

Não é difícil perceber: sendo os subsídios fixados em parcela única, qualquer reajuste no valor da retribuição pecuniária que aos juízes e membros do Ministério Público pelo exercício de suas relevantes e indispensáveis atribuições deverá ser objeto de lei (uma única lei para cada carreira) que efetue esse reajustamento. Daí a maior facilidade de acompanhamento, pela sociedade, da atividade legislativa para esse fim eventualmente destinada. Daí a maior transparência, do que decorre maior efetividade do controle social.

Resta analisar o tema, então, na perspectiva do suposto caráter indenizatório (ressarcimento de despesas) do auxílio-moradia.

De fato, o regime remuneratório de agentes públicos em parcela única (subsídios) não impede que recebam, conforme previsão legal, verbas referentes ao ressarcimento de despesas que eventualmente precisem realizar por necessidade do serviço (a exemplo de ajuda de custo para despesas com transporte e mudança).

Ocorre que, no caso de magistrados e membros do Ministério Público, esse caráter indenizatório do auxílio-moradia fica totalmente descaracterizado diante da obrigação constitucional de os juízes e membros do Ministério Público residirem na comarca em que atuam.

Com efeito, a Constituição Federal dispõe, no Art. 93, inciso VII, que "o juiz titular residirá na respectiva comarca, salvo autorização do tribunal" (grifou-se), disposição

---

[1] MARINELA, Fernanda. *Direito Administrativo*. 5. ed., 2011, p. 697.

que se aplica aos membros do Ministério Público tendo em vista a previsão do Art. 129, §4º ("aplica-se ao Ministério Público, no que couber, o disposto no Art. 93"), portanto, a exigência de que o membro resida na comarca impede que, em regra, se confira ao auxílio-moradia natureza indenizatória, de forma que devem custear sua própria moradia com o valor que recebem a título de subsidio.

Aliás, o Ministro do STF Gilmar Mendes já lecionou, em voto proferido na ADI nº 3783:

> "O auxílio-moradia constitui vantagem remuneratória de caráter indenizatório. Portanto, é devido apenas em virtude da prestação das atividades institucionais em local distinto, enquanto estas durarem. Como decorre da própria lógica do sistema remuneratório, o auxílio moradia visa ressarcir os custos e reparar os danos porventura causados pelo deslocamento do servidor público para outros locais que não o de sua residência habitual. Dessa forma, parece lógico que tal vantagem seja deferida apenas àqueles servidores em plena atividade, que se encontrem nessa específica situação, e apenas enquanto ela durar, não se incorporando de forma perpétua aos vencimentos funcionais do servidor".[2]

Juízes e Membros do Ministério Público exercem funções essenciais ao Estado Democrático de Direito. A sua independência funcional – e os meios que a assegurem – constituem garantia da sociedade, que necessita de um Ministério Público atuante e proativo, bem como de um Poder Judiciário livre e acessível, como manifestações essenciais do controle do poder estatal e dos abusos dos agentes públicos, em especial os agentes políticos, como também de preservação e efetivação de seus direitos fundamentais.

Exatamente por esse motivo não devem comprometer a sua alta credibilidade social com uma mal disfarçada – e agora explicitamente assumida, pelas entidades representativas de classe – tentativa de reajuste do valor de seus subsídios pela via inconstitucional do "auxílio-moradia".

Se juízes e membros do Ministério Público estão, nesse momento, com suas remunerações fixadas em valores defasados, há anos sem reajuste, que sejam então reajustados os seus subsídios (reajuste que, particularmente, defendo). Para isso, há necessidade de convencimento sincero da sociedade, capaz de impulsionar força política para a aprovação de lei que, desde o valor do subsídio dos Ministros do STF (teto de remuneração dos agentes públicos), recomponha o valor dos subsídios dos magistrados e membros do Ministério Público.

4 Aspectos da atuação da advocacia pública

Também integrante das carreiras típicas de Estado, a Advocacia Pública exerce importante função no ordenamento jurídico pátrio. O advogado público é agente essencial ao funcionamento da Justiça e um elemento indispensável para realizar o Estado Democrático de Direito, competindo-lhe também colaborar para que as políticas públicas sejam formuladas e executadas de acordo com o ordenamento jurídico, vez

---

[2] <http://www.stf.jus.br/portal/processo/verProcessoAndamento.asp?numero=3783&classe=ADI&origem=AP&recurso=0&tipoJulgamento=M>.

que o espaço de atuação da atividade jurídica do Estado não se confunde com o campo das escolhas políticas legítimas dos representantes do povo. Nesse sentido, compete aos advogados públicos refletir sobre os caminhos constitucionais, legais e normativos para a execução das políticas públicas, sem impor posições ideológicas a respeito das alternativas de escolhas políticas.

A advocacia pública (ou advocacia de Estado) tem sido objeto de artigos, discussões em seminários e também de consideração por parte dos advogados de carreira que nos Estados e Municípios desempenham atividade jurídica nas secretarias estaduais e municipais e nas suas entidades da administração indireta. No momento em que tais advogados públicos de carreira se organizam em associações visando a equacionar os problemas de suas situações funcionais, no tocante a prerrogativas, garantias e dignidade profissional, em face dos preceitos constitucionais e legais em vigor, faz-se oportuna esta reflexão, objetivando motivar a construção da advocacia pública no âmbito dos Poderes Públicos da nação.

A Constituição da República de 1988, alterada pela Emenda Constitucional nº 19/98, organizando os poderes do Estado, dispôs sobre as Funções Essenciais à Justiça, elencando aí a "Advocacia Pública", como segue:

SEÇÃO – II

DA ADVOCACIA PÚBLICA

(Redação dada pela Emenda Constitucional nº 19, de 04.06.98)

Art.131. A Advocacia-Geral da União é a instituição que, diretamente ou através de órgão vinculado, representa a União, judicial e extrajudicialmente, cabendo-lhe, nos termos da lei complementar que dispuser sobre sua organização e funcionamento, as atividades de consultoria e assessoramento jurídico do Poder Executivo.

§1º – A Advocacia-Geral da União tem por chefe o Advogado-Geral da União, de livre nomeação pelo Presidente da República dentre cidadãos maiores de trinta e cinco anos, de notável saber jurídico e reputação ilibada.

§2º – O ingresso nas classes iniciais das carreiras da instituição de que trata este artigo far-se-á mediante concurso público de provas e títulos.

§3º – Na execução da dívida ativa de natureza tributária, a representação da União cabe à Procuradoria-Geral da Fazenda Nacional, observado o disposto em lei.

Art. 132. Os Procuradores dos Estados e do Distrito Federal, organizados em carreira, na qual o ingresso dependerá de concurso público de provas e títulos, com a participação da Ordem dos Advogados do Brasil em todas as suas fases, exercerão a representação judicial e a consultoria jurídica das respectivas unidades federadas. (Redação dada pela Emenda Constitucional nº 19, de 04/06/98)

Parágrafo único. Aos procuradores referidos neste artigo é assegurada estabilidade após três anos de efetivo exercício, mediante avaliação de desempenho perante os órgãos próprios, após relatório circunstanciado das corregedorias. (Redação dada pela Emenda Constitucional nº 19, de 04/06/98)

SEÇÃO – III

DA ADVOCACIA E DA DEFENSORIA PÚBLICA

Art. 133. O advogado é indispensável à administração da justiça, sendo inviolável por seus atos e manifestações no exercício da profissão, nos limites da lei.

(...)

Art. 135. Os servidores integrantes das carreiras disciplinadas nas Seções II e III deste Capítulo serão remunerados na forma do art. 39, §4º. (Redação dada pela Emenda Constitucional nº 19, de 04.06.98)

A Carta Federal de 1988, ao instituir o Estado brasileiro sob a forma de Federação, conforme disposto nos seus artigos 18, *caput*; 25, *caput* e 27, *caput,* confere aos Estados e aos Municípios autonomia de organização de seus órgãos e serviços administrativos, contidos aí os jurídicos, observados os princípios da Constituição Federal e as disposições legais pertinentes. Embora estabelecendo o figurino básico, não disciplinou exaustivamente a "advocacia pública" nestes âmbitos, deixando um hiato a ser preenchido pelos constituintes estaduais e legisladores estaduais e municipais respectivos.

Assim, no tocante aos Estados, a Carta Federal fixou aos Procuradores do Estado o exercício da representação judicial e da consultoria jurídica das respectivas unidades federadas, i. e., do ente ou da entidade matriz estadual; tratou dos "procuradores dos Estados", organizados em carreira, e não das "Procuradorias" como instituição abrangente de todos os serviços jurídicos da administração pública estadual (direta e indireta), como o fizera, de certa forma e no seu âmbito, com a Advocacia-Geral da União e a Defensoria Pública da União e dos Estados. Silenciou sobre os Procuradores ou Procuradorias municipais, sendo que está em tramitação importante proposta de Emenda à Constituição – PEC, visando a suprir essa lacuna constitucional.

A administração pública de qualquer dos Poderes da União, dos Estados, do Distrito Federal e dos Municípios, compreende a administração direta e a indireta, conforme também expresso com todas as letras na Constituição da República (art. 37, *caput*). A administração pública estadual (e também municipal) opera através de suas secretarias bem como de suas autarquias, fundações públicas, agências reguladoras e executivas (a par de empresas públicas e sociedades de economia mista).

A atividade do advogado público no âmbito da Administração Pública é singular. É que enquanto o administrador ou empregado privado podem fazer tudo o que a lei não lhes proíbe, já o administrador, o gestor ou servidor público só podem fazer o que a lei lhes permite. Daí que, estando a Administração Pública sob a égide da Lei, praticamente não existe processo, contrato, convênio, ajuste, licença ou outro ato administrativo de importância para a administração pública ou para os administrados que não deva passar pelo crivo da análise jurídica do advogado público de carreira, que nas entidades públicas componha seus quadros funcionais. Definições jurídicas importantes lhes são cometidas implicando inescusável responsabilidade profissional e funcional. A tal encargo – múnus público – deve corresponder, por evidente, consentânea garantia e dignidade profissional, visando a assegurar-lhe a independência técnica, de modo a exercer suas atividades de acordo com suas convicções profissionais e em estrita observância aos princípios constitucionais da administração pública e ao ordenamento jurídico imperante. Essas prerrogativas não são "do" advogado público, são "para" o advogado público zelar pelo interesse público, da coletividade, sem pressões ou submissões indevidas.

Cláudio Grande Júnior, Procurador do Estado em Goiás (in "A Advocacia Pública no Estado Democrático de Direito")[3] define, com propriedade:

> "... a advocacia pública é o conjunto de funções permanentes, constitucionalmente essenciais à Justiça e ao Estado Democrático de Direito, atinentes à representação judicial e extrajudicial das pessoas jurídicas de direito público e judicial dos órgãos, conselhos e fundos administrativos excepcionalmente dotados de personalidade judiciária, bem

---

3   GRANDE JÚNIOR, Cláudio. A advocacia pública no Estado democrático de direito. *Doutrina ADCOAS*, Rio de Janeiro, ano 7, n. 23, p. 450-451, 1. quinzena dez. 2005.

como à prestação de consultoria, assessoramento e controle jurídico interno a todos as desconcentrações e descentralizações, verificáveis nos diferentes Poderes que juntos constituem a entidade federada".

São aos profissionais do direito integrantes de carreiras institucionalizadas em vários Estados da Federação (e também em alguns Municípios) que são cometidas atribuições de assessoramento jurídico importantes no controle da legitimidade e da legalidade dos atos administrativos, em especial em licitações, contratos e convênios, além da apreciação de autorizações e licenciamentos e outros atos, cuja licitude e regularidade são imprescindíveis para a boa, eficiente e proba gestão da coisa pública.

Considere-se, a título de exemplo, o disposto no parágrafo único do art. 38 da Lei nº 8.666, de 21 de junho de 1993, que estabelece normas gerais sobre licitações e contratos administrativos pertinentes a obras, serviços (inclusive de publicidade), compras, alienações e locações no âmbito dos Poderes da União, dos Estados, do Distrito Federal e dos Municípios:

> Art. 38 – *omissis*
> Parágrafo único – As minutas de editais de licitação, bem como as dos contratos, acordos, convênios ou ajustes devem ser previamente examinadas e aprovadas por assessoria jurídica da Administração.

Ora, é notória a extrema importância deste exame e aprovação prévia a ser efetuado pelos profissionais do Direito das assessorias jurídicas dos órgãos da administração pública direta e indireta para assegurar a legitimidade, a legalidade e a moralidade dos atos licitatórios visando o cumprimento dos ditames da lei por parte dos gestores públicos. No âmbito das autarquias, fundações públicas e agências da administração indireta em alguns Estados e Municípios da Federação são ou deveriam ser os advogados ou procuradores pertencentes a carreiras próprias instituídas a desempenharem tal exame e aprovação prévia. Impende enfatizar que no âmbito da administração indireta (autarquias, fundações públicas, agências) são promovidos vultosos procedimentos licitatórios cuja legalidade é imperioso seja resguardada, sem que tais advogados públicos tenham que se sujeitar aos gestores de plantão e a interesses outros, mas tão somente aos imperativos da Lei e da Constituição.

Com propriedade salienta Alexandre Magno Fernandes Moreira, procurador do Banco Central em Brasília e professor de Direito Penal e Direito Processual Penal na Universidade Paulista (in "Advogado público serve para defender a ordem pública" – site CONJUR – 18/07/2007),[4] que

> "... a legalidade dos atos administrativos deve ser verificada exatamente por aqueles profissionais qualificados para o mister: os advogados públicos. Essa verificação é exatamente o controle interno dos atos administrativos, previsto expressamente pela Constituição (art. 74). Antes, durante ou mesmo depois da expedição desses atos, é indispensável que o advogado público verifique sua legalidade. Para o efetivo exercício do controle interno, é indispensável que exista independência do profissional que o realize, sob pena de se tornar suscetível a pressões políticas em sentido contrário ao prescrito no ordenamento jurídico".

---

[4] Disponível em:<http://www.conjur.com.br/2007-jul-18/advogado_publico_serve_defender_ordem_publica>.

Considere-se recente *leading case* em que o Supremo Tribunal Federal, apreciando o Mandado de Segurança nº 24.584,[5] que trata de causa em que procuradores federais afirmavam que o TCU, ao realizar auditoria e fiscalização sobre pareceres jurídicos que eles emitiram, responsabilizou-os por manifestações jurídicas, proferidas no exercício de suas atribuições profissionais, decidiu:

> Ementa: ADVOGADO PÚBLICO – RESPONSABILIDADE – ARTIGO 38 DA LEI Nº 8.666/93 – TRIBUNAL DE CONTAS DA UNIÃO – ESCLARECIMENTOS. Prevendo o artigo 38 da Lei nº 8.666/93 que a manifestação da assessoria jurídica quanto a editais de licitação, contratos, acordos, convênios e ajustes não se limita a simples opinião, alcançando a aprovação, ou não, descabe a recusa à convocação do Tribunal de Contas da União para serem prestados esclarecimentos.

Em síntese ficou expresso neste julgado o entendimento que o artigo 38 da Lei 8.666/93 (Lei de Licitações) imporia responsabilidade solidária aos procuradores, quando dispõe que as minutas de editais de licitação devem ser previamente examinadas e aprovadas por assessoria jurídica da administração, assumindo responsabilidade pessoal solidária pelo que foi praticado.

Do percuciente e acatado voto do insigne Ministro Marco Aurélio de Farias Mello do Supremo Tribunal Federal, relator do mencionado *writ*, extrai-se o trecho abaixo de onde ressoam justas e admoestadoras palavras:

> "O momento é de mudança cultural; o momento é de cobrança e, por via de consequência, de alerta àqueles que lidam com a coisa pública. Os servidores públicos submetem-se indistintamente, na proporção da responsabilidade de que são investidos, aos parâmetros próprios da Administração Pública. A imunidade profissional do corpo jurídico – art. 133 da Constituição Federal – não pode ser confundida com indenidade. Fica sujeita, na administração Pública, aos termos da lei, às balizas ditadas pelos princípios da legalidade e da eficiência. Dominando a arte do Direito, os profissionais das leis também respondem pelos atos que pratiquem. (...) A assim não se concluir, grassará não o ato técnico e responsável, mas a conveniência de plantão, o endosso fácil à óptica do administrador maior, pouco importando, nessa subserviência, os prejuízos à coisa pública".

Ora, os procuradores e/ou advogados de carreira da Advocacia Pública, diante de tal responsabilidade pessoal e funcional, encontram dificuldades, até mesmo inviabilizantes, no cumprimento de suas atribuições sem que detenham, em regime funcional adequado, prerrogativas, garantias e dignidade profissional que devem ser conferidas à Advocacia Geral da União ou aos Procuradores do Estado. O Estado, na essência, é um só; a *res publica* merece indistinto cuidado jurídico; inadmissível, portanto, que advogados públicos de carreira sejam mantidos ou colocados em situação de desvantagem ou detrimento funcional para atuar no âmbito da administração pública.

Conforme consta em comentário ao artigo (veiculado pelo site "Consultor Jurídico" – 12/08/2008)[6] de lavra de Thiago Luís Sombra, procurador do Estado de São Paulo e Carlos Odon Lopes da Rocha, procurador do Distrito Federal,

---

[5] Disponível em: <http://stf.jusbrasil.com.br/jurisprudencia/2930635/mandado-de-seguranca-ms-24584-df>.

[6] Disponível em: <http://www.conjur.com.br/2008-ago-12/falta_autonomia_enfraquece_advocacia_publica>.

"A Advocacia Pública que sonhamos não se fará completa com a exclusão deste contingente de advogados públicos de carreira nos Estados e Municípios que organizaram seus serviços jurídicos atendendo a sua realidade e a competência que lhes foi outorgada pelos textos legais vigentes. A simetria com a União se impõe, onde os procuradores federais dos mais variados órgãos da administração indireta foram integrados na Advocacia Pública da União. É hora de integrar e não de separar. Os advogados pertencentes aos quadros de carreira em qualquer âmbito da administração pública, se integrados e resguardados pelas prerrogativas (propostas na PEC 82) podem fazer a ansiada diferença no trato da res publica. O que devemos repudiar é o apóstrofe de advogados de "segunda classe" neste intento de construção da Advocacia Pública".

E de outra sorte, em comentário ao artigo "Pressão Econômica – Advocacia de Estado deve ser blindada de poder político" (veiculado pelo site "Consultor Jurídico" – 21 de junho de 2008)[7] escrito por Marco Antonio Perez de Oliveira, advogado da União, aduzimos:

"Sem este contingente de advogados públicos de carreira (sejam eles denominados procuradores, advogados, gestores, assessores) integrados na Advocacia Pública, com prerrogativas de atuação e independência, (conforme preconiza a PEC 82) remanescerá, ao lado de advogados públicos desprestigiados no seu cargo, o fértil terreno em que viceja a erva daninha dos apadrinhados políticos e comissionados exercendo "funções jurídicas", fora dos quadros de carreira e sem compromisso de vida profissional com a administração pública".

Por todo o exposto, buscando que o preceito constitucional da inviolabilidade do advogado público por atos e manifestações no exercício profissional, nos limites da lei (art. 133 da CR), não resulte em letra morta, no âmbito da administração pública, tem-se como indubitável, que, devam ser conferidas, mediante regime funcional adequadamente estabelecido em lei, prerrogativas e garantias de inamovibilidade, irredutibilidade de vencimentos ou subsídios, dignidade remuneratória e independência técnica, aos integrantes das carreiras da Advocacia Geral da União e das Procuradorias do Estado, de modo a consolidar a Advocacia Pública em todos os âmbitos da administração pública nacional, de maneira que possa, efetivamente, corresponder aos ditames constitucionais, legais e funcionais pertinentes e, sobretudo, ensejar condições ao devido e necessário cuidado da *res publica*.

5 Considerações finais

A discussão sobre regime remuneratório das carreiras da Magistratura e do Ministério Público, fixados constitucionalmente por subsídio e as vantagens extraordinárias a título de auxilio moradia e outras verbas concedidas à pretexto de compensação por ausência de atualização dos subsídios, bem como a necessidade de adequação de tais subsídios e da valorização das referidas carreiras essenciais ao Estado Democrático e de Direito tem de ser feito de forma clara, frontal, e não como se tem feito, de forma que deixa transparecer à sociedade um privilégio de tais carreiras. Tais carreiras, pela

---

[7] Disponível em <http://www.conjur.com.br/2008-jun-21/advocacia_estado_blindada_poder_politico>.

relevância e importância para a sociedade, não podem ficar à mercê de soluções anti-jurídicas e questionáveis do ponto de vista da moralidade administrativa, por causa de ausência de implementação do mandamento legal e constitucional de atualização dos subsídios.

A valorização da Advocacia Pública é uma necessidade, valorização esta que passa pela autonomia, independência funcional, qualificação permanente, remuneração condigna, vez que tais operadores jurídicos devem atuar precipuamente na salvaguarda do interesse do Estado Brasileiro. Urge a consolidação da autonomia da Advocacia Pública. Neste sentido, pugnamos para que a Advocacia Pública no âmbito dos Municípios também seja profissionalizada, com simetria constitucional, e claro, levando em conta a realidade econômica de cada ente federado, de forma que os Municípios que tenham condições estruturais para tanto instalem suas Procuradorias, neste sentido, em boa hora se faz a aprovação de proposta de emenda à Constituição que integre esse mandamento no texto constitucional, respeitada a autonomia e a realidade de cada ente federado.

Referências

BANDEIRA DE MELLO, Celso Antônio. *Curso de direito administrativo*. 26. ed. São Paulo: Malheiros, 2009.

BALDIVIESO, Pablo Enrique Carneiro. Advocacia Pública x Poder Executivo: independência técnica. *Revista Jus Navigandi*, Teresina, ano 18, n. 3488, 18 jan. 2013. Disponível em: <https://jus.com.br/artigos/23485>. Acesso em: 15 mar. 2016.

BASTOS, Celso Ribeiro. *Curso de direito constitucional*. São Paulo: Celso Bastos, 2002.

DALLARI, Adilson Abreu. *Regime constitucional dos servidores públicos*. 2. ed. São Paulo: Revista dos Tribunais, 1992.

MOREIRA NETO, Diogo de Figueiredo. As funções essenciais à justiça e as Procuraturas constitucionais. In: *Revista de Direito da Procuradoria Geral do Rio de Janeiro*, Rio de Janeiro, n. 45, p. 41-57, 1992, p. 4;

SILVA, José Afonso da Silva. *Curso de direito constitucional positivo*. 20 ed. São Paulo: Malheiros, 2001.

GRANDE JÚNIOR, Cláudio. A advocacia pública no Estado democrático de direito. *Doutrina ADCOAS*, Rio de Janeiro, ano 7, n. 23, p. 450-451, 1. quinzena dez. 2005.

MARINELA, Fernanda. *Direito Administrativo*. 5. ed., 2011.

<http://www.conjur.com.br/2008-jun-21/advocacia_estado_blindada_poder_politico>.

<http://www.conjur.com.br/2008-ago-12/falta_autonomia_enfraquece_advocacia_publica>.

<http://www.conjur.com.br/2007-jul-18/advogado_publico_serve_defender_ordem_publica>.

<http://stf.jusbrasil.com.br/jurisprudencia/2930635/mandado-de-seguranca-ms-24584-df>.

Informação bibliográfica deste texto, conforme a NBR 6023:2002 da Associação Brasileira de Normas Técnicas (ABNT):

RIBEIRO, Juscimar Pinto. Alguns apontamentos na discussão sobre regime jurídico das carreiras de estado: pontos de aproximação e distanciamento entre prerrogativas e responsabilização dos membros do judiciário, do ministério público e da advocacia pública federal, estadual e municipal. *In*: PONTES FILHO, Valmir; MOTTA, Fabrício; GABARDO, Emerson (Coord.). *Administração Pública*: desafios para a transparência, probidade e desenvolvimento. XXIX Congresso Brasileiro de Direito Administrativo. Belo Horizonte: Fórum, 2017. p. 189-199. ISBN 978-85-450-0157-7.

ALÉM DA SOCIEDADE DE ECONOMIA MISTA[1]

LUCIANO FERRAZ

1 Objetivos do trabalho

O escopo deste trabalho é avaliar a participação do Estado no setor empresarial, com luzes sobre parcerias com a iniciativa privada na constituição de sociedades que atuam nos domínios do mercado.[2] Pretende-se ver alguns dos diferentes formatos e meios dessa participação – e o que isso implica em termos de alteração de regime jurídico e da consectária submissão da entidade às normas derrogadoras do regime privado que lhes é típico.

O foco específico não haverá de ser as tradicionais sociedades de econômica mista, entidades administrativa cujos contornos comparecem tratados, com certa uniformidade, nos manuais de Direito Administrativo. Pretende-se tratar das empresas subsidiárias e de outras sociedades privadas controladas direta ou indiretamente pelo Poder Público, além das "empresas participadas" – figuras que certamente clamam tratativa mais sistematizada no contexto da organização administrativa brasileira.

---

[1] Este artigo foi elaborado em homenagem à Professora Maria Sylvia Zanella Di Pietro. Contou com a colaboração na pesquisa inicial de Vinícius Marins e nas pesquisas subsequentes, na revisão e na formatação de Bruna Corombarolli.

[2] Anoto que adicionalmente à posição tradicional da doutrina brasileira, que subdivide a atuação empresarial do Estado nos domínios da exploração de atividades econômicas em sentido estrito (art. 173) e da prestação de serviços públicos (art. 175), ambas conformando atividades econômicas em sentido amplo, tenho sustentado a partir de interpretação do artigo 174 da Constituição –, que a atuação do Estado nesse campo também pode se verificar no âmbito da atividade de fomento, do planejamento econômico (*v.g.* BNDES e Apex/Brasil) e da fiscalização (*v.g.* empresas de controle de trânsito). Também é de se ressaltar, no que toca à imprecisão da dicotomia (serviço público x atividade econômica) a cirúrgica anotação de Mário Engler Pinto Júnior ao tratar dos mecanismos de supervisão das empresas do Estado: "A Coordenação em nível macroeconômico tornou-se muito mais complexa, na medida em que as empresas estatais deixaram de ter autação meramente subsidiária da iniciativa privada e se tranformaram em concorrentes de peso nos mercados nacional e internacional" (PINTO JÚNIOR, Mário Engler. *Empresa Estatal: função econômica e dilemas societários*, 2. ed., São Paulo: Atlas, p. 137).

2 Contexto geral das empresas estatais na administração pública brasileira

O tema eleito insere-se no difícil capítulo das formatações organizacionais da Administração Pública com variantes significativas a depender da opção político legislativa de cada país.[3] E o uso de variadas formas de atuação do Estado, consoante necessidades de cada tempo, leva ao reconhecimento de um "polimorfismo organizatório" da Administração Pública, tema trabalhado com propriedade em excertos doutrinários alienígenas.[4]

Em linhas gerais reconhece-se a existência de um contínuo processo de reformulação e de reconfiguração na estrutura orgânica das decisões da Administração Pública e da própria natureza de seu direito regulador.

Segundo diagnóstico de Paulo Otero[5] dita temática encontra-se permeada fundamentalmente por uma interpenetração do Direito Privado na operatividade do Direito Administrativo, com o recurso à formatação de figuras híbridas que não aceitam categorização nos tipos comuns das entidades públicas.[6]

No Brasil, por influência do Decreto-Lei nº 200/67, considerável parte dos estudos de Direito Administrativo manteve-se atrelada a uma *concepção quadripartite* das possíveis entidades de natureza administrativa, consoante o art. 5º: *autarquia, empresa pública, sociedade de economia mista* e *fundação pública.*[7] A *tipicidade* da organização administrativa tornou-se regra na abordagem do tema, cabendo às pessoas políticas adequarem-se aos moldes preconcebidos pelo legislador federal.[8]

---

[3] Não apenas no Brasil, de modo geral o tema da organização administrativa tem sido examinada pela tradição jurídica. Na Alemanha, já em 1949, Ernst Fortshoff exortava a comunidade científica para o aprimoramento do estudo: *"Das Behörden –und Organisationsrecht hat bisher in der festen und gesicherten Platz gefunden (...). Es entsprach dem bürgerlichen Rechtsstaat, dem es vorzüglich, um die gesetzliche Sicherung von Freiheit und dem Einzelnen interessiert war, während er den Bereich des Organisatorischen in höheren Grade in seiner bisherigen Ordnung beliess (...)"* (FORSTHOFF, Ernst. *Lehrbruch des Verwaltungsrecht.* I Band. München, Beck, 1961, 8 Aufl., p. 375 a 378).

[4] Dentre outros, v. MOREIRA, Vital. *Administração Autónoma e Associações Públicas.* Coimbra: Almedina, p. 256. Em geral, no direito estrangeiro, tem prevalecido a ideia de "liberdade de formas" (*formenwahlfreiheit*) na organização administrativa, respeitados alguns limites, tais como a proibição do abuso de formas e a salvaguarda das vinculações jurídicas de direito público e dos direitos fundamentais dos administrados. Na Alemanha, por exemplo, a Constituição de 1949 outorga ampla liberdade de conformação administrativa a cada um dos entes políticos (*Bund, Lander* e *Gemeiden*). As entidades locais (equivalentes aos nossos municípios), por exemplo, desenvolveram longa tradição no uso de formas privadas de administração. Cf. SHOLZ, Rudolf. "Kriterien für die Wahl der Rechtsform". *Handbuch der Kommunalen Wissenschaft und Praxis.* Springer Verlag, 8 Auf, p. 128 e ss. Prevalece por lá, contudo, a noção de que é necessária a presença do poder de influência da Administração sobre a entidade criada (*Einwirkungsplicht*), independentemente da composição do capital.

[5] OTERO, Paulo. *Vinculação e liberdade de conformação do setor empresarial do Estado.* Coimbra: Coimbra Editora, 1998, p. 225.

[6] No Brasil, o polifomrismo orgnazatório é diversificado e comporta variação de enfoque. Não só porque existem entidades administrativas de um tipo, instituídas formalmente como se a outro tipo pertencessem, como também porque doutrina jurisprudência reconechem intercambiamento de regimes público e privado, em maior ou menor grau, a depender da atividade desenvolvidade por cada uma delas.

[7] Bem verdade que, a despeito da constitucionalização das noções de Administração Direta e Indireta (v.g., art. 37. CR), a inclusão de novas entidades no âmbito desta última, é matéria afeta à legislação infraconstitucional, como deixou ver a Lei 11.107/05 dispôs sobre os dos consórcios de direito público, determinando a inclusão dos consórcios de direito público no seio da Administração Indireta em todos os níveis.

[8] Não se pode deixar de anotar que tal concepção foi recepcionada pela Constituição de 1988, ao acolher a classificação e os formatos previstos pelo Decreto-lei 200/67.

Por outro lado, convém reconhecer que estruturas empresariais das quais o Estado Brasileiro participa não se adequam plenamente aos modelos descritos no Decreto-Lei 200/67. E mais: as variantes de regime jurídico aplicável revelam também a existência entre nós do aludido "poliformismo organizatório" – que merece ser acudido nas particularidades, ao invés de nas generalidades, com destaque para desenhos da associação empresarial do Poder Público com particulares.[9] O anunciado "poliformismo organizatório", no contexto brasileiro, situa-se numa situação peculiar, a mixar situações de fato, consolidadas pela *práxis*, com posições jurídicas (*rechtsposition*), fincadas em tímidas tentativas de absorção normativa do fenômeno.

Não é despiciendo o alerta de que a junção de esforços de capitais públicos e privados no setor empresarial prontamente não constitui novidade,[10] conquanto o formato a ensejar dita imbricação (com *status* institucional) tradicionalmente se tenha dado mercê das *sociedades economia mista* – entidades criadas a partir de autorização legal específica (art. 37, XIX, da Constituição), sob a forma de sociedade anônima, de capital aberto ou fechado, e cuja maioria das ações com direito a voto pertencem ao Poder Público ou a entidades de sua Administração Indireta (art. 5º, III, Dec.-Lei nº 200/67).[11]

Todavia, há situações em que os entes políticos ou as entidades de sua Administração Indireta obtêm participação acionária majoritária votante, equivalente ou minoritária em *empresas de capital conjugado*, exercendo, partilhando ou se submetendo ao controle decorrente da estrutura societária interna da entidade.[12] E nesse passo convém perquirir sobre o regime a que estarão submetidas, que certamente deverá ser menos rígidos do que aquele aplicável, com *diferentes graus de publicização*, às sociedades de economia mista.

Nos próximos itens analisarei essas formas menos estudadas de conformação empresarial do Estado (*entidades subsidiárias, sociedades controladas diretamente pelo Poder Público, sociedades controladas indiretamente pelo Poder Público e empresas participadas*).

---

[9] O problema não escapou à percepção, na Espanha, de Ariño Ortiz: "Es, ciertamente, un tema actual en esta encrucijada histórica de nuestro país (y de otros muchos, en Europa y América), pues no parece exagerado decir que, en esta materia, —papel del Estado en la economia y dimensión del sector empresarial público en una economia de mercado global— nos encontramos ante un cierto *tournant de l'histoire*". (ORTIZ, Gaspar Ariño. "De la empresa publica a la empresa con participación pública". *Revista Española de Derecho Administrativo*, n. 138, 1995, p. 8).

[10] A união entre capital público e privado na exploração de atividades econômicas de interesse público não é nova, podendo-se identificar sua origem nas companhias colonizadoras do século XVII – empreendimentos para os quais Estado e iniciativa privada se aliaram com o objetivo de conquistar o Novo Mundo. Sobre o tema, cf. FERRAZ, Luciano. Principais Apontamentos acerca das Sociedades de Economia Mista. *Revista do Tribunal de Contas de Portugal*, nº 26, Lisboa, jul.-dez., 1996.

[11] Em alguns países, como na França, admite-se a possibilidade de empresas de economia mista *minoritárias*. Houve quem defendesse tal figura no direito brasileiro, sem acolhida da comunidade jurídica (v. CRETELLA JÚNIOR, José. *Dicionário de Direito Administrativo*. Rio: Forense, 1978, p. 497).

[12] A Lei Complementar nº 101/2000 define empresa controlada como a *"sociedade cuja maioria do capital com direito a voto pertença, direta ou indiretamente, a ente da Federação"* (art. 2º, I) Estabelece, ainda, a categoria das empresas estatais dependentes: *"empresa controlada que receba do ente controlador recursos financeiros para pagamento de despesas de pessoal ou de custeio em geral ou de capital, excluídos, no último caso, aqueles provenientes do aumento da participação acionária"* (at. 2º, II).

3 Empresas subsidiárias

O modelo das entidades subsidiárias **tem** previsão nas fontes no direito empresarial que regula a figura no art. 251 da **Lei nº** 6.404/76 (Lei das Sociedades Anônimas). Como tal compreende-se a companhia constituída mediante escritura pública, tendo como *acionista único* sociedade brasileira, recebendo a denominação de *subsidiária integral*.[13]

A doutrina refere-se à subsidiária integral – **única** modalidade legalmente prevista com esse caráter – como hipótese intermediária entre a sociedade anônima e a sociedade unipessoal de responsabilidade limitada, hoje contemplada pelo nosso direito positivo (Lei nº 12.441/11). A subsidiária integral possui personalidade jurídica própria, de direito privado, que não se confunde com a personalidade de sua acionista única.

Na seara administrativa, não há uniformidade quanto aos contornos das sociedades subsidiárias, apresentando-se para parcela da doutrina como sinônimo de entidades *controladas*.[14] Geralmente, admite-se que a entidade matriz detenha a totalidade do capital da subsidiária – hipótese de *subsidiária integral;* ou ainda, que a entidade matriz detenha apenas o controle societário, mas não a integralidade do capital, do que resulta entidade *subsidiária parcial.*

Exigência fundamental é que as subsidiárias possuam como objeto social atividade específica dentro do leque daquelas a que empresa mãe se dedica; a criação da subsidiária, portanto, consistiria numa *técnica de descentralização empresarial*, adotada com o intuito de proporcionar maior especialização no desempenho de áreas determinadas que integram o objeto da empresa controladora.

O texto constitucional refere-se, no art. 37, XX, às *"subsidiárias das entidades mencionadas no inciso anterior"* (autarquias, empresas públicas, sociedades de economia mista e fundações estatais) e no art. 173, §1º (após a redação dada pela EC 19/98) dispõe que *"a lei estabelecerá o estatuto jurídico da empresa pública, da sociedade de economia mista e de suas subsidiárias...".*

Tais dispositivos deixam ver que a subsidiária está ligada a uma entidade da Administração Indireta (como regra, porém não necessariamente, a empresas públicas e a sociedades de economia mista). A rigor, as subsidiárias são entidades controladas pelo Poder Público, a despeito de a legislação infraconstitucional frequentemente empregar as expressões – *subsidiárias* e *controladas* – de maneira apartada.[15]

---

[13] CORRÊA-LIMA, Osmar Brina. *Sociedade Anônima*. Belo Horizonte: Del Rey, 3. ed., 2005, p. 389.

[14] É o caso de Marçal Justen Filho, para quem a empresa subsidiária é "aquela cujo controle acionário se encontra em poder de sociedade de economia mista ou empresa pública, a qual tem o poder de eleger a maioria dos administradores e determinar o destino societário. Tanto pode tratar-se de subsidiária integral como não, sendo o relevante o fenômeno do controle" (JUSTEN FILHO, Marçal. *Comentários à Lei de Licitações e Contratos Administrativo*. São Paulo: Dialética, 2009, p. 39).

[15] Uma das referências mais conhecidas está no art. 24, XIII, da Lei nº 8.666/93, que prevê a possibilidade de dispensa de licitação para *"contratação realizada por empresa pública ou sociedade de economia mista com suas subsidiárias e controladas, para a aquisição ou alienação de bens, prestação ou obtenção de serviços, desde que o preço contratado seja compatível com o praticado no mercado"*. Para citar outros exemplos relevantes, confira-se art. 1º, parágrafo único, da mesma lei; art. 2º, inciso II, da Lei de Responsabilidade Fiscal (Lei Complementar nº 101, de 04.05.2000); arts. 116, 243 e 251 da Lei das Sociedades Anônimas (Lei nº 6.404, de 15.12.1976); no art. 1.098 do Código Civil (Lei nº 10.406, de 10.01.2002); e Constituição de 1988, no art. 37, incisos XVII, XIX, XX e §9º. Fundamental assinalar que tais expressões variam de significado conforme o contexto normativo em que estejam inseridas. Ou seja, apresentam sentidos distintos em diferentes âmbitos, dependendo das finalidades das normas envolvidas.

Com efeito, em atenção à umbilical relação dessa figura societária com o direito empresarial, e, ainda, em decorrência das previsões legislativas reiteradas que contemplam concomitantemente *entidades subsidiárias* e *entidades controladas*, melhor seria compreender, pelas primeiras, apenas as *subsidiárias integrais*. As chamadas *subsidiárias parciais*, como se verá nos próximos tópicos, amoldar-se-iam ao conceito estrito (e não lato) de *entidades controladas* pelo Poder Público.[16]

O Supremo Tribunal Federal, posicionando-se sobre o assunto, asseverou que *as subsidiárias referidas na primeira parte do inciso XX do art. 37, da CR/88 são empresas privadas, que não integram a Administração Pública.*[17] No mesmo julgado, a Corte decidiu que a exigência da autorização legislativa *"em cada caso"* não significa necessidade de *"uma lei para cada subsidiária a ser criada"*. Para o STF, é bastante para suprir a exigência do art. 37, XX, a existência de dispositivo conferindo genericamente a autorização para criar subsidiárias na própria lei instituidora de determinada entidade da Administração Indireta.[18]

Quanto à exigência de que o pessoal permanente das subsidiárias das entidades da Administração Indireta seja contratado mediante concurso público, existe controvérsia. O entendimento predominante no TCU é o de que esses empregados estão a ele submetidos,[19] conforme Súmula 231:

A exigência de concurso público para admissão de pessoal se estende a toda a Administração Indireta, nela compreendidas as Autarquias, as Fundações instituídas e mantidas pelo Poder Público, as Sociedades de Economia Mista, as Empresas Públicas e, ainda, *as demais entidades controladas direta ou indiretamente pela União, mesmo que visem a objetivos estritamente econômicos*, em regime de competitividade com a iniciativa privada.[20]

---

[16] Deve-se enfatizar que, nesses casos, o controle exercido pela entidade matriz é *totalitário*, segundo expressão de COMPARATO, Fábio Konder; SALOMÃO FILHO, Calixto. *O Poder de Controle na Sociedade Anônima*, 5. ed. Forense. Rio de Janeiro. p.59.

[17] STF – ADIMC 1649/DF, Rel. Min. Maurício Correia, DJU 8.9.2000. A decisão é acompanhada por notória doutrina do Direito Empresarial, que afirma: *"A sociedade de economia mista que constitui uma subsidiária, ainda que integral, não terá, como já se demonstrou, criado uma economia mista de segundo grau; para tanto, seria necessário legislação atributiva do caráter de economia mista à subsidiária"*. (BORBA, José Edwaldo Tavares. *Direito societário*. 6. ed. Rio de Janeiro: Renovar, 2001. p. 451). Em síntese: a mera detenção de ações com direito a voto, por uma sociedade de economia mista, não confere à outra companhia – subsidiária – a mesma natureza jurídica da acionista, pois lhe falta o principal requisito, o da *criação como tal por autorização legislativa específica*, nos termos do art. 37, XIX, da Constituição da República. Para informação, esclarece-se que o anteprojeto de lei elaborado por comissão criada pelo Ministério do Planejamento, Orçamento e Gestão, mediante Portaria nº 426, 06 de dezembro de 2007 – e integrada por ilustres juristas nacionais do quilate dos Professores Almiro do Couto e Silva, Carlos Ari Sundfeld, Floriano de Azevedo Marques Neto, Maria Coeli Simões Pires, Maria Sylvia Zanella Di Pietro, Paulo Modesto, Sérgio de Andrea Ferreira – em seu art. 9º, estabelece que as subsidiárias integram a noção administração indireta e sujeitas ao respectivo regime jurídico. Além disso, nos termos do anteprojeto, as subsidiárias podem ser vinculadas a qualquer das modalidades de entidades da Administração Indireta. Nesse sentido, o §1º, do art. 9º do anteprojeto fixa os tipos de subsidiárias que cada entidade da administração direta pode ter: Art. 9º. As entidades estatais podem ter subsidiárias, que se integram à administração indireta, devendo sua instituição observar o disposto nos incisos XIX e XX do art. 37 da Constituição. §1º São subsidiárias: I - das autarquias, as empresas estatais, fundações estatais e autarquias por elas controladas; II - das empresas estatais, as empresas estatais e fundações estatais por elas controladas; III – das fundações estatais, as empresas estatais e fundações estatais por elas controladas.

[18] De acordo com a ementa do julgado mencionado: *"A lei criadora (da empresa estatal) é a própria medida autorizadora"*.

[19] Esclareça-se que não há qualquer dispositivo constitucional ou legal que imponha uniformidade na realização de concursos públicos para a Administração Direta, Autárquica e Funcional, relativamente às empresas estatais, muito menos àquelas subsisiárias ou controladas. Nada impede que os critérios de seleção típicos do setor privado, desde que devidamente publicizados e com inscrições franqueadas a todos os interessados, possam ser, isonômica e transparentemente, aplicados.

[20] Mas há um problema no verbete. O TCU termina por considerar as controladas como integrantes da Administração Indireta, o que é equivocado. Nesse sentido, ver Acórdão nº 1.335/04, Plenário.

Finalmente – e como fruto da interpretação do art. 37, XX, da CR/88 – defende-se que investimentos realizados pelas subsidiárias na aquisição de participação em outras empresas privadas não requerem autorização legislativa, diferentemente do que ocorre na hipótese de inversões feitas com o mesmo propósito por entidades da Administração Indireta.[21]

4 Empresas controladas pelo poder público

Seguindo a trilha do item anterior, é possível recorrer novamente ao direito empresarial para lograr uma concepção adequada a respeito do que se deve compreender por *sociedades controladas diretamente pelo Poder Público e por sociedades controladas indiretamente pelo Poder Público, duas figuras percetentes ao mesmo grupos (controladas) e com características semelhantes*. Naturalmente, deste grupo estarão excluídas as sociedades de economia mista e as empresas públicas, porquanto objeto de disciplina legislativa específica, embora, a grosso modo, constituam, ambas, também empresas controladas pelo Estado.

Preliminarmente, importa considerar que a palavra *controle* possui várias acepções, podendo significar vigilância, verificação, comando, regulação, direcionamento, constrangimento.[22] No direito societário, *emprega-se a expressão poder de controle como aptidão para comandar em última instância as atividades empresariais, impondo-lhe os rumos, diretivas e orientações*.

Isso se extrai de análise perfunctória da Lei de Sociedades Anônimas, ao revelar a presença das expressões *acionista controlador*[23] e *sociedade controlada*.[24] Das definições presentes na norma extrai-se que é "acionista controlador", ou sociedade controladora, a pessoa que seja titular de direitos de sócio que lhe assegurem preponderância nas deliberações da assembleia geral e poder de eleger a maioria dos administradores da companhia.

De se notar, contudo, que *a conjunção empregada pelo legislador é aditiva e não alternativa, de modo que a união de ambos os direitos é pressuposto para a qualificação do poder de controle*. Além disso, *o controlador deve usufruir efetivamente de seu poder de controle sobre a empresa. E isso deve ser aplicado também ao controle estatal sobre as entidades*.[25]

---

[21] Nesse sentido, veja-se o legado de Caio Tácito: "Os investimentos de subsidiárias em outras empresas, no país ou no exterior, são atos ordinários de administração, que prescindem de abono legislativo. Tão somente estarão alcançados pelo controle administrativo ou contábil que a supervisão ministerial ou o exame de contas possa propiciar" (TÁCITO, Caio. As empresas estatais no direito brasileiro. *Temas de Direito Público*. Rio de Janeiro: Renovar, 1997, v.1, p. 686).

[22] COMPARATO, Fabio Konder; SALOMÃO FILHO, Calixto. *O Poder de Controle na Sociedade Anônima*. 5. ed., Rio de Janeiro: Forense, 2008, p. 37-40.

[23] "Art. 116. Entende-se por acionista controlador a pessoa, natural ou jurídica, ou o grupo de pessoas vinculadas por acordo de voto, ou sob controle comum, que: a) é titular de direitos de sócio que lhe assegurem, de modo permanente, a maioria dos votos nas deliberações da assembléia geral e o poder de eleger a maioria dos administradores da companhia; e b) usa efetivamente seu poder para dirigir as atividades sociais e orientar o funcionamento dos órgãos da companhia".

[24] "Art. 243. (...) §2º. Considera-se controlada a sociedade na qual a controladora, diretamente ou através de outras controladas, é titular de direitos de sócio que lhe assegurem, de modo permanente, preponderância nas deliberações sociais e o poder de eleger a maioria dos administradores".

[25] O referido anteprojeto de lei organização da administração pública brasileira, ao tratar das empresas estatais, buscou adequar os conceitos de empresas públicas e de sociedades de economia mista às normas do direito societário e compatibilizar o regime jurídico às exigências fixadas pelo texto constitucional. Desse modo, o caráter

Mas o direito administrativo não trabalha nem reconhece outras modalidades de dominação societária, como o chamado controle minoritário ou compartilhado, nem tampouco a influência exercida sobre os destinos da organização empresarial pelo titular de ação de classe especial (*golden share*).[26] E nesse particular encontra-se na contramão dos fatos e da lógica aplicada pelo mercado societário.

Com efeito, de acordo com o entendimento do TCU, a predominância formal do poder de controle (acionário apenas) da Administração Pública atrairá, com pequenas variações, a incidência parcial do regime jurídico administrativo, notadamente quanto às contratações (licitações e contratos), regime de admissão de pessoal e controles finalísticos.[27]

Como observa Mário Engler Pinto Júnior:

> Diante da ausência de um pronunciamento inicisivo do Tribunal de Contas da União sobre o assunto, tem proliferado no cenário brasileiro o modelo de parceria societária, em que a maioria do capital votante da companhia investida pertence formalmente a algum veículo de investimento privado (empresa ou fundo de investimento em participações), enquanto o controle acionário é verdadeiramente exercido de forma compartilhada com a empresa estatal que figura como acionista minoritária, ou até com preponderância decisória da segunda. Nesse caso, a aparência formal sobrepõe-se à realidade substancial para afastar a incidência das regras de direito público em relação à companhia investida, de modo a preservar a flexibilidade operacional e a afastar a interferência desconfortável dos órgãos de controle típicos do setor público.[28]

Em nota de rodapé, o mesmo autor assevera que no âmbito do TCU "não se conhece nenhuma decisão que tenha abordado expressamente a situação de controle compartilhado com acionistas privados, ou de participação minoritária com prerrogativas estratégicas".[29]

Bem de ver que a Lei Complementar nº 101/2000 (LRF) traz definição de empresa controlada – *sociedade cuja maioria do capital social com direito a voto pertença direta ou indiretamente, a ente da Federação* –, mas cumpre destacar que tal regramento, consoante se infere do *caput* do art. 2º (o legislador usa a expressão 'para os efeitos desta lei') – é restrito ao objetivo de definir o grau de submissão dessas empresas aos ditames da LRF, não servindo *tout court* para descaracterizar as definições e conceitos gerais do direito empresarial previstas, por exemplo, na Lei nº 6.404/76.

Nos termos comumente propostos são *empresas controladas diretamente pelo Poder Público*, aquelas em que o Estado (leia-se Administração Direta) dispõe da maioria das

---

estatal das sociedades de economia mista não deve decorrer da titularidade da maioria do capital votante, nos termos do Decreto-Lei nº 200/67, mas da noção de controle estatal estável, que se caracteriza pela titularidade de direitos que asseguram, de modo permanente, preponderância nas deliberações ou poder de eleger a maioria dos administradores (SUNDFELD, Carlos Ari. Uma lei de normas gerais para organização administrativa brasileira: o regime jurídico comum das entidades estatais de direito privado. p. 66-67. In: MODESTO, Paulo (coord.) *Nova Organização administrativa brasileira*. Estudos sobre a proposta da comissão de especialistas constituídas pelo Governo Federal para reforma da organização administrativa brasileira. 2. ed. Belo Horizonte: Fórum, 2010).

[26] PINTO JÚNIOR, Mário Engler. *Empresa Estatal: função econômica e dilemas societários*, 2. ed., São Paulo: Atlas, p. 126.

[27] TCU – vide Acórdão 243/2003, Plenário.

[28] PINTO JÚNIOR, Mário Engler. *Empresa Estatal: função econômica e dilemas societários*, 2. ed., São Paulo: Atlas, p. 126.

[29] PINTO JÚNIOR, Mário Engler. *Empresa Estatal: função econômica e dilemas societários*, 2. ed., São Paulo: Atlas, p. 126, nota 101.

ações com direito a voto (controle acionário majoritário), ao passo que são *empresas controladas indiretamente pelo Poder Público* aquelas em que o controle majoritário encontra-se nas mãos de entidade da Administração Indireta ou de *holding estatal*[30] destinada a congregar participações majoritárias no capital de outras empresas.[31]

Com efeito, leciona Sérgio de Andrea Ferreira que:

> O poder público pode preferir, ao invés de instituir ou constituir empresas administrativas, integrantes da administração indireta e, desse modo, componentes da organização governamental, criar, em cooperação com particulares, empresas que sejam instrumentos de participação pública na economia, mas sem a natureza de pessoas administrativas. São empresas dessa nova espécie, de Direito Privado, mas tipicamente paradministrativas, pois que situadas fora da administração pública, embora com elas relacionada.[32]

Como se vê, as empresas ditas controladas pelo Poder Público não podem, em sentido estrito, ser consideradas sociedades de economia mista[33] (diante da ausência de requisitos legais mínimos para a sua formação, exigidos pelo art. 5º do Decreto-Lei 200/67) tampouco como integrantes da Administração Indireta (a despeito da posição do TCU). Assim, a respectiva submissão às normas de funcionamento das demais empresas privadas, impõe, em matéria de controle societário, por exemplo, perscrutar os requisitos exigidos pela legislação societária (ressalvadas aquelas empresas submetidas aos ditames da LRF).[34] [35]

Logo, será imprescindível verificar amiúde a forma de estruturação e os demais atos constitutivos da empresa controlada, bem como seu *status* de governança coorporativa.

---

[30] Pedro Paulo de Almeida Dutra defende a aplicação do modelo de *holding* para definir a política setorial e coordenar a execução pelo conjunto de empresas sob seu controle, nos seguintes termos: "A empresa *holding* terá o encargo de estabelecer as relações entre as empresas do sistema e o Governo, a nível de supervisão ministerial. Ela o fará como um interlocutor privilegiado; por um lado, a própria natureza lhe assegurará a sensibilidade suficiente para melhor compreender o jogo econômico, as restrições que ele impõe e as necessidades reais das empresas; de outro, a relação com o Ministro encarregado da supervisão se estabelecerá de um modo totalmente diferente, uma vez que ele representa todo um setor de atividade industrial, e não uma só empresa" (DUTRA, Pedro Paulo de Almeida. *Controle de empresas estatais*. São Paulo: Saraiva, p. 185).

[31] A experiência brasileira oferece bons exemplos de utilização do formato *holding* para agrupar empresas de um mesmo setor produtivo, como foi o caso da Rede Ferroviária Federal S/A, ELETROBRÁS, TELEBRÁS, SIDERBRÁS, atualmente o caso da CEMIG.

[32] FERREIRA, Sérgio de Andrea. *Comentários à Constituição*. Rio de Janeiro: Freitas Bastos, v. 3, p. 268 (grifos nossos).

[33] Sobre o tema, o STF, no julgamento do RMS 24.249/DF, Rel. Min. Eros Grau, registrou que "... dever-se-ia conceber o conceito de sociedade de economia mista *em termos amplos*, considerando-se como tal aquela, anônima ou não, sob o controle da União, dos Estados-membros, do Distrito Federal ou dos Municípios, independentemente da circunstância de ter sido ou não criada por lei..." Em rumo diverso do julgado, a proposição deste trabalho é, a exemplo das disposições da Lei de Responsabilidade Fiscal, considerar a sociedade de economia mista como espécie do gênero entidades controladas pelo Poder Público e não o inverso.

[34] Tais empresas encontram-se estando sujeitas à falência e à liquidação sem privilégios – art. 235, §2º, da Lei nº 6.404/76. Suas ações ou títulos são bens móveis da Administração e, após avaliados, podem ser alienados até mesmo sem licitação (art. 17, II, "c", "d", e "e", da Lei nº 8.666/93), mas em se tratando de companhia aberta, a alienação do controle dependerá de prévia autorização da Comissão de Valores Mobiliários (art. 254, Lei nº 6.404/76).

[35] Carlos Ari Sundfeld e Rodrigo Pagani de Souza defendem que a possibilidade de substituição do clássico sistema de subvenções econômicas (art. 18 da Lei 4.320/64) por outro sistema remuneratório, vinculado à efetiva prestação de serviços aos usuários, como forma de descaracterizar a condição de empresa estatal dependente (art. 2º, III, da LRF). Vale dizer que mediante contrato, para estes autores, é possível flexibilizar a condição de empresa estatal dependente (SUNDFELD, Carlos Ari. PAGANI DE SOUZA, Rodrigo. A superação da condição de empresa estatal dependente. *Revista de Direito Público da Economia*, n. 12, Belo Horizonte, Forum, 2006. p. 9-50).

É que não se compreende como configurado o poder de controle quando substancialmente ausentes as prerrogativas exigidas pela legislação societária (preponderância nas deliberações da assembleia geral e poder de eleger a maioria dos administradores da companhia, aliados ao usufruto efetivo do poder de controle sobre a empresa). E uma vez inexistentes os requisitos, a entidade sequer poderá será inserida no gênero "controlada" (direta ou indiretamente), devendo ser enquadrada na categoria de empresa participada.

Na mesma linha de argumentação, não se pode ignorar que pela via do *acordo de acionistas* – instrumento previsto nos arts. 116[36] e 118[37] da Lei de Sociedades Anônimas e que compreende atos de aquisição e manutenção do controle societário, é possível que o Poder Público, ainda que com número inferior ou igualitário de ações com direito a voto, disponha sobre sua interferência ou saída em decisões estratégicas da controlada, fundamentalmente diante de contingências de governança, econômicas e de mercado e vice versa.[38]

Diz-se vice versa porque nas empresas controladas pelo Poder Público, diferentemente das sociedades de economia mista (em que o Decreto-lei 200/67 exige, para a manutenção da respectiva natureza jurídica, que a maioria do capital com direito a voto esteja nas mãos do Poder Público – o que somente pode ser alterado por lei específica: art. 37, XIX, CR), não se vislumbra impeditivo a que também pela via do acordo de acionistas haja o compartilhamento do controle entre o sócio público e o privado, mecanismo que alteraria temporariamente o enquadramento da empresa.

Isso porque o art. 118 da Lei de Sociedades Anônimas serve ao desiderato de cumprir a exigência do art. 37, XX, da CR/88 (trata-se de autorização legislativa genérica) para disciplinar a participação do Poder Público na constituição da empresa, podendo seus administradores, por atos volitivos e de governança corporativa, compartilharem as decisões estratégicas com os sócios particulares, provocando a diluição do controle societário.

Conforme Mário Engler Pinto Júnior

> ... admite-se hoje que a fórmula contratual então recomendada encontra-se superada para modular a atuação das empresas estatais que deixaram de ser monopolistas e passaram a concorrer com o setor privado. Nesse caso, a tendência atual inclina-se pelo modelo da gonvernaça corporativa que valoriza as instâncias internas da companhia para definir objetivos, eleger estratégias e monitorar o desempenho empresarial, com a consequente diluição da figura da tutela administrativa. O raciocínio faz todo sentido em relação às empresas estatais regidas pela lei do acionariato, que disciplina minuciosamente as

---

[36] "Art. 116. Entende-se por *acionista controlador* a pessoa, natural ou jurídica, ou o *grupo de pessoas vinculadas por acordo de voto*, ou sob controle comum, que: a) é titular de direitos de sócio que lhe assegurem, de modo permanente, a maioria dos votos nas deliberações da assembleia-geral e o poder de eleger a maioria dos administradores da companhia; e b) usa efetivamente seu poder para dirigir as atividades sociais e orientar o funcionamento dos órgãos da companhia".

[37] "Art. 118. *Os acordos de acionistas*, sobre a compra e venda de suas ações, preferência para adquiri-las, *exercício do direito a voto, ou do poder de controle* deverão ser observados pela companhia quando arquivados na sua sede".

[38] "Não é incompatível com a noção de sociedade de economia mista que haja controle conjunto com sujeitos privados. Assim, é perfeitamente válido que o Estado promova acordo de acionistas com um ou mais particulares, disciplinando o exercício do direito de voto. O fundamental será que esse acordo de acionistas resulte não na eliminação do poder de o Estado eleger a maioria dos diretores ou a imposição de orientação ao funcionamento dos órgãos societários" (JUSTEN FILHO, Marçal. *Curso de Direito Administrativo*. 2. ed., São Paulo: Saraiva, 2006. p. 128)

competências e responsabilidades dos órgãos de administração, bem como o processo decisório no interior da sociedade. Em relação às autarquias e fundações governamentais, a contratatualização do relacionamento continua sendo instrumento extremamente útil em termos de gestão pública.[39]

O acordo de acionistas na proposta que se apresenta funcionaria como *ato condição* para o desencadeamento a tempo certo de um novo regime jurídico (em configuração parelha, porém mais avançada, do que o contrato de gestão ou de autonomia,[40] previsto no art. 37, §8º da CR/88 e vocacionado para as entidades da Administração Indireta e órgãos da Administração Direta), regime este tipicamente de direito privado, mais flexível, e que haverá de ser aplicável à entidade por prazo determinado, aproximando-a do regime jurídico das empresas participadas.[41] [42]

5 Empresas participadas (participação minoritária ou paritária do poder público)

A participação minoritária ou paritária do Poder Público – direta ou indiretamente – na formação do capital de empresas privadas, bem como a paridade ou inferioridade de sua participação nos aspectos relativos ao controle cumprem função básica de apoiar o empreendimento privado em setores chave da economia nacional, podendo vir acompanhada de *poderes limitados* (e não preponderantes) de ingerência na condução dos negócios societários.[43]

Nesse tipo de formato empresarial, também se verificam situações em que o exercício, pelo Estado, da posição de acionista não controlador é utilizada para assegurar a preservação de interesses estratégicos de empresas privatizadas. De igual modo, é comum que o Estado utilize como veículo do investimento acionário alguma agência especializada pública ou sociedade *holding* integrante da Administração Pública.

---

[39] PINTO JÚNIOR, Mário Engler. *Empresa Estatal: função econômica e dilemas societários*, 2. ed., São Paulo: Atlas, p. 135.

[40] O contrato de gestão que é originário da experiência francesa com o Relatório NORA de 1967 sobre a relação entre o poder central e as empresas estatais francesas.

[41] É preciso superar a noção antiquada de que o controle de entidades de que o Estado participe só se tornará efetivo com instrumentos típicos de Adminsitração Burocrática e de direito público. "A solução para os dilemas que afligem o controle governamental pressupõe a valorização do papel dos conselhos de administração e fiscal da empresa estatal, que devem ser integrados por pessoas profissionalmente competentes e comprometidos com a causa pública" (PINTO JÚNIOR, Mário Engler. *Empresa Estatal:* função econômica e dilemas societários, 2. ed., São Paulo: Atlas, p. 137. Nota 127). Não vejo sequer impossibilidade de os órgãos de tutela ou de controle externo (TCU) indicarem membros seus para participarem (em acompanhamento) as deliberações desses órgãos internos da entidade.

[42] Desataca-se, desde já, que o mecanismo pode vir a ser previsto em Decreto (art. 84, IV, CR/88) que venha a regulamentar o art. 118 da Lei de Sociedades Anônimas, a fim de uniformizar o emprego do acordo de acionistas (ato regra) pelas entidades administrativas.

[43] Nas lições de Arnold Wald, essa modalidade de investimento estatal é alternativa mais inteligente ao simples subvencionamento de empresa privada. Para ele, "nas sociedades em que o Estado é minoritário, a participação pública veio substituir vantajosamente o antigo sistema de subvenções. Os poderes públicos, operando para incentivar a produção nacional, especialmente nos países subdesenvolvidos, que se caracterizam pela falta de capitais particulares vultosos, preferiram a técnica da sociedade de economia mista com participação minoritária à subvenção, já que na mesma empresa mista, o Estado tem maior controle e conhecimento direto das atividades sociais, evitando assim que fundos públicos sejam utilizados de modo diverso ou contrário à finalidade a que se destinavam" (WALD, Arnold. "As sociedades de economia mista e as empresas públicas no direito comparado". *Revista Forense*, v. 152, p. 513). Observe que o autor fala em "sociedade de economia com participação minoritária", equivalente à figura intitulada aqui "entidade ou sociedade participada".

Em quaisquer das situações subsiste o caráter privatista da empresa participada, que se apresenta desvinculada das injunções publicísticas, mesmo que haja a dependência de autorização legislativa para a participação estatal na conformação da entidade (art. 37, XX, CR/88).

Sobre este tipo de entidade, vale citar a disposição do art. 9º, §4º da Lei de Parcerias Público Privadas (Lei nº 11.079/04), que veda a detenção da maioria do capital com direito a voto em eventual sociedade de propósito específico constituída com participação estatal, para o desempenho e execução do contrato de PPP.

Também o disposto no art. 5º da Lei de Inovação Tecnológica (Lei nº 10.973/04, com a redação dada pela Lei nº 13.243/16) que prevê a possibilidade de participação minoritária da União e dos demais entes federados, assim como de suas entidades, no capital de empresa privada de propósito específico que vise ao desenvolvimento de projetos científicos ou tecnológicos para a obtenção de produtos ou processos inovadores, nos termos do regulamento.

Nas entidades participadas, a despeito da prevalência constitutiva da participação acionária privada, também será imprescindível análise efetiva da repartição do poder de controle, porquanto a substancial (e não apenas formal) prevalência do Poder Público nas deliberações societárias (por acordo de acionistas, por exemplo), em sentido inverso ao que se afirmou no item precedente, pode ter o reflexo de lhe atrair a condição de empresa controlada (art. 118 da Lei de S.A.).

6 Conclusão

A dinamicidade do universo coorporativo impõe um novo olhar sobre as formas de relacionamento entre os setores público e privado, introduzindo – no cenário empresarial de que o Estado participa – arranjos societários capazes de substituir, com vigor, aqueles tradicionalmente existentes.

A noção de poliformismo organizatório, trabalhada pela doutrina alienígena – e objeto de textos fragmentários e de decisões judicias não sistematizadas no Brasil – revela a possibilidade de o Poder Público atuar sob diferentes formatos (Adminsitração Direita, Autarquias, Fundações, Sociedades Mistas, Empresas Públicas) em diversos tipos de atividades (atividade econômica, serviços públicos, fomento, fiscalização), sem que para tanto se reconheça um perfeito enquadramento das estruturas respectivas nos conceitos gerais e abstratos traçados pelo legislador do Decreto-Lei nº 200/67.

Na seara empresarial, a mescla de participação estatal e privada, além das sociedades de economia mista, admite também a conformação de empresas controladas (nas quais se incluem as empresas subsidiárias) e as empresas participadas. E tais empresas não integram a Administração Indireta (diferentemente das sociedades de economia mista) e regem-se pelo direito privado.

As empresas participadas não geram muita polêmica porque a participação estatal nelas é minoritária. Já as controladas atraem considerável nível de debate, justificando neste ensaio maior detalhamento e vagar, bem como propostas para uma maior flexibilidade de atuação.

Tal debate gira em torno do grau de publicização do regime privado nas empresas controladas pelo Poder Público, reconhcendo-se-lhes não raro o mesmo tratamento das sociedades de economia mista, notadamente a partir de dois aspectos: a) predominância formal do capital societário estatal; b) definição de 'empresa controlada' da Lei de Responsabilidade Fiscal (art. 2º, III).

O raciocínio é exagerado. Primeiro: porque as controladas não integram a Administração Indireta e não podem ser tratadas como se efetivamente integrassem; segundo: porque as definições sobre o controle societário no âmbito dessas entidades deve ser feito à luz do que preceitua a Lei nº 6.404/76, que exige mais do que a predominância formal do capital para que o controle efetivamente se configure, pelo menos quando não se trate de empresas dependentes; terceiro: porque a estas devem ser aplicadas as definições da LRF (art. 2º, III), escapando do conceito as controladas que não recebam subvenções econômicas do tesouro para despesas de capital ou de custeio em geral.

Assim, será necessário analisar amiúde a conformação do capital da empresa, a existência ou não de acordos de acionistas, o poder de direção efetivamente exercido, e a prerrogativa de eleger a maioria dos administradores da companhia, tudo para efeito de definir se efetivamente se trata de empresa controlada. Só aí deve-se partir para elucubrações sobre o regime jurídico que lhes é aplicável (momento em que o poliformismo se manifestará uma vez mais). Mesmo assim – convém esclarecer – que a sujeição às normas publicísticas apenas ocorrerá nas hipóteses expressamente previstas no ordenamento jurídico (*v.g.*, art. 1º, parágrafo único da Lei nº 8.666/93) e não em todos os casos.

A despeito disso, o atual marco da governança coorporativa no Brasil permite que o enquadramento e, por consequência, o regime jurídico dessas entidades seja dinamizado, podendo sofrer alterações temporárias a partir da celebração de acordos de acionistas (ato condição), que encontra amparo no art. 118 da Lei de Sociedade Anônima (Lei nº 6.404/76). Este acordo pode diluir temporariamente o controle da empresa, fazendo com que ela deixe de se enquadrar (durante o prazo nele determinado) na categoria das controladas, passando à das participadas (integralmente submetidas ao direito privado) – situação que deve ser monitorada e renovada e revista sempre que se fizer necessário, conforme deliberações societárias.

Obviamente, o êxito da implementação dessas novas parcerias societárias pressupõe que os órgãos de controle, notadamente o Tribunal de Contas e o Ministério Público, substituam os critérios estritamente formais de controle por critérios de índole teleológica, creditando e impulsionando instâncias internas de governança dessas sociedades. Pressupõe que o controle seja voltado à atuação global da entidade, de acordo com o planejamento governamental, sem que se transformem em mecanismos espúrios de aparelhamento particular do Estado.

A busca também de um melhor tratamento legislativo quanto ao tema, poderia auxiliar, com o predicado da brevidade, na mudança dessa forma encravada e unívoca de controlar os estamentos públicos, fundamentalmente os empresariais. Por isso, rendem-se homenagens à proposta de anteprojeto de lei sobre organização administrativa brasileira, que disciplinou a possibilidade de conformação de diversas empresas ou entidades com participação estatal que não integram a Administração Indireta, preconizando-lhes regimes jurídicos adequados às finalidades.[44]

---

[44] Art. 10. As entidades estatais podem: I - participar, quando autorizadas por lei específica, do capital de empresa

Como dizia Derbalay: *"Ce n'est pas en livrant des combts de retardement pour maintenir un état de chose révolu qu'on résoudra lês problèms de notre époque"*.[45]

Informação bibliográfica deste texto, conforme a NBR 6023:2002 da Associação Brasileira de Normas Técnicas (ABNT):

FERRAZ, Luciano. Além da sociedade de economia mista. *In*: PONTES FILHO, Valmir; MOTTA, Fabrício; GABARDO, Emerson (Coord.). *Administração Pública*: desafios para a transparência, probidade e desenvolvimento. XXIX Congresso Brasileiro de Direito Administrativo. Belo Horizonte: Fórum, 2017. p. 201-212. ISBN 978-85-450-0157-7.

---

não estatal, desde que isso não lhes confira, de modo permanente, preponderância nas deliberações sociais ou poder para eleger a maioria dos administradores; II - participar, quando autorizadas por lei específica, do capital e do controle de empresas constituídas fora do território nacional, sob a égide de legislação estrangeira; III - participar, como patrocinadoras, de entidades fechadas de previdência complementar, na forma do art. 202 da Constituição e da lei complementar; IV - manter vínculo de colaboração com entidade não estatal de direito privado sem fins lucrativos, por meio de contrato público de colaboração, na forma desta Lei. §1º A União pode participar, de forma direta ou indireta, do capital de empresa supranacional, nos termos do tratado constitutivo. §2º As empresas ou entidades com participação estatal a que se refere este artigo não integram a administração indireta e estão sujeitas ao regime jurídico que lhes é próprio, segundo sua legislação de regência, não lhes sendo aplicáveis o regime e os controles a que se submetem as entidades estatais.

[45] DARBELAY, Jean. Vers la revision de la constitution fédérale, *Revue de Droit Suisse*, Vol. 87, 1968. p. 425-37. Traduzindo: "o que importa é não perder tempo em puros combates de retardamento, para manter um estado de coisas do passado, com o que não se resolverão os problemas do nosso tempo".

DIREITO URBANÍSTICO, SOCIEDADE E VIOLÊNCIA

LUIS MANUEL FONSECA PIRES

1 Contexto: violência urbana

Pretendo anotar algumas ideias sobre a *violência* nas cidades e o papel do Direito Urbanístico – um enfoque, portanto, distinto da tradicional área do Direito que costuma ser invocada ao se pensar no combate às ameaças e agressões à liberdade e ao patrimônio, o Direito Penal.

Quero fazer alguns apontamentos singelos, e depois os contextualizar com um caso específico – os ambulantes –, mero indicador, a meu ver, de tão múltiplas e diversificadas funções das cidades – *habitar, trabalhar, circular* e *lazer* – e do quanto o Direito Urbanístico, notadamente com a sua feição transdisciplinar, pode servir de instrumental hábil a significativas transformações sociais – sem nos voltarmos, insistentemente, ao Direito Penal como se fosse a panaceia para um fenômeno contemporâneo que transcende a perspectiva clássica do século passado de que apenas faltaria maior eficiência do sistema punitivo para conter a criminalidade e os conflitos urbanos.

2 Violência nas sociedades contemporâneas

Um dos pensadores de renome ao se tratar da pós-modernidade, ou, em palavras dele, da *hipermodernidade* – seja como for, do mundo contemporâneo – é Gilles Lipovetsky. Em seus textos a pós-modernidade é retratada como o tempo da indiferença, essencialmente narcisista, ególatra, na qual predomina a *lógica do individualismo*. Um período que se pode reduzir, em sua representação, à expressão *era do vazio*. Vigem os paradoxos da individualidade: quanto mais independente o indivíduo, quanto mais frágeis os instrumentos estatais e sociais de regulação e de controle, tanto mais irresponsável faz-se o sujeito.[1] Reina, em nossos tempos, a "ideologia individualista hedonista".[2]

---

[1] *Os tempos hipermodernos, passim.*

[2] *Op. cit.,* p. 18-24.

Especificamente sobre a violência, diz Gilles Lipovetsky que a pré-modernidade clássica, conhecida e dominada por nós quanto às suas tradições e culturas, caracterizava-se por dois códigos que definiam as violências praticadas: a *honra* e a *vingança*.[3]

Nas sociedades primitivas os agentes individuais eram subordinados à ordem coletiva, valorizavam-se mais os relacionamentos entre os homens do que entre eles e as coisas, não havia ainda autonomia da esfera econômica em relação ao sujeito, por isto, o prestígio social e a importância superior do clã e da família prestigiavam a *honra*, e por ela, quando violada, justificava-se a *vingança*.

Em suas palavras, *"A honra e a vingança exprimem diretamente a prioridade do conjunto coletivo sobre o agente individual".*[4] Honra e vingança eram os "códigos de sangue". Uma vingança que não se restringia a atacar os inimigos, mas ainda a sacrificar mulheres e crianças da própria comunidade; o *"(...) sacrifício é uma manifestação do código da vingança (...)",*[5] e a vingança, em última análise, *"(...) socializa pela violência (...)".*[6]

Posteriormente, com o advento do Estado, a guerra passaria a servir como recurso de expansão e domínio, mas a vingança persistiria presente em sua prática. O que procura Gilles Lipovetsky ressaltar é que gradualmente, a partir do Estado moderno, com a expansão da economia e do mercado, desenvolveu-se cada vez mais o indivíduo atomizado que procura em uma escalada gradual e permanente o seu interesse particular.[7] A honra foi substituída pela *indiferença*. Não é das desigualdades sociais, mas da *"(...) atomização social, com a emergência de novos valores que privilegiam a relação com as coisas e a desafeição concomitante em relação aos códigos das honra e da vingança".*[8]

Surgem outros modelos de violência, uma violência *hard*: sem sentido ou finalidade, apenas impulsiva e dessociável.[9] Uma vez mais, paradoxos da hipermodernidade: a ordem *cool* gera o efeito *hard*, violência narcísica. Nada mais a ter com a honra e a vingança primitivas. O crime *hard* é praticado à luz do dia no centro da cidade, a violência é desideologizada.[10]

A ressalva que faço ao pensamento deste lúcido filósofo é que me parece precipitado asseverar que a pós-modernidade (ou hipermodernidade) desvincula-se efetiva e definitivamente da *honra* e da *vingança* (esta última enquanto reação de reparação). Sem dúvida, as práticas mundiais sinalizam a pertinência do reconhecimento de uma nova ordem, uma lógica individualista, um clima *cool* que se expressa, em sua Sombra, por uma violência *hard*. Mas isto não significa a substituição simples e inequívoca dos clássicos códigos de honra e vingança. Quiçá por outros motes, não mais a linhagem, a família a qual se pertence e foi manchada por uma ofensa irreparável, mas outras causas, acredito que ainda concorrem a honra e a vingança. Ao se vilipendiar a honra – não a do ancestral sobrenome familiar, mas a pessoal, do *indivíduo* e de sua atual família –, continua presente, como em todos os tempos, a vingança a romper-se – não pela ofensa ao clã, mas pela retificação do sujeito e dos seus mais próximos.

---

[3] *A era do vazio*, p. 146.

[4] *Op. cit.*, p. 147.

[5] *Op. cit.*, p. 149.

[6] *Op. cit.*, p. 150.

[7] *Op. cit.*, p. 162-163.

[8] *Op. cit.*, p. 166.

[9] *Op. cit.*, p. 171.

[10] *Op. cit.*, p. 179.

O descaso pelo próximo, a indiferença pós-moderna à condição de desumanização que se vive nas calçadas das cidades em contradição à profunda sensibilidade despertada pelas imagens de televisão de plasma que mostram pessoas sofrendo de fome e frio, tal como aqueles com que se cruza diariamente a caminho do trabalho, mas estes outros, na televisão, em algum país distante, inacessível, seres humanos desconexos de nosso cotidiano.

O sujeito ignorado, estigmatizado ou repelido, convertido num simples dado estatístico dos problemas da urbe, esgota-se, cansa-se de seu esquecimento, da avassaladora indiferença que cada vez mais lhe oprime, sufoca sua honra – sempre contemporânea – de ser humano.

Honra e vingança permanecem, portanto, absolutamente atuais enquanto códigos de violência. São contemporâneas, *hipermodernas*. O desprezo e o olvido do próximo, de quem nada mais tem ou que se lança em um embate diário à sobrevivência minimamente digna de sua família, são o caudal de tensões sociais, desonras, desejos de reparação, convites perenes à violência.

Qual liberdade pode então existir diante do medo e da insegurança que crescem em índices alarmantes nas cidades?

Para o existencialismo, mesmo em suas múltiplas correntes – de Søren Kierkegaard a Jean-Paul Sartre –, a existência precede a essência. Não há, pois, alternativa ao ser humano senão ter que pensar sobre si. *Ser* quer dizer existir, escolher entre as infinitas possibilidades que se apresentam, reconhecer-se, em célebre frase de Jean-Paul Sarte, condenado a ser livre; existir implica escolher os caminhos, os bens, um *Ser* conforme as escolhas feitas, de tal sorte que sem *liberdade* o indivíduo não existe, aniquila-se, renega sua condição de ser consciente de si; sem *liberdade* refugia-se o indivíduo do convívio social, do engajamento político, de sua condição relacional de existir com o outro. A liberdade é indispensável à existência.

Karl Jaspers diz que a realidade abrangente surge em dois modos, um no qual há o *ser em si mesmo* e chama-se mundo, e outro em que *sou eu* e que *somos nós* e denomina-se *consciência em geral*. O *sou eu* representa a base da existência e depende da *liberdade* para realizar-se. Uma liberdade, para este filósofo, contra a cognoscibilidade, uma liberdade com e pela transcendência.[11]

Mas a violência solapa qualquer transcendência de liberdade do ser humano – e da sociedade, por consequência –, vitupera a própria existência humana. Agressores e ofendidos, ao esgarçarem a liberdade possível de suas ações – não há escolhas diante da violência –, desconstroem a própria humanidade – a consciência de si – que nos dignifica.

Nesta situação, os déficits nacionais quanto às demandas de habitação, de condição digna de um lar nas cidades, a escassez de instrumentos urbanos de lazer e entretenimento, o alto custo financeiro dos transportes públicos, ainda precários, e com reflexos à saúde e na qualidade de tempo no convívio familiar, mostram as impotentes e fragmentadas funções da cidade – *habitar, trabalhar, circular* e *lazer* –, direitos que definham, estertoram, e dão lugar à violência que oprime e aniquila a liberdade.

Olvidam-se as diretrizes do Estado Social – opção inequivocamente assumida desde o preâmbulo[12] da Constituição Federal e na sequência um dos objetivos

---

[11] *Filosofia da existência*, p. 25-30.

[12] *Nós, representantes do povo brasileiro, reunidos em Assembléia Nacional Constituinte para instituir um Estado Democrático, destinado a assegurar o exercício dos direitos sociais e individuais, a liberdade, a segurança, o bem-estar, o desenvolvimento, a*

fundamentais da República Federativa do Brasil ao se prescrever o dever do Estado com a construção de uma sociedade livre, justa e solidária.[13]

"Construir", verbo anunciado no texto constitucional, que deveria comportar o quanto advertido por José Afonso da Silva:

> 'Construir', aí, tem sentido contextual preciso. Reconhece que a sociedade existente no momento da elaboração constitucional não era livre, nem justa, nem solidária. Portanto, é signo linguístico que impõe ao Estado a tarefa de construir não a sociedade – porque esta já existia –, mas a liberdade, a justiça e a solidariedade a ela referidas.[14]

Só se "constrói" permanentemente – e seria mesmo ilusão ou ingenuidade crer que haveria algum nível suficiente do qual nada mais existiria a erigir, e mais grave ainda supor que a nossa sociedade pudesse ter alcançado algum patamar satisfatório – só se "constrói", repito, a liberdade, a igualdade e a fraternidade, ideários incondicionais de qualquer Estado Social e Democrático, se às normas constitucionais confere-se uma *interpretação evolutiva*, a re-compreensão perene, o compromisso constante com a efetividade das normas constitucionais de maneira a perlustrar horizontes ainda mais amplos que permitam afirmar e ensanchar a cidadania como ideal ético-jurídico.

Sem este compromisso social, não há espaço à liberdade – prevalece, por conseguinte, a violência. Portanto, necessário se faz atentar ao papel do Direito Urbanístico como recurso à promoção das funções da cidade, instrumento valioso à construção da justiça social.

3 O caso dos ambulantes na cidade de São Paulo

Diversas podem ser as abordagens das consequências do fracasso no planejamento urbano, mas em especial reflito sobre as suas relações com a violência em espaços que deveriam servir a integrar, socializar, e não a gladiar-se.

Um alentado estudo sobre o tema encontra-se em tese de doutoramento defendida em 2012 na Pontifícia Universidade Católica de São Paulo, intitulada *A Violência Urbana e o Papel do Direito Urbanístico*, de autoria de Paulo Afonso Cavichioli Carmona, recentemente publicada sob o título *Violência x Cidade. O papel do Direito Urbanístico na violência urbana*, pela editora Marcial Pons. Nesta pesquisa, os conflitos urbanos na Colômbia, em Medellín e em Bogotá, servem de paradigma à compreensão do quanto o Direito Urbanístico pode – deve – servir à pacificação social. A recuperação de espaços urbanos, reabilitação e construção de parques, revitalização de bairros e outras muitas ações são esmiuçadamente analisadas neste trabalho.

Mas o que elejo para pontuar as breves reflexões que fiz no tópico anterior diz respeito ao uso de espaços públicos para o fomento do trabalho – recurso indispensável a facultar oportunidades de aquisição por si da dignidade, instrumento essencial à autoestima do indivíduo –, especificamente, é claro, do trabalho daqueles que mais

---

igualdade e a justiça como valores supremos de uma sociedade fraterna, pluralista e sem preconceitos, fundada na harmonia social e comprometida, na ordem interna e internacional, com a solução pacífica das controvérsias, promulgamos, sob a proteção de Deus, a seguinte Constituição da República Federativa do Brasil.

[13] Art. 3º, I.

[14] *Op. cit.*, mesma página.

sofrem por não conseguirem a inclusão no mercado, seja por sua história de despreparo e desqualificação profissional porque não tiveram acesso a escolas de qualidade, ou sequer a qualquer ensino, mesmo deficitário, seja por sofrerem, a par das dificuldades financeiras e da precária formação, ainda deficiências físicas que reduzem exponencialmente qualquer condição de acesso formal ao mercado de trabalho.

Em grandes cidades costuma-se, em alternativa oferecida a esta expressiva classe de trabalhadores discriminados, implementar uma política social de alocação do mercado, em princípio informal, em áreas públicas. Na cidade de São Paulo foi editada a Lei Municipal nº 11.039/91 que disciplina o exercício do comércio ou prestação de serviços ambulantes nas vias e logradouros públicos. A denominação "ambulante" é contemplada nesta norma (art. 3º) e a possibilidade de o Poder Público conferir a permissão de uso de bem público (ruas ou praças) a título precário é expressamente afirmada (arts. 2º e 11).

Existe então uma *política pública social*, arquitetada por lei – o que cumpre com o *princípio da legalidade* (art. 5º, II, e 37, *caput*, ambos da Constituição Federal) –, de promoção de uma das funções da cidade, o *trabalho*, de modo a valorizá-lo, um dos fundamentos da República Federativa do Brasil (art. 1º, IV, da Constituição Federal), pôr-se em mira de erradicar a pobreza e a marginalização e ainda de reduzir as desigualdades sociais e regionais, objetivos republicanos (art. 3º, III), e valorização, em última análise, da própria dignidade da pessoa humana (art. 1º, III).

Neste cenário, embora a *permissão de uso de bem público* defina-se como ato unilateral, realizado em manifestação de *competência discricionária* do Poder Público – deste modo que trata a Lei Municipal nº 11.039/91 –, a precariedade não pode ser invocada a subitamente empreenderem-se medidas de retrocesso social com a extinção dos atos de outorga de uso privativo dos espaços públicos sem alternativas de áreas onde efetivamente se persistisse – e desenvolvesse – a política pública legalmente prescrita.

No entanto, por constantes notícias divulgadas pela imprensa no curso do ano de 2012, a Administração Pública do Município de São Paulo entrou em constantes conflitos com a classe profissional dos ambulantes ao iniciar uma série de procedimentos de extinção dos termos de permissão de uso. Chegou-se a ponto, por uma das subprefeituras, órgãos de desconcentração do poder, a invocar-se genérica e difusamente o "interesse público", sem qualquer determinação semântica de seus significados possíveis, para revogar os termos há anos outorgados aos ambulantes. Foi o caso da Portaria nº 27/SP – PE/GAB/2012 que pressupôs um abstrato interesse público em flagrante contradição com a própria *política pública social* da norma da qual deveria regulamentar, a Lei Municipal nº 11.039/91.

Não fosse assim, se importância não houvesse à lei municipal que implementou esta política social, pouca expressão haveria ao princípio da legalidade, como em aguçada crítica afirma Alysson Leandro Mascaro:

> Talvez somente a miséria compreenda a injustiça, posto que a abundância amaina os ímpetos da alteridade. (...)
> A dialética da opressão se vê na totalidade da própria humanidade, que na abundância dos que vivem em direito e leis de um lado, e na injustiça da carência das necessidades – com ou sem lei – de outro lado, só faz enxergar a contradição e os seus nexos antitéticos.[15]

---

[15] *Crítica da legalidade e do direito brasileiro*, p. 15-16.

Conflitos desta ordem realçam as transformações pelas quais passam tradicionais cânones do Direito Administrativo, a exemplo da permissão de uso e a sua competência discricionária, e que não podem descurar da exaustiva e circunstanciada *motivação* quando há uma política pública urbana de uso de espaços públicos ao fomento do trabalho de classes sociais deficitárias.

Como diz Juarez Freitas:

> A ideia tradicional de que um ato administrativo poderia ser revogável sumariamente e sem respeito a direitos indenizatórios deve ser revista pelos controladores no novo paradigma do Direito Administrativo vocacionado ao diálogo. (...) Não procede inteiramente a impressão, por duas razões primordiais: primeira, porque a autorização, bem como o seu desfazimento, exige motivação: logo, o administrador está vinculado aos motivos que der, os quais serão plenamente sindicáveis. Em segundo lugar, a autorização, no geral das vezes, tem efeitos constitutivos, de sorte que a revogação, com relação a ter efeitos 'ex nunc', experimenta os limites trazidos pela proteção que o ordenamento destina aos direitos fundamentais.[16]

As funções da cidade precisam por todos nós ser assumidas enquanto caminho indispensável à realização da cidadania e consumação da solidariedade social (art. 3º, III, da Constituição Federal). É preciso "construir"- no sentido empregado por José Afonso da Silva, como acima retratado – a igualdade, a liberdade e a justiça social, e o Direito Urbanístico, neste contexto apresentado, conta com uma grave missão constitucional: servir, sobretudo por sua vocação transdisciplinar, por sua dependência vital com outras áreas do saber humano – sociologia, psicologia, arquitetura, urbanismo, geografia, história e outras mais –, de instrumento à contenção da violência, provedor da liberdade, um recurso à paz social.

Referências

CARMONA, Paulo Afonso Cavichioli. *Violência x Cidade. O papel do Direito Urbanístico na violência urbana.* São Paulo: Marcial Pons, 2014.

FREITAS, Juarez. *O controle dos atos administrativos e os princípios fundamentais.* 3. ed. São Paulo: Malheiros, 2004.

JASPERS, Karl. *Filosofia da Existência.* Trad. Marco Aurélio de Moura Matos. Rio de Janeiro: Imago, 1973.

LIPOVETSKY, Gilles; CHARLES, Sébastien. *Os Tempos Hipermodernos.* Trad. Mário Vilela. São Paulo: Barcarolla, 2004.

LIPOVETSKY, Gilles. *A Era do Vazio.* Trad. Therezinha Monteiro Deutsch. Barueri, São Paulo: Moderna, 2005.

MASCARO, Alysson Leandro. *Crítica da Legalidade e do Direito Brasileiro.* 2. ed. São Paulo: Quartier Latin, 2008.

SILVA, José Afonso da. *Comentário contextual à Constituição.* 3. ed. São Paulo: Malheiros, 2007.

Informação bibliográfica deste texto, conforme a NBR 6023:2002 da Associação Brasileira de Normas Técnicas (ABNT):

PIRES, Luis Manuel Fonseca. Direito urbanístico, sociedade e violência. *In*: PONTES FILHO, Valmir; MOTTA, Fabrício; GABARDO, Emerson (Coord.). *Administração Pública*: desafios para a transparência, probidade e desenvolvimento. XXIX Congresso Brasileiro de Direito Administrativo. Belo Horizonte: Fórum, 2017. p. 215-220. ISBN 978-85-450-0157-7

---

[16] *O Controle dos Atos Administrativos e os Princípios Fundamentais*, p. 273 – as lições, embora se refiram às autorizações, servem por igual fundamentação às permissões.

O ESTATUTO DA METRÓPOLE: DESAFIOS QUANTO À SUA APLICAÇÃO

MÁRCIO CAMMAROSANO

1 O direito urbanístico e suas interfaces com o direito administrativo e ambiental

A cada dia que passa mais importância adquire um dos mais recentes ramos do direito público – já não tão recente assim – qual seja, o Direito Urbanístico.

Os que nos dedicamos ao estudo do Direito Urbanístico devemos estar advertidos quanto à tendência, que temos denunciado, de atomização do estudo do direito.

Por certo é irrefutável e desejável o aprofundamento nos estudos deste ou daquele ramo do direito, mas devemos recordar sempre que a especialização não deve ser levada a efeito descuidando-se do domínio de categorias fundamentais da ordem normativa do comportamento humano dotada de coercibilidade, isto é, do direito como um todo.

Em rigor, o estudioso do direito há de estar sempre advertido quanto aos imperativos de uma perspectiva sistemática, que implica considerar nosso objeto de estudo, enquanto juristas, como composição de elementos sob perspectiva unitária, como costumava dizer Geraldo Ataliba.

E essa perspectiva unitária, com a preocupação do domínio das categorias fundamentais, nos leva a prestigiar sempre conhecimentos básicos da teoria geral do direito, da compreensão, para além das regras, dos princípios jurídicos, da preocupação constante com as lições e avanços no campo da hermenêutica.

Por essas e outras razões, quando nos deparamos com um novo diploma legal, não podemos ceder à tentação de extrair conclusões açodadamente, como se duas ou três leituras apressadas do texto da lei fosse o suficiente para nos considerarmos senhores da matéria.

Cuidado maior ainda devemos ter diante da produção legislativa da União em matéria de direito urbanístico, e isso em razão, dentre outras, de duas peculiaridades. A primeira é a de que a competência da União, nessa matéria, é a de elaborar normas gerais, consoante prescreve a Constituição da República, em seu art. (...). A segunda é a de que o Estado Brasileiro está constituído, quanto à sua forma, como uma federação.

É, independentemente da posição que se possa adotar quanto a considerar ou não o Município como ente federativo, o fato é que os Municípios têm status constitucional, autonomia política, administrativa e financeira e, portanto, competências próprias, especialmente em matéria de direito urbanístico.

Destarte, questões relevantíssimas de Direito Constitucional se põem diante de toda e qualquer norma de direito urbanístico produzida pela União, cujo sentido e alcance há de ser desvendado em face, sim, do contexto da lei em que o dispositivo normativo está inserido, mas levando-se em consideração disposições constitucionais pertinentes à matéria, especialmente as de natureza principiológica.

O que acabamos de anotar pode soar como muito vago, mas não raras vezes operadores do direito têm descuidado de levar em consideração, nos estudos de direito urbanístico e ambiental, o que denominamos interfaces com o direito constitucional e administrativo. Aquele, como tronco cuja seiva se alimentam todos os ramos do direito; este, como ramo do direito público que diz respeito ao exercício da função administrativa, que se exerce fazendo aplicar e respeitar também as normas voltadas à disciplina dos espaços habitáveis, urbanizados e a urbanizar, e voltadas à proteção do meio ambiente ecologicamente equilibrado – aí incluído o meio ambiente urbano – bem de uso comum do povo e essencial à sadia qualidade de vida (CR. Art. 225).

Pois bem.

Há várias décadas, antes mesmo de iniciar nossos estudos jurídicos objetivando o gral de bacharel em direito, já ouvíamos falar do denominado êxodo rural que, aliado ao crescimento vertiginoso da população no Brasil, deu ensejo, e a cada dia com mais velocidade, ao adensamento populacional de nossas cidades. Das cidades já existentes e das que se foram criando em todo o território nacional, com o fenômeno da urbanização.

Crescimento da população e dos núcleos urbanos em geral desordenado, ressalvada das algumas iniciativas conducentes a urbanizações planejadas, com variados graus de êxito.

Mas ao vertiginoso adensamento urbano também se somava a precariedade das habitações ocupadas por contingentes populacionais de baixa renda, com o parcelamento e uso do solo de forma desordenada, expropriando-se a ocupação territorial por áreas absolutamente impróprias, de alto risco, nas encostas de morros, em terrenos alagadiços, às margens de rios e mananciais.

A desordem urbanística se instalava e ganhava proporções alarmantes, com reflexos negativos em termos não apenas de habitação, mas de transporte e circulação de veículos e pessoas, isto é, de mobilidade urbana, de desenvolvimento de atividades econômicas, de atividades de lazer, de educação, saúde, saneamento básico, de tudo, enfim.

Diante do desenvolvimento e expansão caótica das cidades, profissionais dos mais variados setores, foram desenvolvendo estudos que, aliados a manifestações de pleitos da sociedade civil acabaram por sensibilizar a classe política e governantes em geral quanto à imperiosa necessidade de dar respostas aos desafios, inclusive mediante paulatina produção de leis da maior importância que acabaram por ensejar leis da maior importância que acabaram por ensejar estudos jurídicos nelas concentrados, cada vez mais aprofundados e sistematizados.

Referida produção normativa, intensa e complexa, e a concomitante exigência de estudos jurídicos especializados, implicou no reconhecimento do advento de um novo ramo do direito: o direito urbanístico, sem embargo de suas raízes no direito administrativo.

Como diploma legislativo veiculador de normas gerais de direito urbanístico, fixando diretrizes gerais da política de desenvolvimento urbano em todo o território nacional, postuladas pelo art. 182, *caput*, da Constituição da República, surgiu o Estatuto da Cidade, consubstanciado na Lei nº 10.257, de 10 de julho de 2001, repositório de normas de ordem pública e de interesse social.

Exercia assim a União sua competência para legislar também sobre direito urbanístico, com fundamento no art. 24, I, e parágrafos, da nossa Lei Maior.

O Estado da Cidade, somando-se a outros diplomas legais, deu identidade ao direito urbanístico, conquanto compartilhando categorias já conhecidas do direito administrativo, do qual emana, assim como ocorre com o direito ambiental.

Observadas, portanto, as normas gerais de competência da União, a produção legislativa de ordem urbanística compete precipuamente – não nos esqueçamos – aos Municípios, nos termos do art. 30, incisos I, II e VIII da Constituição da República, sem prejuízo da competência legislativa também dos Estados e do Distrito Federal, que é concorrente (CR., art. 24, I).

E como já dissemos em outro trabalho de nossa autoria,[1] "O direto urbanístico tem pois matriz constitucional – artigos 24, I; 30, I, II e VIII; 182 e 183 –, e constituem princípios basilares a informa-lo os da função social da propriedade urbana, da gestão democrática das cidades, do desenvolvimento planejado e da justa distribuição dos benefícios e ônus do processo de urbanização (Estatuto da Cidade, artigos 2º, II, IV e XIX; 4º, §3º; e 43), dentre outros.

Seja como for, o direito urbanístico não deixa de ser um corte temático das normas a aplicar no exercício da função administrativa, função essa que preside, por exemplo, a expedição de licenças urbanísticas, sem embargo do regime jurídico a que esta se submete, com algumas peculiaridades.

A licença urbanística é ato expedido no exercício da função administrativa. Trata-se, pois, de ato administrativo, caracterizado pela aplicação, ao ensejo de um processo administrativo, da legislação urbanística no caso concreto.

É de se reconhecer, portanto, princípios jurídicos categoriais comuns ao direito administrativo, urbanístico e ambiental, como os explicitados no art. 37 da Constituição da República, de sorte que o estudo mais aprofundado desses princípios é absolutamente necessário, mesmo porque compõem, por assim dizer, a parte geral dos referidos ramos do direito, que não se apresentam codificados.

Mais não é preciso dizer aqui, supomos, para deixar registrado que entre o direito constitucional, administrativo e urbanístico, assim como o ambiental, há interfaces importantíssimas que não se pode olvidar.

---

[1] CAMMAROSANO, Márcio. Direito Administrativo, Urbanístico e Ambiental: Interfaces. *In*: BEZNOS, Clovis; CAMMAROSANO, Márcio (Coord.). *Direito ambiental e urbanístico*: estudos do Fórum Brasileiro de Direito Ambiental e Urbanístico. Belo Horizonte: Fórum, 2010. p. 16

2 O estatuto da metrópole: conteúdo, conceitos fundamentais e o plano de desenvolvimento urbano integrado – responsabilidade por improbidade administrativa

Não obstante a produção jurídico-normativa em matéria de direito urbanístico, nos termos da Constituição da República, com inúmeras disposições em vigor, de natureza sobretudo infraconstitucional, assim como a previsão constitucional da instituição pelos Estados, mediante lei complementar, de regiões, bem como o advento do Estatuto da Cidade, era sentida a falta de outra lei geral que desse respostas aos desafios metropolitanos.

Exigências de normatização voltada ao desenvolvimento regional urbano, que pudesse superar certo isolamento municipalista, embasado nas autonomias locais constitucionalmente asseguradas, somado a dificuldades quanto ao compartilhamento de interesses comuns, sobretudo em municípios engolfados pelo processo irreversível da conurbação, panorama esse agravado pela insuficiência de mecanismos jurídicos de integração governamental e falta de planos e projetos regionais, e até mesmo de vontade política de muitos governantes, tudo isso estava a demandar um novo diploma legal, editado pela União, sem embargo das dificuldades inerentes a tal propósito.

Mas eis que passados mais de 10 (dez) anos de tramitação no Congresso nacional, foi aprovado, sancionado, e entrou em vigor, o denominado Estatuto da Metrópole – lei nº 13.089, de 12 de janeiro de 2015 – que, nos termos de seu art. 1º, *caput*, "estabelece diretrizes gerais para gerais para o planejamento, a gestão e a execução das funções públicas de interesse comum em regiões metropolitanas e em aglomerações urbanas instituídas pelos Estados, normas gerais sobre o plano de desenvolvimento urbano integrado e outros instrumentos de governança interfederativa, e critérios para o apoio da União a ações que envolvam governança interfederativa no campo do desenvolvimento urbano, com base nos incisos XX do art. 21, IX do art. 23 e I do art. 24, no §3º do art. 25 e no art. 182 da Constituição Federal".

Ao ensejo das rápidas considerações que seguem a proposito dessa nova lei, não pretendemos senão chamar a atenção dos estudiosos da matéria para alguns poucos aspectos, na esperança de contribuir para que outros procedam a análises mais aprofundadas, e que sejam úteis à melhor compreensão do que está agora posto como direito vigente.

O primeiro aspecto que selecionamos para apontamentos diz respeito ao art. 2º da lei, que estabelece definições importantes, às quais devem se apontar os que venham a se debruçar sobre o novo diploma legal.

Dentre as definições, todas merecedores de acurado exame, em face mesmo do contexto da lei, escolhemos a definição do *plano de desenvolvimento urbano integrado*, instituto de grande relevância e que, por certo, em face mesmo dos vários dispositivos que lhe conferem densidade normativa, está fadado a ensejar muita controvérsia.

Diz a lei:

> Art. 2º Para os efeitos dessa Lei, considera-se:
> (...)
> VI – plano de desenvolvimento urbano integrado: instrumento que estabelece, com base em processo permanente de planejamento, as diretrizes para o desenvolvimento urbano da região metropolitana ou da aglomeração urbana;
> (...)

As controvérsias que referido instrumento de desenvolvimento urbano integrado deverá ensejar estarão menos relacionados com a definição transita e muito mais relacionadas com outras disposições, como as que prescrevem a instituição do referido plano mediante lei estadual, o seu conteúdo mínimo e a necessária compatibilização com ele dos planos diretores dos municípios da região metropolitana ou aglomeração urbana considerada.

Conflitos de interesses poderão surgir especialmente no que concerne a macrozoneamento da unidade territorial urbana (art. 12, §1º, II), diretrizes quanto ao parcelamento, uso e ocupação do solo urbano (III), delimitação de áreas com restrições à urbanização (V) e acompanhamento pelo Ministério Público no processo de elaboração e fiscalização da aplicação do plano (art. 12, §2º, III).

Com efeito, nunca é despiciendo recordar que os Municípios compõem a união indissolúvel que forma a República Federativa do Brasil, e que sua autonomia política, administrativa e financeira, nos termos da Constituição, constitui princípio de tal densidade normativa que a sua não observância pelos Estados enseja intervenção da União objetivando assegurá-lo, consoante prescrito no art. 34, VII, "c" da nossa Lei Maior.

Os municípios regem-se por lei orgânicas próprias (CR., art. 29), legislam sobre assuntos de interesse local, cabendo-lhes "promover, no que couber, adequado ordenamento territorial, mediante planejamento e controle do uso, do parcelamento e da ocupação do solo urbano" (CR., art. 30, I e VIII).

Referidas competências não foram ignoradas, ao nosso ver, pelo Estatuto da Cidade – Lei Federal nº 10.257 de 2001 -, que foi elaborado a título de regulamentação dos arts. 182 e 183 da Constituição da República. E dentre os instrumentos da Política Urbana, o Estatuto prevê a utilização, dentre outros meios, do planejamento municipal, compreensivo, por sua vez, do plano diretor, da disciplina do parcelamento, do uso e da ocupação do solo, do zoneamento ambiental (art. 4º, III, letras "a", "b" e "c").

Por certo, a autonomia municipal, consoante normas constitucionais e infraconstitucionais, aqui incluídas as normas gerais do Estatuto da Cidade, há de sofrer certas refrações e contemperamentos quando se trata de municípios integrantes de regiões metropolitanas, aglomerações urbanas e microrregiões, que cabe aos Estados instituir, mediante lei complementar. E isto porque, em face do agrupamento de municípios limítrofes faz-se necessário integrar a organização, o planejamento e a execução de funções públicas de interesse comum. É o que prescreve o art. 25, §3º da Constituição.

Também é certo que há disposições constitucionais conferindo competências também à União aos Estados e Distrito Federal em matéria urbanística, como os arts. 21, XX (instituição de diretrizes para o desenvolvimento urbano), 23, IX; 24, I (competência concorrente para legislar sobre direito urbanístico); 25, §3º (instituição de regiões metropolitanas, aglomerações urbanas e microrregiões); art. 182 (política de desenvolvimento urbano).

Entretanto, da conjugação de todos esses preceitos constitucionais não se pode concluir que a União e os Estados tudo podem em matéria de direito urbanístico, a pretexto de elaborar normas e estabelecer diretrizes gerais, conceitos esses submetidos a limites extraíveis do próprio sistema constitucional e que o legislador nacional e estadual não pode deles abusar sob pena de indevida redução da autonomia municipal.

No que concerne ao plano de desenvolvimento urbano integrado, como instrumento de governança interfederativa, trata-se de instituto de incomensurável relevância. Tanto é verdade que o Estatuto da **Metrópole** a ele faz referência, direta ou indiretamente, nos seguintes dispositivos: art.1º, *caput*; art. 2º, II, "c" e VI; art. 9º, I; 10, *caput* e §§2º e 3º; art. 11; art. 12, *caput* e §1º; art. **14**, *caput*, c.c. art. 2º, III, "c"; art. 14, §2º; art. 21, I, "b" e II.

Ora, na medida em que, por força do **próprio** Estatuto da Metrópole, a governança interfederativa das regiões metropolitanas e das aglomerações urbanas devem respeitar, dentre outros, os princípios da prevalência do interesse comum sobre o local, do compartilhamento de responsabilidades para a promoção do desenvolvimento integrado, e da autonomia dos entes da federação, **princípios** esses que cumpre harmonizar, ponderando-os, cabe indagar: a) a imperatividade **legalmente** estabelecida do plano de desenvolvimento urbano integrado, aprovado **mediante** lei estadual, ao qual, planos diretores de Municípios por aquele abrangidos **deverão** se compatibilizar (art. 10, §§2º e3º), não implica flexibilização da autonomia **municipal**? b) a necessária aprovação prévia do plano de desenvolvimento urbano integrado, **pela** instância colegiada deliberativa a que se refere o inciso II do caput do art. 8º, é **o quanto** basta para que se tenha por respeitada a autonomia **municipal**? c) a lei municipal de aprovação do plano diretor do Município não estará, sob certos aspectos, **colocada** como hierarquicamente inferior à lei estadual, e isso em decorrência de lei aprovada pelo Congresso nacional? d) não seria o caso de o Estatuto da Metrópole ter sido **precedido** de emenda constitucional, ou bastam os fundamentos constitucionais invocados em seu art. 1º para que se tenham como constitucionais todas as suas inovações?

Respostas a essas e outras indagações **que se** pode formular parecem não ser tão fáceis quanto alguns podem supor. **Afinal,** até onde pode ir um plano de desenvolvimento urbano integrado ao dispor a **respeito** de um macrozoneamento da unidade territorial urbana deste ou daquele **Município**? O que se há de entender como diretrizes quanto à articulação dos Municípios **no** parcelamento, uso e ocupação do solo urbano? Como conciliar o disposto no art. **12, §1º**, incisos II e IV, do Estatuto da Metrópole, com o art. 30, VIII, da Constituição **da República**?

Mas as preocupações não param por aí. É que o Estatuto da Metrópole, na onda da banalização das tipificações de improbidade **administrativa** qualifica como improbidade comportamentos que descreve no art. 21, da **seguinte** forma:

> Art. 21. Incorre em improbidade administrativa, **nos** termos da Lei nº 8.429, de 2 de junho de 1992:
>
> I – o governador ou agente público que atue **na estrutura** de governança interfederativa que deixar de tomar as providências necessárias **para**:
>
> a) garantir o cumprimento do disposto no *caput* **do** art. 10 desta Lei, no prazo de 3 (três) anos da instituição da região metropolitana **ou da** aglomeração urbana mediante lei complementar estadual;
>
> b) elaborar e aprovar, no prazo de 3 (três) **anos,** o plano de desenvolvimento urbano integrado das regiões metropolitanas ou das **aglomerações** urbanas instituídas até a data de entrada em vigor desta Lei mediante lei **complementar** estadual;
>
> II – o prefeito que deixar de tomar as providências **necessárias** para garantir o cumprimento do disposto no §3º do art. 10 desta Lei, no **prazo de** 3 (três) anos da aprovação do plano de desenvolvimento integrado mediante lei **estadual**.

Ora, como se pode pretender que governadores ou agentes públicos que atuem na estrutura de governança interfederativa, e prefeitos, garantam o cumprimento de exigências do Estatuto da Metrópole que só se implementam com a aprovação, pela Assembleia Legislativa ou pela Câmara Municipal, de leis estadual e municipal respectivamente, como se órgãos do Poder legislativo fossem obrigados a aprovar projetos submetidos à sua deliberação?

Referidas autoridades só podem deflagrar processos legislativos, apresentando os projetos de leis que entendam merecer aprovação, mas delas não se pode exigir, obviamente, que garantam a sua aprovação. E deputados e vereadores não podem ser compelidos a aprovar este ou aquele projeto de lei submetido à sua deliberação e, consequentemente, se não os aprovarem estarão no exercício de suas prerrogativas como agentes políticos, insusceptíveis de serem, por essa razão, apenados por quem quer que seja.

Vê-se, pois, que o Estatuto da Metrópole é realmente desafiador. Ao ensejo destas rápidas anotações já apontamos alguns desafios à argúcia e inteligência dos que sobre referido diploma legal se debruçam.

Assim, e pela oportunidade, permitimo-nos recomendar a leitura, dentre artigos que já foram produzidos a respeito da matéria, pelo menos um dos que mereceram nossa especial atenção. Trata-se do artigo "Estatuto da Metrópole: Enfim, aprovado! Mas o que oferece à metropolização brasileira?".[2]

Ao tema voltaremos, e de forma mais abrangente e aprofundada, em outra oportunidade.

Referências

CAMMAROSANO, Márcio. Direito Administrativo, Urbanístico e Ambiental: Interfaces. *In*: BEZNOS, Clovis; CAMMAROSANO, Márcio (coord.). *Direito ambiental e urbanístico: estudos do Fórum Brasileiro de Direito Ambiental e Urbanístico*. Belo Horizonte: Fórum, 2010.

MOURA, Rosa; HOSHINO, Thiago de Azevedo Pinheiro. *Estatuto da Metrópole: Enfim, aprovado! Mas o que oferece à metropolização brasileira?*. Disponível em: <http://www.observatoriodasmetropoles.net/download/estatuto_metropole_artigo_rosa.pdf>. Acesso em: 23 abr. 2015.

Informação bibliográfica deste texto, conforme a NBR 6023:2002 da Associação Brasileira de Normas Técnicas (ABNT):

CAMMAROSANO, Márcio. O estatuto da metrópole: desafios quanto à sua aplicação. *In*: PONTES FILHO, Valmir; MOTTA, Fabrício; GABARDO, Emerson (Coord.). *Administração Pública*: desafios para a transparência, probidade e desenvolvimento. XXIX Congresso Brasileiro de Direito Administrativo. Belo Horizonte: Fórum, 2017. p. 221-227. ISBN 978-85-450-0157-7.

---

[2] De Rosa Moura e Thiago de Azevedo Pinheiro Hoshino, Disponível em: <http://www.observatoriodasmetropoles. net/download/estatuto_metropole_artigo_rosa.pdf>. Acesso em: 23 abr. 2015.

PRINCÍPIOS DO PROCESSO ADMINISTRATIVO NO NOVO CÓDIGO DE PROCESSO CIVIL

MARIA SYLVIA ZANELLA DI PIETRO

1 Introdução

O processo administrativo sofreu influência tanto dos princípios do processo civil como do processo penal. No entanto, mais recentemente, princípios elaborados e desenvolvidos no âmbito do direito administrativo é que passaram a influenciar o novo Código de Processo Civil – CPC. É o caso dos princípios da legalidade, proporcionalidade, razoabilidade, eficiência, proteção da confiança, participação do interessado no processo, boa-fé.

2 Desenvolvimento

O art. 8º do novo CPC determina que "*ao aplicar o ordenamento jurídico, o juiz atenderá aos fins sociais e às exigências do bem comum* (repetindo exigência contida no art. 5º da Lei de Introdução às Normas do Direito Brasileiro), *resguardando e promovendo a dignidade da pessoa humana* (com fundamento no artigo 3º, III, da Constituição) *e observando a proporcionalidade, a razoabilidade, a legalidade, a publicidade e a eficiência*" (estudados no âmbito do direito administrativo e previstos, de forma expressa ou implícita na Constituição). A moralidade e a impessoalidade, referidas no artigo 37 da Constituição e que constavam da redação do Projeto de Lei nº 166/10 (que se converteu no CPC) foram excluídos e, em seu lugar, incluído o princípio da proporcionalidade. É curioso que o legislador tenha se inspirado em princípios constitucionais aplicáveis à Administração Pública, mas tenha excluído os da moralidade e impessoalidade, como se no processo judicial não houvesse necessidade de sua observância.

Esse dispositivo – o art. 8º – constitui reflexo da *constitucionalização do direito*, considerada no duplo sentido: (i) absorção, pela Constituição, de preceitos que antes constavam da legislação ordinária ou mesmo da teoria geral do direito, e (ii) reflexos desses preceitos em praticamente todos os ramos do direito. Foi o que ocorreu com os princípios do direito administrativo, que desde longa data foram sendo elaborados pela doutrina e jurisprudência e, aos poucos, levados para o direito positivo, especialmente para a Constituição e leis de processo administrativo. Alguns são previstos expressamente, como os do *caput* do artigo 37; outros são considerados implícitos, como os da motivação, da boa-fé, da segurança jurídica (sob os aspectos *objetivo*, que diz respeito à estabilidade das relações jurídicas, e *subjetivo*, conhecido como princípio da proteção da confiança ou da confiança legítima), da razoabilidade, da proporcionalidade, todos eles sendo considerados implícitos no modelo de Estado de Direito ou no princípio da legalidade, em seu sentido amplo e hoje expressamente previstos na Lei de Processo Administrativo (Lei nº 9.784, de 29.1.99).

Essa constitucionalização provocou sensível redução da discricionariedade administrativa e da amplitude do chamado mérito do ato administrativo, tendo em vista que a discricionariedade, anteriormente vista como liberdade de opção da Administração Pública limitada pela *lei*, passou a ser vista como liberdade de opção limitada não só pela lei, mas pelo *Direito*, expressão que abrange todos os valores e princípios extraídos do ordenamento jurídico, como a razoabilidade, a proporcionalidade, a moralidade, a boa-fé, a confiança legítima, a dignidade da pessoa humana, sob pena de invalidade passível de correção pelo Poder Judiciário.

Daí o segundo sentido, já assinalado, da constitucionalização dos princípios: eles acabam por refletir em todos os ramos do direito e têm que ser levados em consideração pelo juiz ao aplicar o ordenamento jurídico. É o que decorre do artigo 8º do novo CPC.

Também o princípio da boa-fé – que é inerente ao princípio da moralidade administrativa – foi previsto, como cláusula geral, no artigo 5º do CPC, ao determinar que *"aquele que de qualquer forma participa do processo deve comportar-se de acordo com a boa-fé"*. Esse dispositivo não existe no CPC de 1973. No entanto, a exigência de boa-fé nos processos administrativos já é reconhecida e proclamada pela doutrina e jurisprudência do direito administrativo, passando a constar do direito positivo com a sua inclusão na Lei de Processo Administrativo (Lei nº 9.784/99), cujo art. 2º, parágrafo único, inciso IV, exige que nos processos administrativos seja observada *"atuação segundo padrões éticos de probidade, decoro e boa-fé"*.

Por sua vez, o princípio da segurança jurídica, enriquecido pelo aspecto subjetivo elaborado no âmbito do direito administrativo, que diz respeito à proteção da confiança, está expressamente referido no artigo 927, §§3º e 4º, do novo CPC. O primeiro prevê que, na hipótese de alteração de jurisprudência dominante do STF e dos tribunais superiores ou daquela oriunda de julgamento de casos repetitivos, pode haver modulação dos efeitos da alteração no *interesse social* e no da *segurança jurídica"*. E o segundo estabelece que "a modificação de enunciado de súmula, de jurisprudência pacificada ou de tese adotada em julgamento de casos repetitivos observará a necessidade de fundamentação adequada e específica, considerando os *princípios da segurança jurídica*, da *proteção da confiança* e da *isonomia"*. Embora dando a impressão de que a modulação de efeitos é facultativa, na realidade essa discricionariedade é bastante limitada pela aplicação do princípio da segurança jurídica: não pode haver mudança de jurisprudência consagrada, em desrespeito ao princípio da proteção da confiança; por outras palavras, a mudança de jurisprudência não pode produzir efeitos retroativos. Nas palavras de Nelson Nery Junior e Rosa Maria de Andrade Nery, em comentário ao art. 927, §3º, do novo CPC, "no caso de modificação de jurisprudência sedimentada, a eficácia *ex nunc é obrigatória em razão da boa-fé objetiva e da segurança jurídica"*. E acrescentam que "tendo em vista os princípios em que se baseia o direito brasileiro, o *overruling* sempre demandará modulação dos efeitos, não sendo tal modulação facultativa, como o texto comentado parece fazer crer" (In: Comentários ao Código de Processo Civil. São Paulo: RT, 2015, p. 1843).

A modulação de efeitos já era prevista para a Adin e para a Adpf (Leis nºs 9.868 e 9.882, de 1999), com fundamento em razões de segurança ou de excepcional interesse social. Também já era prevista no caso de súmulas vinculantes, conforme previsto no artigo 4º da Lei nº 11.417/06, que regula o artigo 103-A da Constituição.

Antes dessas leis todas, a Lei de Processo Administrativo, no art. 2º, *caput*, já previa o princípio da segurança jurídica e no art. 2º, parágrafo único, XIII, já vedava a aplicação retroativa de nova interpretação. Trata-se de proibição que constitui aplicação do princípio da segurança jurídica, no duplo sentido de estabilidade das relações jurídicas e de proteção da confiança. E a norma dessa lei é mais imperativa, em seus termos, do que a do CPC, porque não contempla mero poder de modular os efeitos da nova interpretação, mas terminantemente veda a sua aplicação retroativa.

O princípio da proteção da confiança foi elaborado pelo Tribunal Administrativo Federal em acórdão de 1957. Foi inserido na Lei de Processo Administrativo alemã, de 1976, sendo elevado à categoria de princípio de valor constitucional, na década de 1970, por interpretação do Tribunal Federal Constitucional. A preocupação era a de, em nome da proteção à confiança, manter os atos ilegais ou inconstitucionais, fazendo prevalecer esse princípio em detrimento do princípio da legalidade. Do direito alemão passou para o direito comunitário europeu, consagrando-se em decisões da Corte de Justiça das Constituições Europeias como "regra superior de direito" e "princípio fundamental do direito comunitário".

O princípio da proteção da confiança leva em conta a boa-fé do cidadão que acredita e espera que os atos praticados pelo Poder Público sejam lícitos e, nessa qualidade, serão mantidos e respeitados pela própria Administração e por terceiros. É hipótese em que o direito administrativo acabou por influenciar o processo civil, levando às normas contidas no artigo 927, §§3º e 4º (este último com menção expressão à proteção da confiança): a existência de súmula, de jurisprudência consagrada nos tribunais superiores e de tese adotada em casos repetitivos cria no cidadão a crença de que os seus comportamentos e as suas decisões, desde que se conformem a essas teses, serão considerados lícitos em decisões judiciais posteriores. As decisões contrárias a tais teses somente poderão produzir efeitos *ex nunc*.

Para completar a imposição, o artigo 927, §2º, incorpora o *princípio da participação do cidadão* no processo, para permitir que a alteração de tese jurídica adotada em enunciado ou súmula ou em julgamento de casos repetitivos seja precedida de audiências públicas e da participação das pessoas, órgãos ou entidades que possam contribuir para a discussão da tese.

3 Conclusão

Esses são alguns dos princípios do Direito administrativo incorporados, formalmente, ao novo Código Processo Civil. Na realidade, independentemente dessa previsão, eles já poderiam ser considerados implícitos em todo o ordenamento jurídico, porque fundamentados no modelo de Estado de Direito Democrático, adotado pela Constituição.

Informação bibliográfica deste texto, conforme a NBR 6023:2002 da Associação Brasileira de Normas Técnicas (ABNT):

DI PIETRO, Maria Sylvia Zanella. Princípios do processo administrativo no novo código de processo civil. *In*: PONTES FILHO, Valmir; MOTTA, Fabrício; GABARDO, Emerson (Coord.). *Administração Pública*: desafios para a transparência, probidade e desenvolvimento. XXIX Congresso Brasileiro de Direito Administrativo. Belo Horizonte: Fórum, 2017. p. 229-232. ISBN 978-85-450-0157-7.

A RESPONSABILIDADE OBJETIVA NA LEI ANTICORRUPÇÃO

MAURÍCIO ZOCKUN

CAROLINA ZANCANER ZOCKUN

1 As relevantes inovações trazidas pela denominada lei de probidade administrativa empresarial

A Lei Federal nº 12.846, de 2013, veiculou o que, *jornalisticamente*, passou a ser referida como a Lei anticorrupção. Essa *midiática* afirmativa, contudo, encerra um agudo vício de índole jurídica.

Isso porque as disposições nela veiculadas têm o propósito de preservar o patrimônio público nacional e estrangeiro de condutas que lhe esgarcem ilegitimamente por serem, respectivamente, atentatórias aos princípios informadores do regime jurídico administrativo e aos compromissos internacionais assumidos pelo Brasil.

Assim, o objeto juridicamente tutelado por esta lei é consideravelmente mais abrangente do que, singularmente, sancionar aquele que, por ato de *corrupção ativa*,[1] desencaminhe ou procure desencaminhar o agente público do reto exercício da função pública.

Primeiro porque não só quem comete *corrupção ativa* incide no ilícito tipificado pela Lei Federal nº 12.846, de 2013.[2] Tanto mais porque aquele que custeia a sua prática, diretamente ou por meio de interposta pessoa, física ou jurídica, é igualmente autor do comportamento censurado.

Segundo porque, além de repreender do ilícito acima referido, esta lei também qualifica como ilícitas as condutas que, praticadas dolosamente, (i) resultem na ilícita frustração da instauração e/ou processamento de licitação pública e/ou, ainda, do seu propósito competitivo, aí se incluindo a ilegítima cooptação, tentada ou realizada, para

---

[1] Art. 322 do Código Penal.

[2] Registre-se, muito a propósito, que os confins normativos deste ilícito penal não estão reproduzidos na lei em comento; é infração semelhante, porém com traços próprios.

que um potencial interessado não aflua ao certame; (ii) venham a fraudar licitação pública ou o contrato administrativo dela decorrente, no que também se contempla a alteração de suas disposições contratuais e/ou sua prorrogação, tal como a cláusula garantidora do denominado equilíbrio econômico-financeiro da avença travada; e (iii) procurem dificultar as investigação dos ilícitos previstos na lei.

Neste particular, a lei pretende acautelar a escorreita tutela do interesse público por meio da função administrativa em face de atos que, de modo fraudulento, resultem na vulneração dos princípios vetores das licitações e contratações públicas.

Terceiro porque a lei não pretende apenas salvaguardar a Administração pública nacional – assim definida no art. 37, *caput*, da Constituição da República – destas deletérias condutas; protege-se também a Administração estrangeira. Acautela-se, pois, a expedita persecução do interesse público, independentemente da pessoa estatal que desempenhe este *mister*.

Daí ser manifestamente equivocado designar a Lei Federal nº 12.846 como Lei anticorrupção. Esta rotulação apequena o seu real conteúdo, sentido e alcance; é rótulo divorciado da substância da lei, ainda que seja bastante sonoro, especialmente aos ouvidos dos leigos.

Em rigor, a lei em comento exige que as pessoas jurídicas se relacionem com o Poder público de modo reto e lhano, na amplitude e limitações por ela fixadas. Trata-se, em rigor, de uma *Lei de probidade administrativa empresarial* e não de uma Lei anticorrupção, ainda que a última rotulagem já seja empregada de forma corrente, e de modo equivocado, pois inexiste um conceito jurídico de corrupção como acertadamente observam Emerson Gabardo e Gabriel Morettini e Castella.[3]

Em que pese cientes do fundado equívoco dessa designação, referimo-nos à Lei Federal nº 12.846, de 2013 como Lei Anticorrupção. E isso apenas com o propósito de facilitar o discurso e a compreensão do objeto referido.

2 A responsabilização sancionatória objetiva da pessoa jurídica pela Lei nº 12.846

A grande inovação dessa lei resulta, contudo, de um dos seus aspectos mais controvertidos e, por isto mesmo, já contrastada no Supremo Tribunal Federal por meio da Ação direta de inconstitucionalidade 5.261.

Isso porque a lei responsabiliza objetivamente, no âmbito civil e administrativo, a pessoa jurídica pelo cometimento dos ilícitos narrados no item 1, acima.

Alega-se que esta previsão é incompatível com a Constituição da República porque (i) a pessoa jurídica sempre age por meio de seus agentes, não se podendo penalizar uma empresa em razão de uma conduta praticada por um dos seus prepostos; e, ainda que isso fosse possível, (ii) essa penalização não poderia advir de sua responsabilização objetiva.

---

[3] CASTELLA, Gabriel Morettini; GABARDO, Emerson. A nova lei anticorrupção e a importância do *compliance* para as empresas que se relacionam com a administração pública. *A&C – Revista de Direito Administrativo & Constitucional*, Belo Horizonte, ano 15, n. 60, p. 129-147, abr.-jun. 2015.

2.1 A responsabilização sancionatória da pessoa jurídica

O direito cria as suas próprias realidades. A simples existência das pessoas jurídicas – de direito público e de direito privado – são a prova desta incontestável virtude do sistema de direito positivo, já que essas entidades são meras ficções jurídicas.

Por esta razão, é induvidoso que as pessoas jurídicas atuam no mundo fenomênico por meio de quem a represente. Sob uma ótica material, quem atua em nome da pessoa jurídica é, sempre, uma pessoa física.

Desse modo, quando um ato jurídico é praticado por uma pessoa jurídica a quem a ordem jurídica comina a sua realização? À própria pessoa jurídica ou à pessoa física que atua em seu nome?

Criando suas próprias realidades, o direito ordinariamente comina à própria pessoa jurídica a prática de atos jurídicos, ainda que contrários à ordem jurídica. Apenas excepcionalmente, nas hipóteses e sob as circunstâncias descritas pela própria ordem jurídica, pode-se imputar o ato praticado ao agente que materialmente o realizou em nome da entidade. Não sem razão criou-se incidente de desconsideração da pessoa jurídica, destinado especificamente a esse propósito, nos termos dos arts. 133 e ss. do novo Código de Processo Civil.

Vê-se, pois, que a imputação de um ilícito à própria pessoa jurídica que a cometeu ou à pessoa física que, em seu nome, praticou aquele ato faltoso é, pois, um problema jurídico-positivo e não lógico-jurídico.

E quanto à possibilidade de se imputar uma sanção à uma pessoa jurídica, nosso sistema normativo já concebe uma solução no altiplano constitucional. Isso porque o art. 225, §3º, da Constituição da República prescreve que "As condutas e atividades consideradas lesivas ao meio ambiente *sujeitarão* os *infratores*, *pessoas* físicas ou *jurídicas*, a *sanções penais* e *administrativas*, independentemente da obrigação de reparar os danos causados".

Esse comando constitucional foi disciplinado com o advento da Lei Federal nº 9.605, de 1998, cujos arts. 21 a 24 veiculam as sanções especificamente aplicáveis às pessoas jurídicas em seu âmbito.

Em vista destes dois perceptivos, procederiam a objeções anteriormente lançadas contra a lisura da Lei Anticorrupção? Vejamos.

Em memorável artigo, Nelson Hungria observou que "A ilicitude jurídica é uma só, do mesmo modo que um só, na sua essência, é o dever jurídico... Assim, não há falar-se de um ilícito administrativo ontologicamente distinto de um ilícito penal". Daí concluir, com apoio em Beling, que "... a única diferença que pode ser reconhecida entre as duas espécies de ilicitude é de *quantidade* ou de *grau*: está na maior ou menor gravidade ou imoralidade de uma em cotejo com outra. O ilícito administrativo é um *minus* em relação ao *ilícito* penal".[4]

Logo, não há distinção morfológica entre a *infração* civil, administrativa, trabalhista, tributária ou penal etc.; todas decorrem do descumprimento da ordem jurídica. Por esta razão, a prática de uma conduta vedada pela ordem jurídica resulta, *sempre*, no cometimento de um ilícito e a imposição de uma sanção em desfavor do seu autor,

---

[4] HUNGRIA, Nelson. Ilícito administrativo e ilícito penal. *Revista de Direito Administrativo*, Rio de Janeiro, ano 1, n. 1, p. 24-31, jan.-mar. 1945.

ainda que haja possibilidade de serem adotadas outras medidas judiciais que procurem recompor a situação lesada ao *status quo ante*.[5]

Daí porque, pautado nesta ideia, sustentamos que a responsabilização civil do Estado é uma espécie de sanção.[6]

Haveria, todavia, possibilidade de sancionar um terceiro com base na teoria da responsabilidade objetiva, sendo desnecessário, pois, demonstrar o dolo ou a culpa do agente no cometimento do ilícito?

2.2 A responsabilização sancionatória objetiva da pessoa jurídica

Adiantamo-nos esclarecendo que o direito positivo já contempla esta forma de responsabilidade sancionatória da pessoa jurídica.

É o que se sucede, por exemplo, no art. 37, §6º, da Constituição da República, que responsabiliza objetivamente o Estado pela prática de um dano ilícito, não sendo, contudo, o único.

O mesmo se depreende do exame do art. 931 do Código Civil, que reconfirma o acerto dessa afirmativa. Isso porque, segundo este dispositivo, "Ressalvados outros casos previstos em lei especial, os empresários individuais e as empresas respondem independentemente de culpa pelos danos causados pelos produtos postos em circulação". Prevê-se, aqui, uma hipótese de responsabilidade sancionatória objetiva da pessoa jurídica.

Mas haveria um limite para a responsabilização objetiva em vista de ilícitos cometidos pelos prepostos de uma pessoa jurídica? A resposta é afirmativa.

A sanção imposta em vista de uma infração pode resultar no esgarçamento do direito de propriedade ou do direito de liberdade.[7] E, neste campo, há que se ponderar o que merece maior guarida na ordem constitucional: a recomposição patrimonial e a sanção do infrator segundo a responsabilização objetiva ou subjetiva, ou ainda, a recomposição patrimonial objetiva e a penalização do infrator na medida da sua culpabilidade?

Ainda que existam vozes dissonantes – e sempre existirão –, aceita-se que o direito de liberdade só possa ser tolhido na medida da culpabilidade do agente faltoso; ou seja, segundo sua responsabilidade subjetiva no cometimento do ilício. E isso porque se adotou, para estes casos, uma teoria de causalidade viabilizadora apenas da responsabilização subjetiva.[8]

O mesmo não se pode dizer quanto ao tolhimento do direito de propriedade em vista dos mesmos fatos ilícitos, campo em que se admite a responsabilização objetiva (sem a necessidade, pois, de demonstração de dolo ou culpa do infrator no

---

[5] Sobre o assunto, recomenda-se a leitura da obra de Vicente de Paulo Vicente de Azevedo (*Crime, dano, reparação*, São Paulo, Saraiva, 1934).

[6] ZOCKUN, Maurício. *Responsabilidade patrimonial do Estado*, São Paulo, Malheiros Editores, 2010.

[7] Ainda que a liberdade e a propriedade não sejam direitos, mas sim poderes, como acertadamente observa Santi Romano (*Fragmentos e un diccionario jurídico*. Buenos Aires, Editorial EJEA, 1964).

[8] Daí porque, no seio da Lei federal 9.605, de 1998, a ação penal ajuizada contra a pessoa jurídica exige idêntica medida em detrimento da pessoa física, pois aquela infração não subsiste sem esta. E sendo esta sanção imposta na medida da culpabilidade do agente, a isonomia impõe idêntico tratamento às pessoas jurídicas.

cometimento do ilícito). Adota-se aqui teoria diversa do nexo de causalidade, acolhedora da responsabilização objetiva, bastando apenas que o agente tenha deflagrado a conduta que redundou no ilícito, pouco importante se teve ou não interesse nesse resultado.

Mas a Lei Anticorrupção prevê, de fato, a responsabilização da pessoa jurídica?

3 A responsabilização objetiva da pessoa jurídica pela lei anticorrupção

O art. 1º da Lei Anticorrupção assinala explicitamente o propósito de atribuir à pessoa jurídica a responsabilização objetiva pelo cometimento dos ilícitos nela assinalados.

Sucede que a prática dos ilícitos descritos no art. 5º desta lei exige, necessariamente, a prática de conduta dolosa. Sua ocorrência no plano fenomênico demanda, portanto, um agir da pessoa jurídica com o deliberado propósito de realizá-los.

Com efeito, o art. 5º, I, prevê como infração à Lei "prometer, oferecer ou dar, direta ou indiretamente, vantagem indevida a agente público, ou a terceira pessoa a ele relacionada". Só há possibilidade de praticar esta conduta de modo intencional e, portanto, doloso.

No mesmo sentido, o art. 5º, II, assinala como infração "comprovadamente, financiar, custear, patrocinar ou de qualquer modo subvencionar a prática dos atos ilícitos previstos nesta Lei". Não se pode imaginar que o abastecimento financeiro das condutas ilícitas previstas na lei decorra de negligência, imprudência ou imperícia, senão que de prática dolosa do agente faltoso.

Prossegue a lei assinalando no art. 5º, III, que incide nas sanções nela previstas quem "comprovadamente, utilizar-se de interposta pessoa física ou jurídica para ocultar ou dissimular seus reais interesses ou a identidade dos beneficiários dos atos praticados". Uma vez mais, só se poderá praticar este ilícito de modo intencional.

Se os demais ilícitos listados na lei seguem o mesmo *iter*, de que modo subsiste a responsabilização objetiva?

Só há uma possibilidade de preservar o texto da lei com esta disposição. Conceber a existência de duas normas jurídicas que, conjugadas, fazem nascer a referida responsabilização. Uma primeira norma dispositiva do cometimento do ilícito, necessariamente vinculado ao comportamento subjetivo do agente faltoso; e por agente faltoso, considere-se a pessoa física que, representando a pessoa jurídica, pratica o ilícito. Uma segunda norma prevendo a responsabilização objetiva da pessoa jurídica tendo, por pressuposto, o ilícito cometido.

Assim, o nascimento do ilícito é apurado segundo o comportamento do agente. Uma vez ocorrido este ilícito, deflagra-se a responsabilização objetiva da pessoa jurídica.

14. Haveria ainda que se analisar a extensão e aplicação das causas excludentes de responsabilidade objetiva na Lei Anticorrupção. Mas isso é uma empreitada que se enfrentará em outro momento.

Referências

CASTELLA, Gabriel Morettini; GABARDO, Emerson. A nova lei anticorrupção e a importância do compliance para as empresas que se relacionam com a administração pública. *A&C – Revista de Direito Administrativo & Constitucional, Belo Horizonte*, ano 15, n. 60, p. 129-147, abr.-jun. 2015.

HUNGRIA, Nelson. Ilícito administrativo e ilícito penal. *Revista de Direito Administrativo*, Rio de Janeiro, ano 1, n. 1, p. 24-31, jan.-mar. 1945.

ROMANO, Santi. *Fragmentos e un diccionario jurídico*. Buenos Aires, Editorial EJEA, 1964.

VICENTE DE AZEVEDO, Vicente de Paulo. *Crime, dano, reparação*, São Paulo, Saraiva, 1934.

ZOCKUN, Maurício. *Responsabilidade patrimonial do Estado*, São Paulo, Malheiros, 2010.

Informação bibliográfica deste texto, conforme a NBR 6023:2002 da Associação Brasileira de Normas Técnicas (ABNT):

ZOCKUN, Maurício; ZOCKUN, Carolina Zancaner. A responsabilidade objetiva na lei anticorrupção. *In*: PONTES FILHO, Valmir; MOTTA, Fabrício; GABARDO, Emerson (Coord.). *Administração Pública*: desafios para a transparência, probidade e desenvolvimento. XXIX Congresso Brasileiro de Direito Administrativo. Belo Horizonte: Fórum, 2017. p. 233-238. ISBN 978-85-450-0157-7.

DESVIO DE PODER NO PROVIMENTO DISCRICIONÁRIO DE CARGOS PÚBLICOS

PAULO MODESTO

1 Desvio de finalidade na nomeação de titulares de cargos de provimento discricionário

Desvio de finalidade é vício jurídico residente no processo de decisão discricionária. Traduz *violação contextual da lei*, pois somente pode ser reconhecido em dada situação concreta, quando se consiga demonstrar ou inferir que a finalidade do ato jurídico praticado pela autoridade é divergente da finalidade pública preordenada, explícita ou implicitamente, na norma de competência (art. 2º, "e", e parágrafo único, "e", da Lei nº 4717/1965). Pode haver desvio de poder (ou desvio de finalidade) no âmbito administrativo, jurisdicional e legislativo.

No plano administrativo, as normas legais concessivas de *margem de apreciação subjetiva para o administrador* precisam sempre ser harmonizadas com os princípios constitucionais da administração pública. Por criarem competência discricionária não estabelecem zonas impermeáveis à juridicidade ou imunes ao controle jurisdicional. As teias da lei podem ser mais apertadas ou mais frouxas, mas sempre vinculam o exercício da função administrativa. Os princípios constitucionais tornam esta *vinculação densa e evolutiva*, pois possuem capilaridade semântica para absorver novas concretizações no curso do tempo. No entanto, é equivocada, por irrealista, a ideia de controle total da discricionariedade com fundamento no complexo de princípios contemplados no sistema jurídico.

Os princípios da administração não eliminam a discricionariedade, mas podem *estreitar as fronteiras do mérito*, compreendido como domínio residual de decisão entre alternativas juridicamente equivalentes ou que atendem satisfatoriamente ao interesse público no plano concreto da experiência. Eles programam finalidades, aglutinam interesses, restringem opções valorativas abstratamente abrigadas pela norma de competência, *balizando a caracterização do interesse público no contexto a decidir*. Na bela lição de Caio Tácito: "não basta (...) que a autoridade seja competente, o objeto lícito e os motivos adequados. A regra de competência não é um cheque em branco concedido ao administrador. A administração serve, necessariamente, a interesses públicos caracterizados. Não é lícito à autoridade servir-se de suas atribuições para satisfazer interesses pessoais, sectários ou político-partidários, ou mesmo a outro interesse público estranho à sua competência. A norma de direito atende a fins específicos que estão expressos ou implícitos em seu enunciado. A finalidade é, portanto, outra condição obrigatória de legalidade nos atos administrativos".[1]

Na mesma senda, Celso Antônio Bandeira de Mello, em clássica lição, diferenciava a *discrição na norma* e a *discrição no caso concreto*. Para o mestre paulista, a existência de discricionariedade ao nível da norma não significa que a mesma admita alternativas decisórias com a mesma amplitude perante o caso concreto. Em fórmula de síntese, escreveu que "a discrição suposta na regra de Direito é condição necessária, mas não suficiente, para que exista discrição no caso concreto; vale dizer, na lei se instaura a possibilidade da discrição, mas não uma certeza de que existirá em todo e qualquer caso abrangido pela dicção da regra.[2]

Por isso, vícios de discricionariedade são *vícios de ponderação*. Ocorrem em concreto e apenas em concreto. Deles derivam decisões arbitrárias ou ilegítimas, por ausência de ponderação, deficiência de ponderação ou incorporação de elementos estranhos à ponderação prevista na norma de competência – nas modalidades desvio positivo ou negativo de ponderação, no dizer preciso de David Duarte.[3]

Recordadas essas premissas, a caracterização do vício de ponderação na designação discricionária de titulares de cargos públicos é tormentosa. Duas dificuldades imediatas merecem registro.

A primeira dificuldade é a *prova do vício*. Raramente é possível colher prova documental, pericial ou testemunhal do desvio de finalidade. Em regra, a prova é indiciária, formada a partir de um *plexo de indícios convergentes*, elementos de convicção que, isolados, não são decisivos, mas que somados conformam um quadro nítido de ilegalidade na aplicação do direito. *O vício a demonstrar é objetivo*, independe da prova de intento ardiloso ou doloso da autoridade. A origem da prova pode ser desconhecida ou mesmo derivar de procedimento padecente de irregularidade jurídica. *O vício da prova não convalida o vício do ato ou impede a decretação da nulidade do ato por desconformidade teleológica*. A prova colhida de forma viciada não permite a sanção disciplinar, civil ou penal, do infrator, pois a inadmissibilidade da prova ilícita é garantia individual fundamental (art. 5º, LVI); porém, repercute sobre a validade do ato, que deve guardar fidelidade à ordem jurídica. A formação da prova do vício de ponderação é questão que desafia permanentemente a argúcia dos órgãos de controle, pois o vício de desvio de finalidade é quase sempre oculto, clandestino, dissimulado com a máscara da regularidade jurídica.

A segunda dificuldade é de *natureza conceitual*. É equívoco tratar do tema em bloco, sem distinguir situações jurídicas diversas comportadas na lei, com quebra da homogeneidade. *As competências deferidas ao administrador para a investidura discricionária de agentes em cargos públicos não são uniformes*. Ao contrário do que advoga o saber convencional, *não há apenas cargos públicos efetivos e cargos de confiança na ordem jurídica*

---

[1] TÁCITO, Caio. *Temas de Direito Público*. Rio de Janeiro, Renovar, v.1, 1997, p. 52.

[2] BANDEIRA DE MELLO, Celso Antônio. *Curso de Direito Administrativo*. 32. ed. São Paulo: Malheiros, 2015, p. 991.

[3] DUARTE, David. *Procedimentalização, Participação e Fundamentação*: para uma concretização do princípio da imparcialidade administrativa como parâmetro decisório. Coimbra: Almedina, 1996, p.454-466.

brasileira. Há situações de maior e menor campo de discrição administrativa, situações de discricionariedade exercida de forma unilateral ou de forma compartilhada, distinções dentro da própria categoria dos cargos comissionados pouco exploradas pela doutrina. A compreensão adequada do tema, por isso, pressupõe uma *renovada classificação dos cargos públicos no sistema administrativo brasileiro*. É o que se aborda a seguir.

2 Classificação dos cargos públicos no Brasil

A Constituição da República dispõe, em seu art. 37, II, o seguinte:

> "II – a investidura em cargo ou emprego público depende de aprovação prévia em concurso público de provas ou de provas e títulos, de acordo com a natureza e a complexidade do cargo ou emprego, na forma prevista em lei, ressalvadas as nomeações para cargo em comissão declarado em lei de livre nomeação e exoneração;" (Redação dada pela Emenda Constitucional nº 19, de 1998).

O dispositivo pode ser interpretado como uma determinação de formas distintas de provimento ou de tipos distintos de cargos público, caracterizados pela forma do provimento. São enfoques diferentes para compreensão do mesmo enredo normativo: o primeiro enfatiza o *aspecto dinâmico do provimento*; o segundo, o *elemento estável dos cargos públicos*. Pelo primeiro, identifica-se no sistema jurídico a legitimidade de *provimentos vinculados* e de *provimentos discricionários* em matéria de acesso a cargos públicos. Pelo segundo enfoque, afirma-se uma discriminação positiva para tipos distintos de cargos públicos: a conhecida classificação entre *cargos efetivos* e *cargos em comissão*.

Trata-se de *classificação dicotômica* que permite identificar ao menos dois aspectos relevantes na caracterização dos cargos públicos.

Quanto *à vocação de permanência de seus titulares* os cargos públicos se dividem em:
a) cargos de *provimento definitivo* (os cargos de provimento efetivo e os cargos de provimento vitalício) e
b) cargos de *provimento precário* (os cargos de confiança ou cargos em comissão, de livre designação e exoneração).

Quanto à *natureza do ato de provimento*, os cargos públicos podem ser divididos em:
a) cargos de *provimento vinculado* (v.g., cargos investidos por concurso público);
b) cargos de *provimento discricionário* (cargos de livre nomeação e exoneração).

Essa classificação dicotômica revela-se didática: *os cargos efetivos são cargos de provimento definitivo e vinculado*, pois se caracterizam exatamente por permitir a aquisição da estabilidade (ou vitaliciedade) de seus titulares e por dispensarem a valoração subjetiva do administrador na escolha do agente a ser investido na função, uma vez que a investidura é submetida à observância criteriosa da ordem de classificação resultante do concurso público; os cargos em comissão, diversamente, são caracterizados pelo *provimento precário e discricionário*, pois não asseguram a permanência do titular na função e exigem sempre a avaliação subjetiva do administrador público quanto ao merecimento e capacidade do agente para a sua investidura no cargo.

A distinção entre cargos efetivos e cargos em comissão fez fortuna entre os administrativistas, sendo recebida como dogma e mencionada frequentemente como se esgotasse as categorias possíveis de cargos públicos quanto à forma de provimento na ordem constitucional brasileira.

No entanto, a Lei Fundamental, em diversas passagens, escapou à dicotomia entre *cargos em comissão*, de livre provimento e livre exoneração, e *cargos efetivos*, de provimento definitivo e vinculado, antecedido por concurso público. *A Constituição Federal encerra diversas hipóteses em que não há livre nomeação e livre exoneração no provimento de cargos públicos, mas também não há exigência de concurso público ou caráter definitivo no provimento.*

Em trabalho anterior, sobre estágio probatório, constatei a lacuna doutrinária na matéria, dedicando ao assunto uma singela nota de rodapé.[4] Posteriormente, voltei ao assunto com maior desenvolvimento para tratar das questões jurídicas suscitadas pelo tema do nepotismo em cargos político-administrativos.[5] O fato é que permanece urgente uma revisão da classificação tradicional dos cargos públicos, especialmente com o aumento significativo do número de Agências Reguladoras no Brasil, entidades cujos dirigentes são nomeados em geral apenas após aprovação do Senado Federal e, uma vez empossados, passam a gozar de estabilidade por período determinado, não podendo ser exonerados *ad nutum*.

Na ausência de melhor designação, denominei essas hipóteses constitucionais de *cargos de provimento condicionado ou exoneração condicionada*, uma vez que, embora prescindam de concurso público e admitam avaliação subjetiva do administrador na escolha dos seus exercentes, apresentam como peculiaridade negar a livre nomeação, a livre destituição ou as duas decisões discricionárias típicas dos cargos em comissão. Exemplos não faltam: Presidente e diretores do Banco Central (art. 52, III, *"d", CF)*; Governador de Território (art. 52, III, *"c"*, CF); Procurador-Geral da República (art. 52, III, *"e", CF)*; titulares de cargos que a lei determinar (art. 52, III, *"f", CF)*;Ministros dos Tribunais de Contas, indicados pelo Presidente da República (art. 52, III, *"b", CF)*; magistrados escolhidos pelo Poder Executivo, nos casos estabelecidos na Constituição (art. 52, III, *"a"*, CF). *Não é possível continuar a enquadrar essas hipóteses na categoria dos cargos em comissão de livre provimento ou livre exoneração.* Esses cargos possuem regime de provimento diferenciado, conquanto também sejam providos mediante decisão discricionária, pois revelam limitações à livre escolha ou à livre exoneração. *Tampouco exigem funções necessárias de direção, chefia ou assessoramento, reversamente do que ocorre com os cargos em comissão (Art. 37, V, da Constituição Federal).* Sob o ângulo do observador da estrutura do processo de decisão, estes cargos podem ser nominados também como *cargos de provimento compartilhado ou cargos de provimento discricionário compartilhado,* tendo em conta a pluralidade de órgãos necessários para a plena eficácia do provimento.

O número de cargos de provimento ou desligamento condicionado não cessa de aumentar, tendo em vista a *cláusula aberta* do art. 52, III, *"f"*, da Constituição, que delega à lei prever novas hipóteses de prévia aprovação do Senado Federal para nomeação de agentes públicos. A previsão, como antes referido, tem sido aplicada com frequência para o provimento de cargos de conselheiros ou diretores de Agências Reguladoras, cuja designação prescinde de concurso público, exige a concordância do Senado Federal e confere ao titular, durante determinado lapso de tempo, garantias semelhantes

---

[4]   MODESTO, Paulo. Estágio Probatório: questões controversas. In: MODESTO, Paulo e MENDONÇA, Oscar (Org.). *Direito do Estado*: novos rumos. Tomo 2. São Paulo: Max Limonad, 2001, p. 59.

[5]   MODESTO, Paulo. Nepotismo em Cargos Político-Administrativos. In: MARQUES NETO, Floriano de Azevedo [et alli.] (Org.). *Direito e Administração Pública*: estudos em homenagem a Maria Sylvia Zanella Di Pietro. São Paulo: Atlas, 2013, p. 260-298.

à estabilidade dos servidores ocupantes de cargos de provimento efetivo (cf., v.g., Lei nº 9.427/96, art. 5º, *caput* e parágrafo único; Lei nº 9.472/97, art. 8º, §2º, 23 e ss; Lei nº 9478/97, art. 11, §2º e 3º; Lei nº 9.986/2000, art. 5º. e ss.).

As classificações anteriores, enriquecidas com o novo tipo de cargo em face da forma do provimento, deixam de coincidir, pois *os cargos públicos de provimento condicionado* podem ser *vocacionados à permanência do titular* (v.g., Ministros dos Tribunais de Contas, Ministros dos Tribunais e Desembargadores egressos do quinto constitucional), *vinculados a mandatos fixos* (v.g., Procurador Geral da República, diretores de Agências Reguladoras) *ou precários* (v.g., Presidente do Banco Central), conforme a hipótese concreta.

A classificação dos cargos públicos quanto ao provimento deve ser recomposta em termos *tricotômicos*:

a) quanto à vocação de permanência do titular no cargo público:

a.1.) cargo de *provimento definitivo*

a.2.) cargo de *provimento a termo*

a.3.) cargo de *provimento precário*

b) quanto à *natureza* do ato de provimento:

b.1) cargo de *provimento vinculado*

b.2.) cargo de *provimento condicionado*

b.3.) cargo de *provimento livre*

Embora fiel à riqueza do texto Constitucional brasileiro, a nova classificação não deve ser interpretada de forma literal. Há sempre algum grau de vinculação em todo provimento de cargo público. *O provimento dos cargos públicos nunca é totalmente livre* (deve observar, em especial, os princípios constitucionais da legalidade, impessoalidade, moralidade, eficiência, publicidade e igualdade). O provimento condicionado *ora deriva de ato unilateral de direção* (sujeito a controle ou confirmação posterior) *ora exige prévio* (e restritivo) *ato de escolha ou concordância de outros atores institucionais*(decisão condicionada a listas tríplices, sêxtuplas, aprovação congressual etc.). A homogeneidade em cada categoria é enganosa.

De qualquer forma, *o vício do desvio de poder somente pode ocorrer no provimento de cargos em comissão e na escolha dos titulares de cargos de provimento condicionado*. É óbvio que o aumento do grau de discricionariedade da escolha eleva o risco de favorecimento injustificável ou de vício no processo de decisão pública. *O vício do desvio de poder é vício residente na ponderação discricionária*. No desvio de poder, de que o nepotismo é o exemplo mais conhecido, o agente público deixa de realizar a *ponderação exclusiva dos interesses públicos relevantes* para incluir na estrutura do processo decisório administrativo a *tutela de interesses estranhos ao bem comum (res publica)*.

Não há como cogitar de nepotismo ou de outra forma de desvio de poder no processo decisório destinado a provimento vinculado de cargo público. Se o concurso público é válido, a aprovação de parentes do governante não importa em qualquer vício de nepotismo ou desvio de poder. O que não significa que atos subsequentes incidentes sobre a carreira do agente nomeado, manejados a partir de competência discricionária, não possam por em causa o vício do nepotismo, a exemplo de cessões generosas e promoções sem critério material legítimo que beneficiem parentes da autoridade administrativa.

Os cargos públicos submetidos a sufrágio popular são também cargos públicos de provimento vinculado. A classificação destes cargos como *cargos políticos* considera a natureza das funções a serem exercidas e não a forma do provimento. A eleição é um processo seletivo válido para definição impessoal e vinculada de mandatários da coletividade. Os eleitos podem possuir parentes no serviço público; se há elegibilidade, a posse dos eleitos é válida e legítima. É ato vinculado. *É confusão classificar os cargos políticos como terceiro tipo de cargo, ao lado dos cargos em comissão e dos cargos efetivos, considerado o critério da forma de provimento.*

3 Cargos políticos como cargos públicos de provimento discricionário unilateral, provimento vinculado ou provimento discricionário compartilhado

Não há conceituação pacífica de *agentes políticos ou cargos políticos.*

Para Hely Lopes Meirelles os "agentes políticos são os *componentes do Governo nos seus primeiros escalões,* investidos em cargos, funções, mandatos ou comissões, por nomeação, eleição, designação ou delegação *para o exercício de atribuições constitucionais",* bem como as *"demais autoridades que atuem com independência funcional no desempenho das atribuições governamentais, judiciais ou quase judiciais,* estranhas ao quadro do funcionalismo estatutário". Na categoria, bastante ampla como se pode ver, inclui o autor os Chefes do Poder Executivo, seus auxiliares diretos, os membros do Poder Legislativo, da Magistratura, do Ministério Público, do Tribunal de Contas e os representantes diplomáticos. Para o autor, os agentes políticos se caracterizariam pela *plena liberdade funcional,* desempenhando suas atribuições *sem submissão à hierarquia administrativa,* devendo sujeição apenas aos graus e limites constitucionais de suas respectivas funções. Exercitam "prerrogativas e responsabilidades próprias, estabelecidas na Constituição e em leis especiais. Têm normas específicas para sua escolha, investidura, conduta e processo por crimes funcionais e de responsabilidade, que lhe são privativos".[6]

Os agentes políticos (e consequentemente os cargos políticos) são conceituados de forma *mais restrita* por Celso Antônio Bandeira de Mello como os *"titulares dos cargos estruturais à organização política do país,* ou seja, ocupantes dos [cargos] que integram o arcabouço constitucional do Estado, o esquema fundamental do poder".[7] Seriam agentes políticos apenas o Presidente da República, os Governadores, Prefeitos e respectivos vices, os auxiliares imediatos dos Chefes de Executivo (Ministros e Secretários), os Senadores, os Deputados federais e estaduais e os Vereadores. Os agentes políticos se caracterizariam por manter *liame de natureza política,* independente de habilitação profissional ou técnica, e por serem erigidos a representantes da sociedade a partir da *qualidade de cidadãos,* respondendo ainda pela formação da "vontade superior do Estado".[8]

Maria Sylvia Zanella Di Pietro, realizando o registro fiel das duas posições doutrinárias, adere ao conceito mais restrito, destacando ser este preferível. Segundo a autora, "a ideia de agente político liga-se, indissoluvelmente, à de *governo* e à de *função política,* a primeira dando ideia de órgão (aspecto subjetivo) e, a segunda, de atividade

---

[6] MEIRELLES, Hely Lopes. *Direito Administrativo Brasileiro.* 28. ed. São Paulo: Malheiros, 2003, p. 75-76.

[7] BANDEIRA DE MELLO, Celso Antônio. *Curso de Direito Administrativo.* 29. ed. São Paulo: Malheiros, 2012, 251.

[8] BANDEIRA DE MELLO, Celso Antônio. *Curso de Direito Administrativo.* 29. ed. São Paulo: Malheiros, 2012, p. 252.

(aspecto objetivo)". A função política compreende, segundo a autora, basicamente as "atividades de direção e as colegislativas, ou seja, as que implicam a fixação de metas, de diretrizes, ou de planos governamentais".[9] A autora recusa incluir na categoriza de agentes políticos os membros da Magistratura, do Ministério Público e dos Tribunais de Contas, por não exercem funções de governo, mas reconhece que atualmente há uma "tendência a considerar os membros da Magistratura e do Ministério Público como agentes políticos".[10] Afirma que os primeiros podem ser incluídos na categoria de agentes políticos se redefinida a função política no sentido de "exercício de uma parcela da soberania do Estado", a "função de dizer o direito em última instância" (idem, p. 583). Neste sentido, cita a posição do STF no Recurso Extraordinário 228.977/SP, em que foi relator o Ministro Neri da Silveira, que se referiu aos magistrados como "agentes políticos, investidos para o exercício de atribuições constitucionais, sendo dotados de plena liberdade funcional no desempenho de suas funções, com prerrogativas próprias e legislação específica" (DJ 12/04/2002). Mas no tocante aos membros do Ministério Público, afirma Maria Sylvia que a inclusão na categoria de agentes políticos tem sido justificada pelas funções de controle que lhe foram atribuídas a partir da Constituição de 1988, mas não identifica nisso relevo suficiente para alterar a sua categorização como agentes administrativos, equivalente aos demais servidores estatutários.[11]

Lamentavelmente, encontro dificuldades em seguir qualquer das duas orientações expostas. A primeira orientação parece excessivamente ampla; a segunda, excessivamente restritiva. Não é suficiente que se exercite função pública com ausência de subordinação direta para que se tenha agente político; é necessário que a atividade possua dimensão política, no sentido radical e original do termo, é dizer, *refira-se diretamente aos destinos da polis e ao poder soberano do Estado*. Funções administrativas exercidas com independência, sem subordinação hierárquica, mas que não expressam qualquer poder soberano do Estado e não possuam existência necessária, não devem arrastar seus titulares para o conceito de agentes políticos (v.g., os dirigentes de Agências Reguladoras, os reitores e os integrantes de colegiados consultivos etc.). Por outro lado, parece também excessiva restrição afastar os membros da magistratura, do Ministério Público e dos Tribunais de Contas do conceito de agentes políticos, pois cada um deles, de diferentes formas, exercitam função de soberania, com independência, regime jurídico peculiar e regime de responsabilidade igualmente diferenciado em relação aos demais agentes administrativos. Não por acaso a Constituição Federal prevê, expressamente, o julgamento desses agentes por crime de responsabilidade em diferentes disposições (art. 52, II, 85, V, 102,I, c, da CF, regulamentadas pelas Leis 7.106/1983 e 1.079/1950). Não é por acaso também que os Ministros e Conselheiros dos Tribunais de Contas possuem as mesmas garantias, prerrogativas, impedimentos, vencimentos e vantagens dos Ministros do Superior Tribunal de Justiça ou dos Desembargadores dos Tribunais de Justiça Estaduais, conforme o caso (art. 73, §3º, CF). Não é sem razão que a Constituição Federal considera *crime de responsabilidade do Presidente da República atentar contra a Constituição Federal*, com destaque para o *"livre exercício do Poder Legislativo, do Poder Judiciário, do Ministério Público e dos Poderes constitucionais das unidades da Federação"* (art. 85, II, CF). Não é sem

---

[9] DI PIETRO, Maria Sylvia Zanella. *Direito Administrativo*. 25 ed. São Paulo: Atlas, 2012, p. 582.

[10] DI PIETRO, Maria Sylvia Zanella. *Direito Administrativo*. 25 ed. São Paulo: Atlas, 2012, p. 583.

[11] DI PIETRO, Maria Sylvia Zanella. *Direito Administrativo*. 25 ed. São Paulo: Atlas, 2012, p. 583.

propósito que a Constituição atribui ao Chefe do Ministério Público a *iniciativa de lei* para a criação e extinção de cargos e serviços auxiliares no Ministério Público, a definição de sua política remuneratória e os planos de carreira (art. 127, §2º, CF) e exige deliberação da maioria absoluta do Poder Legislativo para destituição dos Procuradores-Gerais de Justiça dos Estados e do Distrito Federal e Território (art. 128, §4º, CF). É por reconhecer nessas funções especial caráter político, por fim, que a Constituição atribuiu ao Senado Federal o encargo de aprovar, previamente, por voto secreto, após arguição pública, a escolha de magistrados, nos casos estabelecidos na Constituição; Ministros do Tribunal de Contas da União, indicados pelo Presidente da República, e do Procurador-Geral da República (art. 52, III, CF).

O Ministério Público, por seu Procurador-Geral, quando opina pelo arquivamento de inquérito policial, não exercita prerrogativa exclusivamente administrativa, mas função soberana, na medida em que a decisão é incontrastável pelo Poder Judiciário, ressalvada a hipótese de ilegalidade ou abuso de poder. Mesmo nestes casos, entrega-se novamente a deliberação do *jus persequendi* do Estado ao Ministério Público.

Nesse cenário, considero agentes políticos todos os *agentes públicos que exprimam prerrogativas de soberania, a partir de vínculo profissional ou político, investidos por eleição, concurso, nomeação ou delegação, e sujeitos a restrições, deveres e responsabilidades especiais enumeradas e disciplinas na Constituição Federal.* Se acrescentarmos a esses atributos o da *plena independência funcional*, presente no regime jurídico de vários agentes políticos teríamos de retirar do conceito, por exemplo, os Ministros de Estado e os Secretários Estaduais e Municipais, entre outros agentes, o que parece igualmente exagerado, considerando diversas disposições constitucionais de destaque (v.g, art. 76; 29, 84, II; 87; 91, VIII e art. 102, I, "c", todos da CF).

Portanto, considero *legítima a distinção entre cargos políticos e cargos meramente administrativos.* Em termos conceituais, a partir de dispositivos constitucionais relativos ao provimento, confirmação e permanência no cargo, regime de retribuição, incompatibilidades, deveres e responsabilidades, é possível extrair peculiaridades para caracterizar o regime jurídico dos titulares de cargos políticos. *O erro é considerar essa categoria uniforme.* Não há uniformidade. Há cargos *político-administrativos e cargos político-representativos.* Nos primeiros – os cargos político-administrativos – os agentes são investidos por designação unilateral da autoridade superior, o provimento é precário e sem condicionamento procedimental, enquanto nos segundos – os cargos político-representativos – os agentes são investidos por sufrágio, popular ou corporativo (isto é, realizado pelos próprios pares do investido) ou por concurso público, isto é, possuem provimento vinculado ou condicionado, definitivo ou a termo (exercem mandato). São situações completamente distintas, que exigem tratamento jurídico diferenciado. *Nos primeiros cabe sempre avaliar a legitimidade da designação por eventual nepotismo ou favore-cimento indevido,* isto é, *cabem sempre as restrições antinepotismo ou repressoras do desvio de poder* (ex. cargos de Ministros de Estado, secretários estaduais e municipais); nos demais, por definição, nunca cabe cogitar de nepotismo ou desvio de poder, *quando se tratar de provimento vinculado (nomeados por concurso público ou eleitos por sufrágio direto) ou pode caber* apenas de forma residual quando se entregar à autoridade o exercício de discricionariedade reduzida em decisão final de processo de provimento condicionado (escolha discricionária de agente a partir de lista de candidatos formada originalmente por outros órgãos ou quando se tratar de designação de agentes sujeita à aprovação por órgão diverso).

Portanto, se desejarmos elaborar uma classificação dos cargos públicos quanto à natureza das funções, um quadro mínimo deveria conter as seguintes distinções:

a) cargos administrativos

b) cargos políticos

b.1) *cargos político-administrativos* (designação por provimento unilateral e precário

b.2) *cargos político-representativos* (designação por provimento condicionado ou vinculado, definitivo ou a termo).

A dificuldade de precisar o conceito de agente político (e, consequentemente, de cargo político) deve servir como advertência à criação de distinções entre essa categoria de cargos e a de cargos administrativos em geral, sem base direta na Constituição quanto ao regime jurídico dos agentes neles investidos. Não é o caso de recordar aqui todo o debate que foi suscitado sobre a aplicação aos agentes políticos da ação de improbidade administrativa, sob o argumento de estarem submetidos à legislação especial, que versa sobre os crimes de responsabilidade e não à Lei 8.429/1992.[12] *Por isso, sem presumir tratamento mais favorável ao provimento discricionário de cargos político-administrativos que o texto Constitucional não realizou, tenho como sem qualquer base constitucional as ressalvas que ao largo da Súmula Vinculante n. 13 vem sendo admitidas para afastar o amplo controle da escolha de titulares dos cargos político-administrativos (cargos de provimento unilateral).*

O fato de a Constituição Federal dispor ser o Poder Executivo exercido pelo Presidente da República, auxiliado pelos Ministros de Estado (art. 76, CF), denota que a função desses auxiliares possui direta relevância política, mas não importa em qualquer imunidade quanto aos deveres de atuação impessoal, moral, igualitária, eficiente do Chefe de Estado na designação desses agentes de natureza político-administrativa.

Em uma República, exige-se do Chefe de Estado, mas não apenas dele, *conduta exemplar*, é dizer, paradigmática para os seus subordinados, obsequiosa do interesse público e não do interesse privado. Se o estatuto dos servidores da União, em norma singela, reproduzida em diversos outros diplomas legais no país, veda ao servidor público "manter sob sua chefia imediata, em cargo ou função de confiança, cônjuge, companheiro ou parente até o segundo grau civil" (art. 117, VIII, da Lei nº 8.112/90), como aceitar, apenas pelo relevo das missões desempenhadas pelos Ministros de Estado, Secretários Estaduais e Municipais, que o Chefe do Poder Executivo possa realizar por designação discricionária unilateral exatamente o mesmo comportamento reprimido pela norma estatutária?

É útil recordar, nesse passo, Fábio Konder Comparato, sobre as bases do regime republicano:

> "A essência do regime político republicano encontra-se na distinção entre o interesse próprio de cada um em particular e o bem comum de todos, com exigência de este se sobreponha sempre àquele. Os indivíduos podem viver isoladamente em função do interesse particular. É a ideia expressa pelos pensadores políticos dos séculos XVII e XVIII, com a fórmula do 'estado da natureza'. Mas a convivência política exige o respeito superior ao interesse comum de todos os membros do grupo social (o estado civil)".[13]

---

[12] NEVES, Daniel Amorim Assumpção; OLIVEIRA, Rafael Carvalho Rezende. *Manual de Improbidade Administrativa.* Rio de Janeiro: Forense: São Paulo: Método, 2012, p. 46-53.

[13] COMPARATO, Fábio Konder. *Ética: direito, moral e religião no mundo moderno.* São Paulo: Companhia das Letras, 2006, p. 617-618.

Ora, respeitar o interesse comum, dirigir-se ao interesse público, exige do agente público republicano a adoção de critérios igualitários e de mérito no acesso aos cargos públicos de sua livre escolha, em qualquer estrato do Poder, dentro do Estado. Todos são iguais em uma República, são cidadãos, com cargas públicas e direitos iguais. *A proteção de privilégios de origem familiar na intimidade do Estado é a antítese do regime republicano.* Por igual, *sustentar a insindicabilidade de designações de agentes sem qualificação técnica para os mais elevados postos da administração* ou *a insindicabilidade do provimento unipessoal de cargos comissionados por sua natureza político-administrativa é manifestação ultrapassada de patrimonialismo.* Os cargos públicos não são *propriedade* dos exercentes temporários do poder.

Os agentes que figuram nos escalões superiores da Administração Pública não estão alforriados dos princípios constitucionais da administração pública, em particular os previstos no Art. 37, da Constituição da República. *É equivocado introduzir distinção – independente da forma do provimento e suas características – entre cargos políticos e simples cargos administrativos, para dispensar o provimento dos primeiros de obediência aos princípios da moralidade, legalidade, impessoalidade, publicidade e eficiência.* Caberá distinção na intensidade de controle apenas quando couber distinção no tocante à forma de provimento: provimento vinculado, condicionado ou livre provimento unilateral (subdivididos, apenas estes últimos, em cargos comissionados administrativos ou político-administrativos).

No tema do nepotismo, espécie de desvio de poder, o Supremo Tribunal Federal, que no RE 579.951/RN, Rel. Min. Ricardo Lewandowski, DJE 12.9.2008, e na Reclamação 6650 MC-AgR/PR, Rel. Min. ELLEN GRACIE, DJe-222, 20/11/2008, publicação 21.11.2008, assentou que a Súmula Vinculante n. 13 era inaplicável a cargo de natureza política, deparou-se na sequência com diversos casos em que reconheceu a necessidade de censurar situações de fraude, abuso e desvio de finalidade na nomeação de parentes para cargos políticos de primeiro escalão e, aos poucos, passou a reverter a orientação inicial.

A reação contra abusos em matéria de nepotismo em cargos político-administrativos iniciou na RCL. 8.625, ELLEN GRACIE, DJe 26.4.2010. Merece referência também a decisão na RCL 6.938 MC/MG, CÁRMEN LÚCIA, DJE-169, 02.09.2011; na RCL 12.478-MC/DF, JOAQUIM BARBOSA, DJe 08.11.2011; a Rcl 11.605 MC/SP, CELSO DE MELLO, DJe 02.08.2012. Na Rcl 15.571 MC/RS, o Rel. Min. MARCO AURÉLIO, j. 24.05.2013, DJe-102 29.05.2013, recusou a reclamação e afirmou expressamente: "O teor do Verbete não contém exceção quanto ao cargo de secretário municipal". Na Rcl 16941 MG, Rel. Min. LUIZ FUX, 18.12.2013, DJe-022 31.01.2014, o relator recusou a reclamação, e foi além: considerou que os precedentes invocados na reclamação tratavam de situações subjetivas, sem guarida na Súmula Vinculante 13. Em todos esses processos, conquanto em causa nomeação de agentes para cargos político-administrativos, houve na jurisdição de origem censura judicial, anulação ou suspensão das nomeações por *desvio de finalidade,* sendo mantidas as decisões pelo Supremo Tribunal Federal. Todos trataram de cargos políticos-administrativos, espécie de cargos comissionados, cujo provimento é discricionário e unilateral.

4 Conclusão

No provimento discricionário de cargos em comissão, nomeadamente dos cargos político-administrativos, há campo para aplicação de todas essas noções fundamentais.

O ato de nomeação desses agentes é pouco exigente em termos processuais formais, porque é ditado de forma unilateral e não compartilhada com outros órgãos estaduais, mas há limitações materiais evidentes.

A investidura não pode ser arbitrária, destinada a funções estranhas às de direção, chefia e assessoramento, restrição que não se observa no regime dos cargos de provimento condicionado ou compartilhado. A investidura não pode favorecer agentes sem capacitação profissional suficiente para a complexidade das funções a exercer, independentemente de o cargo contemplar atribuições simplesmente administrativas ou político-administrativas. A investidura pressupõe motivo legítimo e finalidade de interesse público. Não pode dirigir-se a cobrir interesses pessoais, familiares ou simplesmente partidários. Não pode voltar-se a intuitos de perseguição ou favoritismo. Tudo isso porque não há cargo público sem finalidade pública ou alheio aos princípios gerais da Administração Pública. A prova do desvio é delicada e tormentosa, mas é possível, desde que revelada por indícios convergentes, não podendo ser afastada pelo caráter genericamente político das funções exercidas.

O desvio de poder é atuação estatal particularmente grave. Permanece atual a advertência de Celso Antônio Bandeira de Mello, segundo a qual, o desvio de poder é violação "mais perigosa ainda do que aquela que resulta de violação desabrida da lei". Do seu controle não pode se demitir o Poder Judiciário ou os demais órgãos de controle, pois, como ensina o mesmo mestre:

> "Por ser mais sutil, por vestir-se com trajes de inocência, é mais censurável. Revela uma conduta soez, maculada pelo vício de má fé. E o Direito abomina a má fé. Assim, é vício de particular gravidade. Sobre sê-lo, é, também, de especial periculosidade. Isto porque, se o Poder Judiciário, em face dele, mostrar-se excessivamente cauto, tímido ou, indesejavelmente, precavido em demasia contra os riscos de invasão do mérito do ato administrativo, os administrados ficarão a descoberto, sujeitos, portanto, a graves violações de direito que se evadam à correção jurisdicional".[14]

---

[14] BANDEIRA DE MELLO, Celso Antônio. *Discricionariedade e Controle Jurisdicional*. São Paulo: Malheiros, 1992, p. 58.

Referências

BANDEIRA DE MELLO, Celso Antônio. *Curso de Direito Administrativo*. 32. ed. São Paulo: Malheiros, 2015.

BANDEIRA DE MELLO, Celso Antônio. Curso de Direito Administrativo. 29. ed. São Paulo: Malheiros, 2012.

BANDEIRA DE MELLO, Celso Antônio. *Discricionariedade e Controle Jurisdicional*. São Paulo: Malheiros, 1992.

COMPARATO, Fábio Konder. *Ética: direito, moral e religião no mundo moderno*. São Paulo: Companhia das Letras, 2006.

DI PIETRO, Maria Sylvia Zanella. *Direito Administrativo*. 25. ed. São Paulo: Atlas, 2012.

DUARTE, David. *Procedimentalização, Participação e Fundamentação: para uma concretização do princípio da imparcialidade administrativa como parâmetro decisório*. Coimbra: Almedina, 1996.

MEIRELLES, Hely Lopes. *Direito Administrativo Brasileiro*. 28. ed. São Paulo: Malheiros, 2003.

MODESTO, Paulo. Estágio Probatório: questões controversas. In: MODESTO, Paulo e MENDONÇA, Oscar (Org.). *Direito do Estado: novos rumos*. Tomo 2. São Paulo: Max Limonad, 2001.

MODESTO, Paulo. Nepotismo em Cargos Político-Administrativos. In: MARQUES NETO, Floriano de Azevedo [et ai.] (Org.). *Direito e Administração Pública: estudos em homenagem a Maria Sylvia Zanella di Pietro*. São Paulo: Atlas, 2013.

NEVES, Daniel Amorim Assumpção; OLIVEIRA, Rafael Carvalho Rezende. *Manual de Improbidade Administrativa*. Rio de Janeiro: Forense: São Paulo: Método, 2012.

TÁCITO, Caio. *Temas de Direito Público*. Rio de Janeiro, Renovar, v. 01, 1997.

Informação bibliográfica deste texto, conforme a NBR 6023:2002 da Associação Brasileira de Normas Técnicas (ABNT):

MODESTO, Paulo. Desvio de poder no provimento discricionário de cargos públicos. *In:* PONTES FILHO, Valmir; MOTTA, Fabrício; GABARDO, Emerson (Coord.). *Administração Pública*: desafios para a transparência, probidade e desenvolvimento. XXIX Congresso Brasileiro de Direito Administrativo. Belo Horizonte: Fórum, 2017. p.239-250. ISBN 978-85-450-0157-7.

TUTELA CIVIL E PROCESSUAL DO MEIO AMBIENTE NO BRASIL[1]

PAULO ROBERTO FERREIRA MOTTA
RAQUEL DIAS DA SILVEIRA

1 Introdução

No Brasil, somente em 1981, o meio ambiente passou a receber tutela jurídica, como conceito unitário, após a edição da Lei Federal nº 6.938, que criou a Política Nacional do Meio Ambiente, cujo fundamento constitucional vigente à época (Constituição de 1967) era a saúde pública.[2]

A proteção ao meio ambiente adquiriu *status* constitucional com a Constituição da República de 1988, no Capítulo VI, Do meio Ambiente, inserido no Título VIII, Da Ordem Social. O meio ambiente foi tutelado como um "direito social do homem".[3]

O presente estudo versará sobre a tutela jurídica do meio ambiente, com ênfase na responsabilidade civil e nos principais instrumentos processuais postos para a reparação do dano ambiental.

---

[1] Conferência proferida como Professora Visitante (Segunda Autora) na *Summer School* "Diritti umani, ambiente e sviluppo econômico", organizada pelo Departamento de "Scienze Giuridiche, dela Società e dello Sport" da Universidade de Palermo, Palermo, Itália, em 13.06.2014.

[2] ANTUNES, Paulo de Bessa. *Direito ambiental*. 15a ed. São Paulo: Atlas, 2013. p. 63.

[3] SILVA, José Afonso da. *Comentário contextual à Constituição de 1988*. 2a ed. São Paulo: Malheiros, 2006. p. 835. Segundo o autor, a Ordem Social corresponde ao conjunto de direitos que formam o "núcleo substancial do regime democrático instituído". Salienta, todavia, que somente num conceito bastante alargado de ordem social seria possível incluir na idéia de "núcleo substancial" a ciência e a tecnologia e o meio ambiente. Ainda nesse conceito amplo, dificilmente se encaixaria a matéria relativa aos índios. *Ibid.* p. 757.

2 Meio ambiente na Constituição da República Brasileira de 1988

Diz o art. 225 da Constituição da República de 1988:

> Todos têm direito ao meio ambiente ecologicamente equilibrado, bem de uso comum do povo e essencial à sadia qualidade de vida, impondo-se ao Poder Público e à coletividade o dever de defendê-lo e preservá-lo para as presentes e futuras gerações.

A Constituição ressalta o caráter transindividual do direito público subjetivo ao meio ambiente, que é um direito de cada pessoa, mas não apenas dela, "espairando para uma coletividade indeterminada".[4]

Trata-se de um direito fundamental[5] ou direito humano de terceira dimensão, "estando o ser humano inserido na coletividade e, assim, titular de direitos de solidariedade".[6]

Integra os chamados novos direitos coletivos, que surgem após a Segunda Guerra Mundial, de titularidade coletiva, e que correspondem à categoria dos direitos difusos.

Justifica Clèmerson Merlin Clève[7] que a história dos movimentos populares dos Estados ocidentais, e mesmo as contradições típicas da sociedade capitalista, levaram ao alargamento dos direitos do homem, operando uma síntese superadora entre o antigo antagonismo entre as liberdades formais e reais.

Direitos difusos exprimem valores comuns e obrigações de respeito mútuo entre os diversos grupos sociais. Implica dizer, o meio ambiente é não apenas direito de todos, mas também das gerações futuras.

Explicam Dimitri Dimoulis e Leonardo Martins[8] que, embora direito das pessoas, o exercício dos direitos difusos não é sempre individual, como ocorre com os direitos coletivos clássicos:

> Ninguém possui uma "fatia" da natureza para poder dela usufruir. Todos, ao mesmo tempo, tem o direito e a obrigação de cuidar de sua preservação para que todos, incluindo nesse termo as futuras gerações, possam usufruir da "sadia qualidade de vida"

Os autores[9] mostram que o problema dos direitos difusos não reside na determinação de seu conteúdo, mas na indeterminação do que cada titular do direito pode fazer ou exigir em circunstâncias concretas.

O tratamento autônomo dado pelo Constituinte de 1988 ao meio ambiente no Brasil depreende-se da sistematização de princípios expressos ou implícitos no texto

---

[4] MACHADO, Paulo Affonso Leme. *Direito ambiental brasileiro*. 21. ed. São Paulo: Malheiros, 2013. p. 151.

[5] "Direitos fundamentais são direitos público-subjetivos de pessoas (físicas ou jurídicas), contidos em dispositivos constitucionais e, portanto, que encerram caráter normativo supremo dentro do Estado, tendo como finalidade limitar o exercício do poder estatal em face da liberdade individual". DIMOULIS, Dimitri; MARTINS, Leonardo. Definição e características dos direitos fundamentais. *Direitos fundamentais e Estado Constitucional*. Estudos em homenagem a J.J Gomes Canotilho. São Paulo: Revista dos Tribunais, 2009. p. 118.

[6] LENZA, Pedro. *Direito constitucional esquematizado*. 15. ed. São Paulo: Saraiva. p. 1087.

[7] CLÈVE, Clèmerson Merlin. Sobre os direitos do homem. *Temas de direito constitucional*. Belo Horizonte: Fórum, 2014. p. 23.

[8] *Ibid.* p. 129.

[9] *Ibid.* p. 129.

constitucional, notadamente, o princípio do meio ambiente equilibrado (art. 225, *caput*), princípio do direito à sadia qualidade de vida (art. 225, *caput*), princípio da sustentabilidade (art. 225, *caput*), princípio do usuário-pagador e do poluidor-pagador (art. 225, §2º), princípio da precaução (art. 225, §1º, IV), princípio da prevenção (art. 225, §1º, inciso VI), princípio da reparação (art. 225, §3º) e princípio da obrigatoriedade da intervenção do poder público (art. 225, §1º).

Tais princípios não se esgotam, todavia, no art. 225. Em vários outros dispositivos esparsos, a Constituição de 1988, também, tutela o meio ambiente. A interpretação deve ser sistemática, levando em consideração, sobretudo, os artigos 5º, XXIII, LXX, LXXI e LXXIII; 20, I, II, III, IV, V, VI, VII, VIII, IX, X, XI e §§1º e 2º; 21, IX, XIX, XX, XXIII, "a", "b", "c" e XXV; 22, IV, XII, XIV, XXVI e parágrafo único; 23, I, III, IV, VI, VIII, IX e XI; 24, I, VI, VII E VIII; 26; 30, I, II, VIII e IX; 37, §4º; 43, §§2º, IV, e 3º; 49, XIV e XVI; 91, §1º, III; 103; 129; III; 170, VI, 174, §§3º e 4º; 176 e §§1º, 2º, 3º e 4º; 177, §3º; 182, §§1º, 2º 3º e 4º; 186, II; 200, VII E VIII; 215; 216, V e §§1º, 2º e 4º; 220, §3º, II; 225; 231, §§1º ao 7º e 232, todos da Constituição da República; e 43 e 44 do Ato das Disposições Transitórias.[10]

3 Competências constitucionais

A Constituição Brasileira de 1988 adota um federalismo tricotômico, na forma do art. 18, que corresponde a núcleo intangível, isto é, imutável de normas por emenda constitucional,[11] prevendo na organização político-administrativa do Brasil a União, os Estados, o Distrito Federal e os Municípios.

Em nosso federalismo, ressaltam-se duas características:

A primeira é a previsão dos Municípios como entidades políticas e não como meras entidades autárquicas, dotadas simplesmente de autonomia administrativa.

A segunda é a histórica concentração de competências legislativas e materiais nas mãos da União, em que pese inexistir hierarquia política entre as entidades federadas.[12] Isso porque, ao contrário dos Estados Unidos da América, nosso federalismo decorre de construção centrípeta, de força descentralizadora e desagregadora do poder central.

A propósito do tema, Clèmerson Merlin Clève[13] esclarece que o federalismo brasileiro deve ser apreendido a partir de duas faces: a face unitária e a face federal. A centralização, assim como a descentralização do poder político, acompanha a lógica do capital. Conforme a relação de forças cristalizada momentaneamente no processo político, prestigiar-se-á o momento federal ou o momento unitário. A partir de 1964 e principalmente 1967/1969, multiplicaram-se as variáveis que reforçam a tendência unitária. Isso muda com o propósito descentralizador do Constituinte de 1988, recobrando vigor a força centrípeta da Federação.

Entre as competências legislativas ambientais, a regra é que todas as entidades políticas detêm competência para legislar concorrentemente sobre meio ambiente, cabendo à União editar normas gerais, a serem especificadas e complementadas pelos

---

[10] SIRVINKAS, Luís Paulo. *Manual de direito ambiental.* 13. ed. São Paulo: Saraiva, 2013. p. 171.

[11] Nos termos do art. 60, §4º, I, o Federalismo é cláusula pétrea.

[12] AMADO, Frederico. *Direito ambiental esquematizado.* São Paulo: Método, 2012. p. 33.

[13] CLÈVE, Clèmerson Merlin. O Estado brasileiro. Algumas linhas sobre a divisão de poderes na Constituição de 1988. *Temas de direito constitucional.* Belo Horizonte: Fórum, 2014. p. 278.

Estados, Distrito Federal e Municípios, de acordo com os interesses regionais e locais, respectivamente.[14]

Diz o art. 24 que compete concorrentemente à União, aos Estados e ao Distrito Federal legislar sobre: VI – florestas, caça, pesca, fauna, conservação da natureza, defesa do solo e dos recursos naturais, proteção do meio ambiente e controle da poluição; VII – proteção ao patrimônio histórico, cultural, artístico, turístico e paisagístico; VIII – responsabilidade por dano ao meio ambiente, ao consumidor, a bens e direitos de valor artístico, estético, histórico, turístico e paisagístico.

Nos termos dos §§1º, 2º, 3º e 4º do mesmo digesto, a competência da União limitar-se a estabelecer normas gerais, o que não exclui a competência suplementar dos Estados e do Distrito Federal. Se a União quedar-se inerte, os Estados e Distrito Federal poderão exercer competência legislativa plena, para atender a suas peculiaridades.

Competência concorrente poderá exercer-se não só mediante elaboração de leis, mas também de decretos, resoluções, portarias e outros atos normativos.[15]

Segundo Paulo Affonso Leme Machado,[16] a União está obrigada a inserir no âmbito da norma geral conteúdo de acordos, tratados ou convenções internacionais ratificados, depositados e promulgados pelo Brasil.

A despeito de o art. 24 não falar em competência concorrente dos Municípios, Paulo de Bessa Antunes[17] adverte que seria insensato dizer que os Municípios no Brasil não detêm competência legislativa em matéria ambiental, já que o art. 30 da Constituição atribui-lhes competência para: legislar sobre assunto de interesse local; suplementar a legislação federal e estadual, no que couber; promover adequado ordenamento territorial, mediante planejamento e controle do uso, do parcelamento e da ocupação do solo urbano, por meio do chamado Plano-Diretor; promover a proteção do patrimônio histórico-cultural local, observadas a legislação e a ação fiscalizadora federal e estadual. E, assim, diz o autor:

> É através dos Municípios que se pode implementar o princípio ecológico do agir localmente, pensar globalmente. Na verdade, entender que os Municípios não têm competência ambiental específica é fazer uma interpretação puramente literal da Constituição Federal.

Destarte, o Superior Tribunal de Justiça, no julgamento do Recurso Especial nº 29.299/RS,[18] 1ª Turma, Relator Ministro Demócrito Reinaldo, DJ 17.10.1994, também

---

[14] *Ibid.* p. 39.

[15] MACHADO, Paulo Affonso Leme. *Direito ambiental brasileiro*. 21. ed. São Paulo: Malheiros, 2013. p. 145.

[16] *Ibid.* p. 146.

[17] ANTUNES, Paulo de Bessa. *Direito ambiental*. 15. ed. São Paulo: Atlas, 2013. p. 110.

[18] "EMENTA: CONSTITUCIONAL. MEIO AMBIENTE. LEGISLAÇÃO MUNICIPAL SUPLETIVA. POSSIBILIDADE. ATRIBUINDO, A CONSTITUIÇÃO FEDERAL, A COMPETÊNCIA COMUM À UNIÃO, AOS ESTADOS E AOS MUNICIPIOS PARA PROTEGER O MEIO AMBIENTE E COMBATER A POLUIÇÃO EM QUALQUER DE SUAS FORMAS. CABE AOS MUNICIPIOS LEGISLAR SUPLETIVAMENTE SOBRE A PROTEÇÃO AMBIENTAL, NA ESFERA DO INTERESSE ESTRITAMENTE LOCAL. A LEGISLAÇÃO MUNICIPAL, CONTUDO, DEVE SE CONSTRINGIR A ATENDER AS CARACTERÍSTICAS PRÓPRIAS DO TERRITÓRIO EM QUE AS QUESTÕES AMBIENTAIS, POR SUAS PARTICULARIDADES, NÃO CONTÊM COM O DISCIPLINAMENTO CONSIGNADO NA LEI FEDERAL OU ESTADUAL. A LEGISLAÇÃO SUPLETIVA, COMO E CEDIÇO, NÃO PODE INEFICACIZAR OS EFEITOS DA LEI QUE PRETENDE SUPLEMENTAR. UMA VEZ AUTORIZADA PELA UNIÃO A PRODUÇÃO E DEFERIDO O REGISTRO DO PRODUTO, PERANTE O MINISTERIO COMPETENTE,

entendeu que os Municípios possuem competência supletiva, na esfera do interesse estritamente local, em matéria ambiental.

Excepcionalmente, em matéria de águas, energia, jazida, minas e outros recursos minerais e atividades nucleares de qualquer natureza, compete privativamente à União legislar o tema, nos termos do art. 22, IV, XII e XXVI da CR/88.

Competência privativa implica que a matéria é reservada à União, mas esta poderá delegá-la aos Estados, Distrito Federal e Municípios. Competência privativa é própria, peculiar à determinada entidade ou órgão.[19]

Nesse sentido, foram atribuídas à União, em caráter privativo, competências legislativas eminentemente estratégicas, que dada sua importância não poderiam estar dispersas entre as entidades federadas, que, no total, representam 26 Estados, o Distrito Federal e cerca de 5.500 Municípios.

Argumenta, com razão, Paulo de Bessa Antunes[20] que os itens citados no art. 22 representam, entretanto, parte significativa da legislação ambiental:

> Tal quantidade de competências privativas, quando mesclada com as concorrentes, gera uma teia que muito pouco, ou quase nada, resta para os entes federados.

Ademais, observa[21] que inexiste no direito brasileiro uma legislação que defina o que sejam normas gerais. Isso, na prática, resulta que toda lei federal venha a ser considerada lei geral, exorbitando, muitas vezes, a União os limites de sua competência e deixando pouca margem para que os Estados, Distrito Federal e Municípios possam suplementar sua legislação.

A competência concorrente atribuída aos Estados, Distrito Federal e Municípios acaba, assim, por reduzir-se à supressão de lacunas relativas às realidades regionais e locais, revelando-se centralizadora e meramente abstrata a repartição de competências de nossa Constituição.

Corrobora a centralização o fato de que, se de um lado, a competência legiferante dos Municípios em matéria ambiental não enseja maiores discussões,[22] o grande problema, na prática, reside em discernir os exatos limites dos interesses regional dos Estados e local dos Municípios.[23]

E DEFESO AOS MUNICIPIOS VEDAR, NOS RESPECTIVOS TERRITÓRIOS, O USO E O ARMAZENAMENTO DE SUBSTÂNCIAS AGROTÓXICAS, EXTRAPOLANDO O PODER DE SUPLEMENTAR, EM DESOBEDIÊNCIA À LEI FEDERAL. A PROIBIÇÃO DE USO E ARMAZENAMENTO, POR DECRETO E EM TODO O MUNICÍPIO CONSTITUI DESAFEIÇÃO À LEI FEDERAL E AO PRINCÍPIO DA LIVRE INICIATIVA, CAMPO EM QUE AS LIMITAÇÕES ADMINISTRATIVAS HÃO DE CORRESPONDER ÀS JUSTAS EXIGÊNCIAS DO INTERESSE PÚBLICO QUE AS MOTIVA, SEM O ANIQUILAMENTO DAS ATIVIDADES REGULADAS. RECURSO CONHECIDO E IMPROVIDO. DECISÃO INDISCREPANTE".

[19] SILVA, José Afonso da. *Comentário contextual à Constituição de 1988*. 2.ed. São Paulo: Malheiros, 2006. p. 263.

[20] ANTUNES, Paulo de Bessa. *Direito ambiental*. 15. ed. São Paulo: Atlas, 2013. p. 103.

[21] *Ibid.* p. 107.

[22] Mesmo porque lhes compete legislar sobre direito urbanístico e este está, visceralmente, relacionado com direito ambiental.

[23] BANDEIRA DE MELLO, Celso Antônio. (Discriminação constitucional de competências legislativas: A competência municipal. *Direito administrativo e constitucional*. Estudos em homenagem a Geraldo Ataliba 2. São Paulo: Malheiros, 1997, p. 278-279) aclara que "(...) no caso brasileiro, os interesses mais amplos pertencem à União; os circunscritos ao âmbito regional, aos Estados; e os que concernem tão só à esfera local, aos Municípios". O autor

Também, em matéria de competências materiais de direito ambiental, existe tendência centralizadora da União. Nos termos do art. 21, IX, XIX, XX, XXIII, "a", "b", "c" e "d", e XXV da CR/88, a União poderá elaborar planos de ordenação do território e de desenvolvimento socioeconômico; instituir o sistema nacional de recursos hídricos e definir os critérios de outorga de direitos de uso; instituir as diretrizes para o desenvolvimento urbano, inclusive habitação e saneamento básico; explorar os serviços e instalações nucleares de qualquer natureza; e estabelecer as áreas e as condições para o exercício da atividade de garimpagem.

De todo modo, nossa Constituição inovou ao estabelecer, ao menos em tese, um federalismo de cooperação, dispondo, no art. 23, incisos III, VI, VIII, IX e XI, como competência material comum, isto é, competência administrativa compartilhada entre a União, os Estados, o Distrito Federal e os Municípios, as seguintes responsabilidades: proteger os documentos, as obras e outros bens de valor histórico, artístico e cultural, os monumentos, as paisagens naturais notáveis e os sítios arqueológicos; proteger o meio ambiente e combater a poluição em qualquer de suas formas; preservar as florestas, a fauna e a flora; promover programas de construção de moradias e a melhoria das condições habitacionais e de saneamento básico; registrar, acompanhar e fiscalizar as concessões de direitos de pesquisa e exploração de recursos hídricos e minerais em seus territórios.

Importa reiterar que a competência material comum envolve apenas a execução da proteção ao meio ambiente; não o poder de legislar.

Em conformidade com o parágrafo único do art. 23, a cooperação entre os entes federados deverá ser disciplinada por leis complementares, com a finalidade de estabelecer o equilíbrio do desenvolvimento e do bem-estar em âmbito nacional.

Assim é que, decorridos vinte e três anos de vigência da Constituição de 1988, finalmente foi promulgada a Lei Complementar nº 140, de 8 de dezembro de 2011,[24] que fixa normas para cooperação entre os entes federados, no que tange às competências administrativas comuns elencadas nos incisos III, VI e VII do art. 23. Essa legislação altera a Lei Ordinária nº 6.938, de 31 de agosto de 1981, que havia sido recepcionada pela Constituição com o *status* de lei complementar.

A principal finalidade da Lei Complementar nº 140/2011 contempla-se em seu art. 3º, inciso III: harmonizar as políticas e ações administrativas para evitar a sobreposição de atuação entre os entes federativos, de forma a evitar conflitos de atribuições e garantir uma atuação administrativa eficiente.

---

adverte: "O atendimento a interesse pertinente a uma *específica localidade* por certo, é também ele, em um dado sentido, "interesse local". De fato, não se imaginaria que houvesse sido prevista competência municipal, ainda que suplementar, para regular interesse que não lhe dissessem respeito. Entretanto, trata-se, aqui, na verdade, de um interesse *peculiar*, manifestável em certo ou certos municípios, *e não daquele interesse comum dos Municípios em geral, o que é o que a Constituição nomeou como interesse local no inciso I do art. 30*".

[24] Disponível em: <http://www.planalto.gov.br/ccivil_03/leis/lcp/Lcp140.htm>. Acesso em: 02. maio 2014.

25 Art. 7º São ações administrativas da União: I – formular, executar e fazer cumprir, em âmbito nacional, a Política Nacional do Meio Ambiente; II – exercer a gestão dos recursos ambientais no âmbito de suas atribuições; III – promover ações relacionadas à Política Nacional do Meio Ambiente nos âmbitos nacional e internacional; IV – promover a integração de programas e ações de órgãos e entidades da administração pública da União, dos Estados, do Distrito Federal e dos Municípios, relacionados à proteção e à gestão ambiental; V – articular a cooperação técnica, científica e financeira, em apoio à Política Nacional do Meio Ambiente; VI – promover o desenvolvimento de estudos e pesquisas direcionados à proteção e à gestão ambiental, divulgando os resultados obtidos; VII – promover a articulação da Política Nacional do Meio Ambiente com as de Recursos Hídricos, Desenvolvimento Regional, Ordenamento Territorial e outras; VIII – organizar e manter, com a colaboração dos órgãos e entidades da administração pública dos Estados, do Distrito Federal e dos Municípios, o Sistema Nacional de Informação sobre Meio Ambiente (Sinima); IX – elaborar o zoneamento ambiental de âmbito nacional e regional; X – definir espaços territoriais e seus componentes a serem especialmente protegidos; XI – promover e orientar a educação ambiental em todos os níveis de ensino e a conscientização pública para a proteção do meio ambiente; XII – controlar a produção, a comercialização e o emprego de técnicas, métodos e substâncias que comportem risco para a vida, a qualidade de vida e o meio ambiente, na forma da lei; XIII – exercer o controle e fiscalizar as atividades e empreendimentos cuja atribuição para licenciar ou autorizar, ambientalmente, for cometida à União; XIV – promover o licenciamento ambiental de empreendimentos e atividades: a) localizados ou desenvolvidos conjuntamente no Brasil e em país limítrofe; b) localizados ou desenvolvidos no mar territorial, na plataforma continental ou na zona econômica exclusiva; c) localizados ou desenvolvidos em terras indígenas; d) localizados ou desenvolvidos em unidades de conservação instituídas pela União, exceto em Áreas de Proteção Ambiental (APAs); e) localizados ou desenvolvidos em 2 (dois) ou mais Estados; f) de caráter militar, excetuando-se do licenciamento ambiental, nos termos de ato do Poder Executivo, aqueles previstos no preparo e emprego das Forças Armadas, conforme disposto na Lei Complementar no 97, de 9 de junho de 1999; g) destinados a pesquisar, lavrar, produzir, beneficiar, transportar, armazenar e dispor material radioativo, em qualquer estágio, ou que utilizem energia nuclear em qualquer de suas formas e aplicações, mediante parecer da Comissão Nacional de Energia Nuclear (Cnen); ou h) que atendam tipologia estabelecida por ato do Poder Executivo, a partir de proposição da Comissão Tripartite Nacional, assegurada a participação de um membro do Conselho Nacional do Meio Ambiente (Conama), e considerados os critérios de porte, potencial poluidor e natureza da atividade ou empreendimento; XV – aprovar o manejo e a supressão de vegetação, de florestas e formações sucessoras em: a) florestas públicas federais, terras devolutas federais ou unidades de conservação instituídas pela União, exceto em APAs; e b) atividades ou empreendimentos licenciados ou autorizados, ambientalmente, pela União; XVI – elaborar a relação de espécies da fauna e da flora ameaçadas de extinção e de espécies sobre-explotadas no território nacional, mediante laudos e estudos técnico-científicos, fomentando as atividades que conservem essas espécies *in situ*; XVII – controlar a introdução no País de espécies exóticas potencialmente invasoras que possam ameaçar os ecossistemas, *habitats* e espécies nativas; XVIII – aprovar a liberação de exemplares de espécie exótica da fauna e da flora em ecossistemas naturais frágeis ou protegidos; XIX – controlar a exportação de componentes da biodiversidade brasileira na forma de espécimes silvestres da flora, micro-organismos e da fauna, partes ou produtos deles derivados; XX – controlar a apanha de espécimes da fauna silvestre, ovos e larvas; XXI – proteger a fauna migratória e as espécies inseridas na relação prevista no inciso XVI; XXII – exercer o controle ambiental da pesca em âmbito nacional ou regional; XXIII – gerir o patrimônio genético e o acesso ao conhecimento tradicional associado, respeitadas as atribuições setoriais; XXIV – exercer o controle ambiental sobre o transporte marítimo de produtos perigosos; e XXV – exercer o controle ambiental sobre o transporte interestadual, fluvial ou terrestre, de produtos perigosos.

26 Art. 8º São ações administrativas dos Estados: I – executar e fazer cumprir, em âmbito estadual, a Política Nacional do Meio Ambiente e demais políticas nacionais relacionadas à proteção ambiental; II – exercer a gestão dos recursos ambientais no âmbito de suas atribuições; III – formular, executar e fazer cumprir, em âmbito estadual, a Política Estadual de Meio Ambiente; IV – promover, no âmbito estadual, a integração de programas e ações de órgãos e entidades da administração pública da União, dos Estados, do Distrito Federal e dos Municípios, relacionados à proteção e à gestão ambiental; V – articular a cooperação técnica, científica e financeira, em apoio às Políticas Nacional e Estadual de Meio Ambiente; VI – promover o desenvolvimento de estudos e pesquisas direcionados à proteção e à gestão ambiental, divulgando os resultados obtidos; VII – organizar e manter, com a colaboração dos órgãos municipais competentes, o Sistema Estadual de Informações sobre Meio Ambiente; VIII – prestar informações à União para a formação e atualização do Sinima; IX – elaborar o zoneamento ambiental de âmbito estadual, em conformidade com os zoneamentos de âmbito nacional e regional; X – definir espaços territoriais e seus componentes a serem especialmente protegidos; XI – promover e orientar a educação ambiental em todos os níveis de ensino e a conscientização pública para a proteção do meio ambiente; XII – controlar a produção, a comercialização e o emprego de técnicas, métodos e substâncias que comportem risco para a vida, a qualidade de vida e o meio ambiente, na forma da lei; XIII – exercer o controle e fiscalizar as atividades e empreendimentos cuja atribuição para licenciar ou autorizar, ambientalmente, for cometida aos Estados; XIV – promover o licenciamento ambiental de atividades ou empreendimentos utilizadores de recursos ambientais, efetiva ou potencialmente poluidores ou capazes, sob qualquer forma, de causar degradação ambiental, ressalvado o disposto nos arts. 7º e 9º; XV – promover o licenciamento ambiental de atividades ou empreendimentos localizados ou desenvolvidos em unidades de conservação instituídas pelo Estado, exceto em Áreas de Proteção Ambiental (APAs); XVI – aprovar o manejo e a supressão de vegetação, de florestas e

A lei cuida de delimitar as ações administrativas da União (art. 7º),[25] dos Estados (art. 8º)[26] e dos Municípios (art. 9º).[27] Incumbe ao Distrito Federal no âmbito de seu território o desempenho de ações administrativas de competência dos Estados e dos Municípios.

Aludida Lei Complementar nº 140/2011 (**art. 4º**) prevê os seguintes instrumentos, com vistas a possibilitar cooperação entre as entidades políticas: I – consórcios públicos, nos termos da legislação em vigor; II – convênios, acordos de cooperação técnica e outros instrumentos similares com órgãos e entidades do Poder Público, respeitado o art. 241 da Constituição; III – Comissão Tripartite Nacional, Comissões Tripartites Estaduais e Comissão Bipartite do Distrito Federal; IV – fundos públicos e privados e outros instrumentos econômicos; V – delegação de atribuições de um ente federativo a outro, respeitados os requisitos previstos nesta Lei Complementar; e VI – delegação da execução de ações administrativas de um ente federativo a outro, respeitados os requisitos previstos nesta Lei Complementar.

Maria Sylvia Zanella Di Pietro[28] mostra que a possibilidade de cooperação ou de "gestão associada" entre União, Estados, Distrito Federal e Municípios consta expressamente do texto constitucional, art. 241, com a redação dada pela Emenda Constitucional nº 19/98. A Lei Federal nº 11.107/2005 veio disciplinar a matéria, prevendo, como instrumentos de "gestão associada", o consórcio público, o contrato de programa e o convênio de cooperação.

---

formações sucessoras em: a) florestas públicas estaduais ou unidades de conservação do Estado, exceto em Áreas de Proteção Ambiental (APAs); b) imóveis rurais, observadas as atribuições previstas no inciso XV do art. 7º; e c) atividades ou empreendimentos licenciados ou autorizados, ambientalmente, pelo Estado; XVII – elaborar a relação de espécies da fauna e da flora ameaçadas de extinção no respectivo território, mediante laudos e estudos técnico-científicos, fomentando as atividades que conservem essas espécies *in situ*; XVIII – controlar a apanha de espécimes da fauna silvestre, ovos e larvas destinadas à implantação de criadouros e à pesquisa científica, ressalvado o disposto no inciso XX do art. 7º; XIX – aprovar o funcionamento de criadouros da fauna silvestre; XX – exercer o controle ambiental da pesca em âmbito estadual; e XXI – exercer o controle ambiental do transporte fluvial e terrestre de produtos perigosos, ressalvado o disposto no inciso XXV do art. 7º.

[27] Art. 9º São ações administrativas dos Municípios: I – executar e fazer cumprir, em âmbito municipal, as Políticas Nacional e Estadual de Meio Ambiente e demais políticas nacionais e estaduais relacionadas à proteção do meio ambiente; II – exercer a gestão dos recursos ambientais no âmbito de suas atribuições; III – formular, executar e fazer cumprir a Política Municipal de Meio Ambiente; IV – promover, no Município, a integração de programas e ações de órgãos e entidades da administração pública federal, estadual e municipal, relacionados à proteção e à gestão ambiental; V – articular a cooperação técnica, científica e financeira, em apoio às Políticas Nacional, Estadual e Municipal de Meio Ambiente; VI – promover o desenvolvimento de estudos e pesquisas direcionados à proteção e à gestão ambiental, divulgando os resultados obtidos; VII – organizar e manter o Sistema Municipal de Informações sobre Meio Ambiente; VIII – prestar informações aos Estados e à União para a formação e atualização dos Sistemas Estadual e Nacional de Informações sobre Meio Ambiente; IX – elaborar o Plano Diretor, observando os zoneamentos ambientais; X – definir espaços territoriais e seus componentes a serem especialmente protegidos; XI – promover e orientar a educação ambiental em todos os níveis de ensino e a conscientização pública para a proteção do meio ambiente; XII – controlar a produção, a comercialização e o emprego de técnicas, métodos e substâncias que comportem risco para a vida, a qualidade de vida e o meio ambiente, na forma da lei; XIII – exercer o controle e fiscalizar as atividades e empreendimentos cuja atribuição para licenciar ou autorizar, ambientalmente, for cometida ao Município; XIV – observadas as atribuições dos demais entes federativos previstas nesta Lei Complementar, promover o licenciamento ambiental das atividades ou empreendimentos: a) que causem ou possam causar impacto ambiental de âmbito local, conforme tipologia definida pelos respectivos Conselhos Estaduais de Meio Ambiente, considerados os critérios de porte, potencial poluidor e natureza da atividade; ou b) localizados em unidades de conservação instituídas pelo Município, exceto em Áreas de Proteção Ambiental (APAs); XV – observadas as atribuições dos demais entes federativos previstas nesta Lei Complementar, aprovar: a) a supressão e o manejo de vegetação, de florestas e formações sucessoras em florestas públicas municipais e unidades de conservação instituídas pelo Município, exceto em Áreas de Proteção Ambiental (APAs); e b) a supressão e o manejo de vegetação, de florestas e formações sucessoras em empreendimentos licenciados ou autorizados, ambientalmente, pelo Município.

[28] DI PIETRO, Maria Sylvia Zanella. *Direito administrativo*. 26. ed. São Paulo: Atlas, 2013. p. 349.

O convênio – que está disciplinado na Lei Federal nº 8.666/93 (art. 116) –[29] é definido pela autora[30] como forma de ajuste entre o poder público e entidades públicas ou privadas para realização de objetivos de interesse público, mediante mútua colaboração. Trata-se de um acordo de vontades, com objetivos institucionais comuns.

Nos termos do §1º do art. 4º da Lei Complementar nº 140/2011, os instrumentos de cooperação, os convênios, acordos de cooperação técnica e instrumentos similares podem ser celebrados por prazo indeterminado.

Maria Sylvia Zanella Di Pietro explica que, doutrinariamente, consórcio é acordo de vontade entre duas ou mais pessoas jurídicas públicas da mesma natureza e mesmo nível de governo ou entre entidades da administração indireta para a consecução de objetivos comuns. Ocorre que,

> Desvirtuando inteiramente um instituto que já estava consagrado no direito brasileiro, principalmente como forma de ajuste entre Municípios para desempenho de atividades de interesse comum, a Lei Federal nº 11.107, de 6-4-2005, veio estabelecer normas sobre consórcio público, tratando-o como pessoa jurídica, com personalidade de direito público ou de direito privado. No primeiro caso, integra a administração indireta de todos os entes da Federação consorciados (art. 6º).

As chamadas comissões tripartite nacional, tripartite estadual e bipartite do Distrito Federal serão formadas, respectivamente, de maneira paritária, por representantes da União, dos Estados, do Distrito Federal e dos Municípios; da União, dos Estados e

---

[29] Art. 116. Aplicam-se as disposições desta Lei, no que couber, aos convênios, acordos, ajustes e outros instrumentos congêneres celebrados por órgãos e entidades da Administração. §1o A celebração de convênio, acordo ou ajuste pelos órgãos ou entidades da Administração Pública depende de prévia aprovação de competente plano de trabalho proposto pela organização interessada, o qual deverá conter, no mínimo, as seguintes informações: I – identificação do objeto a ser executado; II – metas a serem atingidas; III – etapas ou fases de execução; IV – plano de aplicação dos recursos financeiros; V – cronograma de desembolso; VI – previsão de início e fim da execução do objeto, bem assim da conclusão das etapas ou fases programadas; VII – se o ajuste compreender obra ou serviço de engenharia, comprovação de que os recursos próprios para complementar a execução do objeto estão devidamente assegurados, salvo se o custo total do empreendimento recair sobre a entidade ou órgão descentralizador. §2o Assinado o convênio, a entidade ou órgão repassador dará ciência do mesmo à Assembleia Legislativa ou à Câmara Municipal respectiva. §3o As parcelas do convênio serão liberadas em estrita conformidade com o plano de aplicação aprovado, exceto nos casos a seguir, em que as mesmas ficarão retidas até o saneamento das impropriedades ocorrentes: I – quando não tiver havido comprovação da boa e regular aplicação da parcela anteriormente recebida, na forma da legislação aplicável, inclusive mediante procedimentos de fiscalização local, realizados periodicamente pela entidade ou órgão descentralizador dos recursos ou pelo órgão competente do sistema de controle interno da Administração Pública; II – quando verificado desvio de finalidade na aplicação dos recursos, atrasos não justificados no cumprimento das etapas ou fases programadas, práticas atentatórias aos princípios fundamentais de Administração Pública nas contratações e demais atos praticados na execução do convênio, ou o inadimplemento do executor com relação a outras cláusulas conveniais básicas; III – quando o executor deixar de adotar as medidas saneadoras apontadas pelo partícipe repassador dos recursos ou por integrantes do respectivo sistema de controle interno. §4o Os saldos de convênio, enquanto não utilizados, serão obrigatoriamente aplicados em cadernetas de poupança de instituição financeira oficial se a previsão de seu uso for igual ou superior a um mês, ou em fundo de aplicação financeira de curto prazo ou operação de mercado aberto lastreada em títulos da dívida pública, quando a utilização dos mesmos verificar--se em prazos menores que um mês. §5o As receitas financeiras auferidas na forma do parágrafo anterior serão obrigatoriamente computadas a crédito do convênio e aplicadas, exclusivamente, no objeto de sua finalidade, devendo constar de demonstrativo específico que integrará as prestações de contas do ajuste. §6o Quando da conclusão, denúncia, rescisão ou extinção do convênio, acordo ou ajuste, os saldos financeiros remanescentes, inclusive os provenientes das receitas obtidas das aplicações financeiras realizadas, serão devolvidos à entidade ou órgão repassador dos recursos, no prazo improrrogável de 30 (trinta) dias do evento, sob pena da imediata instauração de tomada de contas especial do responsável, providenciada pela autoridade competente do órgão ou entidade titular dos recursos.

[30] *Ibid.* p. 347.

dos Municípios; e da União e do Distrito Federal, com o objetivo de fomentar a gestão ambiental compartilhada e descentralizada entre os entes federados.

A controvérsia mais relevante que parece ter enfrentado a Lei Complementar nº 140/2011 foi a competência para o exercício do poder de polícia ambiental. Este se desdobra, sobretudo, na fiscalização e no licenciamento ambiental. O sistema federativo adotado por nosso País cria situações que não são juridicamente muito claras. Não raras vezes exsurgem atitudes contraditórias entre um ente federado e outro. Persistem, todavia, conflitos de ações entre a Administração direta e agências de controle ambiental, institutos de florestas e agências de água de um mesmo Estado, Município ou da União.[31] Trata-se das ações administrativas em que se materializam as maiores dificuldades para a ordem econômica.

4 Tutela civil do meio ambiente

Não se pode olvidar que o desenvolvimento implica um mínimo de poluição.[32] Os impactos no meio ambiente devem se dar, contudo, de maneira sustentável, observando a capacidade de suporte dos ecossistemas, conforme padrões máximos de poluição editados pelo poder público.[33]

Dispõe o Princípio 13 da Declaração do Rio sobre Meio Ambiente e Desenvolvimento,[34] ratificado pela Assembleia Geral da ONU de 12 de agosto de 1992 e aprovada pelo Congresso Nacional por meio do Decreto Legislativo nº 02 de 03.02.1994:[35]

> Os Estados irão desenvolver legislação nacional relativa à responsabilidade e à indenização das vítimas de poluição e de outros danos ambientais. Os Estados irão também cooperar, de maneira expedita e mais determinada, no desenvolvimento do direito internacional no que se refere à responsabilidade e à indenização por efeitos adversos dos danos ambientais causados, em áreas fora de sua jurisdição, por atividades dentro de sua jurisdição ou sob seu controle.

A responsabilidade ambiental goza de expressa previsão constitucional no art. 225, §3º que prescreve que as condutas e atividades consideradas lesivas ao meio ambiente sujeitarão os infratores, pessoas físicas ou jurídicas, a sanções penais e administrativas, independentemente da obrigação de reparar os danos causados.

A Constituição de 1988 também tratou de descrever expressamente no §2º do art. 225 a responsabilidade civil por danos causados pelo minerador:

Aquele que explorar recursos minerais fica obrigado a recuperar o meio ambiente degradado, de acordo com solução técnica exigida pelo órgão público competente, na forma da lei.

---

[31] ANTUNES, Paulo de Bessa. *Direito ambiental*. 15. ed. São Paulo: Atlas, 2013. p. 101.

[32] SOUZA, José Carlos. A relação do homem com o meio ambiente: o que dizem as leis e as propostas de educação para o meio ambiente. *Revista Brasileira de Direito Constitucional – RBDC* n. 13 – jan.-jun. 2009. p. 107-139. Disponível em: <http://www.esdc.com.br/RBDC/RBDC-13/RBDC-13-107-Monografia_Joao_Carlos_de_Souza_(Homem_e_%20Meio_Ambiente).pdf>. Acesso em: 04 maio 2014.

[33] AMADO, Frederico. *Direito ambiental esquematizado*. São Paulo: Método, 2012. p. 446.

[34] Disponível em: <http://www.onu.org.br/rio20/img/2012/01/rio92.pdf>. Acesso em: 03 maio 2014.

[35] Disponível em <http://www.ctnbio.gov.br/index.php/content/view/11967.html>. Acesso em: 04 maio 2014.

Vê-se, pois, que o dano ambiental pode se desdobrar em mais de um ilícito e consequentemente ensejar responsabilidade administrativa, civil e penal para o poluidor. Entende-se que as instâncias são autônomas e independentes, devendo ser apuradas em separado e cumulativamente, sem implicar *bis in iden* das sanções para o agente.

O presente estudo, para fins de delimitação do tema, cuidará, tão somente, da análise da tutela civil do meio ambiente, partindo das seguintes premissas:

1) A responsabilidade civil pelo dano ambiental decorre não apenas de comportamentos ilícitos; atos lícitos podem ocasionar danos ambientais; e

2) O Estado poderá praticar danos ambientais, na condição de poluidor direto, bem como corrobora-lo, quando se omitir no dever de fiscalizar, hipótese em que se apresentará como poluidor indireto.

Antes dessa análise, é de bom alvitre considerar o conceito de dano ambiental e, bem assim, de agente poluidor no direito brasileiro.

4.1 Dano ambiental

Segundo Luís Paulo Servinkas,[36] dano ambiental é toda lesão ao meio ambiente causada por atividade econômica potencialmente poluidora, esta resultante de ato comissivo praticado por qualquer pessoa ou por omissão voluntária decorrente de negligência.

A Lei Federal nº 6.938/1981,[37] que dispõe sobre Política Nacional do Meio Ambiente, trabalha com dois conceitos: o de degradação ambiental e o de poluição. O primeiro é mais amplo que o segundo. O art. 3º, inciso II conceitua degradação ambiental como qualquer alteração adversa das características do meio ambiente, enquanto o inciso III do mesmo digesto concebe poluição como a degradação ambiental resultante de atividades que direta ou indiretamente prejudiquem a saúde, a segurança e o bem-estar da população; criem condições adversas às atividades sociais e econômicas; afetem desfavoravelmente a biota; afetem as condições estéticas ou sanitárias do meio ambiente; lancem matérias ou energia em desacordo com padrões ambientais estabelecidos.

Verifica-se, destarte, que o critério de *discrimen* posto pelo legislador para distinguir a degradação ambiental das demais alterações ocasionadas pelo desenvolvimento econômico ao meio ambiente é a intolerabilidade, conceito este reconhecidamente vago e impreciso, ensejador, por certo, de certa discricionariedade.

Frederico Amado[38] mostra que a poluição pode ser lícita ou ilícita. Se uma pessoa desmata parte da vegetação de sua fazenda, amparada em regular licenciamento ambiental, produzirá poluição lícita, isto é, dentro dos padrões de tolerância da legislação ambiental e com base em licença. A poluição lícita afasta a responsabilidade administrativa ou criminal do poluidor, mas não a responsabilidade civil, pois esta não é sancionatória e, sim, reparatória.[39]

---

[36] SIRVINKAS, Luís Paulo. *Manual de direito ambiental*. 13. ed. São Paulo: Saraiva, 2013. p. 255.

[37] Disponível em: <http://www.planalto.gov.br/ccivil_03/leis/l6938.htm>. Acesso em: 03 maio 2014.

[38] AMADO, Frederico. *Direito ambiental esquematizado*. São Paulo: Método, 2012. p. 446.

[39] *Ibid.* p. 447.

(...) nem toda atividade humana impactante ao meio ambiente configurará dano ambiental, mas apenas quando se ultrapassar a capacidade natural de absorção ambiental, o que deve ser feito casuisticamente e com proporcionalidade, sem se descurar da natureza sinergética dos danos ambientais.

Logo, para a caracterização do dano ambiental, é necessário que exista um prejuízo anormal a meio ambiente, dotado de mínima gravidade, ou seja, que afete o equilíbrio do ecossistema, não se enquadrando como dano ao ambiente qualquer alteração de suas propriedades.

4.2 Poluidor

O art. 3º, inciso IV da Lei Federal nº 6.938/1981 considera poluidor a pessoa física ou jurídica responsável direta ou indiretamente pela atividade causadora de degradação ambiental.

O Estado pode apresentar-se como poluidor comissivo ou omissivo, quando pratica diretamente o dano ou quando se omite no dever de fiscalização. No primeiro caso, é o que ocorre, por exemplo, quando explora diretamente atividade petrolífera por meio de empresta estatal ou, no segundo, quando emite licença ambiental irregular, em desacordo com a legislação ambiental.[40]

Se não há dúvidas na doutrina brasileira acerca da responsabilidade objetiva do Estado por atos comissivos,[41] existe forte divergência quanto à natureza da responsabilidade estatal por atos omissivos.

Afirma Celso Antônio Bandeira de Mello[42] que, se o dano foi possível em decorrência de omissão do Estado, porque o serviço não funcionou ou funcionou tardia ou ineficientemente, é de se aplicar a teoria da responsabilidade subjetiva. Se o Estado não agiu, ele não pode ser o autor do dano. E, se não é o Estado o autor do dano, só poderá ser responsabilizado quando estava obrigado a impedi-lo. Ou seja, o Estado só responde pelo descumprimento do dever legal de obstar o evento danoso. A responsabilidade estatal por ato omissivo é sempre derivada de comportamento ilícito. Não há conduta ilícita do Estado, se não há o propósito deliberado de violar norma jurídica (dolo) ou negligência, imprudência ou imperícia (culpa).

É razoável e impositivo que o Estado responda objetivamente pelos danos que causou. Mas só é razoável e impositivo que responda pelos danos que não causou quando estiver *de direito obrigado a impedi-los.*

---

[40] AMADO, Frederico. *Direito ambiental esquematizado*. São Paulo: Método, 2012. p. 467.

[41] *Ex vi* do art. 37, §6º da Constituição da República de 1988, que prevê expressamente que as pessoas jurídicas de direito público e as de direito privado causadoras de serviço público responderão objetivamente pelos danos que seus agentes, nessa qualidade, causarem a terceiros, ressalvado o direito de regresso contra o causador do dano.

[42] BANDEIRA DE MELLO, Celso Antônio. *Curso de direito administrativo*. 31. ed. São Paulo: Malheiros, 2014. p. 1031.

Em que pese ser essa também a inclinação do Superior Tribunal de Justiça,[43] recente precedente[44] declarara a responsabilidade objetiva do Estado por danos ambientais, mesmo em se tratando de omissão em fiscalizar.[45]

Paulo Affonso Leme Machado[46] salienta que o direito ambiental engloba duas funções da responsabilidade objetiva: a preventiva, por que procura meios eficazes de evitar o dano, e a reparadora, pela que se tenta reconstituir ou indenizar os prejuízos ocorridos.

Não é social e ecologicamente adequado deixar-se de valorizar a responsabilidade preventiva, mesmo porque há danos ambientais irreversíveis.

Para compelir o poder público a ser prudente e cuidadoso no vigiar, orientar, ordenar a saúde ambiental, evitar prejuízo para as pessoas, para a propriedade ou para os recursos naturais, o Estado responde solidariamente com o particular, em virtude de omissão.

Ademais, em razão da natureza difusa, é não só difícil identificar a vítima do dano ambiental, como também, muitas vezes, seu responsável. Destarte, o direito ambiental brasileiro, com fundamento no art. 942 do Código Civil de 2002, adota o princípio da solidariedade passiva. Havendo mais de um causador do dano, todos responderão solidariamente.

Na hipótese de reparação do dano por parte de um dos coautores, este poderá acionar regressivamente os demais, na proporção do prejuízo atribuído a cada um.[47] A ação civil pública poderá ser proposta contra o responsável direto, o responsável indireto, ou contra ambos, por danos causados ao meio ambiente.[48]

Frederico Amado[49] ressalta tendência no direito ambiental, baseada na teoria americana do "bolso profundo", em responsabilizar quem mais detém condições de arcar com os prejuízos ambientais, já que todos os poluidores diretos e indiretos são solidariamente responsáveis.

Deve-se ainda mencionar que a jurisprudência do Superior Tribunal de Justiça, em ações de responsabilidade por dano ambiental, por respeito aos princípios da eficiência e da celeridade, veda as modalidades de intervenção de terceiro (intervenção de codevedores) no processo judicial. O excesso de réus no processo e a discussão sobre a culpa e a parcela de responsabilidade de cada poluidor certamente retardariam a reparação do dano ambiental. O poluidor que vier a arcar com o dano terá que promover ação própria contra os codevedores ou responsáveis solidários.[50]

---

[43] STJ, AgRg no Ag 822764 / MG, 1ª Turma, Rel. Min. José Delgado, DJ 02.08.2007. Disponível em: <http://www.stj. jus.br/SCON/jurisprudencia/toc.jsp?tipo_visualizacao=null&livre=responsabilidade+objetiva+Estado+e+dano+ ambiental+e+omiss%E3o+e+fiscaliza%E7%E3o+&b=ACOR&thesaurus=JURIDICO>. Acesso em: 03 maio 2014.

[44] STJ, REsp 1071741/SP, 2ª Turma, Rel. Min. Herman Benjamin, DJ 16.12.2010. Disponível em: <https://ww2.stj.jus. br/revistaeletronica/ita.asp?registro=200801460435&dt_publicacao=16/12/2010>. Acesso em: 03 maio 2014.

[45] AMADO, Frederico. *Direito ambiental esquematizado*. São Paulo: Método, 2012. p. 446.

[46] MACHADO, Paulo Affonso Leme. *Direito ambiental brasileiro*. 21. ed. São Paulo: Malheiros, 2013. p. 409.

[47] A responsabilidade no caso dos codevedores em ação de regresso é subjetiva.

[48] SIRVINKAS, Luís Paulo. *Manual de direito ambiental*. 13. ed. São Paulo: Saraiva, 2013. p. 259-260.

[49] AMADO, Frederico. *Direito ambiental esquematizado*. São Paulo: Método, 2012. p. 449.

[50] "EMENTA: PROCESSUAL CIVIL E AMBIENTAL. AGRAVO REGIMENTAL. OFENSA AO ART. 535 DO CPC INOCORRÊNCIA. DANO AO MEIO AMBIENTE. RESPONSABILIDADE OBJETIVA. DENUNCIAÇÃO À LIDE. IMPOSSIBILIDADE. RELAÇÃO ENTRE PRETENSOS DENUNCIANTE E DENUNCIADO. RESPONSABILIDADE SUBJETIVA. PRINCÍPIOS DA ECONOMIA E CELERIDADE PROCESSUAIS.

Na responsabilização do dano ambiental, **notadamente** em ação de regresso, em especial quando o Estado foi obrigado a arcar com o prejuízo, o Superior Tribunal de Justiça admite a desconsideração da personalidade jurídica do poluidor. A propósito, confira-se o seguinte precedente: STJ, 1ª Turma, AgRg no REsp 1001780/PR, Rel. Min. Teori Albino Zavascki, DJ 04.10.2011.[51]

4.3 Nexo de causalidade

Difícil é também estabelecer, no caso concreto, o nexo de causalidade entre a conduta poluidora e o dano ambiental. Muitas vezes, o prejuízo ambiental manifestar-se-á anos após a ocorrência da degradação ao meio ambiente, mediante efeitos cumulativos da emissão de mais de uma fonte poluidora, o chamado caráter sinergético do dano ambiental.[52]

Dada essa característica sinergética, o dano ambiental pode ainda ser fruto da conduta de inúmeros poluidores, ao longo de dezenas, centenas de anos. Isso obriga, para a demonstração do nexo de causalidade, conjugação de mais de uma teoria. A conduta do poluidor direto pode ser analisada sob a luz da Teoria dos Danos Diretos e Imediatos, enquanto a conduta do poluidor indireto, no caso, o Estado, é melhor explicada pela Teoria da Equivalência das Condições Causais, limitada pela Teoria da Imputação Objetiva.[53]

O direito ambiental, em se tratando de direito difuso e seguindo tendência reconhecida ao direito do consumidor, tem admitido, por orientação da jurisprudência do Superior Tribunal de Justiça, inversão do ônus da prova, em função do interesse público, da hipossuficiência técnica e financeira do autor e da complexidade probatória. É o que se depreende de recente julgado da 4ª Turma, AgRg no REsp 1412664/SP, Relator Ministro Raul Araújo, DJ 11.03.2014.[54]

Em precedente anterior, da relatoria da Ministra Eliana Calmon (STJ, 2ª Turma, REsp 1237893/SP, DJ 01.10.2013),[55] a Corte afirmou:

---

1. Em primeiro lugar, não existe a alegada ofensa ao art. 535 do CPC. A contradição que autoriza o manejo dos aclaratórios é aquela que ocorre entre a fundamentação e o dispositivo, e não a interna à fundamentação. A obscuridade apontada confunde-se com o inconformismo da parte acerca do julgamento da controvérsia de fundo proferido pelo Tribunal, situação não enquadrada entre os vícios do art. 535 do CPC. 2. Em segundo lugar, pacífico o entendimento desta Corte Superior a respeito da impossibilidade de denunciação à lide quando a relação processual entre o autor e o denunciante é fundada em causa de pedir diversa da relação passível de instauração entre o denunciante e o denunciado, à luz dos princípios da economia e celeridade processuais. Precedentes. 3. Na espécie, a responsabilidade por danos ao meio ambiente é objetiva e a responsabilidade existente entre os pretensos denunciante e denunciado é do tipo subjetiva, razão pela qual inviável a incidência do art. 70, inc. III, do CPC.
4. Agravo regimental não provido". STJ, AgRg no Ag 1213458/MG, 2ªTurma, Rel. Min. Mauro Campbell Marques, DJ 30.09.2010. Disponível em:<https://ww2.stj.jus.br/revistaeletronica/ita.asp?registro=200901608180&dt_publicacao=30/09/2010>. Acesso em: 03 maio 2014.

[51] Disponível em: <https://ww2.stj.jus.br/revistaeletronica/ita.asp?registro=200702476534&dt_publicacao=04/10/2011>. Acesso em: 03 maio 2011.

[52] *Ibid.* p. 466-467.

[53] AMADO, Frederico. *Direito ambiental esquematizado.* São Paulo: Método, 2012. p. 458.

[54] Disponível em: <https://ww2.stj.jus.br/revistaeletronica/ita.asp?registro=201103053649&dt_publicacao=11/03/2014>. Acesso em: 03 maio2014.

[55] Disponível em: <https://ww2.stj.jus.br/revistaeletronica/ita.asp?registro=201100265904&dt_publicacao=01/10/2013>. Acesso em: 03 maio 2014.

em se tratando de ação ambiental, impõe-se a inversão do ônus da prova, cabendo ao empreendedor, no caso o próprio Estado, responder pelo potencial perigo que causa ao meio ambiente, em respeito ao princípio da precaução.

Vale ainda transcrever trecho de ementa do seguinte julgado:[56]

Qualquer que seja a qualificação jurídica do degradador, público ou privado, no Direito brasileiro a responsabilidade civil pelo dano ambiental é de natureza objetiva, solidária e ilimitada, sendo regida pelos princípios do poluidor-pagador, da reparação in integrum, da prioridade da reparação in natura, e do favor debilis, este último a legitimar uma série de técnicas de facilitação do acesso à Justiça, entre as quais se inclui a inversão do ônus da prova em favor da vítima ambiental.

4.4 Responsabilidade civil por dano ambiental

Acolhe-se a Teoria do Risco Integral para justificar a responsabilidade civil por dano ambiental, inclusive do poluidor indireto. Significa dizer, o nexo de causalidade não se rompe por fato de terceiro, caso fortuito ou força maior.

Se um invasor ou antigo proprietário desmatou reserva legal de um prédio rústico e o atual dono é acionado em sede de ação civil pública ou ação popular, não será acolhida, por exemplo, a tese do fato de terceiro, como causa excludente da responsabilidade. O atual proprietário será obrigado a reflorestar a área, podendo, no máximo, identificar o poluidor direto e intentar ação regressiva. Isso porque o dano ambiental é *propter rem*, sendo o proprietário obrigado a repara-lo, independentemente de tê-lo ou não causado.[57]

Essa premissa, aliás, foi amplamente acolhida pelo novo Código Florestal, Lei Federal nº 12.651/2012, nos termos do art. 2º, §2º, que diz que as obrigações contidas na lei são de natureza real, transmissíveis ao sucessor, de qualquer natureza, em caso de transferência de domínio ou de posse do imóvel rural.

O nexo causal poderá, assim, configurar-se na simples propriedade ou posse do bem afetado ambientalmente. Será apenas excluída a obrigação de indenizar, se o empreendedor comprovar que o dano ambiental não ocorreu ou que não sofreu influência direta ou indireta da atividade que desenvolve.[58]

Como nem todo bem jurídico tutelado, no caso do meio ambiente, é recuperável, o direito pode, algumas vezes, fixar-lhe valor certo, a título de indenização.

Verificando-se impossível a reparação ou restauração do meio ambiente em espécie, deve-se partir para compensação ambiental, vale dizer, indenização em pecúnia.

Como exemplo, tome-se o caso do desmate de uma floresta nativa amazônica. Tecnicamente, conforme afirmam os técnicos, os danos serão irreparáveis, pois o mesmo ecossistema não terá as mesmas características de outrora, não só em relação à mata, mas também no que concerne aos animais, solo, eventuais águas etc.

---

[56] STJ, REsp 1071741/SP, 2ª Turma, Rel. Min. Herman Benjamin, DJ 24.03.2009. Disponível em: <https://ww2.stj.jus.br/revistaeletronica/ita.asp?registro=200801460435&dt_publicacao=16/12/2010>. Acesso em 03 maio 2014.

[57] AMADO, Frederico. *Direito ambiental esquematizado*. São Paulo: Método, 2012. p. 461-462.

[58] *Ibid.* p. 463.

Neste caso, deve-se partir para a compensação ambiental, ou seja, buscar-se-á a adoção de medidas específicas com o intuito de aproximar-se ao máximo o ecossistema degradado de suas condições originais.

Logo, o poluidor será compelido a reflorestar a área com as espécies nativas e, se viável, reinserir animais silvestres da mesma espécie, entre outras medidas indicadas. (...) apenas em último caso recolher-se-á indenização para o fundo instituído pelo artigo 13 da Lei nº 73347/1985 (Lei de Ação Civil Pública), que destina à recuperação de bens coletivos lesados.[59]

Questão, porém, de difícil solução é a quantificação do bem ambiental ou difuso.[60] Embora muito se discorra sobre o assunto, até hoje, não existe um critério para fixação do dano ambiental e o modo como deve ser ele reparado.

A primeira hipótese a ser considerada é a repristinação do meio ambiente ao seu *status quo ante*, seja por intervenção humana, seja por regeneração natural. Mas, nem sempre, a regeneração será possível.[61]

Como critério pecuniário, a compensação possui expressa previsão em nosso sistema jurídico, notadamente na Lei Federal nº 9.985/200 (Lei do Sistema Nacional de Unidades de Conservação),[62] em que se prevê que uma área degradada deve ser compensada por outra.

Além dos danos materiais, outros originados no direito de personalidade, podem ser pleiteados pelas vitimas. Recentes acidentes que produziram danos ao meio ambiente resultaram na construção de jurisprudência que reconhece o dano moral ambiental. A propósito, confiram-se os seguintes julgados do STJ: AgRg no AREsp 430850/SP, 2ª Turma, Rel. Min. Herman Benjamin, DJ 07.03.2014;[63] AgRg no AREsp 131116 / PR, 3ª Turma, Rel. Min. Paulo de Tarson Sanseverino, DJ 08.11.2013;[64] AgRg no AREsp 201350 / PR, 4ª Turma, Rel. Min. Marco Buzzi, DJ 08.10.2013.[65]

No julgamento do REsp 1269494 / MG, 2ª Turma, Rel. Min. Eliana Calmon, DJ 01.10.2013,[66] o STJ, inclusive, reconheceu existência de dano moral coletivo, dispensando a demonstração de dor, repulsa, indignação da coletividade, como ocorre no dano moral individual e isolado.

---

[59] *Ibid*. p. 466.

[60] *Ibid*. p. 256.

[61] ANTUNES, Paulo de Bessa. *Direito ambiental*. 15. ed. São Paulo: Atlas, 2013. p. 543.

[62] Disponível em:<http://www.planalto.gov.br/ccivil_03/leis/l9985.htm>. Acesso em: 03 maio 2014.

[63] Disponível em: <https://ww2.stj.jus.br/revistaeletronica/ita.asp?registro=201303710813&dt_publicacao=07/03/2014>. Acesso em 04 maio 2014.

[64] Disponível em: <https://ww2.stj.jus.br/revistaeletronica/ita.asp?registro=201200363844&dt_publicacao=08/11/2013>. Acesso em: 04 maio 2014.

[65] Disponível em: <https://ww2.stj.jus.br/revistaeletronica/ita.asp?registro=201201433541&dt_publicacao=08/10/2013>. Acesso em: 04 maio 2014.

[66] Disponível em: <https://ww2.stj.jus.br/revistaeletronica/ita.asp?registro=201101240119&dt_publicacao=01/10/2013>. Acesso em: 04 maio 2014.

Citando doutrina de Xisto Tiago de Medeiros Neto,[67] a Corte reconheceu a possibilidade de mensuração de dano moral coletivo, dizendo:

O dano moral deve ser averiguado de acordo com as características próprias aos interesses difusos e coletivos, distanciando-se quanto aos caracteres próprios das pessoas físicas que compõem determinada coletividade ou grupo determinado ou indeterminado de pessoas, sem olvidar que é a confluência dos valores individuais que dão singularidade ao valor coletivo.

O dano extrapatrimonial atinge direitos de personalidade do grupo ou coletividade enquanto realidade massificada, que a cada dia reclama mais soluções jurídicas para sua proteção. É evidente que uma coletividade pode sofrer ofensa à sua honra, à sua dignidade, à sua boa reputação, à sua história, costumes, tradições e ao seu direito a um meio ambiente salutar para si e seus descendentes. Isso não importa exigir que a coletividade sinta a dor, a repulsa, a indignação, tal qual fosse um indivíduo isolado. Essas decorrem do sentimento de participar de determinado grupo ou coletividade, relacionando a própria individualidade à ideia do coletivo[68].

Paulo de Bessa Antunes[69] ressalva, com razão, entretanto, que o dano moral, como qualquer outro, não pode ser presumido.

5 Instrumentos de tutela processual do meio ambiente

Conforme Princípio 10 da Declaração Rio/1992, o acesso ao Poder Judiciário, em defesa do meio ambiente, pode se dar por diversas vias, a começar pelo procedimento sumaríssimo, mediante ação de mandado de segurança, mesmo, coletivo;[70] procedimento sumário; procedimento ordinário; processo cautelar; processo de execução; entre outros.

Dada a amplitude do tema, sua abordagem dar-se-á, pelo presente estudo, sob os prismas da ação popular e da ação civil pública ambiental.

5.1 Ação popular

Ação popular foi prevista, pela primeira vez, na Constituição Imperial de 1824, cujo art. 127 dispunha que, por suborno, peita, peculato e concussão poderia ser proposta, dentro de um ano e dia, ação popular pelo próprio queixoso ou por qualquer do povo.

---

[67] MEDEIROS NETO, Xisto Tiago de. *Dano moral coletivo*. 2. ed. São Paulo: LTr, 2007. p. 136. O autor que considera como requisitos necessários para configurar-se o dano moral coletivo, de maneira a ensejar a efetiva reparação, "(1) a conduta antijurídica (ação ou omissão) do agente, pessoa física ou jurídica; (2) a ofensa a interesses jurídicos fundamentais, de natureza extrapatrimonial, titularizados por uma determinada coletividade (comunidade, grupo, categoria ou classe de pessoas); (3) a intolerabilidade da ilicitude, diante da realidade apreendida e da sua repercussão social; (4) o nexo causal observado entre a conduta e o dano correspondente à violação do interesse coletivo (lato sensu)".

[68] Disponível em: <https://ww2.stj.jus.br/revistaeletronica/Abre_Documento.asp?sLink=ATC&sSeq=30442740&sReg=201101240119&sData=20131001&sTipo=51&formato=PDF>. Acesso em: 04 maio 2014.

[69] *Ibid.* p. 541.

[70] ANTUNES, Paulo de Bessa. *Direito ambiental*. 15. ed. São Paulo: Atlas, 2013. p. 1266, cita, como exemplo, a hipótese de um sindicato de trabalhadores em usinas de metalurgia que, em dissídio coletivo da categoria, logrou inserir cláusulas de proteção do meio ambiente do trabalho, tais como instalação de filtros antipoluição, plantio de árvores em terreno da indústria e outras. Na hipótese de tais cláusulas não serem cumpridas pela empresa, o sindicato tem direito líquido e certo para impetrar mandado de segurança coletivo e exigir a tutela do meio ambiente em juízo.

Observa Paulo Affonso Leme Machado[71] que ação popular, na Constituição de 1934, guardou por finalidade declaração de nulidade de atos administrativos lesivos ao patrimônio público. A Constituição de 1946 amplia sua utilização para defesa do patrimônio das entidades autárquicas e das sociedades de economia mista.

Ocorre que, com o passar dos tempos, a ação popular não teve a utilização desejada porque a Lei Federal nº 4.717/1965[72] sujeitou o perdedor ao pagamento de custas e preparo final do processo.

A Constituição de 1988 dá novo enfoque à ação popular, prevendo que qualquer cidadão é parte legítima para anular ato lesivo ao patrimônio público, à moralidade administrativa, ao meio ambiente e ao patrimônio histórico e cultural, ficando o autor, salvo comprovada má fé, isento de custas judiciais e do ônus da sucumbência (art. 5º, LXXIII).

A única dificuldade para ação ser totalmente popular é que o cidadão ou cidadãos precisam contratar advogado para apresentar a petição inicial, o que seria dispensável se se considerar que o Ministério Público "acompanhará a ação, cabendo-lhe apressar a produção de prova e promover a responsabilidade civil ou criminal dos que nela incidirem, sendo-lhe vedado, em qualquer hipótese, assumir a defesa do ato impugnado ou de seus autores (art. 6º, §4º, da Lei nº 4.717/1965)".[73]

Por outro lado, em que pese o §3º do art. 1º da Lei Federal nº 4.717/65 ter exigido, como prova da cidadania para propositura de ação popular, cópia do título de eleitor, o mesmo autor[74] defende que não é nenhum excesso entender que todos os habitantes do País, brasileiros e estrangeiros,[75] estão legitimados a propor ação popular ambiental. A lei infraconstitucional, segundo ele, nesse aspecto, por cercear o direito do estrangeiro de ingressar com ação popular, não merece ser aplicada, pois não teria sido recepcionada pela Constituição de 1988. Afinal, ser cidadão é não só ser eleitor ou estar em pleno gozo dos direitos políticos; é poder também falar perante comissões do Congresso Nacional ou integrar órgãos públicos, como o Conselho da República, para o que não se exige apresentação de título de eleitor. Cidadania é ação participativa em prol do interesse público.

A ação poderá ser proposta contra pessoas públicas ou privadas, autoridades, servidores que houver autorizado, aprovado, ratificado ou praticado o ato impugnado ou, por omissão, dado causa à lesão (art. 6º). Observará o rito ordinário (art. 7º), devendo ser acompanhada pelo Ministério Público em todas as suas fases, a quem compete apressar produção de provas e promover a responsabilidade civil e criminal dos causadores da lesão (art. 6º, §4º).

---

[71] MACHADO, Paulo Affonso Leme. *Direito ambiental brasileiro*. 21. ed. São Paulo: Malheiros, 2013. p. 427.

[72] Disponível em: <http://www.planalto.gov.br/ccivil_03/leis/l4717.htm>. Acesso em: 04 maio 2014.

[73] *Ibid.* p. 428.

[74] *Ibid.* p. 161.

[75] De fato, o direito de propor ação popular em defesa do patrimônio público é direito fundamental assegurado pelo art. 5º da Constituição, cujo *caput* proclama a igualdade de todos perante a lei, sem distinção de qualquer natureza, garantindo-se aos brasileiros e aos estrangeiros residentes no País a inviolabilidade do direito à vida, à liberdade, à igualdade, à segurança e à propriedade e também ao seguinte: "LXXIII – qualquer cidadão é parte legítima para propor ação popular que vise a anular ato lesivo ao patrimônio público ou de entidade de que o Estado participe, à moralidade administrativa, ao meio ambiente e ao patrimônio histórico e cultural, ficando o autor, salvo comprovada má-fé, isento de custas judiciais e do ônus da sucumbência;"

Qualquer cidadão poderá, outrossim, se habilitar como litisconsorte ou assistente do autor da ação popular (art. 6º, §5º).

5.2 Inquérito civil e ação civil pública ambiental

Nos termos do art. 129, III da Constituição de 1988, compreende-se entre as funções institucionais do Ministério Público promover o inquérito civil e a ação civil pública para a proteção do patrimônio público e social, do meio ambiente e de outros interesses difusos e coletivos.

O nível de organização institucional do Ministério Público no Brasil não encontra paralelo em nenhum outro país do mundo,[76] dadas absolutas independência e autonomia que lhes foram atribuídas pelo Constituinte de 1988.[77] Certamente isso se deve ao nível de maturação, ainda prematuro e jovem, de nossa cidadania e sua dependência das instituições democráticas do País.[78]

A ação civil pública foi regulamentada pela Lei Federal nº 7.347/1985,[79] visando a apurar responsabilidade por danos causados não só ao meio ambiente, mas também ao consumidor, a bens e direitos de valor artístico, estético, histórico, turístico e paisagístico; à ordem econômica e urbanística; e a qualquer outro interesse difuso ou coletivo (art. 1º).

Sem prejuízo de instauração de ação popular, trata-se do mais relevante instrumento de defesa de direitos difusos, transindividuais ou metaindividuais.

Embora o Ministério Público não seja o único legitimado a propor ação civil pública,[80] grande parte das ações civis públicas propostas no Brasil o são pela Instituição.

---

[76] ANTUNES, Paulo de Bessa. *Direito ambiental*. 15. ed. São Paulo: Atlas, 2013. p. 1244.

[77] CLÈVE, Clèmerson Merlin. Considerações sobre o Ministério Público. Regime constitucional e poder de investigação em matéria criminal. In: *Temas de direito constitucional*. Belo Horizonte: Fórum, 2014. p. 244-245, aduz que a Constituição Imperial de 1824, sequer, fazia referência ao Ministério Público; falava, no art. 48, no Procurador da Coroa e Soberania Nacional. A Constituição de 1981 referiu-se ao Procurador-Geral da República como um Ministro do Supremo Tribunal Federal, indicado pelo Presidente da República. A Constituição de 1934 foi a primeira a tratar do Ministério Público, incluindo-o como órgão de cooperação nas atividades governamentais, enquanto a de 1937 devolveu-lhe dignidade, após o desastroso tratamento pela Constituição de 1934. A Constituição de 1967 incluiu o Ministério Público no Capítulo do Poder Executivo. A Constituição de 1988 foi a que mais avançou na institucionalização do Ministério Público. Atualmente, discute-se se o Ministério Público no Brasil constitui verdadeiro "quarto Poder" ou se ele continua vinculado à estrutura do Poder Executivo, embora dotado de autonomia. Uma terceira corrente reconhece-lhe relevância e importância no sistema de freios e contrapesos do País, sem integrar propriamente nenhum dos três "Poderes" (Legislativo, Executivo e Judiciário). O autor posiciona-se em favor do último entendimento, dizendo que o Ministério Público participa do sistema de freios e contrapesos, sem integrar, contudo, nenhum poder, nem constituir num poder paralelo, embora dotado de autonomia constitucional, situação análoga à dos Tribunais de Contas.

[78] MACHADO, Paulo Affonso Leme. *Direito ambiental brasileiro*. 21. ed. São Paulo: Malheiros, 2013. p. 436 explica que, para compreender a instituição Ministério Público no Brasil, é preciso vê-lo diferentemente do que ocorre na maioria dos demais países. O grau de autonomia alcançado pelo Ministério Público na história constitucional brasileira, deve-se, principalmente, a três fatores: 1) regime de nomeação e demissão do Procurador-Geral da República, nomeado pelo (a) Presidente da República dentre os integrantes da carreira, maiores de 35 (trinta e cinco) anos, após aprovação de seu nome pela maioria absoluta dos membros do Senado Federal, pelo mandato de 02 (dois) anos, admitida a recondução (a destituição do Procurador-Geral da República pelo (a) Presidente da República deverá ser precedida de autorização também da maioria absoluta do Senado Federal); 2) regime de deveres e direitos dos membros do Ministério Público, titulares de vitaliciedade (só perderão o cargo em virtude de sentença judicial), inamovibilidade e irredutibilidade de vencimentos; e 3) autonomia administrativa, funcional e orçamentária.

[79] Disponível em: <http://www.planalto.gov.br/ccivil_03/leis/l7347orig.htm>. Acesso em: 04 maio 2014.

[80] Também podem perpetrá-la a Defensoria Pública; a União, os Estados, o Distrito Federal e os Municípios; a autarquia, empresa pública, fundação ou sociedade de economia mista; e associação constituída há pelo menos

A despeito de não ser instrumento indispensável para propositura de ação civil pública em defesa do meio ambiente, o inquérito civil desempenha relevante papel na preparação da ação perante o Poder Judiciário, notadamente pela função que desempenha, como procedimento administrativo de coleta de provas iniciais.

O Ministério Público, com legitimação exclusiva para instaurar inquérito civil, com objetivo de coletar provas de ilícitos que atentam contra interesses coletivos e difusos, goza de poder de requisição de provas e informações junto a particulares e órgãos públicos, sendo a recusa ou retardamento considerado delito, exceto quando houver sigilo legal.

Ao final do procedimento administrativo prévio do inquérito, se o órgão do Ministério Público concluir pelo seu arquivamento, deverá fundamentar a decisão, remetendo os autos ao Conselho Superior do Ministério Público, no prazo de três dias, sob pena de falta grave (art. 8º, §1º, da LACP).

Nas hipóteses em que não configurar como autor da ação civil pública, o Ministério Público atuará necessariamente como fiscal da lei, ante a presença indubitável de interesse público.[81]

Em caso de abandono ou desistência infundada da ação pelo autor, assumirá o Ministério Público o polo ativo da ação. É, contudo, razoável relativizar a regra do art. 5º, §§1º e 3º, para que o Ministério Público possa avaliar no caso concreto se a ação civil pública não é manifestamente improcedente.[82]

O Ministério Público pode ainda, e bem assim a União, Estados e Municípios (art. 5º, §6º LACP), celebrar Termo de Ajustamento de Conduta, para que os poluidores se adaptem às exigências da legislação.

O Termo de Ajustamento de Conduta – TAC implica transação na forma de cumprimento das obrigações, nunca transação de seu conteúdo, e possui eficácia de título executivo extrajudicial.[83]

Não há necessidade de o TAC ser homologado judicialmente, quando realizado nos autos do inquérito civil. A homologação judicial só é necessária se o acordo for realizado nos autos da ação civil pública.

O Termo de Ajustamento de Conduta, pelo qual o causador de lesão ao meio ambiente compromete-se a paralisar sua conduta lesiva ou a reparar o dano, dispensa testemunhas instrumentárias e a presença de advogado.[84]

Formalizado o Termo de Ajustamento de Conduta, o Ministério Público deverá acompanhar sua execução, podendo ser arquivado o inquérito civil, desde que o órgão que celebrou o compromisso fiscalize seu efetivo cumprimento, do que lançará certidão nos autos.[85]

---

um ano nos termos da lei civil e que inclua entre suas finalidades institucionais a defesa do meio ambiente, consumidor ordem econômica, livre concorrência ou patrimônio artístico, estético, histórico, turístico ou paisagístico (art. 5º).

[81] AMADO, Frederico. *Direito ambiental esquematizado*. São Paulo: Método, 2012. p. 465.

[82] *Ibid*. p. 466.

[83] *Ibid*. p. 466.

[84] SIRVINKAS, Luís Paulo. *Manual de direito ambiental*. 13. ed. São Paulo: Saraiva, 2013. p. 912.

[85] Súmula 21 do Conselho Superior do Ministério Público de São Paulo. Disponível em: <http://www.mpsp.mp.br/portal/page/portal/noticias/publicacao_noticias/2012/dezembro_2012/Conselho%20Superior%20altera%20S%C3%BAmulas%20de%20Entendimento.pdf>. Acesso em: 04 maio 2014.

Pode configurar no polo passivo da ação civil pública a pessoa física ou jurídica de direito público ou privado que tenha sido direta ou indiretamente responsável pela prática de degradação ambiental, nos termos do art. 3º, inciso IV, da Lei Federal nº 6.938/91.

O juízo competente para julgamento da demanda é o do local do dano, nos termos do art. 2º da Lei de Ação Civil Pública (Lei Federal nº 7.347/1985).

É possível concessão de tutela antecipada em ação civil pública, por força do art. 19 da Lei Federal nº 7.347/1985, que prevê aplicação subsidiária do Código de Processo Civil.

A tutela antecipada encontra-se prevista no art. 273 do Código de Processo Civil, autorizando o juiz, a requerimento da parte, desde que indique de modo claro e preciso as razões de seu convencimento, antecipar, total ou parcialmente, os efeitos da tutela pretendida no pedido inicial, havendo prova inequívoca, verossimilhança da alegação e, ainda: I – fundado receio de dano irreparável ou de difícil reparação; ou II – fique caracterizado abuso de direito de defesa ou manifesto propósito protelatório do réu.

Em matéria ambiental, quando presentes os pressupostos para concessão de tutela antecipada, esta é sempre recomendada para se evitar o dano ou minimizar seus efeitos.

O pedido de mérito da ação civil pública, nos termos do art. 3º da LACP pode ter por objeto condenação em dinheiro ou o cumprimento de obrigação de fazer ou não fazer.

Precedentes mais recentes do Superior Tribunal de Justiça passaram admitir cumulação de pedidos, no sentido de que a interpretação da conjunção "ou" não deve ser literal, a indicar alternativa excludente. É o que se extrai, a título de exemplificação, do julgado do AgRg nos EDcl no Ag 1156486/PR, 1ª Turma, Rel. Min. Arnaldo Esteves de Lima, DJ 27.04.2011.[86]

A obrigação de reparar o dano ambiental imaterial é perpétua e não se sujeita a prazo prescricional.[87] Apenas a vertente material do dano ambiental sujeitar-se-á à prescrição quinquenal do art. 21 da Lei Federal nº 4.717/65, segundo decidiu o STJ, no julgamento do REsp 1365160/RJ, 2ª Turma, Rel. Min. Eliana Calmon, DJ 24.10.2013.[88]

No julgamento do REsp. 1.120.117 – AC,[89] da Relatoria da mesma Ministra Eliana Calmon, DJ 19.11.2009, a 2ª Turma do Superior Tribunal de Justiça afirmou que o direito à reparação de danos ambientais está protegido pelo manto da imprescritibilidade, por ser inerente à vida, fundamental e essencial à afirmação dos povos, independentemente de não estar expresso em texto legal.

Em matéria de prescrição deve-se distinguir, contudo, qual o bem jurídico tutelado: "se eminentemente privado seguem-se os prazos normais das ações indenizatórias; se o bem jurídico é indisponível, fundamental, antecedendo a todos os demais direitos, pois sem ele não há vida, nem saúde, nem trabalho, nem lazer, considera-se

---

[86] Disponível em: <https://ww2.stj.jus.br/revistaeletronica/ita.asp?registro=200900266517&dt_publicacao=27/04/2011>. Acesso em 04 maio 2014.

[87] AMADO, Frederico. *Direito ambiental esquematizado*. São Paulo: Método, 2012. p. 462.

[88] Disponível em: <https://ww2.stj.jus.br/revistaeletronica/ita.asp?registro=201300260621&dt_publicacao=24/10/2013>. Acesso em 04 maio 2014.

[89] Disponível em: <https://ww2.stj.jus.br/revistaeletronica/Abre_Documento.asp?sLink=ATC&sSeq=6332257&sReg=200900740337&sData=20091119&sTipo=5&formato=PDF>. Acesso em 04 maio 2014.

imprescritível o direito à reparação". Por se tratar de direito indisponível, o dano ambiental é um dos poucos acobertados pelo manto da imprescritibilidade da ação que visa repara-lo, disse a Corte.

6 Conclusão

O direito ambiental é um direito de dupla natureza, de índole negativa, ao prever abstenção de condutas nocivas ao meio ambiente por parte do Estado e dos particulares, mas também um direito prestacional, que demanda atuações positivas do Estado.

Nesse sentido, a Constituição de 1988 assegurou expressamente os princípios da prevenção, ao exigir, por exemplo, estudo prévio de impacto ambiental antes da instalação de obra ou de atividade potencialmente poluidora ou degradadora (art. 225, IV). Estabeleceu também o dever de precaução do Estado, por meio de atividades que prestigiem a educação ambiental e conscientização pública para defesa do meio ambiente (art. 225, VI).

Remover a poluição ou reconstituir o meio ambiente ao seu *status* anterior é, quase sempre, improvável ou impossível, além do que é bem mais caro remediar o dano que preveni-lo. Há que se contar, ainda, o próprio custo do processo, pois compelir o poluidor a ressarcir o dano ambiental implicará, na maioria das vezes, em litigiosidade.

Por outro lado, critérios pecuniários de reparação do dano ambiental, seja ele material ou moral, serão sempre discutíveis e falhos. Por essa razão também, mecanismos de prevenção devem ser privilegiados, de modo que o direito processual sirva efetivamente ao direito material. O maior desafio da tutela jurídica do meio ambiente é a gestão do risco.

Destarte, é imperioso que as legislações encontrem soluções processuais, a fim de viabilizar o direito material à efetiva proteção ao meio ambiente, de modo a não tornar mera retórica os princípios da prevenção e da precaução.

Uma das alternativas surgidas atualmente para reparação de danos ambientais no Brasil é o seguro ambiental, contrato de seguro realizado por atividade empresarial causadora de potencial degradação ambiental com a finalidade de diluir o risco por dano ambiental.

Tramita no Congresso Nacional Projeto de Lei nº 2313/2003[90] que pretende tornar o seguro ambiental obrigatório para pessoa física ou jurídica que exerça atividade econômica potencialmente causadora de degradação ambiental em áreas urbanas ou rurais.

Tecnicamente, nenhum seguro deveria ser obrigatório. No entanto, em razão de grandes óbices relacionados à solvibilidade do poluidor direto e a prática constante de repartição dos ônus causados ao meio ambiente pela sociedade, que é titular do meio ambiente deteriorado e acaba suportando a responsabilização indireta do Estado, o seguro ambiental é alternativa viável, especialmente quando ocorrem danos ambientais de maiores proporções.

---

[90] Disponível em: <http://www.camara.gov.br/proposicoesWeb/fichadetramitacao?idProposicao=138257. Acesso em 03 maio 2014.

Além de assegurar o ressarcimento econômico do dano ambiental, o seguro obrigatório fará com que as grandes seguradoras atuem como um aliado do interesse público na constante vigilância de catástrofes ambientais.

O único problema é que esse Projeto não prevê o pagamento do prêmio em função de dano provocado contra poluição gradual, como ocorre atualmente em países como França, Holanda e Itália, nos termos da Diretiva 2004/34/CE do Parlamento Europeu e do Conselho.[91] A cobertura do seguro, no Brasil, abrange apenas danos causados por poluição súbita e acidental.

Deve-se enaltecer ainda, no direito brasileiro, a expressa previsão, no art. 13 da Lei de Ação Civil Pública (Lei Federal nº 4.347/1985), de que as indenizações por danos ambientais reverter-se-ão a fundos federal e estaduais, do qual participarão necessariamente o Ministério Público e representantes da sociedade civil.

A Lei Federal nº 9.008/1995 criou no âmbito do Ministério da Justiça o Conselho Federal Gestor do Fundo de Defesa de Direitos Difusos, que "tem por finalidade a reparação dos danos causados ao meio ambiente, ao consumidor, a bens e direitos de valor artístico, estético, histórico, turístico, paisagístico, por infração à ordem econômica e a outros interesses difusos e coletivos".[92]

Valores de multas administrativas e condenações judiciais decorrentes de danos causados ao meio ambiente são arrecadados e geridos por esse Fundo.

O problema é que, dado justamente o caráter sinergético do dano ambiental, as incertezas de sua autoria[93] e a necessidade de coordenação de políticas de prevenção e precaução, teria andado melhor o legislador, num país de dimensões continentais, caso houvesse previsto um único fundo entre a União e Estados.

O direito poderia, ainda, ter sido mais contundente, caso houvesse expressamente previsto obrigação do Estado de vincular a arrecadação desses fundos a políticas públicas de prevenção e precaução.

Referências

ANTUNES, Paulo de Bessa. *Direito ambiental*. 15. ed. São Paulo: Atlas, 2013.

_____. Comentários ao novo código florestal. São Paulo: Atlas, 2013.

BANDEIRA DE MELLO, Celso Antônio (Coord.). Discriminação constitucional de competências legislativas: A competência municipal. *Direito administrativo e constitucional*. Estudos em homenagem a Geraldo Ataliba 2. ed. São Paulo: Malheiros, 1997.

BANDEIRA DE MELLO, Celso Antônio. *Curso de direito administrativo*. 31. ed. São Paulo: Malheiros, 2014.

CARVALHO FILHO, José dos Santos. *Manual de direito administrativo*. 26. ed. São Paulo: Atlas, 2013.

CLÈVE, Clèmerson Merlin. Considerações sobre o Ministério Público. Regime constitucional e poder de investigação em matéria criminal. *Temas de direito constitucional*. Belo Horizonte: Fórum, 2014.

DIMOULIS, Dimitri; MARTINS, Leonardo. Definição e características dos direitos fundamentais. *Direitos fundamentais e Estado Constitucional*. Estudos em homenagem a J. J Gomes Canotilho. São Paulo: Revista dos Tribunais, 2009.

---

[91] Disponível em: <http://eur-lex.europa.eu/legal-content/PT/ALL/;jsessionid=BH5STl2TLZCF6F2421xGXzLq2xd NwVFGbnXQnhvm5nLPgcLhnBJW!857347347?uri=CELEX:32004L0035>. Acesso em 03 maio 2014.

[92] Disponível em: <http://www.planalto.gov.br/ccivil_03/leis/l9008.htm>. Acesso em 05 maio 2014.

[93] Paulo Affonso Leme. *Direito ambiental brasileiro*. 21.ed. São Paulo: Malheiros, 2013. p. 425.

DI PIETRO, Maria Sylvia Zanella. *Direito administrativo*. 26. ed. São Paulo: Atlas, 2013.

JUSTEN FILHO, Marçal. *Curso de direito administrativo*. 6. ed. Belo Horizonte: Fórum, 2010.

LENZA, Pedro. *Direito constitucional esquematizado*. 15. ed. São Paulo: Saraiva.

MACHADO, Paulo Affonso Leme. *Direito ambiental brasileiro*. 21. ed. São Paulo: Malheiros, 2013.

MEDEIROS NETO, Xisto Tiago de. *Dano moral coletivo*. 2. ed. São Paulo: LTr, 2007.

MILARÉ, Édis; MACHADO, Paulo Affonso Leme (Coord.). *Novo código florestal*. São Paulo: Revista dos Tribunais, 2013.

SILVA, José Afonso da. *Comentário contextual à Constituição de 1988*. 2. ed. São Paulo: Malheiros, 2006.

SIRVINKAS, Luís Paulo. *Manual de direito ambiental*. 13. ed. São Paulo: Saraiva, 2013.

SOUZA, José Carlos. A relação do homem com o meio ambiente: o que dizem as leis e as propostas de educação para o meio ambiente. *Revista Brasileira de Direito Constitucional – RBDC*. n. 13 – jan.-jun. 2009.

Disponível em: <http://www.ctnbio.gov.br>. Acesso em: 04 maio 2014.

Disponível em: <http://www.onu.org.br>. Acesso em: 03 maio 2014.

Disponível em: <http://www.planalto.gov.br>. Acesso em 02 maio 2014.

Disponível em: <http://www.stj.jus.br>. Acesso em 02 maio 2014.

Informação bibliográfica deste texto, conforme a NBR 6023:2002 da Associação Brasileira de Normas Técnicas (ABNT):

MOTTA, Paulo Roberto Ferreira; SILVEIRA, Raquel Dias da. Tutela civil e processual do meio ambiente no Brasil In: PONTES FILHO, Valmir; MOTTA, Fabrício; GABARDO, Emerson (Coord.). *Administração Pública*: desafios para a transparência, probidade e desenvolvimento. XXIX Congresso Brasileiro de Direito Administrativo. Belo Horizonte: Fórum, 2017. p. 251-274. ISBN 978-85-450-0157-7.

PARTICIPAÇÃO, DIREITO À INFORMAÇÃO E TRANSPARÊNCIA NA ADMINISTRAÇÃO PÚBLICA BRASILEIRA

REGINA MARIA MACEDO NERY FERRARI

1 Introdução

O artigo 1º da Constituição Federal de 1988 proclama que "A República Federativa do Brasil, formada pela união indissolúvel dos Estados e Municípios e do Distrito Federal, constitui-se em *Estado Democrático de Direito* e tem como fundamentos: I- a soberania; II- a cidadania; III- a dignidade da pessoa humana; IV- os valores sociais do trabalho e da livre concorrência; V- o pluralismo político. Parágrafo único. *Todo o poder emana do povo, que o exerce por meio de representantes eleitos ou diretamente, nos termos desta Constituição*" (grifos nossos).

Da expressão Estado Democrático de Direito pode-se entender que é de direito, porque o agir dos órgãos do Poder Público deve estar fundado na legalidade e é democrático porque está comprometido com a legitimidade de suas decisões.[1]

De uma rápida leitura do aqui registrado, já se pode concluir que nosso Estado Democrático de Direito encontra sua fundamentação na cidadania, entendida com o sentido de participação, pois, nos tempos atuais, a democracia representativa não pode ser entendida apenas em termos de representatividade política, o que, embora lhe seja imprescindível, não pode ficar restrita à possibilidade de manifestação periódica por meio de voto em eleições para o Legislativo e Executivo.

A ideia de cidadania em um regime democrático, no qual o poder do povo se exerce, também, diretamente, nos termos da Constituição, exige que seja entendida não só como a que se resume no direito de votar e ser votado, mas em uma perspectiva mais ampla, ou seja, o cidadão deve ser visto como sujeito ativo da cena política,

---

[1] Diogo Figueiredo Moreira Neto. Mutações do Direito Administrativo, 2. ed. Rio de Janeiro: Ed. Renovar, 2001, p. 205.

provocador da mutação do Direito, como agente **reivindicante** que possibilita a floração de novos direitos.[2]

2 A democracia participativa

A participação cidadã, no universo político, **tem** como pressuposto o respeito aos direitos fundamentais e, dentre eles, a **liberdade** de associação, de comunicação, de manifestação do pensamento, sem o que a **participação** não pode ser verdadeira.

A democracia participativa consiste em uma **forma** de entender o sistema democrático, no qual a participação política do cidadão **como** vital, de modo que exige a abertura de canais de acesso do povo ao exercício do **poder**, sem prejuízo dos instrumentos tradicionais como o voto e a elegibilidade, porque **necessita** ser reconhecida pela ordem jurídica a possibilidade de atuação de indivíduos **ou** grupos junto a ação do Estado.

A Constituição brasileira de 1988 conferiu à participação popular o *status* de princípio, o que pode ser destacado como direito **fundamental**, conforme previsto na relação de seu artigo 5.

> Art. 5 – (...)
> XXXIII – todos têm direito a receber dos órgãos **públicos** informações de seu interesse particular, ou de interesse coletivo ou geral, que **serão** prestadas no prazo da lei, sob pena de responsabilidade, ressalvadas aquelas cujo **sigilo** seja impescindível à segurança da sociedade e do Estado.
> XXXIV – são a todos assegurados, independentemente do pagamento de taxas:
> a) O direito de petição aos Poderes Públicos em **defesa** de direitos ou contra ilegalidade ou abuso de poder;
> b) A obtenção de certidões em repartições para **defesa** de direitos e esclarecimento de situações de interesse pessoal;
> (...)
> LXXII – conceder-se-á *habeas-data*
> a) Para assegurar o conhecimento de informações relativas à pessoa do impetrante, constante de registros ou bancos de dados de **entidades** governamentais ou de caráter público;
> b) Para a retificação de dados quando não se prefira fazê-lo por processo sigiloso, judicial ou administrativo;
> (...)
> LX – a lei só poderá restringir a publicidade dos **atos** processuais quando a defesa da intimidade ou o interesse social o exigirem.
> Art. 37- A administração pública direta e indireta de qualquer dos Poderes da União, dos Estados, do Distrito federal e dos Municípios **obedecerá** aos princípios de legalidade, impessoalidade, moralidade, publicidade e **eficiência** (...)
> (...) Parágrafo 3º – A lei disciplinará as formas de **participação** do usuário na administração pública direta e indireta.

---

[2] CLÈVE, Clèmerson Merlin. A Administração pública e a nova **Constituição**. *Revista de Jurisprudência Brasileira* 155/13. In Regina Maria Macedo Nery Ferrari, Direito Municipal, 4. ed. São Paulo: Revista dos Tribunais, 2014, p. 23.

É importante registrar que alguns dispositivos da Constituição Federal de 1988 demonstram a ampliação do sentido da expressão cidadania, como, por exemplo:

O art. 29, inciso XII, prevê a cooperação das associações representativas no planejamento municipal, depois de determinar que o Município reger-se-á por Lei Orgânica, votada em dois turnos, com interstício mínimo de dez dias, e aprovada por dois terços dos membros da Câmara Municipal, que a promulgará, atendidos os princípios estabelecidos na Constituição Federal e na do respectivo Estado.

O art. 31, parágrafo 3 º, por sua vez, diz que as contas do Município ficarão, durante sessenta dias, anualmente, à disposição de qualquer contribuinte, para exame e apreciação, o qual poderá questionar-lhe a legitimidade nos termos da lei.

O parágrafo 2º do art. 52, ao disciplinar a organização e o procedimento das Comissões do Congresso Nacional em razão da matéria de sua competência, admite, no inciso II, a realização de audiências públicas com entidades da sociedade civil e, no inciso IV, a possibilidade de receberem petições, reclamações, representações ou queixas de qualquer pessoa contra atos e omissões das autoridades ou entidades públicas.

Esta é apenas uma relação exemplificativa de hipóteses de participação da população na gestão e controle do Poder Público, nas quais o conceito de cidadania supera a ideia de súdito, quando o individuo, embora sujeito às normas e ações do Poder estatal, tem, em suas mãos, os instrumentos de sobrevivência deste mesmo Estado.

Como se vê nesta matéria o Legislador Constituinte suplantou o simples âmbito eleitoral, para projetá-la em todos os processos sociais e públicos, "nos quais apareça a necessidade de construção interativa de decisões e consensos, que respondam aos interesses coletivos ou de grupos" (...) que se desenvolve ligada aos processos organizativos da comunidade, com ênfase na prevalência social e coletiva, na interação individuo/ sociedade/Estado, como um processo de intervenção na definição da coletividade.[3]

Esta participação comunitária orienta o conceito de participação administrativa, no sentido de atribuição de direitos às pessoas individuais, ou organizadas no processo de decisão e estar dirigida a atuação dos Poderes do Estado, o que exige publicidade, informação, o pedido de certidão e o direito de petição, já, no que tange a participação na esfera da administração, se pode falar, dentre outras, na reclamação relativa à prestação de serviços públicos, na provocação de abertura de inquérito civil, na denuncia aos tribunais ou conselhos de contas.

A publicidade deve ser entendida não só como a exigência dos atos estatais serem públicos ou de acesso ao publico, mas, como corolário do direito à informação, para fundamentar a participação cidadã nas ações estatais

Conforme Agustin Gordillo "ouvir o interessado antes de prolatar uma decisão que possa afetar seus direitos e interesses é um princípio clássico do direito constitucional e administrativo". Assim, o acesso e participação do público se assemelham à garantia da própria defesa individual.[4]

Pondera Diogo Figueiredo Moreira Neto que a participação administrativa, subgênero da participação política, se confunde com a própria democracia como técnica

---

[3] OLAYA, Uriel Alberto Amya. Fundamentos constitucionales Del control fiscal. Colômbia: Umbral, 1996, p. 337-338 e 342-343

[4] Después de La Reforma del Estado. Buenos Aires: Ed Fundación de Derecho Administrativo 1996, VII-1, El procedimiento de Audiência Pública.

social de aplainar controvérsias e tomar decisões consensualmente aceitas, e apresenta três institutos afins: *a coleta de opinião, o debate público e a audiência pública.*

Entende a *coleta de opinião* como um processo aberto a grupos sociais determinados, identificados por certos interesses coletivos ou difusos, que visam a legitimidade da ação administrativa a eles pertinente e, formalmente disciplinado, permite ao administrado confrontar com os demais e com o próprio Poder Público, seus pontos de vista, tendências, opiniões, razões e opções, com o objetivo de contribuir para a melhor decisão administrativa.

Considera que o *debate público* é um processo de participação administrativa, formalmente disciplinado, aberto a indivíduos e grupos sociais, que visam a legitimidade da ação administrativa, pelo qual o administrado tem o direito de confrontar seus pontos de vista com os outros administrados e com o Poder Público, com vista à melhor decisão administrativa.[5]

Já a *audiência pública* acresce de importância, em face dos dois institutos anteriores, tendo em vista a exigência de um maior rigor formal em seu procedimento, por visar à produção de uma específica eficácia vinculatória, seja ela absoluta, quando obriga a Administração a atuar conforme o resultado do processo, seja relativa, ao obrigar a Administração a motivar, suficientemente, uma decisão que contrarie o resultado obtido.

Isso faz com que só deva ser realizada mediante determinação de lei instituidora, que lhe defina o processo e sua eficácia, e isso, mesmo nas hipóteses em que a Constituição as tenha previsto, como, por exemplo, nos casos já aqui registrados, do art. 29, XII da Constituição Federal ao preconizar a cooperação de associações representativas no planejamento municipal e no art. 58, parágrafo 2, II, quando adotou, nominadamente, a realização das audiências públicas com entidades da sociedade civil, nos trabalhos das Comissões do Congresso Nacional.

É oportuno lembrar que tanto os debates, como a coleta de opiniões, as consultas à população interessada podem se realizar no contexto de uma audiência pública, a qual, em virtude de sua necessária formalidade, deve como processo, deter a preferência para a realização da participação no seio da Administração Pública.

As audiências públicas possuem um duplo papel informativo. Trata-se de um dialogo entre as autoridades públicas e os cidadãos, que, se de um lado propiciam a obtenção de dados por parte do público, de outro levam a Administração a ter acesso a um mais amplo conhecimento sobre a situação, no que tange aos interesses protegidos e envolvidos, o que propicia uma atuação mais consentânea com o respeito e identificação dos direitos individuais e coletivos.

Esta é sua finalidade, expor aos interessados o conteúdo do produto em análise, de forma a dirimir as dúvidas e recolher, dos presentes, suas críticas e sugestões, ou seja, o órgão público presta informações ao público e o publico passa informações a Administração.

Não pode haver dúvida que a convocação de audiências públicas evidencia a intenção do Estado em produzir melhor decisão, embasada no diálogo entre seus agentes e a população.

Depois da previsão constitucional contida no art. 58, parágrafo 2º, vários diplomas legais, infraconstitucionais, fazem referência à necessidade de realização de audiências

---

[5]   Direito da Participação Política, Rio de Janeiro: Ed Renovar, 1992, p. 126, 127 e 128.

públicas, como, por exemplo: a Lei nº 8.666/1993 que trata das licitações e contratos, no artigo 39, com redação introduzida pela Lei nº 8.883, de 8 de junho de 1994, determina a necessidade de realização de audiências públicas para licitações de grande vulto, nos seguintes termos: "Sempre que o valor estimado para uma licitação ou para um conjunto de licitações simultâneas ou sucessivas for superior a 100 (cem) vezes o limite previsto no art. 23, inciso I, alínea c, desta Lei, o processo licitatório será iniciado, obrigatoriamente, com uma audiência pública concedida pela autoridade responsável com antecedência mínima de 15 (quinze) dias úteis da data prevista para a publicação do edital, e divulgada, com antecedência mínima de 10 (dez) dias úteis de sua realização, pelos mesmos meios previstos para a publicidade da licitação, à qual terão acesso e direito a todas as informações pertinentes e a se manifestar todos os interessados".

A Lei Complementar nº 101, de 4 de maio de 2000, ao estabelecer normas de finanças públicas, voltadas para a responsabilidade na gestão fiscal, faz referência, em vários de seus artigos, a participação popular para demonstrar a certeza de austeridade e, no artigo 9, parágrafo 4º, ao tratar da execução orçamentária e do cumprimento de metas, dispõe que o Poder Executivo o demonstrará e avaliará, em audiência pública, a cada quadrimestre.

O art. 48, ao dispor sobre a transparência fiscal, diz que "são instrumentos de transparência fiscal, aos quais será dada ampla divulgação, inclusive em meios eletrônicos de acesso público: os planos, orçamentos e leis de diretrizes orçamentárias, as prestações de contas e o respectivo parecer prévio" e, em seu Parágrafo único, que a transparência será assegurada pelo incentivo à participação popular e a realização de audiências públicas, durante o processo de elaboração e discussão de planos, lei de diretrizes orçamentárias e orçamentos (inciso I: I).

A Lei nº 10.257/2001, denominada Estatuto da Cidade, ao regulamentar os arts. 182 e 183 da Constituição Federal ao estabelecer normas de ordem pública e interesse social que regulam o uso da propriedade urbana em prol do bem coletivo, da segurança e bem estar dos cidadãos, como do equilíbrio ambiental. Seu artigo 2º, depois de reconhecer que a política urbana tem por objetivo ordenar o pleno desenvolvimento das funções sociais da cidade e da propriedade urbana, dispõe, no inciso II, como diretriz geral, " a gestão democrática por meio da participação da população e de associações representativas dos vários segmentos da comunidade na formulação, execução e acompanhamento de planos, programas e projetos de desenvolvimento urbano".

Dentro desse universo, seu artigo 40, ao tratar do Plano Diretor, exige, no parágrafo 4º, que no processo de sua elaboração, fiscalização e implementação, os Poderes, Legislativo e Executivo municipais, garantirão: I – a promoção de audiências públicas e debates com a participação da população e de associações representativas dos vários segmentos da comunidade; II – a publicidade quanto aos documentos e informações produzidos; III – o acesso de qualquer interessado aos documentos e informações produzidos".

Do mesmo modo, os artigos 43, 44 e 45, ao disciplinarem a gestão democrática das cidades, elegem como seu instrumento os debates, as audiências públicas as consultas e, no âmbito municipal, a gestão orçamentária participativa.

Cabe reconhecer que o Estatuto das Cidades institucionaliza uma esfera pública democratizada, tornando-a mais visível e mais confiável, na medida em que limita as tentações, artimanhas e privilégios, pela superação de barreiras entre o Estado e a sociedade civil.

Mas, surge preciosa questão a ser enfrentada, ou seja, o resultado dos instrumentos de participação popular, isto é, dos debates, das audiências públicas, das coletas de opiniões, é vinculativo para o Poder Público?

Sobre o assunto cabe algum esclarecimento, pois, conforme explica Juarez Freitas, se entendida como inexistência de liberdade ou de discrição do administrador, usurpa suas competências, constitucionalmente, previstas. Tal ponderação pode ser verdadeira, mas se levada a termos absolutos destrói a eficácia da participação popular.[6]

A participação nasce como um direito que só pode trazer como consequência a cogência de seu resultado. Especialmente quando se tem em vista o art. 52, da Lei nº 10.257/2001, que classifica como hipótese de improbidade administrativa, o impedimento da garantia de participação popular.

Como já tivemos a oportunidade de registrar, o resultado da participação popular, em uma audiência pública, pode ser a produção de uma específica eficácia vinculatória, seja ela absoluta, quando obriga a Administração a atuar conforme o resultado do processo, ou seja, relativa quando obriga a Administração a motivar, suficientemente, uma decisão que contrarie o resultado obtido.

A lei que a institui determina o seu resultado, mas isto necessita de ajustes, tendo em vista a falta de preparo, de desenvolvimento educacional e conhecimento da população para com os atos do Poder Público. Não adianta a Constituição Federal prever, no parágrafo 3º, do art. 31, que as contas do Município ficarão, anualmente, durante 60 dias, à disposição de qualquer contribuinte, para exame e apreciação, a fim de que possa questionar-lhe a legitimidade, se o cidadão comum como individuo contribuinte, não tem condições de entendê-las, tal a complexidade técnica com a que são elaboradas.

É neste sentido que, nos dias atuais, em razão dos instrumentos de democracia participativa, se fala em transparência dos atos do Poder Público.

A realização de uma audiência pública leva ao esclarecimento da matéria tratada e das circunstâncias do fato. Foi com este objetivo que, o parágrafo 1º, do art. 9 da Lei nº 9.868/1999, possibilitou sua convocação pelo Supremo Tribunal Federal, para ouvir depoimentos de pessoas com experiência e autoridade sobre o assunto levado ao conhecimento da Corte.

O escopo de sua utilização, além de esclarecer questões técnicas, administrativas, políticas, econômicas, é promover a democratização da jurisdição e a ampliação da legitimação popular para as decisões ali proferidas.

Foi o que aconteceu, em abril de 2007, quando, por decisão do Ministro Relator, Carlos Ayres Britto, o Supremo convocou audiência pública, por solicitação do Procurador-Geral da República, com base no citado parágrafo 1º, do art. 9º, da Lei nº 9.868, isto é, "em caso de necessidade de esclarecimento de matéria ou circunstância de fato ou de notória insuficiência de informações existente nos autos, poderá o relator requisitar informações adicionais, designar perito ou comissão de peritos para que emita parecer sobre a questão, fixar data para, em audiência pública, ouvir depoimentos de pessoas com experiência e autoridade na matéria".

O objeto da ação é o art. 5º, da Lei nº 11.105/2005, quando diz: "É permitida, para fins de pesquisa e terapia, a utilização de células tronco embrionárias, obtidas de

---

[6] O controle social do orçamento público. Revista Interesse Público 11/16, jul.-set. 2001

embriões humanos produzidos por fertilização *in vitro* e não utilizadas no respectivo procedimento".

Foram convocados, pelo Relator, para participar da audiência pública, dezessete médicos e especialistas e convidados para participar os Ministros do Supremo Tribunal Federal, o autor e os *amicus curiae,* para o fim de reunir opiniões e informações científicas com vista a julgar a Adin 3.510-DF.

Esta é, no dizer do Ministro Carlos Ayres Britto, forma do exercício da democracia direta, na qual se vê a "possibilidade de o segmento organizado contribuir para a formação do julgamento que repercutirá na vida da população", o que vem propiciar a democratização da jurisdição constitucional, na medida em que permite que nossa mais Alta Corte de Justiça tenha o conhecimento, não só técnico, mas também dos elementos que povoam os anseios e as razões dos destinatários, diretos ou não, das suas decisões.

Tal prática se sedimentou no Supremo Tribunal Federal e, para embasar tal afirmação e demonstrar a diversidade de assuntos com a qual se depara nossa Suprema Corte, registre-se, para exemplificar, que no ano de 2013, foram convocadas para discutir sobre o sistema previdenciário, as campanhas eleitorais, as biografias não autorizadas, o programa Mais Médicos.

A realização de audiências públicas, no seio do Poder Judiciário, continua com seu *status* administrativo, mas consiste em instrumento de legitimidade extremamente eficaz, quando as questões discutidas envolvam temas, não só técnicos, mais moralmente complexos, e possam reduzir a possibilidade de serem proferidas decisões equivocadas.

3 Transparência dos atos estatais

Conforme Fabrício Motta, o princípio da publicidade administrativa caracteriza-se como direito fundamental do cidadão, indissociável do princípio democrático, que parece efetivar-se em quatro vertentes:

1. Direito de conhecer todos os expedientes e motivos referentes à ação administrativa;
2. Garantia frente ao processo de produção de decisões administrativas, em contraposição ao segredo procedimental, por meio de audiência dos envolvidos e interessados;
3. Direito subjetivo de acesso aos arquivos e registros públicos;
4. Direito de exigir do Estado ações positivas para possibilitar a visibilidade, cognoscibilidade e controle das ações administrativas.[7]

Não basta divulgar os atos administrativos, é preciso que o sejam com clareza, por meio de informações precisas, compreensíveis, atualizadas, acessíveis e capazes de possibilitar a participação do cidadão comum, inclusive, para o controle social da gestão pública.

O art. 5º da Lei nº 12.527, de 18 de novembro de 2011, ao regular o direito de acesso à informação, previsto no art. 5º, inciso XXXIII, no inciso II, do parágrafo 3º do artigo 37 e, também, no parágrafo 2º do artigo 216 da Constituição Federal, consolida

---

[7] MOTTA, Fabrício. Notas sobre publicidade e transparência na lei de responsabilidade fiscal. *REDE - Revista Eletrônica de Direito do Estado,* Salvador, n. 14 abr./jun. 2008. p. 2 - 3.

como "dever do Estado garantir o direito de acesso à informação, que será franqueada, mediante procedimentos objetivos e ágeis, de forma transparente, clara e em linguagem de fácil compreensão".

Não adianta a Constituição Federal prever, no parágrafo 3º, do art. 31, que as contas dos Municípios ficarão, durante sessenta dias, anualmente, à disposição de qualquer contribuinte, para exame e apreciação, a fim de que possa questionar-lhe a legitimidade, se o cidadão que sabe ler, mas não sabe interpretar o que está lendo, não tem condições de entendê-la, tal a complexidade técnica com que são elaboradas.

Aqui é que tem lugar a necessária transparência dos atos da Administração Pública, porque, a partir da adesão de instrumentos de democracia participativa, o orçamento, as prestações de contas, o Plano Diretor, por exemplo, não podem ser documentos incompreensíveis para o indivíduo, medianamente informado.[8]

Pondera Juarez de Freitas, ao considerar a participação popular no que tange ao orçamento público, que não pode se concentrar apenas na escolha de prioridades, o que deve ser visto como etapa decisiva, mas não a única, pois, tão ou mais importante, é a fiscalização do cumprimento das metas orçamentárias.[9]

Como ressalta Marco Juruena Vilella Souto, citado por Fabrício Motta, quando se trata da transparência dos atos do Poder Público, ela tem significado diverso do atribuído ao princípio da publicidade, pois "por transparente se quer muito mais".

A partir daí, Fabrício Motta conclui que "A idéias de publicidade e transparência parecem ser complementares. A partir da acepção comum das palavras, pode-se entender a publicidade como característica do que é público, conhecido, não mantido secreto. Transparência, ao seu turno, é atributo do que é transparente, límpido, cristalino, visível; é o que se deixa perpassar pela luz e ver nitidamente o que está por trás. Os atos administrativos, impõem a conclusão, devem ser públicos e transparentes – públicos porque devem ser levados a conhecimento dos interessados por meio de instrumentos legalmente previstos (...) transparentes porque devem permitir enxergar com clareza seu conteúdo e todos os elementos de sua composição, inclusive o motivo e a finalidade, para que seja possível efetivar seu controle"[10]

É forçoso reconhecer que a transparência dos atos do Poder Público, elevada ao *status* de princípio constitucional, fortalece a democracia, enfatiza a obrigatoriedade de informação ao cidadão e o seu direito de conhecer o modo como são tomadas as decisões pelos agentes públicos.

A transparência possibilita dar mais efetividade ao princípio da publicidade, ao oferecer meios para que o cidadão possa participar, efetivamente, do processo administrativo. Tais participações exigem conhecimento, explicação minuciosa e preparação daquele que vai examinar, bem como esclarecimento de quem exibe os atos para análise.

Para Odette Medauar "O secreto, invisível, reinante na Administração, mostra-se contrário ao caráter democrático do Estado", já a publicidade contribui para que a população conheça o modo como atua e toma decisões, possibilitando o controle das suas

---

[8] FERRARI, Regina Maria Macedo Nery, 4. ed. São Paulo: Revista dos Tribunais, 2014, p. 29-30.

[9] O controle social do orçamento público. Revista Interesse Público 11/16, jul.-set. 2001

[10] Notas sobre publicidade e transparência na lei de responsabilidade fiscal. Revista Eletrônica de Direito do Estado, n. 14, p. 7, Salvador-Bahia, abr.maio.jun. de 2008.

atividades, na medida em que traz o "dialogo em lugar do mutismo, a transparência em lugar da opacidade", o que propicia a confiança do administrado na Administração.[11]

Isso posto, vê-se que os instrumentos conhecidos de participação popular não estão voltados só para a necessidade da Administração apresentar sua escolha, mas, para a possibilidade do cidadão ponderar, mediante ampla discussão, sobre a proposta apresentada, com o fim de melhor atender o interesse público.

Quando obrigatória a participação, em virtude de disposição legal, deve constituir etapa necessária do procedimento, como elemento hábil de legitimidade do exercício do Poder, pois sua vulgarização ou banalização, sem nenhuma eficácia para orientá-lo, compromete a transparência e a motivação dos atos do poder público, enquanto postulados do Estado Democrático de Direito.

Conforme determina o art. 8º da Lei nº 12.527/2011, que regula o acesso a informações, a publicidade e transparência constituem a regra, na medida em que "É dever dos órgãos e entidades públicas promover, independentemente de requerimentos, a divulgação em local de fácil acesso, no âmbito de suas competências, de informações de interesse coletivo ou geral por eles produzidas ou custodiadas" e, de acordo com o art. 21 do mesmo dispositivo legal "Não poderá ser negado acesso à informação necessária à tutela judicial ou administrativa de direitos fundamentais".

Entretanto, isso não significa que possa ser comprometida a segurança da sociedade ou do Estado e, assim, existe, no artigo 23 e seguintes da Lei nº 12.527/2011, uma classificação das informações, com vista a cercear sua divulgação e acesso, para evitar, por exemplo: que tragam comprometimento a defesa e a soberania nacional, a integridade do território; que ofereçam risco à estabilidade financeira e econômica do País, à vida e a saúde da população; que possam comprometer atividades de inteligência, a condução de negociações ou relações internacionais, ou as que tenham sido fornecidas, em caráter sigiloso, por outros Estados e organismos internacionais.

Não se pode deixar de registrar que a ação popular, prevista no artigo 5º, inciso LXXIII da Constituição Federal, é, desde o tempo do Império, uma forma de participação reservada ao cidadão – entendido como o que vota e pode ser votado –, o qual pode ser "parte legítima para propor ação popular que vise a anular ato lesivo ao patrimônio público ou de entidade de que o Estado participe, à moralidade administrativa, ao meio ambiente e ao patrimônio histórico e cultural, ficando o autor, salvo comprovada má-fé, isento de custas judiciais e do ônus da sucumbência".

O que se advoga, dentro da postura democrático-participativa, é a abertura de múltiplos e diversificados canais de acesso popular. aos atos e decisões do Poder Público, para proteção dos valores básicos da própria democracia. expressos como direitos fundamentais da pessoa humana.

---

[11] O direito administrativo em evolução. 2. ed, São Paulo: Revista dos Tribunais, 2003, p. 235.

Referências

FERRARI, Regina Maria Macedo Nery. *Direito Municipal*, 4. ed. São Paulo: Revista dos Tribunais, 2014.

FREITAS, Juarez. *O controle social do orçamento público*. Revista Interesse Público 11/16, julho-setembro 2001

GORDILLO. Agustin. *Después de La Reforma del Estado*. Buenos Aires: Ed Fundación de Derecho Administrativo 1996, VII-1, El procedimiento de Audiência Pública.

MEDAUAR, Odette. *O direito administrativo em evolução*. 2. ed, São Paulo: Revista dos Tribunais, 2003.

MOREIRA NETO, Diogo de Figueiredo. *Mutações do Direito Administrativo*, 2. ed. Rio de janeiro: Renovar 2001.

_____. *Direito da Participação Política*. Rio de Janeiro: Renovar, 1992.

MOTTA, Fabrício: Notas sobre publicidade e transparência na lei de responsabilidade fiscal. *Revista Eletrônica de Direito do Estado*. n. 14, p. 7, Salvador-Bahia, abril/maio/junho de 2008.

Informação bibliográfica deste texto, conforme a NBR 6023:2002 da Associação Brasileira de Normas Técnicas (ABNT):

FERRARI, Regina Maria Macedo Nery. Participação, direito à informação e transparência na administração pública brasileira. *In*: PONTES FILHO, Valmir; MOTTA, Fabrício; GABARDO, Emerson (Coord.). *Administração Pública*: desafios para a transparência, probidade e desenvolvimento. XXIX Congresso Brasileiro de Direito Administrativo. Belo Horizonte: Fórum, 2017. p.275-284. ISBN 978-85-450-0157-7.

ADMINISTRAÇÃO PÚBLICA ANTIFRÁGIL

RODRIGO PIRONTI AGUIRRE DE CASTRO

1 A antifragilidade na Administração Pública

Há tempos venho imaginando uma Administração Pública compatível com as necessidades econômicas, tecnológicas e sociais do nosso século, mas em alguma medida me frustrava com as reiteradas notícias de uma Administração que caminhava ao aprofundamento do estamento burocrático, a atuações vinculadas a condutas corruptivas e a estagnação da modernização da máquina desenvolvimentista do Estado.

Agregava às minhas percepções sempre um questionamento: será possível que a grave crise institucional e de credibilidade dos governos instalada em nosso país, com o aprofundamento de investigações que desvendam uma face obscura e cruel do exercício do poder por parte de alguns gestores públicos e empresários, capazes de prejudicar materialmente direitos e vidas com ações que retiram dos cofres públicos bilhões de reais destinados à mordomia e ao desfrute de poucos, possa produzir no cenário interno da Administração Pública um processo inverso, de valorização da função pública? De maximização da expressão servidor público e de seu real sentido de servir ao público? Será possível sair dessas crises mais fortes e com maiores perspectivas, imunes ao descontrole e ao descaso das autoridades?

É certo que para que isso aconteça de maneira efetiva, há a necessidade de se valorizar o servidor público de carreira e de se respeitar a Constituição Brasileira, mas apenas após ler o livro *Antifrágil*, de Nassim Nicholas Taleb, me dei conta de que é apenas este servidor valorizado que será capaz de produzir uma revolução na Gestão Pública de nosso país, ainda dominada pelo abuso de poder, pelo acordo de interesses escusos, pela justificativa em detrimento da iniciativa, enfim, pelo *jeitinho brasileiro* que hoje já não mais reflete – ou não deveria refletir – nossa cultura.

O autor da obra *Antifrágil* propõe que tentemos imaginar o antônimo de frágil que, para ele, longe de ser traduzido por uma noção de resistência, durabilidade, resiliência, induz a noção de um novo conceito, fundado em um novo substantivo, o *Antifrágil*, explico.

Em um primeiro momento, propõe o autor que pensemos em um objeto qualquer. Esse objeto, para ter a característica de frágil, teria que ser manipulado de forma muito cuidadosa, sob pena de romper-se à menor pressão ou descuido, *v.g*, uma taça de cristal enviada a um colega distante por "malote" aéreo.

Porém, evoluindo na análise, propõe o autor que se esse objeto, ao ser manipulado, permanecesse com as mesmas características que aquelas inicialmente verificadas, ou seja, sem qualquer alteração em sua forma ou qualidade, haveria a configuração de uma condição de resistência do objeto (ou seja, seria este objeto considerado forte, resiliente às influências externas produzidas sobre ele).

Mas essa, para ele ainda não seria a antítese de frágil, por um simples motivo: da mesma forma que a antítese de positivo, não é o neutro, mas sim o negativo, o contrário de frágil nunca poderia ser o resiliente, pois essa condição simplesmente manteria o objeto sem alterações em sua característica.

É nesse contexto que, ao revés, o *Antifrágil* induz a concepção de um objeto, que após manipulado de forma livre, despreocupada, sob qualquer pressão ou influência negativa externa, mesmo que de maneira equivocada ou não recomendável, ao invés de continuar com as mesmas características, melhora com a adversidade, com o caos e, em uma analogia possível, com a crise. Nesse caso, alerta o autor citado, estaríamos diante de algo *Antifrágil*.

Mas o que motiva uma aproximação do tema da antifragilidade com a Administração Pública, não é apenas o exemplo hipotético trazido pelo autor, mas uma outra análise por ele realizada, desta vez ancorada na análise comparativa entre as figuras mitológicas de Dâmocles, da Fênix e da Hidra.

Para ele, a figura mitológica de Dâmocles – cortesão romano que desfruta de um belo banquete, tendo sobre sua cabeça uma espada amarrada ao teto por um único fio de cabelo de cavalo – representa o frágil. A Fênix – pássaro com cores esplêndidas que sempre que atacado renasce das próprias cinzas exatamente como era quando atingido – representa o resistente, ou seja, o neutro; e a Hidra – criatura que se parece a uma serpente com várias cabeças, que habita o lago de Lerna, e que, quando lhe cortam uma cabeça, nascem duas no lugar daquela atingida – representa o *Antifrágil*.

Não podemos deixar de considerar que os conceitos trazidos pelo autor são fundamentais em face das graves crises instaladas na Administração Pública brasileira, porque mais do que nunca, precisamos crescer diante de todas as adversidades, agir de forma não apenas a ultrapassar estas crises, mas para além disso, buscar na gênese destas situações complexas e prejudiciais, a consolidação de uma Administração ainda mais robusta, que evolua estrutural e tecnicamente no sentido de estar infensa à outras crises.

Será isso possível? Como produzirmos uma Administração *Antifrágil*, capaz de dar uma resposta concreta aos cidadãos e de produzir uma revolução interna consistente e permanente? Em meu sentir, a solução não é tão complexa e independe de grandes reformas (pacto federativo, política fiscal dentre outras); deve apenas se pautar em uma agenda simples, qual seja, a de profissionalização do serviço publico e valorização do servidor, práticas de compliance e de concertação administrativa que inibam a corrupção e, por fim, uma aproximação do conceito de legalidade à lógica de justiça social e interesse público, sob pena de um esvaziamento cada vez maior de boas práticas administrativas e de uma Administração cada vez mais "frágil".

2 Profissionalização da função pública

Tratar do tema da profissionalização da função pública no Brasil remete a uma necessária análise constitucional, já que o servidor público exerce a função administrativa com o escopo precípuo de atingimento do interesse público, é dizer, o exercício do *munus* público encontra fundamento de legitimação na realização do interesse dos cidadãos e, neste sentido, profissionalizar a função pública é, antes de tudo, enaltecer os fundamentos constitucionais de cidadania e dignidade da pessoa humana.

A profissionalização da função pública, a serviço dos ideais de cidadania e dignidade da pessoa humana traz consigo a noção inerente de que o servidor não serve o governo e comanda os cidadãos, mas serve exclusivamente os cidadãos. Vê-se, portanto, que a noção de profissionalização da função pública traduz-se no exercício da função administrativa para atendimento direto dos cidadãos, manifestação de um dever-poder necessário à condução responsiva da Administração Pública.

Um dos relevantes aspectos da Reforma Administrativa (estabelecidos por meio da Emenda Constitucional 19/98) está calcado na introdução de conceitos e critérios objetivos de profissionalização da função pública, que vinculam o fortalecimento das condições técnicas do servidor no exercício de seu cargo, emprego ou função pública como condição necessária para se mensurar a eficiência do servidor público.

Note-se, porém, que para que se complete a lógica de profissionalização, capaz de conduzir a independência e eficiência da Administração, outros são os conceitos que devem ser introduzidos como condicionante deste novo paradigma como, por exemplo:

a) o estabelecimento de uma Administração Pública autônoma e organizada em carreiras, para impedir que o exercício da função pública seja realizado por profissionais insuficientes tecnicamente e funcionalmente desmotivados pela falta de critérios objetivos de ascensão profissional;

b) a utilização racional dos recursos e gestão coerente do patrimônio público disponível, na tentativa de reduzir excessos e desperdícios vinculados a uma gestão despreocupada com o "bem comum";

c) o estabelecimento de indicadores de desempenho claros, fixados sobre metas objetivas e factíveis, desvinculando-se, assim, a ascensão funcional a critérios subjetivos de escolha que, como regra, não guardam nenhuma relação com a noção de interesse público;

d) o controle de resultados com base em uma metodologia definida e eficiente, pautada na análise do risco das atividades controladas e em metas razoavelmente estabelecidas.

Valorizar o servidor é dotá-lo de condições decisórias internas independentes, alheias a interesses políticos, onde a técnica prevaleça em detrimento de opções oportunistas. É desvincular sua promoção ou crescimento funcional do tempo dedicado ao serviço, permitindo que haja crescimento meritório, por produtividade, eficiência e resultado.

Os critérios que envolvem a profissionalização da função pública como condição necessária à independência e a eficiência da Administração devem, necessariamente, estar pautados na evolução do Estado e em sua nova concepção responsiva, bem como, nos critérios objetivos estabelecidos no texto constitucional, sem os quais, qualquer novo paradigma restaria frustrado pela inexistência de fundamento de validade.

Uma Administração Pública Antifrágil é uma Administração que respeita a Constituição, o devido processo legal, a inexistência da verdade sabida, o direito de ampla defesa, as garantias fundamentais de qualquer cidadão, sob pena de – ao mesmo tempo em que produz justiça – deixar escapar sob as barras das nulidades, a clara possibilidade de mudar a realidade.

3 Práticas de compliance e de concertação administrativa que inibam a corrupção

A noção de um Estado Responsável, em que se pressupõem práticas de Governança que conduzam a uma boa administração e a eficiência administrativa deve, necessariamente, integrar instrumentos consensuais e concertados de gestão pública.

A concertação administrativa é, pois, metodologia capaz de propiciar aos interessados noções e ponderações sobre o que se pretende realizar, com objetivo de se encontrar uma linha mestra de conduta, comum a ambos os envolvidos. Um método flexível de governar ou administrar em que os representantes do Governo ou da Administração participam em debates conjuntos com representantes de outros corpos sociais autônomos, com vistas à formação de um consenso sobre medidas de política econômica e social a adotar.

É nesse momento que o texto constitucional estabelece novos parâmetros à Administração Pública brasileira, que conduzem a uma lógica de concertação e responsividade como consequência lógica de um Estado profissionalizado.

Esses parâmetros se estendem às ferramentas para busca desse estágio de responsividade estatal e é nesse aspecto que chegamos à noção de compliance na Administração Pública.

O compliance pode ser entendido como uma ferramenta preventiva de controle, e prevenção de possíveis práticas indevidas no âmbito da Administração, ou ainda, como um importante instrumento de mitigação ou exclusão de responsabilidade, na medida em que permite que os aderentes ao termo de compliance (servidores, empresários ou a própria pessoa jurídica) possam comprovar sua adequação às normas de conduta previamente estabelecidas.

A lógica do compliance pode ser resumida, basicamente, como sendo a conduta em conformidade com as normas internas e externas preestabelecidas pela Organização, elaboradas com base em boas práticas de Governança, para conformação de programas de integridade que fulminem ou minimizem práticas corruptivas.

O compliance, todavia, não está limitado ao gerenciamento de riscos e prevenção e fiscalização de operações ilegais realizadas pelos sistemas de controle interno, mas possuem verificação mais ampla, abrangendo também aspectos externos da organização, inclusive com previsões normativas específicas nas suas Leis de regência e em outras legislações, como é o caso da recente Lei Anticorrupção que dispõe sobre a responsabilização administrativa e civil de pessoas jurídicas pela prática de atos contra a administração pública, nacional ou estrangeira (Lei nº 12.846/2013).

4 Uma aproximação do conceito de legalidade à lógica de justiça social e interesse público

Outro tema que merece destaque nesta visão *Antifrágil* do Direito Administrativo é o de que ele deve se preocupar em permitir a participação popular, direta ou indireta, na formulação, planejamento, execução e controle de políticas públicas.

Ainda nesse contexto deve-se repensar o conteúdo do princípio da legalidade. Ora, não se pode conceber como norteador de políticas públicas e do direcionamento concreto do direito administrativo o princípio da legalidade – unicamente – estrita.

A noção adequada de legalidade deve primar pelo postulado de justiça social e de atendimento do interesse público primário, em detrimento do formalismo irracional pautado em aplicação direta e impensada do texto normativo.

O princípio da legalidade induz a noção de submissão às normas jurídicas produzidas atos legislativos. Porém, ao se afirmar essa submissão, não se esta a postular por uma submissão cega da Administração às normas legais, com análise isolada e sem levar em conta as normas constitucionais, principalmente os princípios que norteiam o regime de direito público.

Não é de hoje que se questiona a interpretação do Direito pela vertente da legalidade estrita, concebendo um complexo de normas que ao revés de permitir ao administrador uma aplicação "justa" e coerente da regra legal, são aplicadas com uma orientação legalista e despreocupada, apenas porque protegida pelo manto de que "ao administrador só é dado fazer aquilo que previamente expresso em Lei", como se ao assumir o seu *munus* público o administrador fosse investido – por permissivo legal – de abstrair a realidade e a justiça social para aplicar a letra fria da Lei.

É nesse sentido que o princípio da legalidade estrita há muito tem sido questionado e orientado por um novo vetor, traduzido no princípio da legalidade juridicidade (ou apenas princípio da juridicidade), o que significa dizer que os vetores aplicativos aos casos concretos socorrem-se não apenas interpretação e aplicação do Direito ao caso concreto e validadam-se não apenas na norma estrita, mas em todo o plexo constitucional e principiológico que lhe deu fundamento.

É assim que no Estado Democrático se inova o princípio da responsividade, em razão da própria alteração da noção de legalidade (agregada do conceito de juridicidade), introduzindo um novo dever substantivo, pelo qual o administrador público também fica obrigado a prestar contas à sociedade pela legitimidade de seus atos.

A lógica para que se efetive um Estado Responsável (responsivo) deve ser trabalhada como ponto fundamental ao desenvolvimento da democracia, articulando o necessário e inevitável desenvolvimento das estruturas burocráticas e dos controles, com vistas ao atendimento das obrigações do Estado, circunscrevendo a discricionariedade administrativa e financeira dos entes políticos para um eficaz atendimento das políticas públicas e das demandas da sociedade.

Estabelecer parâmetros para uma boa administração, passa pela concepção deste Estado Responsável, pelo viés da noção de responsividade, onde a atuação do gestor passa a estar totalmente voltada à realização dos interesses envolvidos e os controles deixam de ser meramente formais e passam a dinamizar uma lógica preventiva e consensual transformadora, conduzindo a responsabilização (dentro da responsividade), a parâmetros de correção e conformação de futuras condutas.

A filtragem constitucional do Direito Administrativo dar-se-á, assim, pela superação do dogma da onipotência da lei formal e sua substituição por referências diretas a princípios expressa ou implicitamente consagrados no ordenamento constitucional.

A realização do sentido material e eficiente da norma deve ser a maior preocupação do gestor. Deve ele se preocupar em realizar a justiça em sua decisão, sempre pautado na norma regra ou norma princípio, com vistas à realização do interesse do cidadão (legalidade-juridicidade).

A vinculação da Administração não se circunscreve, portanto, unicamente à lei formal, mas ao bloco de legalidade (o ordenamento jurídico como um todo sistêmico).

É dizer, o aspecto legitimador (de análise de legitimidade do agir administrativo) do princípio da legalidade não está adstrito a aplicação direta do texto normativo, ao contrário, está sim vinculado à interpretação de seu conteúdo, do momento histórico em que foi cunhado e da aplicação de suas bases para realização da justiça, caso contrário, a Administração Pública brasileira será pautada por critérios cada vez mais objetivos e distantes dos interesses dos seus cidadãos.

Uma Administração Pública *Antifrágil* é, portanto e antes de tudo, preocupada com a realização máxima do interesse público, com corpo técnico capacitado e valorizado e com procedimentos claros e éticos de atuação para a efetivação de uma justiça social plena e para um sustentável desenvolvimento do Estado.

Informação bibliográfica deste texto, conforme a NBR 6023:2002 da Associação Brasileira de Normas Técnicas (ABNT):

CASTRO, Rodrigo Pironti Aguirre de. Administração pública antifrágil. *In*: PONTES FILHO, Valmir; MOTTA, Fabrício; GABARDO, Emerson (Coord.). *Administração Pública*: desafios para a transparência, probidade e desenvolvimento. XXIX Congresso Brasileiro de Direito Administrativo. Belo Horizonte: Fórum, 2017. p. 285-290. ISBN 978-85-450-0157-7.

CONTROLE SOCIAL E DELIBERAÇÃO PÚBLICA NO COMBATE À CORRUPÇÃO: ALGUNS FUNDAMENTOS POLÍTICOS E FILOSÓFICOS[1] [2]

ROGÉRIO GESTA LEAL

1 Notas introdutórias

Recente estudo da Fiesp apontou que o custo anual da corrupção no País gira em torno de 41,5 e 69,1 bilhões de reais,[3] revelando que um dos principais problemas que dificultam o combate à corrupção é a cultura de impunidade ainda vigente no país. Além disso, muitas autoridades públicas gozam de direitos como o foro privilegiado, sendo julgados de maneira diferente da do cidadão comum.

Segundo o relatório anual Assuntos de Governança, publicado desde 1996 pelo Banco Mundial, há uma curva ascendente no índice que mede a eficiência no combate à corrupção no Brasil. O índice, que avalia 212 países e territórios, registra subida descontínua da situação brasileira desde 2003, tendo atingido seu pior nível em 2006, quando alcançou a marca de 47,1 numa escala de 0 a 100 (sendo 100 a avaliação mais positiva). Mesmo se comparado a outros países da América Latina, o Brasil ficou numa posição desconfortável: Chile, Costa Rica e Uruguai obtiveram nota 89,8.[4]

---

[1] Este artigo é o resultado de pesquisas feitas junto ao Centro de Direitos Sociais e Políticas Públicas, do Programa de Doutorado e Mestrado da Universidade de Santa Cruz do Sul-UNISC, e vinculado ao Diretório de Grupo do CNPq intitulado *Estado, Administração Pública e Sociedade*, coordenado pelo Prof. Titular Dr. Rogério Gesta Leal, bem como decorrência de projeto de pesquisa intitulado *PATOLOGIAS CORRUPTIVAS NAS RELAÇÕES ENTRE ESTADO, ADMINSTRAÇÃO PÚBLICA E SOCIEDADE: causas, consequências e tratamento*. Texto amadurecido a partir da participação no XXIX Congresso Brasileiro de Direito Administrativo, que se ocupou do tema Administração Pública: desafios para a transparência, probidade e desenvolvimento.

[2] Os temas discutidos neste texto serviram de base à participação do autor no *XXIX Congresso Brasileiro de Direito Administrativo*, em especial no painel sobre *Administração Pública: desafios para a transparência, probidade e desenvolvimento*.

[3] Jornal Correio Braziliense, publicado em 10.05.2010.

[4] Disponível em: <http://www.worldbank.org/pt/country/brazil>. Acessado em: 20 jul. 2007. A matéria jornalística ainda faz menção à ideia de que resta uma sensação de que a corrupção, em face dos cenários desenhados, apresenta-se como um *crimini senza vittime*, isto porque *la corruzione si fonda di regola su un "patto di ferro" tra*

Talvez uma Democracia mais participativa e deliberativa responda de forma legítima a esse problema da corrupção, envolvendo a Sociedade Civil como protagonista primordial à sua ocorrência, isso porque, como quer Juarez Guimarães, *a corrupção do corpo político, significando impedimento, a restrição ou o desvirtuamento da vontade soberana do povo, introduz o reino dos privilégios ao acesso a direitos e a deveres e devasta o interesse público pela força do privativismo e do particularismo.*[5]

Em verdade, já se percebe existir no Brasil há alguns anos novos ciclos participativos por parte da cidadania, gerando o que se tem chamado de fóruns híbridos e interativos entre instituições públicas, privadas e movimentos ou representações sociais, levando o tema do controle social da Administração Pública e da Corrupção para além das fronteiras burocráticas do Estado, ou de arranjos corporativos, em direção às instâncias mais deliberativas da Sociedade Civil como ator e protagonista histórico – e sujeito de direitos e obrigações.[6]

É o que brevemente pretendo tratar neste texto.

2 O combate da corrupção exige mais que participação social, demanda gestão social compartilhada entre espaço público e privado

Pode-se dizer que tanto os cenários de fragilidade econômica como os de opulência dão ensejo e fomento a comportamentos corruptivos, tanto em nível de relações pessoais e institucionais, públicas e privadas, isto porque, em tais situações, demandas e interesses individuais, corporativos e sociais se veem em maior exposição (na escassez, em busca de soluções e escolhas trágicas – mais exclusivas do que inclusivas; na opulência, na seleção das escolhas cujas possibilidades são muitas).

A década de 1990 foi marcada por uma profusão de crises financeiras e políticas internacionais e nacionais muito significativas, gerando reflexos diretos na intensificação dos comportamentos corruptivos, o que fez gerar, inclusive, novo nicho de atenção e trabalho especial à mídia, refletindo na formatação da opinião pública, por certo em decorrência da espoliação dos parcos recursos para o atendimento de demandas sociais, fruto da retração do mercado naquele período histórico, reagindo negativamente ao que até então – para alguns – se afigurava como modos normais de exercício do poder.[7]

Em interessante texto escrito há mais de 15 anos, Benjamin Barber já advertia para o fato de que o cenário mundial de então apontava claramente uma encruzilhada às democracias contemporâneas: de um lado, as tendências centrípetas e de homogeneização da globalização, fomentadas pela fórmula democracia + mercado; de outro lado, as tendências centrífugas ou de fragmentação dos tribalismos ou localismos de resistência aos processos de exclusão social criados pelas primeiras tendências,

---

corrotti e corruttori, dal quale entrambi ricavano benefici – a danno della collettività – e che nessuno dei partecipanti ha interesse a denunciare.

[5] GUIMARÃES, Juarez. *Sociedade Civil e corrupção: crítica à razão liberal.* In: AVRITZER, Leonardo, FILGUEIRAS, Fernando. Corrupção e sistema político no Brasil. Rio de Janeiro: Civilização Brasileira, 2011, p.88. Ver também meu texto LEAL, Rogério Gesta. (organizador). *A Democracia Deliberativa como matriz de gestão pública: alguns estudos de casos.* Santa Cruz do Sul: Edunisc, 2011, E-book, acesso em www.unisc.br/editora/e-books.

[6] GUIMARÃES, Juarez. *Sociedade Civil e corrupção: crítica à razão liberal. Op.cit.,* p.93.

[7] Ver o texto de HEYWOOD, Paul. *Political Corruption.* Oxford: Blackwell, 2001.

com maior incidência em países com níveis de desenvolvimento menores que os já amplamente desenvolvidos.[8]

Essa encruzilhada, dentre outros efeitos que produziu, gerou profundo impacto na relação entre instituições representativas democráticas e sociedade civil organizada, no sentido de fragilizar ainda mais os vínculos orgânicos de partidos políticos e governos instituídos com seus representados, insulando os espaços institucionais de exercício do Poder progressivamente, o que contribuiu, por muito tempo, para o desenvolvimento de ações corruptivas por parte dos atores políticos através das instituições a que pertenciam.

Ao lado disso, é preciso reconhecer que o Estado se encontra cada vez mais agrilhoado ao sistema econômico transnacional, abandonando seus cidadãos à afiançada liberdade negativa de uma competição mundial e limitando-se, quanto ao mais, a pôr, regularmente, à disposição do cenário político e econômico, infraestruturas que tornem atraente sua própria posição sob a perspectiva da rentabilidade. Daí a importância de se discutir sobre procedimentos e ajustes democráticos que conferem aos cidadãos a possibilidade de atuação política sobre suas condições sociais de vida, o que se tem esvaziado à medida que a matriz da Democracia Representativa perde funções e espaços de ação, sem que surjam, para tanto, equivalentes mecanismos de gestão do público, cada vez mais restrito aos termos de acepções corporativas de interesses privados.[9]

Em texto já clássico da literatura política, Chantal Mouffe refere que a democracia moderna vem marcada por níveis de complexidade e tensão social absolutamente diferenciados de toda a experiência ocidental, fazendo com que as formas de democracia direta fossem substituídas pela representativa, o que evidencia, mais do que um problema de tipo de sociedade, a ausência de criatividade compromissada com a soberania popular para os fins de criar mecanismos e instrumentos de participação cidadã.[10] De outro lado, *the dissolution of the markers of certainty is the main characteristic of the modern democracy. In other words, modern democracy society is a society in which power, law and knowledge experience a radical indeterminacy. This is the consequence of the democratic revolution, which led to the disappearance of a power that was embodied in the person of the prince and tied to a transcendental authority.*[11]

Por tais fundamentos, tenho que a deliberação pública realizada fora do âmbito estatal constitui a base de legitimação para ações políticas de gestão do interesse público, e por isso deve permitir a todos os potencialmente envolvidos poderem opinar e interagir comunicativamente antes que uma decisão seja adotada. Dessa forma, a livre circulação da informação e do alongamento das oportunidades educativas erigir-se-iam em elementos nodais que explicariam a aparição dessa esfera de autonomia, tendo como motivação a implementação de condições histórico-sociais que possibilitariam a emergência, expansão e transformação de esferas públicas centradas historicamente

---

[8] BERBER, Benjamin R. *Jihad x McWorld:* how globalism & tribalism are re-shaping the world. New York: Ballantine Books, 1996.

[9] Nesse sentido ver o texto de YOUNG, Martin. *Inclusion and Democracy.* Oxford: Masters, 2002, p.64.

[10] MOUFFE, Chantal. *The Democratic Paradox.* New York: Verso, 2002.

[11] Idem, p.2. Este mesmo texto lembra que *with the advent of the democratic revolution, the old democratic principle that power should be exercised by the people emerges again, but this time within a symbolic framework informed by the liberal discourse, with its strong emphasis on the value of individual liberty and on human rights*, o que demonstra a permanente capacidade de adequação do liberalismo ao projeto de crescimento econômico sem o necessário compromisso do desenvolvimento social.

nas instituições tradicionais de representação política forjadas no âmago da experiência estatal moderna.[12]

Segundo a perspectiva de Habermas, a qual me filio, um conjunto crescente de organizações e movimentos societais sempre podem enriquecer a comunicação e o debate nas sociedades contemporâneas, revitalizando de forma substantiva a esfera pública, principalmente em volta de problemas tão complexos como estes correlatos à corrupção. Esses novos âmbitos estariam a permitir a articulação de uma pluralidade de enfoques culturais e sociais, o que levaria a reforçar a ideia de crítica e controle do poder – e da corrupção – e aprofundar a democracia, fazendo surgir, por sua vez, fatores de integração social alternativos, baseados no diálogo e não na dominação (ora simulada, ora explícita).

Esse debate público, por sua vez, deve ser constituído pela via do uso emancipado da razão daqueles atores sociais, como explorado por Habermas – dentre outros, sob pena de sucumbir-se às teses neo-hobbesianas que tratam a natureza humana como irrecuperável ou autofágica, e, por isto, necessitada de controles institucionais mais duros e incisivos. Tais perspectivas não compreendem a complexidade desta natureza, à qual, *la penultima legge è la propensione alla sicurezza proiettata nel futuro; ma l'ultima è la credenza, che comporta un impulso, di poter diventare tutto ciò che entra nella sua riflessione, tutto ciò che egli si propone.*[13]

Mais contemporaneamente, autores como James Bohman têm dado continuidade a este tipo de debate,[14] sustentando que a deliberação e o consenso seriam termos chaves na hora de definir a democracia e a política de governo ou de gestão, revelando-se fundamental que as razões de Estado e de cada grupo que o compõe possam resultar convincentes para o restante da cidadania, que tradicionalmente não participa de forma direta do governo ou da gestão, ao menos no plano executivo ou legislativo do seu evolver, sem que, para isto, ninguém seja obrigado a abdicar de suas próprias opiniões e concepções de bem.

Nesse modelo de deliberação, fundada na premissa de melhor formação e informação socialmente construída, a condição de cidadania restaria melhor preparada para a adoção de decisões relevantes, isso em face do modelo tradicional de representação política institucional moderna, em que os espaços de discussão, deliberação e execução ocorreriam mediados por instrumentos e mecanismos por vezes artificiais, em termos de identidade e presentação social.[15]

Numa outra perspectiva, a deliberação pública, fundada em interlocução cotidiana pelos atores sociais que efetivamente estão envolvidos no processo político de constituição do espaço cívico e republicano da civilidade, poderiam ter também um efeito transformador das crenças e opiniões destes participantes,[16] e, assim, produzir-se-iam

---

[12] Como observa HABERMAS, Jürgen. *Mudança Estrutural da Esfera Pública*. Rio de Janeiro: Civilização Brasileira, 1988, p.39.

[13] RODOTÀ, Stefano. *Il passagio dal soggetto alla persona*. Roma: Editoriale Scientifica, 2006, p.26.

[14] BOHMAN, James. *Public Deliberation: Pluralism, Complexity, and Democracy*. Boston: Madinson, 2002, p.13.

[15] Aprofundei esta discussão no meu texto LEAL, Rogério Gesta. *Estado, Administração Pública e Sociedade: novos paradigmas*. Porto Alegre: Livraria do Advogado, 2009.

[16] Ver o texto de HABERMAS, Jürgen. *On the pragmatics of social interaction*. Cambridge: MIT, 2002, p.23 e ss. Vai nesta direção também os textos de: FREDRICKSON, H. George. *Toward a New Public Administration*. In Jay MS,

melhores decisões públicas, no sentido de serem refratárias das demandas da maior parte quantitativa da população atingida.

Agora, é preciso ter o discernimento de que a deliberação não é unicamente a busca por soluções racionais e imediatas, nem um processo restrito aos contextos institucionais formais nos quais os autores se enfrentam face a face; mais que isto, ela se configura como processo de aprendizagem que se estabelece de forma reflexiva e que deve auxiliar os cidadãos a melhor compreender determinados problemas de interesse coletivo – como a corrupção, suas causas e efeitos, por exemplo. Assim, em vários casos, a deliberação é o resultado de uma atualização constante das discussões e das conversações políticas que acontecem em esferas públicas parciais, de maneira a alimentar práticas de intercompreensão, cujo objetivo é a constituição de *lócus* de diagnósticos, análises e prognósticos das questões que interessam à população.

Ocorre que a forma de gestão pública comunicativa de que estou falando exige um mínimo de condições subjetivas e objetivas dos seus interlocutores, sob pena das falas enunciadas e trocadas serem coatadas por circunstâncias exógenas e endógenas à comunicação, tais como as insuficiências formativas e de discernimento dos homens comuns do povo, associada com o alto grau de profissionalismo e burocratismo das elites dominantes que assaltam cotidianamente o Estado, ou, ainda, dos tecnoburocratas que instrumentalizaram ideológica e operacionalmente os aparelhos estatais, como mecanismo de alcançar projetos muito mais privados do que comunitários.

Onde se fizer ausente a capacidade de manifestação da vontade do cidadão como artífice de sua própria história, em face de insipiência política e administrativa material e subjetiva, falecendo-lhe forças e perspectivas sobre os termos e possibilidades de gestão que circunvizinha seu cotidiano, só se reforça a situação de anomia societal no âmbito do poder institucionalizado e de seu exercício, em todas as suas dimensões (legislativa, executiva e jurisdicional), fortificando, por ato reflexo ou convexo, a situação confortante dos encastelados nas hordas da máquina estatal.[17] Decorrência disto é que, mesmo naquelas circunstâncias em que há uma previsão formal de participação política, ela não é exercitada material e eficazmente por estar marcada pela manipulação e esvaziamento provocado pela ausência daquelas condições mínimas necessárias à comunicação e entendimento.

Albert CH (Eds.), 1997, Classics of Public Administration, 4th edition, Harcourt, pp. 329-341; ---- . *The Spirit of Public Administration*. San Francisco, CA: Jossey-Bass, 1997; ----. *Toward a New Public Administration*. In Marinin F (Ed.), 1971, the Minnowbrook Perspective,Chandler Publishing Company; ----. *Public Administration in the 1970s: Developments and Directions*. Special Bicentennial Issue: American Public Administration in Three Centuries. Publ. Adm. Rev., 1971, 36(5): 564-576; ----. *The Lineage of New Public Administration*. Adm. Soc., 1976, 8(3): 149-174;----. *Comparing the Reinventing Government Movement with the New Public Administration*. Publ. Adm. Rev., 1996, 56(3): 263-270; ----. *Public Perceptions of Ethics in Government: The Problems of Distance and Role Differentiation*. The Annals of the American Academy of Political andSocial Sciences, Spring 1995.

[17] É preciso levar em conta, também que numa sociedade complexa como é a internacional e a brasileira, circunstâncias como a pobreza extrema, as enfermidades, a falta de habitação e alimentação, o analfabetismo, a inexistência de informação e educação, na maior parte das vezes, inviabilizam as condições e possibilidades de efetividade da participação, motivos pelos quais, mais do que nunca, impõe-se repensar formas alternativas de viabilização da participação conjunturalmente situada (isto é, levando em conta as particularidades dos sujeitos da fala, e suas desigualdades materiais e subjetivas), única maneira de se dar concretude às previsões jusfundamentais anteriormente referidas. Ver o texto LEAL, Rogério Gesta.(org.). *A Administração Pública Compartida no Brasil e na Itália: reflexões preliminares*. Santa Cruz do Sul: Edunisc, 2008. Da mesma forma ver LEAL, Rogério Gesta. (org.) *Administração Pública e Participação Social na América Latina*. Santa Cruz do Sul: Edunisc, 2005.

Pode-se falar, a título exemplificativo, das experiências (umas exitosas outras não) dos conselhos populares que foram criados a partir da edição da Carta Constitucional de 1988, tais como os múltiplos Conselhos Municipais da Cultura, do Transporte Urbano, da Mulher, da Criança e do Adolescente, do Meio Ambiente, etc., assim como, também os Conselhos Regionais de Desenvolvimento que, em nível estadual, veem mobilizando contingentes cada vez maiores de pessoas para o debate público das grandes questões que afetam as administrações públicas em todo o país.

Acontece que, não raro, a comunicação que se instala nestes espaços de cidadania é deveras exígua, quiçá ficcional, pelo fato de que não há um processo de discussão democrático, fundado em momentos e mecanismos de envolvimento orgânico dos seus partícipes, eis que, geralmente, se dão de forma pré-ordenada e com pautas decisionais já estabelecidas, com baixíssimos níveis de reflexividade para com os membros da comunidade atingidos pelas decisões tomadas e executadas.

Por tais razões, não se mostra suficiente tão-somente criar novos espaços públicos à deliberação, nos quais os participantes possam restaurar a amplitude da esfera pública e fazê-la mais inclusiva, sempre atentos às armadilhas da racionalidade estratégica e instrumental que informam os comportamentos pragmáticos dos políticos de plantão e profissionais, criando núcleos enclausurados de expedientes, rotinas e prerrogativas excludentes de quaisquer neófitos que pretendam se aproximar dos temas cujas competências já estão dimensionadas pela ordem jurídica e política vigente, afastando todo aquele que não reza pela mesma cartilha ou não é iniciado no universo linguístico que lhes é próprio – ensejando a absoluta falta de controle social do exercício do poder político, o que fomenta o incremento de atos corruptivos.

É imperioso, ao invés disso, trabalhar à concepção habermasiana de política democrática deliberativa, baseada em um modelo teórico dual, relacionado não apenas com a formação da vontade institucionalizada no complexo parlamentar, mas também com uma noção de esfera pública que é reenviada a um conjunto espontaneamente gerado de arenas políticas informais, dialogicamente discursivas e democráticas, e ao próprio contexto cultural e base social respectivos, afigurando-se esta democracia deliberativa como uma oposição binária entre o plano formal e institucionalizado da democracia e os domínios informais e anárquicos de formação da opinião. Esta noção de política democrática deliberativa, por sua vez, assenta-se também na teoria da comunicação habermasiana, cujo ideal regulador é um modelo de prática discursiva dialógica, face a face e orientada para o entendimento mútuo, por meio exclusivamente da força do melhor argumento.[18]

É a partir de tais reflexões que se consegue entender a ideia de democracia procedural/procedimental como resultado de uma comunicação não coatada entre os sujeitos sociais, o que remete para uma interpretação da vida política que difere da perspectiva liberal do Estado, enquanto garante de uma sociedade regulada pelo mecanismo do mercado e pelas liberdades privadas, concebendo o processo democrático como o resultado de compromissos entre interesses privados concorrentes (portanto, sem jamais negar os conflitos sociais, admitindo-os como próprios das relações sociais complexas), o que implica que as regras deste processo político sejam responsáveis

---

[18] Ver o texto de HABERMAS, Jürgen. *Teoria de la Acción Comunicativa.*V. I e II. Madrid: Taurus, 1999, p.81 e ss.

pela sua transparência e honestidade, bem como sejam justificadas através dos direitos fundamentais, como da concepção republicana de uma comunidade ética institucionalizada no Estado, em que a deliberação democrática se assenta num contexto cultural que garante uma certa comunhão de valores.[19]

Em termos de políticas públicas oficiais do Estado brasileiro para enfrentar as patologias corruptivas, com algum nível de participação social que demanda ação cívica específica, pode-se referir o programa Estímulo ao Controle Social, gestado pela Controladoria-Geral da União, que vem executando ações de incentivo ao controle social e de capacitação de agentes públicos municipais desde o início de 2004. Entre essas ações, foram instituídos o Programa Olho Vivo no Dinheiro Público e o Programa de Fortalecimento da Gestão Pública.

O Programa Olho Vivo no Dinheiro Público foi iniciado em 2004 a fim de proporcionar que o cidadão, no município, atue para a melhor aplicação dos recursos públicos. Com essa iniciativa, busca-se sensibilizar e orientar conselheiros municipais, lideranças locais, agentes públicos municipais, professores e alunos sobre a importância da transparência, da responsabilização e do cumprimento dos dispositivos legais na Administração Pública.

O Programa de Fortalecimento da Gestão Pública, criado em 2006, tendo por finalidade fortalecer a gestão pública das esferas municipal, estadual e federal, mediante fornecimento de orientações e informações técnicas para a correta utilização dos recursos públicos federais. O Programa tem sido desenvolvido por meio da promoção de eventos de capacitação presencial, de educação a distância, da distribuição de acervos técnicos e de cooperação com os respectivos sistemas de controle interno.

E não se venha trazer o argumento de que a complexidade da administração pública dificulta a participação social, isto é retórica ideológica, fundada, primeiro, na ideia de que o tema da administração pública possui um grau de complexidade e especificidade que vão desde sua dimensão gramatical/linguística à sua operacionalização, eis que conta com universo categorial tão próprio e pontual que só é alcançado pelos já iniciados em sua ciência, deixando os incautos cidadãos comuns do povo sem compreensão sígnica dos seus enunciados e discursos, o que inviabiliza, por consequência, a compreensão de suas práticas, eis que decorrência da operacionalização daqueles conceitos e discursos. Em tal cenário, o que resta à sociedade é, tão somente, avaliar os resultados das ações e políticas públicas, sendo-lhe vedado o alcance dos níveis de discussão e deliberação sobre a concepção/eleição daquelas ações e políticas – onde muitas vezes se encontram atos ilícitos e corruptivos fantasiados de perfeição formal.[20]

---

[19] Ao fazer este debate, Habermas se vale tanto da experiência liberal quanto da republicana, da Alemanha e Norte-americana. Em relação a elas, sustenta a possibilidade de uma síntese a partir de alguns elementos de cada qual, afirmando que *Discourse theory takes elements from both sides and integrates these in the concept of an ideal procedure for deliberation and decision making*. Sustenta o autor, com o qual concordo novamente, que as razões de justificação e fundamentação para tal síntese (enquanto superação qualitativa dos argumentos que sustentam cada uma delas) não reside nem nos direitos humanos, tal como é defendido pelas teses liberais, nem na noção de soberania popular, enquanto a substância ética de uma determinada comunidade política, tal como o republicanismo argumenta, mas remete para *the rules of discourse and forms of argumentation that borrow their normative content from the validity basis of action oriented to reaching understanding.* In: HABERMAS, Jürgen. *Communication and the evolution of society*. Boston: Beacon, 1979, p.62.

[20] Ver a título exemplificativo o texto de BOVERO, Michelangelo. *Una grammatica della democrazia*. Millano: Trotta, 2002, p.137 e ss.

Em segundo lugar, tampouco se pode aceitar a ideia de que a participação social na gestão da coisa pública encontra limites cognitivos e institucionais, sendo os primeiros demarcados pela impossibilidade da comunidade política ter discernimento pleno dos temas em que estão envolvidos no âmbito da administração pública, eis que destituída de conhecimentos adequados para tanto; os segundos, delimitados pela falta de organicidade institucional e política desta comunidade, capaz de lhe outorgar uma compleição física e institucional mínima para se mover e agir representativamente.

O problema é que essas teses partem de pressupostos equivocados e ultrapassados, quais sejam, os de que somente os mecanismos e instrumentos da democracia representativa (voto, partidos políticos, parlamento, etc.) é que têm a competência e legitimidade exclusiva à representação dos interesses sociais; o fato de que a sociedade civil contemporânea não consegue se articular/mobilizar em torno de suas demandas, a ponto de veicular propostas, ações e cobranças eficazes em termos de gestão da coisa pública o combate a corrupção.

Ocorre que o modelo de democracia representativa clássica da Idade Moderna, fundado na ideia de representação política total, não conseguiu se desincumbir, com total êxito, das suas tarefas sociais e populares, transformando-se muito mais em espaços de composição de interesses privados, apropriando-se do Estado e imprimindo-lhe feições meramente intermediativas dos projetos econômicos hegemônicos – por vezes agindo como gerenciador de tensões sociais limítrofes, promovendo ações públicas paliativas e assistencialistas, meramente contingenciais, sem tocar nas causas fundantes desses conflitos –, aprofundando atos corruptivos. Tais fatos levaram esse modelo a uma crise de identidade (porque não se sabe a quem representam), de eficácia (porque sequer respondem por suas competências normativas) e de legitimidade (porque não são mais refratários às demandas sociais emergentes, agregadas e reprimidas).

E qual é a resposta da Sociedade Civil a tais circunstâncias?

Ela tem respondido com capacidade de articulação e mobilização. Como se tem visto nos últimos anos – notadamente desde a década de 1960 –, até em face da ausência de políticas públicas promovedoras das suas demandas, evidenciando crescimento vertiginoso de associações civis, organizações não governamentais e atividades de voluntariado, todas voltadas à proteção de interesses coletivos, difusos e individuais homogêneos não atendidos pelo *stablischment*,[21] o que modificou profundamente o seu perfil e mesmo sua relação com o Estado, criando-se canais de comunicação – na maioria das vezes tensas e truncadas – voltadas à demarcação de pautas de gestão não contempladas pela política oficial.

O Estado, por sua vez, também tem de fazer a sua parte, e, nesse sentido, vale referir, para o caso específico da corrupção, a experiência chamada Estratégia Nacional de Combate à Corrupção e à Lavagem de Dinheiro (ENCCLA), criada em 2003, prevendo, inicialmente, ações voltadas somente ao combate à lavagem de dinheiro. Em 2006, com o intuito de fortalecer as ações de prevenção da corrupção, foi ampliado o escopo de atuação da ENCCLA e o tema corrupção passou a fazer parte da Estratégia. Atualmente a ENCCLA é composta por mais de 50 (cinquenta) órgãos ou entidades dos Poderes Executivo, Legislativo e Judiciário, além do Ministério Público Federal, do Tribunal de Contas da União e de membros da sociedade civil.

---

[21] Conforme demonstrei no texto LEAL, Rogério Gesta. *Gestão Pública Compartida e organizações sociais*. In Direitos Sociais e Políticas Públicas. Tomo I. Santa Cruz do Sul: Edunisc, 2001, p. 35/72.

Informações da Controladoria-Geral da União (CGU) dão conta de que tal política pública vem possibilitando mudanças de rumo no tratamento da criminalidade organizada no Brasil, ao ressaltar o papel do combate à lavagem de dinheiro no contexto da política criminal, implicando atuação efetiva e articulada de todos os agentes públicos envolvidos com o tema e a sociedade civil.[22]

Diversas ações de luta contra corrupção, atualmente em vigência, foram propostas como metas da ENCCLA, tais como a criação do Programa Nacional de Capacitação e Treinamento para o Combate à Corrupção e à Lavagem de Dinheiro (PNLD), e a elaboração dos anteprojetos de lei de tipificação de organizações criminosas, de enriquecimento ilícito e de definição de terrorismo e seu financiamento; a criação do Cadastro Nacional de Correntistas do Banco Central e a instituição da Sindicância Patrimonial, esta destinada a investigar indícios de enriquecimento ilícito e evolução patrimonial incompatível com os recursos e disponibilidades do agente público.[23]

Por certo que a estrutura institucional e pública brasileira que se ocupa da corrupção ainda está longe de um *Federal Bureau of Investigation (FBI)*, dos EUA, que se ocupa desde com vilões cibernéticos a autoridades governamentais corruptas, como questões envolvendo suborno e extorsão, recebimento de propina, peculato, e outros delitos praticados por agentes públicos ou privados, tendo tal atividade indicada como em quarta posição dentre as suas dez prioridades de atuação. Para dar conta dessas demandas, o FBI conta com mais de 30.000 (trinta mil) funcionários, distribuídos em 56 escritórios localizados nas principais cidades dos Estados Unidos, aproximadamente 400 representações de escritórios em cidades pequenas e outras localidades por todo o país, quatro sedes especializadas e mais de 60 escritórios internacionais nas embaixadas norte-americanas mundo afora, mais uma Unidade de Corrupção Pública (*Office of Public Affairs, Public Corruption Unit)*, com orçamento anual de mais de 7 (sete) bilhões de dólares.[24]

Essa é uma tendência mundial, basta ver a quantidade expressiva de organizações internacionais não governamentais que se ocupam do tema (só para falar de algumas, tais como: *Global Integrity* (www.globalintegrity.org); *Global Witness* (www.globalwitness. org); *Revenue Watch Institute* (www.revenuewatch.org); *Tiri* (www.tiri.org); *Global Organization of Parliamentarians Against Corruption* (GOPAC) (www.gopacnetwork.org).

Recentemente, na Itália, foi publicada a Lei nº 28, no dia 26.07.2012, que ratifica a Convenção Penal sobre Corrupção (assinada em Estrasburgo em 30 de abril de 1999), ampliando em muito a classificação e definição de fatispécies corruptivas, tais como:

> *Corruzione attiva e passiva di pubblici ufficiali nazionali (articoli 2 e 3); corruzione di membri di assemblee pubbliche nazionali (articolo 4); corruzione di pubblici ufficiali stranieri (articolo 5); corruzione di membri di assemblee pubbliche straniere (articolo 6); corruzione attiva e passiva nel*

---

[22] Disponível em: <http://www.cgu.gov.br/onu/convencao/implementacao/medidas.asp>. Acesso em: 11 set. 2012.

[23] Ver, a título exemplificativo, a Lei nº 8.429/92, que dispõe sobre as sanções aplicáveis aos agentes públicos nos casos de enriquecimento ilícito no exercício de mandato, cargo, emprego ou função na administração pública direta, indireta ou fundacional; e a Lei nº 9.613/98, que disciplina os crimes de lavagem ou ocultação de bens, direitos e valores, a prevenção da utilização do sistema financeiro para os ilícitos previstos nesta Lei, criando ainda o Conselho de Controle de Atividades Financeiras (COAF), com as alterações da Lei nº 12.683, de 09.07.2012.

[24] Disponível em: <http://www.fbi.gov/>.

settore privato (articoli 7 e 8); corruzione di funzionari internazionali (articolo 9); corruzione di membri di assemblee parlamentari internazionali (articolo 10); corruzione di giudici e di agenti di corti internazionali (articolo 11); traffico d'influenza (articolo 12); riciclaggio dei proventi di reati di corruzione (articolo 13); reati contabili (articolo 14). Le norme dispongono, in particolare, che le Parti contraenti: a) adottino nel proprio ordinamento misure che consentano di confiscare o sottrarre gli strumenti ed i proventi dei reati penali definiti dalla Convenzione o beni per un valore corrispondente a tali proventi (articolo 19, par. 3); b) garantiscano la specializzazione di persone o di enti nella lotta contro la corruzione e provvedano affinché i medesimi soggetti dispongano di una formazione e di risorse finanziarie adeguate all'esercizio delle proprie funzioni (articolo 20); c) si prestino l'assistenza giudiziaria più ampia possibile (articoli 26, 30 e 31); d) includano i reati penali che rientrano nel campo di applicazione della presente Convenzione in tutti i futuri trattati di estradizione. I medesimi reati dovranno essere altresì inclusi, quali reati per i quali è ammessa l'estradizione, in ogni trattato di estradizione in vigore tra le Parti (articolo 27, par. 1); e) designino una o più autorità centrali competenti in materia di cooperazione giudiziaria internazionale in tema di corruzione (articolo 29).[25]

No Brasil, a legislação infraconstitucional, aos poucos, foi se ampliando, a despeito de que timidamente, gerando, dentre outros, ora alguns instrumentos de confronto direto à corrupção, ora outros mecanismos-meios de viabilização deste enfrentamento, a saber: (1) A Lei nº 1.079/1950, que definiu os crimes de responsabilidade e regulou o respectivo processo de julgamento; (2) A Lei nº 4.717/1965, que regulamentou a Ação Popular no país, de profundo apelo social e participativo; (3) O Decreto-Lei nº 201/1967, que tratou da responsabilidade dos Prefeitos e Vereadores; (4) A Lei nº 7.347/1985, que tratou da Ação Civil Pública; (5) A Lei nº 7.492/1986, que tratou dos crimes contra o sistema financeiro nacional; (6) A Lei nº 8.429/1992, que tratou das sanções aplicáveis aos agentes públicos nos casos de enriquecimento ilícito no exercício de mandato, cargo, emprego ou função na administração pública, direta, indireta ou fundacional (Improbidade Administrativa); (7) A Lei nº 8.730/1993, que estabeleceu a obrigatoriedade da declaração de bens e rendas para o exercício de cargos, empregos e funções nos Poderes Executivo, Legislativo e Judiciário; (8) A Lei Complementar nº 101/2000, que estabeleceu normas de finanças públicas voltadas à responsabilidade na gestão fiscal; (9) A Lei nº 9.613/98, que tratou dos crimes de lavagem ou ocultação de bens, direitos e valores, a prevenção da utilização do sistema financeiro para os ilícitos previstos nesta Lei e criou o Conselho de Controle de Atividades Financeiras (COAF), bem como Lei nº 12.683, de 09.07.2012, que a altera para tornar mais eficiente a persecução penal dos crimes de lavagem de dinheiro; (10) A Lei nº 10.028/2000, que alterou o Código Penal brasileiro para nele estabelecer os crimes contra as finanças públicas de forma mais específica; (11) A Lei nº 11.111/2005, que ampliou o tema do acesso às informações públicas por parte da sociedade civil, bem como sua substituta, a Lei nº 12.527/2011, e seu Decreto regulamentador nº 7.724/2012.

Mas, do que adianta tantas normas jurídicas se não se tem a aplicabilidade efetiva delas no cotidiano da vida das pessoas e instituições? Qual a função destes ordenamentos jurídicos se eles não se veem concretizados sequer pelo Estado que tem competências e funções distinguidas para tanto? E a Sociedade Civil, qual o seu papel nestes cenários

---

[25] Disponível em: <http://riformalavoro.diritto.it/docs/5088704-convenzione-penale-sulla-corruzione-pubblicata-la-legge-di-ratifica/>. Acesso em: 10 set..2012. Portugal já o fizera em 26.10.2001.

senão o de participar ativamente de todos os espaços públicos possíveis de gestão dos seus próprios interesses, em especial contra a corrupção (grande detratora dos recursos públicos que deveriam estar atendendo Direitos e Garantias Fundamentais)!

Daí o argumento percuciente de Filgueiras, ao dizer que o aprimoramento da *accountability* societal tem se apresentado no discurso brasileiro como remédio para o aprofundamento e desvelamento da corrupção no Brasil. Frente a isso, a hipótese de aprofundamento da *accountability* societal afirma que a representação da sociedade civil em órgãos colegiados, conselhos e conferências pode ser um remédio fundamental para o combate à corrupção.[26]

Ou seja, novamente com Habermas[27] é preciso que se instituam e renovem permanentemente processos comunicativos entre Sociedade Ativa e Democrática com o Estado Democrático de Direito, tanto dentro como fora do complexo parlamentar e dos seus corpos deliberativos, sustentando a existência de palcos (espaço público) dialogicamente discursivos em que ocorre a formação da vontade e da opinião democráticas (aqui, a noção de que a comunicação via linguagem origina e legitima práticas democráticas é evidente). Significa dizer que é precisamente o fluxo de comunicação que evolui desde o plano da formação da opinião pública, através de discussões racionais orientadas para o entendimento mútuo, passando pelas eleições democráticas, reguladas por procedimentos que garantem a sua validade e legitimidade democráticas, até ao nível das decisões políticas, em forma de lei ou outras deliberações gerenciais e executivas, que assegura que a opinião pública, o poder comunicativo e o Estado sejam convertidos em poder administrativo vinculado à proteção e efetivação dos interesses públicos indisponíveis, dentre eles o combate por todos à corrupção.

3 Considerações finais

Estou convencido de que todos os temas de gestão em que se conectam interesses públicos e privados, envolvendo sujeitos históricos e políticos – individuais e coletivos –, a busca por consensos e entendimentos conciliatórios é o grande desafio. Para se alcançar tal desiderato, impõem-se, em meu juízo, o que Habermas chama de cooperação racional, unicamente possível se as pessoas envolvidas se convencerem de antemão que esta ação é um bem em si que se deve priorizar em relação a outras formas de interação. Assim, *o que está subjacente à decisão entre a alternativa da concordância racional e uma confrontação violenta (mesmo que sublimada, de uma ou de outra forma) é, na verdade, uma preferência que se embasa de maneira muito mais confiável em orientações de valor comuns, ao menos em comparação com o embasamento fundado em quaisquer interesses particulares.*[28]

---

[26] FILGUEIRAS, Fernando. Sociedade civil e controle social da corrupção. In: *Revista Em Debate*, Belo Horizonte, v.3, n.4, p.14-28, dez. 2011, p.18.

[27] HABERMAS, Jürgen. *Direito e Democracia: entre facticidade e validade*. v.1 e 2. Rio de Janeiro: Tempo Brasileiro, 1997.

[28] HABERMAS, Jürgen. *Direito e Democracia: entre facticidade e validade*. V. I. Rio de Janeiro: Civilização Brasileira, 1998, p.338. Vai na mesma direção Hoffman, ao lembrar que: *effective deliberation requires much more than rational discourse. It requires attention to how empathic cues are activated and communicated and the ways in which associations between the social situations of oneself and others produce moral cognition, and broaden awareness of morally salient features of the policies and issues under discussion.* HOFFMAN, Martin. *Empathy and Moral Development:* Implications for Caring and Justice. Cambridge: Cambridge University Press, 2000, p.48.

Aí se está falando da importância no tratamento do objeto desta reflexão, do compartilhamento de valores e princípios reitores da vida em sociedade já constituídos pela e na história, conformando premissas fundantes da natureza humana e seu evolver – veiculadas em regra pela dicção dos Direitos Humanos e Fundamentais constitucionalizados e infraconstitucionalizados, cujos desvios acidentais ou estratégicos devem ser corrigidos pela mediação estatal que possui a autoridade e a força física legítima, ao menos no plano curativo, eis que, mais importante do que isto, são as ações preventivas capazes de evitar os danos e violações decorrentes de atos corruptivos – geralmente operando de forma mais incisiva sobre parcela social de aguda hiposuficiencia.

Nos cenários, portanto, de democracia deliberativa que estou defendendo aqui, os marcos normativos sobre a corrupção referidos não representam apenas uma forma de ordem instituída, mas afiguram-se como componente importante do sistema de instituições sociais; *ele é um sistema de saber e, ao mesmo tempo, um sistema de ação. Um sistema de saber que é mantido dogmaticamente, ou seja, é articulado e trazido para um nível científico interligado com uma moral conduzida por princípios.*[29] E enquanto sistema de ação vai demarcar as possibilidades comportamentais dos atores na arena societal.

E isso implica, como já referido, o esgarçamento da esfera pública não como lócus do Estado, mas da política, espaço em que todos os agentes sociais têm o dever e direito de participar de forma efetiva, não implica a substituição ou derrocada das esferas institucionais de representação política tradicionais (Executivo, Legislativo e Judiciário), até porque, como adverte Habermas, o poder comunicativo não pode substituir a lógica sistêmica da burocracia, e a solidariedade não pode substituir o poder administrativo, na medida em que a responsabilidade da tomada de decisão só pode ser garantida eficazmente pelo processo político institucionalizado (sob pena de anarquia desgovernada). À esfera pública esgarçada, pois, fica reservado o poder de influenciar, de forma indireta ou mesmo direta, os corpos políticos formais, mecanismo único de legitimação do Poder Político e de seu exercício.[30]

A esfera pública aqui toma feições de um verdadeiro sistema de detecção de problemas sociais, devendo ser capaz, para ser efetiva – na perspectiva habermasiana –, de intrincar essas situações por si identificadas. Para que desempenhe corretamente essa função, todavia, deverá *convincingly and influentially thematize them, furnish them with possible solutions, and dramatize them in such a way that they are taken up and dealt with by*

---

[29] HABERMAS, Jürgen. *Direito e Democracia:* entre facticidade e validade. V. 1, *Op.cit.*, p.111. Diz o autor ainda que: *Dado que motivos e orientações axiológicas encontram-se interligados no direito interpretado como sistema de ação, as proposições do direito adquirem uma eficácia direta à ação, o que não acontece com os juízos morais.* E mais adiante arremata: *Enquanto a vontade moralmente livre é, de certa forma, virtual, pois afirma apenas aquilo que pode ser aceito racionalmente por qualquer um, a vontade política de uma comunidade jurídica, que também deve estar em harmonia com ideias morais, é a expressão de uma forma de vida compartilhada intersubjetivamente, de situações de interesses dados e de fins pragmaticamente escolhidos.* (p.191).

[30] HABERMAS, Jürgen. *Communication and the evolution of society. Op.cit.*, p.67. Alerta o autor que *communicative power that cannot take the place of administration but can only influence it.* Vai na mesma direção ZAGREBELSKY, Gustavo. *Essere delle Istituzioni.* Roma: Editoriale Scientifica, 2005, p.18, quando afirma que: *Tra società e istituzioni c'è un rapporto di implicazione poiché solo lê istituzioni possono apportare alla vita in comune quel tanto di stabilità, prevedibilità e garanzia che il gioco spontaneo delle reciproche aspettative non è in grado di assicurare.* Em face disso, *le istituzioni sono innanzitutto delle stabilizzazioni (tensions stabilisées, secondo la espressione dell'antropologo Jean Przyluski) che consentano di andare al di là delle incertezze che il gioco delle reciproche aspettative soggettive può determinare.*

parliamentary complexes.[31] Com tal postura e comportamento, a esfera pública assume a capacidade de problematização dos problemas sociais por si detectados, a despeito de que sua capacidade de resolução destes problemas ser reduzida, uma vez que tal função caberá, operacionalmente, aos canais comunicativos parlamentares e judiciais, num sistema político marcado pela constante interlocução, abertura e controle comunitário sobre o tratamento que o sistema político aplica a estes problemas.

Tal perspectiva retira, epistemologicamente, das instâncias instituídas do poder político tradicional, as rédeas exclusivas da deliberação sobre a delimitação das prioridades públicas e das políticas que deverão atendê-las, bem como a forma com que serão operacionalizadas e controladas. Em outras palavras, isso evita o autofechamento sistêmico dos corpos políticos burocráticos, que impedem uma participação democrática mais profunda por parte dos cidadãos.

Por outro lado e com base naqueles cenários, uma sociedade é tanto mais democrática quanto maior for o papel por ela atribuído ao raciocínio, à reflexão e ao espírito crítico na regulação de seus assuntos públicos, como quer Parsons,[32] responsável pelas condições culturais e políticas da esfera pública, marcadas por altos índices de consciência emancipada e autônoma dos sujeitos da comunidade, e de suas igualdades materiais, a fim de gerar legitimidade real às deliberações e ações políticas. Na perspectiva do autor: *This argument implies that the project of civic change is structural, but also, in an important sense, conceptual. It requires new institutions, but also new categories of public life, new roles and responsibilities, new habits and habits of mind. It is, to put the point differently, as much a matter of culture and socialization as of skills and training.*[33]

Nesse novo modelo experimental de Estado e Sociedade Civil, a função do primeiro não é só garantir a igualdade de oportunidades aos diferentes projetos de institucionalidade democrática, mas deve também garantir padrões mínimos de inclusão, que tornem possível à cidadania ativa criar, monitorar, acompanhar e avaliar o desempenho dos projetos de governo e proteção da comunidade. Esses padrões mínimos de inclusão são indispensáveis para transformar a instabilidade institucional em campo de deliberação democrática, principalmente contra a corrupção.[34]

O Estado como novíssimo movimento social, assim, é um Estado articulador que, não tendo o monopólio da governação, retém o monopólio da meta-governação, ou seja, o monopólio da articulação – fundadas nos princípios constitucionais que o informam, notadamente os atinentes aos direitos e garantias fundamentais -, no interior da nova organização política. A experimentação externa do Estado nas novas funções de articulação societal deve igualmente ser acompanhada por experimentação interna, ao nível do desenho institucional que assegura com eficácia democrática essa articulação.

No âmbito do texto constitucional brasileiro vigente, por exemplo, podem-se destacar algumas previsões normativas muito claras nesta direção, dentre as quais, no plano formal e constitucional, tratando de requisitos instrumentais da participação e do controle social da administração pública, referem sobre:

---

[31] *Idem*, p.67.

[32] PARSONS, Talcon. *The System of Modern Societies.* New York: Englewood Cliffs, 1971.

[33] *Idem*, p.41.

[34] Ver o texto de AVRITZER, Leonardo. Teoria democrática, esfera pública e participação local. In: *Revista Sociologias*, ano 1, n. 2, jul.-dez. de 1999. Porto Alegre: UFGRS, 1999, p. 18-43.

(a) a exigência de publicidade dos atos da Administração, para os fins de garantir um grau de visibilidade do poder político e social, dela não podendo constar nomes, símbolos ou imagens que caracterizem promoção pessoal de autoridades ou servidores públicos,[35] ao mesmo tempo que se impõe como requisito de vigência da norma legal;[36]

(b) o dever de a Administração Pública prestar informações à cidadania, para os efeitos de interesse particular, ou de interesse coletivo ou geral, que serão prestadas no prazo da lei, sob pena de responsabilidade, ressalvadas aquelas cujo sigilo seja imprescindível à segurança da sociedade e do Estado, nos termos do art.5º, inciso XXXIII, da Carta Política;

(c) o direito do cidadão em obter certidões do Poder Público, visando trazer informações oficiais sobre interesses pessoais e determinados, consoante disposição constitucional inscrita no art.5º, inciso XXXIV, do mesmo Estatuto;

(d) o direito de petição, garantido a qualquer pessoa, independentemente de ser ou não cidadão, alcançando aos três poderes do Estado, para os fins de defesa de direitos ou contra ilegalidade ou abuso de poder, nos termos do art.5º, inciso XXXIV, "a".

Todos esses dispositivos constitucionais sem dúvidas que vem ao encontro do empoderamento social para fins de co-gestão das demandas públicas, em especial dá à Sociedade Civil mecanismos de exercitar efetivamente o controle dos atos da Administração Pública e quem com ela se relaciona, aumentando as possibilidades de evitar ou detectar atos ilícitos e corruptivos.

Quando, entretanto, a cidadania é apática, ocupada com interesses pessoais mais do que coletivos, tendo dificuldade de conceder parte do seu tempo ao interesse público/comunitário, tratando a ideia de cidadania ativa como um desvalor, na medida em que ameaça as estruturas de poder constituídas nas formas tradicionais de representação política existentes, a corrupção ganha força como elemento natural, devendo operar com mais intensidade coativa o Estado Repressor com suas ferramentas punitivas e preventivas. Mas que fique claro, isso ocorre diante do silêncio, conivência e, por vezes, cumplicidade da Comunidade.

---

[35] Nos termos do art.37, *caput* e parágrafo primeiro, da CF/88, destacando-se esta publicidade como princípio informativo da própria Administração Pública.

[36] Cumpre destacar que a publicidade, neste particular, não é elemento formativo do ato, necessário a existência válida deste ato, salvo quando a lei o dispuser, mas será sempre requisito de sua eficácia, exeqüibilidade e de sua moralidade. Neste sentido, ver o texto de MOREIRA NETO, Diogo de Figueiredo. *Direito de Participação Política*. Rio de Janeiro: Renovar, 1993, p.107 e ss.

Referências

AVRITZER, Leonardo. *Teoria democrática, esfera pública e participação local.* In Revista Sociologias, ano 1, nº 2, jul.-dez 1999. Porto Alegre: UFGRS, 1999.

BERBER, Benjamin R. *Jihad x McWorld: how globalism & tribalism are re-shaping the world.* New York: Ballantine Books, 1996.

BOHMAN, James. *Public Deliberation: Pluralism, Complexity, and Democracy.* Boston: Madinson, 2002.

BOVERO, Michelangelo. *Una grammatica della democrazia.* Millano: Trotta, 2002.

FILGUEIRAS, Fernando. *Sociedade civil e controle social da corrupção.* In Revista Em Debate, Belo Horizonte, v.3, n.4, p.14-28, dez. 2011.

FREDRICKSON, H. George. *Toward a New Public Administration.* In Jay MS, Albert CH (Eds.), 1997, Classics of Public Administration, 4th edition, Harcourt, pp. 329-341.

_____. *The Spirit of Public Administration.* San Francisco, CA: Jossey-Bass, 1997; ----. *Toward a New Public Administration.* In Marinin F (Ed.), 1971, the Minnowbrook Perspective, Chandler Publishing Company.

_____. *Public Administration in the 1970s: Developments and Directions.* Special Bicentennial Issue: American Public Administration in Three Centuries. Publ. Adm. Rev., 1971, 36(5): 564-576; ----. *The Lineage of New Public Administration.* Adm. Soc., 1976, 8(3): 149-174.

_____. *Comparing the Reinventing Government Movement with the New Public Administration.* Publ. Adm. Rev., 1996, 56(3): 263-270; ----. *Public Perceptions of Ethics in Government: The Problems of Distance and Role Differentiation.* The Annals of the American Academy of Political and Social Sciences, Spring 1995.

GUIMARÃES, Juarez. *Sociedade Civil e corrupção: crítica à razão liberal.* In: AVRITZER, Leonardo, FILGUEIRAS, Fernando. Corrupção e sistema político no Brasil. Rio de Janeiro: Civilização Brasileira, 2011. p. 83-98.

HABERMAS, Jürgen. *Communication and the evolution of society.* Boston: Beacon, 1979.

_____. *Direito e Democracia: entre faticidade e validade.* v.1 e 2. Rio de Janeiro: Tempo Brasileiro, 1997.

_____. *Mudança Estrutural da Esfera Pública.* Rio de Janeiro: Civilização Brasileira, 1988.

_____. *On the pragmatics of social interaction.* Cambridge: MIT, 2002.

_____. *Teoria de la Acción Comunicativa.* Vol. 1 e 2. Madrid: Taurus, 1999.

HEYWOOD, Paul. *Political Corruption.* Oxford: Blackwell, 2001.

HOFFMAN, Martin. *Empathy and Moral Development: Implications for Caring and Justice.* Cambridge: Cambridge University Press, 2000.

Disponível em: <http://riformalavoro.diritto.it/docs/5088704-convenzione-penale-sulla-corruzione-pubblicata-la-legge-di-ratifica/>. Acesso em 10 set. 2012.

Disponível em: <http://www.cgu.gov.br/onu/convencao/implementacao/medidas.asp>. Acesso em 11 set. 2012.

Disponível em: <http://www.fbi.gov/>.

Disponível em: <http://www.worldbank.org/pt/country/brazil>. Acesso em 20 jul. 2007.

LEAL, Rogério Gesta. (Org.) *Administração Pública e Participação Social na América Latina.* Santa Cruz do Sul: Edunisc, 2005.

_____. (organizador). *A Democracia Deliberativa como matriz de gestão pública: alguns estudos de casos.* Santa Cruz do Sul: Edunisc, 2011, E-book, Disponível em: <http://www.unisc.br/editora/e-books>.

_____. *Estado, Administração Pública e Sociedade: novos paradigmas.* Porto Alegre: Livraria do Advogado, 2009.

_____. *Gestão Pública Compartida e organizações sociais.* In Direitos Sociais e Políticas Públicas. Tomo I. Santa Cruz do Sul: Edunisc, 2001.

_____. (Org.). *A Administração Pública Compartida no Brasil e na Itália: reflexões preliminares.* Santa Cruz do Sul: Edunisc, 2008.

MOREIRA NETO, Diogo de Figueiredo. *Direito de Participação Política*. Rio de Janeiro: Renovar, 1993.

MOUFFE, Chantal. *The Democratic Paradox*. New York: Verso, 2002.

PARSONS, Talcon. *The System of Modern Societies*. New York: Englewood Cliffs, 1971.

RODOTÀ, Stefano. *Il passagio dal soggetto alla persona*. Roma: Editoriale Scientifica, 2006.

YOUNG, Martin. *Inclusion and Democracy*. Oxford: Masters, 2002.

ZAGREBELSKY, Gustavo. *Essere delle Istituzioni*. Roma: Editoriale Scientifica, 2005.

Informação bibliográfica deste texto, conforme a NBR 6023:2002 da Associação Brasileira de Normas Técnicas (ABNT):

LEAL, Rogério Gesta. Controle social e deliberação pública no combate à corrupção: alguns fundamentos políticos e filosóficos. *In*: PONTES FILHO, Valmir; MOTTA, Fabrício; GABARDO, Emerson (Coord.). *Administração Pública*: desafios para a transparência, probidade e desenvolvimento. XXIX Congresso Brasileiro de Direito Administrativo. Belo Horizonte: Fórum, 2017. p. 291-306. ISBN 978-85-450-0157-7.

PRESUNÇÃO DE INOCÊNCIA NO PROCESSO ADMINISTRATIVO DISCIPLINAR

ROMEU FELIPE BACELLAR FILHO

1 Origens históricas da presunção de inocência

Os embriões da presunção de inocência – sustenta parcela da doutrina[1] já se encontravam no Direito Romano, através da máxima *in dubio pro reo*. Contudo, as práticas inquisitórias perpetradas na Idade Média acabaram por suplantá-la, adotando-se no processo penal medieval uma perspectiva diametralmente oposta: a existência de dúvida decorrente da falta de um conjunto probatório suficientemente robusto, capaz de atestar a efetiva ocorrência de uma conduta delituosa por parte do acusado, ensejava a sua condenação a uma pena menos gravosa.[2]

A racionalidade que presidia esse período calcava-se no pressuposto de que o acusado não ostentava meramente a condição de suspeito, mas a de alguém reputado desde logo culpado, a quem competia o dever de afastar as acusações contra si dirigidas, mediante a apresentação de provas que demonstrassem de forma inconteste a sua inocência. Tratava-se justamente da inversão da máxima *actori incumbit probatio*,[3] repercutindo na adoção de uma verdadeira presunção de culpabilidade, já que da insuficiência de provas resultava a condenação do indiciado.

Com a reforma do sistema repressivo levada a efeito pelas revoluções liberais, especialmente pela Revolução Francesa no século XVIII, a lógica empregada na Idade Média sofreu consideráveis transformações. Da obra de Cesare Beccaria –[4] expoente do movimento que investiu contra a referida legislação punitiva – já se extraía o

---

[1] GOMES FILHO, Antônio Magalhães. *Presunção de inocência e prisão cautelar*. São Paulo: Saraiva, 1991. p. 9; FERRAJOLI, Luigi. *Direito e razão*: teoria do garantismo penal. 2. ed. São Paulo: Revista dos Tribunais, 2006. p. 506; LOPES JR., Aury. *Introdução crítica ao processo penal*: fundamentos da instrumentalidade constitucional. 4. ed. Rio de Janeiro: Lumen Juris, 2006. p. 184.

[2] FERRAJOLI, Luigi. *Op. Cit.*, p. 506.

[3] GOMES FILHO, Antônio Magalhães. *Op. Cit.*, p. 10.

[4] Publicada originariamente em 1764, sob o título *Dei delliti e delle pene*.

pensamento segundo o qual, entre a condenação de um inocente e a absolvição de um culpado, a segunda hipótese seria preferível: "*Um homem não pode ser chamado de culpado antes da sentença do juiz, e a sociedade só pode retirar-lhe a proteção pública após ter decidido que ele violou os pactos por meio dos quais ela lhe foi concedida*".[5] Nesse sentido, passa-se a admitir que o acusado encontra-se em um estado de completa inocência enquanto não sobrevier uma sentença condenatória, o que repele a possibilidade de se lhe impor qualquer sanção anteriormente à declaração judicial de culpa.[6]

A presunção do acusado como inocente até a sua definitiva condenação judicial avultou nesse cenário de transformação da legislação penal e processual penal, ávida pelo abandono de práticas inquisitoriais e secretas de persecução criminal e pela adoção de um modelo acusatório e público, apto a garantir a paridade de armas entre a defesa e a acusação. Sob o influxo dessas ideias, lutando pela proteção de valores como a liberdade e a igualdade, os revolucionários burgueses consagraram a garantia da presunção de inocência através da Declaração dos Direitos do Homem e do Cidadão, proclamada em 1789 na França. Em seu artigo 9º, enunciava o aludido documento: "*Todo homem se presume inocente até ser declarado culpado; se se julgar indispensável prendê-lo, todo o rigor que não seja necessário à guarda da sua pessoa deverá ser severamente reprimido pela lei*".[7] Percebe-se, a partir do citado dispositivo, que a liberdade do cidadão e a sua presunção como inocente eram medidas que guardavam estreita relação na conjuntura francesa do final do século XVIII.

Com efeito, a Declaração dos Direitos do Homem e do Cidadão caracterizou importante marco no que diz respeito à elevação da presunção de inocência à categoria de direito fundamental do homem, expressamente assegurado. A forma como foi positivado no artigo 9º da Declaração já lhe conferia duas dimensões significativas: num primeiro estágio de análise, constituía regra processual cujo conteúdo eximia o acusado do dever de produzir provas de sua inocência, uma vez que essa é presumida *a priori*; num segundo plano, proibia o emprego de providências atentatórias contra a sua liberdade antes da existência de condenação, permitindo a prisão somente de forma excepcional, nos estritos casos em que fosse considerada indispensável à guarda da pessoa do acusado.[8]

Na Itália, o princípio da presunção de inocência enfrentou, especialmente durante o século XIX e a primeira metade do século XX, um processo timbrado por avanços e retrocessos, suscitados a partir dos debates entre as Escolas Penais,[9] cujas concepções quanto ao tratamento dispensado ao acusado exprimiam acentuadas divergências. Os juristas filiados à Escola Clássica – influenciada pela filosofia liberal e, portanto, preocupada com a limitação do poder punitivo com o objetivo de evitar arbitrariedades –

---

[5] BECCARIA, Cesare. *Dos delitos e das penas*. São Paulo: Martins Fontes, 1999. p. 69.

[6] CAMARGO, Monica Ovinski de. *Princípio da presunção de inocência do Brasil:* o conflito entre punir e libertar. Rio de Janeiro: Editora Lumen Juris, 2005. p. 29.

[7] Tradução livre. No original: "*Tout homme étant présumé innocent jusqu'à ce qu'il ait été déclaré coupable, s'il est jugé indispensable de l'arrêter, toute rigueur qui ne serait pas nécessaire pour s'assurer de sa personne doit être sévèrement réprimée par la loi*".

[8] GOMES FILHO, Antônio Magalhães. Presunção de inocência: princípio e garantias. In: *Estudos em homenagem a Alberto Silva Franco*. São Paulo: Revista dos Tribunais, 2003. p. 122.

[9] Para uma análise minuciosa dos posicionamentos das Escolas Penais italianas acerca do princípio da presunção de inocência, ver **CAMARGO**, Monica Ovinski de. *Op. Cit.*, p. 30-54.

identificavam a presunção de inocência como postulado fundamental da ciência penal, do qual espargiam as demais garantias do "justo processo".[10]

Contrapondo-se à Escola Clássica e dirigindo-lhe severas críticas, os adeptos à Escola Positiva – voltada para a "defesa da sociedade" contra o crime – rejeitaram o valor conferido pelos clássicos à adoção da presunção de inocência como princípio norteador da persecução penal, de modo que, para os positivistas criminológicos tais como Enrico FERRI, era a sociedade quem possuía o direito de não absolver um acusado, salvo nas hipóteses em que a sua inocência fosse devidamente comprovada.[11]

Foram, contudo, as teorizações da Escola Técnico-Jurídica, alinhadas ao pensamento fascista, que se opuseram de forma mais incisiva à presunção de inocência,[12] colocando em xeque o seu sentido. Consoante os adeptos da referida Escola Penal, presumir um acusado inocente configuraria uma ideia paradoxal e irracional, pois, se é presumida a inocência do acusado, seria um contra-senso processá-lo ou aplicar-lhe a prisão preventiva, como se observa no pensamento de Vicenzo Manzini.[13] Isso porque, adotava-se o seguinte raciocínio: *"como a maior parte dos imputados resultavam ser culpados ao final do processo, não há o que justifique a proteção e a presunção de inocência".*[14] A influência da Escola Técnico-Jurídica refletiu-se no Código de Processo Penal italiano de 1931, que não apenas desprezou a presunção de inocência como também reduziu significativamente as garantias individuais do acusado, mormente aquelas ligadas ao direito de defesa, as quais só puderam ser resgatadas com a queda do fascismo.[15]

Observadas algumas das principais raízes históricas do princípio da presunção de inocência, passa-se à análise da sua inserção nas Cartas Constitucionais contemporâneas, bem como na sua expressa consagração pelos Tratados Internacionais de direitos humanos.

2 Constitucionalização e internacionalização do princípio no cenário da reconstrução dos direitos humanos

As reações contra as atrocidades que caracterizaram os regimes totalitários nazi-fascistas e a Segunda Guerra Mundial acabaram por deflagrar um processo de

---

[10] CARRARA, Francesco. "Il diritto penale e la procedura penale". In: *Opuscoli di diritto criminale.* 4. ed. v. 5. Firenze: Fratelli Cammelli, 1903. p. 20 e ss.

[11] GOMES FILHO, Antônio Magalhães. *Presunção de inocência e prisão cautelar.* São Paulo: Editora Saraiva, 1991. p. 14.

[12] FERRAJOLI, Luigi. *Op. Cit.,* p. 507.

[13] Segundo o citado autor: "Se é presumida a inocência do imputado, pergunta o bom senso, por que então contra ele proceder? (...). A indicada presunção de inocência não é justificável sequer mesmo como correlativo da obrigação de provar a acusação que incumbe ao acusador, seja porque de tal obrigação não se segue necessariamente que o imputado deva ser presumido inocente (...), seja porque a prova do crime pode ser adquirida por iniciativa do juiz, seja porque, enfim, normalmente ocorre que o próprio imputado trate de provar sua inocência". Tradução Livre. No original: "Si se presume la inocencia del imputado, pregunta el buen sentido, por qué entonces proceder contra él? (...). La indicada presunción de inocencia no es justificable siquiera ni aun como correlativo de la obligación de probar la acusación que incumbe al acusador, ya porque de esta obligación no se sigue necesariamente que el imputado deba presumirse inocente, (...), ya porque la prueba de la delincuencia puede adquirirse por iniciativa del juez, ya, en fin, porque normalmente ocurre que el imputado mismo trate de probar su propia inocencia". MANZINI, Vincenzo. *Tratado de Derecho Procesal Penal.* t. I. Buenos Aires: Ediciones Jurídicas Europa-América, 1951. p. 254-255.

[14] LOPES JR., Aury. *Op. Cit.,* p. 185.

[15] CAMARGO, Monica Ovinski de. *Op. Cit.,* p. 51.

positivação jurídica dos direitos humanos na ordem internacional.[16] Buscou-se no segundo pós-guerra reconstruir tais direitos, erigindo-os à condição de referencial ético orientador da ordem constitucional contemporânea, voltado à proteção e à promoção da dignidade humana.

Nesse contexto, emerge, de um lado, o Direito Internacional dos Direitos Humanos – representado pelas Declarações e Tratados Internacionais que comprometem diferentes nações a respeitar em sua máxima extensão os valores fundamentais da pessoa humana – e a re-significação do Direito Constitucional ocidental, que se imanta de uma dimensão axiológica, permeada por princípios dirigidos à valorização da dignidade do ser humano.[17] O reconhecimento da presunção de inocência como direito humano fundamental insere-se nesses dois fenômenos, calhando neste momento ilustrar, ainda que de forma sucinta, a sua previsão normativa na esfera internacional e nos diversos ordenamentos constitucionais.

No âmbito internacional, consolidando a concepção contemporânea dos direitos humanos,[18] a Assembleia Geral da Organização das Nações Unidas proclamou, em 10 de dezembro de 1948, a Declaração Universal dos Direitos do Homem. Em meio aos direitos que enunciou, o documento dedicou atenção às garantias do acusado no curso do processo, figurando, dentre elas, a presunção de inocência até prova em contrário, consoante a dicção do artigo 11, 1, segundo o qual *"Toda pessoa acusada de um ato delituoso tem o direito de ser presumida inocente, até que a sua culpabilidade tenha sido provada de acordo com a lei, em julgamento público no qual lhe tenham sido asseguradas todas as garantias necessárias à sua defesa"*. Com essa redação, evidenciou-se a dimensão endoprocessual da presunção de inocência, vale dizer, sua característica de regra probatória ou de juízo, que impõe à acusação o ônus de demonstrar a culpa do acusado, de forma que, se não houver provas suficientes da sua culpabilidade, produzidas em conformidade com as previsões legais e com o respeito às garantias inerentes à sua defesa, o juiz deverá invariavelmente absolvê-lo.

Seguindo a mesma esteira, a Convenção Europeia sobre Direitos Humanos, afirmada em Roma em 1950, estipulou em seu art. 6º, 2, que *"Qualquer pessoa acusada de uma infração presume-se inocente enquanto a sua culpabilidade não tiver sido legalmente provada"*, e o Pacto Internacional sobre os Direitos Civis e Políticos, aprovado em 1966, reafirmou o princípio em seu art. 14, 2: *"Toda pessoa acusada de um delito terá direito a que se presuma sua inocência enquanto não for legalmente comprovada sua culpa"*.[19] Ambos

---

[16] LAFER, Celso. Prefácio. In: Flávia Piovesan. *Direitos humanos e justiça internacional*: um estudo comparativo dos sistemas regionais europeu, interamericano e africano. São Paulo: Saraiva, 2007. p. X.

[17] PIOVESAN, Flávia. *Op. Cit.*, p. 10-11.

[18] Expressão cunhada por Flávia Piovesan para descrever a compreensão dos direitos humanos fundada em uma visão integral desses direitos, pela qual são "concebidos como uma unidade interdependente, inter-relacionada e indivisível". PIOVESAN, Flávia (coord. geral). *Código de direito internacional dos direitos humanos anotado*. Coordenação Geral Flávia Piovesan. São Paulo: DPJ, 2008. p. 21.

[19] Sobre o art. 14, 2 do Pacto Internacional sobre os Direitos Civis e Políticos, assim se manifestou o Comitê de Direitos Humanos da ONU, através da *Recomendação Geral n. 13 (1984)*: "Por razão da presunção de inocência, o ônus da prova da acusação criminal está a cargo da Promotoria e o acusado tem o benefício da dúvida. Nenhuma culpa pode ser presumida até que a acusação tenha sido provada sem que reste qualquer dúvida razoável. Ademais, a presunção de inocência implica no direito de ser tratado de acordo com este princípio. É, conseqüentemente, um dever para todas as autoridades públicas abster-se de pré-julgar o resultado de um julgamento".

os documentos, para além da presunção de inocência, arrolaram uma série de direitos aos acusados, ampliando significativamente a sua proteção e assegurando a efetividade de sua defesa.

No continente americano, insta ressaltar a importância da Convenção Americana sobre Direitos Humanos (Pacto de San José da Costa Rica), assinada em 1969 e promulgada no Brasil em 6 de novembro de 1992, quando foi formalmente recepcionada à ordem jurídica nacional por meio do Decreto nº 678. No artigo 8º da Convenção, definiu-se um amplo catálogo de garantias judiciais ao acusado, entre as quais se encontra a presunção de inocência, na primeira parte do n. 2: *"Toda pessoa acusada de delito tem direito a que se presuma sua inocência enquanto não se comprove legalmente sua culpa"*. As violações à aludida garantia por parte dos Estados signatários do Pacto sujeitam-se à apreciação e reprimenda da Corte Interamericana de Direitos Humanos, cuja interpretação acerca do direito à presunção de inocência pode ser ilustrada pela sentença de mérito abaixo transcrita:

> La Corte ha señalado que el artículo 8.2 de la Convención exige que una persona no pueda ser condenada mientras no exista prueba plena de su responsabilidad penal. Si obra contra ella prueba incompleta o insuficiente, no es procedente condenarla, sino absolverla (...). En este sentido, la Corte ha afirmado que en el principio de presunción de inocencia subyace el propósito de las garantías judiciales, al afirmar la idea de que una persona es inocente hasta que su culpabilidad sea demostrada (...).
>
> La Corte considera que el derecho a la presunción de inocencia es un elemento esencial para la realización efectiva del derecho a la defensa y acompaña al acusado durante toda la tramitación del proceso hasta que una sentencia condenatoria que determine su culpabilidad quede firme. Este derecho implica que el acusado no debe demostrar que no ha cometido el delito que se le atribuye, ya que el onus probandi corresponde a quien acusa.[20]

Destaque-se ainda que o Pacto de San José da Costa Rica amplia a dimensão do princípio da presunção de inocência, estendendo a sua incidência tam bém à seara extraprocessual, quando estabelece em seu art. 5º, 4: *"Os processados devem ficar separados dos condenados, salvo em circunstâncias excepcionais, e ser submetidos a tratamento adequado à sua condição de pessoas não condenadas"*.[21] Extrai-se desse dispositivo a ideia de que o acusado goza de um estado de inocência, merecendo tratamento igualitário a qualquer pessoa inocente, do que se denota uma presunção de inocência que não se restringe a uma regra probatória, mas que se apresenta também como dever de conduta em relação ao acusado para além do processo.

Paralelamente ao processo de reconhecimento da presunção de inocência como direito humano no plano internacional, e, muitas vezes, como forma de implementação das determinações contidas nas Convenções Internacionais por parte dos Estados signatários, o referido princípio foi albergado como direito fundamental do cidadão

---

[20] Caso Ricardo Canese vs. Paraguay. Sentencia de 31 de agosto de 2004, pars. 153 y 154. *Código de direito internacional dos direitos humanos anotado*. Coordenação Geral Flávia Piovesan. São Paulo: DPJ, 2008. p. 1213.

[21] Para Carlos E. Colautti, "[e]ste inciso tiene fundamento en el hecho de que el procesado goza de la presunción de inocencia en tanto no haya una sentencia condenatoria firme". COLAUTTI, Carlos E. *Derechos humanos*. 2. ed. Buenos Aires: Editorial Universidad, 2004. p. 66.

nas Constituições de diversos países. A constitucionalização da presunção de inocência em diferentes Estados após a Segunda Guerra Mundial enquadra-se na conjuntura de transformações operadas nesse período nos ordenamentos jurídicos contemporâneos, cujo epicentro passou a ser a pessoa humana e os valores intrínsecos à sua dignidade, juridicizados pelas Constituições na forma de princípios carregados de força normativa e hierarquia suprema.

A Constituição francesa de 1946, em seu preâmbulo, reafirmou os direitos insculpidos na Declaração dos Direitos do Homem e do Cidadão de 1789, reinserindo no direito francês o princípio da presunção de inocência. Todavia, de acordo com a doutrina majoritária, as disposições preambulares da Carta de 1946 não adquiriram efetiva imperatividade, fato que as excluía do controle de constitucionalidade. Por seu turno, com a Constituição de 1958 – que ratificou novamente o catálogo de direitos proclamados pela Declaração de 1789 – passou-se a admitir a normatividade dos dispositivos do Preâmbulo, inclusive como parâmetro para o controle de constitucionalidade,[22] resultando no reconhecimento da força jurídica vinculante do princípio da presunção de inocência como direito fundamental.

Na Itália, somente após a derrocada do fascismo permitiu-se a acolhida da presunção de inocência no texto constitucional. Em 1946, num momento de reconstrução política e jurídica, instaurou-se a Assembleia Constituinte, no seio da qual aflorou acirrado debate acerca do princípio em epígrafe.[23] A primeira Comissão Constituinte, dando ênfase à condição de inocente do processado elaborou disposição com a seguinte redação: "*A inocência do acusado é presumida até a condenação definitiva*".[24] Entretanto, o comitê de redação do texto constitucional alterou a dicção da fórmula, repercutindo no art. 27.2 da Constituição italiana promulgada em 1948, que assim dispôs: "*O acusado não é considerado culpado sem a condenação definitiva*".[25] O enunciado utilizado evita o reconhecimento do estado de inocência do acusado, revelando-se como uma presunção de *não culpabilidade*, no lugar de uma efetiva presunção *de inocência*.

Ficou clara a influência da Escola Técnico-Jurídica, capitaneada pelo já citado Vicenzo MANZINI, cuja participação nos trabalhos constituintes deixou no art. 27.2 da Constituição de 1948 a marca de seu posicionamento contrário à presunção de inocência, descaracterizando o seu conteúdo jurídico e permitindo interpretações equívocas a seu respeito.[26] De acordo com Antônio Magalhães Gomes Filho, a doutrina italiana[27] subdivide-se em pelo menos cinco posições distintas quanto à hermenêutica do

---

[22] GOMES FILHO, Antônio Magalhães. *Presunção de inocência e prisão cautelar*. São Paulo: Saraiva, 1991. p. 24.

[23] CAMARGO, Monica Ovinski de. *Op. Cit.*, p. 51.

[24] Tradução Livre. No original: "L'innocenza dell'imputato è presunta fino alla condanna definitiva".

[25] Tradução Livre. No original: "L'imputato non è considerato colpevole sino alla condanna definitiva".

[26] Nas palavras de Luigi Ferrajoli: "O princípio foi restabelecido pelo art. 27, § 2º da Constituição republicana, ainda que na forma de 'presunção de não culpabilidade'. Todavia, sua desqualificação operada por mais de meio século pela doutrina processualista e o longo atraso na reforma do processo deixaram sua marca. O princípio de submissão à jurisdição resultou banalizado; e a presunção de inocência, ainda que reabilitada pela doutrina, restou esvaziada ou no mínimo enfraquecida em ambos os significados garantistas a ela associáveis: seja no sentido de 'regra de tratamento do imputado', que exclui ou ao menos restringe ao máximo a limitação da liberdade pessoal; ou no sentido de 'regra de juízo', que impõe o ônus da prova à acusação além da absolvição em caso de dúvida". FERRAJOLI, Luigi. *Op. Cit.*, p. 507.

[27] Conforme sistematização formulada por VASSALLI, Giuliano. Libertà personale dell'imputato e tutela della colletività. In: *La Giustizia Penale*, 83(20):9-10, 1978. *apud* GOMES FILHO, Antônio Magalhães. *Op. Cit.*, p. 26-27.

mencionado dispositivo, da mais restritiva à mais ampliativa: (i) a disposição representa mera proclamação política, despida de qualquer valor jurídico e aplicabilidade ao processo; (ii) a incidência do dispositivo restringe-se à disciplina das provas, possuindo apenas valor interpretativo; (iii) o princípio traz repercussões na liberdade pessoal do acusado, porém, somente para afastar restrições que possam ensejar confusões entre o acusado e os detentos já condenados; (iv) a norma em questão orienta o sentido de todas as disposições legais e provimentos judiciais que tratem da limitação da liberdade pessoal do acusado durante o processo; (v) a regra do art. 27.2 impede o emprego da prisão cautelar sempre que esta colidir com a presunção de inocência estipulada na Constituição, mormente nos casos ligados à necessidade de defesa da sociedade e prevenção de delitos.

Em Portugal, a Constituição de 1976 ampliou as garantias processuais penais do acusado que, anteriormente à Revolução de abril de 1974, eram notoriamente escassas. Os direitos do imputado no processo criminal foram expressamente cristalizados no art. 32º da Lei Fundamental, cujo texto aprovado em abril de 1976 definiu em seu n. 2 que *"Todo o arguido se presume inocente até ao trânsito em julgado da sentença de condenação"*, acrescentando-se na parte final, com a reforma de 1982, a seguinte locução: *"devendo ser julgado no mais curto prazo compatível com as garantias de defesa"*. A doutrina lusitana, contudo, costuma identificar o princípio da presunção de inocência com o *in dubio pro reo*, reduzindo a sua aplicação à dimensão endoprocessual, concebendo-o, portanto, somente como regra probatória.[28]

No direito espanhol, a Constituição de 1978 estabeleceu o princípio ao lado de outras garantias asseguradas ao imputado, em seu art. 24, 2, *in verbis: "Asimismo, todos tienen derecho al Juez ordinario predeterminado por la ley, a la defensa y a la asistencia de letrado, a ser informados de la acusación formulada contra ellos, a un proceso público sin dilaciones indebidas y con todas las garantías, a utilizar los medios de prueba pertinentes para su defensa, a no declarar contra sí mismos, a no confesarse culpables y a la presunción de inocencia"*. Dada a sua guarida no texto constitucional, os julgados condenatórios sem respaldo probatório suficiente passaram a assujeitar-se à interposição de recurso de amparo pela violação à presunção constitucional de inocência.

O âmbito de aplicação do princípio tornou-se tão expressivo no ordenamento jurídico espanhol que o Tribunal Constitucional, através da célebre *Sentencia 31/1981*, passou a considerar que os Tribunais penais só estariam vinculados àquilo que foi alegado e provado em juízo, de sorte que provas como, por exemplo, a confissão diante da Polícia, não seriam suficientes para dar supedâneo à condenação judicial do acusado. Tais sentenças, proferidas com fulcro em produção probatória extra juízo, resultariam em ofensa à presunção de inocência, pois constituiriam decisões carentes de provas, já que só poderiam ser consideradas verdadeiras provas aquelas praticadas em juízo.[29]

---

[28] Nesse sentido, Jorge de Figueiredo Dias: "enquanto se tome como equivalente do princípio in dubio pro reo, a «presunção de inocência» pertence sem dúvida aos princípios fundamentais do processo penal em qualquer Estado-de-direito". DIAS, Jorge de Figueiredo. *Direito Processual Penal*. v. 1. Coimbra: Coimbra, 1984. p. 214.

[29] "Las pruebas a las que se refiere el proprio art. 741 de la Ley de Enjuiciamiento criminal (LECrim), son 'las pruebas practicadas en el juicio'; luego, el Tribunal penal sólo queda vinculado a lo alegado y probado dentro de él". *Sentencia del Tribunal Constitucional 31/1981*, citada por TORRES, Jaime Vegas. La presunción de inocencia y el escenario de la prueba penal.In: *Persona y Derecho*, n. 55, 2006. p. 742.

O Estado brasileiro, no que diz respeito ao período em referência (pós-Segunda Guerra Mundial), também firmou um novo pacto constitucional, traduzido na Carta de 1946, a qual, se comparada com as Constituições anteriores, retratou significativos avanços na esfera democrática, arrolando uma série de direitos e garantias individuais nos parágrafos de seu art. 141. A Constituição brasileira de 1946 não contemplou explicitamente o princípio da presunção de inocência, não se podendo, no entanto, acusar qualquer omissão da doutrina que, interpretando o art. 144 da Lei Maior (*"A especificação dos direitos e garantias expressas nesta Constituição não exclui outros direitos e garantias decorrentes do regime e dos princípios que ela adota"*) em conjunto com a Declaração Universal dos Direito do Homem de 1948 (à qual aderiu o Brasil), aceitava a existência do princípio da presunção de inocência como princípio orientador do processo.

Ocorre que a Constituição de 1946 conviveu com o então recém-editado Código de Processo Penal de 1942, marcado pelos reflexos autoritários do governo vigente à época de sua elaboração. O diploma legislativo sofreu forte influência do Código de Processo Penal italiano de 1931, que vigorou durante o regime fascista, abraçando orientação similar, voltada à supremacia de uma suposta "defesa da sociedade e do Estado" em detrimento do direito de liberdade individual do acusado. A racionalidade empreendida pelo Código, notadamente inquisitória e desatenta aos direitos e liberdades do imputado, afigurou-se como obstáculo a uma compreensão mais ampla da presunção de inocência com base no art. 11, 1 da Declaração Universal dos Direitos do Homem. Assim, embora se tenha admitido a aplicação do princípio da presunção de inocência no direito brasileiro a partir de 1948, o seu espectro de incidência foi consideravelmente limitado, restringindo-se muitas vezes à ideia do *in dubio pro reo*, e ainda assim de forma adstrita a casos bem específicos.[30]

Foi apenas com a Constituição Federal de 1988 que o princípio da presunção de inocência encontrou recepção expressa pelo ordenamento jurídico positivo brasileiro, por meio da sua inclusão no art. 5º, LVII da Lei Fundamental, o que não significa que a compreensão quanto aos seus contornos e à sua extensão não se deparem com divergências em sede doutrinária e jurisprudencial. Impende, portanto, analisar em cotejo com as acepções conferidas pelas demais ordens constitucionais e tratados internacionais que o acolheram, o sentido e o alcance merecidos pelo princípio em exame no atual cenário do direito brasileiro, sendo certo dar realce aos posicionamentos em maior consonância com os preceitos constitucionais.

3 Consagração normativa no direito brasileiro e relação com os demais princípios

Como visto, a presunção de inocência foi consagrada na República Federativa do Brasil como princípio constitucional e direito fundamental do cidadão através do art. 5º, LVII da Constituição de 1988, que assim dispôs: *"ninguém será considerado culpado até o trânsito em julgado de sentença penal condenatória"*.

---

[30] Uma análise pormenorizada da interpretação do Poder Judiciário brasileiro quanto ao princípio da presunção de inocência, conforme as transformações histórico-políticas experimentadas pelo país, pode ser encontrada em CAMARGO, Monica Ovinski de. *Op. Cit.*, p. 99-298.

Cabe desde logo notar que, de uma interpretação gramatical do texto, extrai-se que a fórmula adotada foi a da presunção de *não culpabilidade*, em vez da efetiva presunção *de inocência*. Seguiu-se, assim, a redação empregada pela Constituição italiana de 1946, na contramão das Declarações de direitos e Tratados Internacionais de direitos humanos, que lançaram mão de uma formulação mais preocupada em realçar a condição de inocente de que deve gozar toda pessoa acusada. A grande diferença que se poderia depreender das duas terminologias reside em uma questão de ênfase:[31] a presunção de *não culpabilidade* exprime apenas uma regra de juízo interna ao processo, é dizer, enquanto não houver uma condenação judicial definitiva baseada em provas suficientes, não se pode afirmar a culpabilidade do acusado, ao passo que a presunção *de inocência* impõe o dever de tratar o imputado como inocente dentro e fora do processo, evitando-se a sua estigmatização.

Com base na literalidade da previsão constitucional, houve no Brasil – na doutrina[32] e na jurisprudência –[33] quem buscasse reduzir a abrangência do direito fundamental em questão, interpretando-o a partir da legislação ordinária preexistente, quando o exigível era exatamente o contrário: interpretar o ordenamento infraconstitucional à luz dos valores e princípios de justiça material incrustados na Constituição. Nada obstante tais posicionamentos, inexiste hodiernamente qualquer fundamento jurídico capaz de sustentar uma diminuição do alcance do princípio insculpido no art. 5º, LVII da Constituição brasileira de 1988, seja interna ou externamente ao processo, dada a adesão do Estado Brasileiro à Convenção Americana sobre Direitos Humanos.[34] Conforme mencionado, o Pacto utilizou expressamente em seu art. 8º, 2, a presunção de inocência em sua elocução afirmativa, além de determinar no art. 5º, 4 o dever de conferir aos acusados tratamento como inocentes, mesmo fora da dimensão processual.

De todo modo, independentemente da dicção constante do texto constitucional e da recepção do Pacto de San José da Costa Rica, uma interpretação sistemática do ordenamento constitucional brasileiro, fundada nos demais princípios constitucionais e no regime democrático por ela adotado, já conduzia necessariamente a uma compreensão expansiva do direito fundamental à presunção de inocência, que implica considerar como inocente todo e qualquer cidadão, antes ou depois de sofrer uma acusação formal, dentro ou fora da liturgia processual, até que sobrevenha condenação definitiva e irrecorrível.

O princípio, por entrelaçar-se tão harmoniosamente com os demais direitos fundamentais ligados ao processo sancionatório, é elevado por importantes juristas *"a 'postulado' fundamental da ciência processual e a pressuposto de todas as outras garantias*

---

[31] CORDERO, Franco. *Guida alla Procedura Penale*. Roma: UTET, 1986. p. 258.

[32] Nesse sentido, Damásio de Jesus considerou compatível com o aludido princípio constitucional a utilização de medidas restritivas da liberdade do réu anteriormente ao trânsito em julgado da sentença penal condenatória, mesmo nas hipóteses de "necessidade abstrata", por entender que o dispositivo deve ser interpretado desde uma justa posição entre o "direito de punir do Estado" e o direito de liberdade do cidadão. JESUS, Damásio E de. *Código de Processo Penal anotado*. 7. ed., São Paulo: Saraiva, 1989. p. 639.

[33] "A regra da não-culpabilidade – inobstante o seu relevo – não afetou nem suprimiu a decretabilidade das diversas espécies que assuma a prisão cautelar em nosso direito positivo. O instituto da tutela cautelar penal, que não veicula qualquer idéia de sanção, revela-se compatível com o princípio da não-culpabilidade". (TJMG, HC 1.0000.04.408367-3/000, Rel. Des. Tibagy Salles, j. 08.06.2004).

[34] GOMES FILHO, Antônio Magalhães. "Presunção de inocência: princípio e garantias". In: *Estudos em homenagem a Alberto Silva Franco*. São Paulo: Revista dos Tribunais, 2003. p. 126.

do processo",[35] representando um *"elemento unificador"*[36] das garantias individuais do processo contemporâneo. No direito brasileiro, é nítida a sua íntima conexão com diversos princípios constitucionais, pois o fundamento último da presunção de inocência repousa na proteção da liberdade e da dignidade do cidadão, que só estarão efetivamente resguardadas quando uma série de garantias for rigorosamente observada. Cuida-se, portanto, de uma opção pelo indivíduo, como reação jurídica às arbitrariedades do Estado, externada através do principal fundamento da República Federativa do Brasil, que constitui a base antropológica comum da Constituição de 1988: a dignidade da pessoa humana.[37]

Essa posição política de respeito à liberdade individual requer, primeiramente, que a sua privação seja obrigatoriamente precedida de uma liturgia específica, legalmente determinada, caracterizada por um justo processo. Nessa medida, a presunção de inocência relaciona-se umbilicalmente com o *princípio do devido processo legal*, reproduzido no art. 5º, LIV da Constituição Federal: *"ninguém será privado da liberdade ou de seus bens sem o devido processo legal"*, uma vez que só poderá haver condenação desde que a culpabilidade do acusado seja devidamente comprovada, mediante um processo estabelecido em lei. E mais: não se trata de qualquer processo, mas de um processo justo, adequado e atento às peculiaridades do caso concreto, em que seja salvaguardada a possibilidade de o imputado defender-se de forma plena, em igualdade de condições.

Exsurge nesse ponto a vinculação do princípio em tela com o *direito fundamental à ampla defesa e ao contraditório*, definidos no art. 5º, LV da Lei Maior: *"aos litigantes, em processo judicial ou administrativo, e aos acusados em geral são assegurados o contraditório e ampla defesa, com os meios e recursos a ela inerentes"*. Se o acusado se presume inocente no curso do processo, impõe-se o fornecimento de condições materiais para o exercício da sua defesa, com todos os ingredientes necessários para estabelecer uma paridade de armas entre acusação e acusado.[38] Na mesma linha, deverá o imputado

---

[35] É a posição de Francesco Carrara, citado por Luigi Ferrajoli. FERRAJOLI, Luigi. *Op. Cit.*, p. 507.

[36] Giulio Illuminati aduz que "o direito à defesa e ao contraditório, a inviolabilidade da liberdade pessoal, a reserva de jurisdição e a imparcialidade do juiz podem, sem esforço, verem-se resumidos na presunção de inocência do acusado; ou encontrarem nesta, de qualquer forma, a motivação de fundo e o elemento unificador". Tradução livre. No original: "Il diritto alla difesa e al contraddittorio, l'inviolabilità della libertà personale, la riserva di giurisdizione e l'imparzialità del giudice possono, senza sforzo, verdersi riassunte nella presunzione d'innocenza dell'imputato, o comunque in essa trovano la motivazione di fondo e l'elemento unificatore". ILLUMINATI, Giulio. "Presunzione d'innocenza e uso della carcerazione preventiva come sanzione atipica". *Rivista Italiana di Diritto e Procedura Penale*, 1978, Milão: Giuffré Editore, p. 925.

[37] "Art. 1º. A República Federativa do Brasil, formada pela união indissolúvel dos Estados e Municípios e do Distrito Federal, constitui-se em Estado Democrático de Direito e tem como fundamentos: (...) III – a dignidade da pessoa humana".

[38] O conceito de paridade de armas, no processo civil, não pode ser transplantado, literalmente, para o processo administrativo, observado que, neste, como se verá em seguida, há de um lado o cidadão e, de outro, a Administração a ostentar preponderância de poderes. Não há três sujeitos como no processo jurisdicional. Mesmo assim, o conceito de paridade de armas de Luiz Guilherme Marinoni, a respeito do processo civil, pode ser aplicado, com propriedade, na sede do processo administrativo: *Conforme explica Mario CHIAVARIO, esta paridade de armas entre as partes não implica numa identidade absoluta entre os poderes reconhecidos às partes de um mesmo processo e nem, necessariamente, uma simetria perfeita de direitos e de deveres respectivos. O que conta é que as diferenças eventuais de tratamento sejam justificáveis racionalmente, à luz de critérios de reciprocidade, e de modo a evitar, seja como for, que haja um desequilíbrio global em prejuízo de uma parte. Realmente, a participação em paridade de armas é inseparável da noção de igualdade substancial.* MARINONI, Luiz Guilherme. *Op. Cit.*, p. 165.

ter assegurada a oportunidade de contestar todas as alegações contra si dirigidas, por meio da possibilidade de produzir todas as provas e contraprovas aptas a desbastar os argumentos e indícios inferidos pela acusação e fulminar a credibilidade das provas por ela apresentadas.[39] Não foi sem razão que, para alcançar tal desiderato, a Constituição Federal elencou um plexo composto por várias disposições que seguem esse mesmo influxo.[40]

Acresça-se ainda o *princípio da motivação das decisões judiciais*, determinado no art. 93, IX da Constituição – *"todos os julgamentos dos órgãos do Poder Judiciário serão públicos, e fundamentadas todas as decisões, sob pena de nulidade"* – e estendido às decisões administrativas pelo art. 50 da Lei Federal nº 9.784/99,[41] que impõe aos órgãos decisórios, de natureza judicial ou administrativa, o dever de fundamentar os seus julgamentos. Em relação aos processos sancionatórios, o princípio consubstancia expressão do direito à presunção de inocência, pelo fato de exigir do julgador uma motivação expressa e probatoriamente referenciada para declarar a culpabilidade do acusado, sob pena de macular a decisão de invalidade.

Vistas algumas das relações entre a presunção de inocência e outros princípios constitucionais conexos ao sistema processual sancionatório, que apontam para a conformação de um regime jurídico-constitucional direcionado para a defesa das liberdades individuais e da dignidade do ser humano, importa agora perquirir as principais consequências jurídicas deflagradas pelo direito fundamental em comento. Do estudo das variadas interpretações e construções jurídico-políticas sobre o princípio da presunção de inocência nos mais diversos locais e momentos históricos, é possível identificar ao menos três significações primordiais que dele se pode deduzir.[42]

A primeira delas é a concepção da presunção de inocência como *princípio fundante*[43] de um modelo de processo sancionatório (criminal ou disciplinar), do qual emana um feixe de garantias ao acusado, destinadas à proteção de sua liberdade por intermédio de um processo justo e legalmente configurado. Essa manifestação do direito fundamental à presunção de inocência impõe ao Estado como um todo (Administração Pública, Parlamento e Jurisdição), não apenas o dever de observar e respeitar todas as

---

[39] BALDAN, Édson Luís. Direitos fundamentais na Constituição Federal. Estado Democrático de Direito e os fins do processo penal. In: Marco Antonio Marques da Silva (coord.). *Tratado temático de processo penal*. São Paulo: Editora Juarez de Oliveira, 2002. p. 134.

[40] No tocante ao processo criminal, a Constituição Federal de 1988 garantiu ao preso a obrigatoriedade de "ordem escrita e fundamentada de autoridade judiciária competente" (art. 5º, LXI), o direito à "identificação dos responsáveis por sua prisão ou por seu interrogatório policial" (art. 5º, LXIV), à comunicação "à família do preso ou à pessoa por ele indicada" (art. 5º, LXII), o direito ao silêncio e à assistência de advogado (art. 5º, LXIII).

[41] "Art. 50. Os atos administrativos deverão ser motivados, com indicação dos fatos e dos fundamentos jurídicos, quando: I – neguem, limitem ou afetem direitos ou interesses; II – imponham ou agravem deveres, encargos ou sanções; III – decidam processos administrativos de concurso ou seleção pública; IV – dispensem ou declarem a inexigibilidade de processo licitatório; V – decidam recursos administrativos; VI – decorram de reexame de ofício; VII – deixem de aplicar jurisprudência firmada sobre a questão ou discrepem de pareceres, laudos, propostas e relatórios oficiais; VIII – importem anulação, revogação, suspensão ou convalidação de ato administrativo. §1º A motivação deve ser explícita, clara e congruente, podendo consistir em declaração de concordância com fundamentos de anteriores pareceres, informações, decisões ou propostas, que, neste caso, serão parte integrante do ato".

[42] TORRES, Jaime Vegas. *Presunción de inocencia y prueba en el proceso penal*. Madri: La Ley, 1993. p. 35 e ss.

[43] LOPES JR., Aury. *Op. Cit.*, p. 187.

garantias fundamentais processuais do imputado (sentido negativo/função de defesa), mas também a exigência de que sejam adotadas todas as providências necessárias (leis, medidas administrativas, provimentos judiciais) para ampliar tais garantias e assegurar a sua tutela com a máxima efetividade (sentido positivo/função prestacional).

A segunda ilação que se extrai do princípio em apreço é a estipulação de uma *regra de tratamento* do acusado como inocente, tanto no curso do processo – afastando-se com isso eventuais restrições às liberdades e demais direitos do imputado – quanto fora dele – tornando-se imperioso o sigilo quanto à condição de acusado e a sua distinção em relação aos condenados. Tal efeito jurídico determina que o comportamento em relação ao acusado no âmbito extraprocessual seja absolutamente respeitoso,[44] independentemente do tipo penal ou da falta funcional que lhe esteja sendo imputada.

Por fim, a terceira (e mais consensualmente aceita) dedução do princípio da presunção de inocência revela-se na *regra probatória ou de juízo*[45] segundo a qual incumbe à acusação comprovar a culpabilidade do processado e não a ele demonstrar a sua inocência, de tal sorte que se não estiverem reunidos elementos probatórios substanciais, restando dúvidas ao julgador, o imputado deverá ser incondicionalmente absolvido. Trata-se, de um lado, da atribuição do *onus probandi* à acusação e, de outro, da exigência de um juízo de certeza para que haja a condenação, sem o qual será inexorável a absolvição. É nesse último desdobramento que a presunção de inocência coincide com o princípio *in dubio pro reo*, não se resumindo, por conseguinte, a essa única consequência.

4 Conteúdo jurídico e desdobramentos do direito fundamental à presunção de inocência no processo administrativo disciplinar

Fixados os pressupostos históricos de surgimento e positivação da presunção de inocência, e a atual configuração constitucional do princípio no ordenamento brasileiro, assim como as linhas gerais da sua aplicação no processo penal, cabe nesse momento delinear o conteúdo jurídico e as repercussões do direito fundamental em questão no bojo do processo administrativo disciplinar.

Assentou-se anteriormente que a distinção entre procedimento e processo administrativo enseja a aplicação de princípios específicos a esse último, sempre que se cuidar de um encadeamento lógico de atos administrativos voltados a um fim preestabelecido, que configure um provimento final capaz de interferir na esfera jurídica individual do cidadão, através da participação em contraditório. Tais princípios, entre os quais o da presunção de inocência, formam o já citado núcleo comum de processualidade, identificável a partir do tecido constitucional. Tratando-se de processo administrativo disciplinar – exercício da atividade sancionatória da Administração Pública – demanda-se a rigorosa aplicação do conjunto normativo que compõe o núcleo constitucional comum de processualidade, circunstância que faz incidir a plena aplicação do direito fundamental à presunção de inocência. O princípio reclama observância em qualquer

---

[44] GIAMBERARDINO, André Ribeiro. *Crítica aos obstáculos epistemológicos da prisão cautelar.* Curitiba: 2008, Universidade Federal do Paraná, Dissertação (Mestrado em Direito). f. 57.

[45] CAMARGO, Monica Ovinski de. *Op. Cit.,* p. 58.

processo de cunho sancionador, seja penal ou administrativo, conforme têm reiteradamente sustentado a doutrina[46] e a jurisprudência[47] espanholas.

Há que se assinalar, contudo, a existência de peculiaridades que marcam a especificidade da incidência do referido princípio nessa modalidade processual. O objetivo deste tópico consiste justamente em explorar tais particularidades. Tomando como ponto de partida os três significados principais da presunção de inocência antes descritos – fundamento do processo sancionador, regra de tratamento do acusado e regra probatória ou de juízo – e confrontando-o com algumas das fases do processo administrativo disciplinar – instauração, instrução e decisão – é possível identificar algumas das consequências específicas do princípio.

No âmbito endoprocessual, vislumbra-se a sua aplicabilidade na fase de instauração do processo administrativo, após a conclusão de eventual sindicância ou na ocorrência da chamada verdade sabida (fato confessado, documentalmente provado ou manifestamente evidente). Quanto à fase instrutória, o princípio engendra reflexões quanto à possibilidade de afastamento preventivo do acusado durante o processo. Já na fase decisória, cumpre analisar a sua incidência na forma do *in dubio pro reo* e averiguar a sua relação com o princípio da reserva de jurisdição nos casos em que a mesma conduta for simultaneamente imputada como ilícita nas instâncias disciplinar e criminal. Na esfera extraprocessual, compete investigar o seu alcance como regra de tratamento do servidor acusado como inocente. Cada um desses desdobramentos será perquirido nos subtópicos a seguir.

5 Aplicação endoprocessual

a) Fase de instauração: sindicância, verdade sabida e processo administrativo disciplinar

No direito brasileiro, a instauração do processo administrativo disciplinar poderá ocorrer por provocação ou de ofício, e encontra-se disciplinada, na esfera federal, pelos arts. 5º a 8º da Lei Federal nº 9.784/99. Quando de ofício, a instauração pode materializar-se por diversas formas, como: decreto, portaria, auto de infração, notificação, despacho, representação, entre outras.

Desde a instauração é possível inferir uma primeira expressão do princípio da presunção de inocência: o ato de instauração *ex officio* do processo não poderá conter qualquer manifestação opinativa ou dispositiva, devendo apenas descrever os fatos de modo imparcial, a tipificação e a sanção em tese aplicáveis ao caso e a autoridade deflagradora. Logo, se no ato administrativo que instaurar o processo disciplinar contiver qualquer opinião ou pré-julgamento em relação ao servidor acusado, haverá evidente nulidade, pela ofensa ao direito fundamental à presunção de inocência. Se o princípio constitucional em exame determina que o servidor deva ser considerado inocente até

---

[46] GONZÁLEZ PÉREZ, Jesús. *Procedimiento administrativo federal.* 4. ed. México: Editorial Porrúa, 2006. p. 239; OLVERA, Tomás Cobo. *El procedimiento administrativo sancionador tipo.* Legislación, jurisprudencia, doctrina y formularios. 2. ed. Barcelona: Editorial Bosch, 2001. p. 81-82; TORRES, Jaime Vegas. *Presunción de inocencia y prueba en el proceso penal.* Madri: La Ley, 1993. p. 14 e ss.

[47] *Sentencias del Tribunal Constitucional 13/1982, 37/1985, 42/1989.*

a ocorrência de decisão definitiva, eventuais manifestações desabonadoras da pessoa do acusado existentes no ato de instauração, que esbocem ocasional antecipação do seu julgamento ou estabeleçam uma vinculação psicológica à punição, eivarão o ato de inconstitucionalidade.

Ademais, na órbita administrativa o princípio da presunção de inocência implica que a própria instauração do processo sancionatório tenha sido precedida de uma regular apuração dos fatos, em que tenha restado clara a existência de indícios de autoria e de materialidade da falta funcional. Não basta qualquer acusação sem fundamento para que seja desencadeado um processo disciplinar. Faz-se imprescindível a reunião de elementos que apontem minimamente para um possível infrator e uma provável conduta ilícita. Para tanto, duas hipóteses são admissíveis: a sindicância e uma peculiar interpretação da verdade sabida.

A sindicância revela-se um procedimento administrativo de cunho eminentemente investigatório, o qual, por não encerrar acusação, prescinde de defesa e, portanto, não admite a aplicação de sanção. Ela é instaurada para apurar fatos e presunção de autoria, constituindo equívoco execrável dirigi-la contra uma pessoa em especial, razão pela qual é absolutamente inexistente no direito brasileiro a figura do "sindicado".[48] Essa espécie de procedimento destina-se a responder a dois questionamentos distintos: se o fato apurado é irregular ou não; caso seja, se há presunção de autoria; nada além. Por conseguinte, será nula qualquer aplicação de sanção em sindicância, procedimento que não comporta defesa nem contraditório. Da mesma forma, haverá nulidade em toda e qualquer sindicância que tenha sido direcionada a um servidor específico, por violação da presunção constitucional de inocência: se a sindicância é procedimento investigatório para apurar fatos, dirigi-la a pessoa certa significa presumir antecipadamente a sua culpa, o que contraria o mandamento constitucional do art. 5º, LVII.

A verdade sabida, por sua vez, antes da Constituição de 1988 cuidava das hipóteses em que o fato era de conhecimento notório e aplicava-se diretamente a pena, tendo em vista a suposta desnecessidade do processo, porque a verdade restava conhecida. Formou-se um consenso doutrinário acerca da inconstitucionalidade da verdade sabida. A Constituição de 1988 exige, incondicionalmente, o processo (procedimento em contraditório) para aplicação de sanção disciplinar de qualquer espécie e seja qual for o conjunto probatório que a Administração Pública disponha para tanto. No entanto, é possível utilizar o instituto da verdade sabida a partir de uma interpretação específica: se o fato é voluntariamente confessado, documentalmente provado de modo lídimo ou manifestamente evidente por ser notório (verdade sabida), não há motivo para a Administração Pública lançar mão de sindicância investigatória, cabendo, neste caso, diretamente a instauração do processo para apuração da responsabilidade. A verdade sabida presta-se, então, somente para a abreviação do procedimento, eliminando a sindicância com caráter investigatório.

De todo modo, retomando-se a ideia antes exposta, o princípio da presunção de inocência demanda a presença de indícios suficientes a demonstrar eventual autoria e

---

[48] Não obstante, há inúmeras regulamentações administrativas que empregam a malfadada expressão. Cite-se, como exemplo, o art. 1.5.2.1. do Código de Normas da Corregedoria-Geral da Justiça, do Tribunal de Justiça do Estado do Paraná: "O sindicado será intimado para se manifestar no prazo de quinze (15) dias, podendo indicar provas".

a materialidade da infração funcional para que seja instaurado processo administrativo disciplinar. Ou seja, de duas uma: ou é apurada a irregularidade dos fatos e a presunção de autoria mediante a realização de sindicância investigatória, ou se instaura o processo com base em fato voluntariamente confessado, provado documentalmente de forma lídima ou manifestamente evidente. Como consequência, o servidor só poderá ser processado se houver um conjunto probatório mínimo que esteja apto a apontar a autoria e materialidade da falta disciplinar.

Destarte, o direito fundamental à presunção de inocência, na fase de instauração do processo disciplinar: (i) proíbe manifestações opinativas no ato de instauração, que antecipem em alguma medida o julgamento do servidor; (ii) exige a comprovação de elementos que indiquem minimamente a presunção de autoria e a materialidade da ilicitude para que possa ser instaurado o processo, seja através do procedimento de sindicância, seja pela existência de fato confessado, documentalmente provado ou manifestamente evidente (verdade sabida); (iii) impede o direcionamento de sindicância a uma pessoa em especial, eis que o procedimento destina-se unicamente à apuração de fatos e identificação de autoria, retratando, do contrário, uma presunção de culpabilidade do servidor em razão de quem a sindicância houver sido direcionada; (iv) afasta a possibilidade de imposição de sanção em sindicância ou com fundamento na "verdade sabida".

b) Fase instrutória: afastamento preventivo do servidor durante o processo

Durante a fase de instrução, colhem-se os elementos de fato e de direito que compreendem a produção de argumentos, de provas documentais, periciais e testemunhas que se afigurarem necessárias, a emissão de pareceres e relatórios técnicos ou jurídicos e, se for o caso, consultas e audiências públicas, permitindo a congregação de todas as informações necessárias para a decisão. A instrução é eminentemente orientada pelos princípios do devido processo legal, contraditório, ampla defesa e oficialidade, além dos demais princípios.

Questão que exsurge na fase instrutória, relativamente ao direito fundamental à presunção de inocência, é a sua compatibilidade com o afastamento preventivo do servidor no curso do processo. Para exemplificar, a Lei Federal nº 8.112/90, que dispõe sobre o regime jurídico dos servidores públicos federais, no Brasil, estabelece em seu art. 147: *"Como medida cautelar e a fim de que o servidor não venha a influir na apuração da irregularidade, a autoridade instauradora do processo disciplinar poderá determinar o seu afastamento do exercício do cargo, pelo prazo de até 60 (sessenta) dias, sem prejuízo da remuneração"*. Tal espécie de previsão normativa infringiria o princípio da presunção de inocência? O que se deve analisar em relação à questão proposta é, em primeiro lugar, o fundamento do afastamento preventivo do servidor, e, em segundo lugar, as consequências geradas em sua esfera jurídica individual.

O escopo do dispositivo é claro, e expressamente declarado: evitar que o servidor influencie, de alguma forma, na apuração da irregularidade. O acusado, se inexistente a hipótese de afastamento preventivo, poderia ter acesso a documentos e outros tipos de provas diretamente relacionadas ao eventual ilícito cometido. Poderia, ainda, exercer pressão ou influência sobre os demais agentes públicos que testemunharam o fato que lhe foi imputado. Por essas razões pretende-se com o afastamento, evidentemente, garantir os objetivos do processo e o respeito ao devido processo legal.

De outra parte, o afastamento preventivo tal como foi concebido pelo ordenamento jurídico brasileiro não repercute negativamente na esfera particular do indiciado. Embora afastado de suas atribuições pelo prazo máximo de 60 (sessenta) dias, prorrogável por igual prazo, sua remuneração permanece intacta, sendo inadmissíveis quaisquer descontos ou lapsos em seu efetivo exercício promovidos por conta do afastamento preventivo. Nessa toada, não se pode encarar este tipo de afastamento como uma real sanção sofrida pelo servidor, como ocorre com a prisão preventiva no processo criminal, mormente quando fundada na necessidade abstrata da manutenção da ordem pública ou econômica, nas hipóteses flagrantemente inconstitucionais previstas pela primeira parte do art. 312[49] do Código de Processo Penal brasileiro.[50] Aqui, diferentemente, trata-se de medida efetivamente cautelar, cuja dupla finalidade repousa na garantia da integridade da instrução probatória e na preservação da dignidade do servidor.

Ressalte-se, todavia, que não será qualquer afastamento preventivo que estará em conformidade com a Constituição e com o princípio da presunção de inocência. Há casos, sem dúvida, em que o emprego do instituto importará ofensa ao precitado direito fundamental. Viu-se que o afastamento do art. 147 da Lei nº 8.112/90 ostenta natureza cautelar. Significa dizer que a sua utilização reclama uma motivação capaz de demonstrar a possibilidade de, mantendo-se o servidor no exercício de suas funções, haver a debilitação de provas necessárias para a instrução processual ou se possa inferir um comportamento defensivo do acusado, extra autos, que prejudique a regular averiguação. E é nesse exato ponto que incide o princípio da motivação das decisões administrativas, constante do art. 50 da Lei nº 9.784/99, que se entrelaça diretamente ao princípio da presunção de inocência. A conjugação desses dois princípios faz espargir a obrigatoriedade de fundamentação do ato administrativo que determinar o afastamento preventivo do acusado, sob pena de nulidade por violação legal (art. 50 da Lei nº 9.784/99) e constitucional (art. 5º, LVII da CF).

Nesses termos, na fase instrutória haverá afronta ao direito fundamental à presunção de inocência sempre que a decisão que impuser o afastamento preventivo do servidor imputado não estiver acompanhada de adequada e robusta motivação, apta a demonstrar a necessidade da medida como forma de salvaguardar a instrução probatória, eis que, em tais casos, restará desnaturado o seu caráter cautelar.

c) Fase decisória: o ônus da prova e o *in dubio pro reo*

No que toca à fase decisória, avultam as implicações mais expressivas da presunção de inocência: o *in dubio pro reo*, ora analisado, e a reserva de jurisdição, a ser examinada na sequência.

---

[49] "Art. 312. A prisão preventiva poderá ser decretada como garantia da ordem pública, da ordem econômica, por conveniência da instrução criminal, ou para assegurar a aplicação da lei penal, quando houver prova da existência do crime e indício suficiente de autoria".

[50] Nesse sentido, manifesta-se Aury Lopes Jr.: "evidencia-se que as prisões preventivas para garantia da ordem pública ou da ordem econômica não são cautelares e, portanto, são substancialmente inconstitucionais. (...) Assume contornos de verdadeira pena antecipada, violando o devido processo legal e a presunção de inocência". LOPES JR., Aury. *Op. Cit.*, p. 214-216.

É comum a compreensão equivocada da presunção de inocência identificando-a com o brocardo *in dubio pro reo*, restringindo todo o alcance do princípio a essa regra probatória, como o faz, *v.g.*, a doutrina portuguesa. O *in dubio pro reo* representa apenas uma das feições do direito à presunção de inocência, que certamente não o esgota. Como consectário do direito fundamental ora estudado, resulta, primeiramente, na imposição da carga probatória à acusação. No processo administrativo disciplinar, será a Administração Pública a responsável por comprovar (i) a efetiva ocorrência de falta funcional; (ii) a autoria da conduta ilícita configurada. Nesse passo, a atividade probatória *"deve tender à verificação da existência dos fatos imputados, e não à investigação sobre as desculpas apresentadas pelo acusado"*.[51] O servidor se exime do dever de comprovar a sua inocência, de sorte que ele terá o direito e não o dever de destruir a credibilidade das provas e argumentos opostos pela acusação, a quem incumbe demonstrar a culpa do acusado.[52]

Em um segundo momento, como decorrência da atribuição do ônus da prova à Administração, apresenta-se a seguinte repercussão: a condenação do servidor acusado só poderá advir de um juízo de certeza, fartamente respaldado por provas produzidas em conformidade com a lei, com o devido processo legal e com o respeito às demais garantias fundamentais do imputado. A insuficiência de provas conduzirá irrefutavelmente à absolvição do servidor, retratando também uma exigência do princípio da motivação acima referido. Somente a reunião de provas substanciais quanto à efetiva prática de conduta ilícita e à sua autoria ensejará a condenação.

Finalmente, o princípio da presunção de inocência quando pensado sob o prisma do seu significado de *regra de juízo*, em conjunto com a sua vocação como *princípio fundante* do processo sancionatório, exerce o papel de horizonte interpretativo não apenas das questões de fato, mas também, das questões de direito envolvidas no caso concreto. Nessa perspectiva, a presunção de inocência se revela como valor ínsito ao Estado Democrático de Direito, que compõe a dimensão axiológica do direito fundamental albergado no art. 5º, LVII da Carta Magna, irradiando o seu conteúdo valorativo a todo o ordenamento jurídico constitucional e infraconstitucional e funcionando como filtro para a aplicação do direito. Consequentemente, questões jurídicas como, por exemplo, a dosimetria da sanção a ser aplicada nos casos de condenação, deverão invariavelmente, em caso de dúvida, ser interpretadas em benefício do acusado.[53]

Outra questão relevante que se apresenta sobre o *in dubio pro reo* é justamente a natureza da decisão absolutória baseada na insuficiência de provas. Quando há esse tipo de absolvição, o acusado é verdadeiramente declarado inocente, ou passa a se situar num limbo entre inocência e culpabilidade, permanecendo na perene condição de suspeito? Monica Ovinski de Camargo assevera que as duas formas de absolvição –

---

[51] GOMES FILHO, Antônio Magalhães. *Presunção de inocência e prisão cautelar.* São Paulo: Saraiva, 1991. p. 39-40.

[52] "A culpa, e não a inocência, deve ser demonstrada, e é a prova da culpa – ao invés da de inocência, presumida desde o início – que forma o objeto do juízo". FERRAJOLI, Luigi. *Op. Cit.*, p. 506.

[53] Entendendo que o princípio da presunção de inocência resume-se ao *in dubio pro reo* e atinge apenas questões de fato e não as questões de direito, cite-se Jorge de Figueiredo Dias: "Com o sentido e conteúdo referido o princípio in dubio pro reo vale só, evidentemente, em relação à prova da questão-de-facto e já não a qualquer dúvida sucitada dentro da *questão-de-direito*: aqui, a única solução correcta residirá em escolher, não o entendimento mais favorável ao arguido, mas sim aquele que juridicamente se reputar mais exacto". DIAS, Jorge de Figueiredo. *Direito Processual Penal.* v. 1. Coimbra: Coimbra, 1984. p. 215.

por falta de provas e pela declaração de inocência – *"se assemelham e podem até parecer idênticas em resultado, mas é o detalhe entre ambas que faz a diferença e gera controvérsias"*.[54]

Não se pode compactuar com a adoção de uma fórmula *dubiativa*[55] que traga a ideia de que o réu absolvido por insuficiência de provas não é culpado, nem inocente, mas um eterno suspeito, assombrado pelo fantasma da dúvida, *"que macula e estigmatiza o indivíduo não só* [em] *sua vida pessoal, como também em sociedade, no trabalho, perante seus amigos e família (...) recebendo a pecha de suposto criminoso"*.[56] É nesse quadro que abrolha o risco de se utilizar a fórmula do *in dubio pro reo* no lugar da presunção de inocência: enquanto essa afirmará sempre a inocência do acusado, ainda que absolvido por insuficiência de provas, aquele permitirá dizer que o réu foi meramente beneficiado pela dúvida, o que não implica concluir que foi declarado inocente.

Mostra-se cogente, nessa esteira, asseverar que independentemente do motivo da absolvição – se por negativa do fato ou da autoria, ou por insuficiência de provas – o acusado sempre terá sido declarado inocente, inexistindo uma hierarquia classificatória entre as decisões absolutórias. Todas as absolvições repercutem da certeza da inocência do imputado, sob pena de desrespeito ao direito fundamental à presunção de inocência.

d) Fase decisória: a reserva de jurisdição e o devido processo legal

Ainda sob o aspecto interno ao processo, na fase decisória, é preciso salientar que o princípio da presunção de inocência, da forma como foi enquadrado na moldura constitucional, instituiu a reserva de jurisdição quanto à declaração de culpa no tocante ao cometimento de delitos penais, pois somente se poderá considerar alguém como culpado pela prática de um crime após o enfrentamento de um julgamento levado a efeito por órgão do Poder Judiciário, em que se tenha seguido o devido processo legal.

Sendo assim, a atividade jurisdicional foi jungida pelo constituinte de 1988 a *conditio sine qua non* para a condenação dos imputados por ilícito penal, inadmitindo-se, de tal forma, que a atividade administrativa declare a culpabilidade de um servidor público pela prática de crime previsto na legislação penal. Tal prerrogativa foi reservada exclusivamente à jurisdição.

Essa determinação, derivada da norma constitucional que estipula a presunção de inocência (art. 5º, LVII), acarreta duas importantes consequências para o processo administrativo disciplinar, que serão adiante explanadas.

d.1) Acusação simultânea em processo penal e processo administrativo disciplinar

Tema absolutamente controverso é a situação em que o servidor público sofre, concomitantemente, acusação em processo penal e em processo administrativo por ter, supostamente, incorrido em conduta cuja narrativa fática faz configurar, ao

---

[54] CAMARGO, Monica Ovinski. *Op. Cit.*, p. 141.

[55] Tal como foi aceita por parcela da doutrina italiana, consoante nós dá notícia CAMARGO, Monica Ovinski. *Idem*, p. 142.

[56] CAMARGO, Monica Ovinski. *Idem, Ibidem.*

mesmo tempo, um tipo penal e um ilícito administrativo. Emerge a questão relativa à independência das instâncias criminal e administrativa, tratada pela Lei Federal nº 8.112/90, que em seus arts. 125 e 126, assim dispõe: *"Art. 125. As sanções civis, penais e administrativas poderão cumular-se, sendo independentes entre si"*; e *"Art. 126. A responsabilidade administrativa do servidor será afastada no caso de absolvição criminal que negue a existência do fato ou sua autoria"*.

À primeira vista, uma interpretação apoucada e restritiva dos dispositivos em alusão conduziria ao raciocínio segundo o qual, na existência de dupla acusação – administrativa e criminal – a absolvição pela instância penal só deveria ser prevalente àquela prolatada pela esfera administrativa quando tivesse por fundamento a negativa de ocorrência do fato ou de sua autoria. Estaria excluída dessa forma de compreensão a hipótese de absolvição no processo criminal por insuficiência de provas ou a extinção da punibilidade pela prescrição, em que se permitiria a condenação no processo administrativo disciplinar.

É esse o entendimento que a doutrina[57] e, infelizmente, a jurisprudência brasileira têm adotado. Os Tribunais pátrios estão coalhados de decisões como a abaixo transcrita, prolatada pela Suprema Corte, que ignora olimpicamente o princípio constitucional da presunção de inocência. Veja-se:

> O exercício do poder disciplinar pelo Estado não está sujeito ao prévio encerramento da persecutio criminis que venha a ser instaurada perante órgão competente do Poder Judiciário. As sanções penais e administrativas, qualificando-se como respostas autônomas do Estado à prática de atos ilícitos cometidos pelos servidores públicos, não se condicionam reciprocamente, tornando-se possível, em conseqüência, a imposição da punição disciplinar independentemente de prévia decisão da instância penal. Com a só exceção do reconhecimento judicial da inexistência de autoria ou da inocorrência material do próprio fato, ou, ainda, da configuração das causas de justificação penal, as decisões do Poder Judiciário não condicionam o pronunciamento censório da Administração Pública.[58]

Ora, ainda que o tema da presunção de inocência envolva divergências quanto à sua extensão, abrangência e configuração jurídica, uma coisa é certa: a redação do texto constitucional é cristalina quando determina que *"ninguém será considerado culpado até o trânsito em julgado de sentença penal condenatória"*. O constituinte foi claríssimo quando expressou a opção política de entregar unicamente às mãos do Poder Judiciário a função de declarar a culpabilidade do indivíduo acusado de cometer infração penal, e condená-lo quando houver provas suficientes. Estabeleceu-se pelo art. 5º, LVII a reserva de jurisdição quanto à declaração de culpabilidade criminal, afastando-se a possibilidade

---

[57] Acolhendo tal posicionamento, com o qual não concordamos, Sérgio Ferraz e Adilson Dallari: "a absolvição no juízo criminal, por insuficiência de provas, não elimina o eventual resíduo punitivo administrativo. (...) Pode ocorrer (...) que uma mesma conduta seja configurada, em diferentes legislações, como infração disciplinar, ilícito civil ou administrativo e também ilícito penal. Pode perfeitamente ocorrer que alguém seja condenado na Justiça Civil pelo cometimento de ato de improbidade administrativa mas seja absolvido perante a Justiça Criminal. Dada a independência das instâncias, é admissível ocorrer que o conjunto probatório seja considerado suficiente para a aplicação de uma sanção disciplinar pela autoridade administrativa, mas insuficiente para a imposição de uma pena criminal, dado o maior rigor nesta esfera judicial. Nesse caso, a absolvição no processo criminal por insuficiência de provas não impede a condenação administrativa". FERRAZ, Sérgio; DALLARI, Adilson Abreu. *Processo Administrativo*. 2. ed. São Paulo: Malheiros, 2007. p. 194-195.

[58] Supremo Tribunal Federal, MS 21029, Rel. Min. Celso de Mello, Tribunal Pleno, j. 15.06.1994, DJ 23-09-1994.

de a Administração Pública afirmar que determinado servidor praticou ilícito criminal (por exemplo, quaisquer das hipóteses de crime contra a Administração Pública), sem que tal conclusão tenha advindo anteriormente de um órgão jurisdicional, em sentença penal transitada em julgado.

Nesse influxo, é imperativa a observância do princípio da presunção de inocência para apreciar a polêmica suscitada. O referido princípio, conforme amplamente reiterado, assegura que ninguém será considerado culpado até o trânsito em julgado de sentença penal condenatória. Significa dizer que o contrário também é verdadeiro: uma vez absolvido através de uma sentença penal absolutória, o cidadão, então acusado, deverá necessariamente ser considerado inocente na seara disciplinar, uma vez que não houve comprovação de práticas ilícitas que pudesse conduzir à sua condenação. Portanto, ainda que com escopos diferentes e repercussões distintas, há situações em que ambos os processos – criminal e administrativo disciplinar – apresentam coincidência em relação ao seu objeto de análise: a efetiva prática da conduta imputada ao acusado, que se enquadra simultaneamente em tipo penal e falta funcional. Cite-se como exemplo específico o art. 132, I da Lei nº 8.112/90 que prevê como falta funcional punível com demissão a prática de crime contra a Administração Pública, e o art. 319 do Código Penal brasileiro, que define o crime de prevaricação.

De tal identidade de objetos entre o processo criminal e o processo disciplinar, decorre a seguinte consequência jurídica: a absolvição do acusado pelo Poder Judiciário na esfera criminal, seja por negativa da ocorrência do fato ou de sua autoria, seja por falta de provas, impõe a absolvição na esfera administrativa. Ressalte-se, para que não haja qualquer obscuridade no raciocínio ora esposado, que tal consequência só se produzirá nas situações fáticas em que se estiver sob exame o *mesmo objeto*: a apreciação da prática ou não da conduta ilícita, que certamente gerará resultados diversos no âmbito criminal e na esfera administrativa. Ou seja, o motivo necessário para a instauração do processo administrativo deve corresponder *exatamente* ao tipo suscitado na instância penal.

Não se pode olvidar que a presunção de inocência revela-se um direito fundamental, cuja dimensão objetiva impõe o dever de interpretar todo o ordenamento jurídico à luz do seu conteúdo axiológico. É necessário, desse modo, promover uma interpretação conforme a Constituição. Segundo Eduardo Garcia de Enterría, a supremacia da Constituição sobre todas as normas e o seu caráter central na construção e validade do ordenamento em seu conjunto *"obrigam a interpretar este (...) no sentido que resulta dos princípios e regras constitucionais, tanto os gerais como os específicos da matéria de que se tratar"*,[59] proibindo-se qualquer interpretação que conduza a um resultado direta ou indiretamente contraditório aos valores constitucionais. No caso em tela, a presunção de inocência exprime um princípio constitucional específico, que deve nortear a hermenêutica da legislação infraconstitucional: os arts. 125 e 126 da Lei nº 8.112/90.

Sobre o art. 125, deve-se registrar que a independência das instâncias a que se refere o dispositivo admite a possibilidade de se cumular sanções de diferentes naturezas sem se incidir em *bis in idem*, o que não implica deduzir que uma esfera jamais poderá influenciar nas demais. Quanto ao art. 126, o fato de o legislador não

---

[59] Tradução livre. No original: "obligan a interpretar éste (...) en el sentido que resulta de los principios y reglas constitucionales, tanto los generales como los específicos referentes a la materia de que se trate". GARCÍA DE ENTERRÍA, Eduardo. *La Constitución como Norma y el Tribunal Constitucional*. Madrid: Civitas, 1985. p. 95.

ter feito menção à absolvição por insuficiência de provas ou, mesmo, à extinção da punibilidade pela prescrição, não quer significar que as sentenças penais absolutórias alicerçadas nesses fundamentos não devam repercutir sobre a eventual aplicação de sanção no processo disciplinar. Se tal posição fosse admitida, estar-se-ia realizando uma distinção hierárquica entre as sentenças penais absolutórias, empregando a lógica antes refutada quanto ao *in dubio pro reo*. Consoante explicitado, aceitar que as duas modalidades de decisão absolutória – por falta de provas e pela negativa do fato ou de sua autoria – possam produzir efeitos jurídicos distintos ao acusado, negando-se a condição de inocente ao réu absolvido por insuficiência probatória ou por extinção da punibilidade pela prescrição, significaria fazer *tabula rasa* da presunção constitucional de inocência.

A interpretação da legislação ordinária conforme a Constituição autoriza afirmar seguramente que, independentemente do fundamento, havendo absolvição – seja por negativa do fato ou da autoria, seja por falta de provas – o acusado se presumirá indubitavelmente inocente, por força do princípio constitucional da presunção de inocência. Destarte, se houver coincidência de objetos entre o processo criminal e o processo administrativo disciplinar, este deverá aguardar a decisão irrecorrível daquele, para então concluir pela condenação ou absolvição do acusado, conforme a decisão exarada na esfera jurisdicional, independentemente da motivação.

Por fim, saliente-se, para espancar qualquer dúvida, que não se trata de afirmar que para a aplicação de pena em processo administrativo disciplinar deva sempre ter havido condenação penal anterior; tal exigência só se fará necessária nos casos em que, no processo disciplinar, o servidor esteja sendo acusado de ter praticado um delito criminal, cujo enunciado configure, na exatidão e proporção, também falta funcional. Em tais casos, o processo administrativo deverá aguardar a solução definitiva do processo criminal, e, concluindo-se pela absolvição do acusado com base em qualquer fundamento que se adote, ele necessariamente será absolvido no processo disciplinar. Nem se alegue que tal providência haverá de inviabilizar a atuação administrativa nesses processos eternizando as suas conclusões. Afinal, quando aludimos à dignidade da pessoa humana, estamos ou não a cuidar de um componente de especial significação? Para fechar este tópico não é demais relembrar que o Supremo Tribunal Federal no julgamento do Mandado de Segurança nº 2490, por seu Tribunal Pleno, em 2 de agosto de 1954, acatou por unanimidade o voto proferido pelo insigne Ministro Nelson Hungria (DJ de 04.11.1954), cuja ementa é importante transcrever:

> ILÍCITO ADMINISTRATIVO E ILÍCITO PENAL. SE EM RELAÇÃO A ESTE E ABSOLVIDO O ACUSADO, NÃO PERSISTINDO QUALQUER *RESIDUUM* JUSTIFICATIVO DE PENALIDADE DE DEMISSAO IMPOSTA NA INSTÂNCIA ADMINISTRATIVA, SUBVERTE-SE TAL PENALIDADE, DEVENDO SER O ACUSADO REINTEGRADO NO CARGO.

d.2) Condenação em processo criminal e o dever de *manter conduta compatível com a moralidade administrativa*

Outra situação, estreitamente vinculada à anterior, que reclama uma apreciação atenta ao princípio da presunção de inocência, diz respeito aos casos em que a legislação disciplinar prevê como falta funcional o descumprimento do dever de *"manter conduta compatível com a moralidade administrativa"*, previsto, por exemplo, no art. 116, IX da Lei nº 8.112/90, bem como no art. 34, XXV, da Lei nº 8.906/94 (Estatuto da Advocacia), que define como infração ético-disciplinar dos advogados *"manter conduta incompatível com a advocacia"*.

São recorrentes os processos disciplinares em que servidores públicos e advogados são acusados de haverem cometido a infração de *"manter conduta incompatível"* com os seus misteres pelo simples fato de estarem respondendo a ações penais sem trânsito em julgado. Nessas circunstâncias, a aplicação do direito fundamental à presunção de inocência é medida que se impõe.

Se ninguém será considerado culpado até a prolatação de uma sentença condenatória penal irrecorrível, não se pode imputar ao indivíduo a prática de um crime antes dessa inequívoca ocorrência. Da presunção de inocência extrai-se que nenhuma conduta, dita reprovável, pode ser considerada como efetivamente praticada enquanto não houver um conjunto probatório amplo, produzido sob a égide do devido processo legal, e capaz de atestar de forma inequívoca a culpabilidade do acusado no âmbito jurisdicional em caráter definitivo. É, portanto, manifestamente inconstitucional a aplicação de sanções disciplinares aos acusados em processo administrativo que tenham como fundamento a existência de mera acusação no âmbito criminal, sem a efetiva declaração judicial da culpabilidade sobre a qual recaía o manto da coisa julgada.

Entretanto, por mais evidente que tal conclusão possa parecer, há incontáveis decisões de Tribunais de Ética e Disciplina e de Conselhos Seccionais da Ordem dos Advogados do Brasil que inadvertidamente refutam o raciocínio ora empreendido. Observe-se trecho de voto de nossa lavra, proferido em recurso disciplinar julgado pelo Conselho Federal da OAB – última instância recursal na esfera ético-disciplinar da entidade – em que reproduzimos parcela das decisões de primeira e segunda instâncias, então recorridas, que caminharam no sentido oposto:

> Em sede de contra-razões, o Conselho Seccional da OAB/GO alega, preliminarmente, a ausência de pressupostos de admissibilidade do recurso e, no mérito, o acerto da decisão atacada, considerando *"desnecessário (...) o trânsito em julgado de sentenças judiciais condenatórias como condicionante à comprovação da incompatibilidade de suas condutas com o exercício da advocacia"* (fls. 164) e afirmando não haver *"como negar que o Recorrente tem praticado conduta incompatível com a advocacia, pois, do contrário, não estaria o mesmo respondendo a diversos processos criminais e administrativos"*. (fls. 165).
>
> (...)
>
> No mérito, impende analisar os fundamentos da decisão recorrida. Conforme observado, a conduta ilícita imputada ao recorrente consistiu, consoante o Tribunal de Ética e Disciplina da OAB/GO, em ter sido *"julgado repetidas vezes por crime, mesmo sem trânsito em julgado da decisão"* (fls. 108), conforme restou consignado no acórdão do colegiado de primeira instância. No mesmo sentido, o Conselho Seccional da OAB/GO condenou-o pelo fato de *"responde[r] a inúmeros processos criminais"* (fls. 141), como se extrai da ementa da decisão recorrida.
>
> Assim, o recorrente foi condenado pelo órgão *a quo* por incidir na infração ético-disciplinar prevista no art. 34, XXV do Estatuto da Advocacia, segundo o qual *"Art. 34. Constitui infração disciplinar: (...) XXV – manter conduta incompatível com a advocacia"*. Importa examinar, portanto, se a situação fática que lhe foi imputada efetivamente se enquadra no quadro normativo definido pelo referido dispositivo.

De acordo com a decisão recorrida, o fato de o acusado responder a processos criminais, ainda que carentes de julgamento definitivo, torna-o *"contaminado com o vírus da conduta incompatível com a advocacia"* (fls. 135).[60]

Julgar admissível a punição disciplinar com base no trâmite de acusações em sede de ação penal, que podem muitas vezes estar desprovidas de qualquer fundamento, é fechar os olhos para a literalidade do texto constitucional. O direito fundamental à presunção de inocência afasta, de pronto, qualquer possibilidade de um órgão administrativo considerar realizada determinada conduta típica, ilícita e culpável enquanto não sobrevier sentença penal irrecorrível.

6 Aplicação extraprocessual: tratamento como inocente e sigilo quanto à condição de acusado

Finalmente, é imperioso cuidar do desdobramento da presunção de inocência que incide externamente ao processo: a regra de tratamento do acusado como inocente. O princípio constitucional aplica-se não apenas em sede processual, mas também na órbita extraprocessual, impondo uma norma de comportamento em relação ao acusado.

De tal dever decorre a obrigação, por parte da Administração Pública, de tomar todas as cautelas possíveis para que a imagem do imputado se mantenha resguardada. A presunção de inocência do acusado requer um tratamento cuidadoso, circunstância que se revela difícil quando se expõe a condição de imputado assumida pelo servidor. Tem-se instaurado na imprensa brasileira uma *"cultura da suspeita"*, ofendendo significativamente as garantias processuais de qualquer acusado, resultando certo que é *"muito mais fácil formular uma acusação que destruí-la, da mesma forma que é mais simples abrir uma ferida que fechá-la, sem pontos nem cicatrizes"*.[61] E assim, promove-se a estigmatização do servidor imputado, condenando-o sumária e antecipadamente, sem direito a defesa nem contraditório, sofrendo o julgamento inadvertido da opinião pública que acaba muitas vezes – pela movimentação exercida – por distorcer a compreensão da própria autoridade julgadora.

Sobre esse aspecto, frise-se que a divulgação de informações relativas ao processo administrativo disciplinar pode sujeitar a Administração à pressão da mídia e ao clamor popular, que desempenham papel acentuadamente nocivo ao "condenar" antecipadamente o acusado, fulminando de forma metajurídica o seu direito fundamental à presunção de inocência. Não raro se constata a completa inversão da garantia constitucional da presunção de inocência, ao ponto de considerar culpados os meramente imputados, no caminho diametralmente oposto ao que determina o tecido constitucional. Nota-se, nessa senda, a imprescindibilidade do sigilo quanto à condição de acusado do servidor público, como forma de salvaguardar o princípio da presunção de inocência.

Contudo, no caso do processo administrativo, outra circunstância normativa deve ser levada em consideração: o princípio constitucional da publicidade administrativa,

---

[60] Ordem dos Advogados do Brasil, Conselho Federal, Segunda Câmara, Primeira Turma, Processo nº 2008.08.03073-05, Rel. Cons. Romeu Felipe Bacellar Filho.

[61] Aury Lopes Jr., citando Gomez de Liaño. LOPES JR., Aury. *Op. Cit.*, p. 192.

previsto no art. 37, *caput* da Constituição Federal. A gestão administrativa deve ser pública, garantindo a todos o controle de sua validade e eficácia, porque a coisa administrada é pública. O fundamento do princípio da publicidade reside na necessária correspondência entre publicidade da titularidade do bem e publicidade na sua gestão.[62]

Em um primeiro sentido, a publicidade relaciona-se com a divulgação da atividade administrativa.[63] Nesse aspecto, atua como condição de eficácia dos atos administrativos, visto que o acesso do cidadão à informação de sua existência e conteúdo constitui pré-requisito à obrigatoriedade do ato.[64] O ato administrativo somente adquire efeito e capacidade para influir na realidade a partir de sua publicação, como regra geral.[65] Por outro lado, sem que haja a necessária publicidade é impossível inferir se um ato administrativo é legal, se tem finalidade pública, ou se é atencioso, entre outros, aos princípios da moralidade e da impessoalidade. Sem a publicidade dos atos administrativos, o cidadão não tem chance de tomar conhecimento de sua existência, conteúdo e alcance. Enfim, impossibilita-se o controle da Administração.[66]

O agir administrativo é, em regra, público: deve ser do conhecimento de todos. O princípio da publicidade orienta a atuação da Administração nesta direção. Em outras normas constitucionais, resulta evidente que a publicidade dos atos administrativos é a regra, excepcionados aqueles casos em que outros interesses relevantes estejam protegidos pelo sistema jurídico. De qualquer modo, a ampla publicidade é situada, constitucionalmente, como regra geral, admitindo-se o sigilo de forma excepcional, em face do art. 5º, XXXIII: "*todos têm direito a receber dos órgãos públicos informações de seu interesse particular, ou de interesse coletivo ou geral, que serão prestadas no prazo da lei, sob pena de responsabilidade, ressalvadas aquelas cujo sigilo seja imprescindível à segurança da sociedade e do Estado*" bem como do art. 5º, LX: "*a lei só poderá restringir a publicidade dos atos processuais quando a defesa da intimidade ou o interesse social o exigirem*".

É nessa exata medida que se pode conjugar o princípio da publicidade com o princípio da presunção de inocência no processo administrativo disciplinar: muito embora a ampla publicidade seja a regra (art. 37, *caput* da CF), o próprio texto constitucional estabeleceu uma exceção (art. 5º, XXXIII e LX), para compatibilizar o dever de transparência com o dever de tratar o acusado como inocente (art. 5º, LVII), resguardando, ainda, o seu direito fundamental à inviolabilidade da honra, da imagem, da intimidade e da vida privada (art. 5º, X). Até porque, "*permitir a divulgação de mera imputação ainda não decidida pode significar, em alguns casos específicos, violação à integridade moral do acusado e condenação social antecipada. Por isso, enquanto não houver decisão, é*

---

[62] ROCHA, Cármen Lúcia Antunes. *O Princípio Constitucional da Igualdade*. Belo Horizonte: Lê, 1990. p. 90.

[63] Nesse sentido, o art. 2º, V, da Lei nº 9.784/99: divulgação oficial dos atos administrativos, ressalvadas as hipóteses de sigilo previstas na Constituição.

[64] Sobre o tema, consultar: SUNDFELD, Carlos Ari. Princípio da Publicidade Administrativa: Direito de Certidão, Vista e Intimação. *Revista de Direito Administrativo*, Rio de Janeiro, n. 199, jan.-mar. 1995. p. 98; ROCHA, Cármen Lúcia Antunes. *Op. Cit.*, p. 90.

[65] Nesse sentido: BANDEIRA DE MELLO, Oswaldo. *Princípios Gerais do Direito Administrativo*. v. I. 2. ed. Rio de Janeiro: Forense, 1979. p. 22.

[66] ROCHA, Cármen Lúcia Antunes. *Op. Cit.*, p. 91. Afirmando a multifuncionalidade do princípio da publicidade: ARAÚJO, Edmir Netto de. "Os Princípios Administrativos na Constituição de 1988". *Revista da Procuradoria-Geral do Estado de São Paulo*, São Paulo, n. 34, dez. 1990. p. 138.

legítimo manter sob sigilo o procedimento".[67] Lamentavelmente, com o apoio de parte da doutrina especializada, o Supremo Tribunal Federal manifestou tendência a flexibilizar o princípio da presunção de inocência, a ponto de considerar que a condenação em duas instâncias (ainda que antes do trânsito em julgado da decisão condenatória) já estaria permitir sejam executadas as sanções impostas.

Nunca é demais lembrar que, como na sindicância inexiste acusação, mas sim a obrigação de apurar fatos, o relatório conclusivo da Comissão Sindicante não pode sofrer divulgações. O sigilo deve ser assegurado desde a instauração do processo administrativo disciplinar, rompendo-se somente após o seu julgamento definitivo. As veiculações indevidas de informações referentes ao acusado no processo disciplinar que importem ofensa à sua imagem e intimidade podem ensejar, inclusive, a responsabilização civil do Estado por danos morais ocasionados ao agente administrativo, com fulcro no art. 37, §6º da Constituição Federal.[68]

---

[67] SUNDFELD, Carlos Ari. *Op. Cit.*, p. 105.

[68] "Art. 37. (...) §6º. As pessoas jurídicas de direito público e as de direito privado prestadoras de serviços públicos responderão pelos danos que seus agentes, nessa qualidade, causarem a terceiros, assegurado o direito de regresso contra o responsável nos casos de dolo ou culpa".

Referências

ARAÚJO, Edmir Netto de. Os Princípios Administrativos na Constituição de 1988. *Revista da Procuradoria-Geral do Estado de São Paulo*, São Paulo, n. 34, dez. 1990.

BACACORZO, Gustavo. *Ley de Procedimientos Administrativos: Normas Generales*. San Isidro: Universidad Femenina del Sagrado Corazón, 1994.

BACELLAR FILHO, Romeu Felipe. *Processo Administrativo Disciplinar*. São Paulo: Editora Max Limonad, 2003.

BALDAN, Édson Luís. Direitos fundamentais na Constituição Federal. Estado Democrático de Direito e os fins do processo penal. In: Marco Antonio Marques da Silva (coord.). *Tratado temático de processo penal*. São Paulo: Juarez de Oliveira, 2002.

BANDEIRA DE MELLO, Oswaldo. *Princípios Gerais do Direito Administrativo*. v. 1. 2. ed. Rio de Janeiro: Forense, 1979.

BECCARIA, Cesare. *Dos delitos e das penas*. São Paulo: Martins Fontes, 1999.

BOBBIO, Norberto. *A Era dos Direitos.* Tradução de Carlos Nelson Coutinho. Rio de Janeiro: Campus, 1992.

BÖCKENFÖRDE, Ernst-Wolfgang. *Escritos sobre derechos fundamentales*. Baden-Baden: Nomos Verlagsgesellschaft, 1993.

BORGES, José Souto Maior. *O contraditório no processo judicial*: uma visão dialética. São Paulo: Malheiros, 1996.

CAETANO, Marcello. *Princípios Fundamentais do Direito Administrativo*. Rio de Janeiro: Forense, 1989.

CAMARGO, Monica Ovinski de. *Princípio da presunção de inocência do Brasil*: o conflito entre punir e libertar. Rio de Janeiro: Lumen Juris, 2005.

CANOTILHO, José Joaquim Gomes. *Constituição Dirigente e Vinculação do Legislador*: Contributo para a Compreensão das Normas Constitucionais Programáticas. Coimbra: Coimbra, 1994.

CARRARA, Francesco. Il diritto penale e la procedura penale. In: *Opuscoli di diritto criminale*. 4. ed. v. 5. Firenze: Fratelli Cammelli, 1903.

CASSAGNE, Juan Carlos. *Derecho Administrativo*. t. II. 5. ed. Buenos Aires: Abeledo Perrot, 1996.

COLAUTTI, Carlos E. *Derechos humanos*. 2. ed. Buenos Aires: Editorial Universidad, 2004.

CORDERO, Franco. *Guida alla Procedura Penale*. Roma: UTET, 1986.

COUTURE, Eduardo J. *Estudios de Derecho Procesal Civil*: la Constitución y el Proceso Civil. t. I. 3. ed. Buenos Aires: Depalma, 1979.

COUTURE, Eduardo J. *Fundamentos del Derecho Procesal Civil*. 3. ed. Buenos Aires: Depalma, 1993.

DIAS, Jorge de Figueiredo. *Direito Processual Penal*. v. 1. Coimbra: Coimbra, 1984.

DINAMARCO, Cândido Rangel. *A Instrumentalidade do Processo*. 5. ed. São Paulo: Malheiros, 1996.

DROMI, Roberto. *Derecho Administrativo*. 6. ed. Buenos Aires: Ciudad Argentina, 1997.

DROMI, Roberto. *El Procedimiento Administrativo*. Buenos Aires: Ciudad Argentina, 1996.

FAZZALARI, Elio. Processo: Teoria Generale. *Novissimo Digesto Italiano*, Torino, v. 13, 1966.

FERRAJOLI, Luigi. *Direito e razão:* teoria do garantismo penal. 2. ed. São Paulo: Editora Revista dos Tribunais, 2006.

FERRAZ, Sérgio; DALLARI, Adilson Abreu. Processo Administrativo. 2. ed. São Paulo: Malheiros Editores, 2007.

FERREIRA, Sérgio de Andréa. A Garantia da Ampla Defesa no Direito Administrativo Processual Disciplinar. *Revista de Direito Público*, São Paulo, n. 19, jan.-mar. 1972.

FIGUEIREDO, Lúcia Valle. *Curso de Direito Administrativo*. 2. ed. São Paulo: Malheiros, 1995.

GARCÍA DE ENTERRÍA, Eduardo. *La Constitución como Norma y el Tribunal Constitucional*. Madrid: Civitas, 1985.

GIAMBERARDINO, André Ribeiro. *Crítica aos obstáculos epistemológicos da prisão cautelar*. Curitiba: 2008, Universidade Federal do Paraná, Dissertação (Mestrado em Direito).

GOMES FILHO, Antônio Magalhães. Presunção de inocência: princípio e garantias. In: *Estudos em homenagem a Alberto Silva Franco*. São Paulo: Revista dos Tribunais, 2003.

GOMES FILHO, Antônio Magalhães. *Presunção de inocência e prisão cautelar*. São Paulo: Saraiva, 1991.

GONZÁLEZ PÉREZ, Jesús. *Procedimiento administrativo federal*. 4. ed. México: Editorial Porrúa, 2006.

ILLUMINATI, Giulio. "Presunzione d'innocenza e uso della carcerazione preventiva come sanzione atípica". *Rivista Italiana di Diritto e Procedura Penale*, Milão: Giuffré Editore, 1978.

LAFER, Celso. Prefácio. In: Flávia Piovesan. *Direitos humanos e justiça internacional*: um estudo comparativo dos sistemas regionais europeu, interamericano e africano. São Paulo: Editora Saraiva, 2007.

LOPES JR., Aury. *Introdução crítica ao processo penal*: fundamentos da instrumentalidade constitucional. 4. ed. Rio de Janeiro: Lumen Juris, 2006.

MANZINI, Vincenzo. *Tratado de Derecho Procesal Penal*. t. I. Buenos Aires: Ediciones Jurídicas Europa-América, 1951.

MARINONI, Luiz Guilherme. *Novas Linhas do Processo Civil*: o Acesso à Justiça e os Institutos Fundamentais do Direito Processual. São Paulo: RT, 1993.

MEDAUAR, Odete. *A Processualidade no Direito Administrativo*. São Paulo: Revista dos Tribunais, 1993.

MELLO, Celso de Albuquerque; TORRES, Ricardo Lobo (Orgs.). *Arquivos de direitos humanos*. Rio de Janeiro: Renovar, 2002.

OLMEDO, Jorge Clariá. *Derecho Procesal*: Conceptos Fundamentales. t. I. Buenos Aires: Depalma, 1989.

OLVERA, Tomás Cobo. *El procedimiento administrativo sancionador tipo*. Legislación, jurisprudencia, doctrina y formularios. 2. ed. Barcelona: Editorial Bosch, 2001.

PIOVESAN, Flávia (coord. geral). *Código de direito internacional dos direitos humanos anotado*. Coordenação Geral Flávia Piovesan. São Paulo: DPJ Editora, 2008.

PIOVESAN, Flávia. *Direitos humanos e justiça internacional*: um estudo comparativo dos sistemas regionais europeu, interamericano e africano. São Paulo: Editora Saraiva, 2007.

ROCHA, Cármen Lúcia Antunes. *O Princípio Constitucional da Igualdade*. Belo Horizonte: Lê, 1990.

SARMENTO, Daniel. A dimensão objetiva dos direitos fundamentais: fragmentos de uma teoria. In: Celso de Albuquerque Mello; Ricardo Lobo Torres (Orgs.). *Arquivos de direitos humanos*. Rio de Janeiro: Renovar, 2002.

SILVA, Marco Antonio Marques da (Coord.). *Tratado temático de processo penal*. São Paulo: Editora Juarez de Oliveira, 2002.

SUNDFELD, Carlos Ari. A Importância do Procedimento Administrativo. *Revista de Direito Público*, São Paulo, n. 84, out.-dez. 1987.

SUNDFELD, Carlos Ari. "Princípio da Publicidade Administrativa: Direito de Certidão, Vista e Intimação. *Revista de Direito Administrativo*, Rio de Janeiro, n. 199, jan.-mar. 1995.

TORRES, Jaime Vegas. La presunción de inocencia y el escenario de la prueba penal. *Persona y Derecho*, n. 55, 2006.

TORRES, Jaime Vegas. *Presunción de inocencia y prueba en el proceso penal*. Madri: La Ley, 1993.

Informação bibliográfica deste texto, conforme a NBR 6023:2002 da Associação Brasileira de Normas Técnicas (ABNT):

BACELLAR FILHO, Romeu Felipe. Presunção de inocência no processo administrativo disciplinar. *In*: PONTES FILHO, Valmir; MOTTA, Fabrício; GABARDO, Emerson (Coord.). *Administração Pública*: desafios para a transparência, probidade e desenvolvimento. XXIX Congresso Brasileiro de Direito Administrativo. Belo Horizonte: Fórum, 2017. p. 307-333. ISBN 978-85-450-0157-7.

MORALIDADE E PROBIDADE ADMINISTRATIVAS

SÉRGIO DE ANDREA FERREIRA

1 Introdução

Como cofundador do IBDA, é, com significativo regozijo, que participo, anualmente, do Congresso Brasileiro de Direito Administrativo; de pauta sempre renovada, buscando o debate sobre a atualidade do *ius publicum*.

Em sua vigésima nona edição, o conclave, dentre outros momentosos temas, englobou aquele sobre a *probidade na administração pública*. Esta, envolvida em denúncias, escândalos, acusações, a partir de um dos grandes males que atingem a administração pública brasileira: a *corrupção*.

O assunto nos leva, como questão prévia, à relação entre a Moral e o Direito; eis que, na base da crise governamental, encontra-se o descompasso de sua gestão com os princípios morais.

Nenhum regime jurídico será eficaz; nenhuma forma de controle, por mais requintada e eficiente, será capaz de evitar ou detectar, em plenitude, um volume de condutas imorais, antijurídicas de tal montante e magnitude, como as que estão sendo presentemente levantadas.

Quando existe todo um aparelhamento criminoso sofisticadamente organizado, com seus numerosos tentáculos, incrustado no imo da pública administração, acumpliciada com nichos do setor privado, hão de ser perscrutadas as causas remotas e próximas dos descalabros.

Isso passa pelos mais profundos aspectos culturais da sociedade, que hoje se insere em ambiente de permissividade, de individualismo, de consumismo, de prevalência da importância das riquezas materiais, pela inadequação do sistema político, e por muitos outros. Enfim, é a hegemonia do *homo oeconomicus*, do prazer, do desfrute, sobre o *homo moralis*.

Conjugadamente com a progressiva sanação dessas patologias, impõe-se o refazimento do regime jurídico específico da pública administração.

Acentue-se que a ambiência constitucional é favorável ao aprimoramento desse regime, eis que a Carta de 88 é inspirada por elevados princípios éticos, tendo tornado, a *moralidade,* como *bem juridicamente tutelado;* e punido a *improbidade administrativa* com a grave sanção da suspensão dos direitos políticos (arts. 15, V, e 37, §4º).

O texto da CF alberga todo um conjunto principiológico e todo um regramento da administração pública, e de seus agentes políticos e servidores, alcançando as empresas estatais.

É mister, portanto, tornar realidade um sistêmico conjunto regrante, que estabeleça procedimentos pertinentes, e agilize e faça eficiente o *controle;* sem incidir no equívoco de transformar o *controlador* em *cogestor;* e sem que se inviabilize, ou mesmo se dificulte, a atuação do administrador honesto, nos entes, administrativos e paradministrativos; mas sim preservando-se o respeito à natureza destes, inclusive quando empresarial, no desenvolvimento de atividade econômica ou de prestação de serviço público.

A reinstalação formal do Estado de Direito, no Brasil, com a promulgação da Constituição Federal de 1988, impõe, para sua plena efetividade, a renovação de postura e de conduta do cidadão, da sociedade civil e dos Poderes Públicos; de tal modo que a ação individual, a coletiva e a estatal possam realizar a verdadeira *democracia,* permitindo que cada indivíduo e cada instituição, em que ele se associe, inclusive o Estado, possam desenvolver-se plenamente, num sentido do aprimoramento do ser humano, do ser social.

O fundamento primeiro está, certamente, no fortalecimento moral, seja em nível pessoal, seja no inter-relacionamento coletivo: na família, no governo, na empresa, no mercado, no sindicato, nas associações civis, nas instituições de ensino, nos meios de comunicação; enfim, em todos os espaços sociais, mercê do exercício da liberdade, com o refinamento da educação, do respeito ao próximo, da solidariedade.

Tendo a Carta Magna Nacional vigente normatizado, em patamar constitucional, a afirmação da *moralidade* como *bem jurídico,* sob a forma de conteúdo de dever individual, coletivo e público; e com a contrapartida do fornecimento dos instrumentos de sua *exigibilidade* e *efetividade;* caracteriza-a, portanto, no polo oposto, como objeto de direito público subjetivo de cada um, e como legítimo interesse, juridicamente protegido, das comunidades civis e das instituições públicas, com o aduzimento das *pretensões* e *ações* correspondentes.

É certo, porém, que, com o avassalador crescimento das práticas corruptas, a exigir a tomada de medidas imediatas e severas, tem ficado, em um segundo plano, o aprofundamento de conceitos básicos, a partir dos quais há de se construir o arcabouço teórico, que estruture os lineamentos fundamentais da *moralidade* e da *probidade administrativas.*

2 Ética, moral, moralidade, probidade e direito

2.1 Ética ≠ Moral

Acentue-se a falta de uniformidade no emprego dos termos, *ética* e *moral.*

Etimologicamente, a palavra *ética* vem do grego *ethos* ('e' longo), e significa tanto a *'morada',* o lugar em que vivemos, em um sentido existencial, quanto conjunto de relações que estabelecemos com o meio físico e com os nossos semelhantes; e, ainda, o modo de ser de uma pessoa ou comunidade; as propriedades do caráter.

Ocorre que, em grego, havia outro termo, homógrafo, mas de homofonia diversa, de *ethos* ('e' curto), que significava *usos e costumes.*

Por equívoco, ao serem traduzidas, para o latim, obras filosóficas, como a de Aristóteles, privilegiou-se o segundo sentido; daí, o emprego da palavra *moralis* ('*mos*', '*mores*', *costume*).

Posteriormente, *moral* passou a designar, também, as propriedades do caráter, equiparando-se seu sentido ao de *ética*.

Percebe-se que a confusão, no emprego dos termos, vem de longa data, repercutindo até nossos dias.

Entendemos *moral*, como '*conjunto de princípios e valores, que serve para orientar o comportamento humano*'; e *ética*, como '*filosofia da moral*', isto é, a reflexão crítica sobre os fundamentos desta.

Assim, enquanto a *moral* responde à pergunta sobre '*o que devemos fazer*', cabe à *ética* investigar, por exemplo, o caráter necessário da *moral*, bem como o papel desta no mundo contemporâneo.

2.2 Moralidade e probidade

Moralidade é a qualidade, a característica do que é *moral*. Também por ela se entende o conjunto dos princípios morais, como a virtude, o bem, a honestidade, socialmente estabelecidos em determinada época. O termo ainda significa conduta ou comportamento pautado por esse conjunto de princípios.

Com a *moralidade* é cognata a *dignidade*, a *honestidade*, o *decoro*, a *probidade*.

Probo vem do latim *probus, a um*, de boa qualidade, honrado, reto, leal, íntegro: *probidade* provém do derivado, *probitas*. O antepositivo *prob* ainda está presente nos vocábulos *prova, aprovar, reprovar, provável* (o que pode ser provado).

Corrupção, do latim *corruptio, onis*, deterioração. *Corrupto*, de *corruptus, a, um*, corrompido, estragado, seduzido. O antepositivo é *romp*, de *rumpere*, romper, quebrar, rasgar, violar, infringir.

O Direito tem empregado todos esses termos – *ética, moral, moralidade* e *probidade*.

2.3 Moral e direito

Na enumeração de Ulpiano, dentre os '*iuris praecepta*', figura o '*honeste vivere*', a que se somam o '*abster-se de lesar outrem*', e o '*dar a cada um o que é seu*',' o '*suum cuique tribuere*'.

Como explica Matos Peixoto, '*Ulpiano quer dizer que quem pratica esses preceitos procede em conformidade com o direito. Nenhuma dúvida isso suscita quanto aos dois últimos, que prescrevem, um em forma negativa e o outro em forma positiva, o acatamento ao direito alheio*'.

Mas isso estava longe de esgotar as normas que o indivíduo devia observar na sociedade romana: '*Era preciso ainda viver honestamente, fora mesmo dos casos em que a desonestidade feria direito alheio e que estavam incluídos no segundo preceito (fraude, dolo). (...) Foi certamente, tendo em vista casos, como esses que Ulpiano incluiu o 'honeste vivere' entre os preceitos jurídicos*'.

E acrescenta '*ser inegável que esse princípio tem alcance metajurídico, pois há casos em que é a moral em vez do direito que recomenda o ato honesto; deve-se, porém, lembrar que para os romanos inexistia a distinção nítida entre essas duas disciplinas.*'

Lembra Matos Peixoto que *'a distinção entre o direito e a moral é relativamente moderna; quem primeiro a formulou foi o jurisconsulto alemão, Christianus Thomasius (1655/1728), nos princípios do século XVIII. Para os juristas romanos inexistia essa distinção, porque eram alheios às abstrações especulativas; entretanto, eles sentiam a diferença entre a regra moral e a jurídica; PAULO, por exemplo, disse que nem tudo o que é permitido juridicamente é moral: 'non omne quod licet honestum est' (D. 50,17, 144 pr), mas ficou nessa indicação vaga.'*

É lição primeira de *Introdução à Ciência do Direito* a distinção entre a *regra de direito* e a *regra moral*, sendo de destacar-se, desde logo, a diferenciação que reside na característica de a última só impor *deveres*, positivos ou negativos, incluídas, nesses, proibições e limitações; contando, outrossim, o primeiro, com meios coercitivos de efetivação. E negrita-se a distinção entre *moral social* e *moral individual* (a *consciência*).

Concentremo-nos na relevância do *direito*, que, como elemento social conjugado com a *moral*, tal como esta lida com *princípios e valores*.

Afirma Pontes de Miranda, *'a função social do direito é dar valores a interesses, a bens da vida, e regular-lhes a distribuição entre os homens'*.

Desenvolve o grande jurista e filósofo, sobre a inter-relação entre *processos sociais de adaptação*: já que *'o fato social é relação de adaptação'*; a adaptação, em lugar de se operar entre parte do ser e do meio, o faz entre todo o ser e todo o meio. Por isso, a sociedade humana se diferencia da animal: os processo adaptativos se efetuam entre atos, e também entre pensamentos, porque os homens são seres pensantes. Por outro lado, o meio é a família, o grupo profissional; e também a escola filosófica, a nação, a humanidade; é o grupo social, e, ainda, o Universo, o mundo físico.

Daí, *'haver processos de adaptação entre o ser e o mundo em geral, visível e invisível (religião), ou sensível (arte), cognoscível (ciência), e entre o ser e o mundo social (moral, direito, economia): 'é por isso que, em certo sentido, a religião 'julga' a moral e essa o direito'*.

Valores referenciais da sociedade variam de cultura para cultura, de época para época, e serão benéficos, ou maléficos, para o indivíduo e para a coletividade; o que se comprovará pelo desenvolver do meio social e de seus membros; isso, conforme concorram para seu aprimoramento, ou aviltamento, sob a ótica da integralidade do humano.

Se, em todo o decorrer da história da Humanidade, a sociedade tem-se encontrado em constante transformação, agora, a mutação é, certamente, mais célere, certamente, profunda, pressionada pelo vertiginoso desenvolvimento cientifico e tecnológico; de modo que os processos de adaptação social têm carecido de meios de acompanhá-la, oportuna e eficazmente. Em tal quadro, é fundamental o robustecimento da relação entre o Direito e a Moral; sem cuja conjugação o tecido social esgarça-se.

Têm, no Direito hodierno, inegável relevância os *princípios jurídicos*, como valores, dentre os quais a *moralidade*. Têm eles funções informativa, interpretativa, executiva e aplicativa; e assumem, reitere-se, a natureza de *bens juridicamente protegidos*, dotados de *exigibilidade* e de *efetividade*.

Fala-se na *juridicização da moral*.

Mas os vários ramos do Direito sempre normatizaram conceitos morais.

É de lembrar-se que a *imoralidade*, como fator de *ilicitude*, está presente na noção de *objeto* e *motivo ilícitos*, conforme previsto nos arts. 104, II, e 106, II e III, do Código Civil: a *contrariedade à moral* está, no particular, incluída na *contrariedade a direito*.

Citem-se, ainda, as noções de *boa fé* (CC, arts. 113 e 164), *dolo* (art. 145), *fraude* (art. 158); e de *probidade* e *boa fé* contratuais (art. 429).

A *Deontologia*, com seus preceitos morais, envolve uma grande variedade de *Códigos de Ética Profissionais e Funcionais*, como o da *Advocacia*; e os que dizem respeito ao *serviço público*, como o *Código de Ética Profissional do Servidor Público*, o de *Conduta da Alta Administração*; sendo que há um *Sistema de Gestão da Ética do Poder Executivo Federal*, abrigando uma *Comissão de Ética Pública*; e, no Congresso Nacional, encontramos o *Conselho de Transparência Pública e Combate à Corrupção*; as *Comissões de Ética e Decoro Parlamentar*; as *Comissões Parlamentares de Inquérito*. Proliferam as *Auditorias*, as *Corregedorias*, as *Ouvidorias*.

Reproduzam-se, a título ilustrativo, disposições do mencionado *Código de Ética Profissional do Servidor Público Civil do Poder Executivo Federal*, aprovado pelo Decreto nº 1.171, de 22.06.94.

Dentre as regras deontológicas básicas, citem-se:

"I – A dignidade, o decoro, o zelo, a eficácia e a consciência dos princípios morais são primados maiores que devem nortear o servidor público, seja no exercício do cargo ou função, ou fora dele, já que refletirá o exercício da vocação do próprio poder estatal. Seus atos, comportamentos e atitudes serão direcionados para a preservação da honra e da tradição dos serviços públicos.

II – O servidor público não poderá jamais desprezar o elemento ético de sua conduta. Assim, não terá que decidir somente entre o legal e o ilegal, o justo e o injusto, o conveniente e o inconveniente, o oportuno e o inoportuno, mas principalmente entre o honesto e o desonesto, consoante as regras contidas no art. 37, 'caput' e §4º, da Constituição Federal".

Após afirmar que, na *'moralidade da Administração Pública'*, está inserta a *"distinção entre o bem e o mal"*, acrescenta o Código:

"VIII – Toda pessoa tem direito à verdade. O servidor não pode omiti-la ou falseá-la, ainda que contrária aos interesses da própria pessoa interessada ou da Administração Pública. Nenhum Estado pode crescer ou estabilizar-se sobre o poder corruptivo do hábito do erro, da opressão ou da mentira, que sempre aniquilam até mesmo a dignidade humana, quanto mais a de uma Nação".

Adita a *Codificação Ético-funcional* que constitui dever do servidor público (XIV, c) *'ser probo, reto, leal'*.

A realidade, na medida em que se tem mostrado, sem precedentes, dissonante em relação a essas virtudes morais, tem exigido que as instituições competentes atuem também de forma incomum.

O *Supremo Tribunal Federal*, mediante o exercício de sua superior função constitucional, tem proferido decisões de grande repercussão social, como o julgamento do chamado *'caso do mensalão'*.

Desenvolvem-se as operações *'Lava Jato'*, *'Triplo X'*, *'Pixuleco'*, *'Zelotes'*, *'Aletheia'*, numa integração participativa da *Polícia Federal*, do *Ministério Público* e da *Justiça*.

Por seu turno, o *Parquet*, além da propositura das *ações civis públicas*, e de *improbidade administrativa*, celebra, no âmbito dos Poderes Públicos, do Terceiro Setor, e em outros, os *Termos de Ajustamento de Conduta*.

Desenvolveu-se o *controle popular*, por meio da atuação das instituições da sociedade civil organizada.

O *Direito Penal*, por seu turno, tem-se atualizado e expandido na repressão aos *crimes contra a administração pública* (Título XI do CP), e outros que lhes têm sido cognatos, como o de *'lavagem de capitais'* (Lei nº 9.613, de 18.03.98); o de *'evasão de divisas'* (Lei 7.492, de 16.06.86, art. 22) e os de *'associação criminosa'* (CP, art. 288) e de *'organização criminosa'* (Lei 12.850, 02.08.13).

Somente, agora, porém, o sentimento de *impunidade* começa a superar-se.

Atuam, em profundidade, os *Tribunais de Contas*, as *Controladorias-Gerais*.

Existem, ademais, veículos de asseguração da *transparência pública*, modalidade de concretização do *princípio*, administrativo básico, *da publicidade*. Lembremos o já citado *Conselho de Transparência Pública e Combate a Corrupção*, a par do *Serviço de Informação ao Cidadão*, em que se insere o *Sistema Eletrônico de Informações ao Cidadão*, o *e-SIC*, a *Rede e-SIC*, no regime da *Lei de Acesso à Informação*, a *LAI* (Lei 12.527, de 18.11.11; Decreto nº 7.724, de 16.05.12).

Verifica-se que não é por falta de normatividade ética e de mecanismos de controle, que grassa a *corrupção*. Certamente, regras e instrumentos de sua efetividade hão de ser aprimorados, agilizados, mas o cerne da questão envolve a necessidade de um aprimoramento muito mais profundo e refinado.

Advirta-se, porém, que a *'fratura moral'* não pode, em contraposição, conduzir ao estéril e indesejável *'engessamento da administração pública'*.

Daí, parecer-nos relevante e oportuno voltarmos à conceituação básica, em sede de *moralidade* e *probidade administrativas*.

3 A moralidade no elenco dos princípios constitucionais, e seus desdobramentos

3.1 Princípio e bem jurídico tutelado

Um dos campos mais festejados do Direito Público Contemporâneo é a sua *principiologia, constitucionalmente normatizada*.

Constatação que pode ser feita, com facilidade – uma vez superado o impacto inicial dessa decantada inovação formal –, é que muitos dos princípios elencados de longa data informam o Direito como um todo, ou especificamente o *ius publicum*; enquanto outros são, apenas, novos nomes para aqueles, ou simples facetas ou desdobramentos seus.

Longe de nós negar a valia da enumeração principiológica agora adotada, especialmente na sua função de balizamento da atuação governamental, administrativa, jurisdicional e legislativa. Mas é preciso evitar o exagero, a superestimação e, o equívoco de ter tudo como absolutamente inovador.

Prática nociva, nesta matéria, é a invocação genérica e indiscriminada desses princípios, sem a devida identificação de seu conteúdo e sua aplicabilidade ao caso individualizado.

É, sob essa ótica, que deve ser considerado o *princípio da moralidade*, insculpido, de forma expressa, no art. 37, *caput*, da Carta Magna Nacional.

A Constituição Federal de 1988, reitere-se, é prenhe de referências à *moralidade* e a *valores éticos*.

No que toca, especificamente, aos *agentes do Poder Público*, a par do respeito à *'dignidade da pessoa* humana' (art. 1º, III) e da afirmação do *princípio da moralidade*, a que está, segundo o art. 37, *caput*, submetida a Administração Pública; destacam-se: *(a)* a inserção, da *moralidade administrativa*, como *bem jurídico tutelado* através da *ação popular*, que, nos termos do inciso LXXIII do art. 5º, cabe para anulação de ato a ela lesivo; *(b)* o estabelecimento da *probidade* na administração, de igual, como *bem juridicamente protegido*, caracterizado o ato que atente contra a mesma como *crime de responsabilidade* do Presidente da República, no art. 85, V; *(c)* a cominação, no inciso V do art. 15 e no §4º do art. 37, de sanções políticas, administrativas, civis e penais, para a prática de *'atos de improbidade administrativa'*; *(d)* a previsão, no art. 14, §9º, do estabelecimento de casos e prazos de *inelegibilidade, 'a fim de proteger a probidade administrativa'* e *'a moralidade para o exercício do mandato'*; *(e)* a *impugnabilidade*, perante a Justiça Eleitoral, nos termos do disposto no §10 do art. 14, do mandato eletivo, mediante comprovação de *corrupção* ou *fraude*; *(f)* a enumeração do *decoro parlamentar*, como valor com o qual o procedimento de Deputados e Senadores não deve, sob pena, segundo o art. 55, III, e §1º, de perda do mandato, ser incompatível; incompabilidade, essa, identificada em casos definidos no Regimento Interno Parlamentar; no abuso das prerrogativas asseguradas a membro do Congresso Nacional; ou na percepção de vantagens indevidas.

A *moralidade* e a *probidade administrativas* são, hodiernamente, *bens jurídicos constitucionalmente tutelados*, eis que a *exigibilidade* de seu respeito e a sua *efetividade* são juridicamente asseguradas.

3.2 A moralidade administrativa como bem juridicamente tutelado pela ação popular

Em termos de regime da *ação popular*, nos sistemas constitucionais anteriores, a *imoralidade* não estava entre os fundamentos passíveis de inserção na respectiva *causa petendi*.

Exigindo seu cabimento o binômio *invalidade + lesividade*, essa dizia respeito, tão somente, ao *patrimônio público econômico-financeiro*.

É certo que, no termo *'invalidade'*, do binômio, poder-se-ia ter, na *falsidade dos motivos* e na *consecução de fim antiético*, consoante o disposto no art. 2º, e seu parágrafo único, da Lei nº 4.717/65, ato nulo, em razão de ilicitude por imoralidade, passível de invalidação pela *actio popularis*.

Como ato anulável, nos termos do art. 3º da Lei, poderiam ser abrangidos vícios como a *imoralidade do objeto*, a *fraude*, a *simulação* nocente, o *dolo* (o *'dolus malus'*), a *coação* (a *'vis compulsiva'*).

Em qualquer dos casos, porém, sempre com lesão ao *patrimônio público econômico*.

Rafael Bielsa[1] deplorava que os *'atos irregulares, imorais, de suborno etc., que não lesam o patrimônio público'*, não estivessem compreendidos no preceito constitucional de 1946. E já defendia a posição de que a ação popular deveria proteger a *moralidade administrativa*.

O que fez o inciso LXXIII do art. 5º da CF de 1988 foi incluir, como *patrimônio defensável* por meio da ação popular, também o *patrimônio ambiental*, o *patrimônio histórico-cultural* e o *patrimônio moral*.

---

[1] *A ação popular e o poder discricionário da administração*, RF 157: 39-40

Permanece, no entanto, a dúplice exigência da *invalidade* e da *lesividade*, e, portanto, dois dos aspectos da *antijuridicidade*; apesar das divergências a respeito do tema, pois que forte a corrente de entendimento, segunda a qual bastaria a *lesividade*, a qual acarretaria a *invalidade*; isso a par da identificação da *lesividade presumida*, nas hipóteses elencadas no art. 4º da Lei 4.717/65.

Em outras palavras, segundo o primeiro entendimento, o ato inválido tem de produzir, com seu objeto, um resultado lesivo, isto é, um atingimento antijurídico de um desses patrimônios.

Nesta linha, permaneceria sem proteção, através da ação popular, o *ato legal*, e *não lesivo*, praticado mediante suborno.[2]

Assinale-se ser preocupação comum a de evitar-se que se caia, como expressa José Carlos Barbosa Moreira[3] em um *'subjetivismo total'*; e, no dizer de Rodolfo de Camargo Mancuso,[4] predomina o cuidado de que não haja *'excessos que degenerem em perquirições indevidas no puro mérito do ato administrativo, ou nas verdadeiras opções político-administrativas inspiradas pelo bem comum'*.

Observa Barbosa Moreira:

> "Onde a expansão é mais notável é no ponto em que a Constituição usa a expressão 'moralidade administrativa'; aqui se trata de verdadeira inovação. Devo porém fazer uma ressalva: a meu ver, continua sendo exato que todas essas hipóteses de cabimento só prevalecem para os casos em que se pode alegar, no ato que se impugna, algum vício de legalidade. A ação visa a anular o ato. O ato só pode ser anulável quando contenha algum defeito jurídico. Não bastaria ao autor popular afirmar que o ato atenta contra a moralidade administrativa; é preciso que se conjugue isso com a indicação de alguma infração à disposição de lei – lei em sentido lato, qualquer norma jurídica; do contrário, cairíamos aqui num subjetivismo total, e isso, evidentemente, não é desejável, porque daria margem a aventuras judiciais".

4. A agregação, ao conceito de moralidade administrativa, da noção de 'boa administração': a *moral institucional*

Foi Maurice Hauriou[5] quem, pela primeira vez, a ela se referiu, mencionando, de início, a conformidade com os princípios basilares da *'boa administração'*; *'ao conjunto de regras de conduta tiradas da disciplina interior da Administração'*, da sua *'disciplina interna'*; para, depois, sucessivamente, aludir ao ultrapasse do *controle da legalidade estrita*, a fim de se atingir uma *moral jurídica*, eis que quem toma decisões tem de escolher, não só o legal, em face do ilegal; o justo, frente o injusto; o conveniente, em desfavor do inconveniente; mas também o *honesto*, diante do *desonesto*.

Enquanto a *legalidade* é imposta, ao administrador público, pelo poder legiferante, os preceitos da *moralidade administrativa*, segundo esse conceito, o são de dentro,

---

[2] TÁCITO, Caio. Moralidade Administrativa, *RDA* 218: 09/10

[3] *Rev. Proc.*, 61: 107 e ss.

[4] *Ação Popular*, São Paulo, RT, 2.ed., 1996, p. 93

[5] *Précis de Droit Administratif*

vigorando no próprio ambiente institucional, e condicionando o exercício de qualquer *poder jurídico*, inclusive o *discricionário*, informados pela *finalidade institucional* da consecução do *bem comum*.

Ulteriormente, Welter[6] aduziu que a moralidade administrativa *'não se confunde com a moralidade comum'*, mas é também *'composta pelas regras da boa administração, ou seja, pelo conjunto das regras finalísticas e disciplinares suscitadas, não só pela distinção entre o Bem e o Mal, mas também pela idéia geral de administração e pela idéia de função administrativa'*.

Explica Antônio José Brandão:[7]

> "À luz destas idéias, tanto infringe a moralidade administrativa o administrador que, para atuar, foi determinado por fins imorais ou desonestos, como aquele que desprezou a ordem institucional e, embora movido por zelo profissional, invade a esfera reservada a outras funções, ou procura obter mera vantagem para o patrimônio à sua guarda. Em ambos estes casos, os seus atos são infiéis à idéia que tinha de servir, pois violam o equilíbrio que deve existir entre todas as funções, ou, embora mantendo ou aumentando o patrimônio gerido, desviam-no do fim institucional, que é o de concorrer para a criação do bem comum".

Desenvolve que *'a ideia da honestidade profissional dos administradores'* é noção que reclama destes, não só uma *conduta moralmente admissível*, mas também respeitadora da *especialização institucional* de cada organização ou serviço.

E conclui, aproximando as figuras do *'bom administrador'* e a do *'bom pai de família'*, como *'representante'*, igualmente, da *'moral comum'*:

> "Bom administrador, portanto, é o órgão da Pública Administração, que, usando da sua competência para o preenchimento das atribuições legais, se determina não só pelos preceitos vigentes, mas também pela moral comum. Se os primeiros delimitam as fronteiras do lícito e do ilícito, do justo e do injusto positivos, a segunda espera dele conduta honesta, verdadeira, intrínseca e extrinsecamente conforme à função realizada por seu intermédio".

Nesse campo, mais abrangente, da *moralidade administrativa*, devemos distinguir entre, de um lado, o *bem jurídico* cuja *tutela* é a *finalidade* atribuída à *competência* do órgão público (*v.g.*, saúde, segurança pública, defesa nacional: *cf.* art. 2º, parágrafo único, "*c*", da Lei nº 4.717/65); *finalidade*, essa, sempre genérica; e, de outro, os *interesses específicos, concretos*, que vão ser atendidos pelo objeto, pelo resultado do ato praticado (*v. g.*, interdição de um estabelecimento por motivos sanitários).

Em relação a este último conjunto pode inserir-se, a par da *ilegalidade*, a questão da *imoralidade*: é que, embora esteja em jogo, por exemplo, a saúde pública, o interesse concreto perseguido pode ser imoral.

Antônio José Brandão sustenta:

> "Com efeito, o desvio de poder não se reduz a mero problema de legalidade, pois o ato em que ele se manifesta concretamente é praticado com observância da lei, mas obedece a determinante imoral. Por outras palavras: o que afeta a juridicidade do ato em que o desvio de poder se concretizar é, principalmente, a imoralidade administrativa, que consiste em produzir modificações lícitas da

---

[6] *Le Contrôle Jurisdictionel de la Moralité Administrative*, 1930

[7] *Moralidade Administrativa*, RDA 25: 459

ordem jurídica para atingir fins metajurídicos, que não são fins de pública administração. O caráter não jurídico do ato resulta, neste caso, de um abuso que das prerrogativas da Administração faz o órgão dela.

. . . .

Eis porque o exame do desvio de poder não se confunde com o puro exame da legalidade ou da oportunidade do ato: é exame da sua regularidade jurídica, enquanto nela se reflete o intuito moral do agente na escolha do fim concreto a atingir".

No já citado Código de Ética Funcional, lê-se:

"III – A moralidade da Administração Pública não se limita à distinção entre o bem e o mal, devendo ser acrescida da idéia de que o fim é sempre o bem comum. O equilíbrio entre a legalidade e a finalidade, na conduta do servidor público, é que poderá consolidar a moralidade do ato administrativo".

5 O abuso de poder como forma de imoralidade administrativa

Tomada a noção em um sentido lato, pode ter-se por incorporado ao conceito de *imoralidade administrativa*, o *exercício irregular, abusivo do poder*.

A denominada '*Nova Ética Jurídica*' teve, como primeira manifestação, no Direito Administrativo, o exame jurisprudencial do *desvio de poder*, forma de ilegalidade; e a propósito do qual se começou a falar de *moralidade administrativa*.

A *imoralidade administrativa*, considerada sob o enfoque do exercício abusivo do direito, prende-se à doutrina que representou, na Modernidade, *a primeira intromissão da regra moral na esfera do jurídico.*[8] Os poderes dos órgãos públicos são institucionalizados pela lei.

E, ao institucionalizar os poderes, estabelece, a regra jurídica, o respectivo *conteúdo* e regula seu *exercício*.

O *conteúdo* de cada *poder* define o seu objeto, constituído de *capacidades jurígenas* para a prática de *atos jurídicos*; e de *faculdades*, que ensejam o atuar faticamente (*faculdade* e *fato – facto, factual* – têm o mesmo étimo '*fac*'). E marca a extensão, os *limites* respectivos – até onde vão esses poderes e essas faculdades -, o que configura os seus contornos, as suas fronteiras.

Todo esse conjunto é vinculado à lei e constitui campo da *legalidade*.

A *legalidade*, conforme antes acentuado, é a *medida da vinculação* – eis que essa é a vinculação à lei – e abrange o que, em relação aos Poderes Públicos, está preestabelecido no Direito Objetivo, nas regras jurídicas, abarcando a criação dos *poderes* e *faculdades* e a formação de seu *conteúdo*.

Quando o titular do órgão governamental pratica atos e fatos jurídicos sem ter, legalmente, poder ou faculdade para tal, ou, na sua atuação, extrapola os limites do correspondente conteúdo, comete *excesso de poder*, que constitui forma de ilicitude por *ilegalidade*.

A normatização do poder envolve, também, a regulação de seu *exercício*, ou seja, a fixação de *limitações* do mesmo, área igualmente, de vinculação.

---

[8] BRANDÃO, Antonio José. Moralidade Administrativa, *RDA* 25: 456

O extravasamento dessas *limitações* é espécie de ilícito, também sob a forma de atentado à *legalidade*, e constitui, igualmente, *excesso de poder*.

Mas, a par das *limitações legais específicas*, próprias do exercício de determinado poder, existem *padrões de atividade*, que se identificam como *limitações comuns* ao exercício dos poderes em geral, assim como as inerentes, decorrentes, implícitas, virtuais.

O respeito a todo esse conjunto limitativo caracteriza a *regularidade do exercício do poder*, sendo sua face patológica o *abuso de poder*.

É o que se infere, *a contrario sensu*, do disposto no art. 188, I, *in* fine, do Código Civil, que descaracteriza a *ilicitude*, na prática de ato *'no exercício regular de um direito reconhecido'*, não obstante haver a causação de atingimento a direito ou interesse legítimo.

Em outros tópicos, o Código Civil vale-se da noção de *exercício regular do direito*: o art. 153 não considera coação *'a ameaça do exercício normal de um direito'*.

Pontes de Miranda[9] preleciona que a caracterização do *exercício irregular do direito* ou *do poder*, como *ato ilícito*, é a síntese do *princípio do caráter absoluto do exercício dos direitos*, expressado pelos aforismos romanos *'qui iure suo utitur neminem laedit'* e *'nemo iniuria facit qui iure suo utitur'*, com o princípio, oposto, do *'summum ius, summa iniuria'*.

O Direito Penal também tem por causa de *exclusão de ilicitude*, de *antijuridicidade*, não constituindo crime, o fato praticado pelo agente, *'no exercício regular de direito'*, nos termos do art. 23, III, do Código Penal.

Se, para o *exercício do direito*, do *poder*, a lei estabelece *limitações*, é certo que há necessidade de uma *medida complementar* de *mensuração da regularidade*: uma limitação, cujo respeito se impõe, para que o exercício *legal* do direito e do poder seja *regular*. Essa medida é de natureza moral.

Ripert[10] sustenta:

> "A teoria do abuso do direito foi inteiramente inspirada na moral e a sua penetração no domínio jurídico obedeceu a propósito determinado. Trata-se, com efeito, de desarmar o pretenso titular de um direito subjetivo e, por conseguinte, de encarar de modo diverso direitos objetivamente iguais, pronunciando uma espécie de juízo de caducidade contra o direito que tiver sido imoralmente exercido. O problema não é, pois, um problema de responsabilidade civil, mas de moralidade no exercício dos direitos".

Enfim, o exercício *irregular do direito*, o *abuso de poder* é *ilicitude*, englobando a *imoralidade governamental*.

Nesta linha, além do *excesso de poder*, por *ilegalidade estrita*, consistente na violentação das limitações legais de exercício do poder, outra faixa se coloca, e que é a do *abuso*, por *irregularidade lesiva, imoralidades*.

6 A probidade administrativa

A CF de 88 consagra também a *probidade*, com o *bem juridicamente tutelado*.

Nessa linha, conforme já indicado, comina, em seu art. 15, V, a pena de perda ou suspensão dos direitos políticos para o caso de *'improbidade administrativa*, nos termos do art. 37, §4°; o que acarretará a perda do mandato de Deputado ou Senador (art. 55, IV).

---

[9] *Tratado de Direito Privado*, Rio, Borsoi, 3. ed., 1970, II: 291

[10] *La Régle Morale dans les Obligations Civiles*, p. 163

Elenca, ainda, dentre os crimes de responsabilização do Presidente da República, a prática de ato atentatório à *'probidade administrativa'*: art. 85, V.

A Lei nº 8.429, de 02.06.92, caracteriza os *atos de improbidade administrativa* e pune sua prática com sanções políticas, administrativas e cíveis, em razão de seu cometimento.

Vincula-se ao já mencionado §4º do art. 37 da CF, que determina a punição de tais atos.

Distingue a Lei entre os *atos de improbidade administrativa: (a)* que importam *enriquecimento ilícito* (art. 9º); *(b)* aqueles que causam *prejuízo ao Erário* (art. 10); e *(c)* os que atentam contra os princípios da administração pública.

Nota-se, no diploma legal, que há uma mixagem de *princípios*, falando-se de *legalidade, moralidade, honestidade, lealdade institucional:* arts. 4º e 11.

É interessante observar, ainda, que, exatamente no art. 11, que elenca os *atos de improbidade que atentam contra os princípios da Administração Pública*, não se enumera o *princípio da moralidade*, embora este se encontre mencionado no art. 4º citado, dispositivo que, genericamente, nomeia os *princípios* cuja estrita é objeto de obrigação de observância pelo agente público.

É a *ação de improbidade administrativa* instrumento poderoso de repressão dos atos praticados por agentes públicos, ou não, que procedem desonestamente, em relação a valores e bens públicos.

Mas tem havido abusos em seu manejo o que a desprestigia e mostra perigoso elemento de injustiça. Isso ocorre, principalmente, pela não adequada diferenciação entre *moralidade* e *improbidade administrativas*.

O caráter gravoso das penalidades evidencia que o *dolo*, o intuito da obtenção, ou a assunção do risco da produção do resultado do comportamento antijurídico e antiético; e a *consciência do desvalor, da conduta* são necessários para que se configure a *ilicitude*.

Do contrário, teríamos uma *ilicitude* absolutamente *objetiva*, na prática, por exemplo, de ato com *'fim diverso daquele previsto na regra de competência'* (art. 11, I).

Com efeito, o Código Penal Brasileiro, na sua vigente Parte Geral, com conceitos aplicáveis à espécie, inclusive no campo político-administrativo, consagra, dentro da *doutrina finalista*, e para que se configure a *ilicitude*, a necessidade da *reprovabilidade da conduta*.

É necessário, para a identificação dessa, que haja pleno conhecimento e consciência, pelo agente, da *antijuridicidade da conduta e do resultado*; e que aja ele, querendo ou assumindo o risco da provocação do evento.

O equívoco, a interpretação, o entendimento errôneo, mas de boa-fé, afastam o ilícito.

Citemos a jurisprudência:

> *"AgRg no RECURSO ESPECIAL Nº 975.540 – SP (2007/0180690-1) (f)*
> *RELATOR : MINISTRO TEORI ALBINO ZAVASCKI*
> *EMENTA: PROCESSUAL CIVIL E ADMINISTRATIVO. AÇÃO DE IMPROBIDADE ADMINISTRATIVA. CONTRATAÇÃO DE SERVIDORES SEM CONCURSO PÚBLICO. AUSÊNCIA DE ELEMENTO SUBJETIVO (DOLO OU CULPA GRAVE) NA CONDUTA DO DEMANDADO.*
> *1. É firme a jurisprudência do STJ, inclusive de sua Corte Especial, no sentido de que "Não se pode confundir improbidade com simples ilegalidade. A improbidade é ilegalidade tipificada e qualificada pelo elemento subjetivo da conduta do agente. Por isso mesmo, a jurisprudência do STJ considera*

indispensável, para a caracterização de improbidade, que a conduta do agente seja dolosa, para a tipificação das condutas descritas nos artigos 9º e 11 da Lei 8.429/92, ou pelo menos eivada de culpa grave, nas do artigo 10" (AIA 30/AM, Corte Especial, DJe de 27/09/2011).
2. Agravo regimental a que se nega provimento".

Quando a Lei n.º 8.429/92 alude a *'ação ou omissão, dolosa ou culposa'*, nos arts. 5º e 10 – atos que causam prejuízo ao erário – está referindo à *culpa grave* ou *gravíssima, culpa consciente*, que ao *dolo indireto* se equipara, segundo os mais lúcidos conceitos de direito; em seu sentido de *assunção de risco*. Note-se que o agente *assume o risco de produzir o resultado*, não sendo necessário que *assuma, diretamente, o resultado*.

Inteligência diversa é desconforme com a Constituição Federal, que, segundo o exposto, ao identificar os atos de improbidade administrativa, no art. 37, §4º, o faz, para punir o *"mínimo do mínimo ético"*, ou seja, o *"máximo do antiético"*, e, portanto, condutas inspiradas pela intenção específica, pelo especial querer de obter vantagem, de causar dano, de violar princípios, não só com plena consciência da antijuridicidade, mas também com a vontade direcionada para o fim desonesto, desonroso a gravar a desvalia da conduta.

Basta recordar que, desde longa data, a CLT condena o *"ato de improbidade"* praticado pelo empregado, considerando-o como *justa causa* para a rescisão do contrato (art. 482, *a*).

Discorrendo sobre a matéria, Antonio Lamarca[11] sustenta que, para que fique caracterizado o ato de improbidade, faz-se necessária uma ação ou omissão do empregado, mas *"ato ou omissão dolosos, é claro. Conduta, comissiva ou omissiva, porém sempre dolosa"*. No mesmo sentido, a lição do clássico Russomano:[12] *"O ato de improbidade é sempre doloso. Essa é sua principal característica".*

Definitiva, e no mesmo passo, é a lição de Ivan Barbosa Rigolin,[13] ao enfrentar a responsabilidade civil-administrativa do agente quando pratica infrações, de grave configuração, no exercício do seu cargo. No tocante à improbidade administrativa, afirma o festejado Autor que ela somente pode configurar-se quando existente e provado o dolo:

"Improbidade administrativa (quarto tipo) quer dizer desonestidade, imoralidade, prática de ato ou atos ímprobos, com vista a vantagem pessoal ou de correlato do autor, sempre com interesse para o agente. A improbidade é sempre ato doloso, ou seja, praticado intencionalmente, ou cujo risco é inteiramente assumido. Não existe improbidade culposa, que seria aquela praticada apenas com imprudência, negligência, ou imperícia, porque ninguém pode ser improbo, desonesto, só por ter sido imprudente, ou imperito, ou mesmo negligente. Improbidade é conduta com efeitos necessariamente assumidos pelo agente, que sabe estar sendo desonesto, desleal, imoral, corrupto. Chama-se improbidade administrativa aquela havida ou praticada no seio da Administração, já que pode haver improbidade na esfera civil, na vida particular, ou na militância comercial de qualquer pessoa; apenas por referir-se a situações ou fatos ligados à Administração, dentro dela, a L. 8.112, a exemplo de outras leis, denominou aquela improbidade de administrativa".

---

[11] *Manual das Justas Causas,* Revista dos Tribunais, São Paulo, 1977, p. 332.

[12] *Curso de Direito do Trabalho,* 1972, Konfino Editor, p. 215

[13] *Comentários ao Regime Único dos Servidores Públicos Civis,* Saraiva, 1992, p. 225-226.

Assim é que se justifica, serem, cumulativa e taxativamente, cominadas as penalidades político-administrativas mais graves possíveis: a da suspensão dos direitos políticos, o que corresponde à perda temporária da cidadania – e o Constituinte de 88 vinha do trauma recente das cassações políticas – e a perda da função pública.

A imputação de prática de ato de improbidade é a acusação máxima que se pode formular a um agente público, atingindo, de forma irreversível, sua integridade e incolumidade moral, sua honra, como conjunto de predicados e condições da pessoa, e que lhe conferem consideração social e autoestima.

Afronta, portanto, a honra subjetiva e a objetiva; a dignidade, e a honra comum e a funcional.

Grifemos este ponto: não se trata, a ação de improbidade administrativa, de *ação comum*, em que se impugne ato, que o autor da demanda considere dissonante da ordem jurídica.

O que está em julgamento é a própria *pessoa*, do acusado na sua honra, na sua dignidade, ameaçada de perda, até por um decênio, de seu *status civitatis*; e definitiva, de seu *status dignitatis* e de seu *status* funcional.

Tópico relevante é o que diz respeito à *matéria prescricional*, objeto da disposição contida no §5º do art. 37 da CF: *"A lei estabelecerá os prazos de prescrição para ilícitos praticados por qualquer agente, servidor ou não, que causem prejuízos ao erário, ressalvadas as respectivas ações de ressarcimento"*.

Confrontando esse texto com os das versões anteriores, apresentadas no curso do processo elaborativo da Constituição, nos quais se aludia, expressamente, à *imprescritibilidade das ações de reparação*, nos casos de *prejuízos ao erário*, temos sustentado:[14]

> "Com a exclusão do adjetivo imprescritíveis para as ações de ressarcimento, a ressalva com relação a elas passou a significar, apenas, que o prazo prescricional da pretensão e da ação de direito material respectivos é independente do fixado no tocante às sanções punitivas. Em decorrência, ou será a prescrição comum, ordinária, ou outra, específica, mas sem vinculação necessária com a anteriormente referida.
>
> Lembremos que é regra adotada em geral a de que a prescrição, no campo das sanções administrativas, não pode ser maior do que a relativa às penas criminais, referentes ao mesmo fato.
>
> Vimos que, nos textos primitivos da Constituinte, a regra era a imprescritibilidade no que tange à punição de todas as espécies, o que, depois, foi limitado às ações de ressarcimento, mas veio a ser, a final, também, eliminado".

Informação bibliográfica deste texto, conforme a NBR 6023:2002 da Associação Brasileira de Normas Técnicas (ABNT):

FERREIRA, Sérgio de Andrea. Moralidade e probidade administrativas. *In*: PONTES FILHO, Valmir; MOTTA, Fabrício; GABARDO, Emerson (Coord.). *Administração Pública*: desafios para a transparência, probidade e desenvolvimento. XXIX Congresso Brasileiro de Direito Administrativo. Belo Horizonte: Fórum, 2017. p. 335-348. ISBN 978-85-450-0157-7.

---

[14] *Comentários à Constituição*, Rio, Freitas Bastos, 1991, p.313.

A ADMINISTRAÇÃO PÚBLICA E A MEDIAÇÃO

SILVIO LUÍS FERREIRA DA ROCHA

1 Considerações gerais

A mediação é definida pela Lei nº 13.140, de 26 de junho de 2015, como a "atividade técnica exercida por terceiro imparcial sem poder decisório, que, escolhido ou aceito pelas partes, as auxilia e estimula a identificar ou desenvolver soluções consensuais para a controvérsia". O novo Código de Processo Civil previu, também, a figura do mediador ao estabelecer que ele "auxiliará aos interessados a compreender as questões e os interesses em conflito, de modo que eles possam, pelo restabelecimento da comunicação, identificar, por si soluções consensuais que gerem benefícios mútuos" (art. 165, §3º). Em princípio a mediação é forma de composição de litígios desprovida de força coercitiva, na medida em que, diferentemente da arbitragem, o conciliador não está investido de poder decisório. Além disso, como mediador não lhe cabe propor soluções para os litigantes.

Explica-a o Conselho Nacional de Justiça em seu *site*:

> A Mediação é uma forma de solução de conflitos na qual uma terceira pessoa, neutra e imparcial, facilita o diálogo entre as partes, para que elas construam, com autonomia e solidariedade, a melhor solução para o problema. Em regra, é utilizada em conflitos multidimensionais, ou complexos. A Mediação é um procedimento estruturado, não tem um prazo definido, e pode terminar ou não em acordo, pois as partes têm autonomia para buscar soluções que compatibilizem seus interesses e necessidades.
>
> A conciliação é um método utilizado em conflitos mais simples, ou restritos, no qual o terceiro facilitador pode adotar uma posição mais ativa, porém neutra com relação ao conflito e imparcial. É um processo consensual breve, que busca uma efetiva harmonização social e a restauração, dentro dos limites possíveis, da relação social das partes.

A mediação submete-se a alguns princípios, entre eles, o da independência, o da imparcialidade, o da autonomia da vontade, da confidencialidade, da oralidade, da informalidade.

O princípio da independência significa que o mediador não deve ser dependente de nenhuma das partes envolvidas e muito menos, em atenção à imparcialidade, desejar que uma delas tenha êxito na demanda em detrimento da outra. Assim, no exercício de sua função o mediador não está vinculado a ordens ou exigências superiores que possam determinar-lhe o modo de conduzir o exercício de suas funções, exceto o dever de aplicar boas técnicas negociais.

Pela autonomia privada, a parte é livre para não aceitar a mediação. Por essa razão estipula o artigo 2º, parágrafo 2º, da referida lei que "ninguém será obrigado a permanecer em procedimento de mediação", mesmo quando houver cláusula firmada nesse sentido, hipótese em que a parte deverá comparecer, tão somente, a primeira reunião de mediação para depois liberar-se da obrigatoriedade de permanecer (artigo 2º, parágrafo primeiro da Lei). A parte também é livre para definir as regras procedimentais que irão presidir a mediação (artigo 166, §4º do CPC).

A mediação, pelo princípio da confidencialidade, exige o sigilo sobre as informações produzidas no procedimento, que, então, não poderão ser usadas para finalidade diversa daquela prevista, exceto se houver deliberação expressa das partes noutro sentido (artigo 166, §1º do CPC). O segredo recairia sobre as declarações, opiniões, reconhecimento, depoimentos, informes, minutas, estudos, dados produzidos para a mediação. O dever de confidencialidade incide sobre o mediador, partes, advogados, técnicos, servidores e demais pessoas que tenham participado do procedimento de mediação e nessa qualidade tiveram acesso às informações veiculadas na intimidade do procedimento.

A mediação é uma atividade informal, com ênfase na oralidade e não na produção de textos escritos.

O objeto da mediação – por ser meio de composição desprovido de força – segundo a lei é amplo e pode incidir sobre direitos disponíveis ou sobre direitos indisponíveis que admitam a transação, hipótese em que o consenso das partes que envolvam direitos indisponíveis, mas transigíveis, deva ser homologado em juízo, após a oitiva do Ministério Público.

2 O problema

Aqui temos um ponto controvertido na medida em que a ideia de indisponibilidade impediria a possibilidade de qualquer acordo acerca das providências tomadas pelo Poder Público. Como regra, a ideia de indisponibilidade afasta a possibilidade de qualquer transação, perdão, renúncia ou inércia do poder público em relação ao objeto jurídico caracterizador do interesse público, pois, com efeito, a indisponibilidade do interesse público significa que interesses qualificados como próprios da coletividade não se encontram à livre disposição de quem quer que seja e, assim, o próprio órgão administrativo que os representa não tem disponibilidade sobre eles, no sentido de que lhe incumbe apenas curá-los.

A indisponibilidade do interesse público pela Administração a impede de dispor sobre eles segundo sua livre vontade, de modo que o agir da Administração orienta-se pela legalidade, finalidade, isonomia, publicidade, controle e obrigatoriedade do exercício e da indisponibilidade, decorre, por exemplo, a tutela dos interesses públicos pela observância de regras de sujeição, como a obrigatoriedade de prévia licitação para contratar ou alienar bens públicos e institutos como a inalienabilidade, a impenhorabilidade e a imprescritibilidade relativa de bens públicos.

Essa objeção, no entanto, perde força ante a própria autorização legislativa, que dotou a Administração Pública de competência para criar câmaras de resolução administrativa e outorgou-lhes competência para "avaliar a admissibilidade dos pedidos de resolução de conflitos, por meio de composição, no caso de controvérsia entre particular e pessoa jurídica de direito público" (art. 32, II). Assim, salvo melhor juízo, as citadas câmaras de resolução administrativa de conflitos devem, a pedido da parte interessada, analisar a possibilidade de instaurar o procedimento de mediação para a solução de conflitos no caso de controvérsia entre o particular e a pessoa jurídica de direito público.

Por isso, o Painel do qual participei no XXIX Congresso Brasileiro de Direito Administrativo cujo tema era "Intervenções administrativas, poder de polícia e desapropriação: relevância e proporcionalidade da atuação estatal" continha a seguinte pergunta: *Seria admissível no ordenamento jurídico vigente a criação de órgãos administrativos para a mediação e a arbitragem em casos de intervenção do Estado na propriedade e exercício do poder de polícia – inclusive podendo cancelar ou reduzir penas?*

Estamos diante de duas possíveis manifestações estatais: a intervenção do Estado na propriedade e o exercício do poder de polícia. Em outras palavras, diante de casos de sacrifícios de direito ou limitações à liberdade e a propriedade. No sacrifício de direito a Administração Pública fundada numa causa de interesse público ou social investe contra o direito do administrado regularmente constituído e o enfraquece ou o aniquila, mediante o pagamento de justa e prévia indenização com fundamento no princípio da igualdade que ordena a justa repartição dos ônus entre os membros de uma coletividade, enquanto nas limitações à liberdade e a propriedade, nova denominação para a expressão *poder de polícia*, a atividade da Administração Pública, expressa em atos normativos ou concretos, condiciona, com fundamento em sua supremacia geral e na forma da lei, a liberdade e a propriedade dos indivíduos.

3 Atuação unilateral da administração pública

Em decorrência do exercício dessas duas atividades, poderia o Estado aceitar uma mediação e encontrar uma solução que não fosse aquela resultante do exercício de sua competência unilateral?

Sabemos que a unilateralidade e os atributos dela derivado representam algumas das características da atuação administrativa, pois da própria supremacia do interesse público sobre o privado é possível fundamentar os poderes exorbitantes reconhecidos em favor da Administração Pública. Com efeito, da *supremacia* resulta para a Administração posição *privilegiada* do órgão encarregado de zelar pelo interesse público e de exprimi-lo nas relações com os particulares, pois dela decorre: (a) a possibilidade de constituir terceiros em obrigações mediante atos unilaterais. Tais atos são imperativos e trazem consigo a decorrente exigibilidade, traduzida na previsão legal de sanções ou providências indiretas que induzam o administrado a acatá-los. (b) a possibilidade de a Administração revogar os próprios atos inconvenientes ou inoportunos e o dever de anular os atos inválidos que haja praticado, denominado princípio da autotutela dos atos administrativos.

Alguns atos ensejam ainda possa a própria Administração por si mesma executar a pretensão traduzida no ato, sem a necessidade de recorrer às vias judiciais para obtê-la, o que denominamos de autoexecutoriedade dos atos administrativos, qualidade presente quando a lei expressamente a admite ou quando a providência for urgente a ponto de demandá-la de imediato por existir sério risco de perecimento do interesse público.

4 Administração pública consensual

É certo que há tendência contemporânea que sustenta o abandono pela Administração Pública dessa unilateralidade e a adoção de procedimentos bilaterais informados pela consensualidade. É a chamada Administração Pública consensual. O século XX legou-nos visíveis múltiplos sinais de profundas transformações da intensidade e das modalidades de intervenção pública no espaço social e das soluções institucionais adotadas para a realização dos interesses públicos. Dessas transformações, cabe-nos destacar o reforço do papel dos atores privados no domínio da realização dos interesses públicos e a substituição de mecanismos unilaterais de decisão e tutela dos interesses públicos por mecanismos bilaterais, como o contrato e outros instrumentos jurídicos. Insere-se, nesse contexto, uma tendência em privilegiar as formas convencionais de constituição de obrigações em lugar das formas tradicionais de constituição unilateral por meio da edição do ato administrativo, que marcou a Administração Pública. Essa tendência pode sustentar concepções inter-relacionadas como a crescente utilização pela Administração Pública de formas jurídicas privadas, o que constituiria o que Fritz Fleiner, segundo Maria João Estorninho, chamou de *fuga para o Direito Privado*[1] ou a um modelo de Administração Pública Consensual.[2]

A base desse modelo, designado como Administração Pública Consensual, seria a "substituição das relações baseadas na subordinação ou comando por relações fundadas na discussão e na troca".[3] Certos autores, por isso, defendem a existência de um *módulo consensual* da Administração Pública que englobaria todos os ajustes – não somente o contrato administrativo – passíveis de serem empregados pela Administração Pública na consecução de suas atividades e atingimento de seus fins.[4]

Em minha opinião, a atuação da Administração Pública continua a ser preferencialmente unilateral, especialmente quando ela for determinante para preservar os interesses públicos acolhidos pelo ordenamento jurídico. Assim, afora os casos expressos, contratações públicas, por exemplo, a consensualidade no âmbito da Administração Pública constitui exceção e somente deve ser utilizada quando esse meio revelar-se benéfico para a Administração Pública em comparação com a atuação unilateral, o que a nosso ver ocorreria em situações em que não se vislumbra um direito pré-constituído inconteste em favor da Administração Pública, mas, quando muito, um interesse ou uma situação que ainda precisa ser aclarada por elementos probatórios.

---

[1] ESTORNINHO, M. *A Fuga Para o Direito Privado*: Contributo para o Estudo da Actividade de Direito Privado da Administração Pública, Coleção Teses, Coimbra: Almedina, p.11.

[2] OLIVEIRA, Gustavo Justino de. *Contrato de Gestão*. São Paulo: Revista dos Tribunais, p.56

[3] OLIVEIRA, Gustavo Justino de. *Contrato de Gestão*. São Paulo: Revista dos Tribunais, p.46

[4] OLIVEIRA, Gustavo Justino de. *Contrato de Gestão*. São Paulo: Revista dos Tribunais, p.46.

5 Conclusão

Cumpre diferenciar a mediação da arbitragem, pois esta última é forma coercitiva de resolução de demanda que verse exclusivamente sobre direito disponível. Com efeito, o juízo arbitral instaura-se pela renúncia das partes à via judicial e a entrega da solução da lide a pessoas desinteressadas, cuja decisão produz entre as partes e seus sucessores os mesmos efeitos da sentença dada pelos órgãos do Poder Judiciário. A nós nos parece que o recurso à arbitragem pela Administração Pública não seja tranquilo por que apenas os chamados direitos patrimoniais da Administração Pública é que poderiam ser objeto de exame no procedimento arbitral.

O mesmo já não ocorre com a mediação que, como visto, é apenas uma atividade técnica exercida por terceiro imparcial sem poder decisório, que auxilia as partes e as estimula a identificar ou desenvolver soluções consensuais para a controvérsia.

Assim, nós admitimos o recurso à mediação como forma de autocomposição de conflitos perante a Administração Pública quando:

a) houver controvérsia acerca do direito formativo da Administração Pública em função da baixa densidade normativa do dispositivo decorrente de sua vaguidade, ambiguidade, indeterminação, falta de clareza, que provoca dúvidas interpretativas razoáveis acerca da extensão e intensão do direito em favor da Administração Pública;

b) a solução proposta pela mediação, além de tutelar de forma razoável o interesse da Administração lhe seja mais eficiente, célere e condizente.

Nestes casos, desde que devidamente fundamentado, a Administração Pública poderá fazer uso da mediação como uma alternativa à clássica forma de composição judicial dos litígios.

Referências

OLIVEIRA, Gustavo Henrique Justino de. *Contrato de Gestão*. São Paulo: Revista dos Tribunais, 2008.

ESTORNINHO, Maria João. *A Fuga Para o Direito Privado: Contributo para o Estudo da Actividade de Direito Privado da Administração Pública*. Coimbra: Almedina, 1994.

Informação bibliográfica deste texto, conforme a NBR 6023:2002 da Associação Brasileira de Normas Técnicas (ABNT):

ROCHA, Silvio Luís Ferreira da. A administração pública e a mediação. *In*: PONTES FILHO, Valmir; MOTTA, Fabrício; GABARDO, Emerson (Coord.). *Administração Pública*: desafios para a transparência, probidade e desenvolvimento. XXIX Congresso Brasileiro de Direito Administrativo. Belo Horizonte: Fórum, 2017. p. 349-353. ISBN 978-85-450-0157-7.

INTERVENÇÃO DIRETA DO ESTADO NA ECONOMIA POR PARTICIPAÇÕES MINORITÁRIAS: FORMAS REQUISITOS E RAZOABILIDADE

THIAGO MARRARA
EMANUELLE URBANO MAFFIOLETTI

1 Introdução

As práticas quotidianas demandam da ciência do direito administrativo uma abordagem teórica cada vez mais alargada dos instrumentos de intervenção direta do Estado na economia. Tradicionalmente, dirige-se a atenção às situações em que o Estado ingressa no mercado por meio de suas próprias entidades de direito privado. Isso ocorre tanto na chamada *intervenção direta por absorção*, na qual o Estado explora um bem ou uma atividade sob regime de monopólio artificial ancorado na Constituição, quanto na *intervenção direta por participação*, na qual as entidades estatais se inserem em mercados pré-existentes ou mesmo abrem segmentos sem vedar a concorrência de agentes econômicos não estatais. Marcante para a intervenção participativa não é a simples existência de outros agentes, mas sim a manutenção da garantia constitucional da livre-iniciativa e da livre-concorrência em razão da falta de uma monopolização artificial.

Quando a intervenção assume finalidade participativa, a entrada do Estado no mercado se viabiliza em geral por meio da criação de empresas estatais e sempre depende de chancela do povo por meio do Legislativo. De acordo com o art. 37, XIX da Constituição da República, somente por lei específica da respectiva esfera federativa deverá ser autorizada a instituição de empresa pública ou de sociedade de economia mista. Fora isso, é condição essencial à criação dessas sociedades a comprovação da necessidade de se tutelar a segurança nacional ou de se promover relevante interesse coletivo – nos termos do art. 173, *caput* da Constituição, dispositivo que consagra o princípio da subsidiariedade da atuação econômica estatal.

Ao Estado cabe sempre direcionar os seus esforços e recursos para tarefas imprescindíveis à dignidade humana, com os serviços públicos econômicos, sociais e culturais, ou as atividades essenciais à justiça. A sua atuação na economia de forma aberta pressupõe que se demonstre a imprescindibilidade da proteção de imperativos de segurança ou de um interesse coletivo bem delimitado. Reitere-se: não basta um motivo a justificar a intervenção (segurança ou interesse coletivo). É preciso que ela se revele necessária para resguardar esses objetos e não possa ser substituída por medida mais branda como o fomento, a regulação, o exercício da polícia administrativa e a intervenção mediante participações minoritárias em empresas privadas.

É nesse contexto, portanto, que ganham relevância e utilidade as participações acionárias do Estado em empresas privadas com ou sem o exercício de poder de controle. De modo geral, como uma forma abrandada de entrada direta na economia, essas participações basicamente se desdobram nas três seguintes modalidades: a *participação acionária majoritária*; a *participação minoritária simples* e a *participação minoritária com poderes especiais* que podem ocasionar privilégios ao Estado no exercício de certos direitos societários. No entanto, a doutrina especializada e as normas de direito administrativo nem sempre diferenciam essas hipóteses e detalham o regime jurídico aplicável a cada uma. Destaca Bernardo Strobel Guimarães que, apesar do reconhecimento da diversidade de tipos de participação acionária do Estado, faltam normas legais sobre o assunto, o que gera várias disputas acerca do sentido e efeito dessas técnicas.[1]

No intuito de contribuir para a elucidação e compreensão do tema e, sobretudo, do grau de incidência do direito administrativo sobre empresas privadas, esse estudo traz debates sobre alguns aspectos gerais das participações societárias do Estado, sobretudo as minoritárias. Parte-se do exame das sociedades controladas e das subsidiárias integrais e, em seguida, abordam-se as formas de participação minoritária e sua relação com a ideia de entidade controlada pelo Estado. Verificam-se então aspectos da participação minoritária simples e da participação minoritária com poderes especiais, entrando-se logo em seguida na discussão sobre as razões dessa técnica de intervenção e seus inconvenientes práticos. Enfim, apontam-se alguns dos requisitos de legalidade desta participação acionária, destacando-se a problemática da autorização pelo Legislativo e pelo Executivo, bem como a necessidade de respeito às finalidades institucionais dos entes privados da Administração Indireta que adquirem as participações.

2 Subsidiárias, subsidiária integral e sociedade controladas

Como os conceitos de sociedade controlada e de subsidiária se relacionam? De que modo eles foram tratados pelo ordenamento jurídico brasileiro? A construção de respostas a essas duas indagações inaugurais é imprescindível ao estudo das várias formas de participação acionária do Estado em sociedades privadas, sobretudo porque, no direito administrativo, o tema das controladas e das subsidiárias é objeto de estudos e de normatização mais detalhada que o da participação minoritária. Todavia, a maior densidade normativa, como se verá, não permite afirmar que reine consenso sobre os conceitos de entidades controladas e subsidiárias, problema que dificulta a delimitação jurídica precisa dos vários tipos de intervenção direta do Estado na economia.

---

[1] GUIMARÃES, Bernardo Strobel. A participação de empresas estatais no capital de empresas controladas pela iniciativa privada: algumas reflexões. In: MARQUES NETO, Floriano; MENEZES DE ALMEIDA, Fernando; NOHARA, Irene Patrícia; MARRARA, Thiago (org.). *Direito e administração pública: estudos em homenagem à Maria Sylvia Zanella Di Pietro*. São Paulo: Atlas, 2013, p. 387.

No art. 37, XX, a Constituição da República reconhece a possibilidade de criação de "subsidiárias" das *entidades* previstas no inciso anterior", ou seja, a criação de subsidiária para todas as entidades da Administração Indireta, incluindo as subsidiárias de sociedades de economia mista, de empresas públicas, autarquias e fundações estatais. De acordo com o dispositivo em comento, a "subsidiária" não se resume à figura da subsidiária de sociedades empresariais.[2] Por isso, ela tampouco se confunde com o instituto de "subsidiária integral", o qual encontra previsão no art. 251 da Lei de Sociedade por Ações (Lei n. 6.404/1976 – Lei S.A.) como sociedade unipessoal específica.

A subsidiária integral é uma pessoa jurídica cujo regime jurídico é o de uma sociedade anônima, tendo por *única acionista* qualquer *sociedade brasileira*. A subsidiária integral poderá ser constituída de forma originária, com a intenção expressa por parte da sociedade brasileira em escritura pública, ou derivada, quando a constituição se der por meio da operação societária de aquisição da totalidade de ações de anterior sociedade anônima para convertê-la em subsidiária integral (art. 252, LSA). Na essência, reitere-se, a subsidiária integral corresponde a tipo próprio de direito privado cuja particularidade reside no fato de ter um único acionista como titular de suas ações, o qual é, por decorrência lógica, seu controlador totalitário.

Apesar de empregarem o termo *subsidiária*, o instituto jurídico da *entidade subsidiária* previsto na Constituição Federal difere do conceito de *subsidiária integral* da LSA. Nada impede que o Estado formalize alguma de suas *subsidiárias* como verdadeira *subsidiária integral*, mas para isso será preciso que sobre uma sociedade empresarial ele detenha, por meio de alguma sociedade sua, todas as ações da subsidiária integral. Isso mostra que o conceito de ente subsidiário do art. 37, XX da Constituição é muito mais alargado que o de sociedade subsidiária integral. A entidade *subsidiária*, no sentido dado pela Constituição, atrela-se a qualquer ente da Administração Indireta, não somente às empresas estatais. Além disso, o conceito constitucional não se vincula apenas à forma societária. Desse modo, por exemplo, uma autarquia poderá desempenhar o papel de ente subsidiário em relação a outra.

Para além da problemática dos conceitos de *entidade subsidiária* e de *sociedade subsidiária integral*, cabe averiguar a essência das *sociedades controladas* pelo Estado. Conquanto o art. 37, XX da Constituição não mencione essa figura, existem diversos outros dispositivos constitucionais que a ela se referem. O art. 37, XVII, por ilustração, estende a vedação de acumulação de cargos, empregos e funções públicas às sociedades controladas pelo Estado. O art. 163, II determina a submissão das controladas à legislação que trata sobre dívida pública interna e externa e o art. 202, §4º refere-se à relação entre entes estatais, inclusive sociedades controladas pelo Poder Público, e suas entidades fechadas de previdência privada.

---

[2] Confirma esse conceito alargado de entidade subsidiária previsto no texto constitucional o anteprojeto de Lei de Nova Organização Administrativa redigido em 2009 por Almiro do Couto e Silva, Carlos Ari Sundfeld, Floriano de Azevedo Marques Neto, Maria Coeli Simões Pires, Maria Sylvia Zanella Di Pietro, Paulo Eduardo Garrido Modesto e Sérgio de Andrea Ferreira. Nos termos do art. 9º, §1º do anteprojeto, são subsidiárias: "I – das autarquias, as empresas estatais, fundações estatais e autarquias por elas controladas; II – das empresas estatais, as empresas estatais e as fundações estatais por elas controladas; III – das fundações estatais, as empresas estatais e fundações estatais por elas controladas". Essa proposta de lei desdobra o mandamento constitucional para consagrar a subsidiária como uma entidade vinculada a ente público ou privado inserido na Administração Indireta. No entanto, sua redação reduz o conceito, pois restringe as subsidiárias a entidades unicamente estatais! Isso leva a conclusão de que a definição do anteprojeto não inclui pessoas jurídicas privadas não-estatais, mas cujas ações são eventualmente adquiridas por ele, inclusive por doação, herança etc.

Na Lei Geral de Licitações e Contratos, a referência à sociedade controlada também é expressa e aparece em alguns dispositivos importantes (art. 1º, parágrafo único e art. 24, XXIII).[3] Com isso, a lei permite beneficiar essas sociedades com a contratação direta por dispensa de licitação realizada pelas sociedades estatais controladoras, desde que o preço de seus produtos ou serviços acompanhe o de mercado. Apesar disso, nem esses dispositivos ou qualquer outro da Lei nº 8.666/1993 definem o que se entende por controlada.

Uma definição da expressão se encontra na Lei Complementar nº 101/2.000 (Lei de Responsabilidade Fiscal). No intuito de delimitar a sua aplicabilidade, esta lei considera empresa controlada a "sociedade cuja *maioria do capital social com direito a voto* pertença, *direta ou indiretamente*, a ente da Federação" (art. 2º, inciso III). O dispositivo revela que o conceito de controlada abrange as situações em que uma empresa estatal detenha tanto a totalidade das ações quanto a maioria do capital social com direito de voto de sociedade anônima. Nesse sentido, o conceito de controlada abarcaria o de subsidiária integral. Além disso, a definição da LRF abrange as situações de controle estatal indireto, que envolve as situações de controle por meio de estruturas societárias organizadas verticalmente. Esse seria o caso do controle obtido pelo Estado sobre uma empresa privada cujo capital majoritário com direito a voto não pertença a uma única empresa estatal, mas sim a um conjunto delas. O controle derivaria da somatória das participações estatais considerando-se o arranjo empresarial em sentido vertical.

Uma das falhas da definição contida na LRF consiste em ignorar o fato de que o controle não necessariamente resulta da propriedade da maioria do capital social. Nada impede que ele seja obtido por acionistas minoritários, por exemplo, que se organizam com base em acordos de acionistas. A doutrina administrativista acompanha esse entendimento. Marçal Justen Filho define a controlada como "pessoa jurídica de direito privado, constituída sob forma societária, que se encontra sob controle da Administração Pública".[4] Além de não reconhecer a titularidade da maioria do capital social como elemento essencial da definição, o autor explica que a utilidade da controlada emerge nos processos de organização da atividade empresarial e que ela se destina a "promover maior eficiência gerencial no desempenho da atividade atribuída a uma entidade integrante da Administração indireta",[5] mas sem se confundir com a sociedade de economia mista ou a empresa pública controladora. Por isso, não se lhe aplica o regime jurídico publicístico que em parte incide sobre tais entidades estatais.[6] Referida conclusão quanto à relação das controladas com a Administração Indireta não é, porém, aceita de modo consensual. José dos Santos Carvalho Filho entende que a

---

[3] Art. 24, XXIII, é dispensável a licitação "na contratação realizada por empresa pública ou sociedade de economia mista com suas subsidiárias e *controladas*, para a aquisição ou alienação de bens, prestação ou obtenção de serviços, desde que o preço contratado seja compatível com o praticado no mercado".

[4] JUSTEN FILHO, Marçal. *Curso de direito administrativo*, 10. ed. São Paulo: Revista dos Tribunais, 2014, p. 312. O Anteprojeto da Lei de Organização Administrativa também segue nesta linha, cujo art. 15, parágrafo único, descreve a controlada como a empresa na qual outra empresa estatal "é titular de direitos que lhe asseguram, de modo permanente, preponderância nas deliberações ou o poder de eleger a maioria dos administradores". Essa definição mostra-se mais realista na medida em que reconhece o poder de controle independentemente da propriedade majoritária do capital social, além de ressaltar a necessidade de que o controle seja duradouro.

[5] JUSTEN FILHO, Marçal. *Curso de direito administrativo*, 10. ed. São Paulo: Revista dos Tribunais, 2014, p. 312.

[6] JUSTEN FILHO, Marçal. *Curso de direito administrativo*, 10. ed. São Paulo: Revista dos Tribunais, 2014, p. 313.

controlada pertence à Administração Indireta, uma vez que objetiva explorar um dos segmentos específicos da entidade primária, a cujo controle integral ela se sujeita.[7][8]

Diante da celeuma, parece importante resgatar conceitos legislativos e doutrinários de direito societário sobre o *controle*. Nos termos do art. 116 da LSA, o controlador é a pessoa natural ou jurídica, individual ou em grupo (vinculadas por acordo de acionistas) que: "diretamente ou através de outras controladas (controle em cascata), é titular de direitos de sócio que lhe assegurem, de modo permanente, a preponderância nas deliberações sociais e o poder de eleger a maioria dos administradores".[9]

A doutrina, porém, não se restringe ao conceito legal deste *controle interno*.[10] Em clássico estudo sobre o tema, Adolf Berle e Gardiner Means[11] identificaram possíveis formas internas de controle independentemente da participação, tendo como premissa a separação entre o controle e a propriedade na empresa moderna norte-americana. Fábio Konder Comparato destaca as principais formas de controle interno correlacionadas ao estudo de Berle e Means e nesse sentido aponta o controle totalitário, majoritário, minoritário e gerencial.[12] Isso evidencia que há outras formas de exercício de controle além das reconhecidas em grande parte das companhias brasileiras (basicamente a forma de *controle totalitário*, exercido no caso da subsidiária integral, ou a forma de *controle majoritário*, no qual o controlador ou grupo de controladores possui a maioria das ações). Ou seja, além dos controles totalitários e majoritários, o autor reconheceu a existência do *controle minoritário* nas companhias em que a composição acionária é diluída, onde o controle pode resultar de somatórias de mínimas participações societárias. Ou, ainda, o *controle gerencial* da sociedade, que ocorre naquelas sociedades

---

[7] CARVALHO FILHO, José dos Santos. *Manual de direito administrativo*, 26. ed. São Paulo: Atlas, 2013, p. 499.

[8] O anteprojeto de Lei de Nova Organização Administrativa também trata do assunto e caminha em sentido semelhante. De acordo com o art. 9º, *caput*, "as entidades estatais podem ter subsidiárias, que se integram à administração indireta, devendo sua instituição observar o disposto nos incisos XIX e XX do art. 37, da Constituição". De outra parte, conforme proposta do anteprojeto, excluir-se-iam da Administração Indireta as sociedades cuja parte do capital seja adquirida pelo Estado, inclusive aquelas que atuam fora do território nacional e sob legislação estrangeira, bem como as entidades fechadas de previdência complementar. Essa participação acionária teria que ser autorizada em lei, mas as sociedades não sofreriam influência significativa do direito administrativo por não participarem da Administração Pública, ressalva feita às normas de controle dos investimentos estatais e da probidade administrativa, principalmente no intuito de coibir o abuso de influência exercido por agente público sobre essas sociedades não estatais. Infelizmente, essas disposições parecem não ter atingido a clareza necessária. Ao se confrontar o art. 10, I com o art. 9º, II do anteprojeto, nota-se uma falha, ou melhor, uma contradição. O art. 9º, II menciona sociedades controladas que se enquadrariam no conceito de subsidiária e fariam parte da Administração Indireta. Já o art. 10, I menciona sociedades igualmente controladas, mas excluídas do conceito de subsidiária e da Administração Indireta. Acentue-se: em ambas as situações haveria controle estatal e se exigiria autorização legislativa. O que, então, permitiria dizer que umas sociedades entram na Administração Indireta e outras não? O anteprojeto diferencia as sociedades, mas não esclarece esse ponto. Para se solucionar a contradição, seria necessário entender a empresa subsidiária mencionada no anteprojeto como subsidiária *integral*. Assim, as entidades sob titularidade acionária integral do Estado participariam da Administração Indireta; as sociedades em que o Estado tivesse participação acionária parcial, com ou sem controle, com ou sem maioria votante, estariam excluídas da Administração Indireta.

[9] VERÇOSA, Haroldo Malheiros Duclerc, *Direito Comercial – Sociedade por ações*, v. 3, 3. ed. São Paulo: Revista dos Tribunais, 2012, p. 674.

[10] Para fins de precisão conceitual, considera-se controle interno o controle gerado pela participação societária, ou seja, existe uma relação societária entre o controlador e o controlado.

[11] BERLE, Adolf. A.; MEANS, Gardiner C. *The modern corporation and private property*. New York: MacMillan, 1940.

[12] COMPARATO, Fábio Konder; SALOMÃO FILHO, Calixto. *O poder de controle da sociedade anônima*, 5. ed., Rio de Janeiro: Gen-Forense, 2008, p. 51-88.

cujas composições acionárias são diluídas e os acionistas tendem a autorizar os administradores a representarem seus interesses em assembleias, conferindo-lhes, indiretamente, o controle.

Calixto Salomão Filho acresce ainda uma quinta forma de controle interno, a saber: o controle gerencial de direito, que é exercido pelos administradores, mas não em decorrência da diluição acionária.[13] A hipótese corresponde ao controle exercido pelos administradores a partir de autorizativo estatutário, porém mediante poderes delimitados pelos acionistas titulares de ações especiais, a exemplo da *golden share*.

Além dessas formas de *controle interno*, reconhece-se ainda o *controle externo*, que, está fora do campo dos controles decorrentes da participação acionária.[14] Aquele é configurado a partir de uma *situação jurídica* ou *situação de fato* que influencia de forma dominante os rumos empresariais ou patrimoniais de certa companhia.[15] É o caso da interferência externa exercida pelo Estado (com a força das autarquias e agências regulatórias) em relação à empresa, a qual poderá ser determinante para aprovar, por exemplo, uma operação de incorporação. Esse *controle externo* inclui, ainda, a situação na qual o Estado condiciona a concessão de empréstimos ou benefícios fiscais à interferência nos preços ou na atividade econômica, bem como os casos de determinação da intervenção na sociedade e de liquidação de uma instituição financeira.[16]

A partir dessas noções de controle extraídas da doutrina e da legislação no direito público e no direito privado, fica evidente que o significado de entidade controlada pode ser muito mais amplo do que o conceito dado pela Lei de Responsabilidade Fiscal. Criteriosamente pode-se dizer que o controle de companhias poderá ser exercido pelo Estado no sentido restrito (interno e majoritário ou totalitário no caso da empresa púbica ou subsidiária integral), de acordo com os ditames da Lei de S.A. Ou, ainda, por meio de outras formas de atuação do Estado que caracterizam o controle interno gerencial de direito ou externo (de fato), que ocorre, por exemplo, mediante a intervenção estatal em uma empresa privada determinada com base em leis administrativas, como a que rege o Sistema Brasileiro de Defesa da Concorrência. E, reconhece-se que todas estas formas de controle podem repercutir na interferência estatal na exploração da atividade econômica, com o potencial de modelar a atividade econômica e a evolução deste agente econômico privado no mercado.

Ao se referir às empresas controladas pelo Estado em várias normas constitucionais, não parece possível afirmar com segurança que o legislador tenha tido o intuito de abranger todas as variadas hipóteses de controle interno e externo. Em verdade, há indícios de que tais normas se refiram basicamente aos casos de controle totalitário e majoritário pelo Estado. No entanto, diante da dúvida e da pluralidade das formas de controle, mais adequado que forçar doutrinariamente uma definição genérica de empresa controlada pelo Estado é interpretar as normas públicas em debate de modo logico

---

[13] COMPARATO, Fábio Konder; SALOMÃO FILHO, Calixto. *O poder de controle da sociedade anônima*, 5. ed. Rio de Janeiro: Gen-Forense, 2008, p. 76-78.

[14] CARVALHOSA, Modesto. *Comentários à Lei de Sociedades Anônimas*, v. 2. São Paulo: Saraiva, 1998, p. 435.

[15] SALOMÃO FILHO, Calixto. In: Comparato, Fábio Konder; SALOMÃO FILHO, Calixto. *O poder de controle da sociedade anônima*, 5. ed. Rio de Janeiro: Gen-Forense, 2008, p. 89-90, nota de texto número 15.

[16] COMPARATO, Fábio Konder; SALOMÃO FILHO, Calixto. *O poder de controle da sociedade anônima*, 5. ed., Rio de Janeiro: Gen-Forense, 2008, p. 91-101.

e teleológico à luz de cada mandamento específico. Nessa mesma linha de raciocínio, parece temerário afirmar categoricamente que toda empresa controlada pelo Estado ingressará de modo automático no campo da Administração Indireta e em seu regime.

3 Participação minoritária como forma de intervenção estatal

A Constituição não aborda de modo preciso e abrangente o tema das participações minoritárias do Estado em empresas privadas. De um lado, encontra-se a sutil menção à participação societária "remanescente" em norma sobre a privatização de empresas estatais (art. 81 da ADCT com redação dada pela EC 31/2000). De outro, reconhece-se implicitamente a participação minoritária no art. 37, XX da CF, conforme o qual depende de autorização legislativa, em cada caso, a participação de sociedade de economia mista ou de empresa pública em empresa privada. Esse dispositivo constitucional não qualifica o tipo de participação, nem se refere ao controle, daí ser possível afirmar que ele abrange as participações majoritárias, as minoritárias com poderes especiais e as minoritárias simples.

Já a Lei das S.A. claramente aceita que sociedades de economia mista participem, com capital minoritário, de empresas não estatais. Por força do art. 235, §2º, "as companhias de que participarem, majoritária ou *minoritariamente*, as sociedades de economia mista, estão sujeitas ao disposto nesta Lei, sem as exceções previstas neste capítulo". Com esse mandamento, o legislador pretendeu esclarecer que as companhias privadas não passam a se submeter ao regime especial das sociedades de economia mista a despeito de terem como sócio o Estado. Apesar disso, a LSA não apresenta todo detalhamento necessário à compreensão do tema pela ótica do direito administrativo, dado que o Estado detém participações minoritárias simples ou participações minoritárias especiais. Nesse último caso, conquanto não possua a maioria do capital social com poder de voto, o acionista público eventualmente recebe direitos especiais ou assume o controle por força de *golden shares* ou de acordos de acionistas.

Disso se conclui que a intervenção direta do Estado na economia é muito mais rica do que tradicionalmente se costuma apontar. Ao lado das sociedades de economia mista e das empresas públicas, colocam-se as sociedades controladas direta ou indiretamente pelo Estado. Nos campos das controladas (controle interno), o Estado detém ora a totalidade do capital social (caso das companhias subsidiárias integrais), ora a maioria do capital social, ora participação minoritária acompanhada de poderes especiais. Além disso, como já mencionado anteriormente, há aquelas situações em que o Estado assume controle externo, como exemplo, a intervenção empresarial como medida de restrição administrativa fundamentada em interesse público. Conclui-se que existem participações totalitárias, majoritárias e minoritárias, estas últimas com ou sem controle interno.[17] Essas variações de poder se deixam sintetizar da seguinte forma:

---

[17] Segundo Bernardo Strobel Guimarães, essas várias técnicas de intervenção por participação acionária implicam um grau de "compartilhamento de responsabilidade entre Estado e iniciativa privada na efetivação concreta de certos bens coletivos" e revelam uma "interpenetração efetiva de capitais públicos e privados". GUIMARÃES, Bernardo Strobel. A participação de empresas estatais no capital de empresas controladas pela iniciativa privada: algumas reflexões. In: MARQUES NETO, Floriano; ALMEIDA, Fernando Menezes de; NOHARA, Irene Patrícia; MARRARA, Thiago (org.). *Direito e administração pública*: estudos em homenagem à Maria Sylvia Zanella Di Pietro. São Paulo: Atlas, 2013, p. 382.

Tipo de intervenção econômica do Estado	Poder de controle / tipo
Propriedade integral do capital social (empresa pública ou subsidiária integral)	Poder de controle totalitário
Participação por maioria acionária de um único ente estatal	Poder de controle majoritário
Participação de vários entes estatais organizadas verticalmente	Poder de controle majoritário se a somatória atingir a maioria das participações
Participações minoritárias organizadas por acordo de acionistas	Poder de controle majoritário se a somatória atingir a maioria das participações
Participação minoritária com *golden share*	Eventual poder de controle gerencial
Participação minoritária simples	Sem poder de controle
Intervenção estatal em sociedades (sem participação acionária)	Poder de controle externo

Fonte: elaboração própria

4 Participação minoritária simples ou com poderes especiais

Ao oferecer as bases normativas da intervenção direta do Estado na economia, a Constituição exige não somente a comprovação de um imperativo de segurança nacional ou relevante interesse coletivo, como também o respeito à regra da necessidade administrativa. Isso significa que o Estado somente deve criar uma empresa estatal para competir no mercado quando não houver uma solução mais branda e igualmente capaz de atingir o mesmo objetivo, sob pena de se violar a razoabilidade e o princípio da subsidiariedade da intervenção econômica.

É nesse contexto que as participações acionárias ganham utilidade. De modo geral, elas viabilizam uma forma alternativa mais suave de intervenção direta e pela qual o Estado logra atingir seus objetivos de ordem pública sem a necessidade de criar uma empresa estatal. Diante do texto constitucional, sempre que a intervenção por participação minoritária se mostrar adequada para atingir os objetivos estatais, ela deverá, portanto, ser preferida à instituição de entidades estatais da Administração Indireta. Supõe-se que isso ocorrerá, principalmente, nas situações em que o Estado pretenda fortalecer a concorrência para estimular quedas de preço de produtos ou serviços em benefício da coletividade ou para melhorar sua qualidade, bem como para apoiar agentes econômicos específicos, como as Microempresas e as Empresas de Pequeno Porte. É também possível que a participação minoritária sirva para estimular certos agentes econômicos a explorar novos mercados ou mesmo a desenvolver grandes projetos de infraestrutura. Em todos esses casos, estrutura-se uma forma mais branda de intervenção direta que ao mesmo tempo exerce função de fomento do mercado em favor de interesses públicos primários em segmentos estratégicos.[18] Nessas hipóteses, por reflexo, não interessa ao

---

[18] Nesse sentido, em tese sobre as empresas estatais, Mario Engler Pinto Júnior explica que a participação mino-

Estado obter controle da empresa privada. Importante é simplesmente que a empresa exista, sobreviva num mercado novo ou pré-existente, acirre a competição ou logre desenvolver determinados projetos ou tecnologias.

Não parece difícil, portanto, sustentar a constitucionalidade das técnicas de aquisição de participações minoritárias simples pelo Estado. Referida estratégia se apoia tanto na norma constitucional que autoriza participações acionárias em geral mediante autorização legislativa, quanto nas normas da ordem econômica e no princípio da razoabilidade aplicado à intervenção direta. A questão que fica aberta diz respeito às implicações que a participação minoritária gera para a companhia privada. Ela passa a se tornar parte da Administração Indireta? Ela se submete às normas relativas às sociedades controladas pelo Estado? Enfim, a participação minoritária do Estado muda algo na vida da empresa?

À luz da Constituição, do Decreto-Lei 200/1967 e da LSA, há que se responder negativamente às duas primeiras indagações. Em outras palavras: tais empresas privadas mantêm seu regime jurídico ainda que o Estado passe a participar de seu capital como minoritário. Três motivos explicam essa afirmação. A uma, a Constituição contém unicamente normas relativas à Administração Indireta e eventualmente às controladas. Ocorre que a participação minoritária simples em regra não gera controle. A duas, o Decreto-Lei n. 200/1967 enumera as entidades que compõem a Administração Indireta e nela não inclui tais empresas. A três, a LSA explicitamente aponta que tais entidades não se sujeitam a normas relativas às empresas estatais, mandamento que confirma sua permanência no regime privado comum.[19]

Não é outro o posicionamento que se vislumbra na doutrina. Sérgio Andréa Ferreira alude ao regime geral das empresas em que um estatal detém participação minoritária e sustenta que tais entidades incluem-se no setor privado da economia. Desse modo, complementa o autor, a Administração Pública exerce sobre elas apenas seus direitos de mero acionista em isonomia com os outros. "A relação entre a empresa participante e a que recebe participação é de direito societário comercial".[20] Fora isso, tais entidades se subordinam ao poder de polícia estatal como toda e qualquer outra entidade e independentemente do papel de acionista do Estado. Na mesma linha se posiciona Alexandre Santos de Aragão, que se vale da expressão "empresas público-privadas" com o objetivo de designar as "sociedades comerciais privadas com participação estatal, direta ou indireta, minoritária com vistas à realização de determinado objetivo público

---

ritária despida de poder de controle cumpre duas funções básicas: a de fomento e a de proteção de interesses estratégicos. De um lado, por meio dela, o Estado viabilizar o apoio a empreendimentos privados em setores estratégicos da economia sem transformar a sociedade privada em economia mista. De outro, a condição de acionista não controlador lhe confere a possibilidade de assegurar a preservação de certos interesses. PINTO JUNIOR, Mário Engler. *Empresa estatal*: função econômica e dilemas societários, 2. ed. São Paulo: Atlas, 2013, p. 194. Considerando as participações minoritárias com ou sem poder de controle, Alexandre Santos de Aragão sustenta que essa técnica de intervenção ocorre por basicamente três razões fundamentais: o fomento de determinados setores econômicos; o incremento de eficiência na realização de atividades-fim de sociedades de economia mista e a necessidade de direcionar as atividades de uma empresa privada, por exemplo, uma concessionária de serviços públicos. ARAGÃO, Alexandre Santos de. Empresa público-privada. *Revista dos Tribunais*, v. 890, 2009, p. 49.

[19] A respeito dessa interpretação da LSA, cf. EIZIRIK, Nelson. *A Lei das S.A comentada*, v. 3. São Paulo: Quartier Latin, 2011, p. 300-301.

[20] FERREIRA, Sérgio Andrea. Sociedade de economia mista e sociedade subsidiária. Regime jurídico dos contratos por elas celebrados. Alteração contratual: consequências. *Revista Forense*, v. 358, 2001, p. 207.

incumbido pelo ordenamento jurídico ao Estado".[21] A seu ver, essas empresam diferem da sociedade de economia mista, pois o Estado prescinde de controle acionário e seu regime é integralmente privado.[22]

Complicada se mostra, na verdade, a situação em que a posição minoritária do Estado em sociedade anônima vem acompanhada de poderes especiais que lhe atribuem direitos especiais que tendem a viabilizar o poder de controle. Aqui, a intervenção direta do Estado na economia se acentua, atingindo uma zona de transição entre a as empresas estatais propriamente ditas e a participação minoritária simples. Para se referir ao fenômeno, a doutrina passou a empregar expressões até então desconhecidas. Enquanto Aragão fala de "empresa público-privada" para designar a participação minoritária simples, Carlos Ari Sundfeld, Rodrigo Pagani de Souza e Henrique Motta Pinto cunham o termo "empresa semiestatal" no intuito de apontar "empresa não estatal cujo capital votante pertença majoritariamente a pessoas físicas ou a empresa não estatal – à iniciativa privada, portanto – e minoritariamente a uma empresa estatal, sendo essa participação minoritária, todavia, *relevante*, de modo a assegurar à acionista minoritária estatal certo grau de compartilhamento do poder de controle, em regra disciplinado por acordo de acionistas".[23]

Com efeito, existem situações na qual o acionista minoritário assume poderes estratégicos na gestão da sociedade em razão de *golden shares* ou acordos de acionistas. No entanto, é preciso advertir que nem sempre esses poderes estratégicos ou especiais originam de modo efetivo o controle duradouro da sociedade. É verdade que o controle pode ser eventualmente obtido em certos casos, mas isso não é consequência *necessária* de toda *golden share* ou acordo de acionista – institutos que merecem alguns esclarecimentos adicionais.

Segundo Mario Engler Pinto Júnior, a chamada *golden share* nada mais é que uma ação preferencial de classe especial que foi concebida no Reino Unido com a finalidade de "conciliar o programa de privatização com o resguardo de interesses estratégicos do poder público nas empresas privatizadas, sem tolher sua liberdade externa de ação no mercado e interferir demasiadamente na dinâmica societária interna".[24] A vinculação de poderes especiais a essas ações permitiu, por exemplo, que o Estado escrutinasse o ingresso de novos acionistas na sociedade, principalmente estrangeiros.[25]

No Brasil, também se previu essa técnica no Programa Nacional de Desestatização (Lei n. 8.031/1990 posteriormente substituída pela Lei n. 9.491/1997). De acordo com o art. 8º desse diploma, "sempre que houver razões que justifiquem, a União deterá, direta ou indiretamente, *ação de classe especial do capital social da empresa ou instituição financeira objeto da desestatização,* que lhe confira poderes especiais em determinadas matérias, as quais deverão ser caracterizadas nos seus estatutos sociais". Engler Pinto esclarece que referido instrumento se empregou na privatização da Embraer e da Companhia

---

[21] ARAGÃO, Alexandre Santos de. Empresa público-privada. *Revista dos Tribunais,* v. 890, 2009, p. 41.

[22] ARAGÃO, Alexandre Santos de. Empresa público-privada. *Revista dos Tribunais,* v. 890, 2009. P. 44.

[23] SUNDFELD, Carlos Ari; SOUZA, Rodrigo Pagani de; PINTO, Henrique Motta. Empresas semiestatais. *Revista de Direito Público da Economia,* n. 36, 2011, p. 79.

[24] PINTO JUNIOR, Mário Engler. *Empresa estatal:* função econômica e dilemas societários, 2. ed. São Paulo: Atlas, 2013, p. 197

[25] PINTO JUNIOR, Mário Engler. *Empresa estatal:* função econômica e dilemas societários, 2. ed. São Paulo: Atlas, 2013, p. 197

Vale do Rio Doce para salvaguardar interesses de segurança nacional.[26] Mais tarde, em 2001, o instituto foi inserido na LSA pela Lei n. 10.303. Assim, a ação preferencial de classe especial de titularidade obrigatória do ente desestatizante se consagrou como instrumento apto a assegurar o poder de veto ou direitos especiais àquele, a exemplo do poder de voto diferenciado em determinadas matérias, de acordo com previsão do Estatuto Social. No entanto, Renato Ventura Ribeiro excepcionou, em sua obra, a possibilidade de voto plural, que é proibida por lei a todas as classes de ações.[27]

Importante salientar que as disposições normativas do Programa de Desestatização e da LSA acerca de controle e da *golden share* não trazem a qualificação jurídica automática do ente desestatizante como controlador.[28] Contudo, como já elucidado, a organização da companhia poderá dar origem a uma situação de *controle interno gerencial de direito* decorrente da instrumentalização da *golden share* nas companhias – situação que parece ser bastante recorrente. Sobre o tema, Calixto Salomão Filho explica: "A forma de estabelecimento deste tipo de controle é bastante simples. Basta prever virtualmente em estatuto, além da composição da Diretoria e do Conselho de Administração, todas as matérias relevantes para os negócios sociais, atribuindo poderes de direção destes negócios sociais aos órgãos de administração. Assim, com o poder de veto das alterações estatutárias e com o poder de eleger a maioria dos membros do Conselho, pode-se controlar a sociedade. Esses poderes são atribuídos a ações preferenciais de classe especial (*golden shares* – art. 18 da lei societária) que são, por sua vez, transferidas aos administradores". De acordo com o comercialista, os detentores da *golden share* exercem poderes de bloqueio para proteger a Administração, mas não com o intuito de obter o controle pleno da sociedade. Não por outro motivo, o instituto geralmente é visto como gerador de controle gerencial.[29]

De outro lado, há que se considerar os poderes especiais derivados dos acordos de acionistas, ou seja, de contratos parassociais utilizados para disciplinar direitos, deveres e interesses dos acionistas, inclusive dos controladores. A LSA tipifica o acordo de acionistas que verse sobre: (i). o bloqueio da disponibilidade das ações e (ii). o exercício do direito de voto. Segundo Modesto Carvalhosa, esse último pacto envolve os acordos de comando e de defesa de acionistas mediante a fórmula de eleição de administradores e dos membros dos conselhos fiscais, as deliberações específicas relativas à participação na administração e outras deliberações.[30] Os efeitos desse acordo que variam consoante o pacto estabelecido (de voto ou bloqueio) e a formalidade adotada (art. 118 da LSA).

---

[26] PINTO JUNIOR, Mário Engler. *Empresa estatal:* função econômica e dilemas societários, 2. ed. São Paulo: Atlas, 2013, p. 199.

[27] RIBEIRO, Renato Ventura. *Direito de voto nas sociedades anônimas.* São Paulo: Quartier Latin, 2009, p. 247.

[28] Trata-se de uma aplicação decorrente do uso de tais ações e da forma de organização da companhia. Conforme adverte Calixto Salomão Filho, o titular da *golden share* poderá ser caracterizado como controlador se exercer o poder sobre a companhia, dirigindo efetivamente as atividades sociais. E, no tocante à deliberação, com o exercício negativo, ou seja, impedindo que se tomem deliberações e elegendo administradores. O autor finaliza afirmando que neste caso a ausência do requisito direitos permanentes que assegura a maioria das deliberações sociais não descaracteriza o controle. COMPARATO, Fábio Konder; SALOMÃO FILHO, Calixto. *O poder de controle da sociedade anônima,* 5. ed. Rio de Janeiro: Gen-Forense, 2008, p. 78, nota 11.

[29] COMPARATO, Fábio Konder; SALOMÃO FILHO, Calixto. *O poder de controle da sociedade anônima,* 5. ed., Rio de Janeiro: Gen-Forense, 2008, p. 77-78.

[30] CARVALHOSA, Modesto. *Comentários à Lei de Sociedades Anônimas,* v. 2. São Paulo: Saraiva, 1998, p. 463. Para o autor, a natureza jurídica do acordo de acionista diverge em função do objeto do acordo, ou seja, será plurissocial se o acordo for sobre o voto e bilateral nos pactos sobre o bloqueio. Como a natureza jurídica dos acordos de acionistas é assunto polêmico, recomenda-se a leitura de SALOMÃO FILHO, Calixto. *O novo direito societário,* 4. ed. São Paulo: Malheiros, 2011.

Os acordos de acionistas ainda podem versar sobre outros objetos lícitos, além dos tipificados pela legislação, desde que sejam respeitados a LSA e o estatuto social. Com a função de fortalecer as garantias de certos grupos de acionistas, os acordos permitem a organização de seus direitos e deveres. É o exemplo do acordo que disciplina as linhas de interesses deles em deliberações assembleares, ou que estabelece critérios para a eleição de um membro de direção, ou que disciplina a *golden share*, com o desiderato de melhorar a proteção jurídica de certo grupo de acionistas na votação.[31]

Como se vislumbra, tanto mediante a posse de *golden share* quanto por acordo de acionistas, o Estado assume poderes especiais, mas não necessariamente o controle permanente da sociedade anônima. Isso porque a caracterização do controle interno será feita de acordo com o uso que se atribua a tais instrumentos e com a organização da companhia em questão – e, em dadas situações, até relativiza a *permanência* como o requisito essencial do controle interno. Exatamente por isso, é possível afirmar que a participação minoritária do Estado não insere a companhia na Administração Indireta, com a condição determinante de aplicar-lhes as normas constitucionais que tratam das entidades que o Estado, por autorização do legislativo, assume intencionalmente o controle duradouro da sociedade. Isso significa ainda que a participação minoritária do Estado nas sociedades anônimas não resulta em sujeições ou prerrogativas típicas do regime administrativo. Assim, para exemplificar, essas empresas jamais poderão se beneficiar da dispensa de licitação na contratação realizada pelos seus acionistas estatais.

5 Inconvenientes da participação minoritária: riscos à adequação administrativa

De que as participações minoritárias configurem uma técnica branda de intervenção direta do Estado na economia ninguém parece duvidar. Todavia, de nada adianta a brandura de uma medida estatal sem que se comprove sua adequação para atingir os fins públicos. Razoabilidade sempre pressupõe medidas adequadas, necessárias e proporcionais. Antes de ser discutir a necessidade de uma ação interventiva, há que se confirmar que as medidas discutidas são capazes de promover o fim público. É por conta dessa premissa que se torna essencial consignar alguns limites das participações minoritárias do Estado em sociedades anônimas privadas – limites esses que sacrificarão sua utilidade sob muitas circunstâncias.

Ao tratar de estatais que passaram por um processo de privatização e em que o Estado manteve participação acionária, Mario Engler Pinto Júnior explica que o fim de lucro (art. 2º da Lei n. 6.404/76) é inerente à companhia privada e se ancora em norma de ordem pública não derrogável por vontade das partes. Por reflexo, sustenta que a emissão da *golden share* não implica o compartilhamento do exercício do controle acionário pelo Estado, vedando-se o direcionamento da sociedade para atendimento

---

[31] Celso Barbi Filho cita os objetos vedados em acordos de acionistas: indeterminação de escopo, cessão de direitos de voto sem transferência de titularidade das ações, negociação do voto, violação de direitos essenciais do acionista, violação da legislação antitruste, de proteção à economia popular e aos consumidores, acordo danoso aos interesses da sociedade (art. 115 LSA) e acordos que tenham por objeto as declarações de verdade. BARBI FILHO, Celso. Acordo de acionistas: panorama atual do instituto no direito brasileiro e propostas para a reforma de sua disciplina legal. *Revista de Direito Mercantil*, v. 121, 2001, p. 40. Acerca outros objetos de acordo de acionistas, CONTI, Mariana. *Contratos entre sócios – interpretação e direito societário*. São Paulo: Quartier Latin, 2013.

do interesse público, tal como prevê a LSA para as sociedades de economia mista.[32] Em outras palavras: a propriedade de ações preferenciais especiais (*golden shares*), conquanto permita ao Estado influenciar certas decisões da sociedade na qual detém participação minoritária, não o autoriza a "impor ações econômicas positivas". A empresa privada continua subordinada "aos incentivos próprios do setor privado e vinculada exclusivamente ao fim de lucro, dispondo, portanto, de pouco espaço para praticar políticas públicas ou intervir mais profundamente no funcionamento do mercado".[33] Em sentido semelhante, ao comentar o art. 235, §2º da LSA, Nelson Eizirik esclarece que as sociedades em que a de economia mista participa se guiam exclusivamente às disposições dessa lei no tocante às sociedades anônimas em geral, "não lhes sendo aplicáveis as normas que regulam especificamente as de economia mista (...)".[34] Com isso, não pode o Estado, sobretudo em posição minoritária, "orientar as atividades da companhia de modo a atender o interesse público" (conforme prevê o art. 238).

Mesmo se o Estado, com sua participação minoritária, obtiver o controle da companhia em decorrência da reunião a outros acionistas mediante acordo de acionistas ou possuir privilégios concedidos pela *golden share*, entende-se que a companhia permanecerá no regime privado comum, guiado pelo seu autêntico interesse social.[35] A condição de detentor de ações traz direitos de sócio ao Estado e não a propriedade real da empresa ou dos bens sociais. A companhia, sujeito de direito, é a titular de seu patrimônio e possui um estatuto jurídico próprio, bem como objetivos a cumprir. Tal raciocínio é necessário para evidenciar a existência de um regime jurídico que não será modificado em função da presença do Estado como titular de parte ações ou até como controlador eventual. Não é razoável, portanto, querer imputar uma prerrogativa decorrente de poder público à companhia cujas ações foram subscritas, em sua maioria, com capital de origem privada.

Além disso, como já se apontou, em razão do art. 24, XXIII da Lei n. 8.666/1993, uma das grandes vantagens na relação entre empresas estatais e controladas (incluindo as subsidiárias integrais) reside na possibilidade de contratação destas últimas pelas primeiras sem licitação. No entanto, a dispensa prevista na Lei Geral e aplicável a todos os entes federativos não abrange empresas privadas nas quais uma estatal detenha apenas participação minoritária. Nesse sentido, posiciona-se igualmente Bernardo Strobel Guimarães. A seu ver, as participações estatais minoritárias não devem se convolar em "um elemento que crie um mercado cativo em favor das empresas participadas junto àquelas que detêm participações, excluindo a regra geral da licitação (...) os interesses empresariais não podem elidir a realização de procedimentos isonômicos de seleção de contratantes".[36]

---

[32] PINTO JUNIOR, Mário Engler. *Empresa estatal:* função econômica e dilemas societários, 2. ed. São Paulo: Atlas, 2013, p. 202.

[33] PINTO JUNIOR, Mário Engler. *Empresa estatal:* função econômica e dilemas societários, 2. ed. São Paulo: Atlas, 2013, p. 201. Em sentido semelhante, cf. SZTAJN, Rachel. *Contrato de sociedade e formas societárias.* São Paulo: Saraiva, 1989, p. 124.

[34] EIZIRIK, Nelson. *A Lei das S.A comentada*, v.3 São Paulo: Quartier Latin, 2011, p. 300-301.

[35] É esperado que o interesse social da companhia seja integrado também pelo interesse público, somado ao interesse dos demais acionistas e outros valores econômicos e sociais que atualmente transitam nas modernas companhias. Veja sobre a tese institucional organizativa e a coparticipação do interesse público nos rumos da empresa, Calixto Salomão Filho em nota de texto 18 *in* Comparato, Fábio Konder; SALOMÃO FILHO, Calixto. *O poder de controle da sociedade anônima*, 5. ed. Rio de Janeiro: Gen-Forense, 2008, p. 99-100.

[36] GUIMARÃES, Bernardo Strobel. A participação de empresas estatais no capital de empresas controladas pela iniciativa privada: algumas reflexões. In: MARQUES NETO, Floriano; MENEZES DE ALMEIDA, Fernando;

A análise da doutrina especializada, em síntese, permite apontar ao menos três inconvenientes em relação às participações minoritárias do Estado em empresas privadas. O primeiro consiste no prejuízo que a atuação do Estado em conjunto com um agente de mercado pode causar à livre competição, sobretudo pelo impulso gerado à injeção de recursos públicos na empresa que o Estado decide investir e, eventualmente, por benefícios de ordem política ou mesmo de ordem econômica no âmbito das relações de sociedades empresárias privadas com entes da Administração Pública.[37] O segundo reside no fato de que, como participante minoritário e a despeito de certos poderes especiais, o Estado em regra não estará autorizado a direcionar a sociedade empresária de que participa para privilegiar unicamente o interesse público, pois a sociedade possui um interesse próprio que não coincide com o público a despeito da participação estatal. E o terceiro deriva da proibição de que a sociedade empresária em que o Estado participe possa, entre outras coisas, beneficiar-se da contratação direta sem licitação, do que se extrai que o investimento não se reverterá por necessário a favor da empresa estatal investidora.

Por conta desses e de outros fatores, vale reiterar que a técnica de intervenção deve ser empregada, sobretudo, como mecanismo de incentivo de entrada, de manutenção de agentes econômicos em segmentos de mercado em que se mostra relevante aumentar ou, ao menos, manter o grau de concorrência – no intuito de manter, reduzir preços ou fomentar a qualidade de produtos e serviços –, bem como estimular o desenvolvimento tecnológico ou mesmo a concretização de grandes projetos de interesse nacional. Em contraposição, as participações estatais minoritárias mostram-se inadequadas quando empregadas com o objetivo de facilitar contratações públicas por empresas estatais, de viabilizar o direcionamento intensivo de sociedades não estatais em favor de interesses públicos ou para controlar preços por meio de pressões internas sobre a gestão da sociedade, inclusive em detrimento de seu interesse social e de seus objetivos. Nesses casos, adequada e justificada é a instituição de verdadeiras empresas estatais ou de controle por mecanismos mais estáveis como o da maioria do capital acionário com direito a voto.

6 Autorização legislativa para a participação societária estatal

O art. 37, XX da CF exige expressa autorização legislativa para qualquer participação do Estado em empresas privadas. O dispositivo constitucional não qualifica a participação como minoritária ou majoritária, nem se refere a controle. Não interessa, portanto, se a empresa estatal que adquire participação em outra empresa privada passará ou não a agir como controladora, nem se a participação minoritária se despirá de poderes especiais. É o que também aduz Marçal Justen Filho, para quem art. 37, XIX e XX demanda a autorização para a participação em empresas privadas controladas ou não.[38]

NOHARA, Irene Patrícia; MARRARA, Thiago (org.). *Direito e administração pública: estudos em homenagem à Maria Sylvia Zanella Di Pietro*. São Paulo: Atlas, 2013, p. 389.

[37] A participação do Estado como acionista minoritário, majoritário ou integral não impede que se puna a empresa privada que cometa infrações contra a ordem econômica com seu apoio ou incentivo. As normas de polícia administrativa que sustentam o Sistema Brasileiro de Defesa da Concorrência atingem o Estado de modo amplo, ou seja, tanto suas pessoas jurídicas de direito privado, as empresas com que ele se relaciona e até mesmo suas pessoas jurídicas de direito público no desenvolvimento de serviço público em regime de competição e atividades acessórias de natureza estritamente econômica. MARRARA, Thiago. *Sistema Brasileiro de Defesa da Concorrência*. São Paulo: Atlas, 2015, p. 22.

[38] JUSTEN FILHO, Marçal. *Curso de direito administrativo*, 10. ed. São Paulo: Revista dos Tribunais, 2014, p. 312.

É importante registrar que a autorização do Poder Legislativo necessita ser expressa, mas não compulsoriamente individualizada. Não obstante o art. 37, XX da CF preveja a necessidade de autorização *"em cada caso"*, a doutrina especializada defende a autorização genérica, tornando prescindível uma lei autorizativa para toda participação ou criação de subsidiária. Bernardo Strobel Guimarães caminha nesse sentido: "o que se exige é que exista no rol de atribuições de uma empresa previsto em lei a possibilidade de ela vir a participar de outras sociedades, e não que o legislador exerça essa opção em concreto".[39] Nelson Eizirik defende igual posicionamento ao considerar que a interpretação mais adequada e consentânea com a necessidade de se harmonizar a orientação constitucional com a flexibilidade da intervenção estatal na economia é a que toma a expressão "em cada caso" como exigência de que a lei simplesmente indique "a área ou atividade específica a ser contemplada". Assim, "considera-se atendida a norma constitucional com a designação da natureza da atividade em que deve ocorrer o investimento do capital público".[40]

A seu turno, o STF já manifestou posicionamento favorável à autorização genérica, como revela a ementa seguinte: "Ação direta de inconstitucionalidade. Lei 9.478/1997. Autorização à Petrobrás para constituir subsidiárias. Ofensa ao arts. 2º e 37, XIX e XX, da CF/1988. Inexistência. Alegação improcedente. (...) 2. *É dispensável a autorização legislativa para a criação de empresas subsidiárias, desde que haja previsão para esse fim na própria lei que instituiu a empresa de economia mista matriz, tendo em vista que a lei criadora é a própria medida autorizadora.* Ação direta de inconstitucionalidade julgada improcedente" (STF, ADIn 1.649/DF, j. 24.03.2004, rel. Min. Maurício Corrêa, DJ 28.05.2004).

Ainda que se aceite tal entendimento, relativizando a exigência constitucional, fato é que o dispositivo continua a deflagrar importantes consequências em matéria de controle de participações societárias estatais, inclusive ao viabilizar a anulação de certas decisões de investimento realizadas por empresa estatal. Ao tratar das subsidiárias, Rachel Sztajn esclarece que a criação desse tipo de sociedade pelo Estado sem autorização legal configura *"ato ultra vires"*, estranho ao objeto social. *A fortiori*, essa conclusão vale em igual medida para as participações societárias não autorizadas.[41] Marçal Justen Filho, porém, abre uma exceção à exigência constitucional ao defender que a participação de sujeito estatal em empresa privada sem a referida autorização do Legislativo não viola a Constituição "em situações anômalas e transitórias".[42] A nosso ver, não parece haver motivos para referida ressalva, ainda mais diante da flexibilidade conferida em virtude do entendimento adotado pela doutrina e pelo STF de que a autorização possa ser meramente genérica.

---

[39] GUIMARÃES, Bernardo Strobel. A participação de empresas estatais no capital de empresas controladas pela iniciativa privada: algumas reflexões. In: MARQUES NETO, Floriano; ALMEIDA, Fernando Menezes de; NOHARA, Irene Patrícia; MARRARA, Thiago (org.). *Direito e administração pública*: estudos em homenagem à Maria Sylvia Zanella Di Pietro. São Paulo: Atlas, 2013, p. 387.

[40] EIZIRIK, Nelson. *A Lei das S.A comentada*, v.3 São Paulo: Quartier Latin, 2011, p. 303-304.

[41] SZTAJN, Rachel. *Contrato de sociedade e formas societárias*. São Paulo: Saraiva, 1989, p. 124.

[42] JUSTEN FILHO, Marçal. *Curso de direito administrativo*, 10. ed. São Paulo: Revista dos Tribunais, 2014, p. 314.

7 Exigência de autorização do executivo

Uma leitura apressada da Constituição é capaz de gerar a falsa conclusão de que a autorização legislativa é o único requisito a viabilizar a participação acionária estatal, majoritária ou minoritária. Contudo, um exame mais sistemático do ordenamento jurídico aponta pelo menos dois requisitos adicionais: a necessidade de obtenção de autorização do Executivo e a observância dos limites materiais dados pelo objeto social da entidade estatal adquirente da participação (princípio da especialidade).

Mesmo que estatais estejam autorizadas genericamente em sua lei de regência a adquirirem participações minoritárias, é possível que se agregue a isso a necessidade de manifestações prévias da Administração Superior. Em muitos casos, a lei que disciplina a empresa estatal prevê a necessidade de autorização prévia do Executivo em relação, por exemplo, à constituição de empresas ou aquisição de participações, ainda que já haja uma autorização genérica do legislador na própria lei. Todavia, com base no poder de supervisão ministerial, pode-se sustentar que a chancela do Executivo nesses casos sequer dependa de previsão específica na legislação. Ao tratar da supervisão ministerial, Mario Engler Pinto Júnior explica que o controle governamental se exerce pela "interferência direta da autoridade ministerial no processo decisório interno da companhia controlada, ou mediante a expedição de prescrições normativas que imponham comportamentos comissivos ou restrinjam a discricionariedade dos administradores para a prática de certos atos de gestão, sujeitando-os à autorização prévia de alguma instância externa".[43]

A autorização da Administração Direta em relação a aquisições de participação em sociedades privadas se fundamenta em última instância no poder de tutela, supervisão ministerial, e se destina a: 1) controlar o respeito da estatal ao seu objeto social e às suas finalidades públicas e 2) monitorar gastos públicos. Nesse sentido, Mario Engler Pinto Júnior explica que a vigilância ministerial em relação ao "compartilhamento da propriedade acionária com investidores privados... contribui para cercear desvios de conduta dos administradores e prevenir possíveis desfalques patrimoniais". Rachel Sztajn igualmente ressalta que a participação de estatais em empresas ou grupos privados é forma de intervenção do Estado na economia que envolve a aplicação de recursos públicos, daí que "a fiscalização do emprego dos recursos públicos há de ser fator restritivo da formação de subsidiárias por essas entidades".[44] Essa conclusão, *a fortiori*, estende-se a todo e qualquer tipo de participação intencional em sociedade privada.

Destaque-se, outrossim, que a autorização como técnica de supervisão administrativa dos investimentos realizados principalmente por empresas estatais em outras sociedades está ligada à necessidade de se coordenarem os esforços estatais em direção à satisfação eficiente de interesses públicos primários. Pinto Júnior explica que "a coordenação administrativa pressupõe que a empresa estatal não seja simplesmente uma unidade produtiva isolada e com independência funcional para perseguir sues próprios objetivos". Como parte da Administração, ela deve agir "com base em

---

[43] PINTO JUNIOR, Mário Engler. *Empresa estatal:* função econômica e dilemas societários, 2. ed. São Paulo: Atlas, 2013, p. 98.

[44] SZTAJN, Rachel. *Contrato de sociedade e formas societárias.* São Paulo: Saraiva, 1989, p. 124.

planejamento macroeconômico mais abrangente e visando a um fim comum que transcende o interesse individual de cada companhia".[45]

8 Princípio da especialidade, vinculação ao objeto social e responsabilidade

Independentemente de expressa exigência legal de prévia autorização do Executivo para a participação de estatais como sócias minoritárias de empresas privadas, fato é que qualquer tipo de investimento do gênero ainda se balizará pelo princípio da especialidade e, por conseguinte, pelo dever de respeito ao objeto social definido pela lei que rege a entidade estatal investidora.

Investimentos que destoem da finalidade pública da empresa estatal violam o princípio da especialidade que rege a organização administrativa estatal. Para Toshio Mukai, no campo da atuação empresarial do Estado, esse princípio ganha "realce maior do que em qualquer outra atividade administrativa" e cerca as atividades desenvolvidas pelas estatais "das garantias de uma gestão conforme ao interesse público qualificado na regra de competência que lhe é atribuída pela lei instituidora respectiva".[46]

Na realidade das entidades estatais privadas, o princípio administrativo é reforçado pelo dever de respeito ao objeto social, consagrado tanto no Código Civil como na LSA. Especificamente no que tange às sociedades de economia mista, a LSA determina que esse tipo de companhia estatal somente "poderá explorar os empreendimentos ou exercer as atividades previstas na lei que autorizou a sua constituição" (art. 237, *caput*). Modesto Carvalhosa, em relação a essas companhias estatais, explica que o acionista controlador não pode "desviar sua política empresarial para atender a outros interesses, legítimos ou não, privados ou dos aparelhos estatais, tais como administração de preços, e distribuição exaustiva de dividendos, exaurindo, desse modo, a sociedade de recursos e de reservas técnicas estatutárias, tendo em vista interesses de investidores ou mesmo questões de orçamento e de suprimento de caixa do tesouro".[47] Segundo Nelson Eizirik, o dispositivo legal transcrito abraça a "feição privatista da ordem econômica", pois restringe a expansão do setor público como empresário. Como a sociedade de economia mista deve respeitar os limites de atuação previstos na sua lei de autorização, veda-se sua participação em outros empreendimentos estranhos à lei e à descrição de seu objeto social. As participações acionárias, por conta dessa vinculação, devem se direcionar as sociedades empresárias privadas que desenvolvam atividades semelhantes, conexas ou complementares ao objeto social da empresa estatal.[48] Além disso, explica Eizirik que "tampouco pode a assembleia geral, após a sua constituição, modificar o objeto social previsto na lei que autorizou a constituição da sociedade de economia mista".[49]

---

[45] PINTO JUNIOR, Mário Engler. *Empresa estatal:* função econômica e dilemas societários, 2. ed. São Paulo: Atlas, 2013, p. 100.

[46] MUKAI, Toshio. *O direito administrativo e os regimes jurídicos das empresas estatais*, 2. ed. Belo Horizonte: Fórum 2004, p. 252.

[47] CARVALHOSA, Modesto, Sociedade de economia mista: criação de valor ou política pública? *In* SZTAJN, Rachel, ALMEIDA SALLES, Marcos Paulo e TEIXEIRA, Tarcisio, *Direito empresarial – estudos em homenagem ao professor Haroldo Malheiros Duclerc Verçosa*, São Paulo, IASP, 2015, pp. 666.

[48] EIZIRIK, Nelson. *A Lei das S.A comentada*, v.3 São Paulo: Quartier Latin, 2011, p. 309.

[49] EIZIRIK, Nelson. *A Lei das S.A comentada*, v.3 São Paulo: Quartier Latin, 2011, p. 307.

A violação do princípio da especialidade e da vinculação das empresas estatais aos limites materiais impostos pela sua lei de autorização e seu objeto social, por representar desvio de finalidade, naturalmente permite a anulação da operação de investimento estatal. Além disso, conforme explica Eizirik, ao desrespeitar os limites ora discutidos e orientar uma empresa estatal a investimentos em sociedades que se encontram fora do âmbito de sua finalidade, o Estado, como controlador dessas entidades privadas participantes da Administração Indireta, comete abuso de poder de controle.[50]

O investimento fora dos limites legais pode ainda implicar a responsabilidade pessoal dos dirigentes das empresas estatais. Afinal, nos termos do art. 158 da Lei das S.A.: "o administrador não é pessoalmente responsável pelas obrigações que contrair em nome da sociedade e em virtude de ato regular de gestão; *responde, porém, civilmente, pelos prejuízos que causar, quando proceder*: (...) II – com violação da lei ou do estatuto". A responsabilidade civil-empresarial e a possibilidade anulação do investimento não excluem, enfim, o controle repressivo de infrações contra a ordem econômica exercido pelo Sistema Brasileiro de Defesa da Concorrência,[51] sobretudo nas situações em que a operação, pelos seus valores, não passa pelo controle preventivo concreto, ou controle de concentrações.[52]

Há que se considerar, no entanto, algumas peculiaridades das situações em que o investimento do Estado se mostra compatível com a lei que autoriza a criação da empresa estatal investidora, mas se torna posteriormente inadequado diante de modificações de escopo da empresa privada na qual ele adquiriu uma participação meramente minoritária. Também nesse caso, a legalidade da participação acionária estatal depende da compatibilidade das finalidades da empresa em que se investe com as finalidades da empresa estatal investidora, conforme sua lei de autorização. Entretanto, como a participação estatal não assume caráter preponderante, é possível que o objeto social da sociedade privada venha a ser alterado pelos acionistas sem possibilidade de bloqueio pelo Estado e de sorte que se afastem as razões que o levaram a nela investir. Assim, diante de uma reforma do objeto social da empresa privada, restará ao Estado o dever de alienar a sua participação social caso desapareça o interesse público que justificou a intervenção por meio da aquisição da participação minoritária.

---

[50] O autor registra, porém, que "o interesse da sociedade de economia mista não se resume à exploração da atividade econômica constante de seu objeto social para produzir lucros, pois também incorpora o fim público que justificou a sua criação. Dessa forma, o referencial para o exercício regular do poder de controle por parte do Estado é o *interesse da companhia no sentido mais amplo*, compreendendo o interesse público combinado com a finalidade lucrativa" (g.n.). EIZIRIK, Nelson. *A Lei das S.A comentada*, v.3 São Paulo: Quartier Latin, 2011, p. 314.

[51] De acordo com o art. 36 da Lei n. 12.529/2011, configuram-se como infrações contra a ordem econômica, independentemente de culpa, os atos sob qualquer forma manifestados, que tenham por objeto ou possam produzir os seguintes efeitos, ainda que não sejam alcançados: I – limitar, falsear ou de qualquer forma prejudicar a livre concorrência ou a livre iniciativa; II – (...); III – (...); IV – exercer de forma abusiva posição dominante. §2o Presume-se posição dominante sempre que uma empresa ou grupo de empresas for capaz de alterar unilateral ou coordenadamente as condições de mercado ou quando controlar 20% (vinte por cento) ou mais do mercado relevante, podendo este percentual ser alterado pelo CADE para setores específicos da economia.

[52] A respeito dos efeitos da decisão administrativa autorizativa de concentração sobre os poderes do CADE no exercício da atividade repressiva, cf. MARRARA, Thiago. *Sistema Brasileiro de Defesa da Concorrência*. São Paulo: Atlas, 2015, p. 212 e ss.

9 Conclusão

As reflexões ora apresentadas tiveram o intuito de problematizar a intervenção direta do Estado na economia, sobretudo para lançar luzes sobre formas de participação societária do Estado em empresas privadas na qualidade de minoritário com ou sem poderes especiais. Essas formas de participação acionária, como demonstrado, servem a propósitos bastante interessantes, sobretudo o de fomentar a concorrência, o de desenvolver novos segmentos de mercado ou o de estimular projetos de infraestrutura e novas tecnologias.

Dado seu menor caráter interventivo e por força dos princípios da subsidiariedade econômica e da razoabilidade administrativa (especificamente, a regra da necessidade), sustentou-se que a técnica da participação minoritária do Estado impõe-se como estratégia interventiva no lugar da clássica instituição de empresa estatal sempre que ela se revelar suficiente para tutelar com efetividade os motivos de segurança nacional ou de relevante interesse coletivo que justificam a intervenção participativa do Estado na economia.

Fora isso, também buscou-se apontar a implicação da participação minoritária do Estado para o regime jurídico das empresas privadas que recebem seus investimentos. Entre outras coisas, defendeu-se que a participação minoritária a princípio não resulta no controle permanente das companhias. O controle surgirá apenas de modo eventual em razão da colaboração do Estado com outros acionistas privados por força de acordo de acionistas ou por força das prerrogativas decorrentes de *golden share*. Mesmo nesses casos, a titularidade estatal das ações de sociedade anônima não desconfigurará o regime jurídico societário de entidade privada, nem a lançará no campo da Administração Indireta. Além disso, não lhe servirá para garantir benefícios licitatórios, como o da contratação direta pela empresa estatal detentora da participação minoritária.

Não obstante, a participação minoritária sujeita-se a intenso controle. Em primeiro lugar, ela depende de autorização legislativa, a qual pode ser genérica na opinião dominante da doutrina e segundo entendimento já esposado pelo STF. Em segundo lugar, faz-se necessário o controle da participação pela Administração Direta com base em seu poder de supervisão e em decorrência da necessidade de se tutelar a legalidade administrativa e de se promover a coordenação eficiente das atividades estatais. Em terceiro lugar, a validade da participação minoritária requer o respeito ao princípio da especialidade (ou seja, ao objeto da empresa estatal investidora) e também da contínua compatibilidade do objeto da empresa privada com os objetivos do Estado na qualidade de investidor. O desrespeito a esses requisitos pode não somente levar à anulação de investimentos, como também à responsabilidade do Estado e dos próprios administradores das entidades estatais que atuam como investidoras.

Apesar dessas e doutras conclusões, o tema das participações minoritárias ainda prescinde de maior normatização e sistematização teórica no direito brasileiro. Daí a importância de se levá-lo em conta em novos projetos de organização administrativa e de se repensar, no âmbito acadêmico, uma escala de mecanismos de participação direta do Estado na economia que não se esgote na tradicional instituição de sociedades de economia mista e empresas públicas. A concretização do princípio da razoabilidade e também da segurança jurídica em matéria de intervenção do Estado na economia depende do mapeamento e da caracterização detalhada dessas novas formas de participação em empresas privadas e igualmente da construção de regimes jurídicos claros e previsíveis a respeito do assunto.

Referências

ARAGÃO, Alexandre Santos de. *Empresa público-privada. Revista dos Tribunais*, v. 890, 2009.

BARBI FILHO, Celso. Acordo de acionistas: panorama atual do instituto no direito brasileiro e propostas para a reforma de sua disciplina legal. *Revista de Direito Mercantil*, v. 121, 2001.

BERLE JR., Adolf. A.; MEANS, Gardiner C. *The modern corporation and private property*. New York: MacMillan Company, 1940.

CARVALHO FILHO, José dos Santos. *Manual de direito administrativo*, 26. ed. São Paulo: Atlas, 2013.

CARVALHOSA, Modesto. *Comentários à Lei de Sociedades Anônimas*, v. 2. São Paulo: Saraiva, 1998.

COMPARATO, Fábio Konder; SALOMÃO FILHO, Calixto, *O poder de controle da sociedade anônima*, 5. ed. Rio de Janeiro: Gen-Forense, 2008.

CONTI, Mariana. *Contratos entre sócios – interpretação e direito societário*. São Paulo: Quartier Latin, 2013.

EIZIRIK, Nelson. *A Lei das S.A comentada*, v.3 São Paulo: Quartier Latin, 2011.

FERREIRA, Sérgio Andréa. Sociedade de economia mista e sociedade subsidiária. Regime jurídico dos contratos por elas celebrados. Alteração contratual: consequências. *Revista Forense*, v. 358, 2001.

GUIMARÃES, Bernardo Strobel. A participação de empresas estatais no capital de empresas controladas pela iniciativa privada: algumas reflexões. In: MARQUES NETO, Floriano; MENEZES DE ALMEIDA, Fernando; NOHARA, Irene Patrícia; MARRARA, Thiago (org.). *Direito e administração pública: estudos em homenagem à Maria Sylvia Zanella Di Pietro*. São Paulo: Atlas, 2013.

JUSTEN FILHO, Marçal. *Curso de direito administrativo*, 10. ed. São Paulo: Revista dos Tribunais, 2014.

MARQUES NETO, Floriano; MENEZES DE ALMEIDA, Fernando; NOHARA, Irene Patrícia; MARRARA, Thiago (org.). *Direito e administração pública: estudos em homenagem à Maria Sylvia Zanella Di Pietro*. São Paulo: Atlas, 2013.

MARRARA, Thiago. *Sistema Brasileiro de Defesa da Concorrência*. São Paulo: Atlas, 2015.

MUKAI, Toshio. *O direito administrativo e os regimes jurídicos das empresas estatais*, 2. ed. Belo Horizonte: Fórum 2004.

PINTO JUNIOR, Mário Engler. *Empresa estatal: função econômica e dilemas societários*, 2. ed. São Paulo: Atlas, 2013.

RIBEIRO, Renato Ventura. *Direito de voto nas sociedades anônimas*. São Paulo: Quartier Latin, 2009.

SALOMÃO FILHO, Calixto. *O novo direito societário*, 4. ed. São Paulo: Malheiros, 2011.

SUNDFELD, Carlos Ari. A participação privada nas empresas estatais. In: SUNDFELD, Carlos Ari. *Direito administrativo econômico*. São Paulo: Malheiros, 2002.

SUNDFELD, Carlos Ari; SOUZA, Rodrigo Pagani de; PINTO, Henrique Motta. Empresas semiestatais. *Revista de Direito Público da Economia*, n. 36, 2011.

SZTAJN, Rachel. *Contrato de sociedade e formas societárias*. São Paulo: Saraiva, 1989.

VERÇOSA, Haroldo Malheiros Duclerc. *Direito comercial – sociedade por ações*, v. 3, 3. ed. São Paulo: Revista dos Tribunais, 2012.

Informação bibliográfica deste texto, conforme a NBR 6023:2002 da Associação Brasileira de Normas Técnicas (ABNT):

MARRARA,Thiago; MAFFIOLETTI, Emanuelle Urbano. Intervenção direta do Estado na economia por participações minoritárias: formas requisitos e razoabilidade. *In*: PONTES FILHO, Valmir; MOTTA, Fabrício; GABARDO, Emerson (Coord.). *Administração Pública*: desafios para a transparência, probidade e desenvolvimento. XXIX Congresso Brasileiro de Direito Administrativo. Belo Horizonte: Fórum, 2017. p. 355-374. ISBN 978-85-450-0157-7.

PARTE II

ARTIGOS VENCEDORES DO CONCURSO

CONFLITO DE INTERPRETAÇÃO NORMATIVA NO CONTROLE INTERNO DA COMPETÊNCIA DISCRICIONÁRIA

ANTONIO RODRIGUES DO NASCIMENTO

Resumo

O artigo trata dos conflitos de interpretação normativa relacionados ao exercício de competências discricionárias. A problematização da discricionariedade e da interpretação normativa, através da revisão de parte da bibliografia nacional e estrangeira, é refletida a partir da experiência profissional na Administração Pública, onde frequentemente há interdição da competência discricionária por órgãos de controle interno de juridicidade que limitam seus fundamentos ao mérito das escolhas do agente competente, ora para descaracterizar a discricionariedade diante do caso concreto, ora para sobrepor escolhas do controle às escolhas do agente controlado. Os órgãos de controle interno devem colaborar apontando erro da decisão discricionária, que poderá residir em qualquer dos pressupostos ou elementos do ato administrativo, contudo, deve ser demonstrado de maneira objetiva, específica, clara e detalhada, evitando a utilização de artifícios retóricos, a exemplo do afastamento de regra de competência mediante fundamentação exclusivamente doutrinária, jurisprudencial ou ponderação de princípios in abstrato. O controle deve reconhecer as circunstâncias em que a lei deferiu margens de estimativa e valoração ao agente, abertas por leques de possibilidades decisórias que são impossíveis de previsão geral e abstrata. Há grupos de casos em que a discricionariedade é evidente e não deve ser afastada pela interpretação normativa, como decisão que envolva prognósticos ou avaliação de riscos insuscetíveis de serem definidos ou dimensionados objetivamente, ou quando a decisão dependa da valoração política do caso concreto ou de juízo técnico extrajurídico. A inviabilização do exercício regular da competência discricionária representa ofensa ao Estado Democrático de Direito tanto quanto seu exercício arbitrário.

Palavras-chave

Discricionariedade. Conflito. Interpretação. Controle. Competência.

1 Introdução

O Direito Administrativo enquanto ramo autônomo do Direito pode ser divisado a partir de duas perspectivas fundamentais. Numa primeira mirada identificamos sua vocação genética enquanto *"um filho legítimo do Estado de Direito, (...) que instrumenta, que arma o administrado, para defender-se contra os perigos do uso desatado do Poder*".[1] A seguir, percebemos que "não se preordena a reger as atividades abstratas do Estado", ao contrário, suas normas destinam-se à ordenação da estrutura (órgãos e entidades) e das atividades concretas dos agentes da Administração Pública, praticadas ou desempenhadas na qualidade de Poder Público.[2] Esta dupla dimensão caracteriza o *regime jurídico administrativo*, continente das normas que disciplinam a atuação do poder estatal na difícil tarefa incumbida à função administrativa de equilibrar "a *proteção dos direitos individuais* e a *necessidade de satisfação dos interesses coletivos*".[3]

A "fonte-matriz" do regime jurídico administrativo, consoante o magistério de Celso Antônio Bandeira de Mello, são os princípios da *supremacia do interesse público sobre o privado* e da *indisponibilidade do interesse público pela administração*. A primazia do interesse público sobre o privado não fere os interesses individuais dos administrados porque ela constitui o meio de realização do "*conjunto dos interesses que os indivíduos pessoalmente têm quando considerados em sua qualidade de membros da Sociedade e pelo simples fato de o serem*".[4] Para efetivação concreta da multiplicidade de interesses públicos o ordenamento jurídico confere à Administração Pública poderes instrumentais, gerais e específicos, descritos nas normas de fixação das *competências administrativas* dos órgãos e agentes públicos.

As competências administrativas, como é consabido, são *vinculadas* sempre que da subsunção do *caso concreto* à norma resulte de forma *objetiva* um *único* comportamento possível ao agente para satisfação do interesse público. "A vinculação à lei atua em direção dupla. Ela põe, por um lado, as autoridades administrativas na dependência do parlamento e das leis promulgadas (...), por outro lado, submete as autoridades administrativas ao controle judicial".[5] As competências são *discricionárias* quando da previsão normativa resultar de certo grau de liberdade para a atuação do agente público, ao qual se reconhecerá a prerrogativa de apreciação *subjetiva* quanto à melhor maneira de realizar o interesse público diante do *caso concreto*; em outros termos, "*a discricionariedade é a instituição normativa de margens de decisão em favor da Administração Pública para realização do interesse público*".[6]

É da natureza do Estado Democrático de Direito que todo e qualquer ato resultante do exercício de competências administrativas, sejam elas vinculadas ou discricionárias, submetam-se aos controles de *juridicidade* que aferem a conformação da conduta do agente público aos parâmetros jurídicos estabelecidos de maneira geral e abstrata pelo legislador com a finalidade de assegurar a realização material da aptidão genérica da competência para satisfação do interesse público. Por meio de sistemas de controles internos e externos da Administração Pública busca-se, cada vez mais, que o comportamento adotado pelo agente público *in concreto* seja o mais adequado e suficiente para atingir os fins que justificam a outorga da competência *in abstrato*.

---

[1] BANDEIRA DE MELLO. *Curso de Direito Administrativo*, p. 48 (itálicos no original).

[2] GASPARINI. *Direito Administrativo*, p. 59.

[3] DI PIETRO. *Direito Administrativo*, p. 62 (negritos no original).

[4] *Op. cit.*, p. 55 e 61 (itálicos e negritos no original).

[5] MAURER. *Elementos de Direito administrativo Alemão*, p. 47.

[6] OLIVEIRA. *O princípio da segurança jurídica como limite à atribuição e exercício de competências discricionárias pela Administração Pública*, p. 411 (itálicos no original).

Os atos administrativos resultantes do exercício de competência administrativa vinculada não ensejam maiores dificuldades aos órgãos de controle, afinal, não há margem para apreciação subjetiva do agente público quanto ao comportamento a ser adotado diante do caso concreto. Na competência vinculada, a conduta do agente deve amoldar-se fielmente à única possibilidade contida na previsão normativa, sob a pena de incorrer em ilegalidade ou abuso de poder. Já o controle da competência discricionária revela algumas dificuldades aos órgãos de controle por depender da análise dos juízos de valor adotados pelos agentes públicos diante de cada caso concreto.

Farta doutrina e jurisprudência estão lavradas sobre os limites da competência discricionária, contudo, o tema desperta renovado interesse no contexto jurídico atual no qual a normatividade dos princípios constitucionais de regência da atuação do Estado Democrático de Direito "reforça a necessidade de *atividade de ponderação balizada na aplicação do direito pelos órgãos administrativos*".[7] Nesse sentido, destacamos da jurisprudência do STF decisão paradigmática relacionada ao controle externo de prerrogativa típica da competência discricionária: a gestão da política pública de educação infantil. Em sede de recurso tirado em ação civil pública reconheceu-se a obrigação do Município de ampliar vagas para educação infantil com vistas à universalização do direito previsto art. 208, inciso IV, da Constituição. No julgamento, o Min. Relator Celso de Mello afirmou que "as dúvidas sobre essa margem de discricionariedade devem ser dirimidas pelo Judiciário, cabendo ao Juiz dar sentido concreto à norma e controlar a legitimidade do ato administrativo (omissivo ou comissivo), verificando se o mesmo não contraria sua finalidade constitucional (...)". Acompanhando o voto, a Segunda Turma decidiu por unanimidade que o direito assentado no dispositivo constitucional representava um "fator de limitação da discricionariedade político-administrativa".[8]

A limitação da discricionariedade busca proteger a sociedade daquelas competências discricionárias "excessivamente amplas ou 'em branco'", que autorizam o agente público a "agir conforme seus humores".[9] Todavia, as restrições à discricionariedade administrativa guardam relação estreita com o fenômeno da judicialização da política e da gestão pública, que desloca o *locus* das decisões administrativas de planejamento e execução de políticas públicas ao Ministério Público e ao Poder Judiciário. O fenômeno da judicialização, que pode ser apreendido sob diversas perspectivas e que assume proporções inquietantes quando associado ao ativismo ministerial ou judicial,[10] vem despertando debates que "envolvem a legitimidade democrática, a politização da justiça e a falta de capacidade institucional do Judiciário para decidir determinadas matérias".[11]

Num ambiente democrático e de pleno funcionamento das instituições da República, ao lado da preocupação com os controles da discricionariedade administrativa deve existir espaço também para a reflexão jurídica sobre os *limites* de tais controles, pois, se é verdade que o exercício descomposto da competência discricionária degenera em arbítrio e violação do Direito, também é verdade que reduzi-la ou usurpá-la através da

---

[7] *Idem. Ibidem* (itálicos no original).

[8] STF, AgReg em RE nº 410.715. DJ 03.02.2006.

[9] VALIM. *O princípio da Segurança jurídica no direito administrativo*, p. 100.

[10] Para uma visão mais abrangente do fenômeno em sua dimensão local e global, veja-se MOREIRA, Luiz (Org.). *Judicialização da Política*.

[11] BARROSO. *Judicialização, Ativismo Judicial e Legitimidade Democrática*, p. 31.

exacerbação dos mecanismos de controle inquina o ordenamento e ofende o interesse público, haja vista que a competência discricionária, como assinala Maurer, "tem o seu sentido e sua razão também, e exatamente, no estado de direito", porque, a toda evidência, é impossível ao legislador antever e regular as inesgotáveis possibilidades e alternativas da prática, competindo à função administrativa encontrar, "sob a consideração das circunstâncias concretas, uma solução conveniente ao caso particular e ajustada à coisa".[12]

Não obstante, a par das instigantes linhas de investigação teórica dos mecanismos de controle externo da competência discricionária, o propósito deste artigo é uma reflexão circunscrita à atividade de *controle interno* de juridicidade do exercício concreto destas competências. O interesse pelo objeto em apreço resulta da experiência de quase duas décadas de serviços jurídicos prestados à Administração Pública, em especial, na mediação de conflitos vivenciados por agentes públicos em razão de divergência de interpretação normativa envolvendo o reconhecimento e a delimitação de competências discricionárias. Sob este aspecto, por resultar do esforço de elaboração crítica da prática profissional, pretende-se que o texto possa refletir algumas das preocupações dos operadores do Direito que militam na Administração Pública.

2 Desenvolvimento

A interpretação normativa e a competência discricionária

A *interpretação normativa* é o mecanismo por meio do qual o intérprete determina o sentido e alcance da *norma jurídica* geral e abstrata com intuito de aplicá-la a determinado caso concreto. A norma jurídica, na tradição jurídica romano-germânica legada ao ordenamento brasileiro, é norma positivada pela lei, escrita e publicada, a fonte primária do Direito. Para a doutrina jurídica clássica, a interpretação da lei, no seu sentido mais sentido amplo, exprimiria "a *tradução*, a *revelação*, a *determinação* do pensamento ou da intenção contida em um escrito, para que se tenha a *exata aplicação*, originariamente desejada".[13] Haveria, assim, mecanismos para revelar objetivamente a *vontade* da lei e, por via de consequência, os modos e resultados previstos pelo legislador quando de sua *exata* aplicação.

Contemporaneamente, a hermenêutica[14] já não aspira ao desvelamento de uma pretensa *intenção real* da lei como resultado do manejo de métodos de interpretação, sejam eles, exemplificativamente, os clássicos legados por Savigny (histórico, sistemático etc.), a tópica de Viehweg ou o círculo-hermenêutico de Gadamer. A ideia de interpretação como *exata aplicação* da lei em detrimento de outras aplicações possíveis parece ter sido superada. Sem embargo das diversas escolas de pensamento, registramos a definição proposta pelo professor Lenio Streck, sob influência de Gadamer, para quem a interpretação consistiria na "produção de um sentido originado de um processo de

---

[12] *Op. Cit.*, p. 49.

[13] DE PLÁCIDO E SILVA. *Vocabulário Jurídico*, v.1, p. 502 (itálicos no original).

[14] "O erro dos que pretendem substituir uma palavra pela outra; almejam, ao invés de Hermenêutica, Interpretação. Esta é aplicação daquela; a primeira descobre e fixa os princípios que regem a segunda. A Hermenêutica é a teoria científica da arte de interpretar". MAXIMILIANO. *Hermenêutica e aplicação do direito*, p. 1.

compreensão, onde o sujeito, a partir de uma situação hermenêutica, faz uma fusão de horizontes, a partir de sua historicidade".[15] A resultante da interpretação normativa sempre espelhará uma escolha de sentido adotada pelo intérprete, independentemente do método utilizado, porque "as palavras da lei somente adquirem significado a partir de uma teorização, que já sempre ocorre em face de um mundo concreto. (...) Esse sentido vem de fora. Não há um 'sentido evidente' (ou imanente). As palavras das leis não contêm um 'sentido em si'".[16]

Em outros termos, a objetividade ou neutralidade da interpretação normativa muitas vezes oculta a dimensão da interpretação enquanto resultado da intenção daquele que interpreta. A recusa ou dificuldade em aceitar a influência da subjetividade no trabalho de interpretação usualmente traduz um desígnio de legitimação do intérprete e, conquanto o exercício da função administrativa esteja limitado à *aplicação da lei de ofício* – consoante a lapidar definição de Seabra Fagundes – já se vê que não é concebível a aplicação do Direito Administrativo sem o filtro da interpretação do agente público responsável pela concretização da norma. Destarte, a importância da interpretação normativa adquire maior relevo ante as competências discricionárias que conformam aquele "campo dentro do qual ninguém poderá dizer com indisputável objetividade qual é a providência ótima, pois mais de uma seria igualmente defensável".[17]

As causas *normativas* da discricionariedade, conforme preleciona Celso Antônio Bandeira de Mello em seu clássico estudo sobre o tema,[18] pode decorrer de três fatores: 1) da *hipótese da norma* (quando a lei descreve de modo impreciso a situação fática que deflagra o comando legal); 2) *do comando da norma* (quando a lei prevê alternativas ao agente quanto à possibilidade de praticar ou não o ato, definir o tipo de medida ser adotada, o melhor momento para sua adoção ou a forma mais adequada para fazê-lo); 3) *da finalidade da norma* (que aponta valores perseguidos pelo legislador cujos conceitos são *plurissignificativos*, a exemplo de da própria expressão "interesse público"). A doutrina se divide quanto à existência ou não de discricionariedade em virtude dos chamados *conceitos jurídicos indeterminados*. Enquanto alguns entendem que eles não conferem discricionariedade à Administração porque o agente público estaria limitado ao simples "trabalho de *interpretação* que leve à única solução válida possível",[19] outra parte defende que tais conceitos poderão autorizar o uso da competência discricionária quando as expressões utilizadas pelo legislador, em confronto com o caso concreto, não ganharem "densidade suficiente para autorizar a conclusão de que se dissipam por inteiro as dúvidas sobre a aplicabilidade ou não do conceito por ela recoberto";[20] nestes casos haveria, então, a interferência da vontade do agente nas escolhas de sentidos julgados por si adequados para densificação dos conceitos.[21]

---

[15] STRECK. *Hermenêutica Jurídica e(m) Crise: uma exploração hermenêutica da construção do Direito*, p. 19.

[16] *Idem. É possível fazer direito sem interpretar?* Portal Consultor Jurídico, Coluna "Senso Incomum" de 19.04.2012.

[17] BANDEIRA DE MELLO. *Curso de Direito Administrativo*, p. 436.

[18] *Idem. Discricionariedade e Controle Jurisdicional, passim.*

[19] DI PIETRO. *Direito Administrativo*, p. 222 (negrito no original).

[20] BANDEIRA DE MELLO. *Discricionariedade e Controle Jurisdicional, passim.*

[21] Por oportuno, destacamos a valiosa diretriz de intepretação: "os direitos, liberdades e garantias constituem, desde logo, *medidas de valoração* decisivas quando a administração tem de densificar *conceitos indeterminados* ('segurança pública', 'sigilo', 'segredo de Estado', 'segurança de Estado')". CANOTILHO. *Direito Constitucional e Teoria da Constituição*, p. 407.

A tese da dualidade de interesses entre Governança e burocracia estável

A Administração Pública, considerada em seu sentido objetivo, abrange inúmeras atividades compreendidas nas modalidades de fomento, polícia administrativa, serviço público, intervenção na propriedade privada e atuação direta e indireta no domínio econômico. Não raro, no curso dessas atividades verificam-se situações em que a tomada de decisão do agente público é retardada ou inviabilizada por impasses jurídicos surgidos na intimidade da Administração, em razão da falta de consenso quanto a *mais adequada* conduta a ser adotada face à compostura dos fatos que se apresentam e desafiam o gestor público.

A divergência de interpretação normativa suscitada por interpretação do controle interno de juridicidade quanto à caracterização das circunstâncias de fato que autorizam, determinam ou delimitam o exercício das competências discricionárias, são causas frequentes de controvérsia no dia a dia da Administração direta e indireta. Num dos polos do conflito normalmente figuram os agentes públicos responsáveis pela *governança* — entendida como o conjunto de meios legítimos pelos quais o poder é exercido nos limites da competência (dever-poder) — e no polo contraposto, órgãos e agentes responsáveis pelo controle interno da juridicidade dos atos administrativos, entendida como a conformidade do ato ao ordenamento jurídico. O conflito aparece, mais amiúde, nos processos administrativos dependentes de assessoramento, orientação e consultoria jurídicas, mas também, ainda que com menor frequência, verificamos o conflito até mesmo em procedimentos de tomada de decisões relacionadas à defesa judicial ou extrajudicial da Fazenda Pública.

Na gênese desse confronto interpretativo, temos nos deparado com a tese que postula aquilo que denominamos *dualidade de* interesse, construída a partir da classificação dos agentes públicos em *agentes de Governo* e *agentes de Estado*, e utilizada habitualmente como critério para determinar a *legitimação* do agente competente para determinação do *verdadeiro* interesse público em concreto. O critério estabelece uma contraposição apriorística entre interesses de agentes encarregados da governança e agentes das carreiras estáveis da Administração Pública responsáveis pelo controle da juridicidade. Essa tese da dualidade de interesses, a nosso ver, constitui um argumento falacioso que parte de premissas verdadeiras para alcançar conclusões falsas. Senão vejamos.

De fato, a grande maioria dos agentes públicos encarregados da gestão são premidos pela transitoriedade dos mandatos conferidos aos chefes do Poder Executivo, tendendo à busca e adoção de soluções gerenciais na Administração Pública para viabilizar o planejamento estratégico do Governo. Já os membros das carreiras estáveis da Administração Pública tendem a minimizar o fator temporal, relativizando-o diante do caráter permanente das suas investiduras e funções na burocracia estatal. Ora, dessa constatação não decorre necessariamente conflito de interesses quanto a melhor forma de cumprimento da lei e do interesse público. A suposta contradição apontada pelos defensores desse dualismo não tem amparo na Constituição. No Estado Democrático de Direito, tanto o Governo, entendido como "conjunto de órgãos mediante os quais a vontade do Estado é formulada, expressada e realizada", quanto o "conjunto de meios institucionais, materiais, financeiros e humanos preordenados à execução das decisões políticas", que conforma a Administração Pública,[22] estão adstritos às regras e princípios do regime jurídico administrativo na persecução do interesse público primário (bem comum). Infirmar essa assertiva significa imputar aos agentes públicos titulares de cargos ou funções de governança a presunção de dolo ou má-fé e, por via de consequência, significa a deslegitimar a função política e os mandatos populares.

Com efeito, *concessa venia*, a tese da contraposição apriorística de interesses entre agentes do Governo e agentes do Estado, apesar defendida por autores de nomeada,[23] não tem amparo na Constituição e no regime jurídico administrativo. É que no Estado Democrático de Direito, Governança e Administração Pública são faces da mesma moeda, indissoluvelmente ligadas e reciprocamente implicadas. Numa delas está a delegação das competências administrativas discricionárias deferidas aos agentes públicos para efetivação dos programas políticos sancionados periodicamente pela maioria; noutra face está o conjunto de meios permanentes, incluindo a burocracia estável, sem a qual seria impossível materialmente o exercício legítimo dessas competências. A omissão ou excesso da competência discricionária são tão nocivos ao Estado Democrático de Direito quanto omissão ou excesso no controle dessa competência. Em ambas as hipóteses haverá violação do interesse público.

Conflito de interpretação e limites do controle interno de juridicidade

Entendemos que haverá conflito de interpretação normativa no âmbito do controle interno de juridicidade da competência discricionária quando o agente público responsável por exarar manifestação ou parecer jurídicos dos quais dependa a tomada de decisão administrativa adotar uma das seguintes posições:

a) negar reconhecimento ou restringir competência discricionária expressamente prevista na lei ou regulamento legal;

b) intentar sobrepor escolhas interpretativas próprias às do agente público.

Incide nas hipóteses referidas a impugnação do exercício da competência discricionária fundada exclusivamente em posição doutrinária ou em antecedente jurisprudencial do controle externo (Tribunais de Contas ou Poder Judiciário) exarado em julgamento de caso concreto diverso com características diversas, ainda que semelhantes ao caso *sub exame* do controle interno. O agente público responsável pelo controle de juridicidade deve ficar adstrito à apreciação dos *fundamentos* da decisão administrativa, para apontar eventuais *erros* de fato ou de direito nos pressupostos ou elementos do ato administrativo necessário à concretização da norma. O erro de fato é aquele que traduz uma falsa percepção da realidade; o erro de direito diz respeito ao desconhecimento ou falsa interpretação de dispositivo legal. No controle de juridicidade da competência discricionária, a imputação de erro nas escolhas do agente público pelo controle exige que a demonstração objetiva, específica, clara e detalhada, pois, somente diante de "casos altamente complexos e que haja zona de penumbra quanto à finalidade pública é que será aceitável discutir a pretendida tese".[24] Ao tratar da jurisdição administrativa

---

[22] DA SILVA. *Curso de Direito Constitucional Positivo*, p. 107 e 656, respectivamente.

[23] C.f. MOREIRA NETO. *A advocacia de estado revisitada: essencialidade ao Estado Democrático de Direito, passim.*

[24] CHOINSKI. Estudo sobre a teoria do erro em direito administrativo.

alemã, Wolff *et alii* anotam que "efetivamente, se a interpretação foi feita sem erro, se todas as informações foram consideradas e se os fatos foram clarificados corretamente e sem contradições", o intérprete não deve "colocar a sua própria opinião no lugar da opinião expressa da autoridade".[25]

Os erros poderão residir em qualquer dos pressupostos ou elementos da decisão administrativa submetida ao controle, contudo, devem forçosamente ser demonstrados de forma direta, evitando-se a utilização de artifícios retóricos que redundem na eliminação pura e simples da discricionariedade, a exemplo da exposição de argumentos exclusivamente doutrinários, a exemplo do afastamento de *regra* que fixa competência discricionária mediante exclusiva *ponderação de princípios*, expediente que numa análise mais detalhada pode revelar-se apenas um mecanismo de interpretativo de "aplicação *ad hoc*" por parte do órgão de controle.[26]

O controle interno deve reconhecer que em determinadas circunstâncias, e somente nelas, a lei deferiu ao agente público margens de estimativa e valoração diante do caso concreto, deixando abertos leques de possibilidades decisórias que são impossíveis de ser contempladas especificamente pelo ordenamento jurídico. Exemplificativamente, vejamos os seguintes grupos de casos em que a competência discricionária é evidente e não deve ser afastada pela interpretação do controle interno:

a) quando a decisão envolva prognóstico ou avaliação de riscos insuscetíveis de serem definidos ou calculados objetivamente;

b) quando a decisão dependa da valoração política do caso concreto submetido à competência discricionária;

c) quando a decisão tiver de ser fundamentada através de juízo técnico, ainda que baseada num padrão objetivo, porém, extrajurídico.[27]

Em todos esses grupos de casos os critérios adotados pelo agente competente não devem ser substituídos pela interpretação normativa do controle interno de juridicidade. Convém destacar que o papel destes órgãos não é dificultar ou impedir o exercício das competências discricionárias legítimas, tampouco replicar ou justapor funções dos diversos órgãos de controle externo. O controle interno de juridicidade existe para colaborar com os agentes públicos competentes a fim de que as condutas discricionárias sejam materializadas com eficiência e perfeição jurídica. Também nunca demais lembrar, por oportuno, que eventual responsabilização do agente público em razão das próprias escolhas, quando realizadas com desvio ou excesso de poder, não alcançam os órgãos de controle interno de juridicidade senão naqueles casos em que fique caracterizado dolo, erro grosseiro ou clara omissão ao dever de agir.

3 Conclusão

No Estado Democrático de Direito, a função administrativa deve equilibrar a proteção dos direitos individuais com a necessidade de satisfação dos interesses coletivos. Para permitir que a ação estatal alcance esse desiderato, são deferidas competências

---

[25] WOLFF; BACHOF; STOBER. *Direito Administrativo*, v.1, p. 454.

[26] STRECK. *Aplicar A "Letra da Lei" É Uma Atitude Positivista*, p. 172.

[27] WOLFF; BACHOF; STOBER. *Idem.* p. 457.

aos agentes públicos cuja atuação subordina-se à legalidade estrita. Na impossibilidade da lei contemplar toda a multiplicidade de condutas possíveis na atuação do agente público, em razão da infinita variedade dos casos concretos, são deferidas competências discricionárias, que admitem margens de escolha do agente.

O exercício da discricionariedade não deve ser tolhido pelos órgãos de controle interno de juridicidade em razão de conflitos de interpretação normativa fundamentados exclusivamente em posição doutrinária quando ficar caracterizado o intento do órgão de sobrepor as escolhas interpretativas próprias àquelas eleitas pelo agente público. O controle da juridicidade deve apontar erros de fato ou de direito do agente de maneira objetiva, específica, clara e detalhada, pois, sua função é a de colaborar com o agente para que o mesmo possa exercer sua competência com eficiência e perfeição jurídica.

Existem alguns grupos de casos concretos em que a competência discricionária é evidente e não deve ser afastada pela interpretação normativa do controle interno, a exemplo da decisão que envolva prognósticos ou avaliação de riscos insuscetíveis de serem definidos ou dimensionados objetivamente, ou ainda quando a decisão dependa da valoração política do caso concreto ou de juízo técnico extrajurídico.

A nosso ver, a restrição indevida da competência discricionária é tão nociva ao Estado Democrático de Direito quanto seu exercício arbitrário, uma vez que retira ou diminui a margem legítima de escolha delegada pela Constituição e pelas leis aos agentes públicos responsáveis por concretizar o interesse público através da função administrativa.

Referências

BANDEIRA DE MELLO, Celso Antônio. *Curso de Direito Administrativo.* 28. ed. São Paulo: Malheiros Editores, 2010.

_____. *Discricionariedade e Controle Jurisdicional.* 2. ed. São Paulo: Malheiros Editores, 2000.

BARROSO, Luis Roberto. *Judicialização, Ativismo Judicial e Legitimidade Democrática.* Cadernos (Syn)thesis, v. 5, n. 1. 2012, p. 23-32. ISSN 2358-4130. Disponível em: <http://www.e-publicacoes.uerj.br/index.php/synthesiS. Article/view/7433/5388>. Acesso em: 18. ago. 2015.

CANOTILHO, J. J. Gomes. *Direito Constitucional e Teoria da Constituição.* Coimbra: Livraria Almedina, 1998.

CHOINSKI, Carlos Alberto Hohmann. *Estudo sobre a teoria do erro em direito administrativo.* E-Gov UFSC – Portal de e-governo, inclusão digital e sociedade do conhecimento, 04.03.2011. Disponível em: <http://egov. ufsc.br/portal/conteudo/estudo-sobre-teoria-do-erro-em-direito-administrativo>. Acesso em 23. ago. 2015.

DA SILVA, José Afonso. *Curso de Direito Constitucional Positivo.* 35. ed. Malheiros. São Paulo, 2012.

DI PIETRO, Maria Sylvia Zanella. *Direito Administrativo.* 25. ed. São Paulo: Atlas, 2012.

GASPARINI, Diógenes. *Direito Administrativo.* 17. ed. São Paulo: Saraiva, 2012.

MAURER, Hartmut. *Elementos de direito administrativo alemão.* **Tradutor:** Luis Afonso Heck. Porto Alegre: Sergio Antonio Fabris Editor, 2001.

MOREIRA, Luiz (Org.). *Judicialização da Política.* São Paulo: 22 Editorial, 2012.

MOREIRA NETO, Diogo de Figueiredo. *A advocacia de estado revisitada: essencialidade ao Estado Democrático de Direito.* In: GUEDES, Jefferson Carús; SOUZA, Luciane Moessa de (Coord.). *Advocacia de Estado: questões institucionais para a construção de um Estado de Justiça: estudos em homenagem a Diogo de Figueiredo Neto e José Antonio Dias Toffolli.* Belo Horizonte: Fórum, 2009. p. 23-52. ISBN 978-85-7700-236-8.

NOGUEIRA, Elisabete Wayne. *A interpretação normativa e o Estado Democrático de Direito.* Novos Estudos Jurídicos – Ano VII – Nº 14 – p. 191-204, abril / 2002. ISSN Eletrônico 2175-0491. Disponível em: <http://www6. univali.br/seer/index.php/nej/article/view/16/16>. Acesso em: 25. ago. 2015.

OLIVEIRA, José Roberto Pimenta. *O princípio da segurança jurídica como limite à atribuição e exercício de competências discricionárias pela Administração Pública*. In VALIM, Rafael; OLIVEIRA, José Roberto Pimenta; DAL POZZO, Augusto Neves (Coord.). *Tratado sobre o princípio da segurança jurídica no direito administrativo*. Belo Horizonte: Fórum, 2013. p. 409-427. ISBN 978-85-7700-728-8.

ROCHA, Júlio César de Sá. *A interpretação do Direito e a ideologia do intérprete*. In *Sitientibus*, Revista da Universidade Estadual de Santa Catarina. Feira de Santana, n.17, p. 129-135. jul.-dez. 1997. Disponível em: <http://www2.uefs.br/sitientibus/pdf/17/a_interpretacao_do_direito.pdf>. Acesso em: 18. ago. 2014.

SILVA, De Plácido. Vocabulário Jurídico, v.1 Rio de Janeiro: Forense, 1982.

STRECK, Lenio Luiz. *Aplicar A "Letra da Lei" É Uma Atitude Positivista?* In Revista Novos Estudos Jurídicos – Vol. 15 – n. 1 – p. 158-172 / jan-abr 2010. ISSN Eletrônico 2175-0491NEJ. Disponível em: <http://www6.univali.br/seer/index.php/nej/article/view/2308>. Acesso em: 18. ago.2015.

_____. *É possível fazer direito sem interpretar?* Portal Consultor Jurídico, Coluna "Senso Incomum", 19/04/2012. Disponível em: <http://www.conjur.com.br/2012-abr-19/senso-incomum-jurisprudencia-transita-entre-objetivismo-subjetivismo>. Acesso em: 13. ago. 2015.

_____. *Hermenêutica Jurídica e(m) Crise: uma exploração hermenêutica da construção do Direito*. 2. ed. Porto Alegre: Livraria do Advogado.

VALIM, Rafael. *O princípio da Segurança jurídica no direito administrativo*. São Paulo: Malheiros, 2010.

WALDRON, Jeremy. *As intenções dos legisladores e a legislação não intencional*. In: MARMOR, Andrei. *Direito e Interpretação*. Tradutor: Luiz Carlos Borges. São Paulo: Martins Fontes, 2000.

WOLFF, Hans J.; BACHOF, Otto; STOBER, Rolf. *Direito Administrativo*, v.1 Fundação Calouste Gulbekian. Lisboa: 2006.

Informação bibliográfica deste texto, conforme a NBR 6023:2002 da Associação Brasileira de Normas Técnicas (ABNT):

NASCIMENTO, Antonio Rodrigues do. Conflito de interpretação normativa no controle interno da competência discricionária. *In*: PONTES FILHO, Valmir; MOTTA, Fabrício; GABARDO, Emerson (Coord.). *Administração Pública*: desafios para a transparência, probidade e desenvolvimento. XXIX Congresso Brasileiro de Direito Administrativo. Belo Horizonte: Fórum, 2017. p. 377-386. ISBN 978-85-450-0157-7.

DIREITO ADMINISTRATIVO CONSENSUAL, ACORDO DE LENIÊNCIA E AÇÃO DE IMPROBIDADE

JOSÉ GUILHERME BERNAN CORREA PINTO

Resumo

O artigo tem como objetivo fazer uma reflexão sobre a utilização dos acordos de leniência previstos na Lei nº 12.846/13 à luz da tendência pelo desenvolvimento de um direito administrativo consensual, no qual a atividade administrativa deixa de ser vista como o dever de aplicar a lei, cumprido por autoridades capazes de determinar o que seria o interesse público, e passa a ser resultado de um diálogo da Administração Pública com a sociedade, buscando, assim, maior legitimidade para sua atuação e resultados mais eficientes. Além de descrever em que consiste o direito administrativo consensual, o artigo aborda as principais ferramentas dessa visão doutrinária já previstas na legislação, com ênfase no direito administrativo sancionador, destacando que ainda não existe homogeneidade em nosso ordenamento jurídico a esse respeito. Uma das contradições legislativas é a que existe entre a Lei nº 8.429/92, que proíbe expressamente a celebração de transação, acordo ou conciliação em ações de improbidade, e a Lei nº 12.846/13, que autoriza a celebração de acordos de leniência. Essa contradição é analisada na parte final do artigo, que procura investigar se os acordos de leniência, dentro desse contexto normativo, podem de fato vir a ter a abrangência imaginada pelo legislador para casos de atos lesivos à Administração Pública e, assim, representar uma das principais manifestações da administração pública consensual nessa matéria.

Palavras-chave

Direito Administrativo. Consensualismo. Improbidade Administrativa. Acordo de Leniência. Lei Anticorrupção

1 Introdução

Um dos temas que têm atraído a atenção da doutrina especializada nas últimas décadas trata do consensualismo no direito administrativo, visão que privilegia a cooperação e o diálogo entre administradores e administrados no lugar da tradicional estrutura verticalizada, decorrente do princípio da legalidade e amparada na ideia de supremacia do interesse público sobre os particulares e de sua respectiva indisponibilidade.

Determinados campos da atividade administrativa mostram-se bastante receptivos à ideia de consensualidade, tais como a participação popular em debates prévios à edição de normas legais ou regulamentares ou mesmo a disciplina referente aos contratos administrativos. Já em relação ao direito administrativo sancionatório, o princípio da legalidade ainda é visto como uma barreira para a substituição da aplicação do comando normativo mediante um processo de subsunção por soluções de consenso entre governantes e governados.

A expressão legal que melhor retrata essa visão é, possivelmente, o parágrafo primeiro do artigo 17 da Lei nº 8.429/92 ("Lei de Improbidade Administrativa"), que veda de forma expressa a possibilidade de transação, acordo ou conciliação nas ações de improbidade administrativa. O comando, de fato, não parece deixar muito espaço para a substituição das determinações legais pela vontade das partes.

No entanto, a edição (e posterior regulamentação) da Lei nº 12.846/2013 ("Lei Anticorrupção") impôs uma necessária reflexão sobre essa questão, uma vez que os tipos nela previstos são extremamente semelhantes aos da Lei de Improbidade, mas, ao invés de proibir a transação, ela prevê expressamente a possibilidade de celebração de acordos de leniência entre as pessoas jurídicas acusadas de atos de corrupção e a administração pública.

Mas a previsão dos acordos de leniência, que poderia simbolizar a mais ampla forma de aplicação do consensualismo na esfera do direito administrativo sancionatório, pode não produzir o impacto esperado, já que os artigos 29 e 30 da mesma Lei Anticorrupção determinam que as sanções por ela estabelecidas não afetam nem eventual punição por infração à ordem econômica (que pode ser apurada no âmbito do CADE, do Ministério da Justiça ou do Ministério da Fazenda), nem aquelas previstas na Lei de Improbidade Administrativa e na legislação específica relativa a licitações e contratos.

Com isso, dizer que a visão consensual triunfou também na seara do direito administrativo sancionador parece prematuro. O propósito deste artigo é analisar algumas das questões colocadas por essa novidade legislativa.

2 Direito Administrativo Consensual

A visão tradicional do direito administrativo possui no princípio da legalidade sua pedra de toque, deixando, assim, pouco espaço para a adoção de soluções consensuais. Ao administrador só seria lícito fazer aquilo que se encontra expressamente previsto em lei, não podendo sua conduta se pautar em qualquer outra fonte normativa que não seja proveniente da vontade do legislador.[1]

Essa visão é mitigada pela teoria dos atos administrativos, que, ao dividi-los em duas espécies – vinculados e discricionários – reconhece um campo de escolhas ao administrador consistente na avaliação de conveniência e oportunidade para a prática de atos do segundo tipo. Mas isso não significa que os administrados desempenharão algum papel nessas escolhas, que, em princípio, continuam pertencendo exclusivamente aos administradores. Dessa forma, a participação dos cidadãos seria, no máximo,

---

[1] Para uma descrição mais detalhada de quatro concepções distintas sobre o princípio da legalidade, consultar EISEMAN, Charles. O Direito Administrativo e o Princípio da Legalidade, in: *Revista de Direito Administrativo*, v. 56, 1959 e ARAGÃO, Alexandre dos Santos. "A Concepção Pós-positivista do Princípio da Legalidade", in *Revista de Direito Administrativo*, v. 236, abr.-jun 2004.

consequência da boa vontade dos governantes de levar em consideração, quando e como quiserem, aquilo que eles têm a dizer sobre determinado tema.

Ao lado do princípio da legalidade, o princípio da supremacia do interesse público também desempenha uma função primordial nessa visão – aqui chamada "tradicional", sem qualquer juízo de valor – do direito administrativo. De acordo com o referido princípio, os interesses públicos se sobrepõem aos interesses privados, o que justifica a submissão dos particulares às escolhas feitas pelos governantes, independentemente de concordarem ou não com elas.

Mas os dois princípios – legalidade e supremacia do interesse público – têm sido colocados em xeque por autores contemporâneos, por diferentes razões.

Uma leitura estreita do princípio da legalidade, segundo a qual qualquer manifestação de vontade dos governantes deve ter amparo legal expresso, só parece convincente sob uma perspectiva bastante otimista a respeito dos legisladores. A crítica a essa concepção, portanto, baseia-se na falibilidade e incompletude da atividade legislativa, reconhecendo-se que um apego extremo ao princípio da legalidade poderia significar um engessamento indesejado da atividade administrativa.[2]

A supremacia do interesse público também é objeto de diversos questionamentos, havendo quem afirme tratar-se de um princípio essencialmente autoritário e incompatível com a sistemática constitucional protetiva dos direitos fundamentais decorrente da Constituição de 1988, razão pela qual deveria ser substituído por um dever de proporcionalidade que pautaria toda a atuação administrativa.[3] Mesmo que não se negue a existência e importância do "princípio" da supremacia do interesse público, ainda assim é possível questionar se realmente existe um único interesse público (ou vários), qual o seu verdadeiro conteúdo e quem deve ser o responsável por defini-lo.[4]

Diante dessas críticas, pode-se falar, pelo menos, em duas formas de reação. De um lado, há uma crescente aposta no papel do judiciário de fiscal das escolhas feitas pelos administradores em nome do interesse público. O controle jurisdicional sobre o mérito dos atos administrativos sofreu uma inegável expansão ao longo das últimas décadas, notadamente pela aplicação do princípio da razoabilidade/proporcionalidade, que passa a ser reconhecido como um comando dotado de normatividade e, portanto, apto a autorizar a intervenção judicial em campos outrora vistos como puramente políticos.[5]

---

[2] Ver, por exemplo, as conclusões de ARAGÃO, Alexandre dos Santos. "A Concepção Pós-positivista do Princípio da Legalidade", in *Revista de Direito Administrativo*, v. 236, abr.-jun 2004.

[3] Cf. BINENBOJM, Gustavo. "Da Supremacia do Interesse Público ao Dever de Proporcionalidade: Um Novo Paradigma para o Direito Administrativo". *Revista de Direito da Procuradoria Geral do Estado*. Vol. 59, 2005, p. 49-82 e, do mesmo autor, mais amplamente, *Uma Teoria do Direito Administrativo*. 3. ed. Rio de Janeiro: Renovar, 2014.

[4] Algumas das dificuldades na definição do que seria o interesse público são abordadas por ARAGÃO, Alexandre Santos de. "A 'Supremacia do Interesse Público no Advento do Estado de Direito e na Hermenêutica do Direito Público Contemporâneo", in SARMENTO, Daniel (org.). *Interesses Públicos versus Interesses Privados: Desconstruindo o Princípio da Supremacia do Interesse Público*. Rio de Janeiro: Lumen Juris, 2005, p. 1-22. De forma mais abrangente, conferir MARQUES NETO, Floriano de Azevedo. *Regulação Estatal e Interesses Públicos*. São Paulo: Malheiros, 2002, *passim*.

[5] Sobre o controle jurisdicional dos atos administrativos, consultar a clássica obra de FAGUNDES, Miguel Seabra. *O Controle dos Atos Administrativos pelo Poder Judiciário*. 3. ed., atualizada por Gustavo Binenbojm. Rio de Janeiro: Forense, 2010. Sobre a aplicação do princípio da proporcionalidade, ver, entre outros, ÁVILA, Humberto. *Teoria dos Princípios: da definição à aplicação dos princípios jurídicos*. 13. ed. São Paulo: Malheiros, 2012 (para quem o

Outra possibilidade consiste no desenvolvimento de mecanismos que permitam legitimar internamente a atividade administrativa, sem necessidade de recorrer ao controle externo. A participação e o diálogo com a sociedade são ferramentas importantes dessa busca por legitimidade, levando a uma aposta no consensualismo como uma saída democrática para a questão. Como afirma Alexandre Santos de Aragão, "(...) a Administração consensual é um corolário necessário da tese que vê a legitimação da Administração não mais na lei, mas na satisfação das necessidades sociais dos cidadãos".[6]

O fortalecimento do papel desempenhado pelo consensualismo no direito administrativo é comumente associado ao movimento de globalização/mundialização[7] iniciado no século XX. Diogo de Figueiredo Moreira Neto pontua que a mundialização trouxe consigo uma demanda por eficiência, que só poderia ser atingida por meio de soluções consensuais. Nas suas próprias palavras, "na elaboração da norma; na sua execução político-administrativa; na fiscalização da sua boa aplicação e na sua execução contenciosa, em todas as fases, a consensualidade é sinal de celeridade, de precisão e de acerto – numa palavra, de eficiência – que se espera do direito em tempos de mundialização".[8]

Na doutrina jurídica estrangeira, pode-se destacar a obra de François Ost e Michel van de Kerchove, para quem o modelo jurídico representado pela estrutura em forma de pirâmide, em que o Estado ocupa o topo, com o poder de elaborar as normas sob a forma de comandos imperativos e unilaterais, é substituído, na atualidade, por uma estrutura em forma de rede, na qual as hierarquias não são bem definidas e o poder é exercido de forma mais flexível. Essa mudança de paradigma implicaria a substituição da dicotomia governo/regulamentação, própria do modelo piramidal, pela dicotomia governança/regulação, característica do modelo em rede. Com isso, segundo os autores, "o comando unilateral, autoritário, centralizado – em uma palavra, soberano – dá lugar a uma ordenação suavizada, descentralizada, adaptativa e frequentemente negociada".[9]

De fato, podemos observar que diversos mecanismos de consensualidade têm sido aplicados a diferentes campos do direito administrativo brasileiro ao longo dos últimos anos. Em um esforço para tentar sistematizar os gêneros da administração pública consensual, Diogo de Figueiredo Moreira Neto os divide em (i) decisão consensual, que inclui espécies como plebiscito, referendo, debate público e audiência pública;

---

princípio da proporcionalidade é, na verdade, um postulado normativo aplicativo). Para uma visão sobre sua origem alemã e a interpretação feita pelas cortes canadenses, cf. GRIMM, Dieter. Proportionality in Canadian and German Constitutional Jurisprudence, in *Toronto Law Journal*, vol. 57, n. 2, 2007. Para uma análise da expansão global do princípio da proporcionalidade, ver SWEET, Alec Stone "Proportionality Balancing and Global Constitutionalism", in *University of Yale Faculty Scholarship Series*, paper 1296, 2008, disponível em <http://digitalcommons.law.yale.edu/fss_papers/1296>. Acesso em 25/08/2015.

[6] ARAGÃO, Alexandre dos Santos. "A consensualidade no Direito Administrativo: acordos regulatórios e contratos administrativos", in *Revista de Informação Legislativa*, vol. 42, n. 167, jul/set 2005.

[7] Conferir a distinção feita por MOREIRA NETO, Diogo de Figueiredo. "Governo e Governança em Tempos de Mundialização", in *Revista de Direito Administrativo*, v. 243, 2006, p. 41

[8] MOREIRA NETO, Diogo de Figueiredo. *op. cit.*, p. 47, grifos no original.

[9] OST, François; VAN DE KERCHOVE, Michel. *De la pyramide au réaseau? Pour une théorie dialetique du droit*, Bruxelas: Pblications des Facultés Universtiraires Saint-Louis, 2002, tradução livre. No original: "Le commandement unilatéral, autoritaire, centralisé – souverain, en un mot – fait place à un ordonnancement assoupli, décentralisé, adaptatif et souvent negocié".

(ii) execução consensual, presente em contratos administrativos de parceria e acordos administrativos de coordenação; e (iii) solução de conflitos consensual, que inclui a prevenção de conflitos, como nas comissões de conflito e acordos substitutivos, e na solução propriamente dita, que pode se dar por meio de mecanismos de conciliação, mediação, arbitragem, ajustes de conduta, entre outros.[10]

Gustavo Justino de Oliveira, por sua vez, elenca os seguintes exemplos, retirados de nossa legislação: (i) artigo 10 do Decreto-Lei nº 3.365/40, que prevê a desapropriação amigável; (ii) artigo 5º, §6º da Lei nº 7.347/85, que prevê a celebração de Termo de Ajustamento de Conduta com a Administração; (iii) acordos no âmbito da execução dos contratos administrativos, previstos nas leis nº 8.666/93, 8.987/95, 11.079/04 e 11.107/05; (iv) artigo 53 da Lei nº 8.884/94, que prevê o compromisso de cessação de prática sob investigação do CADE; e (v) artigo 37, §8º da Constituição, que prevê o contrato de gestão.[11]

Aos exemplos citados podem ser acrescentados, por se tratar de normas recentes e com potencial para ampliar o diálogo em questão, os procedimentos de manifestação de interesse, regulamentados atualmente pelo Decreto nº 8.428/15, e a possibilidade de autocomposição de litígios envolvendo particulares e administração pública, estabelecida pela Lei nº 13.140/15, ainda pendente de regulamentação.

Como se pode notar a partir dos exemplos citados pela doutrina, em matéria de solução de conflitos a presença de mecanismos consensuais ainda é relativamente tímida. Cabe observar, inclusive, que a adoção de mecanismos extrajudiciais como a arbitragem não significam necessariamente uma solução de consenso, mas apenas outra forma de resolver litígios de acordo com o que determina a lei. Ressalvadas previsões legislativas pontuais (como a da Lei do CADE e da CVM), não há possibilidade de substituir as sanções legalmente previstas para as infrações administrativas por alternativas consensuais.

Mas o panorama sofre uma grande alteração com a edição da Lei Anticorrupção, uma vez que seus artigos 16 e 17 expressamente autorizam a celebração de acordos de leniência que permitem às empresas acusadas dos tipos administrativos ali previstos afastar e/ou reduzir as penalidades impostas. Essa abertura consensual no campo do direito administrativo sancionador é inegável, mas deve ser analisada à luz dos postulados de coerência e integridade do direito, a fim de que não venha a se tornar mais importante na teoria do que na prática.

3 Consenso, aplicação de sanções e integridade do direito

Para Nelson Hungria, não haveria diferença ontológica entre sanções administrativas e sanções penais. A distinção entre elas seria apenas uma questão de grau, sendo

---

[10] MOREIRA NETO, Diogo de Figueiredo. Novos Institutos Consensuais da Ação Administrativa, in *Revista de Direito Administrativo*, vol. 231, jan/mar 2003, p. 129-156.

[11] OLIVEIRA, Gustavo Justino de. Governança Pública e Parcerias do Estado: novas fronteiras do direito administrativo, in *Revista de Direito da Procuradoria Geral*, Rio de Janeiro, edição especial, 2012, p. 113-120. O mesmo elenco é citado em artigo escrito pelo mesmo autor em parceria com SCHWANKA, Cristiane. "A Administração Consensual como a Nova Face da Administração Pública no séc. XXI: fundamentos dogmáticos, formas de expressão e instrumentos de ação", in *Revista da Faculdade de Direito da Universidade de São Paulo*, v. 104, 2009, p. 303-322.

reservada a utilização do direito penal às infrações consideradas mais graves pelo legislador, restando ao direito administrativo punir aquelas consideradas de menor potencial ofensivo.[12]

Embora essa concepção não tenha prevalecido, e a independência das esferas jurídico-penal e jurídico-administrativa seja afirmada hoje sem maiores controvérsias, não se pode negar que, dados os valores em jogo, o direito penal e o direito administrativo sancionador são ramos extremamente próximos. Por essa razão, os princípios relativos ao direito penal e processual penal são também aplicáveis, sempre que possível, aos processos administrativos dos quais possa resultar a aplicação de sanções. Como destaca Fábio Medina Osório, "já é pacífico na doutrina e jurisprudência pátrias que, quando se trata de direito administrativo sancionador, aplicam-se, *mutatis mutandi*, os princípios pertinentes ao direito penal, dadas as similitudes entre ambos os ramos do direito e a gravidade de sua incidência na esfera dos particulares".[13]

A previsão dos acordos de leniência no âmbito do direito administrativo pode, assim, ser comparada à adoção de mecanismos de consensualidade que têm sido implementados nos últimos anos no direito penal brasileiro. Assim como ocorre com o princípio da legalidade, a tradicional ideia de indisponibilidade da ação penal tem sido colocada em xeque por institutos como as transações penais, no âmbito dos crimes de competência dos Juizados Especiais Criminais (art. 76 da Lei nº 9.099/95), e a delação premiada (de forma mais ampla, ver arts. 4º a 7º da Lei nº 12.850/13, embora haja outros dispositivos na legislação penal).[14]

Há, quanto ao ponto, uma tendência (que não é apenas brasileira) de aproximação com o sistema jurídico da *common law*, principalmente em sua vertente norte-americana, no qual o sistema acusatório há tempos se acostumou com a figura do *plea bargaining*, por meio do qual as partes envolvidas em ações penais dispõem com razoável liberdade a respeito do reconhecimento de culpa e da aplicação de sanções.[15]

Voltando ao direito administrativo, observa-se em nossa legislação tendência semelhante. Desde 1985, pelo menos, com a previsão dos termos de ajustamento de conduta na Lei nº 7.347/85 admite-se (alguma) liberdade para transigir em relação a direitos revestidos de interesse público. O Conselho Administrativo de Defesa Econômica – CADE, com base no art. 85 da Lei nº 12.529/11, pode celebrar compromissos de cessação de conduta,[16] por meio dos quais o responsável por lesão ao sistema de defesa da concorrência pode firmar termos de compromisso no âmbito de processos administrativos sancionadores. Finalmente, a já citada Lei nº 13.140/15 reconhece a possibilidade de autocomposição de litígios envolvendo particulares e a Administração

---

[12] HUNGRIA, Nelson. "Ilícito Administrativo e Ilícito Penal", in *Revista de Direito Administrativo*, vol. 1, n. 1, 1945.

[13] OSÓRIO, Fábio Medina. *Direito Administrativo Sancionador*, 4. ed. São Paulo: Revista dos Tribunais, 2011, p. 113.

[14] Em caráter ilustrativo, veja-se a interessante reflexão feita por Alexandre Morais da Rosa em "Como é possível ensinar processo penal depois da operação 'lava-jato?'", in *Revista Consultor Jurídico*, 4 jul. 2015, disponível em http://www.conjur.com.br/2015-jul-04/diario-classe-possivel-ensinar-processo-penal-depois-lava-jato, acesso em 21. ago. de2015.

[15] LANGER, Maximo. "From Legal Transplants to Legal Translations: The Globalization of Plea Bargaining and the Americanization Thesis in Criminal Procedure", in *Harvard Law Review*, v. 45, n. 1, inverno de 2004.

[16] A previsão dos compromissos de cessação de conduta já existia na antiga lei que organizava o sistema de defesa da concorrência (Lei nº 8.884/94, art. 53 e ss.).

Pública – o que naturalmente só faz sentido quando se reconhece a possibilidade de soluções de consenso substituírem a pura e simples aplicação da lei.

Como se nota, não são poucas as hipóteses em que o legislador procurou estabelecer uma abertura dialógica entre administração pública e sociedade. Mesmo quando se trata da aplicação de sanções administrativas, já existem atos normativos que autorizam a utilização de soluções de consenso em substituição à aplicação pura e simples da lei, muito embora a aplicação de mecanismos consensuais no campo do direito administrativo sancionador possa ser considerada mais problemática do que em outras áreas. Isso porque a aplicação de sanções é a forma de manifestação mais pura do *jus imperii* e, justamente por isso, aquela vinculada de forma mais estreita ao princípio da legalidade, não oferecendo muito espaço para a substituição da vontade da lei pelo consenso entre o estado-sancionador e o cidadão-sancionado.

Como se trata de um fenômeno recente, é até certo ponto natural que apareçam contradições entre a nova legislação, que retrata a prevalência da visão consensual, e a antiga, ainda ligada mais fortemente a princípios como o da legalidade e da indisponibilidade do interesse público. Mas, em nome da integridade e coerência do ordenamento jurídico,[17] tais contradições devem ser resolvidas, seja por meio de atualização legislativa, seja através da atuação da jurisprudência, que deverá fazer uso de uma interpretação sistemática do ordenamento jurídico até que o próprio legislador atue para harmonizar as disposições em questão.[18]

Para os propósitos deste artigo, a contradição que interessa mais de perto é a existente entre, de um lado, os artigos 16 e 17 da Lei nº 12.846/13, que autorizam a celebração de acordo de leniência como forma de atenuar as sanções impostas tanto pela própria Lei Anticorrupção como pela Lei nº 8.666/93, e, de outro lado, o artigo 17, §1º, da Lei de Improbidade Administrativa, que veda expressamente a possibilidade de transação nas ações relacionadas à sua aplicação. A preocupação nos parece pertinente, pois, embora à primeira vista as duas leis tenham campos de incidência e destinatários distintos, e na prática ambas deverão se misturar.

A Lei de Improbidade Administrativa define atos de improbidade como aqueles praticados por qualquer agente público (art. 1º), embora preveja que suas disposições são aplicáveis, *no que couber*, àqueles que, mesmo não sendo agentes públicos, tenham induzido, concorrido ou se beneficiado de tais atos (art. 3º). Os atos de improbidade são divididos em três espécies: atos que importam enriquecimento ilícito (auferir qualquer vantagem patrimonial indevida em razão do exercício de cargo, mandato, função, emprego ou atividade na administração pública, cf. art. 9º), atos que causam prejuízo ao erário (qualquer ação ou omissão, dolosa ou culposa, que enseje perda patrimonial, desvio, apropriação, malbaratamento ou dilapidação dos bens ou haveres das entidades da administração pública, cf. art. 10) e atos que atentam contra os princípios da administração pública (qualquer ação ou omissão que viole os deveres de honestidade, imparcialidade, legalidade e lealdade às instituições, cf. art. 11).

A Lei Anticorrupção, por sua vez, trata da responsabilização objetiva administrativa e civil de pessoas jurídicas pela prática de atos contra a administração pública,

---

[17] DWORKIN, Ronald. *O Império do Direito*. 2. ed. São Paulo: Martins Fontes, 2007.

[18] Sobre interpretação sistemática, consultar MAXIMILIANO, Carlos. *Hermenêutica e Aplicação do Direito*. 19. ed. Rio de Janeiro: Forense, 2002, p. 87 e segs.

nacional ou estrangeira, aplicando-se às sociedades empresárias e às sociedades simples, personificadas ou não, independentemente da forma de organização ou modelo societário adotado, bem como a quaisquer fundações, associações de entidades ou pessoas, ou sociedades estrangeiras, que tenham sede, filial ou representação no território brasileiro, constituídas de fato ou de direito, ainda que temporariamente (cf. art. 1º e respectivo parágrafo único). Os atos lesivos à administração pública são definidos como aqueles que "atentem contra o patrimônio público nacional ou estrangeiro, contra princípios da administração pública ou contra os compromissos internacionais assumidos pelo Brasil" (art. 5º).

Como se pode notar, há grande semelhança entre os atos que ambas as leis pretendem combater, de maneira que a principal diferença é a perspectiva que cada uma das normas adota: enquanto a Lei de Improbidade Administrativa é dirigida aos agentes públicos que causam prejuízo à administração, a Lei Anticorrupção tem como alvo as pessoas jurídicas que pratiquem as mesmas condutas (ou, pelo menos, condutas muito semelhantes). A diferença parece ser mais subjetiva do que objetiva.

Até a edição da Lei Anticorrupção, as pessoas jurídicas que praticavam atos lesivos à administração pública eram responsabilizadas por meio da aplicação da Lei de Improbidade Administrativa, isso com base no já mencionado art. 3º, que determina sua aplicação aos beneficiários dos atos considerados ímprobos. No cotidiano forense, é recorrente a inclusão de empresas no polo passivo de ações de improbidade ajuizadas pelo Ministério Público, prática referendada pela jurisprudência, mesmo havendo que se reconhecer que a lei em questão não foi pensada para ter aplicação aos particulares. Veja-se, a propósito, que questões importantes, como o prazo prescricional aplicável aos particulares acusados de se beneficiar de atos de improbidade, não foram sequer disciplinadas em seu texto.[19]

Dada a similitude dos tipos previstos na Lei de Improbidade Administrativa e na Lei Anticorrupção, seria de se esperar que a edição desta última trouxesse maior segurança a essa questão, dissipando a obscuridade que sempre envolveu a penalização de particulares com base na primeira. Mas não foi o que ocorreu. Em vez disso, a Lei Anticorrupção simplesmente estabeleceu que a aplicação das sanções nela previstas não afeta os processos de responsabilização baseados na Lei de Improbidade Administrativa ou em normas de licitações e contratos administrativos, tais como a Lei nº 8.666/93 (cf. artigos 29 e 30).

Imagine-se a situação de uma empresa que, em conjunto com agentes públicos, tenha participado da prática de ato que seja tipificado tanto pela Lei de Improbidade Administrativa quanto pela Lei Anticorrupção. Nessa hipótese, o texto legal indica que a empresa poderá estar sujeita tanto às penas da Lei de Improbidade Administrativa àquelas previstas penas da Lei Anticorrupção. Aqui já surge uma indagação importante, que diz respeito à possível incidência do princípio do *non bis in idem*, o que poderia levar ao afastamento de qualquer punição prevista na Lei de Improbidade Administrativa, dada a especificidade da Lei Anticorrupção em relação às pessoas jurídicas.

Cabe destacar que o Supremo Tribunal Federal – STF já decidiu, em situação semelhante, relacionada às punições aplicáveis aos agentes políticos, que a aplicação

---

[19] Ver art. 23 da Lei nº 8.429/92.

da Lei de Crimes de Responsabilidade (Lei nº 1.079/50) afasta a possibilidade de punição com base na Lei de Improbidade Administrativa, de forma a evitar o *bis in idem*.[20] Veja-se que, nesse caso, o determinante para a decisão foi a similitude entre os tipos previstos nas duas normas – o que também está presente quando se compara a Lei de Improbidade com a Lei Anticorrupção.[21]

No entanto, como a própria Lei Anticorrupção expressamente determina que a aplicação das sanções nela previstas não afasta aquelas contidas na Lei de Improbidade Administrativa, o argumento convence apenas em parte: quando se tratar de sanção prevista nas duas leis, apenas uma delas poderá ser aplicada, sob pena de *bis in idem*. No caso do particular, prevaleceria, pelo critério da especialidade, a sanção prevista na Lei Anticorrupção. Já quando se tratar de sanção prevista apenas na Lei de Improbidade Administrativa, não haverá *bis in idem* quando esta for aplicada, mesmo que o fato também seja tipificado pela Lei Anticorrupção.

Para melhor esclarecer a questão, veja-se, no quadro abaixo, a comparação entre as sanções previstas nas duas leis em comento:

Lei de Improbidade Administrativa (Art. 12, incisos I, II e III)	Lei Anticorrupção (Art. 6º c/c art. 19)
Perda da função pública	N/A
Suspensão dos direitos políticos	N/A
Ressarcimento integral do dano	Ressarcimento integral do dano
Perda dos bens ou valores acrescidos ilicitamente ao patrimônio	Perdimento dos bens, direitos ou valores que representem vantagem ou proveito direta ou indiretamente obtidos da infração
Multa civil (entre 1 e 3 vezes o valor do dano)	Multa (valor de 0,1% a 20% do faturamento bruto do último exercício anterior ao da instauração do processo administrativo, excluídos os tributos, a qual nunca será inferior à vantagem auferida, quando for possível sua estimação)
Proibição de contratar com o poder público (entre 3 e 10 anos)	N/A
Proibição de receber, direta ou indiretamente, benefícios ou incentivos fiscais ou creditícios (prazo entre 3 e 10 anos)	Proibição de receber incentivos, subsídios, subvenções, doações ou empréstimos de órgãos ou entidades públicas e de instituições financeiras públicas ou controladas pelo poder público (prazo entre 1 e 5 anos)
N/A	Publicação extraordinária da decisão condenatória
N/A	Suspensão ou interdição parcial de suas atividades
N/A	Dissolução compulsória da pessoa jurídica

---

[20] STF, Rcl. 2138, Relator: Min. Nelson Jobim, Relator p/ Acórdão: Min. Gilmar Mendes, Tribunal Pleno, julgado em 13.06.2007, DJe: 18.04.2008.

[21] O Relator, Min. Gilmar Mendes, afirma em seu voto: "(...) tenho a firme convicção de que os atos de improbidade descritos na lei nº 8.429 constituem autênticos crimes de responsabilidade".

Como se pode notar, há sanções na Lei de Improbidade que, por sua própria natureza, não são aplicáveis às pessoas jurídicas, como a perda da função pública ou a suspensão dos direitos políticos. Por outro lado, a sanção consistente na proibição de contratar com o poder público, cujo prazo varia entre 3 e 10 anos (conforme a hipótese da improbidade), possui previsão apenas na Lei de Improbidade Administrativa. A perda dos bens ilicitamente obtidos e o ressarcimento do dano estão presentes nas duas leis. E, finalmente, há sanções de mesma natureza previstas em ambas as leis, mas com intensidades distintas em cada uma delas, casos da multa e da proibição de receber benefícios ou incentivos fiscais.

Com isso em mente, voltemos ao exemplo citado acima e imaginemos que a empresa que concorreu para a prática de atos definidos como ilícitos tanto pela Lei de Improbidade Administrativa quanto pela Lei Anticorrupção queira assinar um acordo de leniência.

Não há dúvidas de que as sanções previstas na própria Lei Anticorrupção estarão cobertas por tal acordo, sendo possível, ainda, incluir em seu escopo as sanções contidas nos artigos 86 a 88 da Lei nº 8.666/93 (cf. art. 17 da Lei Anticorrupção). Mas será que esse acordo também poderá afastar a aplicação das sanções previstas na Lei de Improbidade Administrativa, considerando que seu art. 17, §1º, proíbe a celebração de transação, acordo ou conciliação nas ações de improbidade? Para responder a essa pergunta, parece imprescindível analisar cada sanção especificamente.

A obrigação de ressarcir o dano não pode ser afastada pelo acordo de leniência (art. 16, §3º), de maneira que não há controvérsia quanto ao ponto.

Em relação às sanções de multa e proibição de receber benefícios e incentivos fiscais, que estão previstas nas duas leis, mas com intensidades distintas, entendemos que, em relação às pessoas jurídicas, o valor da multa e os prazos aplicáveis à proibição de receber benefícios e incentivos devem ser aqueles estabelecidos na Lei Anticorrupção, dado seu caráter especial. A Lei de Improbidade Administrativa, nesse ponto, não pode ser aplicada às empresas em questão, e por isso mesmo a celebração de acordo de leniência impediria a aplicação dessas duas sanções.

O problema maior parece estar na proibição de contratar com o poder público, que pode ser imposta por prazos de 3, 5 ou 10 anos, conforme a hipótese de improbidade, não havendo dispositivo correspondente na Lei Anticorrupção.[22] Para pessoas jurídicas que possuam um volume considerável de negócios com a Administração Pública, a possibilidade de que essa sanção seja aplicada mesmo com a celebração de acordo de leniência pode ser um grande desestímulo à sua assinatura.

Outro ponto que pode se tornar controvertido é saber se, definidos no acordo de leniência os valores a serem ressarcidos e os bens ou valores sujeitos a perdimento, isso ainda poderia ser objeto de discussão em eventual ação de improbidade. Embora deva ser assegurada a reparação integral do dano, é preciso quantificá-lo de forma segura em algum momento. Se a quantificação estabelecida pelo acordo de leniência não for capaz de impedir que a questão venha a ser rediscutida, agora judicialmente, novamente os particulares poderão deixar de celebrá-lo em razão da persistente insegurança jurídica.

---

[22] Cabe lembrar que as sanções correspondentes previstas no art. 88, III e IV, da Lei nº 8.666/93 podem estar abrangidas pelo acordo de leniência.

4 Conclusão

A tendência pela valorização de uma administração pública consensual (ou dialógica) é inegável, tanto no Brasil como no resto do mundo. E, assim como acontece com o direito penal/processual penal, também o direito administrativo sancionador brasileiro vem observando o desenvolvimento de ferramentas que permitem às partes substituir a aplicação das sanções previstas em lei pelas autoridades competentes por soluções de consenso, como termos de ajustamento de conduta e acordos de leniência.

Se o art. 17, §1º, da Lei de Improbidade Administrativa, que veda a celebração de transação, acordo ou conciliação nas ações de improbidade, for visto como um impeditivo à celebração dos acordos de leniência previstos na Lei Anticorrupção, o instrumento mais abrangente de direito administrativo consensual em matéria sancionatória poderá ter sua eficácia seriamente comprometida. Afinal, dificilmente um particular aceitará firmar um acordo no qual ele necessariamente deverá admitir sua participação no ilícito (art. 16, §1º, inciso III) se isso não for capaz de afastar, também, a aplicação das graves sanções previstas na Lei de Improbidade Administrativa.

Referências

ARAGÃO, Alexandre dos Santos. "A Concepção Pós-positivista do Princípio da Legalidade", in *Revista de Direito Administrativo*, v. 236, abr.-jun 2004.

_____. "A consensualidade no Direito Administrativo: acordos regulatórios e contratos administrativos", in *Revista de Informação Legislativa*, v. 42, n. 167, jul.-set 2005.

_____. "A 'Supremacia do Interesse Público no Advento do Estado de Direito e na Hermenêutica do Direito Público Contemporâneo", in SARMENTO, Daniel (org.). *Interesses Públicos versus Interesses Privados: Desconstruindo o Princípio da Supremacia do Interesse Público*. Rio de Janeiro: Lumen Juris, 2005.

BINENBOJM, Gustavo. "Da Supremacia do Interesse Público ao Dever de Proporcionalidade: Um Novo Paradigma para o Direito Administrativo". *Revista de Direito da Procuradoria-Geral do Estado*. v. 59, 2005.

BINENBOJM, Gustavo. *Uma Teoria do Direito Administrativo*. 3. ed. Rio de Janeiro: Renovar, 2014.

DWORKIN, Ronald. *O Império do Direito*. 2. ed. São Paulo: Martins Fontes, 2007.

EISEMAN, Charles. "O Direito Administrativo e o Princípio da Legalidade", in *Revista de Direito Administrativo*, vol. 56, 1959.

FAGUNDES, Miguel Seabra. *O Controle dos Atos Administrativos pelo Poder Judiciário*. 3. ed., atualizada por Gustavo Binenbojm. Rio de Janeiro: Forense, 2010.

GRIMM, Dieter. "Proportionality in Canadian and German Constitutional Jurisprudence", in *Toronto Law Journal*, v. 57, n. 2, 2007.

HUNGRIA, Nelson. "Ilícito Administrativo e Ilícito Penal", in *Revista de Direito Administrativo*, v. 1, n. 1, 1945.

LANGER, Maximo. "From Legal Transplants to Legal Translations: The Globalization of Plea Bargaining and the Americanization Thesis in Criminal Procedure", in *Harvard Law Review*, vol. 45, n. 1, inverno de 2004.

MARQUES NETO, Floriano de Azevedo. *Regulação Estatal e Interesses Públicos*. São Paulo: Malheiros, 2002.

MAXIMILIANO, Carlos. *Hermenêutica e Aplicação do Direito*. 19. ed. Rio de Janeiro: Forense, 2002.

MOREIRA NETO, Diogo de Figueiredo. "Novos Institutos Consensuais da Ação Administrativa", in *Revista de Direito Administrativo*, v. 231, jan.-mar 2003.

_____. "Governo e Governança em Tempos de Mundialização", in *Revista de Direito Administrativo*, v. 243, 2006.

OLIVEIRA, Gustavo Justino de. "Governança Pública e Parcerias do Estado: novas fronteiras do direito administrativo", in *Revista de Direito da Procuradoria-Geral do Estado*, edição especial, 2012.

OLIVEIRA, Gustavo Justino de; SCHWANKA, Cristiane. "A Administração Consensual como a Nova Face da Administração Pública no séc. XXI: fundamentos dogmáticos, formas de expressão e instrumentos de ação", in *Revista da Faculdade de Direito da Universidade de São Paulo*, v. 104, 2009.

OSÓRIO, Fábio Medina. *Direito Administrativo Sancionador*, 4. ed. São Paulo: Revista dos Tribunais, 2011.

OST, François; VAN DE KERCHOVE, Michel. *De la pyramide au réaseau? Pour une théorie dialetique du droit*. Bruxelas: Publications des Facultés Universtiraires Saint-Louis, 2002.

ROSA, Alexandre Morais da. "Como é possível ensinar processo penal depois da operação 'lava-jato?'", in *Revista Consultor Jurídico*, 4 de julho de 2015. Disponível em: <http://www.conjur.com.br/2015-jul-04/diario-classe-possivel-ensinar-processo-penal-depois-lava-jato>. Acesso em: 21. ago. 2015.

SARMENTO, Daniel (org.). *Interesses Públicos versus Interesses Privados: Desconstruindo o Princípio da Supremacia do Interesse Público*. Rio de Janeiro: Lumen Juris, 2005.

SWEET, Alec Stone. "Proportionality Balancing and Globa Constitutionalism", in *University of Yale Faculty Scholarship Series*, paper 1296, 2008. Disponível em: <http://digitalcommons.law.yale.edu/fss_papers/1296>. Acesso em: 25. ago. 2015.

Informação bibliográfica deste texto, conforme a NBR 6023:2002 da Associação Brasileira de Normas Técnicas (ABNT):

PINTO, José Guilherme Bernan Correa. Direito administrativo consensual, acordo de leniência e ação de improbidade. *In*: PONTES FILHO, Valmir; MOTTA, Fabrício; GABARDO, Emerson (Coord.). *Administração Pública*: desafios para a transparência, probidade e desenvolvimento. XXIX Congresso Brasileiro de Direito Administrativo. Belo Horizonte: Fórum, 2017. p. 387-398. ISBN 978-85-450-0157-7.

A NATUREZA JURÍDICA DOS SERVIÇOS DE EDUCAÇÃO

RODRIGO GABRIEL MOISÉS

Resumo

A divergência sobre a caracterização jurídica dos serviços de educação no direito brasileiro, fundada na seção de que estes devem ser classificados como serviços públicos ou como atividades econômicas, tem originado discussões no âmbito da doutrina e da jurisprudência, gerando insegurança e confusão sobre o tema. As recentes transformações do papel do Estado e da noção de serviços públicos modificaram os seus tradicionais pressupostos, fazendo com que as atividades econômicas de interesse público, que no espaço europeu vem sendo desenvolvidas como serviços de interesse econômico geral, passem a assumir maior importância no sentido de estabelecer parcerias com a sociedade, tornando-se uma alternativa aos serviços públicos. É neste sentido que no contexto da União Europeia o ensino privado com fins lucrativos encontra-se na categoria dos serviços de interesse econômico geral. Atualmente a jurisprudência do STF adere à teoria de menor aceitação na doutrina, classificando a educação como um serviço público não privativo, muito em função da influência exercida por Eros Grau, maior defensor deste pensamento, que atuou como ministro relator nos casos que externaram este posicionamento nos respectivos julgados. Sem deixar-se levar pelas influências ideológicas que pesam sobre este debate, este trabalho apresenta uma posição sobre o tema conforme os argumentos que mais se harmonizam com a Constituição brasileira de 1988 e o Direito Administrativo contemporâneo. Neste sentido, procura-se demonstrar que os serviços de educação quando prestados pelo poder público devem ser identificados como serviços públicos sociais e quando prestados pela iniciativa privada serão atividades econômicas de interesse público.

Palavras-chave

Educação. Natureza Jurídica. Serviços Públicos. Atividades Econômicas. Serviços Econômicos de Interesse Geral.

1 Introdução ao problema: serviços públicos x atividades econômicas

Para podermos identificar a natureza dos serviços de educação, devemos inicialmente fazer breves considerações sobre as controvertidas definições de serviço público e atividades econômicas no direito brasileiro, com uma breve menção ao contexto europeu, e suas diferenciações.

Considerando que estes termos, "serviço público" e "atividade econômica" estão intimamente ligados às funções do Estado e suscetíveis a influências ideológicas e econômicas, o resultado é uma total falta de consenso a respeito do assunto, tanto na doutrina quanto na jurisprudência, sobre definições claras a serem adotadas de modo uniforme a todas as situações que se apresentem.

Um exemplo mais evidente das transformações políticas e econômicas que vem influenciando na alteração destes conceitos, encontra-se na União Europeia que vem buscando um modelo de conjugação entre a noção tradicional de serviço público, de raiz francesa e latina, e a ideia anglo-saxônica de *public utilities*, tendo em vista os objetivos de integração e construção de um mercado comum entre os seus países membros.

No Brasil a noção de serviço público foi tratada de forma diversa na Constituição brasileira, pois encontra-se sua referência como estrutura da Administração Pública (art. 37), em sentido econômico, como atividades que podem ser prestadas pelo Estado com retorno financeiro (arts. 145, II, e 175), ao mencionar o serviço público de saúde (art. 198), ou ao utilizar as expressões "serviços de relevância pública" (arts. 121 e 197) ou apenas "serviços" (art. 21), sendo que o artigo principal sobre o assunto (art. 175) encontra-se em um capítulo sobre os princípios gerais da ordem econômica.

Conforme correta afirmação de Paulo Modesto,[1] a Constituição reforça o caráter explicativo do modelo clássico de separação entre atividades públicas e privadas ao separar no interior do Título VII, dedicado à disciplina da ordem econômica e financeira, as atividades de "serviço público" (art. 175) e de "exploração direta de atividade econômica" (art. 173).

O art. 175 da Constituição Federal dispõe que a prestação de serviços públicos incumbe ao Poder Público, na forma da lei, diretamente ou sob regime de concessão ou permissão, sempre através de licitação. Ou seja, enquanto o Estado deve atuar em caráter ordinário, os particulares podem atuar de forma excepcional, como delegados do poder público, sob a disciplina de um regime jurídico de direito público.

Já ao tratar da atividade econômica a lógica anterior é invertida. Aqui os particulares atuam por direito próprio, sem delegação do poder público, pois é assegurado a todos o "livre exercício de qualquer atividade econômica, independentemente de autorização de órgãos públicos, salvo nos casos previstos em lei" (art. 170, parágrafo único, da CF). Há, contudo, restrições à atuação do Estado, admitindo-a apenas quando "necessária aos imperativos da segurança nacional ou a relevante interesse coletivo, conformes definidos em lei" (art. 173 da CF) ou, ainda, por imposição constitucional de monopólios, atuando assim de forma excepcional e sujeito ao regime jurídico de direito privado (art. 173, §1º, II, da CF).

E é neste modelo dicotômico que se apresentam os serviços de educação, uma vez que, conforme previsão constitucional, de forma simultânea os particulares podem atuar com liberdade de iniciativa (arts. 170; 206, III e 209 da CF), sob regime de direito privado, e o Estado atua em caráter obrigatório (arts. 6º; 205 e 208 da CF), submetido a regime de direito público.

Como consequência desta dualidade, surgem diferentes teorias que buscam qualificar a educação quando exercida pela iniciativa privada ora como serviço público, ora como atividade econômica, ou ainda criando um *tertius*, um meio termo entre ambas.

---

[1] Cf. MODESTO, Paulo. Reforma do Estado, formas de prestação de serviços ao público e parcerias público-privadas: demarcando as fronteiras dos conceitos de serviço público, serviços de relevância pública e serviços de exploração econômica para as parcerias público-privadas. *Revista eletrônica de direito administrativo econômico*, n. 2. Salvador: Instituto de Direito Público da Bahia, maio.-jun.-jul., 2005, p. 5. Disponível em: <http://www.direitodoestado.com.br>. Acesso em: 08. jul. 2015.

De qualquer forma, é inegável o valor social e a presença do interesse coletivo na prestação dos serviços de educação, tanto pela sua essencialidade para a formação plena de cidadãos, quanto como instrumento de desenvolvimento econômico e social, o que deve ser sempre considerado em qualquer apreciação.

É com estas considerações iniciais que passamos a investigar e compreender a natureza jurídica dos serviços de educação conforme o direito positivo brasileiro, buscando a contribuição dos meios adotados na União Europeia, e procurando se afastar das influências ideológicas que cercam o tema.

2 Em busca de uma definição de serviço público

Conforme já exposto, o conceito de serviço público no Direito Administrativo Brasileiro encontra-se tomado por uma diversidade de significados, tendo variado conforme a própria evolução do papel exercido pelo Estado, estando assim em constante mutação.[2]

Em sua construção doutrinária, a noção tradicional de serviço público no Brasil recebeu fortes influências do direito administrativo francês que formulou as primeiras concepções de serviço público, em um sentido bastante amplo que abrangia todas as atividades do Estado, baseando-se nos seguintes elementos: atividades assumidas por uma coletividade pública, ou seja, prestadas pelo Estado (elemento subjetivo ou orgânico) e com o objetivo de satisfazer uma necessidade de interesse geral (elemento objetivo ou material). Parte da doutrina nacional enaltece a característica de que estas atividades devem se submeter a um regime jurídico de direito público derrogatório do direito comum (elemento formal).

Diante destes elementos, Dinorá Grotti[3] faz sua crítica ao fato da concepção subjetiva de serviço público ser bastante ampla e ter perdido seu sentido, uma vez que o Estado passou a assumir tarefas de cunho econômico que não consistem em serviço público, bem como os particulares passaram a prestar serviços próprios do Estado.

O critério material identifica o serviço público nas atividades destinadas a satisfação de necessidades coletivas. Para os adeptos desta definição, o regime de direito público é apenas consequência da caracterização de uma tarefa como sendo serviço público. Essa é a linha adotada, entre outros, por Marçal Justen Filho[4] e Eros Roberto Grau.[5]

---

[2] Para Maria Sylvia Zanella Di Pietro: "Não é tarefa fácil definir serviço público, pois a sua noção sofreu consideráveis transformações no decurso do tempo, quer no que diz respeito aos seus elementos constitutivos, quer no que concerne à sua abrangência" (*Direito Administrativo*, 27 ed., São Paulo: Atlas, 2014, p. 100).

[3] Cf. GROTTI, Dinorá Adelaide Musetti. *O Serviço Público na Constituição de 1988*. São Paulo: Malheiros. 2003, p. 44.

[4] Para Marçal Justen Filho: "O aspecto material ou objetivo é mais relevante do que os outros dois, sob o ponto de vista lógico. Os outros dois aspectos dão identidade ao serviço público, mas são decorrência do aspecto material. Certa atividade é qualificada como serviço público em virtude de dirigir-se à satisfação direta e imediata de direitos fundamentais". (*Curso de Direito Administrativo*, São Paulo: Revista dos Tribunais, 11. ed., 2015, p. 728)

[5] Segundo Eros Roberto GRAU, "Determinada atividade fica sujeita a regime de serviço público porque *é* serviço público; não o inverso, como muitos propõem, ou seja, passa a ser tida como serviço público porque assujeitada a regime de serviço público" (*A ordem econômica na Constituição de 1988*. São Paulo: Malheiros, 2003, p. 119). E, mais à frente, define o serviço público como sendo a atividade indispensável à consecução da coesão social. "Mais: o que determina a caracterização de determinada parcela da atividade econômica em sentido amplo como *serviço público* é a sua vinculação ao *interesse social*" (*Op. cit.*, p. 130).

Pelos objetivos deste estudo e pela forte influência na jurisprudência sobre o assunto, uma das teorias mais relevantes sobre o presente tema é a formulada por Eros Roberto Grau, para quem os serviços públicos formariam uma categoria especial de atividade econômica. Para ele, "atividade econômica é gênero no qual se inclui a prestação de serviços públicos",[6] de tal forma que as atividades econômicas seriam divididas em atividades econômicas em sentido amplo e atividades econômicas em sentido estrito. As primeiras abarcariam todas as atividades econômicas, inclusive os serviços públicos, sendo que as segundas seriam apenas aquelas insertas em um contexto de livre iniciativa.

Já pelo critério formal, será serviço público a atividade que corresponder ao regime jurídico específico de direito público. Entre os adeptos desta concepção destacam-se Maria Sylvia Zanella Di Pietro e Celso Antônio Bandeira de Mello.[7]

Como podemos perceber nestas breves considerações, construir uma noção consensual de serviço público não é tarefa simples.

Dentro desta diversidade de critérios e classificações de serviço público, o presente trabalho concorda com o raciocínio desenvolvido por Alexandre Santos de Aragão, a partir de sua concepção restrita de serviços públicos que, conforme o autor, é o mais funcional por contemplar um conjunto de atividades que, mesmo tendo regimes jurídicos diferentes, possuem um mínimo de identificação que justifique a sua inclusão no mesmo conceito.[8]

Dessa forma, optamos por adotar a definição de serviços públicos como "atividades de prestação de utilidades econômicas a indivíduos determinados, colocadas pela Constituição ou pela Lei a cargo do Estado, com ou sem reserva de titularidade, e por ele desempenhadas diretamente ou por seus delegatários, gratuita ou remuneradamente, com vistas ao bem-estar da coletividade".[9]

Recorremos ainda a advertência deste autor[10] de que não se pode julgar uma determinada definição de serviço público como certa ou equivocada, pois, além de estar condicionado a diferentes concepções de Estado, poderá depender das finalidades metodológicas pretendidas.

3 As atividades econômicas na Constituição de 1988

Também a expressão atividade econômica é motivo de discordância.

Uma vez que os serviços públicos consistem na organização de recursos para a satisfação de necessidades individuais, então eles podem ser considerados atividades de natureza econômica.

Neste trabalho optamos por utilizar expressão equivalente a atividade econômica propriamente dita, em sentido estrito, nos termos adotados pela Constituição como "exploração direta de atividade econômica", quando os particulares podem atuar por

---

[6] GRAU, Eros Roberto. *Op. Cit.*, p. 101-137.

[7] BANDEIRA DE MELLO, Celso Antônio. *Curso de Direito Administrativo*, 31. ed., São Paulo: Malheiros, 2014, p. 688.

[8] ARAGÃO, Alexandre Santos de. *Direito dos Serviços Públicos*, p. 152.

[9] *Idem. Ibidem*, p. 151.

[10] *Idem. Ibidem*, p. 148.

direito próprio, sem delegação do poder público, pois é assegurado a todos o "livre exercício de qualquer atividade econômica, independentemente de autorização de órgãos públicos, salvo nos casos previstos em lei" (art. 170, parágrafo único, da CF).

Em sentido oposto, a atuação direta do Estado no domínio econômico é admitida apenas quando se impuser como imperativo de segurança nacional e estará sujeita a regras uniformes, que se aplicam a todos os agentes da atividade econômica, sejam públicos ou privados (art. 173, da CF), restando-lhe a titularidade dos serviços públicos que podem ser prestados de forma direta ou indireta (art. 175, CF).

É imbuída deste espírito de valorizar a iniciativa privada, que a Constituição brasileira consagrou os princípios da livre iniciativa, ao lado do valor do trabalho humano, como um princípio fundamental do Estado brasileiro e fundamento da ordem econômica, conforme disposto no art. 1º, IV e art. 170, *caput* da CF.

De acordo com Marçal Justen Filho,[11] a importância de identificar a qualificação jurídica de uma atividade como serviço público ou como atividade econômica, aplicando-se no caso o parágrafo único do art. 170, o art. 173 ou o art. 175 da CF/88, serve tanto para identificar a titularidade como o regime jurídico da atividade. Identificado o serviço público, esta somente poderá ser explorada pelo particular nos casos de delegação pelo Estado, que é o titular do serviço, devendo ser aplicado o regime jurídico de direito público. Contudo, reconhecendo-se a atividade econômica, aplica-se a mesma o princípio da livre iniciativa, podendo o Estado apenas exigir autorização nos termos legais, devendo prevalecer o regime jurídico de direito privado.

Mas no meio dessa divisão bipartida, encontram-se algumas atividades econômicas prestadas pelos particulares por direito próprio que se sujeitam a um maior controle e regulação do Estado por estarem vinculadas à satisfação do interesse público, havendo assim uma legítima intromissão pública no regime privado.

Assim, a grande distinção está no fato de que as atividades econômicas de interesse público encontram-se protegidas pelo direito fundamental de livre-iniciativa, o que não atinge os serviços públicos que, pelo contrário, suprime a incidência deste direito.[12] Mas, mesmo as atividades submetidas ao direito fundamental de livre iniciativa podem sofrer condições e limites, desde que justificadas pelo interesse público.

4 Atividades econômicas de interesse público

As atividades que nos referimos neste momento, apesar de estarem abertas para a exploração pela iniciativa privada, possuem um forte vínculo com o bem-estar da coletividade e, por consequência, sujeitam-se a uma especial regulação do poder público. Estas atividades específicas recebem designações diferentes, como atividades econômicas de interesse público, atividades privadas de interesse público, atividades

---

[11] Cf. JUSTEN FILHO, Marçal. Concessões, Permissões e Autorizações. In: DALLARI, Adilson Abreu; NASCIMENTO, Carlos Valder do; MARTINS, Ives Gandra da Silva (coords.) *Tratado de Direito Administrativo* v. 2. São Paulo: Saraiva, 2013. p. 579.

[12] Para Vítor SCHIRATO: "Conforme entendimento de parcela significativa da doutrina administrativista brasileira, a prestação de um serviço público implica, *ipso iure*, por conta do regime jurídico de direito público, uma reserva de mercado exclusiva nas mãos do Estado, com a subtração da atividade do âmbito da livre iniciativa econômica, fazendo com que apenas o Estado ou quem dele receba uma delegação possa explorar a atividade (*Livre Iniciativa nos Serviços Públicos*. Belo Horizonte: Fórum, 2012, p. 58).

regulamentadas, serviços de utilidade pública, serviços de interesse coletivo ou serviços de relevância pública.

Também na doutrina europeia encontramos diferentes expressões como serviços públicos objetivos ou serviços de interesse público, sendo mais comum o uso do termo serviço impróprio ou virtual[13] para se referir às atividades que, apesar de materialmente se assemelhar aos serviços de titularidade do poder público, são realizadas pelos particulares e sujeitos a uma disciplina pública específica.

Sintetizando as concepções italiana e francesa destas atividades, Gaspar Ortiz[14] enumera as seguintes características que definem o serviço público impróprio ou virtual: i) são essencialmente atividades privadas; ii) que revestem-se de interesse geral pra toda a comunidade; iii) são destinadas ao público em geral; iv) ocorrem por autorização, e não concessão ou permissão; e v) são submetidas a um regime jurídico especial de regulamentação.

Nas transformações recentes do contexto europeu, com a ampliação do mercado e liberalização de serviços, o direito comunitário vem desenvolvendo a noção de Serviços de Interesse Econômico Geral – SIEG, com o objetivo de "conciliar a lógica do mercado com interesses gerais que nem sempre o livre funcionamento da economia garante; associar os benefícios decorrentes da livre concorrência aos fins públicos tradicionalmente prosseguidos pelo Estado é a razão de ser destes serviços".[15]

Para Vilal Moreira as atividades de interesse econômico geral necessitam de regulação pelos seguintes motivos: "primeiro, para implementar e monitorizar a abertura ao mercado *(market building)*. Segundo, no caso dos serviços baseados em rede, para garantir o acesso em termos equitativos de todos os operadores às redes. Terceiro, para justamente fazer observar as obrigações de serviço público e os demais direitos dos utentes do serviço público".[16]

Conforme o "Novo Compromisso Europeu face aos Serviços de Interesse Geral", uma Comunicação onde a Comissão Europeia[17] faz um balanço sobre o compromisso europeu relativo aos Serviços de Interesse Geral (SIG), que estão sujeitos a obrigações de serviços públicos, os Serviços de Interesse Econômico Geral (SIEG), "são prestados contra pagamento, estão subordinados às regras europeias do mercado interno e da concorrência. No entanto, podem ser autorizadas derrogações a estas regras para garantir o respeito do interesse geral".[18]

---

[13] Segundo Mônica Spezia JUSTEN: "Esse fenômeno de serviços públicos impróprios passou a adquirir um papel mais relevante na doutrina italiana. Para M. S. Giannini, essa atividade desenvolvida por particulares e sujeita a um regime público especial, foi chamada de 'serviços de interesse público'" (*A Noção de Serviço Público no Direito Europeu*. São Paulo: Dialética, 2003, p. 84).

[14] Cf. ORTIZ, Gaspara Ariño. *Principios de derecho público económico*. Universidad Externado de Colombia, 2003, p. 541-542

[15] SILVA, João Nuno Calvão da. *Mercado e Estado: Serviços de Interesse Econômico Geral*. Coimbra : Almedina, 2008, p. 9.

[16] MOREIRA, Vital. Os serviços públicos tradicionais sob o impacto da União Europeia. In: *Revista Eletrônica de Direito Administrativo Econômico (REDAE)*, Salvador, Instituto Brasileiro de Direito Público, n. 19, ago.-set.-out., 2009. Disponível em: <http://www.direitodoestado.com/revista/REDAE-19-AGOSTO-2009-VITAL-MOREIRA.pdf>. Acesso em: 20. jul. 2015.

[17] Conforme definição retirado de <http://europa.eu/about-eu/institutions-bodies/european-commission/index_pt.htm>.: "A Comissão Europeia é o *órgão executivo da UE, sendo politicamente independente*. É responsável pela elaboração de propostas de novos atos legislativos europeus e pela execução das decisões do Parlamento Europeu e do Conselho da UE". Acesso em: 07. jul. 2015.

[18] Retirado do site: <http://eur-lex.europa.eu/legal-content/PT/TXT/?uri=URISERV:l23013c>. Acesso em: 07. jul. 2015.

Ainda conforme este e outros documentos do Parlamento Europeu,[19] no âmbito do princípio comunitário da subsidiariedade compete aos Estados membros da UE a definição dos SIG e SIEG, podendo a Comissão e o Tribunal de Justiça da União Europeia controlar os casos de erro manifesto, assegurando o interesse comunitário.

Estas atividades estariam entre os serviços públicos e as atividades econômicas privadas, pois são prestadas pelos particulares por direito próprio, mas sujeitas a um controle rigoroso do Estado, não só para que não agrida o interesse público, o que seria a função do tradicional poder de polícia administrativa, mas também para que contribua para a sua realização, daí a necessidade de uma regulamentação específica.

Gaspar Ortiz ressalta a importância de se diferenciar as atividades regulamentadas dos serviços públicos prestados pelos particulares, principalmente por possuírem regimes jurídicos diferenciados. Em ambas há o dever de prestação, mas enquanto nos serviços públicos a fonte normativa é o contrato de concessão, para as atividades reguladas a fonte é a norma que a qualifica uma atividade como tal e que será aplicada após o ato de autorização.[20]

É por isso que ao procurar definir esta realidade em território brasileiro, Alexandre Aragão adota as expressões "atividades privadas regulamentadas" ou "atividades privadas de interesse público", pois são atividades da iniciativa privada que, em virtude de sua relação com o bem estar da coletividade, são submetidas a uma autorização prévia e uma contínua regulação do poder público autorizante, por meio de um ordenamento jurídico setorial.[21]

Também com a mesma argumentação, Celso Antônio Bandeira de Mello prefere referir-se a "atividades privadas sob regime especial".[22]

Já Paulo Modesto faz opção por utilizar a expressão "atividades de relevância pública", termo presente na própria Carta de 1988 (arts. 129, II e 197).[23]

Nossa opção pela expressão utilizada no título deste tópico, dá-se pelo fato de que no Brasil a Constituição adota o termo "atividades econômicas" para expressar as atividades livres à iniciativa privada, mas que no presente caso são revestidas de um diferencial, qual seja o "interesse público" (apesar desta expressão também não ser unívoca), gerando assim um poder-dever do Estado em realizar um maior controle e fiscalização destas atividades.

5 Os serviços de educação na União Europeia

Estabelecer convergências e definições no contexto da União Europeia, não é uma tarefa fácil devido à necessidade de acomodar os diferentes interesses dos seus

---

[19] O Parlamento Europeu é o "órgão da UE diretamente eleito, com responsabilidades legislativas, orçamentais e de supervisão". Definição disponível em: <http://europa.eu/about-eu/institutions-bodies/european-parliament/index_pt.htm>. Acesso em: 08. jul. 2015.

[20] *Idem. Ibidem*, p. 545-548

[21] ARAGÃO, Alexandre. *Op. Cit.*, p. 184-227.

[22] BANDEIRA DE MELLO, Celso Antônio. *Op. Cit*, p. 618.

[23] Paulo Modesto define como "atividades consideradas essenciais ou prioritárias à comunidade, não titularizadas pelo Estado, cuja regularidade, acessibilidade e disciplina transcendem necessariamente à dimensão individual, obrigando o Poder Público a controlá-las, fiscalizá-las e incentivá-las de modo particularmente intenso" (*Op. Cit.*, p. 19).

membros, como é o caso da constante busca para harmonização de uma nova concepção de serviços públicos.

Na busca de uma conciliação, esta nova tendência europeia visa enfatizar mais o destinatário do que a titularidade dos serviços. Nisto, João Silva observa que "sob influências diversas, o direito comunitário reflecte a tensão entre princípios contraditórios: os princípios pró-concorrência de matriz anglo-saxónica e os valores de solidariedade social subjacentes à teoria francesa dos serviços públicos. Neste processo de tensão entre o direito da concorrência e serviço público, tem-se assistido a um caminho progressivo 'da edificação do mercado para a cidadania'".[24]

Acionado para manifestar sobre a configuração dos serviços de educação dentro desta categorização o Tribunal de Justiça Europeu, em 1993, no Acórdão "Stephan Max",[25] reconheceu que podem ser consideradas empresas os estabelecimentos que ministram cursos "de ensino superior que procuram realizar um lucro comercial e cujo financiamento é assegurado no essencial por fundos privados, nomeadamente pelas remunerações pedidas aos estudantes ou aos seus pais". Contudo, o Tribunal considerou ainda que nos serviços de educação ministrado no âmbito do sistema nacional de educação, mantido pelo Estado, as eventuais despesas escolares que são pagas para contribuir para o funcionamento do sistema, não constituem remuneração, uma vez que o sistema é financiado essencialmente pelo orçamento público.

Seguindo esta orientação, uma publicação do Comitê Sindical Europeu para a Educação, ETUCE (*European Trade Union Committe for Education*) sustenta que na categoria de Serviços de Interesse Geral – SIG, podem ser incluídos os cursos de educação financiados essencialmente por recursos públicos, fornecidos por uma instituição sem fins lucrativos e que serve um objetivo de interesse geral, ao passo que na categoria de Serviços de Interesse Econômico Geral – SIEG estarão os cursos mantidos essencialmente por recursos privados, fornecidos por uma instituição com fins lucrativos, mas incumbidos de uma missão de interesse público especificada pelas autoridades a nível nacional.[26]

Antes mesmo da redefinição do conceito de serviços públicos e introdução de novas classificações, uma parte da doutrina europeia já excluía os serviços privados de educação dentro da acepção de serviços públicos, inserindo-os na classificação de serviços impróprios ou virtuais.[27]

Manifestando-se sobre o tema, o administrativista espanhol Gómez Ferrer[28] já advertia que a atividade educacional desenvolvida por particulares consiste em uma atividade privada programada e controlada pelo Estado.

---

[24] SILVA, João Nuno Calvão. *Op. Cit.*, p. 218.

[25] Acórdão de 7 de dezembro de 1993, *Stephan Max Wirth contra Landeshauptstadt Hannover*, Processo c-109/92.

[26] ETUCE. *Statement on the European Commission's amended proposal for a Services Directive of 4 April* 2006. Brussels: ETUCE, 2006, p. 2. (tradução nossa). Disponível em: <http://www.csee-etuce.org/images/Statements2014/statement_servicesdirective_may2006.pdf>. Acesso em: 22. jul.2015.

[27] Conforme Mônica Spezia Justen: "a adoção de uma concepção objetiva de serviço público permitia explicar de modo mais satisfatório, a existência de atividades privadas de interesse geral, sujeitas à regulamentação e ao controle de organismos públicos. (...) esse fenômeno de serviços públicos impróprios passou a adquirir um papel cada vez mais relevante na doutrina italiana" (*Op. Cit.,,* p. 83-84).

[28] Cf. ORTIZ, Gaspar Ariño. *Op. Cit.*, p. 542

Dessa forma, atualmente no contexto da UE o ensino privado com fins lucrativos inclui-se na categoria dos serviços de interesse econômico geral, o que reforça a sua importância para a coesão social e territorial dos Estados-membros, conforme exposto no Tratado de Funcionamento da União Europeia[29] e na Carta de Direitos Fundamentais da União Europeia.[30]

6 As divergências nas decisões do STF

Assim como não é possível extrair-se da doutrina uma noção única sobre o tema, também a jurisprudência em território brasileiro tem se mostrada imprecisa.

Seguindo uma ordem cronológica, iremos citar as principais decisões do Supremo Tribunal Federal sobre os temas "serviços públicos", "atividades econômicas" e "educação", revelando assim suas contradições.

Uma das discussões mais antigas e que provocou manifestação de vários órgãos do judiciário diz respeito ao cabimento ou não de mandado de segurança face a ato de dirigente de instituição de ensino superior.

Sobre esse tema já está assentada na jurisprudência brasileira que o ensino é serviço público delegado aos particulares e que os dirigentes de instituições particulares, agindo em delegação do poder público, podem ter contra si interpostos mandados de segurança.

O posicionamento do STF se consolidou em 1962 quando se manifestou acerca do cabimento do Mandado de Segurança contra ato de dirigente de instituição particular de ensino, em decisão proferida no RMS nº 10.173, de 30.07.62, originário do antigo Estado da Guanabara. Neste julgamento prevaleceu a tese de que o ensino é um serviço público e, quando prestado por particulares, é por delegação do poder público.

Este entendimento posteriormente foi ratificado no Recurso Extraordinário nº 68.374, de 03.05.73, originário do Estado de São Paulo, havendo outros que se seguiram, mas com maior discussão sobre a competência da Justiça Federal e da Justiça Estadual ou contra que tipo de ato do dirigente da instituição particular de ensino caberia o mandado de segurança.

Contudo, este não era o entendimento anterior do STF que já havia se posicionado diferentemente no Recurso Extraordinário nº 21.444, de 19.05.1954. Neste julgamento, o ministro relator Orisonbo Nonato, se posicionou no sentido de que o ensino pode ser exercido por particulares, independentemente de delegação governamental.

Em 1993 o STF se manifestou sobre a possibilidade do Estado poder intervir no controle das mensalidades cobradas pelas escoladas privadas, conforme julgamento da

---

[29] Tratado de Funcionamento da União Europeia, art. 14º: "Sem prejuízo do disposto no artigo 4º do Tratado da União Europeia e nos artigos 93º, 106º e 107º do presente Tratado, e atendendo à posição que os serviços de interesse econômico geral ocupam no conjunto dos valores comuns da União e ao papel que desempenham na promoção da coesão social e territorial, a União e os seus Estados-Membros, dentro do limite das respectivas competências e no âmbito de aplicação dos Tratados, zelarão por que esses serviços funcionem com base em princípios e em condições, nomeadamente económicas e financeiras, que lhes permitam cumprir as suas missões. O Parlamento Europeu e o Conselho, por meio de regulamentos adoptados de acordo com o processo legislativo ordinário, estabelecem esses princípios e definem essas condições, sem prejuízo da competência dos Estados-Membros para, na observância dos Tratados, prestar, mandar executar e financiar esses serviços".

[30] Carta dos Direitos Fundamentais da União Europeia, art. 36º: "A União reconhece e respeita o acesso a serviços de interesse económico geral tal como previsto nas legislações e práticas nacionais, de acordo com os Tratados, a fim de promover a coesão social e territorial da União".

Ação Direta de Inconstitucionalidade (ADI) 319, proposta pela Confederação Nacional dos Estabelecimentos de Ensino (COFENEM), com o objetivo de declarar a inconstitucionalidade da Lei nº 8.039/90, a qual dispunha sobre critérios para reajustes de matrículas escolares, com o objetivo de impedir aumentos abusivos.

Nesse julgamento, o relator ministro Moreira Alves concluiu pela possibilidade do Estado legislar acerca dos preços fixados pelos estabelecimentos de ensino, para isto cita o artigo 170 da Constituição, que dispõe sobre a ordem econômica, afirmando que o preceito da livre iniciativa deve ser observado em conjunto com a defesa do consumidor e o objetivo de reduzir as desigualdades sociais e regionais no país.

Em posicionamento divergente, o ministro Marco Aurélio sustentou que deve prevalecer o principio da livre iniciativa no campo econômico, uma vez que esse seria o motor da economia de mercado, a qual seria essencial ao Estado Democrático de Direito.

Por fim, o STF admitiu a competência do poder público na regulação da política de preços nos serviços de ensino, compatibilizando o conceito de livre iniciativa, uma vez que a educação privada foi tratada neste julgamento como atividade econômica, com a relevância social para justificar a interferência pública na atividade.

Posteriormente, no ano de 2005, em duas Ações Diretas de Inconstitucionalidade apresentadas novamente pela COFENEM, tendo o Ministro Eros Grau atuado como relator em ambas, a educação foi configurada como serviço público não privativo, mesmo sem consenso sobre esta questão, conforme pode-se observar nos votos e nos debates entre os Ministros nos respectivos julgamentos.

Na primeira a ser julgada, a ADI nº 1266,[31] a CONFENEN pleiteava junto ao STF a declaração de inconstitucionalidade da Lei 6.586/94 do Estado da Bahia que por dispor sobre normas para a adoção de material escolar e livros didáticos por parte dos estabelecimentos de ensino privados, afrontava, entre outras questões apresentadas, a liberdade de ensino das instituições garantida pelo art. 209 da Constituição.

Divergindo do relator que apresentou voto pela improcedência da Ação, o Ministro Marco Aurélio entendeu que não compete ao Estado interferir no âmbito das relações privadas estabelecidas pelas escolas particulares.

Após a apresentação dos votos, o que se seguiu foi um debate quanto à configuração ou não da educação como um serviço público não privativo, conforme defendido pelo relator Ministro Eros Grau. Nos pronunciamentos dos Ministros percebeu-se a total discórdia sobre o assunto, sendo que o Ministro Carlos Britto manifestou-se no sentido de que "saúde pública e educação são atividades ambivalentemente estatais e privadas, ou seja, mista entre públicas e privadas, porque admitidas duas titularidades, ou dois senhorios. *Data vênia*, excluo esses dois tipos de atividade da área dos serviços públicos típicos". Entendimento que foi acompanhado pelo Ministro Sepúlveda Pertence.[32]

---

[31] AÇÃO DIRETA DE INCONSTITUCIONALIDADE. LEI N. 6.584/94 DO ESTADO DA BAHIA. ADOÇÃO DE MATERIAL ESCOLAR E LIVROS DIDÁTICOS PELOS ESTABELECIMENTOS PARTICULARES DE ENSINO. SERVIÇO PÚBLICO. VÍCIO FORMAL. INEXISTÊNCIA. 1. Os serviços de educação, seja os prestados pelo Estado, seja os prestados por particulares, configuram serviço público não privativo, podendo ser prestados pelo setor privado independentemente de concessão, permissão ou autorização. 2. Tratando-se de serviço público, incumbe às entidades educacionais particulares, na sua prestação, rigorosamente acatar as normas gerais de educação nacional e as dispostas pelo Estado-membro, no exercício de competência legislativa suplementar (§2º do ar. 24 da Constituição do Brasil). 3. Pedido de declaração de inconstitucionalidade julgado improcedente. (STF – ADI: 1266 BA, Relator: EROS GRAU, Data de Julgamento: 06.04.2005, Tribunal Pleno, Data de Publicação: DJ 23.09.2005 PP-00006 EMENT VOL-02206-1 PP-00095 LEXSTF v. 27, n. 322, 2005, p. 27-36)

[32] Reproduzimos a seguir as manifestações dos Ministros realizadas durante o julgamento em momento que se discute a configuração ou não da educação como serviço público: "O SENHOR MINISTRO CARLOS BRITTO:

Por fim, o assunto não chegou a ser pacificado, mas mesmo assim o relator inseriu o seu posicionamento na redação da ementa desta decisão, uma vez que constituiu fundamento do seu voto.

Posteriormente, o Ministro Eros Grau ratificou seu entendimento na ADI nº 1007,[33] também proposta pela CONFENEN visando a declarar inconstitucional a Lei nº 10.989/93 do Estado de Pernambuco, que estabelecia como data para pagamento de mensalidades o último dia de cada mês naquele Estado.

Neste julgamento, o relator, Ministro Eros Grau, posicionou-se pela inconstitucionalidade da referida lei, alegando que a fixação de data para pagamento de mensalidades seria tão somente uma questão contratual, de direito obrigacional e, portanto, conforme o artigo 22, I, da Constituição, tal matéria seria de competência exclusiva da União. O Ministro posteriormente, fiel ao seu pensamento doutrinário, descreve a educação como "serviço público não privativo".

Durante os debates deste julgamento, mais uma vez repetiram-se as divergências sobre a configuração da educação como serviço público ou atividade econômica, sendo que o único consenso apresentado foi de que aquela não era a oportunidade para aprofundar ou pacificar esta questão,[34] contudo, novamente mesmo sem um entendimento

---

Entendo que não. Saúde pública e educação são atividades ambivalentemente estatais e privadas, ou seja, mista entre públicas e privadas, porque admitidas duas titularidades, ou dois senhorios. Data vênia, excluo esses dois tipos de atividade da área dos serviços públicos típicos. O SENHOR MINISTRO SEPÚLVEDA PERTENCE: Senhor Presidente, também eu, conforme o Ministro Carlos Britto, embora respeitando como categoria doutrinária a classificação do Ministro Eros Grau, entendo que, em termos constitucionais, o ensino privado não é serviço público; é urna atividade privada, mas, porque imbricada com o direito à educação, sujeita a regulamentações públicas. O SENHOR MINISTRO JOAQUIM BARBOSA: Entendo que a Constituição caracteriza educação e saúde como direitos fundamentais, prestacionais. O SENHOR MINISTRO SEPÚLVEDA PERTENCE: Por isso mesmo julgamos constitucional, conforme o voto do Ministro Moreira Alves, a disciplina de preços, dada a sua imbricação com o direito a educação. O SENHOR MINISTRO GILMAR MENDES: De qualquer forma, não há um direito a educação numa escola privada se não houver o pagamento. O SENHOR MINISTRO SEPÚLVEDA PERTENCE: Se não houver o pagamento, sim; mas ele pode estar sujeito a parâmetros normais, fixados em lei. O SENHOR MINISTRO JOAQUIM BARBOSA: A fundamentalidade desse direi to é o que leva a legitimação da atuação do Estado, no sentido de disciplinar essa prestação. O SENHOR MINISTRO SEPÚLVEDA PERTENCE: Sem converte-lo em serviço público. O SENHOR MINISTRO JOAQUIM BARBOSA: Claro. Ternos de encontrar um meio termo aí. O SENHOR MINISTRO GILMAR MENDES: No caso, não é preciso chegar a esse resultado, porque é comum o entendimento de que é passível de regulação a matéria por parte do Estado. O SENHOR MINISTRO EROS GRAU (RELATOR): Na linha do pensamento dos Ministros Sepúlveda Pertence e Carlos Britto, o ensino e a saúde são mercadoria quando prestados pelo setor privado; mas são serviços públicos quando prestados pelo Estado. Ou seja, uma coisa consegue ser, ao mesmo tempo, em termos jurídicos, duas coisas. O SENHOR MINISTRO CARLOS BRITTO: Acho que, do nosso ponto de vista, só me extrai essa conclusão a que chegou Vossa Excelência. O SENHOR MINISTRO GILMAR MENDES: Mas isso não é necessário para definir a questão. Vamos deixar que ela se imponha". Conforme íntegra do Acórdão. Disponível em: <http://redir.stf.jus.br/paginadorpub/paginador.jsp?docTP=AC&docID=385464>. Acesso em: 20. jul. 2015.

[33] AÇÃO DIRETA DE INCONSTITUCIONALIDADE. LEI N. 10.989/93 DO ESTADO DE PERNAMBUCO. EDUCAÇÃO: SERVIÇO PÚBLICO NÃO PRIVATIVO. MENSALIDADES ESCOLARES. FIXAÇÃO DA DATA DE VENCIMENTO. MATÉRIA DE DIREITO CONTRATUAL. VÍCIO DE INICIATIVA. 1. Os serviços de educação, seja os prestados pelo Estado, seja os prestados por particulares, configuram serviço público não privativo, podendo ser desenvolvidos pelo setor privado independentemente de concessão, permissão ou autorização. 2. Nos termos do artigo 22, inciso I, da Constituição do Brasil, compete à União legislar sobre direito civil. 3. Pedido de declaração de inconstitucionalidade julgado procedente. (STF – ADI: 1007 PE, Relator: Min. EROS GRAU, Data de Julgamento: 31.08.2005, Tribunal Pleno, Data de Publicação: DJ 24-02-2006 PP-00005 EMENT VOL-02222-01 PP-00007)

[34] Em várias passagens durante os debates deste julgamento, os Ministros Carlos Britto e Eros Grau expressaram seus posicionamentos divergente sobre a configuração da educação, mas sem fundamentar ou querer esgotar o assunto, conforme pode-se conferir nas seguintes intervenções feitas durante os debates: "O SR. MINISTRO CARLOS BRITTO: Senhora Presidente, também p eço vênia ao eminente Relator para ponderar que, primeiro, não tenho a educação nem a saúde como serviço público, propriamente. Não é, entretanto, o momento para

final sobre o assunto, o relator fez constar na redação da ementa a referência a educação como serviço público não privativo.

Mais recentemente, em maio de 2015, o STF julgou parcialmente procedente a ADI nº 1923, seguindo amplo relatório e voto[35] do Ministro Luiz Fux, dando interpretação conforme a Constituição às normas que dispensam licitação em celebração de contratos de gestão firmados entre o poder público e as organizações sociais para a prestação de serviços de ensino, pesquisa científica, desenvolvimento tecnológico, proteção e preservação ao meio ambiente, cultura e saúde.

Nesta Ação a Suprema Corte decidiu que os setores de saúde (CF, art. 199, *caput*), educação (CF, art. 209, *caput*), cultura (CF, art. 215), desporto e lazer (CF, art. 217), ciência e tecnologia (CF, art. 218) e meio ambiente (CF, art. 225) configuram serviços públicos sociais, em relação aos quais a Constituição, ao mencionar que "são deveres do Estado e da Sociedade" e que são "livres à iniciativa privada", permite a atuação, por direito próprio, dos particulares, sem que para tanto seja necessária a delegação pelo poder público, de forma que não incide, *in casu*, o art. 175, *caput*, da Constituição.

Em seu voto, o Ministro Fux faz referência à polêmica existente na doutrina sobre a identificação dos serviços de educação quando prestados pelo particular, que podem ser encontrados qualificados como serviços públicos não privativos, ou como atividades econômicas em sentido estrito, ou ainda como atividades econômicas de interesse público. Em sequência cita a ementa da ADI nº 1266 para confirmar que o STF se posicionou no sentido de que serviços de educação, exemplo típico de serviço público social, ainda quando prestados pelo particular por direito próprio, configuram serviços públicos não privativos.

Com a narrativa desses julgados percebe-se que a jurisprudência do STF não é definitivamente esclarecedora e que não se pode fazer absolutizações de afirmações esparsas de Ministros do Supremo, que devem ser sempre consideradas a partir do papel e da influência que suas convicções pessoais exercem no julgamento do caso concreto.

De qualquer forma, o entendimento encontrado na Suprema Corte sobre o assunto não é claro e pacificador, uma vez que a educação é, ao mesmo tempo, considerada como um serviço público social, não privativo do Estado, mas que também pode ser exercido pelo setor privado como atividade econômica, dentro da livre iniciativa, estando contudo sob fiscalização e regulação do Estado devido ao interesse público que o cerca.

7 Serviços públicos não privativos: os equívocos desta denominação

Como visto, há uma série de formulações que levam a interpretações distintas sobre a natureza jurídica dos serviços de educação.

---

apresentar o fundamento desta minha posição". E posteriormente: "O SENHOR MINISTRO EROS GRAU (RELATOR): Se a Constituição diz que a educação e a saúde são livres, é exatamente porque elas são livres e independem de concessão ou permissão, embora sejam serviço público. Mas esse é um ponto que não quero discutir". Conforme íntegra do Acórdão. Disponível em: <http://redir.stf.jus.br/paginadorpub/paginador. jsp?docTP=AC&docID=266615>. Acesso em: 21 jul. 2015.

[35] Disponível em: <http://www.stf.jus.br/arquivo/cms/noticiaNoticiaStf/anexo/Voto__ADI1923LF.pdf>. Acesso em: 21 jul. 2015.

Segundo Celso Antônio Bandeira de Mello[36] os serviços públicos são atividades que não devem ser deixadas para a livre iniciativa, mas sim assumidas pelo Estado, ou seja, a instituição de um serviço público resulta na existência de uma prestação exclusiva pelo Estado, ou por seu delegatário. Contudo, o autor faz uma observação sobre a possibilidade de coexistência da mesma atividade em dois regimes jurídicos, que seriam os casos dos serviços públicos de saúde, educação, assistência social e previdência social que podem ser explorados em coexistência de regimes. Para este autor a educação estaria na categoria dos serviços públicos não privativos quando desempenhados pelo Estado, e atividades privadas sob regime especial sujeitas à livre iniciativa quando prestadas por particulares.

Também, com posicionamento semelhante, para Maria Sylvia Zanella di Pietro,[37] os serviços públicos devem estar fora da livre iniciativa, sendo de reserva estatal exclusiva. Segundo a autora, caso um determinado serviço público venha a ser colocado em ambiente de livre iniciativa, ele deixa de ser serviço público propriamente dito e passa a ser um serviço público virtual ou impróprio, apenas sendo um serviço público próprio quando prestado de modo exclusivo pelo Estado ou por um delegatário em regime de concessão ou permissão. Neste caso a educação, quando prestada por particulares, seria espécie de serviço público virtual ou impróprio sujeito ao poder de polícia do Estado, sendo, quanto ao seu objeto, um serviço público social.

Desenvolvendo esta ideia, Carlos Ari Sundfeld[38] considera os serviços de educação como serviços sociais, de obrigação do Estado (arts. 196 e 205 da CF) e livre à iniciativa privada (arts. 199 e 209 da CF). Ao serem prestados pelo poder público, subordinam-se ao regime de direito público e, desenvolvidos por particular, são regidos pelo direito privado.

Marçal Justen Filho,[39] entende que a sociedade pode assumir as atividades equivalentes a serviço público, como a educação, em regime jurídico peculiar, próximo ao de serviço público, mediante intensa fiscalização e regulamentação.

Paulo Modesto,[40] reconhecendo todas estas dificuldades desta classificação, faz menção aos "serviços de relevância pública", como saúde e educação, que estariam situados numa zona intermediária, não sendo serviços públicos, mesmo quando prestados pelo Estado, nem atividades econômicas, sendo atividades sociais em que a atuação do Estado é obrigatória e a atuação do particular ocorre por direito próprio (assistência à saúde, educação, produção e proteção cultural, desporto, defesa do meio ambiente, pesquisa científica e tecnológica, entre outros setores).

Apesar do interessante raciocínio, a aplicação de uma definição única encontra dificuldades por abarcar duas realidades distintas, no caso a educação prestada pelo Estado sob o regime jurídico de direito público e a prestada por particulares pelo regime jurídico de direito privado.

---

[36] Cf. BANDEIRA DE MELLO, Celso Antônio. *Op. Cit*, p. 688-699.

[37] Cf. DI PIETRO, Maria Sylvia Zanella. *Op. Cit.*, p. 115.

[38] SUNDFELD, Carlos Ari. *Fundamentos de Direito Público*, 5. ed., São Paulo: Malheiros, 2014, p. 78.

[39] Cf. JUSTEN FILHO, Marçal. *Curso de Direito Administrativo*, p. 726-735. Nesta sua obra, o autor afirma que "a Constituição assegura a exploração econômica, como atividade privada, dos serviços de saúde, previdência, assistência e educação – ainda que imponha a existência se serviços públicos com idêntico objeto" (*Op. Cit.*, p. 726).

[40] MODESTO, Paulo. *Op. Cit*, p. 7.

Esta dualidade de regimes nos serviços de educação não é considerada por Eros Grau para classificá-la como um serviço público não privativo. Pelo contrário, este autor, justificando a modificação de sua postura anterior, quando considerava que estas atividades quando prestadas pelo Estado seriam serviço público e quando prestadas por particulares seriam atividades econômicas em sentido estrito, diz ser insustentável a ideia de que uma mesma atividade pode ou não ser caracterizada como serviço público conforme esteja sendo empreendida pelo Estado ou pelo setor privado.[41] Contudo, pensamos que há uma maior complexidade nesta diferenciação, pois envolve não somente *quem* (titularidade) está realizando a atividade, mas *por quê* (incidência ou não da livre iniciativa) e *como* (por qual regime jurídico) a está realizando. No caso da educação, o particular pode exercer esta atividade porque lhe é reconhecido este direito próprio, de forma autônoma, independente de delegação, e o realiza em regime privado de livre iniciativa tal qual ocorre nas demais atividades econômicas (arts. 170 e 209 da CF).

Eros Grau insiste que "o que torna os chamados serviços públicos não privativos distintos dos privativos é a circunstância de os primeiros poderem ser prestados pelo setor privado independentemente de concessão, permissão ou autorização, ao passo que os últimos apenas poderão ser prestados pelo setor privado sob um desses regimes".[42]

Mas, seguindo o critério material adotado por este autor, os serviços públicos, privativos ou não, deveriam estar submetidos ao regime administrativo, pois, segundo suas lições vistas anteriormente, uma tarefa está sujeita ao regime de direito público por ser um serviço público, e não o contrário. Contudo, a educação, apesar da manifesta relevância pública, quando exercida pelos particulares por direito próprio não pode ser serviço público, pois não se submete ao regime jurídico de direito administrativo.

Também quanto a teoria de Eros Grau de caracterizar os serviços públicos como atividades essencialmente econômicas, cria-se um embaraço para a inserção dos serviços sociais como a saúde e a educação nesta classificação, pois estas, quando prestadas pelo Estado não possuem características para serem qualificadas como atividades econômicas e devem ser ofertados de forma gratuita conforme art. 206, IV da CF.[43]

Dessa forma, percebe-se que a teoria que prevalece na jurisprudência da Suprema Corte brasileira, de que os serviços de educação devem ser caracterizados como serviços públicos não privativos, é a menos aceita pela doutrina, sobretudo por apresentar contradições, conforme demonstrado.

8 Conclusão: os serviços de educação como serviços compartidos

Por todo o exposto, conclui-se que os serviços de educação no direito brasileiro, tomando-se ainda em cotejo o contexto europeu, não podem ser definidos como

---

[41] Cf. GRAU, Eros. *Op. Cit.*, p. 124.

[42] Cf. GRAU, Eros. *Op. Cit.*, p. 123-124.

[43] Sobre esta questão, Vítor Rhein Shirato tece a seguinte crítica: "Assim, a visão dos serviços públicos como atividades essencialmente econômicas deveria, necessariamente, excluir as atividades prestacionais de saúde e educação, eis que estas estão situadas fora da ordem econômica e são serviços públicos sociais e não econômicos. Daí decorre, segundo nosso entendimento, contradição na teoria de Eros Roberto Grau, uma vez que o autor restringe a noção de serviços públicas a atividades econômicas e inclui, dentre os serviços públicos, atividades que quando exploradas pelo Estado, jamais serão atividades econômicas" (*Op. Cit.*, p. 64)

"serviços públicos", por conta da previsão clara do art. 175 da CF que afirma que apenas diretamente ou mediante concessão e permissão os serviços públicos podem ser prestados bem como o art. 209 da CF que garante que o ensino é livre à iniciativa privada. Também não podem ser classificados unicamente como "atividade econômica", pois quando prestadas pelo Estado, entram em confronto com a vedação de concorrência desleal do Estado com a iniciativa privada prescrita no art. 173, §§1º e 2º, da Constituição Federal, aplicável às atividades econômicas exploradas pelo Estado que não sejam qualificáveis como serviços públicos, e quando prestados por particulares, estes ficam sujeitos a uma forte regulação do poder público.

Dessa forma, faz-se necessário que seja adotada uma nomenclatura que as distinga, tanto dos serviços públicos, como das atividades econômicas tradicionais, um conceito intermediário entre serviço público e atividade econômica em sentido estrito.

É nesse sentido que concordamos com o posicionamento adotado pelo Ministro Carlos Britto quando da discussão do assunto no STF de que a educação e a saúde constituem-se em atividades ambivalentemente estatais e privadas.

Esta também é a solução apontada por Alexandre Aragão, para quem as atividades de saúde e educação devem ser denominadas como serviços compartidos, sendo que, "quando exploradas pelos particulares, são atividades econômicas privadas, eventualmente, de interesse público ou regulamentadas, e quando exploradas pelo Poder Público são serviços públicos sociais, espécie classificatória do gênero serviço público caracterizada, ao contrário de todos os demais serviços públicos, pela inexistência da reserva de titularidade estatal".[44]

No caso específico da educação, o autor argumenta ainda que não poderia ser de exclusividade do Estado pois afrontaria alguns direitos fundamentais, como a liberdade de ensino e de aprendizagem com consequente restrição à liberdade individual.

Outro fundamento para qualificação dessas atividades como serviços públicos quando prestadas pelo Estado é excluí-las da vedação de concorrência desleal do Estado com a iniciativa privada, aplicável apenas às atividades econômicas exploradas pelo Estado que não sejam qualificáveis como serviços públicos.[45]

Nesta linha as escolas privadas não podem arguir a concorrência desleal das escolas públicas que gozem de favores do poder público, que inclusive as financia a ponto de assegurar o acesso gratuito, uma vez que a educação pública não é atividade econômica do Estado, mas sim um serviço público social.

Essa também é uma das soluções que vem sendo apontadas no contexto europeu, onde os serviços de educação quando prestados pelo particular são classificados como Serviços de Interesse Econômico Geral, e quando prestados pelo setor público são classificados como Serviços de Interesse Geral.

A conclusão que aqui se apresenta é de que as atividades de educação são serviços públicos sociais quando prestadas diretamente pelo Estado no cumprimento de um dever prestacional, e quando prestadas pelos particulares configuram como atividades

---

[44] ARAGÃO, Alexandre. *Op. Cit.*, p. 177.

[45] Para Dinorá Grotti "A diferença entre atividade econômica (art. 173) e serviço público (art. 175) somente se justifica porque a Constituição previu que a primeira estaria sujeita ao regime próprio da iniciativa privada, inclusive quanto às obrigações civis, comerciais, trabalhistas e tributárias, como deixam claro o §1º, II, e §2º do artigo 173 da Carta, de modo a evitar a concorrência desleal em relação aos competidores privados" (*Op. Cit.*, p. 139).

econômicas de interesse público, livres à iniciativa privada mediante autorização e sob especial regulação do poder público.

A correta compreensão do problema não é meramente teórica, já que o enquadramento adequado da atividade traz consigo uma série de consequências que interferem na atuação dos setores público e privado nos serviços de educação bem como na relação entre ambos, sobretudo nos atos de autorização e regulação. Com efeito, afeta também as relações jurídicas entre os prestadores de ensino privado e os consumidores (e não usuários) destes serviços, envolvendo as obrigações recíprocas e os limites de interferência do poder público, principalmente no controle das mensalidades escolares. Mas, são repercussões complexas que merecem ser abordadas em outro momento específico, tomando como fonte o entendimento aqui exposto.

Referências

AMARAL, Alberto. *Cross-border education: a new business?* Paper apresentado em: Conference on Higher Education as Commerce: Cross Border Education and the Service Directive – A3ES and Cipes Conference, Porto, outubro de 2014.

ARAGÃO, Alexandre S. de. *Direito dos Serviços Públicos*. 3. ed., Rio de Janeiro: Forense, 2013.

BARROSO, Luís Roberto. A ordem econômica constitucional e os limites à atuação estatal no controle de preços. *Revista Eletrônica de Direito Administrativo Econômico (REDAE)*. Salvador, Instituto Brasileiro de Direito Público, nº 14, maio-jun.-jul., 2008. Disponível em: <http://www.direitodoestado.com.br/redae.asp>. Acesso em: 22. jul. 2015.

DI PIETRO, Maria Sylvia Zanella. *Direito Administrativo*, 27. ed., São Paulo: Atlas, 2014.

ETUCE. *Statement on the European Commission's amended proposal for a Services Directive of 4 April* 2006. Brussels: ETUCE, 2006. Disponível em: <http://www.csee-etuce.org/images/Statements2014/statement_servicesdirective_may2006.pdf>. Acesso em: 23. jul. 2015.

GRAU Eros Roberto. *A ordem econômica na Constituição de 1988*. São Paulo: Malheiros. 2003.

_____. Comentário ao artigo 170. In: CANOTILHO, J. J. Gomes; MENDES, Gilmar F.; SARLET, Ingo W.; STRECK, Lenio L. (coords.) *Comentários à Constituição do Brasil*. São Paulo: Saraiva/Almedina, 2014. p. 4.140-4.161.

GROTTI, Dinorá A. Musetti. *O Serviço Público na Constituição de 1988*. São Paulo: Malheiros. 2003.

JUSTEN, Mônica Spezia. *A Noção de Serviço Público no Direito Europeu*. São Paulo: Dialética, 2003.

JUSTEN FILHO, Marçal. Concessões, Permissões e Autorizações. In: DALLARI, Adilson Abreu; NASCIMENTO, Carlos Valder do; MARTINS, Ives Gandra da Silva (coords.). *Tratado de Direito Administrativo*. v. 2. São Paulo: Saraiva, 2013.

___. *Curso de Direito Administrativo*, São Paulo: Revista dos Tribunais, 11. ed., 2015.

BANDEIRA DE MELLO, Celso Antônio. *Curso de Direito Administrativo*, 31. ed., São Paulo: Malheiros, 2014.

MODESTO, Paulo. Reforma do Estado, formas de prestação de serviços ao público e parcerias público-privadas: demarcando as fronteiras dos conceitos de "serviço público", "serviços de relevância pública" e "serviços de exploração econômica" para as parcerias público-privadas. *Revista eletrônica de direito administrativo econômico, nº 2*. Salvador: Instituto de Direito Público da Bahia, maio.-jun.-jul., 2005, p. 5. Disponível em: <http://www.direitodoestado.com.br>. Acesso em: 11. jul. 15.

MOREIRA, Vital. Os Serviços Públicos Tradicionais Sob O Impacto Da União Europeia. *Revista Eletrônica de Direito Administrativo Econômico (REDAE)*, Salvador, Instituto Brasileiro de Direito Público, nº 19, agosto/setembro/outubro, 2009. Disponível em: <http://www.direitodoestado.com/revista/REDAE-19-AGOSTO-2009-VITAL-MOREIRA.pdf>. Acesso em: 20. jul. 2015.

ORTIZ, Gaspara Ariño. *Principios de derecho público económico*. Universidad Externado de Colombia, 2003.

SCHIRATO, Vítor. *Livre Iniciativa nos Serviços Públicos*. Belo Horizonte: Fórum, 2012.

SILVA, João Nuno Calvão da. *Mercado e Estado: Serviços de Interesse Econômico Geral*. Coimbra : Almedina, 2008.

SUNDFELD, Carlos Ari. *Fundamentos de Direito Público*, 5. ed., São Paulo: Malheiros, 2014.

Informação bibliográfica deste texto, conforme a NBR 6023:2002 da Associação Brasileira de Normas Técnicas (ABNT):

MOISÉS, Rodrigo Gabriel. A natureza jurídica dos serviços de educação. *In*: PONTES FILHO, Valmir; MOTTA, Fabrício; GABARDO, Emerson (Coord.). *Administração Pública*: desafios para a transparência, probidade e desenvolvimento. XXIX Congresso Brasileiro de Direito Administrativo. Belo Horizonte: Fórum, 2017. p. 399-415. ISBN 978-85-450-0157-7.

A PERSONALIDADE JURÍDICA DOS ÓRGÃOS PÚBLICOS INDEPENDENTES: A REVISITAÇÃO DA TEORIA DO ÓRGÃO SOB A ÓTICA DAS TRANSFORMAÇÕES DA ADMINISTRAÇÃO PÚBLICA PARA O SÉCULO XXI

RODRIGO EMANUEL DE ARAÚJO DANTAS

Resumo

A complexidade das demandas contemporâneas e a atuação dos órgãos centrais na estrutura do Estado emergiram a necessidade questionamento aos velhos paradigmas da adoção absoluta da Teoria do Órgão, concebida pelo jurista alemão Otto Von Gierke. Na sua vertente originária, a vontade do órgão público seria integralmente imputada à pessoa jurídica a qual integra. A ampla e irrestrita despersonalização de todas as espécies de órgãos públicos distorce a interpretação e aplicação de vários institutos jurídicos. Atribuir indistintamente a atividade orgânica aos respectivos entes públicos personalizados configura verdadeiro paradoxo jurídico. O presente trabalho visa a traçar novos paradigmas ao revisitar a Teoria do Órgão sob a ótica do Estado Contemporâneo, identificando as premissas atuais da estruturação administrativa do Estado sob a perspectiva do Princípio Constitucional da Independência dos Poderes (art. 2º, CF). Busca-se fomentar o debate, ao se analisar doutrina e jurisprudência, para sugerir novas premissas às várias questões jurídicas em aberto, tudo em nome do aperfeiçoamento das instituições estatais, sob a ótica das transformações da Administração Pública para o Século XXI. Embora haja avanços na jurisprudência do STF e STJ, a ciência jurídica demanda uma guinada hermenêutica, diante da necessária plenitude jurídica dos órgãos públicos independentes, mormente para abarcar questões relativas às dotações orçamentárias próprias, as demandas envolvendo seus servidores, passando pela responsabilização autônoma por ato de seus agentes no exercício das prerrogativas próprias e o reconhecimento de sua autonomia patrimonial. Neste cenário, teríamos a vertente contemporânea da Teoria de Von Gierke.

Palavras-chave

Teoria do órgão. Revisitação. Personalidade Jurídica. Órgãos públicos independentes. Administração Pública do Século XXI.

1 Introdução

A Teoria da Personalidade do Estado foi desenvolvida a partir do trabalho dos publicistas alemães que passaram a conceber a ideia central de que o Estado poderia titularizar direitos e obrigações na ordem jurídica, promovendo a conciliação do político com o jurídico. Após intensos debates doutrinários, passou-se a admitir pacificamente a figura do Estado como pessoa jurídica, originando a concepção do ente público personalizado.

Noutra vertente, diante da multiplicidade de demandas, o Estado passou a instituir estruturas internas despersonalizadas para o exercício de competências específicas. Os órgãos públicos foram concebidos como centros de competências ou unidades de atuação na estrutura estatal, instados a cumprir funções determinadas através dos seus agentes públicos. A vontade do órgão público, porém, seria integralmente imputada à pessoa jurídica a cuja estrutura pertence, conforme a Teoria da Imputação Volitiva, concebida pelo jurista alemão Otto Von Gierke.

Contudo, a moderna concepção do ente público personalizado, integrado em sua estrutura administrativa por seus órgãos internos, fez surgir questionamentos de ordem prática acerca de sua ascensão institucional. A autonomia exercida por diversos órgãos estatais com assento constitucional originou uma espécie de paradoxo jurídico, pois, embora dotados de uma ampla gama de poderes e prerrogativas próprias, são despersonalizados, e, consequentemente, desprovidos da capacidade de titularizar autonomamente relações jurídicas.

Assim, a atuação institucional dos órgãos públicos independentes, conforme classificação proposta por Hely Lopes Meirelles, fez surgir uma série de indagações envolvendo interesses conflitantes entre si ou com os próprios entes federativos que integram, suscitando questionamentos à sua independência funcional, autonomia organizativa e orçamentária, a exigir uma nova perspectiva hermenêutica acerca das consequências jurídicas da adoção plena da Teoria do Órgão.

O Princípio Constitucional da Independência e Harmonia entre os Poderes (art. 2º, CF) levou o Poder Judiciário a admissão da personalidade judiciária de alguns órgãos públicos, porém a doutrina e a jurisprudência precisam avançar, com vistas ao pleno exercício das prerrogativas constitucionais dos órgãos representativos dos Poderes constituídos e das iminentes transformações da Administração Pública do Século XXI.

2 Administração pública

2.1 Aspectos gerais

O estudo da Administração Pública em sentido amplo abrange a compreensão de sua estrutura e o desempenho das atividades dirigidas a organização e prestação de serviços públicos à sociedade.

O Decreto-Lei nº 200 de 25.02.1967 (Reforma Administrativa) sistematizou a estrutura da Administração Federal no país ao introduzir no ordenamento jurídico brasileiro a concepção da Administração direta e indireta.[1] Assim, na organização administrativa brasileira há uma divisão vertical decorrente da forma federativa (Administração Federal, Estadual, Distrital e Municipal) e uma horizontal, em cada um dos entes federados, subdividindo-os em Administração Direta (centralizada) e Administração Indireta (descentralizada).

---

[1] MEDAUAR, Odete. *Direito Administrativo Moderno*. 14. ed. São Paulo: Revista dos Tribunais, 2010. p. 55.

No plano vertical, a Constituição de 1988 concedeu *status* de ente federativo à União, aos Estados, ao Distrito Federal e aos Municípios, todos, portanto, legitimados constitucionalmente a titularizar relações jurídicas e a estabelecer sua própria estrutura administrativa. Assim, cada um dos entes federados, além de titularizar relações jurídicas em seu nome, dispõe em sua organização administrativa de órgãos públicos internos representativos dos três poderes, Executivo, Legislativo e Judiciário, exceto os Municípios quanto ao Poder Judiciário próprio.

Importante discorrer acerca das acepções de desconcentração e descentralização, que estão ligadas a ideia de transferência de competências administrativas, seja dentro da mesma estrutura hierarquizada ou não, visando a divisão de tarefas e a busca da máxima eficiência administrativa.

2.2 Desconcentração Administrativa

A desconcentração administrativa consiste em retirar competências de um centro e pulverizá-las para outros compartimentos situados na mesma estrutura hierárquica. "Existe desconcentração quando atividades são distribuídas de um centro para setores periféricos ou de escalões superiores para escalões inferiores, dentro da mesma entidade ou da mesma pessoa jurídica".[2]

A desconcentração permite a distribuição de competências dentro da mesma pessoa jurídica, originando relações de coordenação e subordinação, ligadas a ideia de hierarquia. "A desconcentração consiste na retirada de competências do órgão máximo da hierarquia administrativa para outros órgãos da mesma entidade governamental de acordo com a sua estrutura organizacional".[3]

As relações hierarquizadas oriundas das relações entre órgãos e as relações funcionais entre autoridades e servidores hierarquicamente inferiores, originam poderes e faculdades decorrentes do poder hierárquico tais quais: o poder de dar ordens, o poder de controle, o poder de rever atos dos subordinados, o poder de coordenação e o poder de dirimir conflitos de competência entre subordinados. A desconcentração pressupõe ainda a manutenção dos vínculos hierárquicos entre os órgãos envolvidos, independentemente, inclusive, de sua localização geográfica, desde que integrem a mesma pessoa jurídica ou entidade, ou seja, a mesma estrutura administrativa.

Enfim, a técnica da desconcentração traz benefícios à Administração nos aspectos da funcionalidade e eficiência na atuação das estruturas administrativas, em todos os entes da Federação, merecendo destaque as seguintes vantagens:[4] desonerar parcela significativa de competências dos centros superiores para os de nível inferior, dotando-os de maior eficiência e celeridade; reduzir os custos do erário público, diante da implementação de técnica administrativa mais simples que a descentralização; e permitir a aproximação da Administração Pública dos cidadãos.

---

[2]   MEDAUAR, Odete. *Op. cit.* p. 56.

[3]   FARIA, Edmur Ferreira de. *Curso de Direito Administrativo Positivo.* 6. ed. Belo Horizonte: Del Rey, 2007. p. 54.

[4]   CARVALHO, Raquel Melo Urbano de. *Curso de Direito Administrativo.* 2. ed. Salvador: Jus Podivm, 2009. p . 658.

2.3 Descentralização Administrativa

A descentralização administrativa pressupõe a existência de, pelo menos, duas pessoas jurídicas, dentre as quais a competência se repartirá. As atribuições que os entes descentralizados titularizam somente adquirem o valor jurídico na medida da transferência empreendida pelo ente central, que é o responsável direto e imediato pela designação de suas atribuições. "Na desconcentração administrativa, verifica-se a criação de órgãos; na descentralização, a criação de entidades".[5]

A criação de novos entes da Administração Pública descentralizada no Brasil depende, direta ou indiretamente, de lei. Para a descentralização administrativa, considera-se a normatização específica da Administração Pública nos âmbitos federal, estadual, distrital e municipal, de modo a identificar como cada uma delas exerce o conjunto de competências administrativas a si outorgadas. "O exercício descentralizado da competência administrativa ocorre quando um ente federativo transfere parte da função administrativa que lhe foi imputada a outra pessoa, pública ou privada".[6]

Embora não haja uniformidade doutrinária, são modalidades a descentralização territorial (geográfica), a descentralização funcional (técnica ou por serviços) e a descentralização por colaboração.

A descentralização territorial, típica dos Estados Unitários, ocorre quando um ente local é dotado de personalidade jurídica própria, de direito público, com capacidade administrativa genérica numa área geograficamente delimitada. Embora possuam capacidade de autoadministração e, até mesmo, relativa capacidade legislativa, inexiste autonomia na sua atuação, pois a entidade continua subordinada as normas editadas pelo poder central.

A descentralização funcional é a que ocorre quando um dos entes federativos (União, Estados, Distrito Federal ou Município) cria, mediante lei, uma nova pessoa jurídica de direito público ou direito privado, atribuindo-lhe a execução de determinado serviço público. Nesta modalidade o ente descentralizado passa a deter a titularidade e a execução do serviço com independência em relação ao seu ente criador, estando jungidos apenas aos controles e limites estabelecidos por lei. No Brasil são espécies as autarquias, as fundações, as sociedades de economia mista, as empresas públicas e os consórcios públicos.

Na descentralização por colaboração, a execução de determinado serviço público é transferida a uma pessoa jurídica de direito privado, sob a modalidade de concessão, permissão ou autorização. Nesta modalidade o Poder Público conserva a titularidade do serviço, sendo legítima a possibilidade de alteração unilateral das condições de execução do serviço ou mesmo sua retomada antes do prazo fixado. Dentre suas vantagens está a viabilidade da realização de grandes serviços sem o dispêndio de recursos públicos e a utilização de métodos de gestão privada na prestação de serviços públicos.

---

[5] FURTADO, Lucas Rocha. *Curso de Direito Administrativo*. 4. ed. Belo Horizonte: Forum. 2013. p. 137.

[6] CARVALHO, Raquel Melo Urbano de. *Op. cit*. p. 659.

3 Órgãos públicos

3.1 Concepção originária e classificação doutrinária

Os órgãos públicos surgiram da necessidade de organização e especialização das distintas atribuições do Estado, diante da perspectiva da criação de compartimentos internos com competência específica. Assim, cada uma destas unidades de atuação do Estado executa função específica e similar às partes do corpo humano, daí sua denominação. "O órgão faz parte da pessoa coletiva (pessoa jurídica), pertence ao seu ser, exatamente como acontece com os órgãos da pessoa humana. É através dos seus órgãos que a pessoa coletiva conhece, pensa e quer".[7]

Em síntese, os órgãos foram idealizados com vistas a permitir: a racionalização do exercício do poder estatal; a ampliação da dimensão democrática da organização estatal e a repartição interna de competências. Para tanto, foram investidos de poderes, direitos e deveres. A maior amplitude de repartição de competências públicas, além de promover a desconcentração de competências, implica na redução do poder político-administrativo interno.[8]

No exercício de suas atribuições constitucionais ou legais, os órgãos expressam a vontade da pessoa jurídica a qual estão vinculadas, representando apenas uma parcela do todo, visto que são despersonalizados, não podendo titularizar direitos nem obrigações na ordem jurídica, conforme sua concepção originária, tal qual concebida por Otto Von Gierke. "Os órgãos não passam de simples partições internas da pessoa cuja intimidade estrutural integram, isto é, não tem personalidade jurídica".[9]

Para Maria Sylvia Zanella Di Pietro o órgão não se confunde com a pessoa jurídica, embora seja uma de suas partes integrantes, representando apenas um feixe de atribuições, uma unidade inconfundível com seus próprios agentes, cargos e funções, diante da necessidade de organização e distribuição de competências.[10] "O órgão não tem existência distinta da pessoa; a pessoa não pode existir sem os órgãos. Os atos dos órgãos são atos da própria pessoa e tudo quanto diz respeito às relações entre os diversos órgãos da mesma pessoa coletiva tem caráter meramente interno".[11]

Importante destacar que outros ordenamentos jurídicos, influenciados por Von Gierke, também adotaram a Teoria do Órgão. Para o administrativista argentino Carlos Balbin "o órgão é uma unidade ou estrutura (fatores humanos e materiais) dentro do aparato estatal que tem um conjunto de competências, e particularmente, capacidade para imputar sua vontade em suas relações com terceiros no próprio Estado. O agente é o próprio Estado e o órgão é o conjunto de potestades, pessoas físicas e elementos materiais próprios do cargo".[12] Conforme observou, a Suprema Corte Argentina reconheceu a Teoria do Órgão desde o Caso Vadell (1985).

---

[7] Marcello Caetano, citado por MEIRELLES, Hely Lopes. *Direito Administrativo Brasileiro*. 35. ed. São Paulo: Malheiros, 2009. p. 70.

[8] JUSTEN FILHO, Marçal. *Curso de Direito Administrativo*. 2. ed. São Paulo: Saraiva, 2006. p.

[9] BANDEIRA DE MELLO, Celso Antônio. *Curso de Direito Administrativo*. 28. ed. São Paulo: Malheiros, 2011. p. 140.

[10] DI PIETRO, Maria Sylvia Zanella. *Direito Administrativo*. 23. ed. São Paulo: Atlas, 2010. p. 506/507.

[11] Citado por MEIRELLES, Hely Lopes. *Op. cit*. 2009. p. 70.

[12] BALBIN, Carlos F. *Manual de Derecho Administrativo*. 2. ed. Buenos Aires: La ley, 2013. p. 195.

Hely Lopes Meirelles propôs importante classificação dos órgãos públicos, utilizando-se do critério da posição estatal. Nestes termos, os órgãos públicos subdividem-se em Independentes, Autônomos, Superiores e Subalternos.[13] Importa destacar neste aspecto, as características principais dos órgãos públicos hábeis a ostentar personalidade jurídica própria, diante de sua importância no âmbito do Estado brasileiro.

Os Órgãos Independentes seriam os órgãos primários do Estado e que atuariam no exercício de funções outorgadas diretamente pela Constituição Federal, pois situados em posição estratégica na estrutura administrativa brasileira, sendo essenciais ao regime democrático, representam, em sua maioria, os Poderes do Estado. Sua característica básica é a independência organizacional, visto que situados no ápice da pirâmide governamental e marcados pela presença de ampla autonomia administrativa, financeira e técnica. São integrados essencialmente por agentes políticos, despidos de qualquer subordinação hierárquica, sujeitos apenas aos controles constitucionais entre os poderes. São espécies as Casas Legislativas, os Tribunais Judiciários, o Ministério Público, a Defensoria Pública e os Tribunais de Contas.

3.2 Criação e Extinção de Órgãos Públicos na Constituição de 1988

Por disposição do art.48, XI do texto originário da Constituição Federal de 1988, a criação e a extinção de órgãos públicos no Brasil restou atrelada à reserva legal, ou seja, dependente expressamente de lei, em todas as esferas administrativas da Federação. Porém, com a nova redação constitucional do art. 84, VI, "a" da Constituição Federal, a reserva legal ficou adstrita a criação e extinção de órgãos, permitindo-se, desta forma, que os chefes do Executivo pudessem propor alterações quanto à organização, funcionamento, estruturação e as atribuições dos órgãos públicos por meio de Decreto, desde que não implicasse aumento de despesa.

Antes da edição da Emenda Constitucional nº 32/2001, a Constituição exigia lei em sentido estrito, nos casos de criação, estruturação e atribuições dos órgãos públicos. Pelo texto atual, constitui competência reservada do Presidente da República – e dos chefes do Executivo nos demais entes federativos, ante o princípio da simetria – a iniciativa privativa para propor projeto de lei, quando se tratar de criação e extinção de órgãos públicos, conforme o art. 61, §1º, II, "e" do texto constitucional.

Maria Sylvia Zanella Di Pietro entende que a alteração do texto constitucional foi coerente,[14] pois concedeu ao Poder Executivo tratamento semelhante ao que já era dado aos Poderes Legislativo e Judiciário. Nesse sentido, a Câmara dos Deputados e o Senado Federal dispõem de competência própria para dispor acerca de sua organização e funcionamento (arts. 51, IV e 52, XIII da CF), bem como, os Tribunais Judiciários já dispunham da mesma legitimidade organizacional, nos termos do art. 96, I, "b" da Constituição Federal. No âmbito federal, a lei nº 10.683/2003 disciplinou a organização da Presidência da República e dos Ministérios, mas por meio de Decreto Presidencial é possível desmembrar, concentrar, deslocar ou realocar atribuições de órgãos; fazer

---

[13] MEIRELLES, Hely Lopes. *Direito Administrativo Brasileiro*. p. 71/72.

[14] DI PIETRO, Maria Sylvia Zanella. Transformações da Organização Administrativa. Diretrizes, relevância e amplitude do Anteprojeto. In: MODESTO, Paulo (Coord.). *Nova organização administrativa brasileira*. 2. ed. Belo Horizonte: Fórum, 2010. p. 31.

remanejamento e alterar a denominação de órgãos; bem como redistribuir cargos, empregos e funções entre órgãos.

Para Carlos Ari Sundfeld afigura-se legítimo que o Poder Executivo crie órgãos auxiliares, inferiores ou subalternos, desde que o faça sob o aproveitamento dos cargos existentes sob competência delegada por lei.[15] "São legítimas a transformação e a reengenharia de órgãos públicos por ato privativo do Chefe do Executivo (e, portanto, dispensada lei) quando tais fatos administrativos se incluírem no mero processo de organização da administração pública".[16]

4 A personalidade jurídica do Estado

4.1 O Estado como pessoa jurídica

O reconhecimento da personalidade jurídica do Estado implica automaticamente na sua admissão como pessoa, ou seja, a perspectiva de titularizar direitos e deveres e, consequentemente, estabelecer relações jurídicas. Conforme aponta Caio Mário Pereira da Silva, desde os primórdios da civilização, a necessidade fez emergir uniões e instituições permanentes para a obtenção de fins comuns, desde as de maior amplitude social, como o Estado e a Igreja, até os mais restritos como as associações particulares.[17] Assim, "pessoa é o ente capaz de exercer direitos e submeter-se a deveres na órbita jurídica, ou seja, é aquele que poderá compor o pólo ativo ou passivo de uma relação jurídica. É o sujeito de direito".[18]

Neste contexto, a acepção de pessoa denota a ideia de centro ou unidade, caracterizada pela conjugação de direitos e deveres, podendo ser compreendida em duas acepções distintas, no sentido comum ao se reportar ao próprio ser humano; e no sentido jurídico, possuindo maior amplitude para abarcar tanto os seres humanos (pessoas físicas) quanto as pessoas jurídicas. Os conceitos de pessoa física e jurídica pertencem ao mundo do dever-ser, visto que são concebidos sob uma perspectiva jurídica, embora o primeiro se refira essencialmente ao ser humano.

Para Carlos Ari Sundfeld, a acepção de pessoa, no sentido jurídico, não precisa corresponder a nenhuma realidade física ou material, podendo mesmo se referir a conjunturas distintas do ser humano, pois, pessoa física ou jurídica seria um "complexo de deveres jurídicos e direitos subjetivos cuja unidade é figurativamente expressa no conceito de pessoa".[19]

A pessoa jurídica recebeu distintas denominações, todas buscando sintetizar, em termos vocabulares, sua verdadeira essência, tais como "entes de existência ideal" concebido pelo jurista Teixeira de Freitas e adotado pela legislação argentina, bem como, a denominação "pessoa moral" utilizada pelos franceses. Dentre outros termos utilizados

---

[15] Citado por CARVALHO FILHO, José dos Santos. *Manual de Direito Administrativo*. 19. ed. Rio de Janeiro: Lumen Juris, 2008. p. 12.

[16] CARVALHO FILHO, José dos Santos. *Manual de Direito Administrativo*. p. 11-12.

[17] Citado por GAGLIANO, Pablo Stolze et PAMPLONA FILHO, Rodolfo. *Novo Curso de Direito Civil – Parte Geral*. 10. ed. São Paulo: Saraiva, 2008. p. 181.

[18] ROSENVALD, Nelson *et* FARIAS, Cristiano Chaves. *Op. cit*. p.103.

[19] SUNDFELD, Carlos Ari. *Fundamentos do Direito Público*. 4. ed. São Paulo: Malheiros, 2009. p. 61.

pela doutrina se pode destacar "pessoa coletiva", "pessoa universal", "pessoa abstrata", "pessoa fictícia", "corpo moral", "universalidade de pessoas ou bens", dentre outros.

Enfim, a concepção de pessoa jurídica está atrelada a um agrupamento humano objetivando fins de interesse comum.

4.2 Origens e Teorias

A perspectiva de titularizar direitos e a possibilidade de ser demandado pelo cumprimento de suas obrigações, emergiu a concepção da personalidade jurídica do Estado, vista, inclusive, sob a vertente do estabelecimento de limites jurídicos à sua atuação. Na ampla gama de atribuições que lhes são delegadas pela sociedade afigura-se natural o surgimento de conflitos de interesses, inclusive a lhe envolver como parte.[20]

Apenas no sec. XIX, através da doutrina dos publicistas alemães, a Teoria da Personalidade Jurídica do Estado vai ganhar forma, saindo do campo exclusivamente político para adentrar na seara jurídica[21]. Contudo, aponta Dallari que tal concepção tem origem com os contratualistas, que pregavam a ideia de coletividade/povo como unidade, dotada de interesses diversos dos de cada um de seus componentes. A partir daí, intensos debates foram travados entre *ficcionistas* – para quem a personalidade jurídica do Estado seria produto de uma construção abstrata do ordenamento jurídico e idealizada por razões de conveniência prática; e *realistas* – que rechaçavam a ideia ficcional da personalização estatal, ao defender a existência real do Estado-pessoa jurídica, que existiria por si só e não como mera criação conceitual.

A concepção realista do Estado como pessoa jurídica vai se aperfeiçoar e ganha contornos de cientificidade por meio da doutrina de importantes juristas alemães.

Para Gerber o Estado é um organismo moral, pensando personalisticamente, existente por si e não como simples criação conceitual. Laband vislumbrou o Estado como um sujeito de direito com capacidade para participar de relações jurídicas e visto como uma unidade organizada, uma pessoa com vontade própria. Na visão de Von Gierke o Estado-pessoa jurídica é um organismo, e através de órgãos próprios atua sua vontade. Jellinek concebeu a teoria da personalidade jurídica do Estado como algo real e não fictício, sendo um dos principais fundamentos do direito público, pois, sujeito, em sentido jurídico, não seria uma essência ou substância, mas uma capacidade criada mediante a vontade da ordem jurídica.[22]

A personalidade jurídica é um conceito extraído eminentemente do direito privado e permite que se promova no âmbito legal a fusão de interesses do político com o jurídico. Na condição de "ente personalizado, o Estado tanto pode atuar no campo do Direito Público como no do Direito Privado, mantendo sempre sua única personalidade de Direito Público, pois a teoria da dupla personalidade do Estado acha-se definitivamente superada".[23]

---

[20] O exercício da função jurisdicional do próprio Estado é atualmente a forma mais moderna de resolução de conflitos sociais.

[21] DALLARI, Dalmo. *Teoria Geral do Estado*. 31. ed. São Paulo: Saraiva, 2012. p. 123.

[22] DALLARI, Dalmo. *Op. cit.* p. 125.

[23] Paolo Biscaretti di Ruffia, citado por MEIRELLES, *Op. cit.* p. 61.

Dentre as vantagens apontadas na personificação do Estado destacam-se: permitir a construção de relações jurídicas entre o Estado e os particulares; a responsabilização do Estado por suas condutas (ações ou omissões); garantir as obrigações estatais com o patrimônio estatal e a possibilidade da organização interna do Estado em termos coerentes de unidade.[24] Portanto, "o Estado, sob o ângulo jurídico, é pessoa jurídica de Direito Público interno, dotado do poder de criar o direito, do dever de zelar pela aplicação da ordem jurídica e de promover o bem-estar social e de proteger os cidadãos".[25]

4.3 Personalidade Jurídica e a Personalidade Judiciária

A personalidade jurídica, conceito extraído eminentemente do direito privado, permite que pessoas físicas ou jurídicas atuem como parte numa demanda judicial, materializando a capacidade de ser parte (capacidade do sujeito de gozo e exercício de direitos e obrigações – art. 1º do Código Civil). Seu conceito é extensível também para as pessoas formais (art. 12, CPC – massa falida, herança jacente ou vacante, espólio, sociedades sem personalidade jurídica e condomínio) e aos órgãos públicos constitucionais representativos dos Poderes, quando da defesa de suas prerrogativas próprias perante o Poder Judiciário. "A personalidade, mais do que qualificação formal, é um valor jurídico que se reconhece nos indivíduos e, por extensão, em grupos legalmente constituídos, materializando-se na capacidade jurídica ou de direito".[26]

Assim, a capacidade de ser parte, como pressuposto processual, pode abarcar pessoas físicas (personalidade geral); pessoas jurídicas (personalidade jurídica); e pessoas formais (personalidade judiciária). José dos Santos Carvalho Filho[27] observa que, regra geral, os sujeitos da relação processual devem ser pessoas, sejam elas físicas ou jurídicas. Contudo, faz-se necessário reconhecer que alguns conglomerados jurídicos, embora despidos de personalidade jurídica de direito material, são autorizados a figurar na relação processual como "pessoas formais", dotadas de uma capacidade especial, denominada personalidade judiciária. Lopes da Costa[28] observa que "há partes que não são nem pessoas físicas, nem pessoas jurídicas, mas a que a lei empresta aquela qualidade".

Noutra vertente, a capacidade processual ou capacidade de estar em juízo, conceito inerente ao direito processual, permite que a parte possa, autonomamente, integrar a relação jurídico-processual. Conforme o art. 7º do CPC "toda pessoa que se acha no exercício de seus direitos tem capacidade para estar em juízo". A capacidade processual constitui pressuposto processual subjetivo, nos termos do art. 267, IV do CPC, necessário ao desenvolvimento válido e regular do processo e veicula a possibilidade de se participar da relação processual, em nome próprio ou alheio. Neste contexto, a vertente processual da personalização jurídica dos órgãos públicos constitucionais,

---

[24] BALBIN, Carlos F. *Manual de Derecho Administrativo*. 2. ed. Buenos Aires: La ley, 2013. p. 193.

[25] FARIA, Edmur Ferreira de. *Op. cit.* p. 39.

[26] AMARAL, Francisco, citado por ROSENVALD, Nelson *et* FARIAS, Cristiano Chaves. *Direito Civil – Teoria Geral*. 7. ed. Rio de Janeiro: Lumen Juris, 2008. p. 105.

[27] CARVALHO FILHO, José dos Santos. Personalidade Judiciária de Órgãos Públicos. In: *Revista Eletrônica de Direito do Estado* (REDE), Salvador, Instituto Brasileiro de Direito Público, n. 11, jul.-ago.-set., 2007. Disponível em: <http://direitodoestado.com.br/rede.asp>. Acesso em: 24 ago. 2015.

[28] Citado por LEAL. Vítor Nunes. *Op. cit.* p. 50.

denominada personalidade judiciária, veicula importante prerrogativa processual, permitindo que tais órgãos integrem a lide no polo ativo ou passivo e possam defender, autonomamente, seus próprios interesses.

Em ensaio clássico Vítor Nunes Leal[29] leciona que a terminologia *personalidade judiciária*, ou capacidade de ser parte, fora consagrada pelo Código de Processo Civil Português de 1939, passando a ser utilizada no direito brasileiro. Para ele, ao defender o alargamento do conceito de personalidade jurídica no âmbito processual, haveria uma tendência geral à época de se transpor os esquemas do direito privado para o direito processual que deveria ser rechaçada, consideradas sua autonomia e independência, posto que a tentativa de escravização pelos privatistas findaria por tornar insolúveis os muitos problemas a ser esclarecidos pelos processualistas.[30]

Portanto, a personalidade jurídica não é indispensável a existência de personalidade judiciária, na prática é factível o reconhecimento da capacidade judiciária mesmo a pessoas incapazes de exercer seus direitos.

4.4 A atuação dos Órgãos Públicos Constitucionais em Juízo – A personalidade judiciária na doutrina e na jurisprudência do STF/STJ

A ampliação das demandas da sociedade perante a Administração Pública do Século XXI vem exigindo dos poderes constituídos uma série de adequações jurídicas. A atuação dos órgãos públicos independentes envolve o resguardo de prerrogativas constitucionais próprias dos Poderes, reverberando a independência e harmonia asseguradas pela Constituição Federal. "É imperiosa a possibilidade da respectiva defesa dessas funções. Atribuições perante o Poder Judiciário (seja no polo ativo ou passivo), sob pena de violação aos princípios constitucionais da inafastabilidade do controle jurisdicional (artigo 5º, inciso XXXV) e da independência e harmonia entre os Poderes (artigo 2º CF)".[31]

Os órgãos públicos são dotados de competências específicas e prerrogativas próprias, muitas vezes conflitantes com a de outros órgãos ou Poderes. Neste contexto, as demandas judiciais envolvendo conflitos interorgânicos vêm se avolumando, muitas vezes,

---

[29] A discussão acerca da personalidade judiciária surgiu em 1948, a partir do Mandado de Segurança nº 55 interposto pela Câmara Municipal de Guaporé contra ato da Comissão Representativa da Assembleia Legislativa do Estado e do Prefeito Municipal junto ao Tribunal de Justiça do Rio Grande do Sul, cujo objeto era a aprovação da lei orgânica do Município, cuja promulgação, à época, fora recusada pelo Prefeito Municipal sob o fundamento de que o texto continha dispositivos contrários à Constituição do Estado e da ausência da competência do legislativo para tanto. O Prefeito de Guaporé suscitou conflito de competência perante a Comissão Representativa da Assembleia Legislativa, diante da promulgação da Lei Orgânica do Município. Esta, através da edição de decreto legislativo, entendeu pertinentes as alegações do Prefeito, pois a Lei Orgânica do Município não houvera completado a tramitação legislativa necessária para entrar em vigor. Irresignada, a Câmara Municipal ajuizou Mandado de Segurança com vistas a declaração de inconstitucionalidade do ato da Comissão Representativa por considerar exaurido o processo legislativo pertinente, estando a Lei Orgânica do Município em vigor desde 18 de dezembro de 1947. Nesta lide, houve discussão acerca de matéria preliminar que questionava a capacidade da Câmara Municipal de Guaporé para estar ativamente em juízo. Ao reconhecê-la, o julgado admitiu a legitimidade ativa da Câmara Municipal para defender prerrogativa própria violada pelo Prefeito, embora o Código Civil de 1916 só tratasse como pessoas jurídicas de direito público a União, os Estados, o Distrito Federal e os Municípios. A partir desse julgado, a matéria suscitou importante celeuma no âmbito da ciência processual diante da discussão de questão diretamente afeta a atuação dos órgãos públicos em juízo, especialmente quanto à atuação dos órgãos representativos dos Poderes constituídos na defesa de suas prerrogativas institucionais.

[30] LEAL. Vítor Nunes. *Op. cit.* p. 51-52.

[31] ICKOWICZ, Andréa Rascovski. Atuação Judicial da Câmara Municipal. *Revista da Procuradoria da Câmara Municipal de São Paulo.* v. 3, n. 1. São Paulo: CMSP, 2014, p. 87.

com pretensões antagônicas envolvendo o próprio ente federativo integrado pelo órgão. Contudo, a doutrina restringe sua atuação ao exercício de pretensão haurida no âmbito de suas competências institucionais, afastando qualquer pretensão de cunho patrimonial, cuja competência seria da pessoa jurídica a qual pertence. Assim, a personalidade judiciária estaria adstrita a presença de três requisitos: ser o órgão integrante da estrutura superior da pessoa federativa; haver a necessidade de proteção de direitos e competências outorgadas pela Constituição; e não se tratar de direitos de natureza meramente patrimonial.[32]

Noutra vertente, o Poder Judiciário vem admitindo o ingresso de órgãos públicos independentes em juízo, ao reconhecer sua personalidade judiciária, embora também restritivamente, posto que jungidas aos casos em que a pretensão envolver a defesa de direitos institucionais, relacionados ao funcionamento, autonomia e independência do órgão. O Superior Tribunal de Justiça,[33] reiteradamente, vem acolhendo a tese da capacidade processual dos órgãos representativos do Poder Legislativo, como Assembleias Legislativas e Câmaras Municipais, quando postularem direito próprio (ato *interna corporis*) ou diante da defesa de suas prerrogativas. Inclusive, o Superior Tribunal de Justiça[34] se manifestou recentemente acerca da legitimidade recursal da Câmara Legislativa do Distrito Federal, cuja posição foi reiterada pelo dispositivo da Súmula nº 525 – STJ ("A Câmara de Vereadores não possui personalidade jurídica, apenas personalidade judiciária, somente podendo demandar em juízo para defender os seus direitos institucionais" – Decisão: 22/04/2015 – DJe 27/04/2015).

Nesse sentido, importante precedente do Supremo Tribunal Federal,[35] no julgamento da ADI 1557, admitiu a criação da Procuradoria Jurídica da Câmara Legislativa

---

[32] CARVALHO FILHO, José dos Santos. *Personalidade Judiciária de Órgãos Públicos.* p. 9-10.

[33] REsp 1164017/PI, Rel. Ministro CASTRO MEIRA, PRIMEIRA SEÇÃO, julgado em 24.03.2010, DJe 06.04.2010

[34] DIREITO ADMINISTRATIVO. PROCESSUAL CIVIL. AGRAVO REGIMENTAL NO AGRAVO DE INSTRUMENTO. CONCURSO PÚBLICO. MANDADO DE SEGURANÇA IMPETRADO CONTRA ATO DO PRESIDENTE DA CÂMARA LEGISLATIVA DO DISTRITO FEDERAL. LEGITIMIDADE RECURSAL. DISTRITO FEDERAL. PRECEDENTES. AGRAVO IMPROVIDO.
1. A Câmara Legislativa do Distrito Federal, órgão integrante da Administração Direta do Distrito Federal, por não possuir personalidade jurídica mas apenas personalidade judiciária, somente pode estar em Juízo para a defesa de suas prerrogativas institucionais, concernentes à sua organização e funcionamento. 2. Em se tratando de mandado de segurança impetrado por candidato reprovado em concurso público para o preenchimento de cargos de seu quadro de pessoal, a legitimidade para recorrer é do Distrito Federal. Precedentes. 3. Agravo regimental improvido. (AgRg no Ag 923.958/DF, Rel. Ministro ARNALDO ESTEVES LIMA, QUINTA TURMA, julgado em 18/12/2007, DJe 17.03.2008)

[35] AÇÃO DIRETA DE INCONSTITUCIONALIDADE. EMENDA Nº 9, DE 12.12.96. LEI ORGÂNICA DO DISTRITO FEDERAL. CRIAÇÃO DE PROCURADORIA GERAL PARA CONSULTORIA, ASSESSORAMENTO JURÍDICO E REPRESENTAÇÃO JUDICIAL DA CÂMARA LEGISLATIVA. PROCURADORIA GERAL DO DISTRITO FEDERAL. ALEGAÇÃO DE VÍCIO DE INICIATIVA E DE OFENSA AO ART. 132 DA CF. 1. Reconhecimento da legitimidade ativa da Associação autora devido ao tratamento constitucional específico conferido às atividades desempenhadas pelos Procuradores de Estado e do Distrito Federal. Precedentes: ADI 159, Rel. Min. Octavio Gallotti e ADI 809, Rel. Min. Marco Aurélio. 2. A estruturação da Procuradoria do Poder Legislativo distrital está, inegavelmente, na esfera de competência privativa da Câmara Legislativa do DF. Inconsistência da alegação de vício formal por usurpação de iniciativa do Governador. 3. A Procuradoria-Geral do Distrito Federal é a responsável pelo desempenho da atividade jurídica consultiva e contenciosa exercida na defesa dos interesses da pessoa jurídica de direito público Distrito Federal. 4. Não obstante, a jurisprudência desta Corte reconhece a ocorrência de situações em que o Poder Legislativo necessite praticar em juízo, em nome próprio, uma série de atos processuais na defesa de sua autonomia e independência frente aos demais Poderes, nada impedindo que assim o faça por meio de um setor pertencente a sua estrutura administrativa, também responsável pela consultoria e assessoramento jurídico de seus demais órgãos. Precedentes: ADI 175, DJ 08.10.93 e ADI 825, DJ 01.02.93. Ação direita de inconstitucionalidade julgada parcialmente procedente. (ADI 1557, Relator(a): Min. ELLEN GRACIE, Tribunal Pleno, julgado em 31.03.2004, DJ 18-06-2004 PP-00043 EMENT VOL-02156-01 PP-00033 RTJ VOL 00192-02 PP-00473)

do Distrito Federal para o desempenho das funções de assessoria e consultoria jurídicas no âmbito administrativo, inclusive, para a representação judicial, nas hipóteses de defesa de interesses próprios contrapostos aos dos demais Poderes.

Quanto à legitimidade passiva das Câmaras Municipais acerca do inadimplemento da contribuição previdenciária incidente sobre seus servidores[36] o STJ entendeu que a responsabilidade é do ente federativo Município. Noutro acórdão, que deliberou acerca da legitimidade ativa para impetrar Mandado de Segurança visando discutir a retenção de valores do Fundo de Participação dos Municípios[37] o STJ pugnou pela ilegitimidade ativa das Câmaras Municipais. O referido entendimento foi identicamente esposado quanto à legitimação processual das Assembleias Legislativas, cuja legitimidade recursal fora rechaçada diante de demanda que envolvia direitos estatutários de seus servidores.[38]

Identicamente aos órgãos representativos do Poder Legislativo, aos Tribunais de Contas, Federais e dos Estados são admitidas sua personalidade judiciária. Noutro precedente, se reconheceu que tais órgãos não detinham legitimidade passiva em demanda na qual seus servidores pleiteavam reajuste salarial, posto que apenas litígios a envolver a defesa de direitos institucionais, concernentes à sua organização e funcionamento, justificariam sua atuação em juízo, cabendo ao respectivo ente a legitimidade passiva.[39] O Superior Tribunal de Justiça[40] vem esposando idêntico entendimento acerca da capacidade processual dos Tribunais Federais, Estaduais e de Contas.

Contudo, recentemente, revelando a perspectiva de conflito institucional entre o órgão representativo do Poder Judiciário Estadual e os demais Poderes, foi editada a Lei Estadual nº 14.783, de 21 de maio de 2012, oriunda do Estado de São Paulo, que criou no Subquadro de Cargos Públicos do Quadro do Tribunal de Justiça, 2 (dois) cargos de Advogado. Contra ela foi proposta a ADI nº 5024 pela Associação Nacional dos Procuradores do Estado – ANAPE no STF com vistas a declaração de inconstitucionalidade. Embora ainda passível de julgamento, há prévias manifestações da Advocacia-Geral da União e Procuradoria-Geral da República concedendo interpretação conforme a Constituição Federal para permitir-se a representação judicial,

---

[36] AgRg no REsp 1486651/PE, Rel. Ministro MAURO CAMPBELL MARQUES, SEGUNDA TURMA, julgado em 09.12.2014, DJe 15.12.2014.

[37] REsp 1429322/AL, Rel. Ministro MAURO CAMPBELL MARQUES, SEGUNDA TURMA, julgado em 20.02.2014, DJe 28.02.2014

[38] AgRg no AREsp 44.971/GO, Rel. Ministro ARNALDO ESTEVES LIMA, PRIMEIRA TURMA, julgado em 22.05.2012, DJe 05.06.2012.

[39] AgRg no Ag 806.802/AP, Rel. Ministro ARNALDO ESTEVES LIMA, QUINTA TURMA, julgado em 24.04.2007, DJ 21.05.2007, p. 610.

[40] AGRAVO REGIMENTAL NO RECURSO ESPECIAL. TRIBUNAIS DE JUSTIÇA. PERSONALIDADE JUDICIÁRIA. POSSIBILIDADE DE ESTAREM EM JUÍZO SOMENTE PARA A DEFESA DAS PRERROGATIVAS INSTITUCIONAIS, CONCERNENTES À SUA ORGANIZAÇÃO OU AO SEU FUNCIONAMENTO. PRECEDENTES. TESE DE VIOLAÇÃO DO ART. 21, *CAPUT*, DO CPC. MATÉRIA NÃO DEBATIDA NA INSTÂNCIA DE ORIGEM. IMPOSSIBILIDADE DE SE ANALISAR O TEMA PELA ESTREITA VIA DO RECURSO ESPECIAL.
1. Este Superior Tribunal de Justiça firmou compreensão segundo a qual os Tribunais Federais, Estaduais ou de Contas, por integrarem a Administração Pública Direta e por não possuírem personalidade jurídica, mas, apenas, judiciária, somente poderão estar em Juízo, excepcionalmente, para a defesa das prerrogativas institucionais, concernentes à sua organização e ao seu funcionamento, circunstâncias que, ressalte-se, não se verificam nos vertentes autos, na medida em que a controvérsia em debate diz respeito com valores relativos ao pagamento dos servidores de Tribunal de Justiça. (...)
(AgRg no REsp 700.136/AP, Rel. Ministro OG FERNANDES, SEXTA TURMA, julgado em 24.08.2010, DJe 13.09.2010)

embora restrita aos casos que o Judiciário Estadual atuar em nome próprio, na defesa de sua autonomia, prerrogativas e independência em face dos demais poderes.

5 Conclusão

A adoção absoluta dos alicerces da Teoria do Órgão, conforme concebida por Otto Von Gierke já não se mostra suficiente para responder a uma série de indagações envolvendo os órgãos centrais e estratégicos à organização estrutural do Estado, pois não mais sujeitos às condições periféricas de mera integração de estruturas maiores, ou seja, como simples instrumento de ação da pessoa jurídica a que pertencem.

O elevado grau de autonomia e independência dos órgãos públicos constitucionais afasta sua irrestrita submissão aos antigos paradigmas da Teoria do Órgão, posto que diversas questões relativas a autonomia, independência, dotações orçamentárias demandam novos paradigmas, de modo a assegurar o Princípio Constitucional da Independência e Harmonia dos Poderes da União – art. 2º da Constituição Federal de 1988, não apenas restritas ao reconhecimento de sua personalidade judiciária na seara processual.

Defini-los, simploriamente, como meras repartições internas já não condiz sua complexidade institucional e múltipla atuação na ordem jurídica, cenário que impõe uma reapreciação das consequências jurídicas da sua absoluta despersonalização. As constantes divergências institucionais entre os órgãos representativos dos Poderes com os entes que integram, demonstra a necessidade de se conceber maior liberdade de atuação destes órgãos na ordem jurídica, bem como, a exigência de sua responsabilização autônoma por atos de seus agentes, dissociada do respectivo ente federado, com vistas à adequação da Teoria do Órgão de Otto Von Gierke às transformações da Administração Pública para o Século XXI.

A jurisprudência dos Tribunais Superiores tem avançado, embora timidamente. O Supremo Tribunal Federal, na ADI 1557/DF reconheceu a constitucionalidade da instituição da Procuradoria Jurídica da Câmara Legislativa do Distrito Federal, cujas atribuições incluem a representação judicial do órgão legislativo. Já a ADI 5024/SP questiona a criação de dois cargos de advogado para os quadros do Tribunal de Justiça de São Paulo. Nesta há parecer favorável do Procurador-Geral da República pela admissão da interpretação conforme a Constituição, para permitir-se a representação judicial nos casos em que o Poder Judiciário atuar em nome próprio, frente aos demais poderes. Já o Superior Tribunal de Justiça, em regra, reconhece a personalidade judiciária dos órgãos representativos do Poder Legislativo – Câmaras e Assembleias Legislativas – apenas quando da defesa de suas prerrogativas institucionais, concernentes à sua organização e funcionamento. Nos demais casos, apenas o ente público que integram disporia de legitimidade processual.

Apesar dos avanços observados na ciência processual, muito ainda há que se evoluir na questão do reconhecimento integral da personalidade jurídica dos órgãos públicos independentes, inclusive nas demandas de cunho patrimonial, quando envolver valores inerentes as próprias dotações orçamentárias ou aos seus próprios servidores e patrimônio.

Referências

BALBIN, Carlos F. *Manual de Derecho Administrativo*. 2. ed. Buenos Aires: La ley, 2013.

BANDEIRA DE MELLO, Celso Antônio. *Curso de Direito Administrativo*. 28. ed. São Paulo: Malheiros, 2011.

CARVALHO, Raquel Melo Urbano de. *Curso de Direito Administrativo*. 2. ed. Salvador: Juspodivm, 2009.

CARVALHO FILHO, José dos Santos. *Manual de Direito Administrativo*. 19. ed. Rio de Janeiro: Lumen Juris. 2008.

_____. *"Personalidade Judiciária de Órgãos Públicos"*. Revista Eletrônica de Direito do Estado (REDE), Salvador, Instituto Brasileiro de Direito Público, nº 11, julho/agosto/setembro, 2007. Disponível em: <http://direitodoestado.com.br/rede.asp>. Acesso em: 24 ago. de 2015.

DALLARI, Dalmo. *Elementos de Teoria Geral do Estado*. 31. ed. São Paulo: Saraiva, 2012.

DI PIETRO, Maria Sylvia Zanella. *Direito Administrativo*. 23. ed. São Paulo: Atlas, 2010.

_____. Transformações da Organização Administrativa. Diretrizes, relevância e amplitude do Anteprojeto. In: MODESTO, Paulo (Coord.). *Nova organização administrativa brasileira*. 2. ed. Belo Horizonte: Fórum, 2010.

FARIA, Edmur Ferreira de. *Curso de Direito Administrativo Positivo*. 6. ed. Belo Horizonte: Del Rey, 2007.

FURTADO, Lucas Rocha. *Curso de Direito Administrativo*. 4. ed. Belo Horizonte: Fórum, 2013.

GAGLIANO, Pablo Stolze *et* PAMPLONA FILHO, Rodolfo. *Novo Curso de Direito Civil – Parte Geral*. 10. ed. São Paulo: Saraiva, 2008.

GASPARINI, Diógenes. *Direito Administrativo*. 17. ed. São Paulo: Saraiva, 2012.

ICKOWICZ, Andréa Rascovski. *Atuação Judicial da Câmara Municipal*. Revista da Procuradoria da Câmara Municipal de São Paulo. v. 3, n. 1. São Paulo: CMSP, 2014.

JUSTEN FILHO, Marçal. *Curso de Direito Administrativo*. 2. ed. São Paulo: Saraiva, 2006.

LEAL. Vítor Nunes. *Personalidade Judiciária das Câmaras Municipais*. Revista de Direito Administrativo, v. 15, (jan.-mar./1949).

MEDAUAR, Odete. *Direito Administrativo Moderno*. 14. ed. São Paulo: Revista dos Tribunais, 2010.

MEIRELLES, Hely Lopes. *Direito Administrativo Brasileiro*. 35. ed. São Paulo: Malheiros, 2009.

_____. *Direito Municipal Brasileiro*. São Paulo: Malheiros, 2013.

MODESTO, Paulo (Coord.). *Nova organização administrativa brasileira*. 2. ed. Belo Horizonte: Fórum, 2010.

ROSENVALD, Nelson *et* FARIAS, Cristiano Chaves. *Direito Civil: Teoria Geral*. 7. ed. Rio de Janeiro: Lumen Juris, 2008.

SUNDFELD, Carlos Ari. *Fundamentos do Direito Público*. 4. ed. São Paulo: Malheiros, 2009.

Informação bibliográfica deste texto, conforme a NBR 6023:2002 da Associação Brasileira de Normas Técnicas (ABNT):

DANTAS, Rodrigo Emanuel de Araújo. A personalidade jurídica dos órgãos públicos independentes: a revisitação da teoria do órgão sob a ótica das transformações da Administração Pública para o século XXI. *In*: PONTES FILHO, Valmir; MOTTA, Fabrício; GABARDO, Emerson (Coord.). *Administração Pública*: desafios para a transparência, probidade e desenvolvimento. XXIX Congresso Brasileiro de Direito Administrativo. Belo Horizonte: Fórum, 2017. p.417-430. ISBN 978-85-450-0157-7.

PARTE III

COMUNICADOS CIENTÍFICOS

A PRÁTICA DO NEPOTISMO COMO ATO DE IMPROBIDADE ADMINISTRATIVA

VANESSA CAVALARI CALIXTO

Resumo

Com o presente estudo pretende demonstrar a aplicabilidade jurídica da Súmula n.º 13 do Superior Tribunal Federal como Improbidade Administrativa, hodiernamente é um tema expressivo na Administração Pública Brasileira. Utilizou-se como método, a pesquisa bibliográfica para o alcance do objetivo do referido trabalho. A palavra nepotismo deriva do latim *nepos, nepotis*, significando respectivamente, neto, sobrinho, também indicando dependentes, a posteridade, podendo ser utilizado também, como dissipador, pródigo, perdulário e devasso. Não há legislação federal específica que trate diretamente do nepotismo. Existem, princípios norteadores da Administração Pública, quais sejam: legalidade, impessoalidade, moralidade, publicidade e eficiência, contidos na Constituição Federal de 1988, em seu artigo 37, caput, que devem ser levados em consideração em todos os atos administrativos públicos. Sendo assim, vislumbra-se a inconstitucionalidade do nepotismo. O Supremo Tribunal Federal aprovou em agosto de 2008, por unanimidade, a 13º Súmula Vinculante da Corte, que veda o nepotismo nos Três Poderes, no âmbito da União, dos Estados e Municípios. O dispositivo tem que ser seguido por todos os órgãos públicos e, na prática, proíbe a contratação de parentes, até terceiro grau, de autoridades e de funcionários para cargos de confiança, de comissão e de função gratificada no serviço público. A súmula também veda o nepotismo cruzado. A prática de tal ato vem ao encontro da aplicabilidade da lei federal n.º 8.429 de 1992, que dispõe sobre a Improbidade Administrativa, sendo esta definida como a conduta eticamente reprovável, praticada pelo agente estatal, no exercício indevido das competências administrativas, acarretando prejuízo aos órgãos da Administração Pública, frustrando os valores constitucionais fundamentais, sujeitando o agente a punição complexa e unitária, de natureza penal, administrativa e civil. Vale ressaltar o disposto descrito no artigo 11, da referida legislação, no tocante a violação dos princípios da Administração Pública, corrobora com a prática do nepotismo, devendo ser devidamente punida. No contexto jurídico analisa tal punibilidade do nepotismo nos Tribunais Superiores. Nesse ínterim, a problemática deste artigo surge em virtude dos abusos cometidos, no contexto atual, por parte dos agentes públicos brasileiros, concedendo benefícios aos seus familiares, devendo atualmente ser caracterizada como prática de Improbidade Administrativa.

Palavras-chave

Nepotismo. Administração Pública. Improbidade Administrativa. Princípios. Agentes Públicos.

Informação bibliográfica deste texto, conforme a NBR 6023:2002 da Associação Brasileira de Normas Técnicas (ABNT):

CALIXTO, Vanessa Cavalari. A prática do nepotismo como ato de improbidade administrativa. *In*: PONTES FILHO, Valmir; MOTTA, Fabrício; GABARDO, Emerson (Coord.). *Administração Pública*: desafios para a transparência, probidade e desenvolvimento. XXIX Congresso Brasileiro de Direito Administrativo. Belo Horizonte: Fórum, 2017. p. 433. ISBN 978-85-450-0157-7.

A QUESTÃO DA PUBLICIDADE E TRANSPARÊNCIA NO ESTADO DE GOIÁS APÓS A CONSTITUIÇÃO DE 1988

MARCELLO RODRIGUES SIQUEIRA
ADEMILTON PIRES DA SILVA

Resumo

O Direito Administrativo tem início com a formação do Estado Moderno a partir do momento em que começou a desenvolver o conceito de Estado de Direito estruturado sobre o princípio da *legalidade*, ou seja, pela submissão do governante à Lei. De lá pra cá teriam se desenvolvido inúmeros outros princípios ao direito administrativo, incorporados ao regime jurídico de vários países. Dessa forma, considerando os limites deste trabalho, a análise concentrar-se-á na questão da publicidade e transparência no Direito Administrativo brasileiro na sua fase atual, posterior a Constituição de 1988, quando altera o seu perfil em decorrência da instauração do Estado Democrático de Direito. O objetivo é conhecer e analisar o papel da *publicidade e transparência* no Direito Administrativo e, mais especificamente, entender como o Estado de Goiás tem disponibilizado a informação por meio eletrônico, conhecer as formas de controle e avaliar a participação popular. Do ponto de vista metodológico, esta é uma pesquisa bibliográfica e documental. Além de permitirem o levantamento das pesquisas referentes ao tema estudado, viabilizaram ainda o aprofundamento teórico que norteia a pesquisa. Foram utilizados diversos autores, nacionais e estrangeiros, que se fundamentam no referencial crítico-dialético e apresentam reflexões sobre uma grande variedade de temas. Portanto, estabelecer um diálogo com esses autores e trazer a discussão para o nível local não foi tarefa fácil. Constata-se que a administração pública tem agido em defesa da legalidade, tem buscado a moralidade e, de certa forma, com efetividade satisfatória, princípios estes que servem à realização do Estado Democrático de Direito. No entanto, pesquisas indicaram que Goiás falhou ao não disponibilizar conteúdo referente à LDO, LOA e PPA, importantes instrumentos fiscais e orçamentários do governo. Além disso, acredita-se que o regime democrático possibilitou a participação popular, mas isto não significa que tenha possibilitado o efetivo controle social das ações governamentais.

Palavras-chave

Publicidade. Transparência. Controle. Participação. Goiás.

Informação bibliográfica deste texto, conforme a NBR 6023:2002 da Associação Brasileira de Normas Técnicas (ABNT):

SIQUEIRA, Marcello Rodrigues; SILVA, Ademilton Pires da. A questão da publicidade e transparência no estado de Goiás após a Constituição de 1988. *In*: PONTES FILHO, Valmir; MOTTA, Fabrício; GABARDO, Emerson (Coord.). *Administração Pública*: desafios para a transparência, probidade e desenvolvimento. XXIX Congresso Brasileiro de Direito Administrativo. Belo Horizonte: Fórum, 2017. p. 435. ISBN 978-85-450-0157-7.

A PRESENÇA DO PATRIMONIALISMO NOS MODELOS DE GESTÃO BRASILEIRO: NECESSIDADE DE REFORMA ADMINISTRATIVA

JULIANA GEORGES KHOURI

Resumo

O trabalho visa a demonstrar os modelos de gestão vivenciados na Administração Pública Brasileira. A metodologia utilizada pauta-se no levantamento bibliográfico, documental e principalmente jurisprudencial, com o intuito de avaliar os avanços conquistados por tais modelos de gestão. Os resultados demonstram preliminarmente que o aprimoramento da gestão administrativa só é possível quando o cidadão não é visto como mero destinatário do poder, mas sim como a fonte da qual emana o poder. Desde a promulgação da Constituição Federal de 1988, a Administração Pública busca a efetivação dos princípios constitucionais: (i) legalidade; (ii) moralidade administrativa. (iii) eficiência; (iv) razoabilidade; (v) proporcionalidade; (vi) efetividade, (vii) supremacia do interesse público; (viii) motivação; (x) presunção de veracidade, entre outros. Estes princípios demarcam novo modelo de gestão administrativa. Porém, mesmo diante de notáveis avanços históricos, sociológicos e jurídicos, a Administração Pública guarda, ainda, resquícios do patrimonialismo. O referido modelo de gestão permitiu a confusão entre o ente público e o privado. O patrimonialismo foi praticado no período do Brasil Império, porém suas heranças ainda fazem eco na seara do Direito Público. E são essas mazelas que implicam a necessidade de se repensar o modelo de gestão administrativa que será ideal para concretizar o ideário da Constituição Federal de 1988. Portanto, o objetivo geral do trabalho é analisar o histórico dos modelos de gestão administrativa vivenciados no cenário nacional (patrimonialismo, burocracia e gerencialismo), para o fim de consolidar as bases de um modelo que consolide as garantias trazidas pela Carta de 88. Frisa-se que a Constituição Federal de 1988 inaugurou a abertura e efetivação de princípios fundamentais, o que importa dizer, o abandono de práticas anteriormente utilizadas, tais como a subjetividade e arbitrariedade nas decisões administrativas. A adoção do modelo burocrático trouxe racionalidade à Administração. Por outro lado, o modelo gerencial visava assegurar maior autonomia para responder os anseios sociais por intermédio do princípio da eficiência. Os objetivos específicos são analisar as interfaces de cada modelo de gestão no atual cenário da Administração Pública brasileira, principalmente tendo em vista o legado que o patrimonialismo ainda faz repercutir na seara do Direito Público. Por estas razões, conclui-se pela necessidade de aprimoramento da gestão administrativa, que deve combater resquícios do patrimonialismo, bem como deve buscar ser diligente evitando, por exemplo, a falta da aplicação dos princípios integrantes do regime jurídico administrativo. Nesta seara, busca-se concretizar, notadamente, os princípios da motivação, proporcionalidade e razoabilidade, principalmente em situações que denotam a necessidade de juízo de oportunidade e conveniência ou em casos que há clara afronta ao princípio da legalidade no controle dos atos administrativos. É imperioso esclarecer que, quando a Administração Pública se afasta dos preceitos legais e objetivos, sua conduta torna-se eivada de vícios, tornando-se arbitrária e subjetiva, remontando assim, a cenário idêntico ao do modelo vivenciado no patrimonialismo, panorama incompatível com a Constituição Cidadã.

Palavras-chave

Administração Pública. Modelo de Gestão. Gestão Burocrática. Gestão Gerencial. Patrimonialismo.

Informação bibliográfica deste texto, conforme a NBR 6023:2002 da Associação Brasileira de Normas Técnicas (ABNT):

KHOURI, Juliana Georges. A presença do patrimonialismo nos modelos de gestão brasileiro: necessidade de reforma administrativa. *In*: PONTES FILHO, Valmir; MOTTA, Fabrício; GABARDO, Emerson (Coord.). *Administração Pública*: desafios para a transparência, probidade e desenvolvimento. XXIX Congresso Brasileiro de Direito Administrativo. Belo Horizonte: Fórum, 2017. p. 437-438. ISBN 978-85-450-0157-7.

PODER DE POLÍCIA MUNICIPAL COMO CONDIÇÃO DE POSSIBILIDADE PARA O DESENVOLVIMENTO DAS CIDADES: PERSPECTIVAS E DESAFIOS NO CASO DO MUNICÍPIO DE SANTA MARIA-RS

CAROLINA SALBEGO LISOWSKI
JOELMA DE FRANÇA

Resumo

Este trabalho resulta da análise de uma temática bastante atual e possui um caráter de eminente relevância jurídica, uma vez que, em muito, questiona-se a necessidade de uma proposta acerca de um plano de gestão de fiscalização para os municípios, sendo que este trabalho trata, em especial, a realidade do Município de Santa Maria-RS. Nesse contexto, o tema torna-se muito relevante, uma vez que se propõe a um efetivo pensar sobre o exercício do Poder de Polícia, na fiscalização de posturas, em âmbito municipal. O instituto do poder de polícia, reconhecido constitucionalmente, é de suma importância à manutenção da ordem social e para a coletividade, deste modo, esse trabalho tem como objetivo verificar de que modo o propósito da busca pelo superior interesse público, em detrimento ao exercício dos direitos individuais, efetivamente se da na legislação e na gestão de Santa Maria, mais especificamente, a partir da análise da Lei Orgânica Municipal. Para tanto, mobilizamos conceitos importantes como os de competência fiscalizatória municipal, de poder de polícia e sua aplicabilidade, entre outros. Utilizou-se, no trabalho, o método de abordagem dedutivo e os procedimentos bibliográficos de pesquisa, a fim de verificar as questões pertinentes ao tema em textos teóricos e na legislação Constitucional e Municipal. Ficou evidente que, conforme manifesto em vários dispositivos constitucionais, é inerente ao município o dever fiscalizatório, no contexto do interesse local, cabendo-lhe a imposição de sanções, através das prerrogativas de exigibilidade e autoexecutoriedade, de forma administrativa, o que a lei determina. Assim, mesmo havendo, no poder de polícia, a característica da discricionariedade, em alguns aspectos, não se dissolve o dever de exercício da fiscalização, naquilo que a lei assegura. Verificou-se, entretanto, que na realidade da administração pública, muitas vezes, não vê aplicado esse dever legal sancionatório de modo satisfatório. As previsões legislativas que complementam a norma geral, no caso do município de Santa Maria, por exemplo, deixam de contemplar, de modo atento e específico, a atuação fiscalizatória, limitando-se, em muito, a apontar a conduta, sem referir-se a fiscalização ou às sanções a partir de seu não cumprimento. Com isso, por óbvio, pelo princípio da legalidade, muitas atuações da administração veem-se limitadas pelo exposto – ou não exposto – na legislação, o que, sem dúvida, traz prejuízos ao regular exercício do poder de polícia. Os movimentos administrativos reconhecidos pelo estudo, no sentido de aprimorar esse fazer fiscalizatório, atualmente, vão ao encontro da centralização das fiscalizações de postura em um único órgão e da regulamentação de procedimentos mais simplificados, como para o caso de concessão de licenças. Com isso, entende-se que a supressão legal de fases dispensáveis destes processos administrativos estabelecem rotinas mais claras, o que, sem dúvida, especializa a atuação da fiscalização e colabora com as necessidades daqueles que dependem das licenças para suas atividades, na busca por aliar supremacia do interesse público e o desenvolvimento da cidade.

Palavras-chave

Poder de polícia. Fiscalização. Administração pública. Gestão fiscalizatória. Competência.

Informação bibliográfica deste texto, conforme a NBR 6023:2002 da Associação Brasileira de Normas Técnicas (ABNT):

LISOWSKI, Carolina Salbego; FRANÇA, Joelma de. Poder de polícia municipal como condição de possibilidade para o desenvolvimento das cidades: perspectivas e desafios no caso do município de Santa Maria-RS. *In*: PONTES FILHO, Valmir; MOTTA, Fabrício; GABARDO, Emerson (Coord.). *Administração Pública*: desafios para a transparência, probidade e desenvolvimento. XXIX Congresso Brasileiro de Direito Administrativo. Belo Horizonte: Fórum, 2017. p. 439-440. ISBN 978-85-450-0157-7.

DIREITO SUBJETIVO À NOMEAÇÃO E CADASTRO DE RESERVA: UMA ANÁLISE A PARTIR DOS LIMITES IMPOSTOS PELA LEI DE RESPONSABILIDADE FISCAL

TUANY BARON DE VARGAS

Resumo

A Constituição Federal de 1988 define como regra para investidura a cargos e empregos públicos, em seu art. 37, inciso II, a prévia aprovação em concurso público. Entretanto, embora seja o concurso público determinação axiomática, as formas de operacionalização de seu comando, bem como de seus efeitos, não estão libertas de controvérsias. Isso porque, a legislação infraconstitucional não tratou de pormenorizar a imposição constitucional. Dessa realidade são extraídas dificuldades tanto ao se estabelecer quais são os efeitos jurídicos gerados aos participantes do concurso, quanto na verificação da medida em que a Administração está vinculada. Dessa forma, propõe-se a análise dos direitos dos candidatos aprovados em concurso público, especialmente quanto às possíveis restrições a esses direitos que possam ser impostas por decorrência direta do disposto no art. 22 da Lei de Responsabilidade Fiscal. A doutrina e jurisprudência pátria evoluíram positivamente no campo de proteção dos direitos dos concursandos. Isso porque, somente a partir do reconhecimento do direito subjetivo de nomeação é possível assegurar a plena efetivação do princípio do concurso público. Tal reconhecimento também é imposto pelas noções de gestão pública responsável. Isso porque, a discricionariedade da Administração na operacionalização de seu orçamento não pode ser ilimitada, gerando insegurança jurídica aos administrados. A discricionariedade é exercida no momento em que a Administração considera oportuna a abertura de concurso público, antecipando qualquer juízo de conveniência que pudesse ser feito quanto à nomeação no momento em que delimita o número de vagas a serem preenchidas. Dessa forma, o estudo econômico-financeiro que deve ser feito em momento anterior à abertura do Edital do certame deve levar em conta os limites prudenciais impostos pela Lei de Responsabilidade Fiscal, não podendo, posteriormente, a Administração alegar que o aumento, realizado espontaneamente e em tempo posterior à abertura do concurso público, de suas despesas de pessoal para justificar o afastamento do direito de ser nomeado. Por fim, cabe ressaltar que, em relação aos concursos abertos exclusivamente para cadastro de reserva os estudos de impacto econômico-financeiro não são viáveis, sobretudo porque não há mínima previsão da própria abertura de vagas a serem preenchidas. Nesse caso, os limites da Lei de Responsabilidade fiscal deverão ser estritamente observados, cabendo, ao candidato nesse caso, apenas a reparação dos danos sofridos. Por outro lado, se criadas novas vagas – que devem ser precedidas de estudos sobre seus impactos financeiros – coincidentes ao objeto do concurso no período, não poderá a Administração alegar as restrições da Lei para excursar-se de garantir o direito daqueles que se submeteram ao concurso público. Nesses casos, o contingenciamento de despesas e a readequação dos limites da despesa de pessoal deverá observar o disposto no art. 169, §3º, I, da Constituição Federal de 1988.

Palavras-chave

Concurso público. Direito subjetivo à nomeação. Responsabilidade fiscal. Despesas de pessoal. Planejamento fiscal.

Informação bibliográfica deste texto, conforme a NBR 6023:2002 da Associação Brasileira de Normas Técnicas (ABNT):

VARGAS. Tuany Baron de. Direito subjetivo à nomeação e cadastro de reserva: uma análise a partir dos limites impostos pela lei de responsabilidade fiscal. *In*: PONTES FILHO, Valmir; MOTTA, Fabrício; GABARDO, Emerson (Coord.). *Administração Pública*: desafios para a transparência, probidade e desenvolvimento. XXIX Congresso Brasileiro de Direito Administrativo. Belo Horizonte: Fórum, 2017. p. 441-442. ISBN 978-85-450-0157-7.

A NECESSIDADE DE MODIFICAÇÃO DA NATUREZA DO INQUÉRITO CIVIL PÚBLICO

JOAQUIM ANTÔNIO MURTA OLIVEIRA PEREIRA

Resumo

A doutrina e jurisprudência tradicionalmente caracterizam o inquérito civil público como sendo um procedimento administrativo de natureza inquisitiva e informativa, não constituindo um processo administrativo, o que afasta a necessidade de ampla defesa e contraditório, dando ensejo a uma publicidade mais restrita. Não se desconhece que uma das funções do inquérito civil público é fornecer ao membro do Ministério Público elementos necessários para eventual ajuizamento de ação civil pública, constituindo instrumento legítimo para o exercício das suas atribuições institucionais. Nesse ponto, o inquérito civil assemelha-se ao inquérito policial, cujo escopo é municiar o titular da ação penal, não possuindo, portanto, finalidade em si mesmo, o que justificaria a desnecessidade de aplicação dos princípios da ampla defesa e contraditório. Todavia, diferentemente do inquérito policial, as funções do inquérito civil extrapolam o simples fornecimento de elementos para a eventual propositura de ação civil pública, uma vez que pode ser resolutivo, alcançando soluções no seu bojo, mediante a adoção de medidas no âmbito do próprio inquérito e que afastam a necessidade de ação judicial, tais como a expedição de recomendações e celebração de termo de ajustamento de conduta. Ou seja, caso no inquérito civil se constate a existência de lesão a algum direito que é objeto da sua tutela, não há obrigatoriedade do membro do Ministério Público ajuizar ação civil pública, podendo, por exemplo, firmar termo de ajustamento de conduta, objetivando à reparação do dano, à adequação da conduta às exigências legais ou normativas e, ainda, à compensação e/ou à indenização pelos danos que não possam ser recuperados, conforme se depreende da Resolução nº 23/2007 do Conselho Nacional do Ministério Público. Verifica-se, portanto, que o inquérito civil não possui natureza meramente informativa, podendo ser resolutivo. Deste modo, a fim de se obter uma atuação democrática e garantidora de direitos fundamentais, a obediência aos princípios da ampla defesa e contraditório, facultando a efetiva participação dos interessados na tomada de decisões no âmbito do inquérito civil, é indispensável. A modificação do modelo, até então consagrado, de que o inquérito civil se destina a colher elementos de convicção para que o membro do Ministério Público possa eventualmente propor de ação civil pública é medida que se impõe. A possibilidade de resolução de conflito extrajudicialmente no seio do próprio inquérito civil implica na necessidade de participação dos envolvidos. Neste norte, patente também é a necessidade de efetivação do princípio da publicidade, dando real ciência aos interessados acerca da instauração e andamento do inquérito civil. Também constitui corolário dessa natureza não puramente inquisitiva e informativa do inquérito civil a observância do princípio da duração razoável dos processos administrativos, preconizado no art. 5º, LXXVIII, da Constituição da República, devendo o inquérito civil ser conduzido com vistas à sua conclusão e evitando-se paralisações demasiadamente longas.

Palavras-chave

Inquérito Civil. Natureza jurídica. Ministério Público. Ampla defesa e contraditório. Publicidade.

Informação bibliográfica deste texto, conforme a NBR 6023:2002 da Associação Brasileira de Normas Técnicas (ABNT):

PEREIRA, Joaquim Antônio Murta Oliveira. A necessidade de modificação da natureza do inquérito civil público. *In*: PONTES FILHO, Valmir; MOTTA, Fabrício; GABARDO, Emerson (Coord.). *Administração Pública*: desafios para a transparência, probidade e desenvolvimento. XXIX Congresso Brasileiro de Direito Administrativo. Belo Horizonte: Fórum, 2017. p. 443-444. ISBN 978-85-450-0157-7.

A APLICAÇÃO DO PROCESSO DE MEDIAÇÃO NA INTERVENÇÃO ESTATAL NA PROPRIEDADE: UMA ANÁLISE CONSTITUCIONAL DO DIREITO ADMINISTRATIVO

GUSTAVO NASCIMENTO TAVARES

Resumo

O presente trabalho propõe uma forma de aplicação extensiva da lei 13.140, lei da Mediação, nos processos envolvendo a intervenção estatal na propriedade privada. Para demonstrar o postulado acima a metodologia utilizada será a construção teórica dedutiva dos argumentos, partindo de premissas postas no direito constitucional e administrativo que possibilitaram nossa afirmação. A base do trabalho é a constitucionalização das regras da administração pública e como os princípios constitucionais atuam na modernização e evolução do direito administrativo. A lei 9.784/99 processualizou a administração pública. Sua aplicação em harmonia com outras normas abre o caminho para o diálogo das fontes no âmbito do direito administrativo. A indisponibilidade do interesse público foi relativizada quando em colisão com direitos fundamentais, separando o interesse público do interesse da administração. Todo esse contexto possibilitou que na lei 13.140/2015, fosse destinado um capítulo tratando da autocomposição de conflitos envolvendo pessoa jurídica de direito público e com isso democratizar a administração pública. Mesmo com redução da discricionariedade do Poder Público e a submissão do principio da legalidade aos princípios constitucionais, a administração pública ainda possui formas gravosas de atuação em algumas de suas atividades interventivas, mesmo que em respeito à Constituição, a lei e ao Direito, como exemplo a desapropriação. A presente tese versa sobre a utilização extensiva da lei da mediação em casos como a desapropriação. O processo de mediação na sua forma de processo construtivo promove a dignidade da pessoa humana de quem perde seu direito fundamental à propriedade, mesmo que recebendo justa indenização. A mediação como solução de conflitos possui os pressupostos constitucionais que contemplam a democratização do Poder Público, a celeridade e a eficácia, é opção a mais para o acesso à justiça de forma mais humana e participativa, consagrando a dignidade da pessoa humana.

Palavras-chave

Constitucionalização da administração pública. Cidadania. Democratização. Mediação. Desapropriação.

Informação bibliográfica deste texto, conforme a NBR 6023:2002 da Associação Brasileira de Normas Técnicas (ABNT):

TAVARES. Gustavo Nascimento. A aplicação do processo de mediação na intervenção estatal na propriedade, uma análise constitucional do direito administrativo. *In*: PONTES FILHO, Valmir; MOTTA, Fabrício; GABARDO, Emerson (Coord.). *Administração Pública*: desafios para a transparência, probidade e desenvolvimento. XXIX Congresso Brasileiro de Direito Administrativo. Belo Horizonte: Fórum, 2017. p. 445. ISBN 978-85-450-0157-7.

APLICAÇÃO DA REPERCUSSÃO GERAL E DO RECURSO REPETITIVO AO PROCESSO ADMINISTRATIVO

WINDERLEY MORAIS PEREIRA

Resumo

O presente trabalho busca delimitar a aplicação das decisões do Supremo Tribunal Federal – STF em sede de repercussão geral e dos julgados do Superior Tribunal de Justiça – STJ em recursos repetitivos na esfera do direito administrativo, buscando determinar a sua aplicação em especial aos Processos Administrativos. O desenvolvimento do trabalho parte da análise dos princípios administrativos, definição dos institutos processuais da repercussão geral no STF e do Recurso Repetitivo no STJ, detalhando os aspectos relevantes no sistema jurídico brasileiro, e o impacto destes institutos judiciais no Processo Administrativo. No decorrer do trabalho, com análise dos princípios constitucionais administrativos, com o enfrentamento dos ganhos de eficiência administrativa e da aplicação do interesse público foi confirmada a hipótese de que a aplicação da repercussão geral e do recurso repetitivo aos processos administrativos é a melhor solução a ser adotada. Diante da relevância das decisões, em que se tenta uniformizar o entendimento dos Tribunais Judiciais. A aplicação plena destes precedentes passa por estender os seus efeitos a outras esferas, em especial aos processos administrativos. Em que pese o fato de estarem em esferas diferentes da República, em última instância, as controvérsias são decididas pelo Poder Judiciário, diante da sistemática constitucional, em que as decisões do Poder Judiciário são soberanas, mesmo sendo a repercussão geral e os recursos repetitivos institutos aplicados ao processo civil é inegável a sua aplicação aos processos administrativos. A aplicação destes novos institutos podem solucionar diversas questões submetidas aos procedimentos administrativos sem necessitar que o administrado busque a solução judicial, gerando ganhos de eficiência para a própria administração pública e a para toda a sociedade, abreviando a solução dos processos e a uniformização dos entendimentos entre a esfera judicial e administrativa, privilegiando o principio da segurança jurídica.

Palavras-chave

Direito Administrativo. Processo Administrativo. Repercussão Geral. Recursos Repetitivos. Princípios Administrativos.

Informação bibliográfica deste texto, conforme a NBR 6023:2002 da Associação Brasileira de Normas Técnicas (ABNT):

PEREIRA, Winderley Morais. Aplicação da repercussão geral e do recurso repetitivo ao processo administrativo. *In*: PONTES FILHO, Valmir; MOTTA, Fabrício; GABARDO, Emerson (Coord.). *Administração Pública*: desafios para a transparência, probidade e desenvolvimento. XXIX Congresso Brasileiro de Direito Administrativo. Belo Horizonte: Fórum, 2017. p. 447. ISBN 978-85-450-0157-7.

A CONTRATAÇÃO A TÍTULO PRECÁRIO NO ESTADO DE MINAS GERAIS E A ADI 4876

ANA LUIZA GOMES DE ARAUJO

Resumo

O objeto de estudo do presente trabalho cinge-se à investigação a respeito das condições jurídicas da contratação precária de pessoal no Estado de Minas Gerais, a partir do caso da Lei Complementar nº 100, que teve alguns de seus dispositivos julgados inconstitucionais, pelo Supremo Tribunal Federal por garantir a efetivação de pessoal, sem a prévia aprovação em concurso público. Buscou-se efetuar o diagnóstico da força de trabalho diretamente atingida pela mencionada lei, no âmbito do Estado de Minas Gerais, com destaque para os principais órgãos públicos afetados, além da verificação de outros casos de contratação precária no Estado de Minas Gerais. O estudo realizado possui natureza exploratória, no qual foram utilizadas pesquisa qualitativa, por meio de entrevistas semiestruturadas além de pesquisa documental e bibliográfica. Os resultados do estudo demonstram que a grande maioria do pessoal efetivado pela LC nº 100, é constituída por pessoas designadas para o exercício de função pública na área de educação, o que engloba as seguintes carreiras: analista de educação básica, analista educacional – inspetor educacional, auxiliar de serviços de educação básica, assistente técnico de educação básica, assistente técnico educacional, especialista em educação básica e professor de educação básica, que constituiu o maior número. O julgamento proferido pelo STF, na ADI nº 4876 enfrentou apenas parte do problema relacionado à contratação precária, no Estado de Minas Gerais, uma vez que conforme se apurou no estudo, há décadas vem se adotando a prática recorrente de utilizar contratados a título precário para o exercício de serviços de natureza permanente, sem a devida proteção jurídica, por meio do instituto da designação. Tal decisão judicial não impedirá que o Estado continue recorrendo às designações, em nítido prejuízo às políticas de gestão de pessoas, à qualidade dos serviços prestados (uma vez que os designados não se submetem à avaliação de desempenho e não participam de incentivos à melhoria no trabalho), à supressão dos direitos dos trabalhadores e em ofensa à isonomia. A partir do estudo, é possível cogitar que, talvez, o número de designados no ano de 2015, após a decisão proferida na ADI nº 4.876, já seja tão expressivo quanto o número de designados que haviam sido efetivados pela LC nº 100. E não é demais ressaltar que a grande maioria desses contratados precários, desprotegidos em seus direitos trabalhistas, alijados das políticas de treinamento de pessoal, encontram-se na educação, área tão relevante quanto carente.

Palavras-chave

Concurso público. Contratação precária. Designação. Lei Complementar n. 100. Gestão de pessoas no serviço público.

Informação bibliográfica deste texto, conforme a NBR 6023:2002 da Associação Brasileira de Normas Técnicas (ABNT):

ARAUJO, Ana Luiza Gomes de. A contratação a título precário no estado de Minas Gerais e a ADI 4876. *In*: PONTES FILHO, Valmir; MOTTA, Fabrício; GABARDO, Emerson (Coord.). *Administração Pública*: desafios para a transparência, probidade e desenvolvimento. XXIX Congresso Brasileiro de Direito Administrativo. Belo Horizonte: Fórum, 2017. p. 449. ISBN 978-85-450-0157-7.

CIRCULARIDADE, DESCONTINUIDADE E A HISTÓRIA DO DIREITO ADMINISTRATIVO NO BRASIL: CRÍTICA SOBRE O TRATO DA HISTÓRIA DA ADMINISTRAÇÃO PÚBLICA BRASILEIRA NOS MANUAIS E CURSOS DE DIREITO ADMINISTRATIVO

LUASSES GONÇALVES DOS SANTOS

Resumo

Os trabalhos acadêmicos produzidos no Brasil no âmbito do Direito têm como tradição contemplar em algum capítulo, principalmente de cunho introdutório, da obra uma perspectiva histórica sob determinado tema ou instituto jurídico. Em destaque, os cursos e manuais publicados são pródigos em separar algum capítulo inicial para justificarem as origens dos institutos jurídicos tratados no seu decorrer. Com o Direito Administrativo não é diferente, os cursos e manuais ditos clássicos e os contemporâneos são, via de regra, iniciados com capítulos alusivos às origens do direito administrativo e de seus respectivos institutos, normalmente com enfoque nas escolas europeias e na estadunidense. Salvo em trabalhos específicos sobre história do direito, observa-se que a parte dedicada à histórica do Direito Administrativa é normalmente diminuta e resumida, limitando-se a relacionar o desenvolvimento do direito administrativo no Brasil à evolução do direito administrativo nesses países ditos de origem. Nessas obras se pode obter a falsa impressão de que o processo histórico da Administração Pública brasileira e, por consequência, do direito administrativo, é mera consequência daquilo que se produziu na Europa e na América do Norte. Porém, a construção da Administração Pública no Brasil e do próprio direito administrativo, não obstante estar atrelada indubitavelmente ao processo de colonização e ser sofredora da intensa influência do processo moderno eurocêntrico, encontra nas vicissitudes casuais, contradições e descontinuidades internas fundamentos essenciais para sua compreensão. A partir de pesquisas acadêmicas de recorte histórico, em que a análise das fontes é o principal eixo, inclusive sob a metodologia da micro-história, os administrativistas podem visualizar a historia da administração pública brasileira e do próprio direito administrativo a partir do seu viés mais concreto e menos metafísico, aproximando-se o pesquisador das reais influências e confluências que determinaram e ainda determinam a forma como se organiza e funciona a estrutura estatal brasileira. A perspectiva de circularidade, em que a alta e a baixa historia se comunicam e se influenciam, é admitida para se perceber o fundamental papel do administrador público dos baixos escalões, os quais em alguma medida subvertiam as normas administrativas da metrópole e, consequentemente, as teorias eurocêntricas, criando um direito administrativo essencialmente brasileiro e um pouco menos europeu. O objetivo central é, portanto, refletir sobre algumas certezas históricas de origem e formação da administração pública e do direito administrativo presentes em grande parte dos manuais e cursos de direito administrativo, alertando para os equívocos decorrentes da pouca profundidade histórica presentes nessas obras, o que pode levar a conclusões que pouco espelham a realidade da historia brasileira, a qual é marcada, na verdade, muito mais pelas incertezas e descontinuidades.

Palavras-chave

Direito administrativo no Brasil. Administração pública. Introdução histórica. Descontinuidade. Circularidade.

Informação bibliográfica deste texto, conforme a NBR 6023:2002 da Associação Brasileira de Normas Técnicas (ABNT):

SANTOS, Luasses Gonçalves dos. Circularidade, descontinuidade e a história do direito administrativo no Brasil: crítica sobre o trato da história da administração pública brasileira nos manuais e cursos de Direito Administrativo. *In*: PONTES FILHO, Valmir; MOTTA, Fabrício; GABARDO, Emerson (Coord.). *Administração Pública*: desafios para a transparência, probidade e desenvolvimento. XXIX Congresso Brasileiro de Direito Administrativo. Belo Horizonte: Fórum, 2017. p. 451-452. ISBN 978-85-450-0157-7.

A IMPORTÂNCIA DO CONTROLE DOS LIMITES DISCRICIONÁRIOS DA ATIVIDADE DE FOMENTO

JULIANA GEORGES KHOURI

Resumo

O presente trabalho visa abordar os limites discricionários da Atividade de Fomento no que concerne à Administração Pública. Justifica-se a escolha do tema devido existir a necessidade de explorar como funcionam os mecanismos de obtenção, destinação e controle da Atividade de Fomento. A Constituição Federal de 1988 estabelece no artigo 3º, inciso III, como objetivo fundamental a erradicação da pobreza, da marginalização, bem como a redução das desigualdades sociais e regionais. Dentre as formas de atuação do Estado para que esta finalidade seja atingida, há por intermédio da intervenção do Estado na ordem social a possibilidade de oferecer a Atividade de Fomento com o intuito de estimular a iniciativa privada, para que esta, por sua vez, possa fazer às vezes do Estado, e assim promover a efetivação do interesse público. Nesse diapasão, tendo em vista que a referida atividade de fomento é ato discricionário da Administração pública, o objetivo do trabalho é observar os limites e controles de tais atos. A metodologia de investigação consiste na busca de doutrina, uma vez que há escasso conjunto doutrinário acerca do tema da Atividade de Fomento, bem como análise de julgados dos Tribunais de Contas e Superior Tribunal de Justiça no tocante à interpretação do ato administrativo discricionário. Conclui-se a pertinência do estudo para que se possa ter acesso à informação de como se dá a relação entre o Ente Público e o Ente Privado de forma clara. Além do mais, cabe ressaltar que os atos administrativos, sejam estes vinculados e ou discricionários apenas são passíveis de revisão do mérito pelo judiciário quando eivados de vício. Por isto, ter a compreensão sobre o funcionamento e os mecanismos da atividade de Fomento é possibilitar a concretização de inúmeros princípios norteadores da Administração Pública, tal seja, por exemplo, o princípio do interesse público.

Palavras-chave

Fomento. Iniciativa privada. Administração Pública. Ato Administrativo. Discricionariedade Administrativa.

Informação bibliográfica deste texto, conforme a NBR 6023:2002 da Associação Brasileira de Normas Técnicas (ABNT):

KHOURI, Juliana Georges. A importância do controle dos limites discricionários da atividade de fomento. *In*: PONTES FILHO, Valmir; MOTTA, Fabrício; GABARDO, Emerson (Coord.). *Administração Pública*: desafios para a transparência, probidade e desenvolvimento. XXIX Congresso Brasileiro de Direito Administrativo. Belo Horizonte: Fórum, 2017. p. 453. ISBN 978-85-450-0157-7.

OS LIMITES GERAIS E ESPECÍFICOS NO EXERCÍCIO DO PODER DE POLÍCIA: UM ESTUDO DE CASO DA DESOCUPAÇÃO NA REGIÃO DA ZONA PORTUÁRIA NA CIDADE DE MACEIÓ

KATHELLY MARIA DE MELO MENEZES
MARIA BEATRIZ CARDOSO TENÓRIO

Resumo

O Estado possui prerrogativas e deveres que devem ser desempenhados com segurança e perfeição em prol da sociedade em geral. Estão entre tais prerrogativas o poder de polícia, caracterizado por sobrepor o direito coletivo em razão do direito individual. Tal prerrogativa, entretanto, possui limites que controlam a atividade estatal. Essa limitação é, na verdade, uma característica que acompanha qualquer ato da Administração Pública e que garante que não haja nenhum abuso de poder. Ademais, é importante lembrar que o exercício do poder de polícia jamais deve ser utilizado em prol do próprio ente estatal, deve ser uma das diversas ferramentas que o Estado possui para garantir o bem-estar social da coletividade. Por isso que esses limites são tão importantes e devem sempre ser utilizados como parâmetro de legalidade. Buscou-se com o presente artigo analisar quais são esses limites e de que forma eles se manifestam quando o Estado se utiliza, em seus atos, da discricionariedade para exercer o poder de polícia. O trabalho foi adiante. Após a análise desses limites, fez-se um estudo de caso ocorrido na cidade de Maceió-Alagoas em que houve uma desocupação de uma comunidade pesqueira que lá habitava há mais de vinte anos. Para tanto, colheu-se decisões referentes ao processo que tramitava, na época da pesquisa, na Justiça Federal de Alagoas e no Tribunal Regional Federal da 5ª Região. O que se pretendeu foi analisar se esses limites foram respeitados e como se pode, na prática, aplicá-los. A conclusão foi surpreendente. Há limites gerais, aplicáveis a todos os casos e há limites específicos que devem ser descobertos e analisados em cima de cada caso concreto.

Palavras-chave

Poder de Polícia. Limites. Administração Pública. Desocupação. Discricionariedade.

Informação bibliográfica deste texto, conforme a NBR 6023:2002 da Associação Brasileira de Normas Técnicas (ABNT):

MENEZES, Kathelly Maria de Melo; TENÓRIO, Maria Beatriz Cardoso. Os limites gerais e específicos no exercício do poder de polícia: um estudo de caso da desocupação na região da zona portuária na cidade de Maceió. *In*: PONTES FILHO, Valmir; MOTTA, Fabrício; GABARDO, Emerson (Coord.). *Administração Pública*: desafios para a transparência, probidade e desenvolvimento. XXIX Congresso Brasileiro de Direito Administrativo. Belo Horizonte: Fórum, 2017. p. 455. ISBN 978-85-450-0157-7.

DESAPROPRIAÇÃO URBANÍSTICA PROMOVIDA POR PARTICULARES E A GESTÃO DOS BENS DESAPROPRIADOS

GUILHERME FREDHERICO DIAS REISDORFER

Resumo

O objetivo do trabalho consiste em analisar a viabilidade de o Estado atribuir a particulares encargos relacionados à desapropriação do domínio privado de terceiros, para fins urbanísticos. Admitindo-se tal possibilidade, propõe-se examinar aspectos teóricos e práticos desse tipo de operação, tanto na fase de intervenção propriamente dita quanto no momento de destinação e gestão dos bens desapropriados. O tema relaciona-se com a delimitação do espaço de atuação de sujeitos privados no desenvolvimento de tarefas públicas, considerando dois aspectos: de um lado, a regra da proporcionalidade e a diretriz de menor grau de restrição possível sobre o domínio privado; de outro, as possibilidades de cooperação público-privada para propiciar a realização de fins públicos e o financiamento das atividades necessárias à execução da política urbana. O ponto de partida corresponde à análise da Lei nº 12.873/13, que incorporou parágrafo único ao art. 4º do Decreto-Lei nº 3.365/41 para admitir o envolvimento de particulares em desapropriações não apenas para a viabilização de serviços públicos em sentido estrito, mas também para a execução de encargos tipicamente urbanísticos. Primeiro, considera-se breve paralelo da alteração legislativa com experiências de direito comparado (Portugal, Espanha e França – figuras da "concessão urbanística" e de "agente urbanizador") que apontam para o envolvimento de particulares no desenvolvimento de funções públicas urbanísticas. Segundo, considera-se a experiência jurisprudencial brasileira, com o exame da compatibilidade de pronunciamento clássico e pioneiro do Supremo Tribunal Federal sobre o tema com o regime constitucional vigente (RE 82.300/SP, Relator Min. Rodrigues Alckmin, Pleno, j. 12.04.1978). Terceiro, considera-se a experiência municipal da concessão urbanística paulistana (Lei Municipal nº 14.917/09). Têm-se como premissas e resultados a serem apresentados: (1) a possível delegação de tarefas públicas não restrita à execução de prestações materiais (serviços públicos), com envolvimento de particulares em atividades típicas de polícia e de intervenção na propriedade de terceiros em nível executório, reservadas as atribuições decisórias ao Poder Público; (2) cabimento da participação de particulares no desenvolvimento de desapropriação para fins urbanísticos, para eventual indicação não vinculante de bens desapropriáveis, discussão e liquidação de indenização devida por imóvel com prévia declaração de utilidade pública, bem como gestão e disposição desse patrimônio, para financiar a execução de objetos e finalidades delimitados pelo Poder Público; (3) vocação desse tipo de operação para servir simultaneamente como via física e financeira para promover intervenções públicas no meio urbano, executadas por agentes privados sob coordenação do Poder Público e com maiores espaços de diálogo (e mesmo de consenso) inclusive com os sujeitos atingidos pelas intervenções; e (4) possibilidade de atribuir a particulares a aplicação de institutos análogos ou alternativos à desapropriação urbanística, potencialmente menos restritivos às órbitas privadas atingidas e mais consensuais, para atingimento dos mesmos fins (direito de preempção e consórcio imobiliário – artigos 25 e 46 da Lei Federal nº 10.257/01).

Palavras-chave

Desapropriação urbanística. Delegação. Cooperação. Proporcionalidade. Bens públicos.

Informação bibliográfica deste texto, conforme a NBR 6023:2002 da Associação Brasileira de Normas Técnicas (ABNT):

REISDORFER, Guilherme Fredherico Dias. Desapropriação urbanística promovida por particulares e a gestão dos bens desapropriados. *In*: PONTES FILHO, Valmir; MOTTA, Fabrício; GABARDO, Emerson (Coord.). *Administração Pública*: desafios para a transparência, probidade e desenvolvimento. XXIX Congresso Brasileiro de Direito Administrativo. Belo Horizonte: Fórum, 2017. p. 457-458. ISBN 978-85-450-0157-7.

A NATUREZA JURÍDICA DOS SERVIÇOS DE EDUCAÇÃO

GUILHERME FREDHERICO DIAS REISDORFER

Resumo

A divergência sobre a caracterização jurídica dos serviços de educação no direito brasileiro, fundada na seção de que estes devem ser classificados como serviços públicos ou como atividades econômicas, tem originado discussões no âmbito da doutrina e da jurisprudência, gerando insegurança e confusão sobre o tema. As recentes transformações do papel do Estado e da noção de serviços públicos modificaram os seus tradicionais pressupostos, fazendo com que as atividades econômicas de interesse público, que no espaço europeu vem sendo desenvolvidas como serviços de interesse econômico geral, passem a assumir maior importância no sentido de estabelecer parcerias com a sociedade, tornando-se uma alternativa aos serviços públicos. É neste sentido que no contexto da União Europeia o ensino privado com fins lucrativos encontra-se na categoria dos serviços de interesse econômico geral. Atualmente a jurisprudência do STF adere à teoria de menor aceitação na doutrina, classificando a educação como um serviço público não privativo, muito em função da influência exercida por Eros Grau, maior defensor deste pensamento, que atuou como ministro relator nos casos que externaram este posicionamento nos respectivos julgados. Sem deixar-se levar pelas influências ideológicas que pesam sobre este debate, este trabalho apresenta uma posição sobre o tema conforme os argumentos que mais se harmonizam com a Constituição brasileira de 1988 e o Direito Administrativo contemporâneo. Neste sentido, procura-se demonstrar que os serviços de educação devem ser classificados como serviços compartidos, pois quando prestados pelo poder público devem ser identificados como serviços públicos sociais e quando prestados pela iniciativa privada são atividades econômicas de interesse público, sujeitos a forte regulação do Estado.

Palavras-chave

Educação. Natureza Jurídica. Serviços Públicos. Atividades Econômicas. Serviços Econômicos de Interesse Geral.

Informação bibliográfica deste texto, conforme a NBR 6023:2002 da Associação Brasileira de Normas Técnicas (ABNT):

REISDORFER, Guilherme Fredherico Dias. A natureza jurídica dos serviços de educação. *In*: PONTES FILHO, Valmir; MOTTA, Fabrício; GABARDO, Emerson (Coord.). *Administração Pública*: desafios para a transparência, probidade e desenvolvimento. XXIX Congresso Brasileiro de Direito Administrativo. Belo Horizonte: Fórum, 2017. p. 459. ISBN 978-85-450-0157-7.

OS LIMITES CONSTITUCIONAIS DA TERCEIRIZAÇÃO ESCOLAR EM GOIÁS

VALÉRIA MARIANO DE MELO

NAYNA SUZY VIEIRA BOTELHO

Resumo

O objetivo deste trabalho é discutir a terceirização da educação pública em Goiás sobre a ótica jurídica e trabalhista e, mais especificamente, compreender os argumentos favoráveis e contrários a sua implantação nas suas atividades fins, analisar segundo a legislação vigente no país a possível constitucionalidade ou inconstitucionalidade dessa ação. Do ponto de vista metodológico, trata-se de uma pesquisa bibliográfica e documental com ênfase na Lei nº 8.666, de 21 de junho de 1993, que regulamenta o artigo 37, inciso XXI, da Constituição Federal, institui normas para licitações e contratos da Administração Pública e dá outras providências. Quanto aos resultados alcançados foi possível observar que a questão da terceirização escolar em Goiás tem gerado no meio acadêmico certo desconforto em relação ao cumprimento da legislação em vigor e dos direitos trabalhistas. Assim, pode-se concluir que tal prática é lícita apenas no que diz respeito as atividades-meio dos entes públicos, não sendo cabível adotá-la para o exercício de atividades pertinentes a atribuições de cargos efetivos próprios de seus quadros. Enfim, conforme Santos (2012), os processos de terceirização rompem a lógica que movem os movimentos de luta travada no campo educacional pela valorização dos trabalhadores em educação, baseados na busca pela valorização, por meio da formação inicial e continuada, remuneração condigna e condições de trabalho, de modo que possam contribuir política e pedagogicamente para a construção de uma escola pública de qualidade socialmente referenciada. Destaca-se, ainda, que esta proposição é fruto de discussão com vários segmentos da sociedade. Tal discussão não está encerrada.

Palavras-chave

Terceirização. Educação Pública. Goiás. Constitucionalidade. Inconstitucionalidade.

Informação bibliográfica deste texto, conforme a NBR 6023:2002 da Associação Brasileira de Normas Técnicas (ABNT):

MELO, Valéria Mariano de; BOTELHO, Nayna Suzy Vieira. Os limites constitucionais da terceirização escolar em Goiás. *In*: PONTES FILHO, Valmir; MOTTA, Fabrício; GABARDO, Emerson (Coord.). *Administração Pública*: desafios para a transparência, probidade e desenvolvimento. XXIX Congresso Brasileiro de Direito Administrativo. Belo Horizonte: Fórum, 2017. p. 461. ISBN 978-85-450-0157-7.

A PERSONALIDADE JURÍDICA DOS ÓRGÃOS PÚBLICOS INDEPENDENTES: A REVISITAÇÃO DA TEORIA DO ÓRGÃO SOB A ÓTICA DAS TRANSFORMAÇÕES DA ADMINISTRAÇÃO PÚBLICA PARA O SÉCULO XXI

RODRIGO EMANUEL DE ARAÚJO DANTAS

Resumo

A complexidade das demandas sociais contemporâneas e a atuação dos órgãos centrais na estrutura do Estado, muitas vezes conflitantes com a dos entes públicos personalizados que integram, suscitaram a necessidade de se questionar velhos paradigmas da adoção absoluta da Teoria do Órgão, tal qual concebida pelo jurista alemão Otto Von Gierke. Na sua vertente originária, a vontade do órgão seria integralmente imputada à pessoa jurídica a qual integra, ou seja, ao ente público personalizado. A ampla e irrestrita despersonalização de todas as categorias de órgãos públicos veicula distorções na interpretação e aplicação de vários institutos jurídicos. Confundir ou atribuir indistintamente a atividade orgânica aos respectivos entes públicos personalizados poderia resultar numa incongruência institucional sem precedentes ou mesmo evidenciar um paradoxo jurídico. O presente trabalho visa a traçar novos paradigmas ao revisitar a Teoria do Órgão sob a ótica do Estado Contemporâneo, identificando as premissas atuais da estruturação administrativa do Estado sob a perspectiva da real natureza jurídica e envergadura dos órgãos públicos constitucionais na doutrina e jurisprudência, inclusive diante do Princípio Constitucional da Independência e Harmonia entre os Poderes (art. 2º, CF 1988). Busca-se fomentar o debate, ao se analisar doutrina e jurisprudência, com vistas a sugerir novas premissas às várias questões jurídicas em aberto, tudo em nome do aperfeiçoamento do Estado e de suas instituições, sob a ótica das transformações da Administração Pública para o Século XXI. O Supremo Tribunal Federal ao admitir a constitucionalidade da lei que instituiu a Procuradoria Jurídica da Câmara Legislativa do Distrito Federal, inclusive com prerrogativa de representação judicial do órgão legislativo, reconheceu sua perspectiva de titularização processual autônoma, diante de conflitos institucionais entre os Poderes. O Superior Tribunal de Justiça também reconhece a personalidade judiciária de alguns órgãos públicos, porém a restringe a defesa dos direitos institucionais, relacionados ao funcionamento, autonomia e independência do órgão, ou seja, diante de matéria afeta aos próprios interesses e prerrogativas institucionais, afastando-a nos demais casos. Assim, apesar dos avanços, a ciência jurídica demanda uma guinada hermenêutica, diante da necessária plenitude jurídica dos órgãos públicos independentes, mormente para abarcar questões relativas às próprias dotações orçamentárias, as demandas envolvendo seus servidores, passando pela questão da responsabilização autônoma por ato de seus agentes no exercício das prerrogativas próprias e o reconhecimento da autonomia patrimonial. Somente neste contexto, teríamos uma vertente contemporânea da Teoria de Von Gierke.

Palavras-chave

Teoria do órgão. Revisitação. Personalidade Jurídica. Órgãos públicos independentes. Administração Pública do Século XXI.

Informação bibliográfica deste texto, conforme a NBR 6023:2002 da Associação Brasileira de Normas Técnicas (ABNT):

DANTAS. Rodrigo Emanuel de Araújo. A personalidade jurídica dos órgãos públicos independentes: a revisitação da teoria do órgão sob a ótica das transformações da administração pública para o século XXI. *In*: PONTES FILHO, Valmir; MOTTA, Fabrício; GABARDO, Emerson (Coord.). *Administração Pública*: desafios para a transparência, probidade e desenvolvimento. XXIX Congresso Brasileiro de Direito Administrativo. Belo Horizonte: Fórum, 2017. p. 463-464. ISBN 978-85-450-0157-7.

A REGULARIZAÇÃO DAS EDIFICAÇÕES COMO EFETIVAÇÃO DO DIREITO CONSTITUCIONAL À MORADIA: UM DESAFIO À GESTÃO PÚBLICA

CAROLINA SALBEGO LISOWSKI
VLADIMIR MARCHIORI DAMIÃO

Resumo

Este trabalho analisa, do ponto de vista jurídico, a questão da regularização das edificações urbanas implementadas em desacordo com as normas urbanísticas, levando-se em consideração que as edificações construídas sem autorização legal, mesmo estando em lotes regularizados, estão em estado de irregularidade tanto junto às prefeituras quanto no aspecto escritural da propriedade. O trabalho questiona, desta forma, em que medida esta situação não transforma os munícipes em excluídos sociais, sem acesso a financiamentos habitacionais, impedidos de regularizarem pequenas fontes de sustento familiar, com insegurança nas transações imobiliárias ou nas ações sucessória entre outros. Desta forma, entende-se que o estado irregular pode ensejar um conflito entre o direito urbanístico e o direito à moradia, sendo que, quando todo o processo de controle falha, de modo a permitir que seja edificada a moradia em descompasso com as normas urbanísticas, cabe ao ente público apresentar solução para sua regularização. Sabe-se que os municípios não podem comungar com riscos à saúde pública ou à segurança da população, problemas típicos relacionados às áreas irregulares de ocupação, porém, constatada a realidade, não pode a administração se omitir à realidade. Os procedimentos administrativos e jurídicos para que se resolva, ou amenize os problemas, também são de relevante análise, visto que, por exemplo, a infração de apenas alguns preceitos urbanísticos não seja que se fale, de pronto, em demolição, principalmente quando o que foi afetado possa ser compensado dentro de regra justa e equilibrada. A ciência do urbanismo é multidisciplinar e fonte de estudo de diversos segmentos, como direito, engenharia, arquitetura, sociologia entre outros, desta forma, para que se analise o aspecto da relevância jurídica da questão, optou-se pelo método bibliográfico, tanto da área do Direito Administrativo e Urbanístico, além de noções relativas à área de conhecimento das engenharias. O método de abordagem, por sua vez, é o dedutivo, visto que se parte das noções gerais para uma análise pontual da legislação de regularização de edificações, proposta no Município de Santa Maria – RS. O trabalho saliente, assim, que o principal norte destas normas de regularização é a formação da cidadania ancorada no preceito constitucional do direito à moradia. Há, portanto a necessidade que os municípios elaborem normas que permitam a regularização das edificações construídas em desacordo com os preceitos urbanísticos, tanto com o intuito de fomento econômico com a entrada deste estoque de capital não percebido pelo sistema financeiro legal como para representar a formação da segurança jurídica do registro, sem, no entanto, permitir um descontrole urbanístico ainda maior ao caos urbano já formado. Os municípios, como fez a legislação analisado no trabalho, devem lançar mão de avanços já apresentados no Estatuto da Cidade como a outorga onerosa do direito de construir e a transferência do direito de construir entre outras, sendo que assim seria possível solucionar mais adequadamente os conflitos pelo uso superior dos índices urbanísticos, inclusive servindo de elemento democrático, visto que todos poderiam usufruir dos aumentos dos índices e não somente aqueles que no início estavam infringindo as normas urbanísticas.

Palavras-chave

Regularização de edificações. Direito à moradia. Lei municipal. Direito urbanístico. Estatuto da cidade.

Informação bibliográfica deste texto, conforme a NBR 6023:2002 da Associação Brasileira de Normas Técnicas (ABNT):

LISOWSKI, Carolina Salbego; DAMIÃO, Vladimir Marchiori. A regularização das edificações como efetivação do direito constitucional à moradia: um desafio à gestão pública. *In*: PONTES FILHO, Valmir; MOTTA, Fabrício; GABARDO, Emerson (Coord.). *Administração Pública*: desafios para a transparência, probidade e desenvolvimento. XXIX Congresso Brasileiro de Direito Administrativo. Belo Horizonte: Fórum, 2017. p. 465-466. ISBN 978-85-450-0157-7.

O FINANCIAMENTO PÚBLICO DA EDUCAÇÃO: O DIREITO DE ESCOLHA DA ESCOLA E AMPLIAÇÃO DAS PARCERIAS PÚBLICO-PRIVADAS

RODRIGO GABRIEL MOISÉS

Resumo

O progressivo estreitamento das relações entre o poder público e o setor privado na prestação dos serviços educacionais pode ser considerado um fenômeno global, reflexo de mudanças sociais e econômicas, que deve ser analisado sob dois aspectos. O primeiro, vinculado a clássica luta pela liberdade de ensino e pelo direito de escolha das escolas pelos pais ou responsáveis. O segundo tem como causa as críticas lançadas ao poder público pela sua ineficiência na gestão do ensino que, somado à pressão exercida pelos organismos internacionais para que os Estados nacionais alcancem metas para a melhoria nos índices na educação e, ao mesmo tempo, reduzam o tamanho e os custos da estrutura estatal, estimularam a busca de soluções no mercado. Em ambos os casos encontramos um ponto em comum: a idealização da melhoria da qualidade no ensino por meio da colaboração da iniciativa privada. As PPPEs podem servir como um eficiente instrumento de financiamento da educação que se baseia no melhor do público e do privado com o potencial para resolver os antigos problemas dos sistemas de educação, tais como acesso, qualidade e otimização de recursos públicos, o que seria possível justamente com o distanciamento do Estado na prestação direta da educação, tendo em vista as dificuldades e fragilidades, e sua substituição na gestão educacional por setores privados. Enquanto vários países avançam neste caminho, abrangendo o financiamento público da educação ao setor privado, o sistema escolar brasileiro ainda está limitado ao monopólio estatal que o domina secularmente e resiste em evoluir para formas de organização respeitadora das liberdades pessoais de educação e ensino equitativamente para todos. Contudo, apesar das limitações Constitucionais e resistências ideológicas, defende-se que no Brasil é possível o Estado instituir mecanismos como os *vouchers* e os contratos com as escolas privadas para que que a educação possa cumprir os seus objetivos.

Palavras-chave

Educação. Mercado. Parcerias público-privadas. Liberdade de escolha. Financiamento

---

Informação bibliográfica deste texto, conforme a NBR 6023:2002 da Associação Brasileira de Normas Técnicas (ABNT):

MOISÉS, Rodrigo Gabriel. O financiamento público da educação: o direito de escolha da escola e ampliação das parcerias público-privadas. *In*: PONTES FILHO, Valmir; MOTTA, Fabrício; GABARDO, Emerson (Coord.). *Administração Pública*: desafios para a transparência, probidade e desenvolvimento. XXIX Congresso Brasileiro de Direito Administrativo. Belo Horizonte: Fórum, 2017. p. 467. ISBN 978-85-450-0157-7.

O PRINCÍPIO DA ISONOMIA NO TRATAMENTO DIFERENCIADO PARA MICROEMPRESA E EMPRESA DE PEQUENO PORTE, A INSTRUMENTALIDADE DA LICITAÇÃO E A BUSCA PELO DESENVOLVIMENTO NACIONAL SUSTENTÁVEL

SAMIA YASMIM YOUSSEIF DUQUE REGNIEL

Resumo

O Direito Administrativo Brasileiro é alicerçado nos princípios que compõem o regime jurídico-administrativo. Não obstante, a Lei nº 8666 de 21 de junho de 1993 que institui normas para as licitações e contratos da Administração Pública, também segue esta mesma lógica constitucional, compreendida como uma característica do Estado Democrático de Direito. O presente trabalho consiste em estudar a aplicação do princípio da isonomia no que se refere ao tratamento diferenciado das microempresas e empresas de pequeno porte, bem como pretende delinear a finalidade da licitação. Há quem defenda que a licitação não se destina a efetivação das políticas públicas, pois não é o instituto responsável por extinguir ou minimizar as mazelas da sociedade brasileira. Para estes poucos doutrinadores, utilizar a licitação para promover políticas públicas sai muito caro e gera prejuízos de ordem econômica para o Estado. De acordo com este pensamento, em tempos de crise econômica, o princípio da isonomia deve ser superado pelo princípio da economicidade e da vantajosidade, já que contratar com microempresas e empresas de pequeno porte poderia gerar custos maiores para a Administração Pública do que uma contratação com uma empresa de grande porte. Comungando com a doutrina majoritária, o objetivo do trabalho é demonstrar que a licitação também é um instrumento de concretização dos direitos fundamentais, resultando assim, na satisfação do interesse público. Até porque, todo aquele que atua na Ordem Econômica tem responsabilidade com o desenvolvimento nacional sustentável e, ademais, este é uma finalidade da licitação de acordo com o artigo 3º da Lei nº 8666/93. Considera-se que o desenvolvimento nacional sustentável pode ser contextualizado em pelo menos três diferentes vetores, quais sejam: econômico, ambiental e social. Existe dados que comprovam que as microempresas e empresas de pequeno porte são as maiores geradoras de emprego no Brasil. Logo, ainda que a Administração Pública tenha um gasto maior na contratação destas empresas, este gasto será revertido para a sociedade que terá sua economia fomentada. Importa a mudança de paradigma no sentido de passar a entender que economicidade e vantajosidade não são sinônimos de menor preço, mas sim de melhor preço, considerando a qualidade da prestação do serviço. Insta salientar, que o tratamento diferenciado despendido para as microempresas e empresas de pequeno porte extrai com primazia o conceito de isonomia, visto que concede tratamento aos desiguais na proporção de suas desigualdades. Conclui-se, portanto, que os princípios convivem entre si e transmitem segurança jurídica de que a finalidade da licitação não será desvirtuada, contribuindo assim, para o desenvolvimento nacional e para a concretização dos direitos fundamentais.

Palavras-chave

Licitação. Princípio da Isonomia. Microempresa. Empresas de Pequeno Porte. Desenvolvimento Nacional Sustentável.

Informação bibliográfica deste texto, conforme a NBR 6023:2002 da Associação Brasileira de Normas Técnicas (ABNT):

REGNIEL, Samia Yasmim Yousseif Duque. O princípio da isonomia no tratamento diferenciado para microempresa e empresa de pequeno porte, a instrumentalidade da licitação e a busca pelo desenvolvimento nacional sustentável. *In*: PONTES FILHO, Valmir; MOTTA, Fabrício; GABARDO, Emerson (Coord.). *Administração Pública*: desafios para a transparência, probidade e desenvolvimento. XXIX Congresso Brasileiro de Direito Administrativo. Belo Horizonte: Fórum, 2017. p. 469-470. ISBN 978-85-450-0157-7.

A ATIVIDADE DE FOMENTO COMO MECANISMO DE COMPENSAÇÃO DO ESTADO NA PROMOÇÃO DOS DIREITOS SOCIAIS

SAMIA YASMIM YOUSSEIF DUQUE REGNIEL

Resumo

O escopo do presente trabalho consiste no estudo da atividade de Fomento como um mecanismo de compensação utilizado pelo Estado em favor da promoção dos direitos fundamentais e, por conseguinte do desenvolvimento social. Inicialmente, destaca-se que entre todas as modalidades de atividade estatal que interveem no âmbito da Ordem Econômica, o Fomento têm sido o que menos recebe atenção da doutrina, o que não diminui sua importância incontestável. Pesquisadores deste instituto conceituam o Fomento como função administrativa utilizada pelo Estado para estimular a iniciativa privada a desempenhar atividades de interesse público. Neste estudo, o Fomento passará a ser visto como função ou atividade administrativa caracterizada como mecanismo de compensação do Estado, voltado à concretização dos direitos fundamentais. Se o Estado não consegue garantir a todos, por inúmeras razões, a concretização com primazia de alguns direitos sociais, como educação superior, por exemplo, a iniciativa privada terá papel fundamental para que a efetivação destes direitos alcance com maior amplitude a sociedade. O exemplo da educação superior ilustra com perfeição a lógica do mecanismo de compensação. Isso porque, é notório que o ensino médio oferecido pelo Estado não possui a mesma estrutura que o ensino médio da iniciativa privada. Logo, um aluno cuja família não possui condições de arcar com os custos da educação advinda da iniciativa privada, não tem outra opção a não ser arcar com o ônus de ter sua formação pautada na precariedade que o Estado em regra oferece. Agrava esse quadro o fato de que as vagas dos vestibulares das Universidades públicas sejam conquistadas pelos que melhor se qualificaram para ocupar os lugares ofertados. Em razão disso, o Estado verificando que há interesse público na formação intelectual de seus cidadãos, vai promover o que esse estudo chama de compensação, fazendo com que o déficit do ensino médio seja minimizado por outras formas de acesso ao ensino superior. Essa compensação pode se dar de várias formas, entre elas: cotas nas universidades públicas ou inserção nas faculdades privadas através do PROUNI e/ou do FIES. Diante disso, o Fomento é evidentemente um mecanismo de compensação utilizado pelo Estado, no âmbito da concretização dos direitos sociais. Afinal, é por intermédio deste instituto que o Estado vai minimizar na sociedade a sua má ou insuficiente prestação de um serviço público, estimulando e incentivando a iniciativa privada a desempenhar atividades cuja finalidade é a concretização dos direitos sociais preconizados pela Constituição Federal de 1988, contribuindo, assim, para promover o desenvolvimento nacional.

Palavras-chave

Fomento. Mecanismo de Compensação. Estado. Direitos Sociais. Interesse Público.

Informação bibliográfica deste texto, conforme a NBR 6023:2002 da Associação Brasileira de Normas Técnicas (ABNT):

REGNIEL, Samia Yasmim Yousseif Duque. A atividade de fomento como mecanismo de compensação do Estado na promoção dos direitos sociais. *In*: PONTES FILHO, Valmir; MOTTA, Fabrício; GABARDO, Emerson (Coord.). *Administração Pública*: desafios para a transparência, probidade e desenvolvimento. XXIX Congresso Brasileiro de Direito Administrativo. Belo Horizonte: Fórum, 2017. p.471-472. ISBN 978-85-450-0157-7.

CONFLITO DE INTERPRETAÇÃO NORMATIVA NO CONTROLE INTERNO DA COMPETÊNCIA DISCRICIONÁRIA

ANTONIO RODRIGUES DO NASCIMENTO

Resumo

O artigo trata dos conflitos de interpretação normativa relacionados ao exercício de competências discricionárias que contrapõem agentes de controle interno da juridicidade dos atos administrativos aos agentes públicos responsáveis pela governança no âmbito da função administrativa do Estado Democrático de Direito. A problematização dos institutos da discricionariedade e da interpretação jurídica, através da revisão de parte da bibliografia nacional e estrangeira, é alimentada pela reflexão haurida da experiência profissional de serviços jurídicos prestados à Administração Pública, durante os quais observamos frequentemente a interdição do exercício legítimo da competência discricionária por órgãos de controle interno com base em interpretações normativas limitadas ao debate sobre ao mérito das escolhas adotadas pelo agente competente, ora para descaracterizar a competência discricionária diante do caso concreto, ora para sobrepor escolhas do órgão de controle às escolhas legítimas do agente controlado. A atuação do controle interno deve se ater aos erros nos fundamentos da decisão discricionária. Os erros, que poderão residir em qualquer dos pressupostos ou elementos da decisão administrativa submetida ao controle, devem ser demonstrados de maneira objetiva, específica, clara e direta, evitando a utilização de artifícios retóricos que redundem na eliminação pura e simples da discricionariedade, a exemplo do afastamento de regra que fixa competência discricionária mediante exclusiva ponderação de princípios considerados *in abstrato*, expediente que numa análise mais detalhada pode revelar-se apenas um mecanismo de aplicação *ad hoc* por parte do órgão de controle. O controle interno deve reconhecer as determinadas circunstâncias em que a lei deferiu margens de estimativa e valoração ao agente, abertas por leques de possibilidades decisórias impossíveis de contemplação pelo ordenamento geral e abstrato. Há grupos de casos em que esta competência é evidente e não deve ser afastada pela interpretação normativa, a exemplo da decisão que envolva prognósticos ou avaliação de riscos insuscetíveis de serem definidos ou dimensionados objetivamente, ou quando a decisão dependa da valoração política do caso concreto ou de juízo técnico extrajurídico. A inviabilização do exercício regular da competência discricionária representa ofensa ao Estado Democrático de Direito, tanto quanto seu exercício arbitrário.

Palavras-chave

Discricionariedade. Conflito. Interpretação. Controle. Competência.

Informação bibliográfica deste texto, conforme a NBR 6023:2002 da Associação Brasileira de Normas Técnicas (ABNT):

NASCIMENTO. Antonio Rodrigues do. Conflito de interpretação normativa no controle interno da competência discricionária. *In*: PONTES FILHO, Valmir; MOTTA, Fabrício; GABARDO, Emerson (Coord.). *Administração Pública*: desafios para a transparência, probidade e desenvolvimento. XXIX Congresso Brasileiro de Direito Administrativo. Belo Horizonte: Fórum, 2017. p. 473. ISBN 978-85-450-0157-7.

CONTRATAÇÃO IRREGULAR DE TERCEIROS PELA ADMINISTRAÇÃO PÚBLICA: DELINEAMENTOS PARA A CONFIGURAÇÃO DE ATO DE IMPROBIDADE ADMINISTRATIVA

JÚLIO CÉSAR SOUZA DOS SANTOS

Resumo

O presente estudo visa a examinar a possibilidade de responsabilização por ato de improbidade administrativa, de acordo com a Lei nº 8.429/92, diante da contratação irregular de terceiros pela Administração Pública, tendo em vista que Constituição Federal de 1988 passou a exigir, em regra, a realização de concurso público para o acesso aos cargos e empregos públicos, em obediência aos princípios da isonomia e da moralidade. Diante da dificuldade de caracterizar atos ímprobos em relação a tais contratações e da previsão de severas sanções no diploma normativo em questão, exige-se, na análise do caso concreto, a ponderação necessária para evitar condenações desproporcionais, demonstrando a importância da referida discussão a partir de uma análise dogmática e hermenêutica. De modo geral, as irregularidades nestas contratações apresentam-se em duas vertentes: através da contratação de indivíduos para atender à necessidade temporária de excepcional interesse público, em desacordo com a previsão constitucional constante no art. 37, IX, ou através da contratação de terceirizados por meio de empresas prestadoras de serviço para a realização de atividades típicas de cargos efetivos. Nesse contexto, a contratação temporária por excepcional interesse público deve atender aos seguintes requisitos: a) existência de lei regulamentar do respectivo ente federativo; b) presença dos pressupostos constitucionais; c) existência de prévia dotação orçamentária; d) não existência de vedações; e) realização de processo seletivo simplificado; e f) formalização das contratações. Desta forma, estará caracterizado ato ímprobo quando a celebração destes contratos se der inobstante a ausência de lei regulamentadora do ente federativo respectivo, à exceção da ocorrência de caso fortuito ou força maior que exijam rápida e efetiva ação estatal; quando da inexistência dos pressupostos de excepcionalidade e temporariedade; assim como em prejuízo aos candidatos aprovados em concurso público ou diante de contratações diretas sem a realização de processo seletivo. Por outro lado, a terceirização, importante instrumento que visa a assegurar um sistema de trabalho mais dinâmico e eficiente a partir da transferência de tarefas acessórias a terceiros, deve ostentar os requisitos de: a) execução de atividades incluídas no rol de competências; b) execução de atividades-meio da administração; c) vedação à intermediação de mão de obra; d) inexistência de cargo ou emprego público de mesmas atribuições na estrutura organizacional; e e) realização de licitação. Desse modo, estará caracterizado ato de improbidade administrativa diante da existência de cargo ou emprego público de atribuições semelhantes na estrutura organizacional, unida à intermediação de mão de obra para a realização de tais atividades e à má-fé do agente público. Ainda que a terceirização seja lícita, violações ao procedimento licitatório durante a escolha da empresa prestadora de serviços podem caracterizar ato de improbidade administrativa causador de ano ao erário ou, subsidiariamente, violador aos princípios administrativos, desde que interfiram no caráter competitivo ou no resultado da licitação. Dessa forma, buscar-se-á, a um só tempo, afastar condenações desproporcionais diante da prática de meras irregularidades, em regra sanáveis, assim como punir os maus gestores pela prática de atos administrativos eivados de desvio de finalidade, em clara afronta aos princípios e regras que norteiam a atividade administrativa.

Palavras-chave

Contratação temporária. Terceirização. Desvio de finalidade. Proporcionalidade. Improbidade.

Informação bibliográfica deste texto, conforme a NBR 6023:2002 da Associação Brasileira de Normas Técnicas (ABNT):

SANTOS, Júlio César Souza dos. Contratação irregular de terceiros pela administração pública: delineamentos para a configuração de ato de improbidade administrativa. *In*: PONTES FILHO, Valmir; MOTTA, Fabrício; GABARDO, Emerson (Coord.). *Administração Pública*: desafios para a transparência, probidade e desenvolvimento. XXIX Congresso Brasileiro de Direito Administrativo. Belo Horizonte: Fórum, 2017. p. 475-476. ISBN 978-85-450-0157-7.

O PRINCÍPIO DA PUBLICIDADE E A DIVULGAÇÃO DOS PARECERES JURÍDICOS INTEGRANTES DE PROCESSOS MINERÁRIOS

GABRIELA SALAZAR SILVA PINTO

Resumo

O presente trabalho objetiva examinar a pertinência da aplicação do Princípio da Publicidade ao conteúdo dos pareceres jurídicos exarados pela Procuradoria Federal em atuação junto ao Departamento Nacional de Produção Mineral (DNPM) e constantes nos processos administrativos minerários. Para tanto, o procedimento metodológico concernente à "análise de conteúdo" informa o trabalho em tela, conexo ao seu tipo específico atinente ao exame de legislação e jurisprudência. A atividade minerária no Brasil é regida, precipuamente, pelo Decreto-Lei nº 227/1967 (Código de Mineração) e atos normativos do DNPM e Ministério de Minas e Energia. Consoante Portaria DNPM nº 201/2006, os processos administrativos minerários são sigilosos a partir da outorga dos títulos minerários. O sigilo justifica-se, eminentemente, pela proteção constitucional ao direito de propriedade industrial, tendo-se em vista, sobretudo, o fato de que os processos minerários congregam considerável montante de documentação técnica, substancialmente relevante para a instrução dos pleitos de exploração mineral. Desse modo, o acesso público a pareceres jurídicos constantes nos processos minerários resta, em regra, prejudicado pelo sigilo atribuído aos mesmos, tendo sido infrutíferos, em sua maioria, os pleitos judiciais em prol de sua consulta por terceiros. No entanto, deve-se destacar a publicação de recente acórdão do Tribunal Regional Federal da Primeira Região no âmbito da Apelação Cível nº 2009.34.00.016478-0/DF autorizando o acesso de causídico não constituído como procurador nos autos a parecer jurídico integrante de processo minerário. A acertada decisão considera a necessidade de conhecimento da jurisprudência administrativa para sua adaptação a casos concretos como motivo consistente a subsidiar o acesso ao parecer jurídico almejado, determinando, ainda, a imposição de tarjas sobre informações eventualmente consideradas sigilosas pela Administração Pública. O acórdão em destaque coaduna-se, em sua totalidade, com a conclusão perseguida pela presente autora: o princípio da publicidade revela-se não apenas pertinente como também inerente ao conteúdo dos pareceres jurídicos exarados pela Procuradoria Federal em atuação junto ao DNPM, com a prudente ressalva de que seja conferida confidencialidade a eventuais excertos que guardem informações sigilosas. Fato é que, diante da limitada produção doutrinária e jurisprudencial que circunda o Direito Minerário, os entendimentos exarados pela Procuradoria Jurídica Federal do DNPM e que informam os milhares de processos minerários atualmente em tramitação constituem verdadeira jurisprudência administrativa que contribui, favorável e inegavelmente, para a interpretação desse ramo do direito.

Palavras-chave

Publicidade. Sigilo. Parecer. Mineração. Jurisprudência.

Informação bibliográfica deste texto, conforme a NBR 6023:2002 da Associação Brasileira de Normas Técnicas (ABNT):

PINTO, Gabriela Salazar Silva. O princípio da publicidade e a divulgação dos pareceres jurídicos integrantes de processos minerários. *In*: PONTES FILHO, Valmir; MOTTA, Fabrício; GABARDO, Emerson (Coord.). *Administração Pública*: desafios para a transparência, probidade e desenvolvimento. XXIX Congresso Brasileiro de Direito Administrativo. Belo Horizonte: Fórum, 2017. p. 477-478. ISBN 978-85-450-0157-7.

EXTRAÇÃO MINERAL POR PARTE DE ENTES PÚBLICOS E A NECESSIDADE DE REGISTRO DA ATIVIDADE PERANTE O DNPM

GABRIELA SALAZAR SILVA PINTO

Resumo

O presente trabalho objetiva examinar, à luz do dever de transparência que orienta os atos praticados pela Administração Pública, a necessidade de registro da atividade de mineração realizada por entes públicos junto ao Departamento Nacional de Produção Mineral (DNPM). Para tanto, o procedimento metodológico concernente à "análise de conteúdo" informa o trabalho em tela, conexo ao seu tipo específico atinente ao exame de legislação e jurisprudência. Dentre os regimes de aproveitamento mineral elencados pelo Decreto-lei nº 227/1967 (Código de Mineração), pode-se destacar o Regime de Extração, aplicável aos órgãos da administração direta e autárquica da União, Estados, Distrito Federal e Municípios, para os quais é permitida a extração de substâncias minerais de emprego imediato na construção civil, definidas em Portaria do Ministério de Minas e Energia, para uso exclusivo em obras públicas por eles executadas diretamente. Nesse sentido, embora possa gerar surpresa, o protagonismo na execução de atividades minerárias por parte dos órgãos da administração direta e autárquica dos diversos entes federados não encontra óbices legais, sendo-lhes permitida a atuação nos moldes encartados na legislação aplicável. No âmbito da legislação regente, tem-se que a extração intentada dar-se-á, exclusivamente, para uso em obras públicas executadas diretamente pelos órgãos da administração direta e autárquica da União, Estados, Distrito Federal e Municípios, sendo que o registro de extração objetivado fica adstrito à área máxima de 5 (cinco) hectares. Em adendo, encontra-se igualmente detalhado no Decreto nº 3.358/2000, os elementos necessários à instrução do requerimento de registro de extração, devendo o mesmo ser consubstanciado em pleito dirigido ao Diretor Geral do DNPM e entregue, mediante recibo, no protocolo da unidade regional da autarquia minerária em cuja circunscrição se localize a área pretendida. No entanto, impende atestar a existência de dissonâncias identificadas em entendimentos emanados de diversos órgãos do Poder Judiciário (a título de exemplo, vide RSE nº 0001496-84.2010.4.01.3804/MG TRF 1ª Região, reconhecendo a necessidade de registro da atividade minerária perante o DNPM e ACR n. 2003.72020002459 TRF 4ª Região, consagrando entendimento em sentido contrário) diante da discussão acerca da (des)necessidade de que o município, nos casos específicos, proceda ao registro de sua atividade perante o DNPM, bem como obtenha autorizações de natureza ambiental para fins de realização da extração mineral planejada. Nesse contexto, os princípios da legalidade e da publicidade, bem como o dever de transparência que regem a atuação da administração pública impelem a presente autora a perfilhar sua conclusão pela concordância com os excertos decisórios que reconhecem o dever dos entes públicos em procederem ao registro de sua atividade minerária perante o DNPM para obtenção das devidas autorizações que conferirão substrato legal à atuação almejada pelo ente público.

Palavras-chave

Mineração. Administração pública. DNPM. Legalidade. Publicidade

Informação bibliográfica deste texto, conforme a NBR 6023:2002 da Associação Brasileira de Normas Técnicas (ABNT):

PINTO, Gabriela Salazar Silva. Extração mineral por parte de entes públicos e a necessidade de registro da atividade perante o DNPM. *In*: PONTES FILHO, Valmir; MOTTA, Fabrício; GABARDO, Emerson (Coord.). *Administração Pública*: desafios para a transparência, probidade e desenvolvimento. XXIX Congresso Brasileiro de Direito Administrativo. Belo Horizonte: Fórum, 2017. p. 479-480. ISBN 978-85-450-0157-7.

CONTRATO DE EFICIÊNCIA NO REGIME DIFERENCIADO DE CONTRATAÇÃO PÚBLICA É EFICIENTE?

MARIANA NASCIMENTO SILVEIRA

Resumo

O Contrato de Eficiência (CE), contido na Lei do Regime Diferenciado de Contratações Públicas (RDC, Lei nº 12.462/11), configura uma novidade do modelo de contratações públicas em âmbito nacional. A supracitada lei propõe aumentar a celeridade e a eficiência na execução de obras de infraestrutura e na prestação de serviços contratados pela Administração. De acordo com seu artigo 23, quando do julgamento pelo maior retorno econômico, sendo esse exclusivamente utilizado para celebração de contratos de eficiência, as propostas aqui consideradas serão selecionadas de forma a proporcionar a maior economia para a administração pública quando da execução do contrato. Visa-se, na lei, mais precisamente no parágrafo único do artigo já citado, aprimorar especificamente os contratos de prestação de serviços, e, a partir das benfeitorias dadas aos contratados, uma geração de economia em despesas correntes para o contratante, a qual será averiguada no caso concreto. Este trabalho pretende analisar como a almejada redução de despesas gerada por contratos de eficiência será efetivamente alcançada e em que medida o novo tipo contratual se diferencia de outros já existentes no sistema brasileiro. Trata-se de uma pesquisa documental, que busca analisar as informações produzidas na doutrina contemporânea e pela jurisprudência. O método será dedutivo, realizado a partir de levantamento bibliográfico doutrinário, e indutivo, a partir do exame de casos julgados pelo Superior Tribunal de Justiça, Tribunal de Justiça do Distrito Federal e Tribunal de Justiça do Estado do Rio de Janeiro no período de 2011 a 2015. A pesquisa encontra-se em fase inicial e, portanto, ainda não apresenta resultados.

Palavras-chave

Licitações. Regime Diferenciado de Contratações. Contratos Administrativos. Contrato de Eficiência. Princípio da Economicidade.

Informação bibliográfica deste texto, conforme a NBR 6023:2002 da Associação Brasileira de Normas Técnicas (ABNT):

SILVEIRA, Mariana Nascimento. Contrato de eficiência no regime diferenciado de contratação pública é eficiente? *In*: PONTES FILHO, Valmir; MOTTA, Fabrício; GABARDO, Emerson (Coord.). *Administração Pública*: desafios para a transparência, probidade e desenvolvimento. XXIX Congresso Brasileiro de Direito Administrativo. Belo Horizonte: Fórum, 2017. p. 481. ISBN 978-85-450-0157-7.

DIREITO DA ENERGIA, ENERGIA E SERVIÇO DE ELETRICIDADE

ANESIO DOS SANTOS JUNIOR

Resumo

O objetivo desta comunicação é trazer à apreciação um recorte de nosso ordenamento que, sob a roupagem Direito da Energia, protege as relações intersubjetivas, presentes em situações fáticas, enfrentadas pela prestação do serviço de eletricidade para suprimento de energia. Ressalto o vínculo dessa prestação ao provimento de água destinada ao saneamento básico e à produção de energia. Menciono fontes doutrinárias, dissertantes sobre a normatividade principiológica vinculada ao Direito da Energia, acessadas durante a investigação, e estendo sua definição clássica por meio de interpretação de um de seus elementos. Acrescento um reexame da ideia auto referenciável de energia-trabalho por mediação de uma analogia com o conceito coisa-fato. Elaboro sobre os riscos inerentes ao funcionamento dos sistemas físicos que realizam o serviço de eletricidade para suprimento de energia, que no Brasil é designado Sistema Interligado Nacional-SIN. Esta foi possível como resultado de uma prospecção na literatura disponível a respeito dos sistemas eletro-energéticos operantes na América do Norte e na União Europeia. Observo os fatos vinculantes dos objetos de regulação e fiscalização das agências ANEEL-Agência Nacional de Energia Elétrica, ANP-Agência Nacional do Petróleo e ANA-Agência Nacional de Águas. Aparto a função do ONS-Operador Nacional do Sistema, ente que controla e supervisiona a estrutura tecnológica e física que ancora o serviço de eletricidade provida a mais de 98% da população brasileira. O ONS executa as atividades de coordenação e controle da operação da geração e transmissão que atendem as variações do consumo de energia. O fato de não haver energia armazenada, nos subsistemas elétricos de transmissão e distribuição, exige uma arquitetura quase automática, de controle da manutenção permanente do balanço entre geração, consumo e perdas de energia. Esta incorpora uma estratégia de resposta contínua sobre as quantidades de energia e em quais estações geradoras são convertidas; e define continuamente o atendimento às demandas dos consumidores. Ademais relato resumidamente as situações de escassez de recursos hídricos, ocasionadores de racionamento de energia elétrica, como o ocorrido em 2001. A dependência hídrica presente em nossa matriz energética, que aparenta vantagem ambiental em situações de abundância hídrica, torna-se tremendamente desvantajosa em cenários de escassez. Nessas situações, a função regulação/fiscalização deve ser exercida de forma una pelas agências ANA, ANEEL, ANP e demais órgãos vinculados aos efeitos sociais, ambientais e econômicos consequentes. Este dever ser é minha tese. A crise de 2001 implicou na edição de Medidas Provisórias que ensejaram percursos institucionais não serenos para a consignação das atinentes Leis. Isso decorreu da presunção de potencial normativo, nas Medidas Provisórias, de produzir efeitos afrontadores da Constituição Federal. Os principais foram os derivados de suas ordens regulamentadas pelo Código do Consumidor e pela Lei das Concessões.

Palavras-chave

Direito da Energia. Interesses Difusos. Agências Reguladoras. Energia Elétrica. Meio Ambiente.

Informação bibliográfica deste texto, conforme a NBR 6023:2002 da Associação Brasileira de Normas Técnicas (ABNT):

SANTOS JUNIOR, Anésio dos. Direito da energia, energia e serviço de eletricidade. *In*: PONTES FILHO, Valmir; MOTTA, Fabrício; GABARDO, Emerson (Coord.). *Administração Pública*: desafios para a transparência, probidade e desenvolvimento. XXIX Congresso Brasileiro de Direito Administrativo. Belo Horizonte: Fórum, 2017. p.483-484. ISBN 978-85-450-0157-7.

PARTE IV

ANEXOS

CARTA DE GOIÂNIA

Adriana da Costa Ricardo Schier
Dinorá Adelaide Musseti Grotti
Ligia Maria Silva Melo de Casimiro
Yara Stroppa

Os publicistas reunidos em Goiânia, entre 20 e 23 de Outubro de 2015, no XXIX Congresso Brasileiro de Direito Administrativo reafirmam a supremacia da Constituição Federal e a plena eficácia de suas normas e princípios como instrumentos hábeis para assegurar a satisfação dos interesses públicos, garantindo a todos a concretização dos direitos fundamentais. A atuação da Administração Pública deverá ser dirigida à promoção dos objetivos fundamentais da República Federativa do Brasil, como meio de promover o desenvolvimento social e econômico do país, reduzindo as desigualdades e assegurando a justiça social.

As gravíssimas desigualdades sociais e regionais requerem a presença da Administração Pública, cuja ineficiência se deve principalmente à falta de vontade política, à ausência de profissionalização dos gestores públicos e o afastamento dos cânones do Estado Democrático de Direito. É preciso cumprir os mandamentos da Constituição, notadamente em relação aos mecanismos de controle, especialmente o controle popular, de forma a garantir a probidade e a transparência da atuação administrativa, extirpando as práticas de corrupção que afastam o poder público do ideário do Estado Republicano. E preservando-se as garantias constitucionais do devido processo legal.

Desde 1996, com a Carta de Curitiba, este Instituto Brasileiro de Direito Administrativo está a defender que a verdadeira reforma de que o Brasil necessita é a reforma moral, ética e de posicionamento diante dos verdadeiros problemas que afligem a coletividade e que encontram efetiva solução nos preceitos e princípios constitucionais.

Este foi o contexto em que idealizado o XXIX Congresso no seu nascedouro, foi levado a cabo com as Conferências e os Painéis que se dedicaram à discussão centradas em cinco eixos: transparência, probidade, regime jurídico, eficiência e desenvolvimento.

Enfatizou-se a necessidade de compatibilizar a atuação dos órgãos de controle da Administração Pública para preservar o interesse público, especialmente na elaboração e execução das contratações administrativas, a segurança jurídica e as demais garantias dos particulares.

Reafirmou-se a realização do concurso público como exigência constitucional ao provimento dos cargos e empregos públicos, voltada a concretizar os princípios constitucionais da democracia e da isonomia, bem como o princípio da eficiência, selecionando os mais aptos e competentes ao exercício das funções administrativas. Daí a visão crítica dos cargos comissionados, em número excessivo e dirigidos a funções dissociadas do que autoriza a Constituição Federal. Nesse contexto, fez-se a defesa da valorização dos servidores públicos e das Carreiras de Estado.

A partir da discussão do marco regulatório das Oscips e do Estatuto da Metrópole, defendeu-se a valorização do pacto federativo, especialmente no tocante às questões que envolvem a preservação da competência constitucional assegurada aos Estado-membros e Municípios, de maneira a obstar o avanço abusivo da União na regulamentação de matérias que não são de sua competência.

No debate sobre o regime jurídico das estatais, reafirmou-se a incidência dos princípios publicistas na sua atuação, resguardadas as peculiaridades em face do exercício de atividades econômicas, nos termos da Constituição da República. Com base nessas premissas, discutiu-se os limites da Lei Anticorrupção Empresarial às sociedades de economia mista e empresas públicas prestadoras de atividade econômica.

A matéria referente à terceirização no âmbito da Administração Pública foi tratada a partir das polêmicas geradas em torno dos Projetos em tramitação no Congresso Nacional.

Imprescindível a continuidade do debate sobre a racionalização e modernização do marco legal das licitações e contratos públicos, em estrita observância aos comandos constitucionais, debatendo-se em torno da incidência, ou não, de regras visando ao desenvolvimento sustentável. Tratou-se, ainda, da necessidade de proteção da Micro e das Pequenas Empresas, em cumprimento às normas da Constituição Federal que lhe asseguram um tratamento diferenciado, sem descurar o interesse público que implica à Administração o dever de buscar a vantajosidade nos contratos administrativos.

Outro tema que esteve presente nas discussões foi a possibilidade de utilização, pela Administração Pública, de mecanismos consensuais de solução de controvérsias, inclusive a mediação e arbitragem, bem como a criação de um renovado sistema de organização para a administração pública que inclua a presença dos cidadãos como centro das preocupações de toda a atuação administrativa e que propicie a promoção da dignidade de todas as pessoas. Para tanto, imprescindível o combate veemente a toda e qualquer forma de corrupção, na defesa intransigente dos valores democráticos.

A administração permanece veículo por excelência para a realização dos direitos fundamentais, sendo imprescindível que atenda com eficiência, equidade e proporcionalidade as necessidades básicas do brasileiro, para o que permanece alerta o Instituto Brasileiro de Direito Administrativo.

PROGRAMA DO XXIX CONGRESSO BRASILEIRO DE DIREITO ADMINISTRATIVO

Quarta-feira – 21 de outubro de 2015

8h – Credenciamento

9h – Abertura Oficial

Marconi Ferreira Perillo Júnior (GO)
Governador do Estado de Goiás

Valmir Pontes Filho (CE)
Presidente do Instituto Brasileiro de Direito Administrativo

Romeu Felipe Bacellar Filho (PR)
Vice-Presidente do Instituto Brasileiro de Direito Administrativo

Celso Antônio Bandeira de Mello (SP)
Presidente de Honra do Instituto Brasileiro de Direito Administrativo

Fabrício Motta (GO)
Membro do Conselho Acadêmico do Instituto de Direito Administrativo de Goiás e Procurador do Ministério Público junto ao Tribunal de Contas dos Municípios de Goiás

Francisco Taveira Neto (GO)
Presidente de Instituto de Direito Administrativo de Goiás

10h – Mesa Especial de abertura:

Temas atuais de Direito Administrativo
Presidência: **Francisco Taveira Neto (GO)**

Princípios do processo civil e sua aplicação no processo administrativo
Maria Sylvia Zanella Di Pietro (SP)

Interesse público e *"reformatio in pejus"* **no processo administrativo**
Romeu Bacellar Filho (PR)

Publicidade e transparência no Direito Administrativo
Weida Zancaner (SP)

12h – Intervalo para o almoço

14h – 2º Painel – TEMA: Segurança jurídica e controle dos projetos de infraestrutura: a atuação do Ministério Público, Poder Judiciário e Tribunais de Contas nas diversas etapas da contratação
Mediador: Flavio Roberto Fay de Sousa (Chefe do Departamento Jurídico dos Correios)
Carlos Ari Sundfeld (SP)
Maurício Zockun (SP)
Juarez Freitas (RS)

16h – Intervalo para café / lançamento de livros

16h30 – 3º Painel – TEMA: Concurso público, terceirização e eficiência na gestão pública
Mediador: Raquel Dias da Silveira (PR)
Florivaldo Dutra de Araújo (MG)
Clovis Beznos (SP)
João Batista Moreira (DF)

Quinta-feira – 22 de outubro de 2015

8h30 – 4º Painel – TEMA: Contratualização, parcerias informais e parcerias voluntárias na Administração Pública
Mediador: Eurico Bitencourt Neto (MG)
Fernando Menezes (SP)
Paulo Motta (PR)
Paulo Modesto (BA)

10h – 5 º Painel – TEMA: Problemas emergentes das metrópoles: instrumentos de planejamento e gestão. Perspectivas para a aplicação da Lei nº 13.089/15
Mediador: Rogério Gesta Leal (RS)
Maria Cristina Cesar Oliveira (PA)
Márcio Cammarosano (SP)
Luís Manuel F. Pires (SP)

12h – Intervalo para almoço

14h – 6º Painel – TEMA: Regime jurídico das empresas estatais: parâmetros e limites para a aplicação do direito público
Mediador: Daniel Ferreira (PR)
Marçal Justen Filho (PR)
Luciano Ferraz (MG)
Sergio de Andréa Ferreira (RJ)

16h – Intervalo para café / lançamento de livros

16h30 – Conferência Magna
Presidente: Regina Ferrari (PR)
Tema: A transformação da Administração Pública para o Século XXI
Justo Jose Reyna – Presidente da Associação Argentina de Direito Administrativo (Argentina)

Sexta-feira – 23 de outubro de 2015

8h20 – Pronunciamento do Superintendente do SEBRAE GO Dr. Igor Montenegro

8h30 – 7º Painel – TEMA: Licitações: a promoção do desenvolvimento nacional sustentável e o regime diferenciado para microempresas e empresas de pequeno porte
Mediador: Maria Fernanda Pires (MG)
Edgar Guimarães (PR)
Joel de Menezes Niebuhr (SC)
Cristiana Fortini (MG)

10h – 8º Painel – TEMA: Intervenções administrativas, poder de polícia e desapropriação: relevância e proporcionalidade da atuação estatal
Mediador: Thiago Marrara (SP)
Ligia Maria Silvia Melo de Casimiro (CE)
Silvio Luis Ferreira da Rocha (SP)
Dinorá Adelaide Musetti Grotti (SP)

12h – Intervalo para almoço

14h – 9º Painel – TEMA: Regime jurídico das carreiras de Estado: pontos de aproximação e distanciamento entre prerrogativas e responsabilização dos membros do Judiciário, do Ministério Público e da advocacia pública federal, estadual e municipal
Mediador: Rodrigo Valgas (SC)
Carolina Zancaner Zockun (SP)
José dos Santos Carvalho Filho (RJ)
Juscimar Ribeiro (GO)

16h – Intervalo para café / lançamento de livros

16h30 –Entrega do Prêmio Professor Nélson Figueiredo do Concurso de Artigos Jurídicos
Leitura e aprovação da "Carta de Goiânia"

17h – Conferência de Encerramento
Presidente: Francisco Taveira Neto (GO)

Tema: Interpretação do Direito Administrativo
Celso Antônio Bandeira de Mello (SP)

18h – Mesa de encerramento
Fabrício Motta e Valmir Pontes Filho

Concurso de Artigos Jurídicos
Prêmio Professor Nélson Figueiredo
Presidente: Jader Ferreira Guimarães (ES)

Membros:
Bruno Belém (GO)
Júlio Esteves (MG)
Daniel Hachem (PR)
Spiridon Anyfantis (GO)

Convidado Especial:
Desembargador Edílson Nobre (PE)

Comissão Científica
Coordenação: Juscimar Ribeiro (GO)
Membros:
Adriana Schier (PR)
Dinorá Grotti (SP)
Lígia Maria Silva Melo de Casimiro (CE)
Yara de Carvalho Stroppa (SP)

Sessão de Teses e Comunicados Científicos
Sala 1
Presidente: Rafael Arruda Oliveira (GO)
Membros:
Marcelo Harger (SC)
Marcos César Gonçalves (GO)
Pamora Mariz S. Figueiredo (GO)

Sala 2
Presidente: Irene Patrícia Nohara (SP)
Membros:
Antônio Flávio de Oliveira (GO)
Heloísa Helena (GO)
Rodrigo Pironti (PR)

Presidência do Congresso:
Valmir Pontes Filho (CE)

Coordenação Executiva:
Fabrício Motta (GO)
Emerson Gabardo (PR)

SOBRE OS AUTORES

Ademilton Pires da Silva
Graduando em Direito na Faculdade de Iporá.

Adriana da Costa Ricardo Schier
Doutora em Direito Público pela UFPR. Professora do Programa de Mestrado em Direitos Fundamentais e Democracia da UniBrasil. Professora do Instituto de Direito Romeu Felipe Bacellar.

Ana Luiza Gomes de Araújo
Mestre em Direito Administrativo pela UFMG. Professora da Escola de Governo Professor Paulo Neves de Carvalho. Especialista em Políticas Públicas e Gestão Governamental do Estado de Minas Gerais.

Ana Paula Pellegrinello
Mestre pelo Centro Universitário Autônomo do Brasil (UniBrasil). Professora de Direito Civil I e de Estágio Supervisionado no Curso de Direito da UniBrasil. Advogada.

Anésio dos Santos Júnior
Advogado. Professor Titular na Faculdade de Engenharia Elétrica e de Computação da Universidade Estadual de Campinas. Bacharel em Ciências Sociais e Jurídicas pela Pontifícia Universidade Católica de Campinas. Doutor, Mestre e Bacharel em engenharia elétrica pela Universidade Estadual de Campinas.

Antônio Rodrigues do Nascimento
Advogado. Especialista em Direito Administrativo e Direito das Relações de Consumo pela PUC-SP. Docente do Curso de Direito das Faculdades Metropolitanas Unidas (FMU). Coordenador Jurídico do Serviço Municipal de Saneamento Ambiental de Santo André (SEMASA).

Carlos Ari Sundfeld
Professor Titular da Escola de Direito de São Paulo da Fundação Getulio Vargas. Doutor e Mestre em Direito pela PUC-SP. Presidente da Sociedade Brasileira de Direito Público (SDBP).

Carolina Salbego Lisowski
Doutoranda em Estudos Linguísticos na Universidade Federal de Santa Maria. Professora de Direito Público do Curso de Direito da Faculdade Palotina de Santa Maria.

Carolina Zancaner Zockun
Professora de Direito Administrativo na PUC-SP. Mestre e Doutora em Direito Administrativo pela PUC-SP. Procuradora da Fazenda Nacional.

Celso Antônio Bandeira de Mello
Professor Titular de Direito Administrativo da Faculdade de Direito da PUC-SP e Professor Emérito da mesma Universidade.

Cristiana Fortini
Pós-doutora pela George Washington University (Estágio Sênior com bolsa Capes). Doutora em Direito Administrativo pela UFMG. Professora de Direito Administrativo pela UFMG. Diretora do Instituto Brasileiro de Direito Administrativo. Advogada.

Daniel Ferreira
Doutor e Mestre em Direito do Estado (Direito Administrativo) pela PUC-SP. Professor Titular de Direito Administrativo da Faculdade de Direito de Curitiba. Membro do Corpo Docente Permanente do Programa de Mestrado em Direito Empresarial e Cidadania do UNICURITIBA.

Dinorá Adelaide Musseti Grotti
Doutora e Mestre pela PUC-SP. Professora de Direito Administrativo da PUC-SP. Ex-Procuradora do Município de São Paulo.

Edgar Guimarães
Doutor e Mestre em Direito Administrativo pela PUC-SP. Professor do Instituto de Direito Romeu Felipe Bacellar. Professor da Universidade Positivo. Professor da FAE Business School. Presidente do Instituto Paranaense de Direito Administrativo. Advogado.

Emanuelle Urbano Maffioletti
Professora de Direito Comercial da USP na FDRP. Mestre e Doutora em Direito Comercial pela USP.

Eurico Bitencourt Neto
Presidente do Instituto Mineiro de Direito Administrativo. Doutor em Ciências Jurídico-Políticas pela Universidade de Lisboa. Mestre em Direito Administrativo pela UFMG.

Fabrício Macedo Motta
Professor de Direito Administrativo da Universidade Federal de Goiás. Doutor em Direito do Estado pela USP. Mestre em Direito Administrativo pela UFMG. Procurador do Ministério Público junto ao TCM/GO.

Florivaldo Dutra de Araújo
Professor de Direito Administrativo na UFMG.

Gabriela Salazar Silva Pinto
Advogada. Mestranda em Direito pela Faculdade de Direito da UFMG.

Guilherme Fredherico Dias Reisdorfer
Advogado. Bacharel em Direito pela Universidade Federal do Paraná. Mestre em Direito do Estado pela Universidade de São Paulo.

Gustavo Nascimento Tavares
Graduando em Direito na Universidade Federal de Uberlândia.

Irene Patrícia Nohara
Livre-Docente em Direito Administrativo. Doutora e Mestre em Direito do Estado pela USP. Professora da Universidade Presbiteriana Mackenzie. Advogada. Parecerista.

Joaquim Antônio Murta Oliveira Pereira
Advogado. Especialista em Gestão de Contas Públicas pela Universidade Estácio de Sá. Pós-Graduado em Direito Público pelo Instituto para o Desenvolvimento Democrático (IDDE) e pela Universidade de Coimbra. Pós-Graduando em Direito Tributário pela PUC Minas.

Joel de Menezes Niehbur
Doutor em Direito Administrativo pela PUC-SP. Mestre em Direito pela UFSC. Professor convidado da Escola do Ministério Público de Santa Catarina.

Joelma de França
Bacharel em Direito pela Faculdade Palotina de Santa Maria. Aluna do Curso de Especialização em Gestão Pública da UFSM.

José dos Santos Carvalho Filho
Professor de Direito Administrativo. Procurador de Justiça do Rio de Janeiro (aposentado). Advogado. Consultor Jurídico.

José Guilherme Berman Correa Pinto
Advogado. Mestre e Doutor em Teoria do Estado e Direito Constitucional pela PUC- Rio. Professor da Faculdade de Direito da PUC-Rio.

Juarez Freitas
Professor Titular do Curso de Direito da PUCRS. Professor Associado da UFRGS. Presidente do Instituto Brasileiro de Altos Estudos de Direito Público. Advogado. Parecerista.

Juliana Georges Khouri
Bacharelanda em Direito pelo Centro Universitário Autônomo do Brasil (Unibrasil). Pesquisadora do NUPECONST (Núcleo de Pesquisas em Direito Constitucional – PPGD/Unibrasil).

Júlio César Souza dos Santos
Graduando em Direito na UFRN. Bacharel em Biomedicina pela UFRN. Técnico do Ministério Público da União.

Juscimar Ribeiro
Advogado. Conselheiro Seccional da OAB/GO. Diretor do Instituto de Direito Administrativo de Goiás.

Kathelly Maria de Melo Menezes
Graduanda em Direito pela Universidade Federal de Alagoas.

Ligia Maria Silva Melo de Casimiro
Presidente do Instituto Cearense de Direito Administrativo. Doutoranda em Direito Econômico e Social na PUCPR. Mestre em Direito pela PUC-SP.

Luasses Gonçalves dos Santos
Advogado. Doutorando em Direito do Estado pela UFPR. Mestre em Direito do Estado pela UFPR.

Luciano Ferraz
Professor Associado de Direito Administrativo da UFMG.

Luis Manuel Fonseca Pires
Doutor e Mestre em Direito Administrativo pela PUC-SP. Professor de Direito Administrativo da PUC-SP. Juiz de Direito – Titular da 3ª Vara da Fazenda Pública da Capital/SP.

Marcello Rodrigues Siqueira
Doutor em Políticas Públicas, Estratégias e Desenvolvimento pela UFRJ. Professor da Universidade Estadual de Goiás. Graduando em Direito na Faculdade de Iporá.

Márcio Cammarosano
Doutor em Direito do Estado pela PUC-SP. Ex-Presidente do Instituto Brasileiro de Direito Administrativo. Advogado.

Maria Beatriz Cardoso Tenório
Graduanda em Direito pelo Centro Universitário Cesmac.

Maria Sylvia Zanella Di Pietro
Professora Titular de Direito Administrativo da USP.

Mariana Nascimento Silveira
Graduanda na Faculdade de Direito de Ribeirão Preto da Universidade de São Paulo.

Maurício Zockun
Professor de Direito Administrativo na PUC-SP. Mestre em Direito Tributário pela PUC-SP. Doutor em Direito Administrativo pela PUC-SP. Advogado.

Nayna Suzy Vieira Botelho
Historiadora pela Universidade Estadual de Goiás. Professora do Instituto Federal Goiano. Graduanda em Direito na Faculdade de Iporá.

Paulo Modesto
Professor de Direito Administrativo da UFBA. Presidente do Instituto Brasileiro de Direito Público. Doutorando em Direito Público pela Universidade de Coimbra. Membro da Academia de Letras Jurídicas da Bahia e do Ministério Público da Bahia.

Paulo Roberto Ferreira Motta
Procurador do Estado do Paraná. Advogado. Doutor e Mestre em Direito pela UFPR. Professor Titular de Direito Administrativo da Universidade Tuiuti do Paraná.

Raquel Dias da Silveira
Advogada. Doutora e Mestre em Direito Administrativo pela UFMG. Professora de Direito Administrativo das Faculdades Integradas do Brasil. Professora de Direito Administrativo da Universidade Tuiuti do Paraná.

Regina Maria Macedo Nery Ferrari
Mestre em Direito do Estado pela PUC-SP. Doutora em Direito do Estado pela UFPR. Professora aposentada de Direito Constitucional da UFPR. Coordenadora Geral do Instituto de Direito Romeu Felipe Bacellar.

Rodrigo Emanuel de Araújo Dantas
Advogado. Ex-professor de Direito Administrativo da UFRN/CERES. Procurador Legislativo Municipal em Natal/RN. Pós-graduado pela Escola da Magistratura do Estado do Rio Grande do Norte e pela Fundação Escola Superior do Ministério Público do Rio Grande do Norte (FESMPRN). Doutorando em Direito Constitucional pela Universidade de Buenos Aires.

Rodrigo Gabriel Moisés
Advogado. Professor e Diretor da Faculdade Serra da Mesa. Doutorando em Direito na Universidade de Lisboa.

Rodrigo Pironti Aguirre de Castro
Doutor em Direito Econômico pela PUCPR. Diretor Executivo do Instituto Paranaense de Direito Administrativo. Professor de Direito Administrativo e Constitucional da Universidade Positivo.

Rogério Gesta Leal
Desembargador do Tribunal de Justiça do Estado do Rio Grande do Sul. Doutor em Direito. Professor Universitário.

Romeu Felipe Bacellar Filho
Doutor em Direito do Estado pela Universidade Federal do Paraná. Professor Titular de Direito Administrativo da Universidade Federal do Paraná. Professor Titular de Direto Administrativo da Pontifícia Universidade Católica do Paraná. Advogado.

Samia Yasmim Yousseif Duque Regniel
Bacharelanda em Direito pelo Centro Universitário Autônomo do Brasil (UniBrasil).

Sérgio de Andrea Ferreira
Professor Titular de Direito Administrativo. Desembargador Federal do TRF 2ª Região, aposentado. Ex-Membro do Ministério Público do Estado do Rio de Janeiro.

Silvio Luís Ferreira da Rocha
Mestre e Doutor em Direito Civil pela PUC-SP. Doutor e Livre-Docente em Direito Administrativo pela PUC-SP. Professor na graduação e pós-graduação da PUC-SP. Juiz Federal em São Paulo.

Thiago Marrara
Professor de Direito Administrativo da USP na FDRP. Livre-docente PELA USP. Doutor pela Universidade de Munique (LMU). Editor da *Revista Digital de Direito Administrativo* da USP (RDDA). Advogado.

Tuany Baron de Vargas
Bacharelanda em Direito na UFPR. Pesquisadora do Núcleo de Investigações Constitucionais do PPGD/UFPR (NINC).

Valéria Mariano de Melo
Pedagoga pela Universidade Norte do Paraná. Graduanda em Direito na Faculdade de Iporá.

Vanessa Cavalari Calixto
Especialista em Gestão Pública Municipal. Graduada em Direito. Graduada em Pedagogia. Professora do Curso de Direito na Faculdade Secal, Ponta Grossa/Paraná.

Vladimir Marchiori Damião
Bacharel em Engenharia Civil. Graduando em Direito na Faculdade Palotina de Santa Maria.

Winderley Morais Pereira
Graduando em Direito na Universidade Federal de Uberlândia.

Yara Stroppa
Professora de Direito Administrativo da PUC-SP.

Esta obra foi composta em fonte Palatino Linotype, corpo 10
e impressa em papel Offset 75g (miolo) e Supremo 250g (capa)
Belo Horizonte/MG.